中国农垦农场志丛

广　西

良圻农场志

中国农垦农场志丛编纂委员会　组编

广西良圻农场志编纂委员会　主编

中国农业出版社

北　京

图书在版编目（CIP）数据

广西良圻农场志／中国农垦农场志丛编纂委员会组
编；广西良圻农场志编纂委员会主编．—北京：中国
农业出版社，2022.12
（中国农垦农场志丛）
ISBN 978-7-109-30632-5

Ⅰ.①广…　Ⅱ.①中…　②广…　Ⅲ.①国营农场—概
况—南宁　Ⅳ.①F324.1

中国国家版本馆 CIP 数据核字（2023）第 070521 号

出　版　人：刘天金
出版策划：苑　荣　刘爱芳
丛书统筹：王庆宁　赵世元
审　稿　组：柯文武　干锦春　薛　波
编　辑　组：杨金妹　王庆宁　周　珊　刘昊阳　黄　曦　李　梅　吕　睿　赵世元　黎　岳
　　　　　　刘佳玫　王玉水　李兴旺　蔡雪青　刘金华　陈思羽　张潇逸　喻瀚章　赵星华
工　艺　组：毛志强　王　宏　吴丽婷
设　计　组：姜　欣　关晓迪　王　晨　杨　婧
发行宣传：王贺春　蔡　鸣　李　晶　雷云钊　曹建丽
技术支持：王芳芳　赵晓红　张　瑶

广西良圻农场志
Guangxi Liangqi Nongchang Zhi

中国农业出版社出版
地址：北京市朝阳区麦子店街 18 号楼
邮编：100125
责任编辑：王庆宁　　　文字编辑：李兴旺
版式设计：王　晨　　责任校对：吴丽婷
印刷：北京通州皇家印刷厂
版次：2022 年 12 月第 1 版
印次：2022 年 12 月北京第 1 次印刷
发行：新华书店北京发行所
开本：889mm×1194mm　1/16
印张：35　插页：22
字数：850 千字
定价：229.00 元

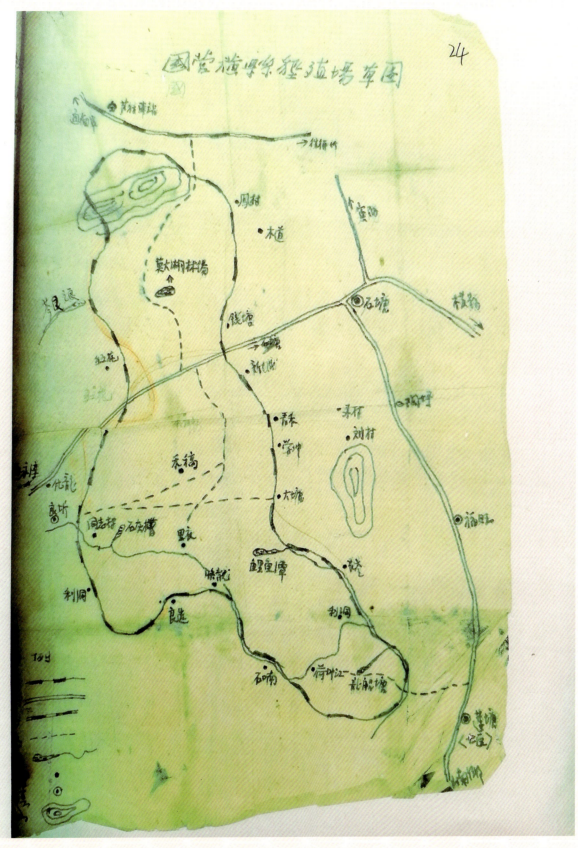

1956 年建场时规划草图

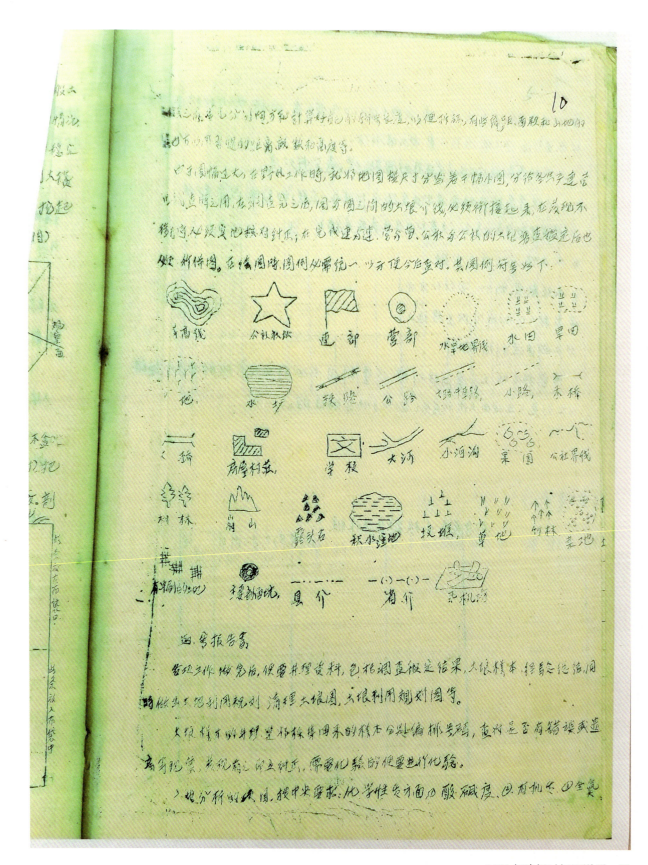

广西农垦国有良圻农场行政区划示意图

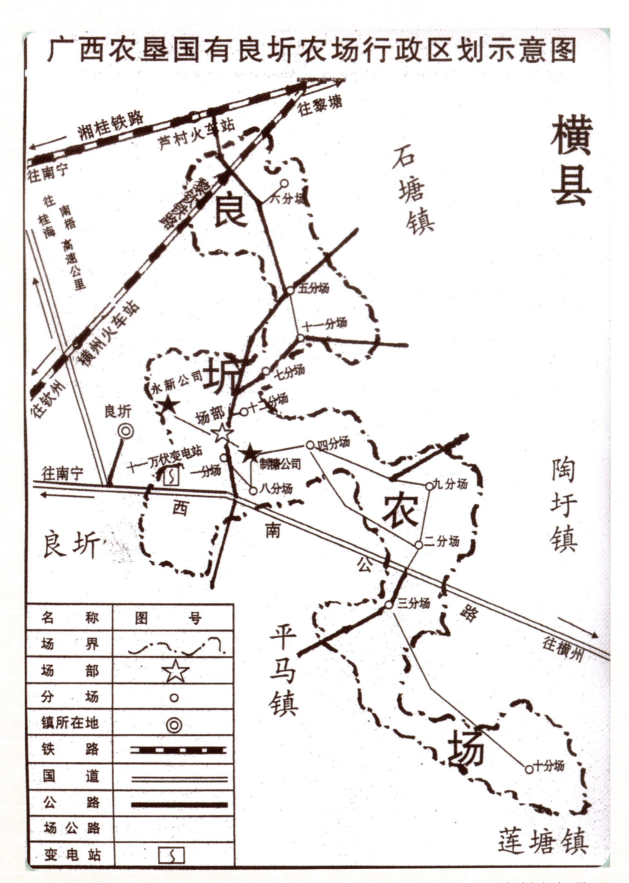

横县

石塘镇

陶圩镇

湘桂铁路

往黎塘

芦村火车站

往南宁

往南梧高速公里

往钦州

横州火车站

良

良圻

往南宁

十一万伏变电站

永新公司

场部

一分场

西

南

良圻

制糖公司

八分场

农

公

圻

六分场

五分场

十一分场

七分场

十分场

四分场

九分场

二分场

三分场

往横州

平马镇

场

十分场

莲塘镇

名 称	图 号
场 界	⌇⌇⌇
场 部	☆
分 场	○
镇所在地	◎
铁 路	▬▬▬
国 道	═══
公 路	━━━
场公路	
变电站	Ⴝ

良圻农场行政区图

— 5 —

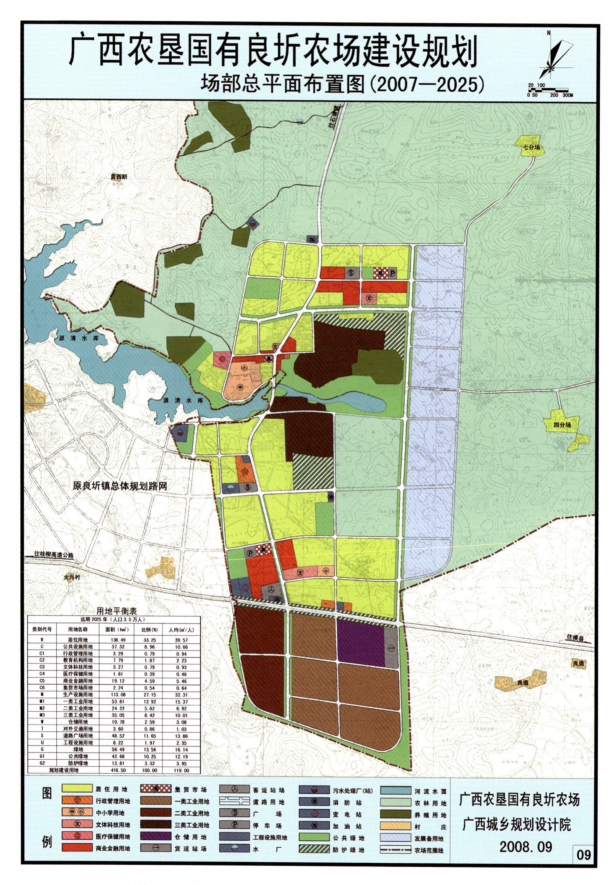

广西农垦国有良圻农场建设规划
场部总平面布置图 (2007—2025)

N

用地平衡表				
远期2025年（人口3.5万人）				
类别代号	用地名称	面积（hm²）	比例(%)	人均(m²/人)
R	居住用地	138.49	33.25	39.57
C	公共设施用地	37.32	8.96	10.66
C1	行政管理用地	3.29	0.79	0.94
C2	教育机构用地	7.79	1.87	2.23
C3	文体科技用地	3.27	0.79	0.93
C4	医疗保健用地	1.61	0.39	0.46
C5	商业金融用地	19.12	4.59	5.46
C6	集贸市场用地	2.24	0.54	0.64
M	生产设施用地	113.08	27.15	32.31
M1	一类工业用地	53.81	12.92	15.37
M2	二类工业用地	24.22	5.82	6.92
M3	三类工业用地	35.05	8.42	10.01
W	仓储用地	10.78	2.59	3.08
T	对外交通用地	3.60	0.86	1.03
S	道路广场用地	48.52	11.65	13.86
U	工程设施用地	8.22	1.97	2.35
G	绿地	56.49	13.56	16.14
G1	公共绿地	42.68	10.25	12.19
G2	防护绿地	13.81	3.32	3.95
	规划建设用地	416.50	100.00	119.00

图例

居住用地　　集贸市场　　客运站场　　污水处理厂(站)　　河流水面
行政管理用地　一类工业用地　道路用地　　消防站　　　　农林用地
中小学用地　　二类工业用地　广场　　　　变电站　　　　养殖用地
文体科技用地　三类工业用地　停车场　　　加油站　　　　村庄
医疗保健用地　仓储用地　　　工程设施用地　公共绿地　　发展备用地
商业金融用地　货运站场　　　水厂　　　　防护绿地　　农场范围线

广西农垦国有良圻农场
广西城乡规划设计院
2008.09

09

良圻农场建设规划图

— 6 —

时任农业部农垦局局长杨绍品（左二）到良圻农场、良圻糖厂考察 ■

2004年7月，时任广西区党委书记曹伯纯（左一）在时任区农垦局局长、原区政协副主席
蒋济雄（右一）和区农垦局副局长陈锦祥（左二）的陪同下，到良圻原种猪场视察

2008 年 12 月 25 日，时任区农垦局局长刘志勇（左二）到农场指导城镇建设　■

2009 年 11 月 10 日，广西园艺作物标准园创建活动启动仪式在东湖农场胡萝卜种植基地举行，
时任中国工程院院士袁隆平（左三）、区党委副书记陈际瓦（左四）出席仪式

2010 年 11 月 9 日，时任自治区主席、现任全国政协副主席马飚（右一）到东湖现代农业
示范区考察调研

2013 年 1 月 16 日，时任农业部部长韩长赋（前排左一）在时任区党委副书记危朝安
（前排中）陪同下，到东湖现代农业示范区考察调研

2014年5月22日，时任广西壮族自治区党委副书记危朝安（前排左）在自治区党委副秘书长
王西冀（后排左一），时任自治区农垦局副局长、原农垦集团总经理杨海空（前排右一），时任
副局长甘羽翔（后排左二）的陪同下，到良圻农场三分场提子基地指导

2015年12月3日，农业部农垦局计划处处长曲晓飞到良圻农场调研

时任自治区农垦局局长刘刚（前排右二）、副局长杨海空（前排左一）、副局长杨伟林（前排右一）到良圻农场三分场指导

2019年1月9日，自治区副主席方春明（左二）在农垦集团党委书记、董事长甘承会（右二），农垦集团党委副书记、总经理谭良良（右一）的陪同下，到良圻农场进行改革调研

三、风雨历程

建场元老合影（从左至右依次为李达光、尚自强、黎国正、张振亚、
陈振轩、赵恒生、陈华镜、程德业、黄桂荣、韦世幸、谭启鸿） ■

1959 年元旦，良圻农场场部一营全体干部合影 ■

建场三十周年留影 ■

建场三十五周年场庆留影 ◀

建场四十周年场庆合影 ◀

建场四十五周年场庆合影 ◀

建场五十周年场庆合影 ■

良圻农场召开庆祝建场六十周年大会 ■

庆祝建场六十周年合影 ■

庆祝建场六十周年全体管理后勤人员合影 ■

贺州桂林知青回场省亲合影 ■

建场六十五周年场庆合影 ■

建场初期甘蔗收获情景 ■

建场初期的人工装蔗 ■

现代机械装蔗 ■

现代大型收割机收获甘蔗 ■

农场土地整理项目开工仪式 ■

土地平整前的机耕路 ■

双高一优平整后的机耕路 ■

甘蔗碎叶还田 ■

甘蔗喷淋基地项目 ■

原种猪场旧猪舍 ■

现在的猪场猪栏一角 ■

第四原种猪场经产育成区外景 ■

良圻兽医技术中心 ■

20世纪90年代的良圻制糖有限公司 ■

良圻制糖有限公司车间新貌 ■

良圻制糖有限公司循环用水 ■

广西制糖研发中心落户良圻制糖有限公司，图中大楼为研发办公大楼 ■

良圻制糖有限公司车间夜景 ■

良圻制糖有限公司产品 ■　　　　　　良圻农场场部和良圻制糖有限公司外景一角 ■

20 世纪 90 年代初造纸厂外景 ■

原农场砖厂外景 ■

东湖农场公司蔬菜基地生机盎然 ▮

东湖农场公司胡萝卜清洗中心 ▮

五、群团组织

1986年4月4日，第一次难侨代表大会成立良圻农场归国华侨联合会，
第一届侨联委员与场领导、农垦局侨联领导合影

良圻农场第十一次党员代表大会

良圻农场第27届一次职工代表大会

1995年7月5日，场侨联在农场举办《中华人民共和国
归侨侨眷权益保护法》颁布五周年座谈会，农垦侨联
领导、县人大政协领导、场领导及归侨代表参加

良圻农场第五次归侨侨眷代表大会

良圻农场第六次归侨侨眷代表大会

良圻农场第十一次团代会代表和领导合影

农场党委举办入党积极分子培训班 ▮　　　　　　　　　　　　农场工会喜获全国模范职工之家 ▮

农场党员向四川地震灾区捐款 ▮

移交前的定点医院挂牌仪式 ■

2008 年 1 月 8 日，农场小学、医院移交地方政府
管理交接仪式 ■

农场成立社区管委会 ■

2018 年 6 月 28 日，芳香社区成立揭牌仪式 ■

2019 年 1 月 8 日，良圻农场有限公司成立揭牌仪式 ■　2019 年 12 月 9 日，国家六部委来调研社会职能
移交情况 ■

农场公司召开管理和工勤人员聘任大会 ■

2022 年 5 月，新金光党委书记、董事长主持良圻、东湖、黎氮公司干部
大会现场 ■

1979 年，安置在分场的越南归侨排队取水情景 ▮

20 世纪 80 年代的场部东区 ▮

早期场部旧菜市 ▮

良圻制糖有限公司职工住宅旧貌 ▮

危房改造前的场部住宅 ■

过去的场部怡景园旧址 ■

现在的怡景园外景 ■

危房改造开工仪式 ◼

芳香佳苑小区一期竣工仪式 ◼

原种猪场办公楼和住宅外景 ◼

芳香大道外景 ■

芳香佳苑 ■

芳香大道 ■

良圻制糖有限公司新貌 ■　　　　　　　广西农垦良圻现代特色农业核心示范区 ■

场部办公楼外景 ■

良圻制糖有限公司办公楼外景 ■

原种猪场办公楼和住宅外景 ■

青树绿水环绕的场部 ■

美丽的农垦家园——东湖农场公司办公区全景图 ■

农场党办发行的报纸刊物　■

农场党委举办的知识抢答竞赛　■

良圻农场表彰一批先进集体和个人　■

2017年9月12日，农场党委和农场工会举办辖区
全民健身运动会开幕式

农场工会举办的篮球运动会开幕式

广西农垦首届职工球运会在良圻农场举办

农场团委举办的环场健身跑启动仪式

良圻制糖有限公司足球比赛 ■

场党委组织的业余文艺队代表区农垦局巡回五个农场演出 ■

农场党委和农场工会组织业余文艺队到分场巡回演出 ■

农场团委举办的卡拉 OK 比赛晚会 ■

农场工会举办的首届"蔗王"擂台赛 ■

农场老年人腰鼓队参加农垦运动会开幕式 ■

老年人业余舞狮队 ■

老龄委组织的老年人门球队参加农垦门球赛

农场联合南宁中心血站开展无偿献血活动

农场党委开展道德讲堂活动

农场深入推进"花样企业"建设工作

良圻三家企业为灾区捐赠救灾物资 ■

良圻制糖有限公司荣获中国农林水系统和谐企业称号 ■

中华全国总工会授予模范职工之家 ■

自治区文明委授予文明单位 ■

全国农林水利系统劳动关系和谐企业 ■

农场获 2008 年广西农垦土地资源管理先进单位 ■

农场获全区农林水利系统劳动关系和谐企业 ■

农场获 2010 年土地资源管理先进单位 ■

农场获 2006—2010 年全区法制宣传教育先进单位 ■

场部机关党支部获 2010 年广西农垦创先争优活动示范点 ■

农场获自治区农垦文明单位 ■

农场获自治区和谐企业 ■

农场获横县 2012 年度工会工作先进单位 ■

农场获广西农垦 2013 年度新闻宣传与信息先进单位 ■

农场获广西农垦 2014 年度固定资产投资和项目建设
推进工作优秀奖 ■

农场获广西农垦 2014 年度土地资源管理工作先进单位 ■

农场获广西农垦 2015 年规划建设法规宣传工作先单位 ■

农场获广西农垦 2015 年度土地资源管理工作贡献奖 ■

农场获 2016 年度全国甘蔗生产信息监测先进单位

农场获 2015 年全国优质冬葡萄评比优质奖 ▮

农场获 2002—2004 年度社会治安综合治理先进单位 ▮

农场获 2004—2005 年度横县先进基层党委 ▮

农场获横县"花样企业(厂区)"创建单位 ▮

农场获预防职务犯罪共建单位 ▮

农场获广西农业产业化重点龙头企业 ▮

农场获广西农垦改革"两个三年"重点工作特别
贡献奖三等奖

农场获广西农垦党支部示范点（总部机关党支部）

农场获广西现代特色农业（核心）
示范区（五星级）

中国农垦农场志丛编纂委员会

主 任

张兴旺

副主任

左常升　李尚兰　刘天金　彭剑良　程景民　王润雷

成 员（按垦区排序）

肖辉利　毕国生　苗冰松　茹栋梅　赵永华　杜　鑫

陈　亮　王守聪　许如庆　姜建友　唐冬寿　王良贵

郭宋玉　兰永清　马常春　张金龙　李胜强　马艳青

黄文沐　张安明　王明魁　徐　斌　田李文　张元鑫

余　繁　林　木　王　韬　张懿笃　杨毅青　段志强

武洪斌　熊　斌　冯天华　朱云生　常　芳

中国农垦农场志丛编纂委员会办公室

主 任

王润雷

副主任

王　生　刘爱芳　武新宇　明　星

成 员

胡从九　刘琢琬　干锦春　王庆宁

中国农垦农场志

广西良圻农场志编纂委员会

主　　任　曾晓吉

副 主 任　杨　茂　陈有志

委　　员　刘树祺　李　胜　黄　卫　刘太福　陆玩潮

　　　　　赵仁林　蒙振国　黄文宁

广西良圻农场志编写组

总　　编　蒙振国

副 总 编　吴小梅　李斌开

编辑兼打印　周桂芳　彭艳群

主编和执笔（1956—2010 年）　陆敏基

资料汇总和档案资料提供人　李斌开　周桂芳

撰 稿 人（新增 2011—2022 年部分）

　　　　　蒙振国　吴小梅　陈喜平　农德坚　李斌开

　　　　　覃　丹　杨喜南　周桂芳　韦炳坚　陈源聪

　　　　　卢家梅　李海福　黄文宁　苏世德　韦光亮

　　　　　张春媚　覃立恩　符李福　卢　山　严　波

　　　　　廖金政　彭艳群　黄陈蕾　谢小清　黄　云

　　　　　李金荣　曾良章　莫绣杰　梁书颖　莫燕选

　　　　　黄铭珊　彭　程　梁诗雨　梁克奎　李剑文

　　　　　李卓凤　卢寿庭　覃　芙　陆成福　阮积祥

图 片 摄 影　吴小梅　蒙振国　李立荣　曾良章　莫绣杰

　　　　　梁书颖　覃　丹　刘小飞　刘传群　莫燕选

　　　　　全　闪　彭艳群　韦　劼

— 3 —

总　序

中国农垦农场志丛自 2017 年开始酝酿，历经几度春秋寒暑，终于在建党 100 周年之际，陆续面世。在此，谨向所有为修此志作出贡献、付出心血的同志表示诚挚的敬意和由衷的感谢！

中国共产党领导开创的农垦事业，为中华人民共和国的诞生和发展立下汗马功劳。八十余年来，农垦事业的发展与共和国的命运紧密相连，在使命履行中，农场成长为国有农业经济的骨干和代表，成为国家在关键时刻抓得住、用得上的重要力量。

如果将农垦比作大厦，那么农场就是砖瓦，是基本单位。在全国 31 个省（自治区、直辖市，港澳台除外），分布着 1800 多个农垦农场。这些星罗棋布的农场如一颗颗玉珠，明暗随农垦的历史进程而起伏；当其融汇在一起，则又映射出农垦事业波澜壮阔的历史画卷，绽放着"艰苦奋斗、勇于开拓"的精神光芒。

（一）

"农垦"概念源于历史悠久的"屯田"。早在秦汉时期就有了移民垦荒，至汉武帝时创立军屯，用于保障军粮供应。之后，历代沿袭屯田这一做法，充实国库，供养军队。

中国共产党借鉴历代屯田经验，发动群众垦荒造田。1933年2月，中华苏维埃共和国临时中央政府颁布《开垦荒地荒田办法》，规定"县区土地部、乡政府要马上调查统计本地所有荒田荒地，切实计划、发动群众去开荒"。到抗日战争时期，中国共产党大规模地发动军人进行农垦实践，肩负起支援抗战的特殊使命，农垦事业正式登上了历史舞台。

20世纪30年代末至40年代初，抗日战争进入相持阶段，在日军扫荡和国民党军事包围、经济封锁等多重压力下，陕甘宁边区生活日益困难。"我们曾经弄到几乎没有衣穿，没有油吃，没有纸、没有菜，战士没有鞋袜，工作人员在冬天没有被盖。"毛泽东同志曾这样讲道。

面对艰难处境，中共中央决定开展"自己动手，丰衣足食"的生产自救。1939年2月2日，毛泽东同志在延安生产动员大会上发出"自己动手"的号召。1940年2月10日，中共中央、中央军委发出《关于开展生产运动的指示》，要求各部队"一面战斗、一面生产、一面学习"。于是，陕甘宁边区掀起了一场轰轰烈烈的大生产运动。

这个时期，抗日根据地的第一个农场——光华农场诞生了。1939年冬，根据中共中央的决定，光华农场在延安筹办，生产牛奶、蔬菜等食物。同时，进行农业科学实验、技术推广，示范带动周边群众。这不同于古代屯田，开创了农垦示范带动的历史先河。

在大生产运动中，还有一面"旗帜"高高飘扬，让人肃然起敬，它就是举世闻名的南泥湾大生产运动。

1940年6—7月，为了解陕甘宁边区自然状况、促进边区建设事业发展，在中共中央财政经济部的支持下，边区政府建设厅的农林科学家乐天宇等一行6人，历时47天，全面考察了边区的森林自然状况，并完成了《陕甘宁边区森林考察团报告书》，报告建议垦殖南泥洼（即南泥湾）。之后，朱德总司令亲自前往南泥洼考察，谋划南泥洼的开发建设。

1941年春天，受中共中央的委托，王震将军率领三五九旅进驻南泥湾。那时，南泥湾俗称"烂泥湾","方圆百里山连山",战士们"只见梢林不见天",身边做伴的是满山窜的狼豹黄羊。在这种艰苦处境中,战士们攻坚克难,一手拿枪,一手拿镐,练兵开荒两不误,把"烂泥湾"变成了陕北的"好江南"。从1941年到1944年,仅仅几年时间,三五九旅的粮食产量由0.12万石猛增到3.7万石,上缴公粮1万石,达到了耕一余一。与此同时,工业、商业、运输业、畜牧业和建筑业也得到了迅速发展。

南泥湾大生产运动,作为中国共产党第一次大规模的军垦,被视为农垦事业的开端,南泥湾也成为农垦事业和农垦精神的发祥地。

进入解放战争时期,建立巩固的东北根据地成为中共中央全方位战略的重要组成部分。毛泽东同志在1945年12月28日为中共中央起草的《建立巩固的东北根据地》中,明确指出"我党现时在东北的任务,是建立根据地,是在东满、北满、西满建立巩固的军事政治的根据地",要求"除集中行动负有重大作战任务的野战兵团外,一切部队和机关,必须在战斗和工作之暇从事生产"。

紧接着,1947年,公营农场兴起的大幕拉开了。

这一年春天,中共中央东北局财经委员会召开会议,主持财经工作的陈云、李富春同志在分析时势后指出:东北行政委员会和各省都要"试办公营农场,进行机械化农业实验,以迎接解放后的农村建设"。

这一年夏天,在松江省政府的指导下,松江省省营第一农场(今宁安农场)创建。省政府主任秘书李在人为场长,他带领着一支18人的队伍,在今尚志市一面坡太平沟开犁生产,一身泥、一身汗地拉开了"北大荒第一犁"。

这一年冬天,原辽北军区司令部作训科科长周亚光带领人马,冒着严寒风雪,到通北县赵光区实地踏查,以日伪开拓团训练学校旧址为基础,建成了我国第一个公营机械化农场——通北机械农场。

之后,花园、永安、平阳等一批公营农场纷纷在战火的硝烟中诞生。与此同时,一部分身残志坚的荣誉军人和被解放的国民党军人,向东北荒原宣战,艰苦拓荒、艰辛创业,创建了一批荣军农场和解放团农场。

再将视线转向华北。这一时期，在河北省衡水湖的前身"千顷洼"所在地，华北人民政府农业部利用一批来自联合国善后救济总署的农业机械，建成了华北解放区第一个机械化公营农场——冀衡农场。

除了机械化农场，在那个主要靠人力耕种的年代，一些拖拉机站和机务人员培训班诞生在东北、华北大地上，推广农业机械化技术，成为新中国农机事业人才培养的"摇篮"。新中国的第一位女拖拉机手梁军正是优秀代表之一。

（二）

中华人民共和国成立后农垦事业步入了发展的"快车道"。

1949年10月1日，新中国成立了，百废待兴。新的历史阶段提出了新课题、新任务：恢复和发展生产，医治战争创伤，安置转业官兵，巩固国防，稳定新生的人民政权。

这没有硝烟的"新战场"，更需要垦荒生产的支持。

1949年12月5日，中央人民政府人民革命军事委员会发布《关于1950年军队参加生产建设工作的指示》，号召全军"除继续作战和服勤务者而外，应当负担一部分生产任务，使我人民解放军不仅是一支国防军，而且是一支生产军"。

1952年2月1日，毛泽东主席发布《人民革命军事委员会命令》："你们现在可以把战斗的武器保存起来，拿起生产建设的武器。"批准中国人民解放军31个师转为建设师，其中有15个师参加农业生产建设。

垦荒战鼓已擂响，刚跨进和平年代的解放军官兵们，又背起行囊，扑向荒原，将"作战地图变成生产地图"，把"炮兵的瞄准仪变成建设者的水平仪"，让"战马变成耕马"，在戈壁荒漠、三江平原、南国边疆安营扎寨，攻坚克难，辛苦耕耘，创造了农垦事业的一个又一个奇迹。

1. 将戈壁荒漠变成绿洲

1950年1月，王震将军向驻疆部队发布开展大生产运动的命令，动员11万余名官兵就地屯垦，创建军垦农场。

垦荒之战有多难，这些有着南泥湾精神的农垦战士就有多拼。

没有房子住，就搭草棚子、住地窝子；粮食不够吃，就用盐水煮麦粒；没有拖拉机和畜力，就多人拉犁开荒种地……

然而，戈壁滩缺水，缺"农业的命根子"，这是痛中之痛！

没有水，战士们就自己修渠，自伐木料，自制筐担，自搓绳索，自开块石。修渠中涌现了很多动人故事，据原新疆兵团农二师师长王德昌回忆，1951年冬天，一名来自湖南的女战士，面对磨断的绳子，情急之下，割下心爱的辫子，接上绳子背起了石头。

在战士们全力以赴的努力下，十八团渠、红星渠、和平渠、八一胜利渠等一条条大地的"新动脉"，奔涌在戈壁滩上。

1954年10月，经中共中央批准，新疆生产建设兵团成立，陶峙岳被任命为司令员，新疆维吾尔自治区党委书记王恩茂兼任第一政委，张仲瀚任第二政委。努力开荒生产的驻疆屯垦官兵终于有了正式的新身份，工作中心由武装斗争转为经济建设，新疆地区的屯垦进入了新的阶段。

之后，新疆生产建设兵团重点开发了北疆的准噶尔盆地、南疆的塔里木河流域及伊犁、博乐、塔城等边远地区。战士们鼓足干劲，兴修水利、垦荒造田、种粮种棉、修路架桥，一座座城市拔地而起，荒漠变绿洲。

2. 将荒原沼泽变成粮仓

在新疆屯垦热火朝天之时，北大荒也进入了波澜壮阔的开发阶段，三江平原成为"主战场"。

1954年8月，中共中央农村工作部同意并批转了农业部党组《关于开发东北荒地的农建二师移垦东北问题的报告》，同时上报中央军委批准。9月，第一批集体转业的"移民大军"——农建二师由山东开赴北大荒。这支8000多人的齐鲁官兵队伍以荒原为家，创建了二九〇、二九一和十一农场。

同年，王震将军视察黑龙江汤原后，萌发了开发北大荒的设想。领命的是第五师副师长余友清，他打头阵，率一支先遣队到密山、虎林一带踏查荒原，于1955年元旦，在虎林县（今虎林市）西岗创建了铁道兵第一个农场，以部队番号命名为"八五〇部农场"。

1955年，经中共中央同意，铁道兵9个师近两万人挺进北大荒，在密山、虎林、饶河一带开荒建场，拉开了向三江平原发起总攻的序幕，在八五〇部农场周围建起了一批八字头的农场。

1958年1月，中央军委发出《关于动员十万干部转业复员参加生产建设的指示》，要求全军复员转业官兵去开发北大荒。命令一下，十万转业官兵及家属，浩浩荡荡进军三江平原，支边青年、知识青年也前赴后继地进攻这片古老的荒原。

垦荒大军不惧苦、不畏难，鏖战多年，荒原变良田。1964年盛夏，国家副主席董必武来到北大荒视察，面对麦香千里即兴赋诗："斩棘披荆忆老兵，大荒已变大粮屯。"

3. 将荒郊野岭变成胶园

如果说农垦大军在戈壁滩、北大荒打赢了漂亮的要粮要棉战役，那么，在南国边疆，则打赢了一场在世界看来不可能胜利的翻身仗。

1950年，朝鲜战争爆发后，帝国主义对我国实行经济封锁，重要战略物资天然橡胶被禁运，我国国防和经济建设面临严重威胁。

当时世界公认天然橡胶的种植地域不能超过北纬17°，我国被国际上许多专家划为"植胶禁区"。

但命运应该掌握在自己手中，中共中央作出"一定要建立自己的橡胶基地"的战略决策。1951年8月，政务院通过《关于扩大培植橡胶树的决定》，由副总理兼财政经济委员会主任陈云亲自主持这项工作。同年11月，华南垦殖局成立，中共中央华南分局第一书记叶剑英兼任局长，开始探索橡胶种植。

1952年3月，两万名中国人民解放军临危受命，组建成林业工程第一师、第二师和一个独立团，开赴海南、湛江、合浦等地，住茅棚、战台风、斗猛兽，白手起家垦殖橡胶。

大规模垦殖橡胶，急需胶籽。"一粒胶籽，一两黄金"成为战斗口号，战士们不惜一切代价收集胶籽。有一位叫陈金照的小战士，运送胶籽时遇到山洪，被战友们找到时已没有了呼吸，而背上箩筐里的胶籽却一粒没丢……

正是有了千千万万个把橡胶看得重于生命的陈金照们，1957年春天，华南垦殖局种植的第一批橡胶树，流出了第一滴胶乳。

1960年以后，大批转业官兵加入海南岛植胶队伍，建成第一个橡胶生产基地，还大面积种植了剑麻、香茅、咖啡等多种热带作物。同时，又有数万名转业官兵和湖南移民汇聚云南边疆，用血汗浇灌出了我国第二个橡胶生产基地。

在新疆、东北和华南三大军垦战役打响之时，其他省份也开始试办农场。1952年，在政务院关于"各县在可能范围内尽量地办起和办好一两个国营农场"的要求下，全国各地农场如雨后春笋般发展起来。1956年，农垦部成立，王震将军被任命为部长，统一管理全国的军垦农场和地方农场。

随着农垦管理走向规范化，农垦事业也蓬勃发展起来。江西建成多个综合垦殖场，发展茶、果、桑、林等多种生产；北京市郊、天津市郊、上海崇明岛等地建起了主要为城市提供副食品的国营农场；陕西、安徽、河南、西藏等省区建立发展了农牧场群……

到1966年，全国建成国营农场1958个，拥有职工292.77万人，拥有耕地面积345457公顷，农垦成为我国农业战线一支引人瞩目的生力军。

（三）

前进的道路并不总是平坦的。"文化大革命"持续十年，使党、国家和各族人民遭到新中国成立以来时间最长、范围最广、损失最大的挫折，农垦系统也不能幸免。农场平均主义盛行，从1967年至1978年，农垦系统连续亏损12年。

"没有一个冬天不可逾越，没有一个春天不会来临。"1978年，党的十一届三中全会召开，如同一声春雷，唤醒了沉睡的中华大地。手握改革开放这一法宝，全党全社会朝着社会主义现代化建设方向大步前进。

在这种大形势下，农垦人深知，国营农场作为社会主义全民所有制企业，应当而且有条件走在农业现代化的前列，继续发挥带头和示范作用。

于是，农垦人自觉承担起推进实现农业现代化的重大使命，乘着改革开放的春风，开始进行一系列的上下求索。

1978年9月，国务院召开了人民公社、国营农场试办农工商联合企业座谈会，决定在我国试办农工商联合企业，农垦系统积极响应。作为现代化大农业的尝试，机械化水平较高且具有一定工商业经验的农垦企业，在农工商综合经营改革中如鱼得水，打破了单一种粮的局面，开启了农垦一二三产业全面发展的大门。

农工商综合经营只是农垦改革的一部分，农垦改革的关键在于打破平均主义，调动生产积极性。

为调动企业积极性，1979年2月，国务院批转了财政部、国家农垦总局《关于农垦企业实行财务包干的暂行规定》。自此，农垦开始实行财务大包干，突破了"千家花钱，一家（中央）平衡"的统收统支方式，解决了农垦企业吃国家"大锅饭"的问题。

为调动企业职工的积极性，从1979年根据财务包干的要求恢复"包、定、奖"生产责任制，到1980年后一些农场实行以"大包干"到户为主要形式的家庭联产承包责任制，再到1983年借鉴农村改革经验，全面兴办家庭农场，逐渐建立大农场套小农场的双层经营体制，形成"家家有场长，户户搞核算"的蓬勃发展气象。

为调动企业经营者的积极性，1984年下半年，农垦系统在全国选择100多个企业试点推行场（厂）长、经理负责制，1988年全国农垦有60%以上的企业实行了这项改革，继而又借鉴城市国有企业改革经验，全面推行多种形式承包经营责任制，进一步明确主管部门与企业的权责利关系。

以上这些改革主要是在企业层面，以单项改革为主，虽然触及了国家、企业和职工的最直接、最根本的利益关系，但还没有完全解决传统体制下影响农垦经济发展的深层次矛盾和困难。

"历史总是在不断解决问题中前进的。"1992年，继邓小平南方谈话之后，党的十四大明确提出，要建立社会主义市场经济体制。市场经济为农垦改革进一步指明了方向，但农垦如何改革才能步入这个轨道，真正成为现代化农业的引领者？

关于国营大中型企业如何走向市场，早在1991年9月中共中央就召开工作会议，强调要转换企业经营机制。1992年7月，国务院发布《全民所有制工业企业转换经营机制条例》，明确提出企业转换经营机制的目标是："使企业适应市场的要求，成为依法自主经营、自负盈亏、自我发展、自我约束的商品生产和经营单位，成为独立享有民事权利和承担民事义务的企业法人。"

为转换农垦企业的经营机制，针对在干部制度上的"铁交椅"、用工制度上的"铁饭碗"和分配制度上的"大锅饭"问题，农垦实施了干部聘任制、全员劳动合同制以及劳动报酬与工效挂钩的三项制度改革，为农垦企业建立在用人、用工和收入分配上的竞争机制起到了重要促进作用。

1993年，十四届三中全会再次擂响战鼓，指出要进一步转换国有企业经营机制，建立适应市场经济要求，产权清晰、权责明确、政企分开、管理科学的现代企业制度。

农业部积极响应，1994年决定实施"三百工程"，即在全国农垦选择百家国有农场进行现代企业制度试点、组建发展百家企业集团、建设和做强百家良种企业，标志着农垦企业的改革开始深入到企业制度本身。

同年，针对有些农场仍为职工家庭农场，承包户垫付生产、生活费用这一问题，根据当年1月召开的全国农业工作会议要求，全国农垦系统开始实行"四到户"和"两自理"，即土地、核算、盈亏、风险到户，生产费、生活费由职工自理。这一举措彻底打破了"大锅饭"，开启了国有农场农业双层经营体制改革的新发展阶段。

然而，在推进市场经济进程中，以行政管理手段为主的垦区传统管理体制，逐渐成为束缚企业改革的桎梏。

垦区管理体制改革迫在眉睫。1995年，农业部在湖北省武汉市召开全国农垦经济体制改革工作会议，在总结各垦区实践的基础上，确立了农垦管理体制的改革思路：逐步弱化行政职能，加快实体化进程，积极向集团化、公司化过渡。以此会议为标志，垦区管理体制改革全面启动。北京、天津、黑龙江等17个垦区按照集团化方向推进。此时，出于实际需要，大部分垦区在推进集团化改革中仍保留了农垦管理部门牌子和部分行政管理职能。

"前途是光明的，道路是曲折的。"由于农垦自身存在的政企不分、产权不清、社会负担过重等深层次矛盾逐渐暴露，加之农产品价格低迷、激烈的市场竞争等外部因素叠加，从1997年开始，农垦企业开始步入长达5年的亏损徘徊期。

然而，农垦人不放弃、不妥协，终于在2002年"守得云开见月明"。这一年，中共十六大召开，农垦也在不断调整和改革中，告别"五连亏"，盈利13亿。

2002年后，集团化垦区按照"产业化、集团化、股份化"的要求，加快了对集团母公司、产业化专业公司的公司制改造和资源整合，逐步将国有优质资产集中到主导产业，进一步建立健全现代企业制度，形成了一批大公司、大集团，提升了农垦企业的核心竞争力。

与此同时，国有农场也在企业化、公司化改造方面进行了积极探索，综合考虑是否具备企业经营条件、能否剥离办社会职能等因素，因地制宜、分类指导。一是办社会职能可以移交的农场，按公司制等企业组织形式进行改革；办社会职能剥离需要过渡期的农场，逐步向公司制企业过渡。如广东、云南、上海、宁夏等集团化垦区，结合农场体制改革，打破传统农场界限，组建产业化专业公司，并以此为纽带，进一步将垦区内产业关联农场由子公司改为产业公司的生产基地（或基地分公司），建立了集团与加工企业、农场生产基地间新的运行体制。二是不具备企业经营条件的农场，改为乡、镇或行政区，向政权组织过渡。如2003年前后，一些垦区的部分农场连年严重亏损，有的甚至濒临破产。湖南、湖北、河北等垦区经省委、省政府批准，对农场管理体制进行革新，把农场管理权下放到市县，实行属地管理，一些农场建立农场管理区，赋予必要的政府职能，给予财税优惠政策。

这些改革离不开农垦职工的默默支持，农垦的改革也不会忽视职工的生活保障。1986年，根据《中共中央 国务院批转农牧渔业部〈关于农垦经济体制改革问题的报告〉的通知》要求，农垦系统突破职工住房由国家分配的制度，实行住房商品化，调动职工自己动手、改善住房的积极性。1992年，农垦系统根据国务院关于企业职工养老保险制度改革的精神，开始改变职工养老保险金由企业独自承担的局面，此后逐步建立并完善国家、企业、职工三方共同承担的社会保障制度，减轻农场养老负担的同时，也减少了农场职工的后顾之忧，保障了农场改革的顺利推进。

从1986年至十八大前夕，从努力打破传统高度集中封闭管理的计划经济体制，到坚定社会主义市场经济体制方向；从在企业层面改革，以单项改革和放权让利为主，到深入管理体制，以制度建设为核心、多项改革综合配套协调推进为主：农垦企业一步一个脚印，走上符合自身实际的改革道路，管理体制更加适应市场经济，企业经营机制更加灵活高效。

这一阶段，农垦系统一手抓改革，一手抓开放，积极跳出"封闭"死胡同，走向开放的康庄大道。从利用外资在经营等领域涉足并深入合作，大力发展"三资"企业和"三来一补"项目；到注重"引进来"，引进资金、技术设备和管理理念等；再到积极实施"走出去"战略，与中东、东盟、日本等地区和国家进行经贸合作出口商品，甚至扎根境外建基地、办企业、搞加工、拓市场：农垦改革开放风生水起逐浪高，逐步形成"两个市场、两种资源"的对外开放格局。

（四）

党的十八大以来，以习近平同志为核心的党中央迎难而上，作出全面深化改革的决定，农垦改革也进入全面深化和进一步完善阶段。

2015年11月，中共中央、国务院印发《关于进一步推进农垦改革发展的意见》（简称《意见》），吹响了新一轮农垦改革发展的号角。《意见》明确要求，新时期农垦改革发展要以推进垦区集团化、农场企业化改革为主线，努力把农垦建设成为保障国家粮食安全和重要农产品有效供给的国家队、中国特色新型农业现代化的示范区、农业对外合作的排头兵、安边固疆的稳定器。

2016年5月25日，习近平总书记在黑龙江省考察时指出，要深化国有农垦体制改革，以垦区集团化、农场企业化为主线，推动资源资产整合、产业优化升级，建设现代农业大基地、大企业、大产业，努力形成农业领域的航母。

2018年9月25日，习近平总书记再次来到黑龙江省进行考察，他强调，要深化农垦体制改革，全面增强农垦内生动力、发展活力、整体实力，更好发挥农垦在现代农业建设中的骨干作用。

农垦从来没有像今天这样更接近中华民族伟大复兴的梦想！农垦人更加振奋了，以壮士断腕的勇气、背水一战的决心继续农垦改革发展攻坚战。

1. 取得了累累硕果

——坚持集团化改革主导方向，形成和壮大了一批具有较强竞争力的现代农业企业集团。黑龙江北大荒去行政化改革、江苏农垦农业板块上市、北京首农食品资源整合……农垦深化体制机制改革多点开花、逐步深入。以资本为纽带的母子公司管理体制不断完善，现代公司治理体系进一步健全。市县管理农场的省份区域集团化改革稳步推进，已组建区域集团和产业公司超过300家，一大批农场注册成为公司制企业，成为真正的市场主体。

——创新和完善农垦农业双层经营体制，强化大农场的统一经营服务能力，提高适度规模经营水平。截至2020年，据不完全统计，全国农垦规模化经营土地面积5500多万亩，约占农垦耕地面积的70.5%，现代农业之路越走越宽。

——改革国有农场办社会职能，让农垦企业政企分开、社企分开，彻底甩掉历史包袱。截至2020年，全国农垦有改革任务的1500多个农场完成办社会职能改革，松绑后的步伐更加矫健有力。

——推动农垦国有土地使用权确权登记发证，唤醒沉睡已久的农垦土地资源。截至2020年，土地确权登记发证率达到96.3%，使土地也能变成金子注入农垦企业，为推进农垦土地资源资产化、资本化打下坚实基础。

——积极推进对外开放，农垦农业对外合作先行者和排头兵的地位更加突出。合作领域从粮食、天然橡胶行业扩展到油料、糖业、果菜等多种产业，从单个环节向全产业链延伸，对外合作范围不断拓展。截至 2020 年，全国共有 15 个垦区在 45 个国家和地区投资设立了 84 家农业企业，累计投资超过 370 亿元。

2. 在发展中改革，在改革中发展

农垦企业不仅有改革的硕果，更以改革创新为动力，在扶贫开发、产业发展、打造农业领域航母方面交出了漂亮的成绩单。

——聚力农垦扶贫开发，打赢农垦脱贫攻坚战。从 20 世纪 90 年代起，农垦系统开始扶贫开发。"十三五"时期，农垦系统针对 304 个重点贫困农场，绘制扶贫作战图，逐个建立扶贫档案，坚持"一场一卡一评价"。坚持产业扶贫，组织开展技术培训、现场观摩、产销对接，增强贫困农场自我"造血"能力。甘肃农垦永昌农场建成高原夏菜示范园区，江西宜丰黄冈山垦殖场大力发展旅游产业，广东农垦新华农场打造绿色生态茶园……贫困农场产业发展蒸蒸日上，全部如期脱贫摘帽，相对落后农场、边境农场和生态脆弱区农场等农垦"三场"踏上全面振兴之路。

——推动产业高质量发展，现代农业产业体系、生产体系、经营体系不断完善。初步建成一批稳定可靠的大型生产基地，保障粮食、天然橡胶、牛奶、肉类等重要农产品的供给；推广一批环境友好型种养新技术、种养循环新模式，提升产品质量的同时促进节本增效；制定发布一系列生鲜乳、稻米等农产品的团体标准，守护"舌尖上的安全"；相继成立种业、乳业、节水农业等产业技术联盟，形成共商共建共享的合力；逐渐形成"以中国农垦公共品牌为核心、农垦系统品牌联合舰队为依托"的品牌矩阵，品牌美誉度、影响力进一步扩大。

——打造形成农业领域航母，向培育具有国际竞争力的现代农业企业集团迈出坚实步伐。黑龙江北大荒、北京首农、上海光明三个集团资产和营收双超千亿元，在发展中乘风破浪：黑龙江北大荒农垦集团实现机械化全覆盖，连续多年粮食产量稳定在 400 亿斤以上，推动产业高端化、智能化、绿色化，全力打造"北大荒绿色智慧厨房"；北京首农集团坚持科技和品牌双轮驱动，不断提升完善"从田间到餐桌"的全产业链条；上海光明食品集团坚持品牌化经营、国际化发展道路，加快农业

"走出去"步伐，进行国际化供应链、产业链建设，海外营收占集团总营收 20% 左右，极大地增强了对全世界优质资源的获取能力和配置能力。

千淘万漉虽辛苦，吹尽狂沙始到金。迈入"十四五"，农垦改革目标基本完成，正式开启了高质量发展的新篇章，正在加快建设现代农业的大基地、大企业、大产业，全力打造农业领域航母。

（五）

八十多年来，从人畜拉犁到无人机械作业，从一产独大到三产融合，从单项经营到全产业链，从垦区"小社会"到农业"集团军"，农垦发生了翻天覆地的变化。然而，无论农垦怎样变，变中都有不变。

——不变的是一路始终听党话、跟党走的绝对忠诚。从抗战和解放战争时期垦荒供应军粮，到新中国成立初期发展生产、巩固国防，再到改革开放后逐步成为现代农业建设的"排头兵"，农垦始终坚持全面贯彻党的领导。而农垦从孕育诞生到发展壮大，更离不开党的坚强领导。毫不动摇地坚持贯彻党对农垦的领导，是农垦人奋力前行的坚强保障。

——不变的是服务国家核心利益的初心和使命。肩负历史赋予的保障供给、屯垦戍边、示范引领的使命，农垦系统始终站在讲政治的高度，把完成国家战略任务放在首位。在三年困难时期、"非典"肆虐、汶川大地震、新冠疫情突发等关键时刻，农垦系统都能"调得动、顶得上、应得急"，为国家大局稳定作出突出贡献。

——不变的是"艰苦奋斗、勇于开拓"的农垦精神。从抗日战争时一手拿枪、一手拿镐的南泥湾大生产，到新中国成立后新疆、东北和华南的三大军垦战役，再到改革开放后艰难但从未退缩的改革创新、坚定且铿锵有力的发展步伐，"艰苦奋斗、勇于开拓"始终是农垦人不变的本色，始终是农垦人攻坚克难的"传家宝"。

农垦精神和文化生于农垦沃土，在红色文化、军旅文化、知青文化等文化中孕育，也在一代代人的传承下，不断被注入新的时代内涵，成为农垦事业发展的不竭动力。

"大力弘扬'艰苦奋斗、勇于开拓'的农垦精神，推进农垦文化建设，汇聚起推动农垦改革发展的强大精神力量。"中央农垦改革发展文件这样要求。在新时代、新征程中，记录、传承农垦精神，弘扬农垦文化是农垦人的职责所在。

（六）

随着垦区集团化、农场企业化改革的深入，农垦的企业属性越来越突出，加之有些农场的历史资料、文献文物不同程度遗失和损坏，不少老一辈农垦人也已年至期颐，农垦历史、人文、社会、文化等方面的保护传承需求也越来越迫切。

传承农垦历史文化，志书是十分重要的载体。然而，目前只有少数农场编写出版过农场史志类书籍。因此，为弘扬农垦精神和文化，完整记录展示农场发展改革历程，保存农垦系统重要历史资料，在农业农村部党组的坚强领导下，农垦局主动作为，牵头组织开展中国农垦农场志丛编纂工作。

工欲善其事，必先利其器。2019年，借全国第二轮修志工作结束、第三轮修志工作启动的契机，农业农村部启动中国农垦农场志丛编纂工作，广泛收集地方志相关文献资料，实地走访调研、拜访专家、咨询座谈、征求意见等。在充足的前期准备工作基础上，制定了中国农垦农场志丛编纂工作方案，拟按照前期探索、总结经验、逐步推进的整体安排，统筹推进中国农垦农场志丛编纂工作，这一方案得到了农业农村部领导的高度认可和充分肯定。

编纂工作启动后，层层落实责任。农业农村部专门成立了中国农垦农场志丛编纂委员会，研究解决农场志编纂、出版工作中的重大事项；编纂委员会下设办公室，负责志书编纂的具体组织协调工作；各省级农垦管理部门成立农场志编纂工作机构，负责协调本区域农场志的组织编纂、质量审查等工作；参与编纂的农场成立了农场志编纂工作小组，明确专职人员，落实工作经费，建立配套机制，保证了编纂工作的顺利进行。

质量是志书的生命和价值所在。为保证志书质量，我们组织专家编写了《农场志编纂技术手册》，举办农场志编纂工作培训班，召开农场志编纂工作推进会和研讨会，到农场实地调研督导，尽全力把好志书编纂的史实关、政治关、体例关、文字关和出版关。我们本着"时间服从质量"的原则，将精品意识贯穿编纂工作始终。坚持分步实施、稳步推进，成熟一本出版一本，成熟一批出版一批。

中国农垦农场志丛是我国第一次较为系统地记录展示农场形成发展脉络、改革发展历程的志书。它是一扇窗口，让读者了解农场，理解农垦；它是一条纽带，让农垦人牢记历史，让农垦精神代代传承；它是一本教科书，为今后农垦继续深化改革开放、引领现代农业建设、服务乡村振兴战略指引道路。

修志为用。希望此志能够"尽其用"，对读者有所裨益。希望广大农垦人能够从此志汲取营养，不忘初心、牢记使命，一茬接着一茬干、一棒接着一棒跑，在新时代继续发挥农垦精神，续写农垦改革发展新辉煌，为实现中华民族伟大复兴的中国梦不懈努力！

中国农垦农场志丛编纂委员会

2021 年 7 月

广西良圻农场志

GUANGXI LIANGQI NONGCHANG ZHI

序言

当代中国农垦事业，是一项全新的事业，是我国国民经济的一个组成部分。国有农场是农垦事业的主体，它最初是由国家投资，在国有土地上开垦建立起来的。良圻农场历经半个多世纪沧桑，已由一片荒凉的土地变成一座颇具现代规模的小城镇，辖区内现拥有三个独立的法人企业。良圻的历史还在发展，我们有责任把走过的道路和历史经验记载下来，供农垦新生代和社会借鉴。

农场从初创时的荒漠逐步实现规模化发展，并形成一个"小社会"，它不但广泛开展工农业生产经营，还开办教育、卫生、交通、运输、商业、服务等社会事业，既是经济组织，又是满足农场职工各种需要的社会单位，充分发挥社区功能。在这一过程中，农场的生产建设虽然有一定程度的发展，但过多的社会负担以及官办模式的管理体制和经营机制抑制了职工的积极性，束缚了生产力的发展，农场长期处于亏损状态。

党的十一届三中全会的胜利召开，给农场的发展带来了生机和活力，在党的路线、方针、政策指引下，农场不断深化改革。改革的重点，一是由平均主义分配形式转向联产承包责任制，打破"大锅饭"；二是由统一集中经营转向农场和职工家庭统分结合双层经营，即兴办职工家庭农场；三是由指令计划为主的产品经济转向商品经济；四是由以行政手段管理转向以经济手段管理，从而引入市场调节；五是逐步剥离企业办社会职能的负担。改革，使农场焕发新的生机，生产建设和经济建设取得很大成效。从1956年建场到场厂分立前，国家共投资 2778.85 万元，而农场累计给国家缴纳各种税费总额达 15233 万元，投资回收率 548.18%，换言之，国家投资办一个良圻农场，收回了近五个半农场，农场职工为国家作出了很大的贡献。

纵观建场以来半个多世纪的岁月，其中有什么东西值得借鉴呢？我们认为历史的经验教训是丰富的：一是国有农场必须建立与之相适应的管理体制，隶属关系相对稳定，如建场初期到中期，隶属关系曾三下三上，时而为区直企业，时而下放到地方，使企业管理无所适从；二是农场是经济组织，必须以经济建设为中心，千道理，万道理，发展才是硬道理；三是任何时候都必须勤俭办场，勤俭办企业，勤俭办一切事业，努力增产节支见成效；四是国有实行企业化管理才有出路，从实际出发，建立稳妥可行的管理机制，践行科学发展观，与时俱进，才有可能不断提升企业的质量。

良圻农场区域的三家农垦企业所取得的成就和业绩都离不开广大职工的努力奋斗，尤其是农垦前辈当年艰苦创业，不怕艰难，披星戴月，沐雨栉风，为改变落后面貌吃大苦、耐大劳的精神，今天仍让我们无限佩慰。列宁说：忘记过去就意味着背叛。我们正是出于这种情怀，多方组织力量，抽调精干，投入资金，用数载光阴，孜孜于档案故纸之中，殷殷于数据史实之内，追寻开拓者的足迹，挖掘创业者的风貌，叙建置沿革，述经济政治，记企业管理，载文化社会，彰先进事迹，扬光荣传统，借以存史、资政、教化，昭示农场新生代不忘过去，珍视今天，向往明天。

《广西良圻农场志》集百科于一体，缩半个多世纪为一瞬，它是昨天的记录、今天的镜子、明天的佐证。《广西良圻农场志》是根据中国农业农村部办公厅《关于组织开展第二批中国农垦志编纂工作的通知》（农办垦〔2021〕1 号）文件要求修编，本年，在广西农垦系统 28 家企业中，指定良圻和良丰农场公司作为第二批编纂单位，在原资料基础上新增 2011—2022 年 3 月各行各业全方位内容，特别将农场改制为广西农垦良圻农场有限公司后改革发展所取得的成果，将下属的东湖农场有限公司、黎塘氮肥有限公司纳入本志新增内容，原良圻制糖公司和良圻原种猪场不再纳入新编范围。编纂过程坚持实事求是，秉笔实录，直陈其事，能使人们了解良圻农场的既往与现在。殷切地期望大家能从本志记述的各项事业发展过程中，更好地总结过去，分析现状，探索未来，为建设、发展农场更美好的明天取其精华，去其糟粕，避免失误；同时我们要求广大职工，把本志记述的各种史实，当作爱国、爱家、爱企业的教材，鞭策自己与时俱进。

广西农垦良圻农场有限公司党委书记、董事长　曾晓吉

2022 年 3 月

广西良圻农场志

GUANGXI LIANGQI NONGCHANG ZHI

凡例

一、《广西良圻农场志》所记载的是农场生产建设和发展的历史过程。企业分立前，统称良圻农场；企业分立后，按国有良圻农场、良圻制糖有限公司（简称良糖）、良圻原种猪场3家企业名称分别记述。

二、本志按篇、章、节排列，志首设"概述"和"大事记"，志后设"附录"，志中配图表，全志分建置 沿革、建场、自然环境、企业领导体制、企业管理、经营管理、农业、畜牧业、工商业、小城镇建设、企业文化建设、教育科技、文化 卫生 体育、社会、人物 先进集体、补遗，共16篇，纵不断线，横不漏项。

三、志书贯穿20世纪50年代中期至2022年3月，详今略古，记述内容重点放在改革开放后，尤其着重记述21世纪以来的经济建设事业。

四、本志采用述、记、传、志、录、图表多种体裁，而以志为主，各篇章采取横排纵述，纵横结合，述而不论。

五、志书资料主要来自农场档案室、各部门统计报表和各单位年终总结；建场以来亲历、亲见、亲闻者口述和提供的文字材料，经鉴别核实，去伪存真、去芜存菁入志。各统计数字概不注明出处。

六、书中所用数字，除习惯用汉字表示以外，一律用阿拉伯数字。

七、志书记年、计量、行文等均按国家有关规定标准。

八、2018 年广西农垦农场企业化改革和企业优化重组后，本志将隶属的东湖农场有限公司、黎塘氮肥有限公司（简称黎氮公司）纳入新增内容，原良圻制糖有限公司和良圻原种猪场不再纳入新编范围。

九、本志各篇记述的事件，均按时间先后顺序收录，不在时限之内的人和事不予收录。

中国农垦农场志丛

目 录

第五编　企业管理

第六编　经营管理

第七编 农 业

第八编 畜 牧 业

第九编　工　商　业

第十编　小城镇建设

第十一编　企业文化建设

第十二编　教育　科技

第十三编　文化　卫生　体育

第十四编　社　　会

第十五编　人物　先进集体

第十六编　补　遗

概　　述

　　良圻农场位于横州市（原横县）西部，距离横州市横州镇 35 公里，湘桂铁路横亘北面，西南公路贯穿其中，地处东经 108°59′37″—109°07′35″，北纬 22°43′46″—22°53′26″，东连陶圩，西接良圻（今六景镇），南靠莲塘、平马，北和石塘相邻，场界周长 150 公里，场间整理时与 14 个村公所 36 个村委接界，据勘测设计规划并经横县人民委员会批准，农场范围的土地面积 86269 亩[①]，经多次变迁，现良圻农场辖区土地面积共 76758 亩，已开发利用 95% 以上。

　　地势多为缓坡丘陵，呈西北高、东南低走向，海拔为 60～172 米，土壤成土母质主要是第四纪红土和紫色砂岩风化物，共有 13 个土种。场区有龙潭、鲤鱼潭、莫大湖、泗元江、九汶塘 5 潭水资源，世代滋润这片古老土地。地下蕴藏有矿产资源，已勘测探明的有高岭土、石英石和铁矿石，建场以来，曾多次开发利用高岭土。

　　农场区域属亚热带季风气候，年平均日照时数 1927 小时，平均降水量 1273.57 毫米，平均气温 21.69℃，气候温和，雨水适中，宜栽种经济作物，尤其发展糖蔗生产，收成很好。

　　1956 年 2 月 22 日建场。根据广西省农业厅荒地勘测局的勘测设计方案，1956 年 1 月 14 日，华南垦殖局广西分局指令赵恒生、程德业到横县接洽创办国营农场事宜，他们向横县人民委员会何华锦县长传达了省局关于在横县西部开办国营农场的指示，横县党政领导给予大力帮助，立即指示各有关部门派员陪同赴场区，踏荒核查，协助开展建场工作。当年 2 月 22 日，赵恒生、程德业和省局调来的韦世幸、张振亚、黄桂荣、陈振轩、尚自强、黎国正、谭启鸿及随后到来的周桂琼（女）、陈华镜、李达光 12 位建场人员，汇聚到横县良圻区（今六景镇）同志村，以同志村为依托艰苦开拓，正式展开建场工作。后来，同志村生产队经批准为并场社队，并入全民所有制的国营良圻农场。

　　初时，农场取名"国营光明垦殖场"，后根据农场的经营性质，华南垦殖局发函公布，场名叫"国营芳香农场"。1958 年 5 月 30 日，为适应地名和通信、外涉需要，广西壮族

---

① 亩为非法定计量单位，1 亩＝1/15 公顷≈667 平方米。——编者注

自治区林垦厅下文，场名改为"国营横县良圻农场"，场部设在石灰槽一带。1994 年 5 月 18 日，自治区农垦局下文将场名更为"广西农垦良圻实业总公司"。2003 年 5 月 11 日，根据自治区农垦局垦企管字〔2003〕20 号文件《关于统一变更农场名称的通知》，又将场名定为"广西农垦国有良圻农场"。农场的管理体制，其隶属关系历经三上三下的变动。1956 年 2 月至 1958 年 6 月，农场隶属广西垦殖厅（林垦厅）管理，1958 年 7 月管理体制下放，隶属横县；自治区农垦局成立后，收回区局管理，此次体制下放首尾一年时间。1960 年 10 月，再次下放横县，至 1962 年 7 月，自治区农垦局收回管理，下放历时 1 年零 9 个月。1971 年 1 月，时值"文化大革命"中期，农场第三次下放给横县，这次体制下放时间最长，共达 8 年零 2 个月，至 1979 年 3 月，自治区农垦局第三次收回，从此管理体制一直稳定，隶属农垦管理再没变动过。农场的党群组织关系，自建场以来一直归地方管理，直到 2012 年 5 月，自治区农垦工委印发《关于明阳工业区党委等 10 个农垦驻邕单位党组织隶属关系划转的通知》（桂垦工委发〔2012〕34 号），把良圻农场党委划归农垦工委直管；群团组织继续实行地方和农垦双重管理的模式。管理体制的几次下放，仅仅是隶属关系的改换，实质上的管理如生产计划的下达、财务预决算的安排、经营亏损的弥补，仍然是自治区农垦局的。随着现代企业制度的深入，为做强做大龙头企业，农场的畜牧业、制糖业相继分立，现良圻农场辖区内有 3 个独立法人企业单位，即广西农垦国有良圻农场、广西农垦糖业集团良圻制糖有限公司和永新畜牧集团良圻原种猪场。

农场经营方针经过多次变动、调整，尤其建场初期，调动比较频繁。农场初创时，以种植香茅为主，香茅经过加工成香茅油，供国家外贸出口。从 1960 年开始，根据中央"大办粮食"的方针，农场改为大面积种植木薯、红薯、玉米，兴建淀粉厂加工木薯淀粉，香料作物生产骤然停步，让位于旱粮作物。到 1963 年，遵照上级指示，农场大力发展红麻、剑麻生产，这一方针执行了 3 年多时间，从 1966 年下半年起，贯彻执行关于"以粮为纲"全面发展的方针，全场开展"农业学大寨"运动，大面积平整土地，集中力量种植水稻、玉米、花生等粮油作物，粮油作物占当时全场已开发利用的土地面积超过 80%，这一状况持续了 11 年。1975 年，经自治区有关部门批准，横县革命委员会在农场场部南面兴建糖厂（现为广西农垦糖业集团良圻制糖有限公司），糖厂建成后移交农场管理，农场相应种植原料蔗维持糖业。1977 年经自治区有关部门和横县革命委员会研究确定，今后农场以种植甘蔗为主，不再种植粮油作物，农场职工和家属口粮由国家供应，这一方针在国家开放粮油市场之前一直沿用执行。现在甘蔗生产已成良圻农场立场之本。2004 年，农场开始试种 230 亩葡萄，2005 年挂果，收成约 15 万公斤，在东经 108°、北纬 22°经纬之间成为连片"美人指"葡萄园，发展潜力大，这是农场农业生产的新思路。

场办工业围绕农场的经营方针,在相当困难的条件下,由小到大逐步发展起来。1956年,首先在石灰槽兴建一间简易的香茅加工厂,次年在鲤鱼潭增设一处加工点,主要是将收割的香茅叶用高温蒸馏出香茅油,调运外贸部门投入国际市场。到1958年,为处理收获的旱粮作物,在二分场建成了一座淀粉厂,用以加工木薯淀粉,供国家出口换汇,其副产品木薯渣用于畜牧业养猪和酿酒,由于淀粉厂生产规模日益增大,农场的酿酒业便应运而生,1959年在一分场南部建成一座小型酿酒厂,其主要原料便是木薯渣和红薯。1960年,为发展综合利用,在场部南面兴建一座造纸厂。1964年建成后,由于当时市场缺乏所需的化工原料,未能及时试机投产,延至1968年4月才正式投产,年产包装纸900吨,后经过扩建,生产能力达到年产7000吨,1993年进行第三期技改工程,施工后,次年生产能力年产箱版纸12000吨。1975年,自治区有关部门和地方政府,决定在农场建设一座糖厂。1976年建成投产,日榨量500吨,投产后交给农场管理,经多次设备更新、扩建和技术改造,压榨能力不断提高,已达到日榨甘蔗2500吨。1977年,为广开生产门路,扩大自然增长劳动力的就业安排,农场自筹资金,就地取材禾稿村边(现十一分场)兴建一座砖厂,初为围窑式,后改为22门轮窑,年产机制砖600万块。1989年为适应农场小城镇建设需要,在黄牛岭(地处一分场)山脚下兴建一座砖厂(建材厂),系22门轮窑,年产机制砖1000万块。为综合利用制糖业的蔗渣纤维,安排更多人就业,1982年,用联合国难民署援资40万美元(当时折合人民币74.3万元),用于土建工程,农场自筹资金118万元人民币,用于购置设备及安装,建设一座年产2700立方米的纤维板厂(属糖厂的一个车间)。1984年1月1日建成正式投产。建场以来根据市场需求、生产经营的发展以及深化企业改革的进程,行业结构有所变动,场办工业进行了大幅度调整,许多项目停产关闭了,香茅加工、木薯淀粉加工、酿酒、食品加工等早期已经下马,制砖业的两个砖厂,其中旧砖厂1994年租给横县附城镇的几个农民在原址经营,新砖厂(建材厂)1998年实行股份合作制经营,进而实行拍卖。农场造纸厂在长期经营亏损、扭亏无望的情况下,于1997年2月停产关闭,全厂几百员工分6批分流安置,其后以1300万元将产权售给私营企业,这家私营企业又将产权转让给另一家私营企业,以"君盈造纸厂"之名在原址继续生产经营。制糖业现仍继续生产和发展,逐步成规模生产,现日榨4000吨,但已从良圻农场分立。目前还在正常生产的农场工业项目是复合肥厂,该厂1993年建成,可年产复混肥25000吨。2021年2月1日,良圻农场有限公司农资供应中心开业,农资供应中心的建设是良圻农场有限公司深入贯彻落实农垦集团第一次党代会精神,奋力实现农垦集团"五大转型"和"两个建成"奋斗目标,通过创新服务模式加速公司转型升级,全面提升公司农业产业发展质量的创新举措。农资供应中心建成营业,进一步完善了周边村镇肥料农药的"最后一公里"配送到家服务，为推动"欣丰"牌复混肥走向更宽广的市场搭建了良好平台。

良圻农场自建场伊始便很注重畜牧业的发展，初时主要是为了解决农业生产用肥料和职工肉食，先后饲养猪、牛、羊、兔和鸡、鸭、鹅等，公养、私养同时并举，以后以公养为主，养猪为主，科学发展养猪。1985年后，实行大群饲养瘦肉型猪出口，更新原有猪群，引进国外优良品种杜洛克、大约克、长白等品种，实行最优的杂交组合方案，成为广西外贸出口瘦肉型猪主要基地之一。自20世纪90年代起，农场由传统养猪发展到工厂化养猪，进一步完善集约化养殖和规模化生产。自建场之初至畜牧改制前，农场累计供国家外贸出口活猪达到51761头，畜牧业在科研和养猪实践中成果显著，多次获农业部（现农业农村部）授予荣誉称号和嘉奖。畜牧业从农场分立后，实行公司＋基地＋农户的发展方式，辐射带动广大农村群众科学养猪致富，为社会作出很大贡献。2009年建成的第四期原种猪场，促进了养殖专业化、集约化创新科技水平的提高。

农场农业机械的建立和发展，走过了几十年曲折的道路。建场之初，广西省垦殖厅调来两台35马力①的链轨拖拉机，为新建农场垦荒犁耙整地，同时调进一台载重量4吨的苏联"吉斯"150汽车，这是良圻最早的农机动力装备。几十年来逐步发展壮大，至20世纪80年代末，全场已有各类型拖拉机42台，共2441马力，手扶拖拉机16台，共192马力，各类汽车30辆，共1303马力、165吨位，完全满足全场农业机械作业和工农业运输的需要。进入20世纪90年代初，农场根据场内机械作业的需要，共保留大中型拖拉机29台，共1730马力，大中型牵引农具51台，各类载重汽车28台，共3718马力、140吨位。随着深化改革和企业经营机制转换，一部分职工能够自己解决农机作业，同时社会运输力量迅速增长。1992年，农场机务队、汽车队分别撤销，拖拉机和汽车折价卖给职工。

经过60多年的生产、建设，农场的面貌从根本上发生了变化，工农业生产、农田基本建设、公共设施建设、交通电信建设和小城镇建设有了长足的进展，农场总部所在地成为全场政治、经济、文化中心和周边乡镇商贸集散中心，蔚然一座农垦新城镇。根据上级指示，1983年初，农场综合规划办公室完成了良圻农场的土地利用、工农区划，生活、文化区划及小城镇建设规划的综合全面规划。中国农业工程研究院派3位专家进行评审、指导，认为良圻农场总体规划比较规范，工农区划比较合理，土地利用比较恰当，小城镇建设规划稳妥可行。小城镇建设的发展推进了职工居住条件逐步改善。1956年农场初创至1959年，农场职工居住的是干打垒和泥墙瓦面房屋，狭窄得仅能够栖身。建场30年

① 马力为非法定计量单位，1马力≈735.5瓦。——编者注

后，1986年农场小城镇建设规划开始实施，小城镇居民全部住宅面积17587平方米，人均居住面积8.6平方米，至1991年，职工在小城镇区划内自建楼房24803平方米，加上房改原有折价卖给职工的旧房，人均居住面积12平方米。2000年，职工在农场小城镇自建的住宅楼房232座，面积55000平方米，按当年第五次全国人口普查统计，小城镇居民3163人，人均拥有楼房面积17.39平方米。其后，良圻农场辖区内居民共已达6100多人，近年小城镇具有现代住房气息的商品房建设发展很快，分场居民点的房建也迅速推进，农场职工人均住房面积有更大提升，人均居住面积已达到36.6平方米。2009年开始办宅基地土地权证，至2010年已办555户。2009年3月良圻农场根据自治区农垦局安置归难侨农场危旧房改造工作会议精神，出台《广西农垦国有良圻农场2009年度归难侨危旧房改造实施方案》，对归难侨危旧房进行改造。2011年6月，根据自治区人民政府《关于确保完成2011年保障性安居工作建设任务的通知》（桂政发〔2011〕15号）、自治区农垦局《关于印发广西农垦危房改造实施意见的通知》（垦计发〔2011〕60号）文件精神，良圻农场出台《广西农垦国有良圻农场危房改造实施方案》，大规模对良圻农场范围内危房进行改造，至2014年底，完成改造1808户，基本消除了场部片的瓦房，各分场的住房也得到极大改善，大大提升了职工群众的居住条件。

建场以后，农场长期开办学校和医院，一方面是企业为职工子女受教育、保障职工身体健康谋福利，另一方面是企业担负社会职能的必然现象。1960年9月15日，农场职工子弟学校成立，当时只有一间教室，一名专任教师，办了一个一至四年级的复式班。到了1969年，办成了农场完全小学，学生增至327人，17名专任教师。入学人数最多的是1990年，在校学生达899人，分38个班，专任教师56人。1968年10月，农场开始办初中教育，招收一年级学生一个班，14名学生。1978年，初中办有四个班，学生150人，另有高中一个班，学生39人，成立了完全中学。1985年，中学教育达到最兴旺时期。初、高中在校学生共10个班，学生465名，专任教师26人。农场实行公司制改造后，逐步推行现代企业制度建设，至20世纪末，加紧推进剥离企业办社会职能步伐。农场中学2005年7月停办，通过招商引资，当年租赁给新兴办学集团，在原址开办兴华中学，开办两个学期后停办关闭了。2009年9月南宁景圻公司租用原中学固定资产及场地，建设"阳光谷"家居养老项目，并接管幼儿园。农场小学于2008年剥离农场，交由地方教育部门办学。农场初创时，全场医疗卫生设施只有一间12平方米的卫生室，一名卫生员，配备一些简单药物和器械。农场生产建设发展以后，医疗卫生事业也迅速发展。1958年，各分场都设立了卫生室，场部卫生室改为卫生所。1979年，全场医疗卫生机构共设1所、11室，1980年，卫生所撤销，设立农场卫生院。1984年，场卫生院改为农场医院建制。

至 20 世纪末，农场医院的医疗设施、技术力量已相当完善，成为在横县区域内的基层综合性医院，担负着农场及周边村镇 6 万多人口的医疗工作，年门诊最多时达到 5.5 万人次，平均年门诊 3.8 万多人次。2000 年 9 月 8 日，农场医院通过"一甲医院"国家等级医院的评审。近年深化企业医疗卫生制度改革，企业办社会职能逐步淡出，2008 年，场医院从农场剥离，移交地方政府，现在政府已经把该医院定位建设成为横州市精神病医院。

企业文化建设和职工的文娱体育活动，从建场之初逐步发展起来。1957 年，农场建立了广播室，每天除转播中央及地方电台节目，还播放一些自办节目。1958 年，建立农场图书、阅览室，供职工借阅和阅览各类图书、报刊；当年，组织了文艺演出队，自编自演群众喜闻乐见的小节目。1975 年，成立农场电影队，次年发展到两个队，除在农场巡回放映各类影片，还到附近乡村为农民群众放映。

1993 年，农场文化活动中心建成后，农场职工业余文体生活，变封闭式为开放性的全民活动，更加丰富多彩，尤其近年农场"怡景园"园林景观的建成，成为农场辖区群众性观赏、休闲、健身、竞技综合活动中心场所。

1956 年农场初创到 1980 年的 24 年中，农垦前辈们不怕艰难困苦，努力开拓，生产和建设虽然有一定程度的发展，但当时由于经营管理机制和领导体制的局限，一切采用官办模式，沿袭当年苏联时代国营农场的一套管理办法，计划任务统一下达，产品统一收购，盈亏由国家统付，职工生老病死由国家统包；农场没有经营自主权，分配与生产经营成果脱节，农场一直处于亏损状态，国营农场的示范作用没能够充分发挥。中国共产党十一届三中全会召开后，农场按照三中全会所制定的路线、方针、政策进行一系列改革，实行财务大包干，推行经营承包责任制，逐步兴办职工家庭农场，完善大农场套小农场的双层管理体制，以及农工商综合经营。场办工业实行"单独核算、自主经营、自负盈亏、定额还贷、定额上交、超支不补、超收分成"的经营管理方针，从而解决了工业吃"大锅饭"的问题，全场从 1981 年起扭亏为盈。1988 年起，实行场长任期目标责任制，加强完善各项管理工作，使农场的面貌发生了根本的变化。1994 年 5 月 18 日，农场按照党的十四届三中全会提出的"转换国有企业经营机制"的精神，由国营农场改为实业公司，实行农场内部深层次的改革，推动现代企业制度建设，进一步拓展了农场前进的道路。农场从建场伊始，至场（厂）分立前，国家共给农场投资 2778.85 万元，而农场累计向国家缴纳各种税费总额达 15233 万元，投资回收率 548.18%，也就是说国家投资开办一个良圻农场，收回了五个半农场，取得很大的成效，良圻农场为国家作出了应有贡献。

在农场经济各方面还处于困难境地、资金相当缺乏的时候，1978 年 6 月，毅然接受安置了两批越南当局驱赶回到中国境内的难侨 184 户 1039 人，从安置以来至 20 世纪末，除有部分专项华侨事业下拨，农场总共已经自筹资金 547 万元投入，解决他们的生产生活问题。而后，又帮助他们建设葡萄园，发展"美人指"生产基地，提高收入。最近几年来，农场大力推进难侨安置点的旧房改造，发展华侨住宅建设，进一步改善他们的居住条件和环境质量。

良圻农场职工，向来有吃苦耐劳、坚韧不拔、勇于开拓、顾大局、识大体的优良传统。50 多年前，农垦前辈风餐露宿、栉风沐雨，用坚强的双手、赤诚的心唤醒了沉睡的亘古荒原，让荒漠的土地改变了面貌。1961 年国民经济还处于困难时期，农场 4 个多月没有工资发，口粮又缺，职工依然坚持在农场工作，生产一直没有停止。1962 年，根据上级指示实施精减下放，农场动员干部、工人报名下放，离场回乡，让农场渡过难关。全场职工踊跃申请下放，当年 4 月开始办理离场手续，前后精减约 300 多名职工，留场 570 多人，坚持完成原来 900 多人的生产、工作任务。

自建场以来，农场多次遭受严重自然灾害的侵袭。1956 年 3 月，时值农场初创，骤然发生霜冻，刚调运来的 20 多万株香茅种苗，大部分受冻害枯死，损失很大。1982 年，曾连续 3 天降白头霜，主要农作物甘蔗受灾面积达 40%。1989—1991 年，持续 3 年发生旱灾，下雨不均衡，连续高温无雨，每年降水量仅达正常年景的一半，但农场职工受灾不减志，在旱灾三年中，年年经济效益都很好，1991 年，还创建场以来最佳经济成效。1999 年 12 月，连续 4 天发生霜冻，全场甘蔗冻死枯死 95%，进厂原料蔗也因霜冻而糖分降低。农场在灾害面前没有退缩，积极到各地调运蔗种，组织各分场职工重新种植，并抓紧时机全面推行甘蔗良种化，为后来发展糖料蔗创造了良好条件。

2018 年，根据《中共广西壮族自治区农垦工作委员会 广西壮族自治区农垦局 中共广西农垦集团有限责任公司委员会 广西农垦集团有限责任公司关于印发〈广西农垦农场企业化改革和企业优化重组方案〉的通知》（桂垦工委发〔2018〕51 号）精神，良圻农场公司化改革后以良圻农场为主体，并入东湖农场、黎塘氮肥厂，组建区域性农场公司——广西农垦良圻农场有限公司。

2022 年 3 月 17 日，根据广西农垦集团有限责任公司印发《关于印发〈广西农垦集团"一盘棋"打造现代一流食品企业优化重组方案〉的通知》（桂垦发〔2022〕11 号），将广西农垦良圻农场有限公司划归广西农垦金光农场有限公司管理，作为金光农场有限公司下属子公司，同步处理好良圻农场有限公司下属子公司层级问题。至此，良圻农场又完成了一次身份转变，开启新的征程。

到 2022 年，良圻农场走过了风雨兼程的 66 年。农场在艰苦奋斗中前进，在深化改革中发展。虽然，我们在前进的道路上还有许多困难，农场辖区内的各法人企业经济发展也不平衡，但我们坚信，农场的未来必将更加美好，今后，我们全场职工的力量仍凝聚在一起，进一步搞好农田基本建设，以内涵扩大再生产，提高企业素质，在习近平新时代中国特色社会主义思想的学习和实践中，继续开拓前进，一个文明、和谐、富裕的良圻将屹立在这古老而年轻的土地上！

大 事 记

● **1956 年**　1 月 14 日　华南垦殖局广西分局派赵恒生、程德业赴横县，筹办创建国营农场事宜。

2 月 6 日　华南垦殖局广西分局发函，以〔56〕垦办字第〇二四八号文件"公布新开场场名及场的负责人"，其中国营横县芳香农场及负责人、副场长赵恒生在函中公布。

2 月 22 日　赵恒生率韦世幸、张振亚、尚自强、黄桂荣、陈振轩、黎国正、谭启鸿来到横县良春乡利江大队同志村，会同先前抵此的程德业，正式开展建场工作。其后，省垦殖厅（原广西垦殖分局）派周桂琼（女）、陈华镜、李达光到同志村一起建场。

此后，是日定为场庆纪念日，12 名农场的创建者尊为"开场元老"。

3 月　发生严重霜冻，刚调运来的 20 万株香茅种苗悉遭寒害枯死。

6 月 20 日　"国营横县芳香农场"公章正式启用。

7 月 10 日　广西省农业厅荒地勘测设计局规划设计第一分队林振忠一行 8 人到农场，核对省农业厅 1955 年勘测资料及地形地物状况，并编写《国营芳香农场场间规划说明书》等勘测规划成果。

7 月 20 日　横县人民委员会召开"广西省国营横县芳香农场场间整理会议"，由副县长邓德州主持会议。

7 月 27 日　横县人民委员会召开"广西国营横县芳香农场场间规划代表会议"，通过修正后的草图界线，陈家林代表县长在会上宣布场界内土地使用权归农场。

8 月 1 日　横县人民委员会审核批准了所确定的农场场界、场界内的土地面积。

10 月 19 日　省垦殖厅批准芳香农场成立石灰槽分场、鲤鱼潭分场和莫大湖直属生产队。

11 月　农场香茅加工厂建成投产。

● **1957 年** 2 月 21 日　广西垦殖厅从国营三星垦殖场调来 51 名职工，支援芳香农场建设。

5 月　石灰槽分场、鲤鱼潭分场和莫大湖生产队分别改换名称为一分场、二分场和三分场。

6 月 20 日　农场基层工会成立，在全体工会会员大会上选举产生了场工会委员会。

● **1958 年** 5 月 30 日　奉广西林垦厅（58）垦办字第 038 号文件指示，将"广西国营横县芳香农场"改名为"国营横县良圻农场"。

7 月　农场管理体制改变，由原隶属广西垦殖厅下放横县地方。

11 月　农场在二分场开工兴建木薯淀粉厂，厂址选定在鲤鱼潭西南面。

● **1959 年** 6 月　农场管理体制收回。隶属广西壮族自治区农垦局。

8 月 23 日　场党委会成立。农场召开第一次党代会，选举产生"中国共产党广西国营良圻农场委员会"。

12 月　农场召开第一次共青团代表大会，选举产生首届"中国共产主义青年团国营良圻农场委员会"。

● **1960 年** 2 月　农场贯彻中央"大办粮食"的方针，确定全场种植粮油作物为主，改变原以种植香料作物为主的经营方针。

7 月　在场部东南面动工兴建农场造纸厂。

9 月 15 日　开办"国营良圻农场职工子弟学校"，是日正式开班上课。

10 月　农场管理体制再下放横县，场名改换"横县地方国营良圻农场"。

● **1961 年** 3 月 9 日　横县良圻公社同志村并入国营良圻农场，同志村生产队系农场唯一的并场社队。

12 月 4 日　农场决定撤销三分场，改建"莫大湖园艺队"。

● **1962 年** 4 月　农场根据中央政策，实行精减下放，第一批被精减回原籍的职工有 320 人。

7 月 1 日　农场管理体制再次变动，自治区农垦局收回，隶属区局管理。

● **1963 年** 7 月　农场根据区局指示精神，对已停滞多年的职工工资进行调整，升级面为 40％，调整结束后，全场农牧工人工资提高了 10.7％。

当年，从 1 月份开始，农场的预算纳入国家预算管理，实行收支两条线，收入上交，支出由国家拨款，不得以收抵支，农场为经济核算的独立法定企业。

● **1964 年** 2 月 横县"西津电力抽水横县灌区石塘片筹备处"成立,良圻农场是受益单位,派 6 人参加筹备处工作。当年,在二分场建成一座三级排灌站。

3 月 农场开始种水稻,初时试种 92 亩。

4 月 场造纸厂建成,试机成功,因原料缺乏,暂缓投产。

11 月 良圻农场 26 名国家干部被抽调参加区、地、县和区农垦局组织的社教工作队。

● **1965 年** 2 月 14 日 农场召开第六届职工代表大会,专项部署开展"社教"运动。

5 月 农场首次为职工家属 68 户共 230 人办农转非,落户农场。

9 月 农场第一次招收城镇人口当工人,从广西贵县招收非农业人口知识青年 50 人进场。

12 月 31 日 年终财务决算全场盈利 8192.01 元,是建场以来的首次扭转亏损取得利润。

● **1966 年** 1 月 良圻农场根据广西壮族自治区农垦局〔65〕垦办字第 69 号《关于贯彻执行中央"五条"和农垦部党组"十六条"的意见》和农垦局《关于贯彻执行中央"五条"和农垦部党组"十六条"中若干具体问题的规定(草案)即二十二条》的精神,取消农牧工人的等级工资制,进行企管改革(简称企改),实行劳动定额管理、定额计分、按分付酬的分配办法。技术工人执行等级计时工资制,月薪日计,享受国家干部待遇的仍实行国家干部的等级工资制度,但必须参加生产劳动。

5 月末 全国性"文化大革命"运动开始,农场开始出现各种名称的群众组织,接着掀起大鸣、大放、大字报、大辩论。

● **1967 年** 2 月 横县人民武装部介入,派员来抓农场面上工作,成立了"国营良圻农场抓革命促生产委员会",指挥全场生产。

● **1968 年** 1 月 西津电厂高压线路正式架通农场,全场均可利用西津高压电源进行生产以及生活。

4 月 1 日 场造纸厂正式投产,生产能力年产机制纸 900 吨。

4 月 3 日 南宁警备区批准成立"广西国营良圻农场革命委员会"。

10 月 农场开办中等教育,首办普通初中一个班。

● **1969 年** 3 月 横县革命委员会派出"整建党领导小组"进驻农场,随即全场开展整党建党工作。

当年　农场自行设计制造水稻插秧机 3 台，成功投入使用。

1970 年　2 月　全场开展"一打三反"运动，遵照中央三个"照办"文件精神，运动重点主要解决贪污、盗窃、投机倒把现象。

1971 年　1 月　农场管理体制第三次变动，下放横县。横县革命委员会组成工作组到农场办移交接管工作。

1972 年　3 月　根据横县革命委员会指示，将农场园艺队下放给峦城镇人民公社办"公社农场"，安排镇内居民和知青就业。

1973 年　1 月　场部行政管理机构共设行政组、生产组（内设财务、供销、机务、农牧 4 个小组）、政工组，为"文化大革命"以来比较齐全的农场管理机构。

10 月　横县革命委员会批准恢复停止了 8 年活动的农场工会组织开展活动，并经横县总工会同意刻制"横县国营良圻农场工会委员会"印章。

1974 年　4 月　农场决定成立"广西国营良圻农场汽车队"，承接场内外运输业务。

11 月　为筹建糖厂，县委、县政府派有关部门领导到农场，会同场领导察看地形、水源，商定良圻糖厂厂址。

1975 年　2 月 21 日　破土兴工建设良圻农场糖厂。

3 月　农场接收横县横州镇户口的应届高中毕业生 505 人为农场职工。

1976 年　11 月 11 日　自治区计委、区糖业局、区农垦局和横县有关部门集聚农场，商定糖厂归属问题，最后确定隶属良圻农场。

12 月 31 日　良圻农场糖厂建成，正式投产。

1977 年　1 月 26 日　自治区"三办一委"（农办、财办、糖办、经委）和横县县委到农场现场办公，确定农场全部耕地种植甘蔗，农场职工及家属口粮由国家供应。

9 月　农场开办普通高中教育，场中实现了完全中学。

11 月　农场抽调 150 名青年职工成立"农田水利基本建设专业队"，配备 11 台"东方红 75"和 5 台"丰收 37"拖拉机搞农田基本建设。

1978 年　6 月 4 日　农场奉区、地、县指示，接待安置第一批被越南当局驱赶回国的难侨 184 户 1039 人。

10 月　中国人民解放军某部坦克营多辆坦克车公务路经农场，驻扎于场糖厂 10 多天，部队离开前夕，场党政领导到营房慰问送行。

1979 年 3 月　农场管理体制又变动，第三次从横县收回，隶属于区农垦局管理。良圻农场经此三下三上之后，管理体制基本稳定，隶属关系再没有变动过。

5 月　贯彻国务院批转财政部、国家农垦总局关于农垦企业实行财务包干的暂行规定。

6 月　农场青年民兵及归侨青年 39 人响应中央军委、国防部参战号召，应征入伍开赴边防前线，参加对越自卫还击作战。

1980 年 4 月　农场进行普遍调资升级，全场职工基本得到升资一级。

8 月 19 日　农场"良糖 1 号"货轮去百色途中，于伶俐江面沉没，幸无人伤亡。

1981 年 1 月　横县公安局国营良圻农场派出所成立。

12 月　农场财务决算，实现经营利润 742277 元，突破了农场长期生产经营亏损的局面。

1982 年 12 月 26—28 日　连续 3 天降白头霜，全场甘蔗 40% 受冻害，叶片枯黄坏死，甘蔗糖分平均下降 1.39%。

1983 年 1 月 23 日　农场极端最低气温下降至 −2.0℃，为建场以来未有过的低温。

1984 年 1 月 1 日　农场纤维板厂建成投产，生产能力年产纤维板 2700 立方米。

5 月　传达贯彻农牧渔业部关于企业整顿的部署，按"四化"要求调整充实农场领导班子，精简农场行政机构，成立企业公司，整顿劳动纪律。

12 月　农场生产经营机制重大变革，实行家庭农场、大农场套小农场双层经营体制，当年共兴办职工家庭农场 758 个，职工 1125 人，占全场农工 97.79%。

1985 年 1 月 17—22 日　自治区农垦农工商联合企业总公司派出企业整顿验收小组到农场检查验收，经评定获 848 分，一次验收合格。

1 月 31 日　横县县委、县政府到农场召开场群关系会议。会议通过了《关于共同维护国营良圻农场与毗邻乡村治安和生产秩序公约》，会议纪要以县政府文件下发。

1986 年 1 月　农场开始实行场长负责制及场长目标责任制。

2 月 22 日　农场华诞 30 周年，隆重举行庆祝活动。

4月　传达贯彻中共中央、国务院批转农牧渔业部文件《关于农垦经济体制改革问题的报告》（中发〔1986〕8号），加快农场改革和发展步伐。

1987年　2月10日，委内瑞拉福尔默财团一行4人到农场考察，商讨经济合作事宜。

11月　自治区农垦局授予农场"垦区先进单位"称号和"旱地甘蔗大面积高产丰收二等奖"。

12月　农牧渔业部授予农场"国营农场小城镇规划和住宅设计二等奖"。

1988年　5月　农牧渔业部授予农场"旱地甘蔗大面积丰收三等奖"。

9月　经自治区教委批准开设"中央农业广播电视学校广西农垦分校良圻农场教学点"。

当年　农场开始实施职工住房改革，实行谁住谁买、谁买谁有的房改制度。自此，推进了农场小城镇建设的步伐。

1989年　8月　贯彻最高人民法院、最高人民检察院、监察部《通告》，组织全场开展反腐败斗争。

9月10日　自治区主席韦纯束到农场视察。

11月3日　全国人大侨委专员王培到农场检查难侨安置工作。

1990年　5月　农场获农业部授予"旱地甘蔗大面积高产丰收奖"和"大群饲养瘦肉型猪综合技术丰收三等奖"。

1991年　2月22日　农场隆重举行场庆35周年纪念活动。

11月　区农垦授予农场"大面积优质高产竞赛活动甘蔗高产二等奖"和"养殖高产二等奖"。

1993年　5月13日　农场文化活动中心场馆装修落成，举行盛大开馆仪式，各界人士近3000人参加。

5月15日　农场侨联商业大楼竣工，举行开业典礼。

10月30日　良圻农场农贸市场落成，举行开圩典礼，圩期与横州同一天。

1994年　3月9—14日　为执行横县县委、县政府的决定，由横县政法委书记方宏琼带队，组织了公检法司40多人的社会治安综合治理工作队，深入良圻农场，查处陶圩樟元村部分群众，非法强占、抢种一分场、七分场和十一分场国有土地事件。肇事祸首依法受到惩罚，农场生产恢复正常，被抢占土地得以收回。

5月18日　隆重举行广西农垦国有良圻农场改制为广西农垦良圻实业总公司庆祝仪典，自治区农垦局局长黄道业、副局长童玉川、横县县委副书记邓黄群、横县人大常委会副主任黄坚毅、县长助理刘培良、县政协副主席顾一雷等领导、嘉宾及各界人士1000多人出席和参加活动。

10月28日　总公司召开劳动关系协调会议，专项研究农场改公司以后，如何稳定劳动关系的问题，要求总公司劳动争议调解委员会进一步发挥作用。

12月18日　场造纸厂第三期技改工程竣工，正式投产，自治区农垦局局长黄道业、横县县长韦大根等领导出席剪彩及参加各项庆典。

● 1995年　2月5日　总公司董事会宣布，糖业公司与总公司总部合并，总部机关设在原糖业公司办公楼内。

5月1日　良圻实业总公司正式施行国务院关于企业职工每周工作5天（即双休），每天工作8小时，一周工作40小时的规定。

12月31日　农场的"八五"计划执行结束，1991—1995年共完成生产总值12219.3万元，年均递增17.8％；工农业总产值完成37413.6万元，年均递增7.4％；利税完成5084.4万元，年均递增19.5％。

● 1996年　5月8日　总公司隆重举行建场40周年暨改建公司2周年庆祝大会，自治区农垦局局长兼党组书记童玉川、自治区人大常委会民委副主任雷振泉、南宁地区行署副专员费必语、横县县委书记刘耀龙等领导及嘉宾700多人出席大会，公司2000多名职工及家属参加了庆祝大会。

7月12日　自治区总工会副主席邓启群、组织部长陈新华、自治区农林水利工会主任梁惠和等到总公司检查指导工作，对总公司建立现代企业制度、签订集体合同等进行调研。

9月15日　在江西庐山召开的全国农林系统工会工作大会上，良圻实业总公司工会被授予"工会企事业先进单位"称号，陈耀礼被评为先进个人。

● 1997年　2月12日　根据自治区人民政府和自治区农垦局要求，良圻实业总公司即日起开展农田保护工作。

2月25日　场造纸厂停产关闭，纸业公司职工逐步分流安置。造纸厂自1968年4月1日投产，迄已29个年头，在一定历史时期，为国家、为社会、为农场作出了很大贡献。

3月13日　自治区党委副书记丁廷模在自治区林业厅厅长林灿、南宁地委副书记黄金宝、横县县长梁达溪陪同下，到总公司万头猪场检查工作。

● **1998年**　2月28日　驻北京的美国饲料谷物协会3位兽医博士专家到农场畜牧水产公司进行学术交流。

6月14日　良圻实业总公司侨联隆重举行活动，纪念越南归侨回国安置20周年。

8月26日　全国总工会以及自治区、地区、横县四级总工会调研组，到总公司了解企业改制、现代企业制度建设和工会组织发挥作用等情况。

11月27日　横县总工会将全国"模范职工之家"匾牌送到良圻实业总公司。不久前在北京召开的中华全国总工会第十三次全国代表大会上，中华全国总工会授予总公司工会全国"模范职工之家"称号，这是横县历史上第一个享有此荣誉的基层工会。

● **1999年**　1月24日　总公司成立处理黎钦铁路占地遗留问题工作组。

3月21日　下午5时许，在良圻农场辖区内的新兴造纸厂料场发生特大火灾，占地10亩的料场，11万吨蔗渣悉遭烧毁，横县、宾阳消防车驰往扑救，《南国早报》连续3天追踪报道。

7月16日　广西农垦良圻实业总公司白砂糖、酒精产品，自即日起3年内获"中国绿色食品"标志使用权。

12月23—26日　连续4天出现历史上罕见的严重霜冻，总公司甘蔗受灾面积达95%，坏死甘蔗6万多吨，直接经济损失1400多万元。

● **2000年**　2月28日　总公司糖厂经审核通过了ISO 9002质量保证体系认证，成为广西垦区首家获得ISO 9002质量认证的糖业企业。

7月2日　自治区人民政府下发桂政发〔2000〕31号文件，将农垦、林业、煤炭、华侨4系统的企业职工基本养老保险从当年6月1日起纳入全区统筹，确保离退休人员养老金按时足额发放。据此，良圻职工获得实惠。

8月17日　联合国难民署驻华代表麦得伟，在国务院和自治区有关部门领导陪同下，到良圻实业总公司检查难侨安置工作以及援助项目实施情况。

9月8日　总公司医院通过一级甲等医院的评审，成为南宁地区首家获得国家等级的厂矿企业医院。

● 2001 年　6 月 16 日　广西农垦良圻畜牧有限责任公司正式挂牌成立。

7 月 16 日　总公司资产重组工作领导小组成立，即日起开展"糖司重组"的资产、债权、债务、所有者权益的界定及评估工作。

9 月 7 日　委内瑞拉驻华大使胡安·德赫苏斯·蒙蒂利亚一行来访。

10 月 1 日　国庆节与中秋节同在一天。同日，总公司新建十二工区。

● 2002 年　3 月 15 日　中国广西甘蔗机械化作业座谈会暨芬兰维美德拖拉机耕作演示会在良圻实业总公司召开。

8 月 28 日　自治区委副书记、自治区人民政府主席陆兵抵良圻实业总公司视察。

10 月 31 日　广西农垦糖司领导到良圻召开糖厂与总公司分立动员大会。

● 2003 年　3 月 25 日　良圻实业总公司承担的国家"十五"第一批糖料生产基地建设项目正式通过国家验收。

4 月 25 日　良圻辖区三家法人企业紧急部署做好非典型性肺炎疫情防治工作。

11 月 26 日　国务院侨办周中栋司长、致公党中央组织部李刚副部长到国有良圻农场归侨安置点进行调研。

12 月 31 日　根据全年气象资料综合分析，年平均气温 22.3℃，为良圻农场有气象观测记录以来的 27 年中平均气温最高的一年。

● 2004 年　2 月　场部组织工作组，对实业总公司固定资产、在建工程、土地资源等进行清查，掌握了企业所有财产、物资的真实情况：账面总值 8963 万元，账面净值 8268 万元，潜亏 3493 万元，在资产运作中，保证其完整无损，促使企业固定资产管理适应企业分立需要。

8 月　良圻制糖公司节水治污工程可行性研究报告通过评审。

11 月 3 日　制糖公司一体化管理体系（QEOMS）文件于 2003 年 11 月 3 日正式颁布实施，成为广西首家、全国第二家获得一体化管理体系认证的糖业企业。

11 月 10 日　南宁手扶拖拉机厂在农场举办甘蔗割辅机和甘蔗剥叶机试用现场会。

年内　据有关调查统计，在良圻农场辖区内私营、个体商业网点已遍设整个辖区，有餐旅、百货、日杂、五金、家电、生资、针织、建材、装潢、维修、美容、造纸等经营项目，从业人员 280 人以上。

● **2005 年**　1 月 30 日　由农场、良糖、永新三家企业联合主办的《涌泉风采》报刊发行，由《南宁日报》社印刷出版，每月一期。

3 月 21—23 日　良圩制糖有限公司通过中国船级社质量认证公司对其质量、环境、职业健康安全管理体系认证监督审核。

4 月　永新畜牧公司管理工作上新台阶，通过了中国中安质环认证中心对其质量管理体系的监督审核。

5 月　位于农场北面新开挖的深水井开始供水，水质纯净，经横县卫生防疫部门多次化验，确认达到高标准，为建场 50 周年来最优质淡水，农场小城镇居民十分满意。

6 月 22 日　联合国难民署副项目官员安德森，驻中国项目官员陈计明，中国民政部、国务院印支难民办陈勇刚硕士、毛勇项目官员，在自治区侨办曾国华陪同下，到良圩农场进行贷款项目调研。

7 月 1 日　农场中学宣布停止办学。场中学于 1968 年 10 月开办，至今已届 37 年，随着现代企业制度建设的深化，企业办社会职能逐步剥离。

7 月 11 日　投资 220 多万元的西南路（县道 479 线）良圩农场场部段工程正式动工建设。

当年　农场建成"美人指"葡萄基地，头年挂果产葡萄 15 万多公斤。

● **2006 年**　2 月 14 日　农业部农垦局李伟国副局长到永新猪场考察。

3 月 9 日　南宁市级环境友好企业活动现场会在良糖召开。

3 月　农场开展清产核资工作。

3 月 31 日　良糖治污工程通过验收。

4 月 4 日至 9 月底　在《新绿报》（《广西农垦报》）发起"我与良圩有奖征文"活动，共收到垦区和地方作者来稿 40 多篇，报上发表 26 篇。10 月 31 日，评出获奖文章 6 篇，其中一等奖 1 篇（作者黄昌成），二等奖 2 篇（作者潘希初、蒙振国），三等奖 3 篇（作者周锡生、程德业、苏安华）。

5 月 28 日　农场隆重举行庆祝建场 50 周年华诞。

5 月　编纂 7 年的《良圩农场年鉴（1992—2003）》付印出书，全书共 78 万字。

6 月 25 日　农场耕地测量工作结束。

8 月 3—5 日　农场遭台风"派比安"袭击，甘蔗受损严重，场领导组织广大职工开展生产自救。

8月18日　缅甸和新加坡客商一行10余人到良糖考察调研。

8月　农场学校移交工作领导小组与横县人民政府协商，县政府决定按自治区党委、政府文件执行，以"先移后交"的办法接收学校，宣布从8月24日起，农场小学正式由县政府管理。农场小学自1960年9月开办，办学已近46年，今剥离企业，交由地方开办。

11月6日　良糖荣获南宁市第三批"绿色环保小区"称号，市委宣传部、市环保局和市精神文明建设委员会一行抵良糖，为该公司颁发匾牌和荣誉证书。

11月27日和12月16日　商务部"反贫困问题"高级研修班和"小农适应全球化"高级研修班有来自缅甸、叙利亚、黎巴嫩、印尼等40个国家的100多名政府官员，到良糖参观考察。

12月8日　农场实施"城乡清洁工程"拉开序幕。

12月20日　农场举办首届"甘蔗王"擂台赛，种蔗能手踊跃送展参赛。

● **2007年**　1月24日　良圻原种猪场被授予"2007—2009年广西壮族自治区种猪场主要疾病控制与净化健康种猪场"荣誉称号和牌匾。

1月26日　农场土地整理项目开工典礼在二分场举行。

3月6日　良糖通过一体化审核。

4月21日　中国农业发展银行总行党委书记、行长郑晖和广西分行党委书记、行长王英聚到良糖和永新畜牧考察调研。

5月29日　农场召开"高热病"防控指挥领导小组成员会议，全面部署场内的防疫工作。

6月20日　南宁华侨投资区到良圻提子园考察。

8月　良糖被授予广西优秀企业。

9月6日　新华社、中新社等中央媒体到良糖采访广西糖业企业信息化建设。

9月29日　中央电视台到良糖和永新畜牧公司采访节能减排实施进程。

12月1日　南宁市科技局专家到农场验收甘蔗新品种引进示范基地年度实绩。

12月6日　首批广西绿色环保企业考评组对良糖创建环保企业情况进行现场考评。

当年　良糖获全区农林水利系统劳动关系和谐企业称号，农场工会获先进职工之家称号。

2008 年 1 月 3 日 由广西农垦工委、农垦局主办、农垦糖业集团协办的第二届送文艺、科技下农场活动在良圻启动。

1 月 6 日 自治区食品生产许可证专家现场对良糖进行核查,一致认为公司管理规范,生产环境、原辅材料、员工职业健康安全等均符合食品生产许可要求。

1 月 8 日 横县人民政府接收良圻农场小学、农场医院交接仪式在农场举行。

2 月 12 日 中央电视台记者赴良圻农场辖区,对甘蔗受冻害灾情及良糖制糖业生产现场进行专题采访。

2 月 23 日 永新原种猪场召开辖区防疫五号病会议。

4 月 24 日 永新畜牧集团在良圻召开科技成果表彰大会;同日,良圻农场协助横县人民法院执行收复平马镇快龙村委良造三队村民侵占的 860 亩土地。

5 月 16 日 场党委组织广大干部职工群众捐款支援四川地震灾区,是日,举行捐款仪式,共募捐到 12.69 万元。

5 月 19 日 国务院安难办主任,民政部外事司司长康鹏,广西侨办副主任、区安难办主任韦谦及广东、福建、云南、江西、海南、广西六省(自治区)安难办到良圻考察调研。

6 月 11 日 广西农垦永新畜牧集团第一届职工代表大会在良圻原种猪场举行。

7 月 9 日、13 日 斐济共和国客商、印度民族国大党总书记 V·拉杰什瓦为团长的代表团分别到良糖洽谈商务和参观考察。

8 月 2 日 农场"美人指"提子园盛大开园,各地客商云集欣临其盛。

10 月下旬 农场、良糖、原种猪场三企业共同投资建设的休闲娱乐广场动工兴建。

12 月 8 日 良圻原种猪场产业化养殖小区启动。

12 月 10 日 商务部"尼日利亚扶贫政策与执行措施研修班"学员到良糖考察。

2009 年 3 月 16 日 美国谷物协会闫之春博士到良圻原种猪场开展生长曲线和饲料预算培训。

3月　良圻农场与平马镇长岭村、石楠村协商解决、收复村民长期占用的国有土地2115亩。

3月　经广西著名商标评审委员会评审，良圻制糖有限公司注册使用的"涌泉"商标获广西著名商标称号。

4月23日　经南宁市纳税信用等级评定委员会评审，良圻制糖有限公司被确认为纳税信用等级A级企业。

5月19日　良圻原种猪场在全国农业标准化示范区抽查工作中以97.5的高分通过检查。

6月11日　良圻原种猪场获"2008年度广西优秀企业"称号，名单在《广西日报》上登载。

7月29日　良圻原种猪场通过良好农业规范（GAP）实施示范区验收，成为广西第一家通过良好农业规范的养猪企业。

7月30日　良圻农场组织职工群众参与献血，共有75人参加，献血28600毫升。

8月19日　自治区副主席陈章良抵原种猪场调研。

9月24日　美国糖业公司代表团遥控农用喷雾器试验在良圻农场举行。

10月21日　良糖兴建的飞龙车渡建成运行，新开发的南乡蔗区条件得到空前改善。

10月26日　以退休职工为主体的良圻农场"夕阳红文艺娱乐队"在场文化活动中心举行重阳文艺晚会，观看演出的各界人士络绎不绝。

11月14日　良圻制糖0编号即一级白砂糖产出。

2010年　7月　良圻农场颁布《喷灌站管理办法》，进一步规范农田水利管理使用制度。

8月17日零时4分　横县、灵山交界处发生地震，震中在灵山丰塘镇一带，震级3.5级，横县政府第一时间向全县人民预警。良圻辖区不少居民离开住宅楼房避震。此次地震没有造成房屋倒塌和人员伤亡。

9月9日　原贵县、南铁知青30多人回农场省亲，45年前他们作为首批非农业人口招工进场，对农场生产建场献出宝贵青春。

年内农场为小城镇居民办理房地产权证，颁发证书555户，土地面积37293平方米。

2011年　1月4日　伍少钦获得自治区人民政府授予的"广西科学技术进步三

等奖"。

1月7—8日　由北京中安质认证中心派来的安质环认证专家深入良圻原种猪场，对该企业 ISO 9001：2008 质量管理体系进行年度监督审核，顺利通过 ISO 质量管理体系监督审核。

1月18日　2011 年自治区级猪肉储备工作会议在南宁召开，良圻原种猪场荣获 2010 年度自治区本级生猪活体储备基地场一等奖。

1月18日　由广西绿色食品办公室对良圻制糖有限公司"涌泉牌"白砂糖的绿色食品标志使用情况进行年度检查，顺利通过绿色食品年检。

2月16日　国家恒产业体系永新综合试验站首席科学家陈瑶生等专家来访。

2月　自治区技术监督局专家到良糖进行生产许可证换证现场审核，顺利通过审核。

2月　亨氏集团生产部到良糖进行供应商自合审核，顺利通过审核。

3月16日　农业部农垦宣传文化中心记者到良糖采访。

3月22日　全国各大养猪场领导到良圻原种猪场参观。

3月28日　中国人民银行南宁中心支行行长杨小平一行到良糖调研。

4月，良圻农场场部芳香佳苑 5 栋 40 套的公寓楼竣工，完成交付使用。

4月9日　农业部农垦局领导到良圻原种猪场考察。

4月11日　区农垦局局长刘刚到良圻三家企业调研。

4月　良圻农场在克服干旱、洪涝等自然灾害的影响下，取得 21.88 万吨甘蔗产量的好成绩。

4月18日　中国农业银行广西分行带媒体记者到良圻原种猪场采访。

5月　良圻原种猪场永新源商品猪首次在香港挂牌销售，改变了良圻供港猪贴牌销售的历史。

5月19日　农垦局杨海空副局长到良圻进行调研。

5月27日　良圻原种猪场召开 2010 年股东代表大会。

6月22日　自治区农林水利工会王江波主任一行到良圻农场调研。

6月23日　广西壮族自治区检验检疫动植检处领导到良圻换证审核。

7月12日　良圻农场芳香佳苑小区正式揭牌成立，场部机关管理人员出席揭牌仪式。

8月　良圻农场公共租赁住房破土动工，计划建设 3 栋 24 套住房，主要安置老弱病残、孤寡老人及困难户。

8月29—9月6日　由良圻农场、良圻制糖有限公司共同主办的"庆祝广西农垦建垦60周年巡回慰问演出文艺晚会"共到7个分场、1个蔗区村委开展文艺巡演。

9月25日　良圻农场危房改造项目三大工程同时开工。一是商住景观一条街项目开工建设，计划建设公寓楼16栋128套住房；二是良圻制糖有限公司危房改造点公寓楼开工建设；三是良圻原种猪场危房改造点开工建设。

9月28日　广西国家生猪体系永新综合试验站"现代化健康养猪交流会"在良圻原种猪场召开。

9月28日　现代化健康养猪交流会在良圻原种猪场隆重举行。

9月29日　西江、良圻、黔江共聚西江农场，联合举办联欢晚会。

10月10日　住房和城乡建设部危房改造巡察组到良圻农场督查危房改造工作。

10月15日　广西农垦迎来建垦60周年华诞。良圻农场、良圻制糖有限公司选送舞蹈节目《甘蔗甜》，为晚会添光彩。

11月7日　自治区农林水利工会在区农垦局相关处室陪同下，将全国农林水利系统劳动关系和谐企业奖牌送到良圻农场，进行授牌仪式。

11月26日　农业部农垦局局长李伟国到良圻视察。

11月　良圻原种猪场被国家标准化管理委员会评为"2011年全国农业标准化优秀示范区"。

12月15日　韩国三大企业之一的SK集团旗下的SK中国西部总部、广西分部总经理朴镐相到良圻制糖有限公司考察。

12月　被农业部评为"2011年全国农业标准化示范县（农场）"，广西畜牧兽医学会成立60周年纪念（1961—2011）企业贡献奖。

12月14日　澳大利亚驻华使馆经济参赞郝龙威（Trevor Holloway）、参赞罗毅文（Ivan Roberts）到良圻制糖有限公司考察。

2012年　1月5日　自治区水产畜牧局领导陪同山东水产畜牧局领导来访。

1月　良圻制糖有限公司荣获第一批"广西企业文化建设示范基地"称号。

2月2日　农业部"菜篮子"产品生产项目考核组到良圻检查。

2月4日　国家生猪产业技术体系首席科学家陈瑶生教授、育种与繁育研究室主任李加琪教授、专家组专家中山大学刘小红教授一行到良圻原种猪场检查种猪育种工作。

2月10日　自治区农垦局副局长甘羽翔到良圻制糖有限公司检查指导工作。

2月14日　湛江农垦局领导到良圻制糖有限公司参观考察。

2月　良圻制糖有限公司"涌泉"商标荣获广西著名商标。

3月5日　浙江农垦考察团人员到良圻三家企业考察。

3月29日　区农垦局杨伟林副局长一行到良圻农场调研。

3月29—30日　箭牌糖果（中国）公司聘请第三方认证审核机构到良圻制糖有限公司进行供应商年度考核。

4月16日　广西农垦危房改造实施方案编制和配套设施建设工作布置会（南宁片区）在良圻农场召开。

4月17日　2011/2012年度榨季结束，农场共进厂原料蔗24.01万吨。

4月20日　北京二商集团及农垦局领导来访。

4月28日　农场团委举办第三届"让爱永恒"集体婚礼，共有8对新人参加。

5月30日　区农垦局副局长杨伟林来访。

6月7日　良圻原种猪场荣获中华全国总工会2012年"全国工人先锋号"称号，农垦纪工委书记谢可年授匾。

6月21日　良圻原种猪场召开2011年股东会。

6月27日　区农村综合和改革办到良圻农场检查指导。

7月5日　韩国SK集团广西分部总经理朴镐相，以及集团旗下大德研究所的4位专家，到农垦糖业集团、良圻制糖有限公司就糖醇研发进行考察。

7月12日　崇左市副市长雷海良率领考察团一行到良圻管区三家企业考察。

7月17日　新华社广西分社记者到良圻制糖有限公司进行采访。

7月27日　广西盛天集团董事长林炳东一行到良圻原种猪场参观考察。

7月　良圻农场喜获首批广西农垦文明单位。

8月1日　中国人民大学师生一行到良圻农场开展"千人百村"社会调

研活动。

8月2日　区税务局领导到良圻检查指导。

8月4日　美国谷物协会博士闫之春及新希望集团领导到良圻考察。

8月29日　区农垦局杨伟林副局长到良圻调研。

8月24—25日　2012年中国国际茉莉花文化节在广西横县举办,良圻农场、良圻制糖有限公司积极组织参加特色产品展销会。

9月　被广西壮族自治区质量技术监督局"永新源"牌生猪授予广西优质农产品。

9月　良圻原种猪场猪e网、猪猪论坛、种猪中心2012年度信得过种猪企业口碑百强(大白种猪十大品牌),荣获广西壮族自治区农垦局2011年度广西农垦综合统计工作考核评比二等奖。

9月21日　良圻原种猪场获得"良好农业规范认证"。

10月19日　宁夏农垦集团领导到良圻原种猪场考察。

10月　良圻原种猪场被广西壮族自治区科学技术厅评为"广西生猪良种培育中心"。

11月　"永新源"牌生猪荣获2011年度广西优质农产品。

11月14日　澳大利亚驻广州总领事到良圻制糖有限公司考察。

12月　良圻制糖有限公司获自治区文明建设委员会授予的"自治区和谐企业""自治区文明单位"及自治区农垦精神文明建设委员会授予的"自治区农垦文明单位"等三项荣誉称号。

12月17—18日　亨氏联合有限公司到良圻制糖有限公司进行供应商年度现场审核,均达到亨氏联合公司的要求,顺利通过审核。

12月30日　中国农业发展银行总行副行长姚瑞坤到良圻制糖有限公司调研。

2012年　良圻原种猪场克服香港生猪市场疲软、猪价恶性下跌、港币持续贬值、养殖成本高居不下等不利因素,内抓品质、外拓市场,凭借品牌优势,生猪销售逆势而上,全年供港活猪23680头,同比2011年增幅达47.6%,销售收入4209.5万元,已连续两年稳居全区第一。

2013年　1月1日　"瘦肉型猪健康养殖标准化生产技术研发与应用"获得科学技术重大贡献奖。

1月6日　桂南东地区首个现代化原种猪场——广西梧州市新利畜牧有

限公司原种猪场在苍梧县举行竣工挂牌仪式。自治区农垦局领导杨海空、杨伟林、黄永润及梧州市有关领导出席竣工挂牌仪式。

1月 良圻原种猪场被广西水产畜牧业协会、广西水产畜牧业协会第三届会员代表大会选举为本协会常务理事单位。

1月 良圻农场获自治区第14批文明单位荣誉称号。

1月22日 广西农垦甘蔗种管现场会在农场召开。

1月24日 广西壮族自治区农垦局副局长杨海空到良圻农场、良圻制糖有限公司和良圻原种猪场进行春节前慰问。

2月4日 自治区副主席陈章良在区农垦局副局长杨海空、杨伟林的陪同下,出席广西农垦良圻农场甘蔗生产全程机械化现场演示会。

3月5日,广西电视台记者到良圻原种猪场拍供港猪照片。

3月8日,良圻农场联合农机生产厂家在二分场召开甘蔗种植一体化试验演示会。

3月9日 在南宁召开"瘦肉型猪健康养殖关键技术研究与应用"项目成果鉴定会,该鉴定会由自治区科技厅广西科技厅组织石德顺、刘棋等7位专家,对广西农垦永新畜牧集团有限公司良圻原种猪场等三家单位实施完成的"瘦肉型猪健康养殖关键技术研究与应用"项目进行项目成果鉴定,一致同意通过成果鉴定。

3月31日 国家科技支撑计划项目"制糖生产过程节能与清洁生产关键技术及示范"课题查定会成员专家,对良圻制糖有限公司实施的"制糖生化助剂开发及应用"课题进行应用示范现场查定,顺利通过查定验收。

3月 广西壮族自治区科技厅授予"广西良种猪繁育工程技术研究中心"。

4月2日 良圻制糖有限公司通过安全生产标准化三级企业现场评审。

4月13日 全国种猪遗传改良育种协作组专家在广西壮族自治区水产畜牧兽医局的陪同下到良圻原种猪场考察。

4月17日 广西壮族自治区政协副主席、中国书法家协会理事、广西书协主席、广西诗词学会会长钟家佐一行在横县覃志坚副县长、横县政协韦家俊副主席等人的陪同下到良圻原种猪场考察指导。

4月20日 2012/2013年度榨季结束,农场共进厂25.14万吨,再创历史最高产量。

4月22日　良圻制糖有限公司2012/2013年度榨季顺利收榨，共压榨原料蔗51.6万吨，首次突破年榨蔗50万吨大关。

4月27日　自治区总工会巡视员陈新华、经审委主任何大英、自治区农林水利工会主任罗尚谨一行将"全国五一巾帼标兵"称号张海英的荣誉证书送到农场，举行简短的授奖仪式。

5月13日　由海南省农垦总局局长吕勇、副局长王任飞等领导一行7人组成的海南农垦考察团，在自治区农垦局副局长甘羽翔的陪同下，到良圻原种猪场参观考察。

5月18日　美国谷物协会博士闫之春等美国教授来良圻指导。

6月8日　内蒙古呼伦贝尔市海拉尔农垦集团公司副总经理张树通，在广西农垦局杨伟林副局长及广西农垦永新畜牧集团有限公司胡如海副总经理的陪同下，莅临良圻原种猪场考察指导。

6月16日　良圻原种猪场杨彭猪场改造项目完工投入使用。由原来规模1400头基础母猪改造为2000头。

6月20日　广西壮族自治区水产畜牧兽医局组织广西壮族自治区品种改良站、南宁市品种改良站及横县水产畜牧兽医局有关专家对国家畜禽养殖标准化示范场——广西农垦永新畜牧集团有限公司良圻原种猪场第二种猪场进行验收，以99.8分广西最高分通过验收。

7月14日　良圻制糖有限公司与广西糖业研发中心合作投资建设的良圻基地实验大楼正式开工建设。

7月　广西壮族自治区科技厅授予良圻原种猪场"广西生猪标准化生产技术示范基地"。

8月1日　良圻原种猪场通过2008年标准化改造项目验收。

8月18日　由自治区侨联、自治区农垦局侨联、广西医科大学侨联共同组织的"侨联义务医疗队"到良圻农场开展义诊活动。

8月　良圻制糖有限公司"涌泉"牌白砂糖获广西产品质量优秀奖。

9月27日　良圻农场党委组织举办"舞动良圻"广场舞比赛，共有辖区各单位共23支代表队参与比赛。

9月　由自治区农垦局、发改局、农业局、财政局、审计局、监察局等部门组成的专家组，对良圻原种猪场2008年生猪标准化规模养殖场建设项目进行竣工通过。

9月　良圻农场完成 2000 户职工群众由闭路电视到数字电视的信号转换。

9月2日　由自治区畜牧总站站长陈家贵等组成的专家组，对良圻原种猪场杨彭猪场 2013 年秦旭养殖标准化示范场创建工作进行验收，最终以 96.5 分的优异成绩通过验收。

9月2日　良圻农场工会举办首届"农业分场杯"气排球赛。

9月5日　湖北农垦领导到良圻制糖有限公司参观考察。

9月13日　河南农垦到良圻农场考察交流。

10月17日　香港食环署兽医公共卫生专家到良圻原种猪场探访。

10月　良圻原种猪场获得"广西水产畜牧业协会广西养猪行业十强企业"、农业部"生猪标准化示范场"。

11月1日　广西农垦永新畜牧集团有限公司邀请了美国谷物协会、华南农业大学、广西大学、广西水产畜牧兽医局、畜牧总站、广西畜牧兽医学会、广西动物疫病控制中心等专家对《广西农垦永新畜牧集团有限公司良圻原种猪场狮子岭种猪场（五期）建设项目可行性研究报告》进行评审。五期种猪场项目总投资约 3 亿元，建设 10000 头规模的母猪场和保育育肥场，配套建设饲料厂及相关附属设施。猪场采用自动控温、自动供料、全程空气过滤系统、实施以周为单位的全进全出、分阶段饲养等技术。

11月1日　良圻原种猪场狮子岭种猪场建设项目通过评审。

11月6日　自治区农垦局副局长罗永魁到良圻农场考察土地整治项目。

11月7日　自治区农垦局副局长杨伟林陪同由中国农垦经济发展中心副主任杨培生率领的农业部农垦局调研组一行，到良圻三家企业调研。

11月7日　区农垦局杨伟林副局长陪同农业部领导来访。

11月21日　以中国绿色食品发展中心质量监督处处长何庆为组长的绿色食品年检督导组在广西绿色食品办有关人员的陪同下，到良圻制糖有限公司开展绿色食品企业年检督导工作。

12月2日　第九次全国归侨侨眷代表大会在北京召开，杨喜南同志荣获"全国归侨侨眷先进个人"称号。

11月29日　古巴农业部副部长、规划和统计司司长、能源司司长、经济合作司副司长等一行 10 人，到良圻制糖有限公司考察甘蔗农业及制糖

生产情况

12月1日　"生猪健康养殖关键技术研究与应用"获得2011—2013年度全国农牧渔业丰收奖三等奖（农业技术推广成果奖）。

12月16日　广州焙乐道食品有限公司、箭牌糖果公司先后到良圻制糖有限公司开展供应商年度审核。

12月25日　知名企业李锦记食品有限公司审核组到良圻制糖有限公司审核。

12月　中共广西壮族自治区委员会组织部、广西壮族自治区人力资源和社会保障厅授予良圻原种猪场"广西生态养殖关键技术研发人才小高地"。

2013年底　经过3年危房改造，良圻农场三家企业共完成危旧房改造任务1808户，主要通过新建芳香佳苑小区、异地新建、维修加固方式实施。

2014年　1月2日　良圻原种猪场"瘦肉型猪健康养殖关键技术研究与应用""农产品质量可溯源信息体系的建立与示范"获得广西科学技术进步三等奖。

1月2日　农垦局副局长杨海空到良圻原种猪场调研。

1月13日　农业部领导到良圻检查农产品质量追溯资金使用情况。

1月18日　中国侨联权益保障部部长姜凤岩、中国农林水利工会副巡视员王林林率慰问组到良圻农场慰问困难归侨。

2月16日　国家生猪产业技术体系首席科学家陈瑶生教授、育种与繁殖研究室主任李加琪教授，中山大学刘大红教授等一行到良圻原种猪场考察指导。

2月　良圻原种猪场伍少钦同志荣获"全国农业先进个人"荣誉称号。

3月17日　广西科技厅组织专家对《肉猪主要疫病综合防控技术研究与示范》（桂科攻1123007-3）示范点——广西农垦永新畜牧集团有限公司良圻原种猪场进行了现场查定。

3月21日　中国畜牧兽医学会养猪学分会副理事长孙德林教授一行，在农垦永新集团吴志君总经理的陪同下，到良圻原种猪场（永新综合试验站）进行调研。

4月1日　亨氏（中国）投资有限公司到良圻制糖有限公司进行供应商年度现场审核，顺利通过年审。

4月3日　广西糖业研发中心试验大楼在良圻制糖有限公司封顶。

4月8日　良圻制糖有限公司2013/2014年度榨季顺利收榨，压榨甘蔗总量突破56万吨，再创历史新高，实现第7年连续增产。

4月8日　2013/2014年度榨季结束，农场共进厂原料蔗24.16万吨。

4月17日　横县县委常委、政法委书记黄世勇带领县经济和信息化局、农业局、环境保护局、土地管理局、畜牧局、建设局等多个部门在六景镇肖彩书记的陪同下，到良圻原种猪场调研。

4月22日　自治区农垦局副局长杨伟林到良圻指导"双高"基地建设工作。

4月30日　良圻狮子岭种猪场（五期）建设项目正式开工。该项目是广西农垦永新畜牧集团有限公司投资约3亿元兴建的年产20万头无公害生猪的特大型现代化生猪养殖项目。

5月17日　国家质检总局供港澳动物监装调研组成员到良圻原种猪场调研。

5月17日　国家质检总局供港澳监装调研组专家王忠宽（上海局，组长）、李欢尧（湖南局）、洪江波（江西局）、廖才伟（广西局）一行4人到良圻原种猪场对供港猪饲养管理、检验检疫监管及监装、押运等情况进行调研。

5月22日　良圻原种猪场肖有恩获得"第三届中国畜牧行业先进工作者"。

5月22日　自治区农垦局杨海空副局长陪同区委副书记危朝安到良圻管区调研。

5月25日　良圻原种猪场新办公楼落成并投入使用，广西农垦永新畜牧集团有限公司董事长赵卫邦，总经理吴志君，广西农垦国有良圻农场党委书记、良糖董事长曹芳武，农场场长覃国平出席启用仪式并为良圻原种猪场新办公楼揭牌。

5月底　良圻原种猪场新建育肥场竣工投产。

6月4日　中国种猪信息网和内蒙古乌兰察布农牧局领导来访。

6月4日　北京市生猪产业技术体系创新团队首席专家、北京市畜牧总站副站长云鹏研究院和内蒙古乌兰察布农牧局领导到良圻原种猪场考察。

6月6日　由全国畜牧兽医总站郑友民副站长、四川省畜牧科学研究院养猪研究所吕学斌所长、安徽省畜牧局相关专家组成的农业部督导组，在广西水产畜牧兽医局罗军副处长陪同下到良圻原种猪场检查国家生猪核心育种场工作。

6月9日　自治区农林水利工会决定在良圻原种猪场建立永新劳模创新工作室。

6月13日　海南农垦考察团一行到良圻管区考察。

6月20日　广西出入境检验检疫局检验检疫技术中心和南宁出入境检验检疫局人员来良圻原种猪场开展技术中心的"食品安全周"活动。

7月1日　"永新源"生猪被评为第45届世界体操锦标赛猪肉定供肉。

7月2日　自治区农垦局杨海空副局长到良圻调研，育种专家李加琪到良圻指导配套系工作。

7月5日　在佰威高盛相关人员的带领下，台湾屏东科技大学的夏良宙教授来良圻原种猪场进行培训交流。

7月8日　第24届世锦赛专家组成员来良圻原种猪场，对现场的养殖环境及所有的养殖生产记录和无害化记录进行现场审核，并查看无害化处理点。同时指定一批40～50公斤（二队17栋）猪专供世锦赛，同时随机采集4份猪尿，现场用北京维德维康的快速检测试剂盒进行检测，检测显示盐酸克伦特罗、莱克多巴胺和沙丁胺醇等β-兴奋剂药品均为阴性。

7月11日　农垦局杨伟林副局长陪同百色市纪委书记张俊雄来访。

7月　广西壮族自治区实施质量兴桂战略工作领导小组办公室授予良圻原种猪场"广西名牌产品"。

8月5日　良圻原种猪场第四原种猪场经产母猪区猪舍正式启用。

8月15日　广西农业科学院农业经济研究院的梁贤书记和广西大学商学院曾艳华教授等一行4人来良圻原种猪场进行调研，就"良圻特色现代农业核心示范区建设"项目出谋划策，对示范区的建设进行整体规划，大体上按五大板块进行规划。

8月　良圻原种猪场获得中国出入境检验检疫协会颁发的"中国质量诚信企业"称号。

9月2日　受区农垦工委委托，良圻农场党委、工会承办的第八届"送文艺、科技、法律下基层"文艺晚会代表农垦局在九曲湾农场首演，随后还深入新兴、山圩、新光、良圻等农场演出。

9月10日　广西壮族自治区出入境检验检疫局与质量监督局在南宁市锦

华大酒店召开 2014 年广西"质量月"活动启动仪式暨广西名牌产品及中国质量诚信企业颁奖大会。良圻原种猪场同时获得"广西名牌产品"与"中国质量诚信企业"荣誉称号，并代表中国质量诚信企业在会上发言，2013 年良圻原种猪场供港活猪 34080 头，占广西供港数量的 87%，供港生猪多年来质量稳定并得到出入境检验检疫局高度认可，生猪销售价格居香港五丰行前三位。

9 月 15 日　北京二商集团领导到良圻原种猪场考察。

9 月　获得"猪 e 网种猪企业口碑百强"（第六届 2014 信得过种猪企业人气评选）养殖场。

9 月 22 日　坐落在良糖的广西糖业研发中心实验大楼通过验收。

10 月 13 日　中国农垦经济发展中心组织由农业部乳品质量监督检验测试中心张宗城、农业部亚热带果品蔬菜质量监督检验测试中心农耀京、福建省农垦与南亚热带作物经济技术中心黄梅兰、黑龙江省前进农场刘健、辽宁省农垦局高凯等 5 人组成的专家组，对广西农垦永新畜牧集团有限公司承担的猪肉产品质量追溯系统建设项目进行总结验收。

10 月 22 日　国家知识产权局授予良圻制糖有限公司实施的"一种用于甘蔗夹装机的甘蔗夹持机构"使用新型专利，该公司专利申报实现零突破。

10 月 23 日　区"双高"基地建设督查组到良圻制糖有限公司检查。

10 月 27 日　良圻原种猪场创建的兽医技术中心成立，自治区农垦局杨伟林副局长出席揭牌仪式。

10 月　实施的"一种用于甘蔗夹装机的甘蔗夹持机构"项目获授予公司首个专利。

10 月 28 日　由广西糖业研发中心与良圻制糖有限公司合作投资建设的良圻基地实验大楼项目通过广西科技厅验收。广西糖业四大顶尖科研平台：制糖分析实验室、糖醇糠醛类制品研究实验室、八桂学者绿色制糖岗位研究实验室和广西甘蔗资源绿色加工工程技术中心落户良圻制糖有限公司，并建有一条木糖、木糖醇联产 L-阿拉伯糖中试生产线，成功利用了甘蔗渣提取木糖、木糖醇、L-阿拉伯糖等系列产品。2014 年至今先后承担了国家、自治区、南宁市等科技项目 13 项，获得授权或受理的实用新型专利和发明专利 30 多项，发表研究论文 28 篇。

2014年至今　共建设6万多亩"双高"原料蔗基地，核心区甘蔗达到了8吨，蔗糖分14％。2016—2017年，榨季带动蔗农5712户，带动增收2990.65万元，户均增收5235.74元。蔗区甘蔗单产名列全国第2名，综合绩效名列全国甘蔗糖厂第1名。

10月29日　自治区农发行领导到良圻制糖有限公司调研。

10月　良圻农场启动养老保险人脸识别系统工作，对离退休人员进行资格认证。

10月　良圻农场侨联举办庆祝安置归侨回国36周年文艺晚会。

10月28日　由广西糖业研发中心与良圻制糖有限公司合作投资建设的良圻基地实验大楼项目实验室通过广西科技厅验收，良圻基地拥有广西糖业四大顶尖科研平台：制糖分析实验室、糖醇糠醛类制品研究实验室、八桂学者绿色制糖岗位研究实验室和广西甘蔗资源绿色加工工程技术中心。

11月3日　中国农林水利工会农业工作部部长王秀生等到良圻3家企业调研。

11月13日　广西糖业研发中心良圻基地揭牌，自治区农垦局副局长杨海空为基地揭牌。

11月22日　2014/2015年度榨季开榨，自治区农垦局刘刚局长、杨海空副局长到良圻参加开榨仪式，并深入蔗区了解情况。

11月26日　香港德州食品供应公司客商到良圻原种猪场考察。

11月27日　来自巴西、印度、澳大利亚、泰国、美国等20多个国家的120多名专家代表，到良圻制糖有限公司蔗区参观考察，对蔗糖业生产及能源并能保护环境的绿色技术、综合技术应用、产品研发、循环经济、甘蔗种植、病虫害防治和生产机械化等情况进行调研。

12月5日　广西农业科学院、广西大学和广西农业科学院甘蔗研究所等单位科研专家到良圻制糖有限公司调研。

12月10日　良圻原种猪场顺利完成健康种猪场验收。

12月11日　生猪产业体系的岗位科学家张桂红教授来到良圻原种猪场考察，对良圻原种猪场取得的进展表示充分的肯定。

12月12日　良圻现代标准化生猪养殖（核心）示范区规划通过评审。

12月16日　箭牌糖果到良圻制糖有限公司开展供应商年度审核。

12月20日　自治区党委统战部组织广西党外知识分子联谊会专家百人团、横县专家30余人"同心服务"到良圻三家企业开展服务活动。

12月　良圻原种猪场被广西水产畜牧业协会授予"广西水产畜牧业协会工作2011—2014年先进单位"。

● **2015年**　1月28日　良圻原种猪场饲料厂新建原料仓，扩建原料面积590.81平方米，工程造价435252.65元。

1月4日　美国南达科他州州立大学Thaler教授莅临良圻原种猪场检查指导，对饲料配方和精准营养方面提出改善建议和相应的实验方案。

1月5日　良圻原种猪场特邀《2010年美国猪营养指南》的执行主编、美国南达科他州立大学陶勒（Dr. Robert Thaler）教授和国内资深养猪专家闫之春博士，在良圻原种猪场召开"猪精准营养技术研讨会"，来自全国各地的80多位规模猪场的负责人和技术主管参加会议。

1月7日　海博莱中国区总经理秦云到良圻原种猪场参观交流。

1月9日，由广西壮族自治区农垦局组织梁礼南、苏家联、谢列先等有关专家对广西农垦永新畜牧集团有限公司良圻原种猪场十一分场猪场污水综合利用工程项目进行竣工验收，一致同意通过项目竣工验收。

1月13日　自治区农垦纪工委书记谢可年到良圻管区调研，强调抓好管区的生产经营、科技研发和党纪廉政工作，促进管区稳定发展。

1月13日　良圻原种猪场在国内首家接受中国动物疫病预防控制中心组织的专家组现场评审和现场随机采样，参加此次评估认证的专家和领导有中国农业大学的杨汉春教授、中国兽药监察所的宁宜宝研究员、华中农业大学的何启盖教授、河南省动物疫控中心的副主任闫若潜博士、福建动物疫控中心的吴波平科长，中国动物疫控中心的刁新育副主任、疫情科的杨林处长及协调员张淼洁科长。

1月16日　在广西壮族自治区疫控中心召开总结会议，良圻原种猪场顺利通过现场评估和实验室的检测，最后良圻原种猪场以96分的高分顺利通过动物疫病净化示范场的评估认证。

1月　良圻原种猪场四期猪场污水日处理200吨利用红泥膜改造沼气收集，解决多年存在的漏气问题，利用管道安装，把沼气引到四期生活区作为职工生活燃气；同时配套50千瓦的沼气发电机可自供污水处理设施运作。

1月28—29日　由自治区农业厅、自治区农垦局、广西大学、广西农业科学院甘蔗研究所组成的验收专家到良圻农场进行糖料蔗高产创建项目验收，顺利通过测产验收。

2月8日　良圻原种猪场与国有荣光农场合作的标准化合同育肥荣鑫猪场正式投产，意味着良圻原种猪场合同育肥产业化发展正式走出横县范围，深入自治区其他地市，发挥更深远的影响。

3月3日　良圻农场"双高"基地土地整治项目开工。

3月11日　自治区党委改革办副主任李杰云等就农垦改革发展课题到良圻管区调研。

3月　经广西著名商标评审委员会评审，自治区工商局认定，良圻制糖有限公司注册使用的"涌泉"商标再次被认定为广西著名商标。

3月2日　出口生猪产品质量安全示范区工作研讨会在横县召开，以良圻原种猪场为龙头企业的横县出口生猪产品质量安全示范区已经通过自治区级验收，成为国内首个通过省级验收的出口生猪产品质量安全示范区。

3月5日　广西参皇养殖集团总裁张聪、养猪分公司技术总监伍庆斌等一行来良圻原种猪场考察。

3月8日　云南省陆良县畜牧局、财政局、发展和改革局一行8人，在陆良县畜牧局局长满石生陪同下来良圻原种猪场进行实地考察。

3月9日　南宁动物卫生监督所和横县动物卫生监督所领导到良圻原种猪监督指导，并且现场抽猪肉、尿样送检，经过现场审查和资料审核，通过GAP一级认证。

3月18日　广西大学毕业生就业基地揭牌仪式在良圻制糖有限公司举行，农垦糖业集团副总经理、广西糖业研发中心主任马步和广西大学轻工学院党委书记冷静为基地揭牌。

3月13日　华南农业大学张守全教授到良圻原种猪场对公司员工进行"后备母猪初情期诱导技术"培训。

3月17日　德国拜耳专家菲尔拉一行来到良圻原种猪场进行技术交流。

3月19日　横县农业局主办的"新型养殖职业农民培育班"在良圻原种猪场进行。

3月19日　良圻原种猪场四期扩建项目竣工环境保护通过南宁市环保局

验收。

3月22日　良圻农场二分场甘蔗联合收割机现场会上，全国首批切断式双行甘蔗联合收割机首次亮相进行试验收割。

3月31日　广西壮族自治区危朝安副书记为团长，自治区农垦局副局长、农垦集团总经理杨海空，自治区党委副秘书长、东盟博览会秘书长等组成的考察团一行8人，参加在华润集团总部举办的座谈会，华润集团总经理乔世波、华润五丰副总经理刘志文、杨金平等参加座谈。乔世波总经理特别强调广西农垦永新畜牧有限公司良圻原种猪场供港活猪质量安全，肉色鲜红、肉质鲜嫩，深受香港市民好评，卖价移居香港五丰行前三名。杨海空副局长表示进一步加大活猪供港数量，争取2018年供港活猪由目前3.5万头增加到10万头。

4月5日　良圻制糖有限公司2014/2015年度榨季顺利收榨，共压榨原料蔗50.66万吨，混合产糖率排在南宁市制糖企业第一名。

4月27日　广西轻工协会与良圻制糖有限公司合作的广西首家会企合作示范基地在良圻制糖有限公司挂牌。

4月30日　2015年广西壮族自治区劳动模范和先进工作者表彰大会在南宁举行，良圻原种猪场技术总监肖有恩被授予广西壮族自治区先进工作者称号。

5月4日　良圻农场以创建广西农垦良圻现代农业核心示范区位契机，依托西津国家湿地公园优势，在十分场规划发展观光农业，种植完成520亩40800株沃柑果苗，实现十分场从甘蔗种植到发展果蔬种植的产业转型。

5月　自治区安监科和市水产畜牧兽医技术推广站组成的督查组到良圻原种猪场进行现场督查，一致通过无公害督察组检查验收。

6月13—14日　2015年中国舟钓路亚公开赛在横县良圻农场十分场（西津国家湿地公园管理区）举行。

6月16日　香港华润五丰有限公司市场部郭基经理，事业部张强助理会同香港鲜肉大联盟副主席、生猪业买手会有限公司理事关国华先生来良圻原种场考察交流。

6月23日　来自四川、重庆的20多家养猪企业共30多人到良圻原种猪场开展考察交流活动。

7月8日　甘肃农垦到良圻农场开展交流学习。

7月9日　由农民日报社和中国畜牧兽医学会联合主办的"安佑杯"2015寻找美丽猪场公益活动广西站现场PK赛在南宁举行，良圻原种猪场喜获广西站银奖。

8月5日　自治区副主席张秀隆到广西农垦良圻管区调研。

8月7日　良圻农场团委举办环场健身跑活动，共有职工群众420多人参加，环场跑步4.5公里。

8月12日　海南农垦考察团到良圻管区考察。

9月　"芳香佳苑"A组团小高层职工住宅楼项目通过验收并交付使用，绿化、美化等配套设施逐步完善。

10月4日　受第22号强台风"彩虹"的袭击，良圻农场甘蔗受损严重，倒伏面积29952亩。

11月　良圻制糖有限公司组织实施的甘蔗夹装机改造等6个项目，获得埃及知识产权局授予的使用新型专利和发明专利，标志着该公司专利发明实现了零的突破。

11月　建成了具有国内先进性、行业代表性的白砂糖全自动装包＋机器人码垛集成生产线。

12月20日　云南省农业科学院副院长范源洪一行到良圻管区考察。

12月　"永新源"猪肉顺利通过广西富硒农产品协会专家评审，被认定为广西富硒农产品，是广西首家通过广西富硒农产品认定的养殖企业。

12月15日　自治区动物疫病预防控制中心专家组对良圻原种猪场进行重点种猪场与伪狂犬病净化示范场年度审核，以99.5高分通过重点猪场与伪狂犬净化示范场年度审核。

2016年　1月3日　良圻农场通过全国农垦农机标准化验收。

1月4日　良圻农业科技园区获批准为第二批广西农业科技园区。

1月20日　自治区农垦局工委书记、局长刘刚及副局长杨伟林深入良圻管区，要求把永新源生猪健康养殖（核心）示范区办得越来越有特色。

1月　由良圻农场、良圻制糖有限公司、良圻原种猪场和广西壮族自治区亚热带作物研究所联合创建的广西农垦良圻农业科技园区，经专家评审评估、广西农业科技园区建设协调指导小组审查认定，被广西壮族自治区科学技术厅批准为第二批广西农业科技园区，成为广西农垦首个区级农业科技园区。

2月14日 良圻农场夕阳红门球馆建成开馆。

2月15日 良圻农场开通微信公众号，拓宽宣传渠道。

3月15日 由广西田园农机公司生产的切断式收割机在良圻农场一分场进行试验收割。

3月29—30日，中央电视台财经频道《中国财经报道》栏目记者就甘蔗生产机械化、糖料蔗"双高"基地建设、糖料蔗价格指数保险、制糖生产等情况，到良圻制糖有限公司蔗区进行专题采访。

3月 良圻原种猪场办公楼前休闲广场正式投入使用。

4月1日 博白县人民政府县长罗培球、县人大常委会主任李富等四家班子领导组成的考察团一行，在自治区农垦局副局长、巡视员杨海空的陪同下，到农垦良圻片区企业参观考察。

4月 梁书颖同志被广西壮族自治区总工会评为"广西五一巾帼标兵"。

4月13日 2016年广西农垦现代特色农业（核心）示范区建设推进交流会在良圻原种猪场召开，农垦局副局长杨伟林主持会议。

4月 良圻原种猪场荣获"第二批农垦文明单位"。

4月 伍少钦同志被广西壮族自治区总工会评为"广西五一劳动奖章"。

4月28日 良圻农场场长覃国平、副场长刘太福、纪委书记苏万里等领导为"广西农垦现代特色农业核心示范区"标识牌揭幕。

5月12日 中国林业科学院热带林业试验中心一行在党委书记田祖为的带领下，到良圻农场进行考察学习。

5月12日 良圻农场企业文化展厅投入使用。

5月25日 良圻农场开展形式多样活动纪念建场60周年。

5月27日 新疆维吾尔自治区农业厅副厅长热比亚·玉山一行在农垦局副局长杨伟林的陪同下，就企业改革和农业生产方面课题到广西农垦良圻片区进行考察交流学习。

5月 良圻原种猪场荣获中国畜牧业协会授予的"第四届中国畜牧行业先进企业"。

6月8日 海南农垦控股集团党委书记、董事长张韵声一行8人，在广西农垦工委书记、局长、集团董事长刘刚，广西农垦工委副书记、副局长、巡视员、集团总经理杨海空等领导陪同下，到良圻考察广西农垦良圻现代农业（核心）示范区三分场葡萄、提子种植基地和良圻第四原种猪场。

6月22日　自治区农垦局老干部管理中心主任廖文在良圻农场场长覃国平、工会主席蒙振国的陪同下，深入良圻农场离退休老干部家庭，送上亲切的关怀和问候。

6月23日　自治区农垦局巡视员罗永魁到良圻调研。在良圻农场党委书记、良圻制糖有限公司董事长曹芳武，场长覃国平，工会主席蒙振国的陪同下，深入农场企业文化展厅参观。

6月28日晚　良圻农场团委组织举办"美味良圻"厨艺大赛。

6月　良圻原种猪场党支部荣获自治区农垦工委2014－2015年度先进基层党组织。

6月　良圻原种猪场党支部荣获"广西壮族自治区先进基层党组织"。

7月8日　自治区侨联副主席林振龙一行4人到良圻农场开展对文化艺术进行考察调研。

8月19日　自治区农垦局副局长金大刚陪同河北省农垦事业管理局党组成员、副局长黄德斌等一行17人，到良圻农场、良圻制糖有限公司、良圻原种猪场考察调研。

8月25日晚　良圻农场团委举办第二届"歌声飞扬·唱响未来"卡拉OK歌手比赛，来自良圻辖区各单位的18名参赛选手同台竞技一展歌喉，为广大职工群众送来欢乐。

8月31日　南宁市政府副秘书长韦伟一行，就进一步洽谈现代农业观光休闲旅游项目到良圻农场进行调研。

9月21日　农业部党组成员杨绍品到良圻调研。

9月30日　良圻农场召开第六次归侨侨眷代表大会，50名归侨侨眷代表参加会议。

9月　广西农垦永新畜牧集团有限公司（良圻原种猪场）被农业部、国家发展和改革委员会、财政部、商务部、中国人民银行、国家税务总局、中国证券管理委员会、中华全国供销合作总社认定为"农业产业化国家重点龙头企业"。

10月13日　良圻农场团委召开第十一次代表大会，来自农场、良圻制糖有限公司、原种猪场三家企业45名青年代表出席会议。

10月25日　良圻农场党委组织农场、良圻制糖有限公司、原种猪场辖区三家企业领导班子成员召开中心组扩大会议，传达学习全国国有企业党的建设工作会议有关精神。

10月　良圻制糖有限公司荣获首届横县县长质量奖。

11月9日　良圻农场工会召开第十三次代表大会，101名来自良圻三家企业各个工作领域的职工代表出席会议。会议主要听取第十二届工会工作报告，选举产生新一届工会委员会和经审委。

11月23日　良圻农场工会召开第七次女职工代表大会，来自良圻三家企业的45名女职工代表出席会议，良圻三家企业有关领导应邀参会。

12月6日　由北京市水利局、河南省水利厅等中国农林水利气象系统工会成员单位一行7人，在自治区农林水利气象工会及农垦局有关人员的陪同下，到良圻农场对工会工作进行专题调研。

12月26日　中央政研室、中央改革办农村局局长朱泽一行，在自治区党委改革办李朝喜，农垦工委副书记、巡视员杨海空等领导的陪同下，就广西农垦改革发展情况到良圻农场调研督查。

12月30日　广西良圻农业科技园区年终总结会在良圻农场召开，良圻农场、良圻制糖有限公司、良圻原种猪场、亚热带作物研究所四家共建单位管委会成员参加会议，自治区农垦局副局长杨伟林到会指导。

12月　良圻原种猪场组织实施的"大型种猪场猪瘟控制与净化集成技术研究和应用"项目荣获农业部授予的全国农牧渔业丰收二等奖。

12月　肖有恩同志被中华人民共和国国务院评为"享受政府特殊津贴人员"。

2017年　1月4日　良圻原种猪场公猪站被农业部评为"全国农业先进集体"。

1月4日　良圻原种猪场梁书颖被农业部评为"农业先进个人"。

1月6日　良圻原种猪场公猪站被农业部评为"全国生猪遗传改良计划种公猪站"。

1月11日　安哥拉国家电力公司法人代表一行4人到良圻制糖有限公司考察，就企业生产、工厂建设、产品种类、产品销售、循环经济、产业链发展等情况与企业进行座谈。

1月20日　良圻制糖有限公司通过安全生产标准化二级企业现场评审，这是横县第二家通过该项评审的工业企业。

2月7日　广西农垦土地确权登记发证工作座谈会在良圻农场召开,九曲湾、良圻、西江、火光农场、北部湾总场等农场土地管理分管领导及横县国土局参加会议,自治区国土资源厅地籍处处长陆景宇到会指导,自治区农垦局总经理助理陈峰云主持会议。

2月　良圻农场参与实施的《甘蔗螟虫生防技术产业化及推广应用》《旱地甘蔗高效节本栽培技术集成示范推广》两个项目,荣获农业部2014－2016年度全国农牧渔业丰收奖二等奖。

3月10日　良圻原种猪场肖有恩劳模创新工作室被广西壮族自治区总工会评为"自治区级劳模创新工作室"。

3月24日　在社会事业处有关领导的陪同下,自治区学习贯彻党的十八届六中全会精神,宣讲团走进良圻片区企业做十八届六中全会和自治区第十一次党代会精神宣讲辅导,来自良圻农场、良圻制糖有限公司、良圻原种猪场三家企业干部职工80多人聆听了宣讲会。

4月9日　横县2016/2017年度榨季甘蔗机械化收获现场培训会在良圻制糖有限公司蔗区二分场"双高"基地召开。

4月12日　湖北省委副秘书长刘兆麟、湖北省农垦事业管理局局长朱汉桥考察团一行,在自治区农垦工委副书记、巡视员、集团公司总经理杨海空的陪同下,到良圻片区企业考察。

4月12日　良圻农场联合横县人民政府湿地办、平马镇政府司法所、横县龙潭派出所,依法对周边村民侵占土地进行维权。

4月　良圻原种猪场组织实施的"大型种猪场猪瘟控制与净化集成技术研究和应用"项目荣获广西壮族自治区人民政府授予的广西科学技术进步三等奖。

5月4日　云南农垦政策研究室主任高雨奇一行,在自治区农垦局有关处室领导的陪同下,到良圻片区企业考察调研,了解广西现代特色农业核心示范区、广西良圻农业科技园区建设及企业改革发展有关情况。

6月15日　自治区农垦工委书记、农垦局局长、农垦集团董事长甘承会,在自治区农垦工委副书记、巡视员、农垦集团总经理杨海空的陪同下到良圻片区进行调研,并与片区企业有关责任人座谈。

7月　良圻农场党委在"七一"期间组织开展了庆祝建党96周年系列活动。

7月27日　自治区总工会到良圻片区三家企业开展"中国梦·劳动美——喜迎党的十九大"慰问演出文艺晚会。

7月　从法国引进的961头法系SPF原种猪运送至五期保育育肥场隔离饲养。

8月8日　良圻农场团委举办"前进吧·良圻"环场健步走第三季活动，良圻农场、良圻制糖有限公司、原种猪场三家企业职工及家属700多人参加。

8月　良圻制糖有限公司生产的"涌泉"牌白砂糖被广西壮族自治区质量技术监督局授予"广西名牌产品"称号。

9月12日　由良圻农场党委、工会主办的广西农垦良圻农场辖区2017年全民健身运动会也正式拉开帷幕。来自农垦良圻辖区三家企业及驻场单位20个参赛队运动员代表、各单位领导嘉宾、职工群众1500多人参加开幕式。

9月22日　良圻农场来自基层一线职工代表共34人，在场工会主席蒙振国的带领下，就职工代表履职、企业文化建设、城镇管理等方面的内容，赴西江农场进行交流学习。

9月　广西永新源生猪健康养殖（核心）示范区在复评审中被评定为广西现代特色农业（核心）示范区（五星级）。

9月　肖有恩同志入选广西壮族自治区人民政府第二十批广西"十百千"人才工程第二层次人选。

9月　被国家质量监督检验检疫总局评为2017年国家级出口食品农产品质量安全示范。

10月25日　广西农垦决策咨询专家小组成员吴伟权一行3人在自治区农垦局建设规划办、企业管理处有关人员的陪同下，就农垦城镇化发展建设问题到良圻片区开展调研，并与片区三家企业有关负责人座谈。

10月31日　广西农垦基地农场改革与发展专题研讨会在良圻农场召开，自治区农垦局副局长杨伟林、农场企业化改革发展研究小组有关成员及甘蔗、剑麻、茶叶等有关基地农场负责人近30人参加会议。

11月29日　南宁市2017年第九次重大项目竣工（横县粮食储备中心库项目竣工）现场会在良圻农场八分场工业区举行，来自南宁市、横县有关单位领导及良圻农场机关干部代表参加竣工现场会。

11 月　肖有恩劳模创新工作室被中华全国总工会命名为全国示范性劳模创新和工匠创新工作室。

12 月 9 日　自治区人民政府副秘书长、自治区糖业发展办公室主任黄胜杰率调研组到良圻制糖有限公司调研，了解企业开展对标定标追标管理活动，原料蔗基地建设，制糖产业科研创新，学习贯彻党的十九大精神，榨季安全生产和信息化、自动化、智能化即"三化"融合建设等情况。

12 月 29 日　由广西民族大学、自治区文化厅、自治区农业厅、广西文物保护设计中心、自治区住房和城乡建设厅组成的广西特色小镇考评组，到良圻农场进行现场评议，通过看现场、看专题片、听取汇报等方式实地考察该场创建广西首批特色小镇有关情况。

12 月　肖有恩同志被农业部、人力资源和社会保障部评为"全国农业劳动模范"。

● 2018 年　　1 月 3 日　环境保护部、国家经济政策研究中心、自治区环境监察总队、自治区环境保护科学研究院组成的调研组一行，在自治区环境保护厅、横县人民政府等领导陪同下，到良圻制糖有限公司就广西地方标准《甘蔗制糖工业水污染物排放标准》（DB 45/893—2013）执行情况及其环境绩效进行现场调研。

1 月 4 日　横县政府召集良圻农场及横县县委组织部、政府办公室、民政局、财政局等 13 个有关职能部门主要负责人，就《横县接收广西农垦国有良圻农场办社会职能改革实施方案》开展方案审定工作会议，横县副县长宁宇出席会议。

1 月 18 日　自治区农垦工委副书记、农垦集团总经理谭良良在自治区农垦永新畜牧集团、金融资产处、农垦集团办公室等有关人员的陪同下，深入良圻片区调研，并与片区良圻农场、良圻原种猪场、良圻制糖有限公司三家企业有关责任人座谈交流。

1 月 20 日，经过 3 年时间的精心种植、培育和打造，良圻农场 600 多亩"吉满红"沃柑基地正式开园迎客。

1 月 27 日　由中国农林水利气象工会主席蔡毅德、中国侨联权益保障部处长刘景春等组成的慰问团一行，在自治区农林水利气象工会巡视员陈湘文、自治区农垦侨联及农场有关负责人的陪同下，到良圻农场开展送温暖活动。

1月30日 良圻制糖有限公司制糖物联网控制中心在自治区科技厅、自治区农垦局的支持下，经过半年多的筹备建设，于1月30日正式揭牌投入运行。这是物联网技术率先在制糖生产全过程深度应用，标志着制糖行业第四次工业革命的到来，是制糖工业实现中国智能制造2025的关键步伐。

2月25日 农业部党组成员、副部长屈冬玉一行4人，在自治区副主席方春明的陪同下，深入广西农垦基层企业开展农垦改革专题调研，督导检查广西农垦改革进展情况。

3月7日 横县县委常委、副县长罗圆一行就良圻片区工业用地利用状况到良圻农场调研。

3月7日 中央电视台财经频道《中国财经报道》栏目组就2017/2018年度榨季食糖生产成本、生产和销售、利润等情况，以及如何克服价格变化带来的困难，加快广西糖业转型升级、实现"二次创业"等情况到良圻制糖有限公司进行专题采访。

3月11日 南宁市科学技术局组织有关专家对良圻农场、南亚热带农业科学研究所共同承担的南宁市科学研究与技术开发计划项目"桂南蔗区糖料蔗'双高'新品种引进、选育与高效繁育技术研究与示范"进行现场测产查定，委托横县科技局到场组织现场查定工作。

3月25日 由良圻制糖有限公司、横县工商行政管理和质量技术监督局、广西糖业研发中心共同起草的广西地方标准《甘蔗糖厂生产现场6S管理规范》（DB45/T 1670—2018）经过广西壮族自治区质量技术局批准正式发布，这是良圻制糖有限公司牵头起草并获得发布的第一部地方推荐性标准。

3月28日 由南宁市政协副主席黄均宁带领市政协常委、委员考察团一行就横县农产品安全及追溯体系建设工作到良圻农场现代特色农业三分场葡萄园基地调研，横县人民政府、政协及农业农村局有关领导陪同调研。

4月 自治区人民政府办公厅公布《第一批广西特色小镇培育名单》，45个小镇被选定为首批广西特色小镇培育对象，良圻农场芳香小镇榜上有名，成为广西农垦唯一入选首批广西特色小镇的单位。

4月25日 横县县委出台印发《横县接收广西农垦国有良圻农场办社会

职能改革实施方案》，县委组织部副部长谢有宁带领县委组织部、民政局及六景镇政府等有关人员，就社会职能移交工作推进细则及实际操作问题到良圻农场进行对接和协商。

4月26日　区农垦集团副总经理、农垦局副局长金大刚率第四督导组一行5人，到良圻农场专项督导"两个三年"改革工作进展情况。

4月　被广西壮族自治区人民政府办公室评为广西特色小镇——芳香小镇。

5月1日　应广西电视台邀请，良圻制糖有限公司派代表作为企业嘉宾参加广西电视台公共频道《挑战技能王》节目。

5月9日　由农业农村部农垦局副局长彭剑良带队督导组一行，在广西农垦局副局长、集团董事、副总经理金大刚的陪同下，到良圻农场督导调研农场改革工作进展及落实情况，横县人民代表大会、政府办公室、组织部、自然资源局、民政局、六景镇政府及良圻农场有关领导参加调研会。

5月10日　自治区田园综合体建设试点项目现场考察组一行3人，到良圻片区实地考察良圻农场、良圻制糖有限公司和良圻原种猪场联合创建的田园综合体建设试点项目建设情况。

5月11日　在防城港市防城区人民政府副区长梁家田的带领下，由防城区农业农村局、编制委员会办公室、政府办公室、人力资源和社会保障局、财政局、民政局及垌美农场、荣光农场、那梭农场等三家农垦企业组成的考察组一行13人，到良圻农场就农垦改革"两个三年"工作进行交流学习。

5月29日　自治区侨联副主席林振龙一行3人，到良圻农场调研，通过召开座谈会的方式，听取良圻农场、新光农场、垌美农场等3家农场有关负责人汇报农场近年来侨联工作开展情况。

5月　良圻原种猪场被评为全国农林水利气象系统模范职工小家。

5月　良圻原种猪场第五期1万头母猪原种猪场全部竣工投产。

6月22日　中共良圻农场芳香社区委员会召开全体党员大会，选举产生第一届社区党委委员、书记、副书记。

6月28日　在横县人民政府副县长宁宇、横县民政局、六景镇党委政府等有关领导参加横县六景镇芳香社区服务中心揭牌仪式。

7月10日　自治区农垦集团副总经理、农垦局副局长金大刚一行3人，就《广西农垦农场企业化改革和企业优化重组方案》（征求意见稿）到良圻农场调研，与良圻农场、东湖农场、黎塘氮肥厂3家企业班子成员座谈交流，听取推进农场企业化改革和企业优化重组的意见和建议。

8月8日　自治区党委决策咨询委员会专家、自治区人民政府参事黄健教授与良圻农场党委书记、场长覃国平共同为"新时代讲习所"揭牌，并就"习近平新时代中国特色社会主义思想"专题开启首场讲习。

8月18日　在首个中国医师节来临之际，广西壮族自治区侨联副主席林振龙带领广西壮族自治区侨联、广西医科大学侨联、二附院重症手麻疼痛党支部一行19人，到良圻农场开展爱心义诊活动。

8月15—16日　良圻农场侨联组织开展系列活动，与全场广大归侨职工侨眷、职工群众共同回顾40年来越南归侨在生产生活方面的发展历程。

8月28日　自治区农垦改革第四督查组副组长纪录一行2人，就农垦改革"两个三年"重点工作到良圻农场开展专项督查。横县副县长宁宇、县自然资源局及良圻农场主要负责人参加督查汇报。

8月30日　良圻农场芳香社区组织召开新任职干部培训暨集体谈话会，宣布定工干部名单，启动正常化承接办理社会职能业务。

9月17日　良圻农场与横县人民政府签订社会职能移交协议，标志着良圻农场办社会职能移交工作已取得阶段性突破。

9月26日　良圻农场实行公司制改制确定的公司名称"广西农垦良圻农场有限公司"，获横县工商行政管理和质量技术监督局核准通过。

10月29日　横县人大常务委员会主任蒋小旗一行，就农垦改革、良圻农场有限公司筹建等工作到良圻农场行调研。

10月31日　良圻农场党委书记、场长、公司筹备组组长黄富宇一行4人拜会宾阳县政府相关领导，与宾阳县县长穆贤清及县农业农村局、经济和信息化局有关人员，就东湖农场、黎塘氮肥厂2家农垦企业社会职能移交、企业招商引资及垦地合作等事项进行座谈交流。

10月　伍少钦同志被广西壮族自治区科学技术协会、科学技术厅、工业和信息化委员会、人力资源和社会保障厅、人民政府国有资产监督管理委员会评为"首届广西创新争先奖"

11月12日　自治区"庆祝改革开放40周年自治区成立60周年"宣讲报

告会走进广西农垦良圻农场，自治区党委讲师团特聘教授（专家）、广西广播电视台纪委书记李沛新作题为《马克思主义光耀全球》宣讲。

11月13日　广西农垦良圻农场有限公司办理工商登记注册领回营业执照，标志着广西农垦良圻农场有限公司正式注册成立。

11月16日　农垦集团组织由广西农业科学院甘蔗研究所、广西天华高科技有限公司、中审众环会计师事务所广西分所组成的专家小组，对良圻农场甘蔗良种繁育推广基地建设项目进行竣工验收。

11月20日　良圻农场党委代表队，在广西农垦工委、农垦集团党委主办的2018年广西农垦国有企业党建知识竞赛决赛中勇夺冠军。

11月23日　场部机关支部党员活动室正式揭牌启用。

11月　国内首家车辆洗消烘干站良圻原种猪场车辆洗消烘干中心竣工投入使用。

11月　肖有恩被中共广西壮族自治区委员会人才工作领导小组评为"广西高层次人才"。

11月　良圻原种猪场被中国动物疫病预防控制中心评为"猪伪狂犬病净化示范场""猪瘟净化示范场"。

12月　覃燕灵同志被中共南宁市委员会、南宁市人民政府评为"南宁市劳动模范"。

12月　覃燕灵同志被中共广西壮族自治区农垦工作委员会评为广西农垦"党建引领·聚力改革"先进个人。

12月29日　良圻农场有限公司隶属的东湖农场公司、黎塘氮肥公司两家子公司顺利完成工商注册并取得营业执照，分别正式更名为广西农垦东湖农场有限公司、广西农垦黎塘氮肥有限公司。

● **2019年**　1月8日　广西农垦良圻农场有限公司举行揭牌仪式，公司班子成员共同为良圻农场公司及党委、纪委、工会等组织机构揭牌。

1月9日　自治区人民政府方春明副主席到良圻制糖有限公司就农垦改革工作和"一核三新"主导产业发展进行调研。

1月23日　良圻农场有限公司工会举行"甘蔗王"擂台赛。

2月　良圻原种猪场建设的横县病死畜禽无害化处理中心建成投产。

2月15日　农垦集团纪委书记覃绍生，副总经理、总会计师李东一行4人，就企业化改革及优化重组、党的建设、生产经营、产业发展等工作到良圻片区调研。

2月18日　自治区农业农村厅发布2019年自治区农业产业化重点龙头企业名单，良圻农场有限公司榜上有名，成为广西农垦唯一一家被认定为2019年自治区农业产业化重点龙头企业的单位。

3月6日　美国威斯康普公司总裁、中国格林凯尔华中农大精准农业研究院理事长王士英，就推动现代农业发展到良圻农场有限公司进行考察调研。

3月13日　横县县委书记黄海韬，县人大常委会主任蒋小旗，常务副县长洪奔，县委常委、办公室主任刘朝军一行17人，就现代农业、畜牧业及甘蔗制糖等产业发展情况到农垦良圻管区调研，县委办公室、督查和绩效考评办公室、发展和改革局、经济和信息化局、住房和城乡建设局、自然资源局、生态环境局及六景镇有关负责人陪同调研。

3月15日　良圻农场有限公司党委下辖1个党总支部、15个党支部全部完成换届选举工作。

3月20日　农垦集团公司党委副书记翁科到农垦良圻三家企业调研，为良圻农场公司党委荣获"垦区第一批党建示范点单位"授牌。

3月26日　中央农村工作领导小组原副组长袁纯清率调研组一行6人，深入广西农垦良圻片区就农垦改革及蔗糖产业发展调研。

3月　良圻原种猪场组织实施的"优质瘦肉型配套系种猪选育与产业化示范"项目荣获广西壮族自治区农业农村厅2018年广西农牧渔业丰收二等奖。

3月　伍少钦同志获广西壮族自治区农业农村厅广西农牧渔业丰收奖广西养殖业提质增效贡献奖个人奖。

4月　良圻原种猪场获广西壮族自治区总工会"广西五一劳动奖状"。

4月10日，解放思想大讨论活动领导小组第二督导组，农垦集团副总经理、组长杨伟林一行3人，到挂点单位广西农垦良圻农场有限公司督导"转观念 增活力 促发展"解放思想大讨论活动。

4月15日　广西壮族自治区科学技术厅组织由自治区农业农村厅、自治区亚热带作物研究所、自治区农业职业技术学院等单位专家组成的专家组一行，在自治区科学技术厅山区综合技术开发中心副主任覃泽毅带领下，到良圻农业科技园区进行现场核验工作。

4月19日　良圻农场有限公司召开总部机构改革动员部署会，对总部内设机构改革工作进行动员部署，正式发布公司总部内设机构和职能设置方案及定岗定编定员、选聘上岗配套方案。

4月29日　在农垦集团副总经理杨伟林的陪同下，自治区"双高"基地办第三评估小组通过实地查看、听取汇报、查阅资料的方式，对良圻农场有限公司甘蔗"双高"基地建设情况进行现场评估。

5月13日　广东省广西北部湾商会执行会长王若华、美宜佳便利店有限公司销售经理廖明哲一行5人，到良圻农场有限公司子公司东湖农场有限公司无公害蔬菜基地现场考察，重点就净菜供应合作进行洽谈磋商。

5月7日　良圻农场有限公司召开全体管理和后勤人员大会，正式宣布总部职能部门设置调整及管理岗、工勤岗人员聘任决定，公司总部第一轮机构改革"定岗、定编、定员"工作圆满完成。

5月27日　良圻农场有限公司第一次党员代表大会召开，公司所属15个基层组织66名党员代表参加会议，选举第一届党委纪委班子成员，农垦工委副书记、农垦集团党委副书记、总经理谭良良及农垦集团党群工作部部长廖文出席会议。

6月20日　广西农垦特色产业发展暨示范区建设推进会在良圻管区召开，农垦集团副总经理杨伟林出席会议并讲话。

6月20日　广西农垦集团副总经理杨伟林和总经理助理、农业事业部总经理黄河一行，到良圻农场有限公司督导"不忘初心、牢记使命"主题教育工作。

7月1日　良圻农场有限公司召开庆祝建党98周年暨庆祝"七一"表彰大会。

7月3日　农垦集团副总经理杨伟林、党群工作部副部长张佑民一行7人，就企业转型攻坚阶段职工思想动态进行主题教育专题调研，并与良圻农场有限公司全体领导班子成员、横县公安局及六景镇龙潭派出所有关负责人座谈交流。

7月8日　良圻农场有限公司党委书记、董事长黄富宇，党委副书记、总经理杨茂一行3人，在宾阳县政府与宾阳县县长穆贤清、副县长麦明阳，就宾阳县"东融"政策仓储物流建设项目推进工作进行深入交流。

7月16日　农垦集团副总经理何军，副总经理、总会计师李东等领导结合"不忘初心、牢记使命"主题教育工作，深入良圻农场有限公司进行调研。

8月 良圻原种猪场5个生产基地获广州市农业农村局、南宁市农业农村局粤港澳大湾区"菜篮子"生产基地认证。

9月 刘钦华同志获得"第五届自治区道德模范提名奖"（广西壮族自治区精神文明委员会）。

10月16日 自治区纪委监委驻国资委纪检监察组组长黄健，在广西农垦集团纪委书记、监察专员覃绍生及相关人员的陪同下，就全面从严治党、党风廉政建设及生产经营等重点工作深入良圻片区良圻农场有限公司、良圻制糖有限公司、良圻原种猪场三家企业进行调研。

11月6日 中国农垦经济发展中心副主任陈忠毅率"广西农垦行"考察团一行26人，在广西农垦集团党群工作部副部长沈毅平的陪同下深入良圻片区企业考察。

11月25日 为适应改革需要，广西农垦糖业集团良圻制糖有限公司正式更名为广西糖业集团良圻制糖有限公司。

12月9日 财政部农业农村司副司长许留庆、农业农村部农垦局一级巡视员彭剑良，带队由农业农村部、财政部、教育部、国家卫生健康委、民政部、中国人民银行等国家六部委组成抽查组一行10人，到良圻农场有限公司抽查国有农场办社会职能改革工作落实情况，广西壮族自治区财政厅副厅长、一级巡视员曾纪芬，农垦局副局长、农垦集团副总经理杨伟林及自治区财政厅、卫生健康委、南宁市人民政府、横县人民政府等相关单位领导陪同抽查。

12月23日 横县县委常委、副县长洪奔带领县民政局、人力资源和社会保障局、财政局、县卫生健康委、民族事务委员会、宗教事务局及六景镇政府、芳香社区有关人员一行10人，就落实国家六部委社会职能改革"回头看"整改要求工作推进情况，到良圻农场有限公司组织召开农场办社会职能移交工作协调会。

● **2020年** 1月11日 由中国侨联基层建设部副部长刘景春、中国农林水利气象工会农业工作部部长王秀生一行5人组成的慰问组，在自治区农林水利气象工会主席罗尚瑾、自治区侨联办公室主任潘锦昌、广西农垦集团工会副主席廖文等领导的陪同下，到良圻农场有限公司所属子公司东湖农场有限公司开展"送温暖"活动。

1月16日 南宁市统战部副部长何见霜一行,到良圻农场有限公司慰问辖区困难归侨侨眷,横县统战部有关领导陪同慰问。

2月13日 良圻农场有限公司组织本部各分场、下属单位及辖区农垦企业、驻场医院、工商所、派出所、农贸市场、社区有关人员召开会议,专题部署新冠感染疫情防控工作,六景镇政府有关领导到会指导。

2月7日 农垦集团党委副书记、总经理、农垦集团新冠感染疫情防控工作领导小组副组长谭良良,农垦集团纪委书记覃绍生一行,到良圻辖区三家企业检查指导疫情防控及生产经营工作,详细了解人员排查管理、环境消杀清洁、生活服务保障等工作。

3月16日 公司召开中层干部大会,农垦集团党委组织部副部长、人力资源部副部长黄维德到会,宣布农垦集团党委对公司主要领导调整的决定:黄富宇同志不再担任良圻农场有限公司党委书记、董事、董事长职务,由曾晓吉同志接任。

3月27日 农垦集团党委副书记、总经理谭良良到良圻农场有限公司调研,在子公司东湖农场有限公司听取1—3月份重点工作落实情况及全年工作计划,并就桂垦牧业200万头生猪屠宰及肉品深加工项目选址进行调研。

4月9日 农垦集团副总经理黄永华率督查三组一行3人,到良圻农场有限公司通过现场检查、听取汇报等形式,就落实农垦集团年度重点工作进展情况进行督导检查。

4月10—16日 良圻农场有限公司总部机关、12个农业分场及东湖农场有限公司、黎塘氮肥有限公司分会等工会组织,先后组织职工召开公司首届职工代表选举大会,选举本单位参加公司首届职工代表大会代表。

4月16日 良圻农场有限公司下属东湖农场有限公司完成20宗10464.46亩国有土地使用权转移登记至农垦集团名下,标志着公司国有土地使用权转移登记工作取得突破性进展。

4月21日 南宁市总工会副主席刘东方一行4人,在横县人大常委副主任、总工会主席闭应尚及有关领导的陪同下,就企业复产复工和维稳工作到良圻农场有限公司调研。

6月16日 农垦集团副总经理吴卫南一行3人,到良圻农场有限公司就重点工作落实情况调研督导。

6月17日　集团党委副书记、总经理谭良良深入良圻农场有限公司，与宾阳县委书记朱亚明就下属黎塘氮肥有限公司如何推进深化转型升级工作进行洽谈。

6月19日　良圻农场有限公司国有土地使用权转移登记工作取得新进展，顺利将11宗19798.27亩国有土地使用权转移登记至广西农垦集团名下。

6月30日　良圻农场有限公司召开第一届二次职工代表大会，选举产生出席广西农垦集团第一届工会会员代表大会和职工代表大会。

7月23日　自治区总工会2020年度为职工送健康体检活动走进良圻农场有限公司，为基层一线职工及家属提供免费健康体检。

8月12日　东湖农场有限公司工会召开第一次会员代表大会，选举产生第一届工会委员会、经费审查委员会、女职工委员会，东湖农场有限公司39名代表参加会议。公司党委书记、董事长、东湖农场有限公司董事长曾晓吉，党委副书记、工会主席蒙振国，工会副主席吴小梅及宾阳县总工会副主席郑燕出席大会。

8月14日　良圻农场有限公司顺利将31宗11270.09亩国有土地使用权转移登记至广西农垦集团名下。

9月16日　广西农垦集团督查一组一行在组长、农垦集团纪委书记覃绍生的带领下，深入良圻农场有限公司下属子公司东湖农场有限公司，通过现场检查、听取汇报及查阅工作台账的形式，就贯彻落实2020年度重点工作进行第三季度督查。

9月23日　自治区区政府办公厅第四秘书处处长彭林魁，率自治区区政府办公厅、财政厅、自然资源厅、农业农村厅、广西农垦集团、广西大学等单位组成的调研组一行9人，深入良圻农场有限公司实地考察和听取汇报，就广西农垦国有土地高效利用情况专题调研。

10月15日　广西农垦集团党委副书记、总经理谭良良一行4人到黎塘氮肥有限公司督查清拆工作，公司党委书记、董事长曾晓吉，党委副书记、总经理杨茂，东湖总经理农军陪同调研。

10月15日　南宁市政协副主席、市总工会主席陈世平，市总工会副主席刘东方一行5人到农垦良圻片区企业调研，横县人大常委会副主任、县总工会主席闭应尚，公司党委副书记、工会主席蒙振国陪同调研。

10月27日　自治区侨联主席谭斌一行3人到良圻农场有限公司调研，公司副总经理刘太福陪同调研。

10月29日　良圻农场有限公司召开第一届二次党员代表大会，60名党员代表出席会议，选举出席农垦集团第一次党代会正式代表。

11月24日　农业农村部农垦局一级巡视员彭剑良带队，率领农业农村部、财政部及相关人员组成调研组，到良圻农场有限公司开展国有农场办社会职能改革工作调研，自治区农垦局副局长、广西农垦集团副总经理杨伟林及自治区财政厅、横县政府等相关单位领导陪同调研。

12月15日　南宁市委统战部副部长、市台办主任、市侨办主任何见霜，带领市人大民侨外宗委、市侨联等"五侨"部门负责人及部分海外侨界代表人士一行25人，到良圻农场有限公司开展侨情调研。

● **2021年**　3月9日　良圻农场有限公司党委组织召开党史学习教育动员会，深入学习贯彻党中央和广西农垦集团党委党史学习教育动员会精神，全面安排部署党史学习教育工作，正式拉开公司党委党史学习教育活动序幕。

4月1日　为健全公司工会组织，加强对基层分会的领导，良圻农场有限公司工会组织召开基层分会、分会女工组织换届选举工作会议。会上就基层分会、分会女工组织换届选举工作进行具体布置。

4月6日　为加强内控管理，提升工作效率，良圻农场有限公司组织召开规章制度宣贯培训会，党委副书记、总经理杨茂就公司新出台规章制度进行解读说明。重点就公司新出台《党委会议事规则》《董事会议事规则》《总经理办公会议事规则》等三项制度进行详细解读。

4月6日　良圻农场有限公司召开2021年安全生产工作部署会，会议通报了公司2020年安全生产工作开展情况，分析当前安全生产工作中存在的问题和薄弱环节，并就2021年安全生产重点工作作了部署安排。会议还传达了农垦集团2021年安全生产工作视频会议精神。

4月19日　为全面摸清公司土地资源家底，规范土地经营管理，良圻农场有限公司组织规范土地经营管理专项行动工作小组成员召开专题会议，部署土地经营管理专项行动工作。传达了农垦集团关于规范土地经营管理专项行动方案的通知，并宣读了《良圻农场有限公司规范土地经营管理专项行动方案》，对规范土地经营管理专项行动的目标任务、时间节点、实施步骤进行了具体布置，明确了牵头部门和责任部门。

4月26日 良圻农场有限公司工会召开第一次代表大会，67名工代会正式代表出席会议。会议全面回顾了过去五年的工作成绩，客观总结成绩及指出存在不足，提出今后五年工作思路。会议审议通过了《良圻农场有限公司工会工作报告》《女工委工作报告》《经审委工作报告》三项决议。选举产生了良圻农场有限公司工会第一届委员会、女职工委员会和经费审查委员会，陈有志为工会主席、吴小梅为工会副主席，张春媚为经审委主任、卢家梅为副主任，吴小梅为女工委主任、卢家梅为副主任。

4月26日 良圻农场有限公司召开第一届第四次职工代表大会，选举通过陈有志同志为职工董事。

4月26日 良圻农场有限公司规范土地经营管理专项行动工作领导组召开会议，就深化推进土地经营管理专项行动现存疑难问题、存在不足及下一步计划部署工作。党委书记、董事长曾晓吉提出6个工作要求：一是提高政治站位，增强行动自觉，充分认识到规范土地资源管理专项行动工作的重大意义，增强责任感和紧迫感，自觉主动支持配合，确保土地资源摸家底工作取得实效；二是核查问题土地。对存在纠纷土地进行核查，查清位置、面积，以疾风厉势、抓铁留痕的狠劲韧劲坚决打赢规范土地经营管理这场硬仗；三是落实工作责任。要对照任务清单，聚焦突出问题，大力推动专项行动发现问题整改到位、举措落实到位；四是积极接洽有关部门，加快完成东湖农场、黎氮两公司无人机遥感测绘工作；五是注重标本兼治，健全完善土地资源管理治理长效机制，把当下改与长久治结合起来，加强对规划和土地管理法规文件的学习及普及工作；六是通过多种方式利用微信公众号、微信群等新媒体平台开展宣贯，将横幅、宣传海报等分发到各分场，推动规范土地经营管理工作走深走实。

4月27日 为贯彻落实集团第一次党代会和2021年工作会议精神，良圻农场有限公司召开2021年重点工作第一季度督查布置会，就公司一季度生产经营状况、特色产业布局、存在问题及深化改革方面进行布置。

4月29日 良圻农场有限公司邀请广西自然资源调查检测院工作人员开展规范土地经营管理土地核查工作业务培训。公司副总经理陆玩潮、公司专项工作组成员及各分场主任共20人出席参加。会议提出4个工作要求：一是要提高政治站位，高度重视，各分场积极配合资产管理部及测绘部门开展工作；二是要合理安排，统筹协调，时间紧、任务重，要及时、有效按照时间节点推进落实；三是要走到地头，深入调查。对照测绘图表迅速核实、摸清家底；四是要抓好信息化建设，及时上传到数据库，实现"网格化"管理。

5月16日 为扎实推进党史学习教育，庆祝建党100周年和建垦70周年，由农垦集团工会主办、良圻农场有限公司承办的2021年广西农垦"良圻杯"驻邕单位气排球比赛中，良圻农场有限公司、广西农垦集团机关、明阳农场公司分别获B组集体第一、第二、第三名。

6月10日 横州市人文纪念园项目签约仪式在横州市投资促进局会议室举行，良圻农场有限公司、横州市国泰投资发展有限责任公司、南宁市崇善颐养服务有限公司三方代表共同签署了合作协议。良圻农场有限公司、横县国泰投资发展有限责任公司、南宁市崇善颐养服务有限公司三家公司领导表示，项目实施后，将积极配合政府做好项目推进及产业链延伸项目的培育，在推进项目创新、产业合作探索方面积极发挥带头引领作用，履行国企社会责任和担当，共同推进横州市服务产业多样化、创新发展。横州市人文纪念园项目计划投资4.6亿元，规划用地约1000亩，计划建设公益性公墓项目和经营性公墓项目。三家公司成立新公司后，以横州市民生工程为切入点，拓展墓园开发、殡葬礼仪、骨灰安葬安放、养老产业投资、旅游业、餐饮业等服务产业领域。

6月3—4日 良圻农场有限公司党委组织全体党员赴桂林全州县打卡"红色教育基地"，聆听湘江战役历史故事，深切缅怀革命先辈。

6月16日晚 良圻农场有限公司、良圻制糖有限公司、良圻原种猪场三家农垦企业在芳香社区文化活动中心隆重举行庆祝中国共产党成立100周年、建垦70周年、建场65周年"永远跟党走"文艺晚会比赛。

6月29日 良圻农场有限公司党委召开"七一"庆祝建党100周年暨先进表彰大会。大会由党委副书记、总经理杨茂同志主持，公司党委副书记、工会主席陈有志宣读"两优一先"表彰通报。与会领导为获奖集体和个人代表颁发荣誉证书奖牌，激励全体党员干部锐意进取、开拓创新，不断谱写良圻农场有限公司改革发展新篇章。党委书记、董事长曾晓吉结合党史学习教育，提三点要求：一要提升学史能力，推动党史学习教育走深走实；二要注重素质提升，发挥先锋模范作用；三要抓好党建引领，推动公司高质量发展。

6月23—25日　良圻农场有限公司党委领导班子成员深入基层走访慰问，对新中国成立前入党老党员、建场元老和生活困难党员进行慰问，并送上了慰问金和节日的祝福。同时，公司领导班子成员相继为挂点联系党支部上专题党课。通过开展专题调研和带头讲授党课的方式，号召广大党员干部深入学习贯彻习近平新时代中国特色社会主义思想，学习贯彻习近平总书记重要讲话、重要指示精神，充分发挥好基层党组织战斗堡垒作用和党员先锋模范作用，进一步坚定信心、克难制胜，向着既定目标坚定前行，推动公司高质量发展。

7月1日上午　良圻农场有限公司党委组织总部机关党支部、东湖农场有限公司党支部及东西南北四个工区党支部130多名党员干部收听收看庆祝中国共产党成立100周年大会直播。

7月14日　良圻农场有限公司结合党史学习教育，开展对11个分场甘蔗生产检查评比活动。公司中层副职以上管理人员、良圻制糖有限公司有关人员、11个分场主任及部分职工代表共70多人参加，深入11个甘蔗分场的田间地头进行甘蔗生产进行检查，各分场主任分别作甘蔗管理经验介绍。

7月22日　良圻农场有限公司领导班子成员带领有关部门分赴12个农业分场开展内涝受灾和安全生产巡查，听取各分场负责人内涝积水、防汛备汛、雨后生产恢复工作情况汇报，指导防汛抗汛工作，积极应对台风"查帕卡"。

8月17日　良圻农场有限公司召开2011—2020年农场志编纂工作布置会，党委书记、董事长曾晓吉，党委副书记、总经理杨茂等领导出席会议。党委副书记、工会主席陈有志主持会议。会议指出，编纂续志是继承中华民族的优良传统，是进一步贯彻落实中央农垦改革发展精神、弘扬农垦文化的需要。会议提出五个工作要求：一是高度重视，明确职责，切实增强责任感和历史使命感，扎实推进续志编纂工作；二是求真务实，尊重历史，通过文字、数据、图例等多种形式，做到思想、科学和资料相统一；三是总揽全局，统筹协调，做到"四个到位"（领导到位、机构到位、经费到位和队伍到位）；四是加强编纂人员培训力度，不断提高修志队伍的综合素质，增强工作的科学性、系统性、前瞻性；五是各部室要积极配合，加强沟通，按时按质按量完成编纂农场志任务。

9月6日　良圻农场有限公司举行经理层成员任期制和契约化管理签约仪式。公司领导班子成员、部门负责人及下属公司负责人参加签约仪式。签约仪式上，公司党委书记、董事长曾晓吉首先与党委副书记、总经理杨茂签订《岗位聘任协议书》《董事、高级管理人员保密协议》《履职承诺书》《2021年度经营业绩责任书》和《任期经营业绩责任书》。总经理杨茂分别与其他经理层成员签订了《岗位聘任协议书》《董事、高级管理人员保密协议》《履职承诺书》《2021年度经营业绩责任书》和《任期经营业绩责任书》。本次签约仪式是贯彻落实自治区国资委和广西农垦集团推进国有企业任期制和契约化改革各项任务的具体举措。确保改革工作措施到位，助推公司国企改革三年行动迈上新台阶，为农垦集团"十四五"高质量发展作出新的更大贡献。

9月9日　横州市公安局龙潭派出所与良圻农场有限公司成立治安联防队，为现场31名治安联防队队员颁发工作证和红袖标。

9月18日　良圻农场有限公司召开2021年第三季度安全生产暨部署中秋国庆假期安全防范工作会议。公司党委书记、董事长曾晓吉，党委副书记、总经理杨茂，副总经理黄卫出席并部署工作。

9月29日　良圻农场有限公司召开2021年管理人员竞争上岗工作动员会。公司在家领导班子成员、本部机关全体人员，复混肥厂、水务分公司管理人员，治安巡逻队员，东湖农场、黎氮两公司领导班子成员、各部门负责人等100余人参加了会议。

10月15日　横州市六景镇政府与良圻农场有限公司举行"三供一业"供水设施分离移交协议签订仪式。良圻农场有限公司在家领导班子成员及良圻制糖有限公司、良圻原种猪场、芳香社区等单位有关负责人出席签订仪式。

10月18日　由良圻农场有限公司、良圻制糖有限公司、良圻原种猪场主办的2021年"永远跟党走"运动会正式拉开帷幕，良圻三家农垦企业及辖区驻场单位领导出席开幕式，300多名运动员和职工群众欢聚一堂，用火热的运动激情礼赞中国共产党建党100周年、广西农垦建垦70周年、良圻农场建场65周年。

10月25日　良圻农场有限公司召开管理人员竞争上岗竞职演说大会，来自公司本部、工区和子公司东湖农场、黎氮45名竞聘公司中层副职岗位的管理人员，从个人基本情况、竞岗优势、工作经历、工作思路等方面进行现场演说。公司领导班子成员组成评审小组现场聆听演说并进行打分。本部全体管理人员及子公司领导班子、部门负责人近100人参加会议。

11月3日　良圻农场有限公司党委到广西农垦展示馆开展"感党恩·跟党走·强农垦"党史学习教育主题党日活动。公司在家领导班子成员、各党支部书记及党员共56人参加活动。

11月10日　良圻农场有限公司举办"文明健康　绿色环保"主题讲座，邀请广西全民健安普教中心副主任谭阳海讲师宣讲。

11月12日　良圻农场有限公司召开全体管理人员大会，公司在家领导班子成员、本部全体管理人员，复混肥料厂正、副厂长参加会议。会上，副总经理黄卫宣读了竞争上岗有关人事任命。公司纪委书记李胜作了任前集体廉政谈话。

11月18日　良圻农场有限公司召开2021/2022年度榨季动员会，公司在家领导班子成员、中层副职以上管理人员、分场全体管理人员及良圻制糖有限公司相关负责人50多人参加会议。会上，党委副书记、总经理杨茂总结对榨前准备工作作了详细部署。良圻制糖有限公司总经理张伟斌就上榨季甘蔗生产情况、新榨季工作安排计划及有关补贴政策进行说明。党委书记、董事长曾晓吉结合公司实际，提出四个工作要求。

11月25日　"奋斗百年路·忠诚印初心"对党忠诚情景党课和中国共产党简史课在良圻原种猪场会议室首次公开授课，良圻农场有限公司全体党员干部、管理员及良圻原种猪场党员干部共130多人观看学习。

12月1日　良圻农场有限公司党委传达学习贯彻自治区第十二次党代会精神，公司在家领导班子成员参加。会议要求，一要迅速兴起学习宣传贯彻农垦集团甘承会董事长在农垦集团党委（扩大）会议传达学习自治区第十二次党代会精神的重要讲话精神，在全方位推动农垦集团高质量发展中展现良圻新作为；二要把学习贯彻自治区第十二次党代会精神作为当前和今后一个时期的重要政治任务，将学习大会精神纳入公司各党支部的学习议程；三要在公司微信公众号、LED电子屏、展板、微信群等宣传平台，深入开展宣传活动，迅速掀起学习贯彻大会精神热潮。

12月9日　良圻农场有限公司联合良圻制糖有限公司共同召开2021/2022年度甘蔗冬种现场会。公司在家领导班子成员、各部室负责人、有关部门工作人员及良圻制糖有限公司相关领导、有关部门负责人出席现场会。

12月16日　横州市人民政府副市长蒙柯宇一行15人，到良圻农场有限公司开展民政、交通基础设施等项目调研活动。公司党委书记、董事长曾晓吉陪同调研。横州市民政局、六景镇政府、石塘镇政府、市交通运输局、市自然资源局、市征拆中心、市国泰公司、南宁崇善颐养服务有限公司、市殡仪馆等单位领导陪同调研。

12月17日　良圻农场有限公司党委理论学习中心组召开2021年度第四季度专题学习会，公司党委书记、董事长曾晓吉主持会议并讲话，公司党委理论学习中心组成员及相关部门负责人参加学习。会上集中学习了《习近平在全国宗教工作会议上的讲话》等内容。中心组成员围绕会议内容，结合公司"十四五"发展规划和各自分管的工作，就如何推动公司实现高质量发展进行了专题研讨。

12月21日　良圻农场有限公司召开第一次团员大会，公司8名团员青年出席会议，公司党委副书记、工会主席陈有志到会指导，标志着开启公司共青团工作新篇章。

12月30日　广西农垦"巾帼共奋进　永远跟党走"玫瑰书香女职工主题阅读成果展演评比活动在南宁举行。良圻农场有限公司选送节目情景剧《丰碑》视频在25个优秀视频作品中脱颖而出，荣获三等奖及优秀组织奖。

12月30日　良圻农场有限公司组织公司领导班子成员、资产管理建设部全体人员召开专题会议，学习贯彻《自治区政府办公厅关于进一步加强和规范自治区本级国有土地资产管理工作的通知》文件精神。

2022年　1月20日　良圻农场有限公司党委召开党史学习教育专题民主生活会，公司领导班子成员参加会议，总经理助理及党委办、党群人力资源部、纪检监察部负责人列席会议。会议通报了党史学习教育专题民主生活会筹备情况、2020年度民主生活会整改落实情况，原汁原味向领导班子和班子成员反馈征求意见情况。党委书记、董事长曾晓吉代表公司领导班子作对照检查，班子成员逐一进行对照检查发言，结合党史学习教育和工作实际开展批评与自我批评。

1月27日　良圻农场有限公司召开2022年春节前安全生产部署会暨第一季度安全生产工作部署会。公司相关领导班子成员及各部室、工区负责人参加会议。副总经理黄卫主持。

2月9日　为迅速进入疫情防控实战状态，良圻农场有限公司组织召开疫情防控工作部署会，公司各工区正、副主任及芳香社区相关领导出席。公司副总经理刘太福主持。会议指出，要认真贯彻落实自治区、南宁市、横州市疫情防控工作相关政策文件要求，积极配合有关部门开展防疫工作，要做好值班工作落实到位。

2月11日　良圻农场有限公司召开一届五次职工代表大会，为落实疫情防控要求，会议分为三个小组依次召开，公司领导班子成员及职工代表71人参加了会议。大会审议表决通过《增补和免去部分职工代表》《选举推荐农垦集团公司职工监事候选人》《推荐公司工会为广西工人先锋号》《土地经营管理办法实施细则（试行）》等四项决议。

2月14日　良圻农场召开领导班子会议，迅速传达学习集团领导班子（扩大）会议精神，动员全体领导班子成员统一思想，早抓快干，布局谋划全年目标任务，迎接公司新的挑战、新的发展。公司党委书记、董事长曾晓吉首先传达学习农垦集团甘承会董事长在集团领导班子（扩大）会上的讲话精神，结合公司实际，提出工作要求。

2月25日　良圻农场有限公司召开甘蔗生产工作布置会，生产经营部、各工区、复混肥厂主要负责人及相关人员出席会议。会议传达了广西农垦集团2022年工作会暨打造一流食品企业会议精神，强调各单位、各工区要齐心协力，锚定目标，攻坚克难，迅速组织开展春耕备耕工作，将会议精神贯彻落实到实际行动上。

2月28日　良圻农场有限公司传达学习贯彻农垦集团打造现代一流食品企业动员会、2022年全面从严治党暨警示教育会议等系列精神。公司领导班子成员、办公室、党群人力资源部、纪检监察部等主要负责人参加。会议要求，一是统一思想，要把学习贯彻农垦集团2022年打造现代一流食品企业动员会会议精神作为当前和今后一段时期的重要任务；二是谋划思路，以会议精神指导工作实践。

3月4—8日 为庆祝第112个"三八"国际劳动妇女节，良圻农场有限公司开展庆祝"三八"妇女节系列主题活动，以义诊服务、维权普法、礼仪表演、诗歌朗诵、舞蹈展示等形式丰富女职工的业余文化生活。

3月17日 根据《关于印发〈广西农垦集团"一盘棋"打造现代一流食品企业优化重组方案〉的通知》（桂垦发〔2022〕11号）精神，将广西农垦良圻农场有限公司划归金光农场有限公司管理，作为广西农垦金光农场有限公司下属子公司。

3月21日 良圻农场有限公司传达学习农垦集团干部大会精神，公司中层副职以上管理人员参加会议，金光农场公司副董事长杨茂主持会议。会议传达学习了农垦集团干部大会主要内容和集团公司党委书记、董事长甘承会对贯彻落实会议精神"上下一盘棋"、打好"五个攻坚战"要求。会议提出四点工作要求：一是充分领会农垦集团"上下一盘棋"优化重组战略意图，切实把广大干部职工的思想统一到集团部署决策上来；二是统一思想，要积极推进深化改革，不断完善管理机制，增强全体干部职工创业活力；三是落实农业生产，要抓好榨季收尾工作；四是提高政治站位，把会议精神转化为推动农垦集团打造现代一流食品企业高质量发展的强大动力，以实际行动和优异成绩向党的二十大献礼。

第一编

建置　沿革

中国农垦农场志丛

第一章　建　　置

第一节　开荒建场

1955年初，广西垦殖分局派员到横县了解国有荒地情况，提出在横县创办国营农场意向，1955年10月，广西农业厅荒地勘测局先后派初勘队、测量水文队、农业土壤调查队，在横县西北部，七、十一、十二区之间（处于北纬23°以南）进行荒地勘查、地形测量、水文地质、农业土壤调查。其边界东至十二区新城、青禾、学冲、大塘、长岭、平马利垌等村，南至七区里衣、快龙、石南、荷叶江村、苏光等村，西至十区同志、良圩利垌、红花村，北至十一区钱塘与莫大湖（横县林场）、卢村乡及宾阳沙江乡的独螺岭（分水岭）。根据调查资料分析，土壤、水文、植被条件和自然环境符合办农场的要求。

1956年1月14日，赵恒生、程德业奉华南垦殖局广西分局指示，从南宁来到横县，向县长何华锦等传达"关于在横县良圩区良春乡开办国营农场"的指示。1月15日，赵恒生、程德业持横县人民委员会介绍信，会同县民政科的干部黄国功到良圩区公所，与区委书记李景凤、区长李金灿联系，商谈建场事宜，并察看了良春乡一带荒地，就关于在这个地方建农场的问题达成共识。随后，留下程德业一人住在良圩区公所做筹建工作，赵恒生回南宁述职。

为迎接建场后续人员到来，程德业购置砖瓦、木料、石灰等基建材料，在良春乡利江大队干部和同志村群众的支持帮助下，将同志村的一间30平方米旧榨油房修复，作农场创建者的宿舍和办公用房。

1956年2月6日，华南垦殖局广西分局以〔56〕垦办字第○二四八号文发函，确定场名为国营横县芳香农场，赵恒生被任命为副场长。1956年2月22日，赵恒生从南宁率韦世幸、张振亚、黄桂荣、陈振轩、尚自强、黎国正、谭启鸿8人来到同志村，会同先前已到的程德业，共同开展建场业务。其后，省垦殖厅（原广西垦殖分局）派来的陈华镜、周桂琼（女）、李达光也来到同志村一起建场，与上述9人共12人，遂成为国营横县芳香农场的创立者。开场人员最初工作是分头踏荒，察看场界，熟悉了解场间土地，建立场群友好关系。1956年6月20日，启用"国营横县芳香农场"新公章，农场隶属广西省垦殖厅。

1956 年 3 月 5—3 月 22 日，农场开始招工，分别从农场家属以及从横县良圻、石塘、陶圩、莲塘 4 个区的青年中共招收了 30 名工人，这是建场后招收的第一批工人。新招收的人员分别居住在同志村 3 间旧房子里，两间住男的，一间住女的。他们刚来时只从事垦荒、种菜、种红薯、搭建工棚等简单生产劳动，他们和农场的创建者一起，为实现国家第一个五年计划，迎接新的生产高潮到来做准备工作。

第二节　场间整理

国营横县芳香农场建场开始后，根据广西省人民委员会 1956 年 3 月 16 日〔56〕会农字 13 号文件指示，横县人民委员会副县长邓德州，在县城主持召开场间整理会议，参加会议的有县、区、乡、农业社及农场、省农业厅代表共 15 人，会议决定成立"广西省国营横县芳香农场场间整理委员会"，组成人员如下：主任委员邓德州（横县副县长），副主任委员雷正中（横县农村部副部长）、赵恒生（芳香农场副场长），委员方树养（莲塘区区长）、黄中梅（陶圩区区长）、李金灿（良圻区区长）、黄光华、黄经科（灵竹区组织干事）、林振忠（省农业厅荒地勘测设计局规划设计第一分队长）。

会前，勘测设计局已将芳香农场场间规划设计方案送交县人大常委会。会议讨论通过了场间土地整理、地权处理原则；讨论协商场间界线的规划草图，并由与会人员在场界草图上签字；确定召开场间代表会议时间、地点及代表名单。

1956 年 7 月 23—25 日，由场间整理委员会安排，组织人员到实地审察场界，并在确定的场界上打桩定界。农场参加的代表有 4 人，分别是陈华镜、李达光、黄桂荣、陈振轩；当地党政领导有黄中梅（陶圩区区长）、李金灿（良圻区区长）、陈道光（良春乡乡长）、梁万礼（化龙乡乡长）、农子林（卢村乡乡长）、陈启球（那良乡乡长）、周善祥（快龙乡乡长）、苏武辉（快龙乡副乡长）、石昌注（六村乡乡长）共 9 人；乡、社代表有覃明高（大塘高级社）、梁昌凤（社委）、张汝敏（木道乡）、农汉立（快龙乡）、陈道荣、陆饧均（宾阳沙江乡）、农春编（卢村乡）、刘增发、刘焕民（刘村乡）、苏长权（苏光农业社）、苏思常（苏光社治保主任）、梁才现（快龙乡）、韦守贵（良水农业社）、石家辉（六村乡）、邓桂枝、苏汉高（苏村高级社）、陈奕叶（良春乡）、黄经科（灵竹乡）共 18 人；省农业厅荒地勘测局有容裕盛、黄远图、李家生、杨桂寿、李伯谋、陈筱虹、晏雪修、高云傅共 8 人。上述 39 人分成 4 个组，到现场监督打桩，共打下 169 条永久性木桩。

国营芳香农场场间规划代表会议于 1956 年 7 月 26 日在横县良圻区公所报到，27 日正式开会，与会代表 41 人，会议由横县人民委员会代表陈家林主持。与会代表名册见表 1-1-1。

表 1-1-1　国营芳香农场场间规划代表会议名册

代表单位	姓名	职务	代表单位	姓名	职务
横县人民委员会	陈家林	科员	横县莲塘区良水乡	韦守贵	党支委
横县陶圩区公所	黄中梅	区长	横县莲塘区苏光乡	苏长权	社主任
横县陶圩区大塘乡	钟宝才	乡长	横县莲塘区苏光乡	苏思常	治保主任
横县陶圩区大塘乡	苏武辉	副乡长	横县莲塘区六村乡	石昌注	乡长
横县陶圩区大塘乡	覃明高	社委	横县莲塘区六村乡	石家辉	党支委
横县陶圩区福旺乡	刘焕召	社委	横县良圻区公所	李金灿	区长
横县陶圩区那良乡	陈启球	乡长	横县良圻区化龙乡	梁万礼	乡长
横县陶圩区那良乡	黄法盛	党支委	横县良圻区化龙乡	农汉立	副业主任
横县莲塘区公所	方树养	区长	横县良圻区良春乡	陈道光	乡长
横县莲塘区快龙乡	周善祥	乡长	横县良圻区良春乡	黄国佳	党支委
横县莲塘区快龙乡	梁增价	副乡长	横县良圻区藤山乡	陈炯绫	乡长
横县莲塘区快龙乡	梁才现	队长	横县良圻区藤山乡	农焕华	副乡长
横县莲塘区快龙乡	郑日辉	队长	横县灵竹区公所	黄经科	组织干事
横县莲塘区快龙乡	梁昌凤	记分员	横县灵竹区木道乡	李增仕	乡长
横县莲塘区快龙乡	马进清	团支委	横县灵竹区木道乡	黄忠乐	治保主任
横县莲塘区快龙乡	梁其昌	代表	横县灵竹区木道乡	张汝敏	社保主任
横县莲塘区良水乡	姚运根	队长	宾阳甘棠区沙江乡	陈锡均	社干
横县莲塘区良水乡	苏才桂	检查员	宾阳甘棠区沙江乡	陆道荣	社干
横县莲塘区良水乡	黄国凌	代表	国营横县芳香农场	赵恒生	副场长
横县莲塘区良水乡	苏春芳	代表	农业厅荒地设计局	林振忠	代表
农业厅荒地设计局	容裕盛	代表			

会议按照广西省人民委员会省〔56〕会农字第 13 号文件关于贯彻农场场间地权处理原则"凡属国有荒地应尽先满足农场需要，以保证国家计划生产任务的完成，但不能与民争地，应适当照顾农民合理的土地要求，牧场、烧柴要求，不荒芜国家土地资源为原则"精神，与会各方代表经过充分讨论、酝酿、协商，修正了个别界桩，最后就场界为定位取得一致意见，场界范围圆满解决。与会代表均在国营芳香农场场间规划设计图上签字，确认场界。在全体代表通过场界后，横县人民委员会陈家林代表县长在会上按确定场界界线宣布了农场的地权。申明农场地权经县批准后，有国家法律保证作用，假若有个别地区变动，必须经规划委员会请示县委批准，否则谁也不能改变，谁也不能侵犯他人的地权范围；在场内的插花地、割草地等被农场收回利用；同时希望农场按国家所划定的土地范围面积搞好生产，完成国家所定的生产任务，对农村起示范作用，密切农场与群众的关系，希望场界周边群众保护好已打下的界桩。

木质界桩每条桩长120厘米，宽10厘米。已查明的桩号位置如下：

1号：青山西北打石窝。2号：青山西北北儿塘。3号：新铺老江边。4号：新铺大岭。6号：木马乡北东瓦窑岭。8号：快龙乡林地边。9号：木道牛车路边。10号：新铺后背岭。12号：甘乐老虎山西红泥岭顶。13号：苏村陈宋水库西南牛绥沟边。15号：苏村陈宋水库西南竹窝东面岭。16号：苏村陈宋水库西南关塘东水坝左边。17号：苏村陈宋水库丁石灰窝对出500米左右。18号：大塘村南水鸟岭；青山村村西水山窝顶。19号：荷叶村西石鸟顶。23号：新城村大浪基；木马村北对出佛子岭。25号：佛子村东南白米岭。27号：甘乐老虎山西；刘村抽水站江边岭。28号：佛子村滨鸟岭。29号：樟绿小江。30号：长岭村北。31号：新城村西大浪塘东天堂。32号：新城村西南麻风窝边。34号：木道西南牛车路旁。35号：新城路村西南浪营边。36号：莫大湖东面半坡。38号：离木道西南牛车路150米的土丘上。39号：红花村瓦窑边。40号：钱塘西南浪围。41号：木道婆安岭。42号：红花东坡阿岭松山腰。43号：红花北莲花岭高垱顶上。44号：新城东南浪荣东沙子顶。45号：新城村东南浪荣东屋狗雅笼。46号：红花村东巴罗田附近小垱半腰。47号：红花村北米良水库北土岭顶端。48号：红花村北东河鱼塘西南公路边土丘上。49号：近快龙村楹林近旁。50号：新城村东南浓荣东白鹤箩岭。51号：旧里衣村背东面、金怀岭与旧里衣村之间。52号：良造西南红泥浪附近石灰窑松林以东。53号：雅山村背后莲塘路旁。56号：红花村东甫田水田边；良造村西南快龙路旁。57号：旧里衣村西北。58号：同时局村西南里衣路边。59号：利垌南东烟墩岭炮楼顶脚边。60号：禾稿屋前对出的岭。61号：良造背后松林中旁；学冲南山堆岭。62号：同志村东石灰潭水坝100米；学冲东南木鸟岭。63号：利垌南东烟墩岭西莲塘路旁；禾稿村北牛车路上山坡的27号控制。64号：利垌村东面；学冲村西三堆石边。65号：利垌村东面；禾稿村北水塘坎坡上。66号：桥锡岭边石桥头。67号：荷叶江后背岭，中间与定风岭木山为界。68号：佛子大桩；学冲村西三堆石边。69号：木马村北东宾州整岭；禾稿村南牛车路对上；禾稿村北水塘坝坡上。70号：佛子木桥；禾稿村西桥锡岭边。71号：荷叶江新桥；学冲村西木鸟岭。72号：石楠西南马儿岭。73号：佛子江姆独岭；学冲村南山堆岭。74号：快龙村以北；禾稿东南即76号南落。75号：红花西南长鹿水库西雷劈岭石峦大公路旁；学冲村西三堆石。76号：沿快龙村旁，松林中即快龙村北面；禾稿村西桥锡岭边；禾稿村南部。77号：新铺村边；良造村北松林中。78号：快龙村的瓦窑前面。79号：良造东北松林的东北面；青山村西鹰窝岭。80号：旧里衣村西北；红花桥锡桥边。81号：旧里衣村东面。82号：旧里衣村以西。83号：旧里衣村与快龙村的交界处。84号：快龙村旁，松林脚步底。85号：旧里衣村南松林中，石灰窑背后。86号：快龙村东峦州桥边。87号：良造西南松林中。88号：良造村北瓦窑边。89号：旧里衣村背向北面。90号：旧里衣村以西，松林脚底。91号：快龙村以东；快龙村北东松林。97号：石楠长麓槽。98号：石楠西白庙背岭。100号：白沙村狮子顶。101号：盘塘水库东北水塘土坵上；石楠西北望天浪顶；东面林地为快龙乡。102号：独螺岭三脚架边。103号：木马村附近的木马岭；独螺岭北下。104号：莫大湖北面；佛子江狮子岭顶。105号：独螺岭二脚架南高坵顶上；同志村后边松林旁边。106号：沙江乡余舍土坡；红花长鹿水库东石峦公路松林。107号：白砂桥头附近；快龙乡东南，西元江附近的林地边。108号：白沙水沟边；苏光东北六步江西、姆猪大岭石灰窑。109号：独螺岭；红花长鹿水库南石峦公路旁边。110号：近白沙石灰窑山腰上。112号：独螺岭；同志村后背。113号：在莫大湖北面松林地中；快龙东南、在大松屈，西为快龙村地，以水沟为界。114号：独螺岭三脚架南松林地高坵顶；红花桥水库北东水塘岭顶。115号：莫大湖东面；青禾西北大塘边。116号：白沙水碾边。117号：盘塘水库边；红花村东南松林岭脚，大路以北。118号：白沙水田边；红花村水塘对上脚岭。126号：快龙面先浪以林地为界。128号：快龙南面先浪。131号：青禾北大塘边。132号：长鹿水库东松林岭边。150号：盘塘水库西。151号：永淳路以北黄牛岭以西。152号：红花长鹿水库南三雅岭山向前，以北面山顶为界。153号：盘塘水库东；红花村大路对上松林脚大路以北。154号：红花长鹿水库南三雅岭顶。155号：同志村北东黄牛岭顶以西分水岭边界。162号：盘塘水库北。

1956年8月1日，经横县人民委员会审查批准了场间规划代表会议所确定的界线（以坐标方向及规划图示）：东甲—乙农场界与木道乡土地接界，东南乙—丙农场界与那良乡土地接界，东面丙—丁农场界与大塘乡土地接界，东面丁—戊农场界与福旺土地接界，东面己—庚农场界与六村乡土地接界，东面庚—辛农场界与苏光乡土地接界，南面辛—壬农场界与良水乡土地接界，南面壬—癸农场界与快龙乡土地接界，西面癸—申农场界与良春乡土地接界，西面申—酉农场界与化龙乡土地接界，西面酉—戌农场界与藤山乡土地接界，西面戌—亥农场界与卢村乡土地接界，北面亥—甲农场界与沙江乡土地接界。在场界范围的总面积86269亩。

芳香农场建场以来，由于建设西津水电站淹没和搬迁移民，以及横县办茶试站的需要，经农场与区、地、县、乡有关部门协商，达成协议后，曾先后在法定的场界范围内划出了土地9511亩，农场实有土地总面积76758亩。

第二章　沿　　革

第一节　隶属变动

1956年1月14日，先遣人员奉指示来横县创建农场，时名国营光明垦殖场，隶属华南垦殖局广西分局。1956年2月6日，广西垦殖分局下文，场名改为国营横县芳香农场，仍隶属广西分局。1956年2月国务院批准华南垦殖局广西分局改为广西省垦殖厅，芳香农场隶属省垦殖厅。

1957年2月，广西省垦殖厅改为广西省农垦厅，芳香农场隶属省农垦厅。同年12月，省农垦厅、林业厅合并为省林垦厅，农场隶属省林垦厅。

1958年5月30日，国营横县芳香农场更名为国营良圻农场，仍隶属自治区林垦厅，1958年7月，国营良圻农场首次下放到地方，隶属横县。1959年中央要把国营农场建立成为农副产品出口生产基地，当年3月，成立自治区农业厅农垦局（二级局），1959年6月，国营良圻农场被自治区农垦局收回，实行以农垦局管理为主、南宁地区管理为辅的双重领导体制。

1960年2月，自治区农业厅所属农垦局，升级为广西壮族自治区农垦局，直属广西壮族自治区人民委员会所辖，国营良圻农场隶属于自治区农垦局。1960年10月，国营良圻农场第二次下放给地方，隶属横县。

1962年7月1日，自治区第二次将下放的国营农场收回，由自治区农垦局管理人、财、物和生产计划四权，国营良圻农场再次成为区直单位，隶属自治区农垦局。

1966年"文化大革命"发动后不久，原有体制不复存在，自治区农垦局被撤销。1971年1月1日，隶属关系又有变动，第三次下放横县，印章及公函信笺均改为横县地方国营良圻农场，这次下放时间最长，达8年多。

1973年10月，广西壮族自治区革命委员会农垦局成立。1979年3月，自治区根据国务院关于"农场管理体制要相对稳定，不能轻易变动，管理体制的重大变动，要报国务院批准"的指示，将下放地方管理的国营农场第三次收回，交由自治区农垦局管理，并将管理体制稳定下来。广西国营（有）良圻农场建场60多年来，隶属关系历经三下三上的变动。

第二节 并场社队

1961 年，与农场接壤、地处农场西南部的良圻公社利江大队同志村小队，申请并入良圻农场（横县芳香农场 1958 年易名），要求从集体所有制过渡到全民所有制。同志村原有的耕地，在芳香农场场间整理规划时已划入农场，他们只能到同福村、利垌村、江平村和良建、双渡等地去耕种。后来兴建良圻源清水库，先后淹没了同福村及下游一带村庄一部分土地，同福村全村移居至同志村，若重新划出土地给他们耕种，势必造成国营农场土地与农民土地插花，不好管理。同志村的申请，经良圻公社党委呈请中共横县县委批准，良圻农场也同意接收同志村小队全体社员为场里试用工人或家属，其条件当年满 18 周岁以上 50 岁以下，身体健康者为试用工，其余年岁不足或超龄的为农场家属。

1961 年 3 月 9 日，良圻农场和同志村小队签订并场协议书，根据协议，全小队 27 户，总人口 137 人加入农场，其中主要劳动力 67 人为农场试用工人。试用工人工资分 4 个等级，一级工月工资 16 元，二级工月工资 17 元，三级工月工资 18 元，四级工月工资 20 元。

按照协议，原属于同志村小队的土地、耕牛、大农具、公有房屋、队办企业（砖瓦窑、石灰窑）均划归农场所有，统由农场经营，安排使用。其中荒地荒山 920 亩，树林 760 亩，旱地 80 亩，并标以详细的界线。江南片：东以农场一区土地为界，南以良造大路为界。江北片：东以农场油库边为界，南以水库为界，西以水碾为界，北以黄牛岭为界。协议规定：转入农场的耕牛、大农具、公房、砖瓦窑等折算价钱，作为同志村入场的投资。从 1961 年 7 月 1 日起，分别按职工和家属标准由国家供应粮食。同志村并入农场后，场、队双方一直遵守协议，老职工和试用工和谐相处，搞好生产。

1963 年 4 月，中共中央、国务院发出《关于处理过去并入国营农场的农业生产合作社问题的通知》。6 月，中共中央、国务院又发出《关于处理过去并入国营农场农业生产合作社的问题的补充通知》。1964 年 5 月，中共中央批转农垦部党组关于进一步办好场社合并的国营农场的报告。根据有关规定，同志村小队必须剥离农场，退回原来所属公社。

1964 年 10 月，良圻农场向横县县委申请报告，要求同志村小队继续保留在农场，以利于发展生产。农场的要求获得批准，同志村小队继续保留在农场编制内。

根据自然增长劳动力的增加，同志村小队人员被吸收为农场试用工的人数逐步增多，同时，原来的一部分试用工已获转正。至 1974 年 6 月，全小队共已有 123 人由农场安排就业，他们的工资收入也逐步提高，已从刚并场时的 16 元、17 元、18 元、20 元，提高到 18 元、20 元、22 元、24 元和 27 元。27 元工资的有 4 人，24 元的有 9 人，22 元的有 17 人，20 元的有 25 人，18 元的有 55 人。

随着国家经济体制改革和企业的深化改革，并入农场的同志村小队与农场已完全融为一体，他们的就业、招工、转干、参军等，全都按国家劳动人事制度和兵役法履行。

第三节　场建公司

1994 年 4 月 25 日，自治区农垦局以垦办字〔1994〕32 号文批准，广西国营良圻农场改建为国有独资有限责任公司。良圻农场从 1956 年 2 月建场，至改制已有 38 年。38 年来，国家给农场投资总额 2793 万元，而国家从农场回收了 6094 万元，等于回收了两个多农场。国营农场过去基本上实行"一大二公"计划经济模式进行生产经营。实行公司制改组以后，企业直接走上市场，按市场经济体制运行和发展。

1994 年 5 月 18 日，广西农垦良圻实业总公司正式挂牌，举行隆重的公司成立庆祝仪典，农场场部披上节日的盛装，到处锣鼓喧天，花炮齐鸣，彩旗飘扬。自治区农垦局局长黄道业、副局长童玉川和横县县委副书记邓黄群、县人大常委会副主任黄坚毅、县长助理刘培良、县政协副主席顾一雷及县、乡（镇）、垦区有关单位的领导、嘉宾 120 多人到会祝贺，参加庆典活动的职工代表和各界人士 1000 多人。童玉川副局长宣读自治区农垦局关于成立广西农垦良圻实业总公司董事会的批复文件，黄道业局长和县委邓黄群副书记在会上发表了重要讲话，对公司的创建表示祝贺。公司董事长兼总经理黄昌成作题为《努力奋进，继往开来》的讲话。

大会结束后，人们还在品评悬挂在主席台两侧的一幅长联，上联是"国有农场改制仪典，意重理深，喜今日嘉宾济济，笑语频频；"下联是"实业公司揭幕吉日，地久天长，看明天财源滚滚，硕果累累。"人们赞扬对联高度概括农场实行公司制改组的重要意义。

第四节　国家大型二档企业

1994 年良圻农场建场 38 周年，农场实现了公司制改造，企业固定资产存量净值 6527.62 万元，工农业生产总值 8545.17 万元，其中工业产值 6430.90 万元，农业产值 2114.27 万元，实现利润 898.42 万元，缴纳税金 1139.37 万元。全年产机制糖 21704.61 吨，产酒精 1200.95 吨，产纤维板 3448.71 立方米，产机制纸 1763.73 吨，产红砖 943.07 万块，产原料蔗 106024 吨，产生猪 10720 头，全员劳动生产率 30871 元。

1995 年 12 月 26 日，国家经济贸易委员会、国家计划委员会、国家统计局、财政部、劳动部、人事部以国经贸企〔1995〕851 号文公布，全国划分企业类型协调小组依据《大中小型工业企业划分标准》，经过认真核定和审查，认证大型工业企业 1164 户，其中特大型企业 32 户，大型一档企业 244 户，大型二档企业 888 户。广西农垦良圻实业总公司被认证为国家大型二档企业。

第五节　企业分立

根据 2001 年 3 月 12 日企改字〔2001〕第 6 号文件及广西农垦集团有限责任公司对广西农垦良圻实业总公司畜牧水产公司改制实施方案的批复，6 月 16 日，广西农垦良圻畜牧有限责任公司挂牌正式成立，成为独立的法人实体。分立后，2002 年又实施企业合并，良圻畜牧有限责任公司与农垦永新种猪改良有限责任公司合并，成立新的永新畜牧有限公司。

根据区农垦集团公司董事会召开的广西农垦糖业集团有限公司体制创新工作协调会部署，良圻实业总公司糖厂于 2002 年 10 月份正式从总公司分立，成立广西农垦糖业集团良圻制糖有限公司。10 月 14 日，广西农垦集团有限责任公司以垦劳人字〔2002〕125 号、175 号文件对良圻制糖有限公司董事会、监事会成员任职作了任命，新体制正式运行。

根据区农垦局、区农垦集团有限责任公司关于把支柱产业做大做强的经营思路，广西农垦良圻实业总公司的畜牧业、制糖业先后于 2001 年 6 月、2002 年 10 月从总公司分立，建立独立的企业法人实体，广西农垦良圻实业总公司更名为广西农垦国有良圻农场，原广西农垦良圻实业总公司一分为三，在良圻农场辖区内，形成 3 个区直农垦企业。

第六节　公司制改革

根据中共中央、国务院《关于进一步推进农垦改革发展的实施意见》（中发〔2015〕33 号）文件精神及广西农垦改革战略部署，于 2018 年 10 月底，农场完成将由政府承担的社会职能，如小学、医院、派出所、社会养老、侨务、民政、司法行政、离退休人员、社区管理等 26 项职能已划转地方政府对口职能部门管理。

2018 年 8 月，根据《自治区农垦工委　自治区农垦局　农垦集团党委　农垦集团公司关于印发〈广西农垦农场企业化改革和企业优化重组方案〉的通知》（桂垦工委发〔2018〕51 号）文件精神，广西农垦东湖农场有限公司、黎塘氮肥有限公司作为三级公司并入良圻农场有限公司管理，组建区域性农场公司。良圻农场有限公司系隶属区农垦集团下属二级企业。

广西农垦良圻农场有限公司于 2018 年 11 月 13 日注册成立，广西农垦东湖农场有限公司于 2018 年 12 月 29 日注册成立，广西农垦黎塘氮肥有限公司于 2018 年 12 月 28 日注册成立。

根据《广西农垦农场企业改革和企业优化重组方案》精神，为加快推进区直企业公司制改制工作，完善公司法人治理结构，理顺产权关系，建立现代企业制度，广西农垦集团有限责任公司于 2018 年 8 月 29 日成立良圻农场公司筹备组，由黄富宇担任组长，杨茂、刘树祺担任副组长，成员有苏万里、陆玩潮、黄卫、农军、刘太福、蒙振国，负责良圻农场公司改制的日常工作。2018 年 11 月 13 日，正式将广西农垦国有良圻农场更名为广西农垦良圻农场有限公司，农场改制为公司后，以良圻农场为主体，并入东湖农场、黎塘氮肥厂，组建区域性农场公司。农场公司主导产业包括糖料蔗、蔬菜、水果、畜禽，发挥近城和交通枢纽区位优势，发展休闲旅游、商贸流通、仓储等产业。改制后，广西农垦良圻农场有限公司为广西农垦集团有限责任公司下属二级公司，广西农垦东湖农场有限公司、广西农垦黎塘氮肥有限公司为广西农垦集团有限责任公司下属三级公司。2022 年 3 月 17 日，广西农垦集团为贯彻落实《自治区人民政府办公厅关于支持广西农垦集团打造现代一流食品企业的实施意见》（桂政办发〔2021〕133 号），印发了《广西农垦集团"一盘棋"打造现代一流食品企业优化重组方案的通知》（桂垦办发〔2022〕11 号），将广西农垦良圻农场有限公司划归广西农垦金光农场有限公司管理，作为广西农垦金光农场有限公司下属子公司，同步处理好良圻农场公司下属子公司层级问题。

第七节　东湖农场有限公司

广西农垦东湖农场有限公司是广西农垦集团下属三级企业，由广西农垦良圻农场有限公司直接管理。公司前身是 1958 年 3 月成立的广西国营王灵农场，2013 年改名为广西农垦国有东湖农场，2018 年 10 月农场实行公司化改制后改为现名。

东湖农场有限公司占地面积 12300 亩，耕地面积 5780 亩，总人口 3000 多人，75% 属越南归侨，下辖三个工区 6 个农业分场，现有在职职工 161 人。农场公司现有农业承包（租赁）岗位 531 个，其中：职工承包的农业岗位 126 个，涉侨岗位占 85%；家属工租赁岗位 405 个，涉侨岗位占 95%。东湖社区内有小学、医院、电信、菜市、餐饮、机修、物业等公共服务机构场所，小城镇建设初具规模。

公司地处广西交通重镇黎塘镇西郊，位于桂海高速路宾阳东出口处，距动车宾阳站、黎塘火车站约8公里。东距贵港市70公里，南至首府南宁市89公里，北距柳州市136公里，地理位置得天独厚，交通运输便利。主产业是蔬菜，主要种植胡萝卜。目前，胡萝卜种植面积5780亩，建成广西最大最优质的胡萝卜生产基地和重要的蔬菜生产示范基地。2011年获得了"广西胡萝卜之乡"荣誉称号，2017年通过广西现代特色农业（核心）示范区（四星级）认定，入选农业部优质农产品开发服务中心公布蔬菜类全国名特优新农产品公示目录，2018年被自治区科学技术厅列为第五批农业科技园区建设单位。

一、归侨安置情况

1978年6月，王灵农场作为归国难民安置点。1978—1979年，农场在政府的统一部署下，先后安置越南归难侨2800多人。当时，为及时安置归国侨民，农场在国家下拨专款的支持下，利用不到两周的时间，建起了安置点侨民砖瓦住房。大部分归国难侨住进了砖瓦房，还有一部分住进了六七十年代建的泥瓦房。由于战争阴影笼罩以及生活环境的艰苦，一部分归侨外迁到广西北海、防城、广东等地。由于经济发展滞后，职工生活水平低，从20世纪90年代至21世纪10年代中期，分别被列为国家级扶贫农场和农垦贫困农场。到2016年底退出扶贫贫困农场序列。为了安置好归侨，农场一方面认真落实国家有关归侨优惠政策，积极做好思想政治宣传，一方面通过发展生产改善他们的生活。

二、农业生产情况

1980年之前，农场主要种植水稻、甘蔗、木薯、剑麻等作物。1982年开始，农场实施水果经济计划，场内耕地全面改种柑橘。1984年为了打破平均主义，农场全面推行联产承包责任制，兴办家庭农场。承包岗位土地的职工家庭农场实行经费自理、独立核算、包干上交、自负盈亏，农场不再发放工资；承包岗位土地的人员的职工身份、退休待遇、公费医疗福利不变。农场这种经济模式一直延至1992年底。这个时期，柑橘产业是农场支柱产业。为了巩固和发展柑橘产业，农场进行统一规划和管理，根据承包的土地面积和作物状况，农场每年向银行贷款以购买化肥、农药、种苗等生产资料，分期分批发放给职工投入生产，并预借给一定的生活费。农场要求职工按农场制定的计划、生产规程进行作业，产品统一由农场分级别定价收售。职工上缴的税费及必须偿还的贷款额，年终由农场统一从职工岗位产品销售所得的产值中扣除。但是后来，由于黄龙病的袭击，加上经营管理的不善，果树经济效益不断下滑，个别岗位出现了收入负增长，一部分职工丢弃岗位，外出北海、防城、东兴等地谋生。

1993 年，农场积极调整产业结构，利用国家扶贫款，有计划淘汰柑橘果树，重点从事茉莉花生产，同时开办了花茶加工厂、编织袋厂、砖厂和加油站。至 2000 年，茉莉花种植达 2250 多亩。花茶加工厂吸纳了山东、湖北、四川、云南等地客商前来加工茉莉花茶。当时农场成为紧跟横县的广西第二大茉莉花生产基地。后来，因劳动强度大、花价市场动荡，职工对茉莉花生产失去了信心，花茶厂效益出现负增长。受市场冲击，编织袋厂、砖厂和加油站在 1996—2000 年相继下马。

农场为稳定职工群众收入，增加就业机会，积极调整发展思路，寻找适应农场发展产业，提出了蔬菜发展战略。从 2002 年开始，农场因地制宜大力发展蔬菜生产。此后，规模不断扩大，社会效益和经济效益日益增强，现已成为广西最大的优质胡萝卜生产基地和重要的蔬菜生产基地。目前主要品种有胡萝卜、芥菜、西瓜、香瓜等。

2007 年开始建设节水灌溉工程，淘汰了耗水量大的压力泵站。2008 年，农场申请注册"水灵灵"蔬菜商标，通过农业部蔬菜产品无公害认证。在此基础上，2009 年，成立了蔬菜协会，通过协会把菜农与市场紧密连接。为实现蔬菜产业健康发展，农场从 2010 年开始，总投资 135 万元，农垦农产品质量追溯系统项目建设，建设期为 3 年。通过项目建设，实现对蔬菜生产、加工、销售等关键环节的标准化、制度化、信息化管理，获得了广大消费者的认可，提高了产品知名度，增强了市场竞争力。

2010 年，基地全年蔬菜复种面积达 1 万多亩，总产量近 5 万吨，职工岗位纯收入约 3000 元/亩。优良品种和水带微喷技术的普及率达到 100%，订单农业占 40%，同时，利用原花茶加工厂兴建 2 条全自动清洗加工生产线和 1 个储量为 600 立方米的保鲜冷库，并招商引资 400 万元建设了蔬菜脱水加工厂，提供就业机会。农场还鼓励职工、归侨、侨眷等生产能手"走出去"，租赁土地发展蔬菜生产。目前，基地辐射带动周边农村发展蔬菜生产达 3 万亩。自治区政府授予农场"广西胡萝卜之乡"称号。2011 年 4 月 14 日，自治区党委副书记陈际瓦到场考察，对农场的蔬菜产业和现代农业给予了充分肯定。经多年来努力打造，东湖农场现代农业在 2017 年农场创建的"广西农垦东湖胡萝卜产业示范区"，通过自治区四星级现代特色农业评审。2018 年，被自治区科学技术厅列为第五批农业科技园区建设单位。

产业发展起来了，为解决农产品销售，2015 年筹集资金 2000 多万元建蔬菜采后处理中心，提供蔬菜采后清洗、冷藏等一条龙服务，吸引蔬菜经销商来场收购蔬菜，稳定蔬菜销路，增加职工群众收入和提供就业岗位。与此同时，利用周边产业，兴建柑橘清洗场，增加了就业机会，解决了归侨、侨眷富余劳动力就业。

三、经营管理方式

农场公司的土地属于国有土地，依法有偿使用。农业岗位职工签订劳动合同并上交自身受益社会保障费的，原则上以 5 亩以内土地作为岗位地，农业岗位职工超出 5 亩地的土地和其他人员经营的土地作为租赁地。农业岗位职工签订承包合同，非农业岗位职工签订租赁合同，按合同确认的金额和约定时间交清费用。

农业职工自身受益的社会保险费收费办法：以自治区社保中心当年核定的个人确认数为准。

东湖农场公司土地承包、租赁合同签订期限为三年，本期签订时间为 2020—2022 年。现与农场公司签订承包（租赁）岗位合同人数 445 人，还有 86 人未签订承包（租赁）合同。

农业岗位职工每年从税费返还中补助 100 元/（亩·年）。无论是职工、非职工与农场公司签订有承包（租赁）合同的，且符合享受地方政府地力补助条件的〔需提供承包人土地承包（租赁）合同、银行账户和本地户籍信息〕，公司为其到地方农业主管部门办理地力补助，由地方财政部门直接将补助打到其银行个人账户，从而减轻种植户负担（2020 年地力补贴标准为 106.8 元/亩）。

由于产业结构单一，种植户主要收入来自农业生产，抗市场风险能力差，收入不稳定，且人多地少，至 2020 年 12 月底，种植户欠农场公司土地承包（租赁）费 615.3 万元。

农场公司一直以农业经营为主，二三产业没有多大发展，国有实体经济十分薄弱，经济收入主要来源于土地承包租金和土地厂房租金，同时，作为国家归难侨安置点，长期担负着沉重的社会职能费用开支，入不敷出。至 2021 年 3 月底，公司拖欠农垦社保中心社会保险费 1159.5 万元（其中农业职工 126 名拖欠社会保险费 538.8 多万元）。按照中央和自治区农垦改革工作部署，经自治区人民政府同意，从 2021 年 1 月 1 日起农垦社保业务经办职能移交自治区社保中心管理，1 月到 6 月底为移交工作过渡期，要求职工在过渡期内补交完所欠社保费，否则影响职工办理退休手续。

四、水利设施、道路建设情况

公司土地属丘陵地，水源较缺和农产品运输难。为保障农业生产高质、稳产，增加职工群众的收入，减轻劳动强度，从 20 世纪 80 年代起，农场筹集大量资金投入建设道路、水利设施，打深水井，先后在全场范围打了 20 眼深水井，在各分场建压力泵站和高位水塔 9 座，将生活用水安装到各家各户，农业生产用水的主输水管道安装到田间地头。与此同时，将运输农产品主干道和生活区的主干道进行硬化，历年共投入水利设施、道路建设资金 5000 多万元。

五、危旧房改造情况

生产发展了，收入增加了，然而职工居住的绝大多数是 20 世纪六七十年代建的泥砖瓦房。从 2007 年 9 月开始实施归难侨危旧房改造，自治区人民政府、农垦局下达给农场改造任务 425 户。农场把危旧房改造安居工程作为民生工作重中之重来抓，2010 年 12 月，完成归难侨危旧房改造工作。为改变农场居住条件，自治区人民政府、农垦局 2011 年下达给农场危旧房改造任务 1054 户，经过三年多的努力奋战，2013 年底，全面完成了危旧房改造工作，农场昔日旧貌换了新颜，成为垦区乃至自治区危旧房改造示范单位。整个危旧房改造工作，农场始终坚持民生为重、改变人居环境、职工及其家属受益、促进农场和谐发展的原则，按五个一点（即职工出一点、农场投一点、财政补一点、银行贷一点、公司垫一点），动员广大职工、归侨家属参加危旧房改造。新建的公寓楼，农场按建筑成本价出让给职工及其家属，道路、绿化、亮化等配套设施由农场筹资建设，让职工群众真正享受到农场发展的成果。

六、社会职能移交

根据自治区人民政府和农垦局社会职能的剥离工作文件精神，东湖公司场办学校、医院先后于 2006 年、2010 年、2018 年移交地方政府归口管理。

按照中共中央、国务院关于深化农垦改革的文件要求，2018 年 8 月，农场与宾阳县人民政府签订社会职能移交协议书，将"三供一业"等社会职能全部移交给当地政府职能部门归口管理。至 2022 年 3 月，整体移交工作全部完成。

第八节　黎塘氮肥有限公司

广西农垦黎塘氮肥有限公司（原名中国人民解放军广西军区生产师、广西农垦黎塘氮肥厂）成立于 1973 年 6 月。1974 年 1 月，改名为广西农垦黎塘氮肥厂。2018 年 12 月改制后，改名为广西农垦黎塘氮肥有限公司。公司地址为广西南宁市宾阳县黎塘镇永安西路 591 号。583 国道南梧二级公路经公司旁而过，公司距湘桂、黎湛铁路线的黎塘火车站 4.2 公里，距宾阳高铁站 5 公里，距南柳高速公路宾阳出口 3.5 公里，距宾阳县城 32 公里，地理位置优越，铁路、公路交通便利。全公司占地面积 331.548 亩，其中生产区占地 236.64 亩，生活区占地面积 91.413 亩，是一个集化工、建材综合性生产的国有中型二档企业，拥有年产能力为 3 万吨合成铵（农用碳酸氢铵 12 万吨）的氮肥生产线和年产能力为 10 万吨的普通硅酸盐水泥生产线各一条。公司主打产品为"穗宝"牌农用碳酸氢铵和"红冠"牌普通硅酸盐水泥。2011 年末在册职工为 425 人，离退休职工 264 人。固定资产净值为 9829328.89 元。

公司现有在册人员 12 人，公司机构设置和人员配备：公司综合管理办公室 6 人（包括公司领导 3 人）、公司资产管理经营部 6 人。

黎塘氮肥公司 1973 年建厂时，固定资产投资为 460 万元，氮肥生产线年产能力为 3000 吨合成氨（1.2 万吨农用碳酸氢铵）。经过 1977 年、1979 年、1981 年、1984 年 4 次投资共 1200 万元进行扩建、技术改造，到 1991 年已形成了年产 1.5 万吨合成氨（6 万吨农用碳酸氢铵）的生产能力。

为综合利用氮肥生产时产生的废渣，减少对环境污染，1978 年经自治区农垦局批准，黎塘氮肥公司投资 200 万元，在公司内建设了一条年产 2 万吨普通硅酸盐水泥生产线。1981 年该水泥生产线建成投产。1985 年公司又投资 310 万元，进行扩能技术改造，到 1991 年，已形成年产 5 万吨普通硅酸盐水泥的生产能力。

1992 年，黎塘氮肥公司投资了 407 万元，对氮肥生产线进行了技术改造，使其年生产合成铵的能力达到了 2 万吨水平。特别是新增了"两水闭路循环"系统，将生产中已用过的废水再次进行循环使用，减少了对地下水的抽采，有效地减轻了当地因抽采地下水可能引发的生态与地质灾害。

1993 年，公司又投资 412 万元，对水泥生产线进行了技术改造，使其年生产水泥的能力达到了 10 万吨水平，并且使吨熟料耗标煤降到了 108 公斤的全国同行业先进水平。

1993 年，为降低氮肥、水泥生产成本和耗能，黎塘氮肥公司分别投资了 490 万元和 60 万元，在公司内建设了年产 1.2 万吨轻质碳酸钙、年产 200 万条塑料编织袋生产线各一条。轻质碳酸钙生产线于 1995 年建成投产，塑料编织袋生产线已于 1993 年当年建成投产。

从 1973 年 6 月至 1995 年 12 月，经过 22 年的建设发展，黎塘氮肥公司已拥有了年产 2 万吨合成铵（8 万吨农用碳酸氢铵）、10 万吨普通硅酸盐水泥、1.2 万吨轻质碳酸钙、200 万条塑料编织袋能力的 4 条生产线；同时还建有一个机械设备加工维修车间、一个汽车运输队、一个职工卫生所、一个职工子弟小学、一个职工食堂，黎塘氮肥公司企业规模虽不算大，但各项保障功能齐全。1995 年，黎塘氮肥公司固定资产原值已达 6536.76 万元，职工人数也从 1976 年 1 月建公司时的 272 人增加到 922 人，其中含退休职工 66 人。此时黎塘氮肥公司已拥有 4 名高级工程师、8 名工程师、1 名经济师、2 名会计师、1 名主治医师、1 名小学高级教师、3 名政工师在内的高、中、初级专业技术人员共计 98 人。

自 1976 年氮肥生产线投产和 1981 年水泥生产线投产后到 1991 年，全公司共生产了农用碳酸氢铵 430895 吨、水泥 282868 吨。1978—1991 年连年盈利，共计盈利 1324.4 万元，缴纳税金 360.9 万元，这期间最高盈利年份为 1988 年，全年盈利为 307.31 万元，工业总产值累计达到了 8696.3 万元。

从 1992 年起到 1999 年，黎塘氮肥公司从兴旺走向了衰退。1992—1995 年连续四年盈利共计 662.6 万元（其中 1993 年利润总额为 486.43 万元，为氮肥公司最高获利年份），缴纳税金 377.9 万元。自 1996 年起，在市场经济体制不断深入改革发展环境下，由于企业经营管理体制跟不上时代发展需求，生产经营年年亏损，到 1999 年底，累计亏损额达到 2133 万元，最终因企业无资金运作，被迫停止生产，职工下岗待业。

黎塘氮肥公司自 1976 年建成投产到 1999 年，在这 23 年的生产过程中，共生产了农用碳酸氢铵 80.3632 万吨、普通硅酸盐水泥 71.4844 万吨、轻质碳酸钙 1.5368 万吨、特别是 1978—1995 年，连续 18 年盈利，共上缴利润 2000 万元，为广西农垦事业的发展作出了积极的贡献，曾经被评为自治区经济效益先进单位、自治区农垦系统、化工系统先进单位，特别是 1993 年，被评为广西经济效益百强工业企业，利用氮肥生产时产出的煤球废渣生产水泥，荣获了 1992 年度广西科技进步二等奖。

2000 年 1 月 18 日，黎塘氮肥公司召开了第九届职工代表大会第三次会议，会议审议表决通过了《关于黎塘氮肥公司实行改制的方案》，明确了改制可采取租赁经营、股份合作、兼并划转、出让土地使用权、拍卖、依法破产等形式。只要对企业及职工有利，就采用该办法进行改制。同时对全公司管理机构、人员实行了精减，全公司原有 28 个科室、车间、部门，精减掉 22 个，只保留了公司办、党办、工会、财务、保卫、物管 6 个科室部门；全公司 864 名干部工人，只保留了厂长、党委书记、纪委书记、工会主席在内 16 名干部工人作为留守人员，其余包括 4 名副厂长、1 名总工程师在内的 848 名干部工人全部下岗待业。从此，黎塘氮肥公司下滑到最低谷。

2000 年 2 月 25 日，广西农垦集团有限责任公司下发了《关于农垦黎塘氮肥公司固定资产实行租赁经营的批复》（垦办〔2000〕第 7 号文），同意黎塘氮肥公司以租赁经营形式进行改制。从此到 2019 年，黎塘氮肥公司经历了 19 年租赁经营艰难发展的路程，坚持走租赁经营求生存、谋发展的道路，一步一步地将贫困、混乱、不安稳的企业，转变成虽然仍贫困，但企业与职工和谐安稳、公司容貌及职工面貌有所改观，让上级组织放心、职工群众较为满意的企业。

2000—2004年是黎塘氮肥公司停产后实行租赁经营最艰难的5年，这5年氮肥、水泥、轻钙、塑料编织袋4条生产线分别被南宁苍鹰工贸有限责任公司、宾阳县黎塘益民水泥有限公司、宾阳县黎塘豪荣有限公司、玉林市兴业隆盛塑料编织袋公司等承租。

2003年1月，自治区农垦局重新调整领导班子。新班子上任后，认真分析总结了黎塘氮肥公司几年来租赁经营的经验教训，统一了思想认识，明确了黎塘氮肥公司这个国有困难企业，只有坚持搞好租赁经营才能促使企业走出困境。

首先，针对承租氮肥生产线的南宁苍鹰工贸有限责任公司，违反《租赁合同》拖欠企业租金和欠缴聘用职工的社会保险费等，黎氮公司采取措施，依法追回了被拖欠的租金、社会保险费、被处罚的电费及违约金共计135.89万元，为本公司能够重生创造了条件。

其次，于2005年将氮肥、水泥生产线重新对外招租，分别与南宁市恒丰化肥有限责任公司、南宁市红冠水泥有限责任公司签订了新一轮租赁期。在实行第二次对外招租时，本着能使出租方与承租方双方共赢的原则，新的《租赁合同》经公司职工代表大会审议表决通过后，才予以施行。这样从根本上确保了企业收益与职工上岗就业及缴纳社会保险费的合法权益，为黎塘氮肥公司摆脱困境，逐步实现和谐安稳奠定了基础。

再次，一步一步地解决了长期影响企业和谐安稳的难题。从2005年到2011年，黎塘氮肥公司将7年来所得租金，除了发放留守职工的工资及企业办公必需的正常开支外，全部用于解决影响和谐安稳的问题。一是还清了从2000年1月至2007年12月，122名达到退休年龄职工在办理退休手续时代企业垫交的企业欠缴的养老保险费84.93万元，并从2008年1月起，达到退休年龄的职工就可以办理退休手续，领取养老金。二是还清了90名退休职工和94名在职职工，于2003年1月至2004年12月，参加宾阳县城镇职工基本医疗保险时代企业欠缴的医疗保险费共计12.6万元。从2005年1月起，为全公司在册职工和退休职工办理参加城镇基本医疗保险，年年都按时为职工缴纳应缴的医疗保险费，从根本上解决了职工看病报销医药费难的问题。三是2009年为公司18名过世多年的职工补缴完企业应为他们缴纳的养老保险费共计12万元，让这些职工亲属能从自治区农垦局社保中心领回其个人账户的金额；另外还拿出10.8万元，给公司从1999年到2005年6月长期拖欠职工的医药费一致性全部报销完。四是从2005—2011年，连续7年缴纳完由农垦局社保中心核定本公司应缴纳的养老保险费，每年都完成了农垦局下达"双文明"任务考核指标。

根据广西壮族自治区人民政府办公厅印发的《关于加快推进城市和国有工矿棚户区改造工作的实施意见的通知》（桂政办发〔2010〕94号文）精神，公司获得了中央、自治区、农垦局给予的危旧房改造资金共计 330 万元，公司用此款分别在 2010 年、2011 年、2013 年对 88 户职工旧住房进行了维修加建加固；拆除了 6 栋危房，建设 6 栋职工住宅楼，252 户职工住上了新房。

2013 年，承租公司租赁期满，根据企业实际情况，延长了两家租赁企业的租期，至 2018 年 4 月。由于国家调整高能耗、淘汰落后产能企业政策，黎氮水泥生产线、氮肥生产线分别于 2016 年、2019 年被迫关闭。

2019 年 10 月，宾阳县政府政策性关闭氮肥生产线时，黎氮公司在编职工人数 78 人，其中受聘承租公司 48 人，待岗职工 22 人，黎氮公司留守人员 10 人。根据黎氮公司的实际情况，公司决定对在编职工进行安置，经多次与在编职工交流座谈，在充分听取职工意见建议的情况下，在南宁市及宾阳县人民政府相关部门的指导下，黎氮公司制定了《广西农垦黎塘氮肥有限公司职工安置实施方案》（以下简称《职工安置方案》）。为使职工了解安置方案的有关内容，公司多次召开职工大会，邀请宾阳县人力资源和社会保障局的有关人员到场指导，对《职工安置方案》进行了详细说明，并进行了热烈的讨论，黎氮公司也认真听取了职工们的意见和建议。

2020 年 11 月 23 日，黎氮公司召开职工大会，应到会 79 人，实到会 56 人，经充分讨论和酝酿对《职工安置方案》进行表决，表决结果为：同意的有 53 人，不同意的有 2 人，弃权的有 1 人，最终以高票数同意通过了《职工安置方案》，黎氮公司立即行文报上级批。

2021 年 2 月 1 日，广西农垦集团有限责任公司以桂垦函〔2021〕31 号批，同意广西农垦黎塘氮肥有限公司职工安置方案，2021 年 2 月 9 日黎氮公司公布实施。安置方案在依法合规基础上，为需安置在册职工设置多种安置方式。至此，黎氮公司拆除氮肥生产线安置职工工作全部完成。

目前公司现由浙江固华脚手架工程有限公司广西分公司、广西南宁市黎通新型建材有限公司、宾阳县华明节能玻璃有限责任公司和欧阳思杰分别租赁部分场地，企业依靠租金维持简单运作。

第二编

建　场

中国农垦农场志

第一章　勘测规划

第一节　荒地调查

建场前及建场初期，由广西省农业厅荒地勘测局进行初勘、测量、水文及农业土壤调查。

1956年9月以后，场内勘测规划由省垦殖厅勘测设计队负责。荒地调查勘测位置在横县西北部，行政区域在七、十、十一、十二区之间，范围有鲤鱼潭、莫大湖、石灰槽、龙泉潭4处荒地，总面积9万亩左右。根据调查，当地年降水量1404毫米，最大降水量多集中在每年5—8月，年平均温度为20.8～22.9℃，风较多、风速较大，4—5月多东南风，秋冬两季多北风，风力多达4～5级甚至6级。场区有鲤鱼潭、石灰槽、龙泉潭、白头潭、莫大湖等地下水，分布于各荒地，可供饮用及作为加工厂生产用水，因水位低，无法用于引水灌溉。整个场区均属红壤，表土为沙质土或壤土，西北地带有马尾松林生长，同志村一带有桉树，林下植物多桃金娘、野牡丹、芒箕等，场区适合种植香料作物，与玉米花生轮作。养殖业可养猪、鸡、牛等牲畜，水产可养鱼。

据勘查，交通状况尚称便利，东北部距场界线5公里处有宾阳至合浦公路通过，另有横县至峦城公路通过农场西北部，距莫大湖约4公里有湘桂铁路卢村车站，水路有距西南10公里之郁江，可通航。场区内地势大部分平坦，到处可通牛车。在场区范围内无村庄分布，场界附近有村庄10个，共居住着2263户村民，总人口8407人，民族多为壮族。附近圩镇有石塘、陶圩、莲塘、良圩等。所勘测之荒地，在新中国成立前为械斗争夺之地区。新中国成立后，械斗虽已平息，但争端没有停止，1955年尚有两名青年遭暗害，及至群众听说在此建农场，均表示欢迎。

第二节　总体规划

建场初期，农场生产力不高，总体目标主要是发展生产，提高经济收入。当时的总体规划主要是轮作区的布局、防护林的营造、加工厂的定点、田间道路的修筑，以及住房建设安排等，其他建设项目都还没有规划。后来农垦生产力提高了，改革开放后，农场农工商贸服、农牧渔副林齐发展。1981年上级部署农场规划工作，总体要求通过调查研究，因地制宜发挥优势，促进农工商综合发展，同时搞好小城镇规划，把农场场部逐步建设成为工农结合、城乡接合、有利生产、方便生活、经济繁荣、文教发达、环境优美、具有高度物质文明和精神文明的新型小城镇和社会主义新农村。1982年4月，区农垦局成立规划领导小组和总体规划办公室，良圻农场建立了相应机构，由生产科、基建科、场办公室、经营办和场工会派员组成。当年6月，场规划办派人参加区局测量、绘图培训班，7月又派员参加九曲湾农场进行总体规划试点工作。

良圻农场在实施总体规划过程中进行了8项主要规划：土地利用和种植业规划、养殖业规划、工副业和商业规划、农田基本建设规划、农业机械化规划、小城镇居民点规划、产值利润和资金平衡规划、文教卫生规划。1984年写出了规划报告，绘制了土地图和农业布局图以及小城镇建设规划图等资料图件。

1984年12月12—18日，垦区国营农场规划验收会议在良圻农场召开，自治区农垦局局长王吕凡与会指示工作，参加会议的有自治区农垦局有关处室及垦区各场有关领导、规划人员68人参加，中国农业工程研究院派出3位专家到会指导。与会人员对良圻农场8个方面规划认真研究评议，并实地考察，认为良圻农场规划基本合理，工农区划比较明确，小城镇布局比较适宜，土地利用和作物布局大体恰当，产值利润和资金平衡计划比较稳妥可行。

1986年农牧渔业部在广西召开全国国营农场小城镇建设规划评奖会上，广西良圻农场小城镇建设规划和住宅设计获二等奖（此次评奖不设一等奖）。

第三节　内部设计

1956年6月13日，广西省垦殖厅设计队抵达芳香农场，按照省垦殖厅指示，要在10月底前完成场内规划工作。设计队根据新办农场的规划设计原则，即全面控制、局部推进、具体安排的方针，立即进入规划程序。1956年9月24日，组成了场内规划设计委员会：

规划设计委员会主任为赵恒生（副场长），副主任为黄道足（省垦殖厅技术员），委员有陈华镜（农场技术员）、尚自强（农场基建员）、张振亚（农场会计）、何时雨（农场技术员）、杨觐光、李杰雄、方元晓、陈洪志、陈世任（上述5人为省厅设计队技术员）。

1956年9月25日，场规划设计委员会拟定工作计划呈报省垦殖厅。当年10月14日，规划设计委员会将芳香农场内规划设计方案具报省垦殖厅。1956 年 10 月 18 日，广西省垦殖厅以〔56〕垦土字第 1516 号文"批复场内土地规划初步设计草案由"的批准文件下达芳香农场，规划设计的主要内容如下。

一、经营中心的选择

按场地分布拟成立两个分场，即石灰槽分场和鲤鱼潭分场；两个生产队，即莫大湖生产队和龙泉潭生产队。莫大湖生产队直属场部管辖，龙泉潭生产队划归鲤鱼潭分场管。分场场界按场间规划所确定的界线取其最狭长处作分界。场部选择，设在鲤鱼潭分场或石灰槽分场，这两个点各有优越性和不足之处。鲤鱼潭地理位置适中，生产方便，地方宽阔，有发展余地，附近村庄较多，容易显示农场示范作用。不足之处是比较偏僻，不靠近文化经济中心，水质没有其他地带好。石灰槽分场交通方便、水源充足，靠近良圻区政府和峦城镇（原永淳县城）的文化、经济中心；但离各分场、生产队较远，不利于指挥生产，且靠近同志村，选择空间、发展空间不大。两种选择都暂时存留，容后再定。

二、基地的选择

莫大湖生产队的基建宜在原横县苗圃附近，湖水面 130 亩，人畜饮用均可解决，离卢村火车站 4 公里路，生活方便。石灰槽分场场址择于场地西隅，同志村东面，石灰槽水泉为可靠的饮用及加工用水，距基地西北 2.5 公里有永横公路可通，交通便捷。鲤鱼潭分场部择址于鲤鱼潭与白头塘之间山坡上，此处是场地中心，潭内有泉水涌出，历年不干，将来由场部修筑一条公路向北伸展，跨过永横公路，直通卢村火车站，交通逐步方便。土层属砂质土，平房建筑居住可保安全。龙泉潭生产队基地择于龙泉潭之北、莲塘之东的山坡上，紧靠潭边，新铺至莲塘公路现系牛车大路，公路通车以后交通也方便。

三、主要交通路线的选择

1. **卢村火车站至石灰槽的公路** 自卢村站往东绕过铁路线南，直向南行与石塘通至峦城的旧公路衔接，沿牛车路直达场部，全长约 13 公里。

2. **卢村火车站至鲤鱼潭的公路** 由卢村至石灰槽分支点于石塘至峦城的公路交叉处，经禾稿村的乡道，穿过山脚，沿牛车路至双城塘，通过双城塘土堤，与卢村至鲤鱼潭分场的线路衔接。

3. **龙泉潭交通线路的选择** 拟在鲤鱼潭分场部从鲤鱼潭水渠之石桥处，沿田区分界直南下至石南村、荷叶村道，直达龙泉潭基地。

四、轮作区及轮作制的确定

香茅大田轮作共 24856 亩，实行 5 年 5 个区轮作制。全场共 11 个轮作区，其中莫大湖 1 个、石灰槽、鲤鱼潭各 5 个，每年保证有 3/5 香茅种植面积，其轮作安排见表2-1-1。

表 2-1-1　香茅大田 5 年 5 区轮作安排

田区	1	2	3	4	5
第一田区	香茅	香茅	香茅	花生或绿肥	小米或红薯
第二田区	香茅	香茅	花生或绿肥	小米或红薯	香茅
第三田区	香茅	花生或绿肥	小米或红薯	香茅	香茅
第四田区	花生或绿肥	小米或红薯	香茅	香茅	香茅
第五田区	小米或红薯	香茅	香茅	香茅	花生或绿肥

五、造林规划

农场以营造柠檬桉林为主，适当营造马尾松林，林区应沿着自然地形来划分，全场共划分 16 个林区。每个林区面积 100～500 亩。防护林营造，宜在田区边缘，每个林区边缘设有 4 米宽的牛车路为界，全场规划营造防护林 5969 亩。

六、畜牧规划

根据芳香农场的饲料基地和将来香茅发展的面积来决定。定型年全场发展猪 2300 头（指出售肥育猪），役用牛 250 头。

七、水利规划

鲤鱼潭、石灰槽、莫大湖等水位都偏低，不能直接引水灌溉，只能在鲤鱼潭边和石灰槽附近开挖水沟或筑水塘、水池集水，然后用龙骨车或抽水机抽水灌溉。另外可在石灰槽之北、禾稿村之南的双城塘筑高堤坝，四周植树，集水灌溉低洼地。

八、养鱼规划

根据调查，全场可利用养鱼的水塘有双城塘 15 亩，牛角塘 25 亩，九汶塘 15 亩，双城塘下的低洼地可筑一条坝，既可储水灌溉又可养鱼，目前可养鱼的水面可达 90 亩，共可放养草鱼、白鲢、青鱼、鲤鱼各种不同鱼类 47160 尾。

九、公墓及牲畜埋葬地规划

全场埋葬地设 3 处（未含龙泉潭）共 302 亩，其中鲤鱼潭 54 亩，石灰槽 86 亩，莫大湖 162 亩，所划留的地区均距场舍及村庄 1 公里以上的高燥山坡，不妨碍卫生。

十、加工厂规划

在石灰槽分场东南部和鲤鱼潭分场西面各建一座香茅加工厂，计划呈报广西省垦殖厅已批准。1956 年 10 月 15 日，广西省城市建设局以〔56〕城计计密字第 63 号文给广西省建筑安装公司下达施工任务。

第四节　基本建设概况

农场创建时，首要的是解决职工住宿问题。1956 年 6 月建成两幢平房，比较简陋，其中一幢是瓦面糊壁巴墙结构的平房，另一幢是瓦面干打垒冲墙的平房，其中除了留一间作办公室、一间作卫生室，其余都安排职工及家属居住。随后才又建了食堂和仓库，各生产队也相继兴建一些平房，都比较简陋。1956—1975 年近 20 年，职工居住的均为简易平房。1976 年农场兴建了糖厂，才开始有一部分职工住上钢筋混凝土结构的楼房。

建场初期，农场生产建设对内对外的交通运输问题亟待解决。建场的第二年即 1957 年，全场即修通了三大交通线路：从卢村火车站到石灰槽的公路、从卢村到鲤鱼潭分场的公路和从场部到鲤鱼潭的公路。三大交通线路共长 36 公里，全程共修建各 4 米宽的桥梁两座，其附属工程还有 10 处公路涵洞。在此期间，还修筑了遍布于所有轮作区的田间道路，自 1956 年初至 1958 年设有干道、主道、附道的田间道路网已形成，香茅收割后能及时运出加工。

芳香农场的主要产品是香茅，香茅叶收割立即加工香茅油。1956 年 9 月 4 日广西省人民委员会以〔56〕计字第 59 号文批准国营横县芳香农场的基建项目。1956 年 9 月 22 日，农场委托广西省城建局建筑、安装、设计施工农场香茅加工厂 1 座，厂房建筑面积 240 平方米，另有仓库 100 平方米、宿舍 180 平方米，投资 8 万元，厂址在场部东南面，1957 年 6 月交付使用。随后于 1958 年冬在鲤鱼潭分场建成一座年产干粉 500 吨的木薯淀粉厂，1959 年 9 月在一分场西面建成一座 672 平方米的机械修配厂。自此许多基建工程项目——场部办公室、猪牛舍、学校、医院等也都纷纷上马。

1959 年底建成投入使用的农场大礼堂，可同时容纳 2000 多人，自此，农场职工唱歌、跳舞、演出、放电影有了场地。当时垦区的一些专题会议，如基建工作会议、财务工作会议也在良圻农场召开，因有大礼堂作会场，堪称方便。

进入 20 世纪 80 年代，农场逐步推行经济体制改革和领导体制改革，职工兴建了大量楼房，农场的农田水利建设、小城镇建设及许多公共基础建设等开始大规模运作。1997—2010 年，发展了公寓建设及社区建设。

第五节　总场　分场

国营横县芳香农场勘测规划建场以后，经过场间整理委员会核定，横县人民委员会批准，总面积 86269 亩（后西津库区移民占用 9511 亩，实有 76758 亩），根据农场的土地规模，1956 年 7 月 14 日，国营横县芳香农场场址选择委员会赵恒生、黄道足等 8 人及列席的干部、工人代表张振亚、刘威等 7 人，共同研究、讨论经营中心的选择，即场部的选址及分场址的确定问题，并经讨论决定后向广西省垦殖厅报告。

一、总场

农场总部选择了两个点，一个是拟设立在鲤鱼潭分场，因此处农场的中心地带，指挥生产方便；另一个点拟设立在石灰槽分场，此处靠近峦城、良圻经济文化中心地带，交通方便。这两个点各有优越性和不足之处，均如实具报省垦殖厅，由垦殖厅确定。垦殖厅于 1956 年 10 月 19 日，以〔56〕垦土字 1516 号文批复，认为总场部设于鲤鱼潭比较适当。1956 年 10 月 27 日，农场场部选择委员会召开会议，同意总场部选址鲤鱼潭。后来经过实践的抉择，1956 年后确定总场部设立在石灰槽片，并加强场部的建设。进入新时期的生产建设以来，农场在经营管理方案中确立场部的中心地位，明确规定，场部是整个企业的目标管理中心、资产经营中心、人事管理中心、综合服务中心和监控中心。建场 67 年来，农场总部所在地已建设成初具规模的小城镇，道路、供电、供排水系统等公共设施齐全，办公大楼、文化活动中心、学校、医院等、商贸市场也逐步完善。2009 年建成的芳香社区标志着场部建设进入一个新阶段。

二、分场

国营横县芳香农场建场规划设立两个分场：鲤鱼潭分场、石灰槽分场，一个直属莫大湖生产队。1956 年 2 月刚建场时，因为规模较小，仅设立两个分场级的生产队。1956 年 10 月，正式设立鲤鱼潭分场和石灰槽分场，1957 年石灰槽分场改为第一分场，鲤鱼潭分场改为二分场，并增设莫大湖为三分场。1960 年三分场撤销，改建为莫大湖园艺队，两个分场一个直属生产队的建制保留至 1963 年。1964 年，分场改为生产队，一二分场改为一二队，下辖 11 个生产组，并增设第三队（工副业队）。1956 年，里衣、禾稿、莫大湖定为生产队建制，分别称四、五、六生产队。1966 年撤销三队（工副业队），石楠生产组升格为第三生产队，全场编制共有六个生产队。1975 年，在位于总场部北面 5 公里处新开发的土地上增设为第七生产队。1977 年生产队改称分场，并在位于总场南面距场部 3 公里处与一分场毗邻的地方增设第八分场。

1978 年为安置归国难侨，在距场部 11 公里处、距二分场 4 公里的地方增设第九分场。

1979 年农场收回原龙潭生产队，改建为第十分场。1980 年，分场建制又改称生产队，全场共 10 年生产队；1984 年生产队名称统一改为分场；同年 10 月，增设第十一分场，全场共设置 11 个分场。2000 年 6 月，为适应场建公司的体制，分场改称为工区，全公司共 11 个工区。2001 年，原一工区以公路为界，一分为二，增建十二工区。2003 年 6 月，为适应企业分立称谓，工区名称统一改为分场，全场共设置 12 个分场。分场是场部的派出机构，分场领导干部对本分场的两个文明建设负直接责任。

2005 年 12 月份开始，广西农垦国有良圻农场为了摸清家底，邀请广西壮族自治区国土资源规划院对农场所辖土地进行卫星测量，到 2007 年 8 月份，得出农场土地卫星测量的实际面积，为农场的规划发展提供了真实依据。

第二章 分场概况

第一分场 建于 1956 年 2 月，建置时间久远，是建场后的第一个基层生产单位。曾称石灰槽生产队、第一生产队、石灰槽分场，1957 年 6 月改称一分场。位于场部西面，东与四分场相邻，南和利垌村接界，西连化龙村，北接红花村，分场土地总面积 10370 亩，至 20 世纪 90 年代初，已开发利用 9870 亩，占土地总面积 95.18%，其中农业耕地 4090 亩，林地 179 亩，工业、道路及生活设施用地 5600 亩，2001 年 10 月，从一分场划出一部分甘蔗耕作区和人员、岗位分设一个行政单位十二分场。十二分场分立后，一分场总户数 128 户，总人口 352 人（男 187 人，女 165 人）。2002 年，分场甘蔗种植面积 2431 亩，共有 143 个岗，平均每岗种植面积 17 亩。2001 年甘蔗总产量 29694 吨（包括十二分场总账），人均纯收入 13045 元；2002 年甘蔗总产 13938 吨，人均纯收入 8840 元；2003 年甘蔗总产 19225 吨，人均纯收入 15557 元。2019 年，分场有 133 个岗位，面积 3973 亩，平均岗位面积 29.8 亩，甘蔗产量 21169 吨，平均每岗纯收入 24000 元；2020 年，分场共有 131 个岗位，面积 3904 亩，甘蔗产量 21072 吨，平均每岗纯收入 23500 元；2021 年，131 个岗位，面积 3834 亩，甘蔗产量 22500 吨，平均每岗纯收入 24500 元。2004—2021 年甘蔗产量见表 2-2-1。

表 2-2-1 第一分场 2004—2021 年甘蔗产量

单位：吨

年份	2004	2005	2006	2007	2008	2009
产量	16946	16258	18311	21214	15512	19202
年份	2010	2011	2012	2013	2014	2015
产量	18005	20319	20559	229029	217149	20417
年份	2016	2017	2018	2019	2020	2021
产量	20291	22392	21088	21169	21072	22500

一分场 1987 年、1988 年、1996 年和 1999 年被评为农场先进单位，1987 年和 1988 年被自治区农垦局授予垦区先进单位，1988 年、1989 年分场党支部被评为农场先进党支部，1995 年、1996 年分场工会被自治区农林水利工会授予先进职工小家称号。

2019 年分场主任兼党支部书记为黄奕干，分场副主任为陆廷宇、覃繁。60 多年来曾在一分场担任领导职务的有黄桂荣、曾德深、黄培德、程德业、陈振轩、滕继舫、莫若显、陈道光、张汝强、蒙石泰、叶枝烈、何志深、严昭明、潘仕伟、苏万成、苏维裕、连福勇、张良华、黄明枢、李宗耀、肖海华、黄奕干、李斌开、吴信仪、李海福、覃繁、陆廷宇、黄桂利、黄列、吴明雄。

第二分场　曾称鲤鱼潭生产队、第二生产队，于1956年10月由陆怀志率员创建，1957年6月改称二分场。位于场部东面，距场部10公里，东与刘村接壤，南和快龙相连，西监四分场，北接苏村。分场土地总面积8043亩，至20世纪90年代初，已开发利用7643亩，占总面积95%，其中农业耕地2654亩，林地面积389亩，道路、房建及其他生活设施占4600亩，至20世纪末，全分场共有128户，总人口302人（男153人，女149人），甘蔗种植面积3500亩，共195个岗，平均每岗种植17.95亩，2001年甘蔗总产量22494吨，人均纯收入14301元；2002年甘蔗总产量23180吨，人均纯收入10677元；2003年甘蔗总产量26183吨，人均纯收入15508元。2019年，分场有183个岗位，面积6337亩，甘蔗产量34270吨，平均每岗纯收入26500元左右；2020年，分场共183个岗位，面积6461亩，甘蔗产量33206吨，平均每岗纯收入25500元左右；2021年，183个岗位，面积6456亩，甘蔗产量32534吨，平均每岗纯收入24000元左右。2004年甘蔗产量见表2-2-2。

表2-2-2　第二分场2004—2021年甘蔗产量

单位：吨

年份	2004	2005	2006	2007	2008	2009
产量	22418	24671	27631	31314	22260	28113
年份	2010	2011	2012	2013	2014	2015
产量	27568	30183	29708	35044	33000	32959
年份	2016	2017	2018	2019	2020	2021
产量	34484	34847	35917	34270	33206	32534

二分场1986年、1999年和2002年被评为农场先进单位，1995年、1999年和2003年分场党支部被评为农场先进党支部，2001年获农场"双文明"建设三等奖。

2019年，分场主任兼党支部书记为玉显凰，分场副主任为林发荣。二分场创建60多年来，曾在分场担任领导职务的有陆怀志、黄显华、施支文、黄桂荣、何振球、黄林生、陈振改、马秀乾、黄明枢、甘永治、叶树佳、林新强、冯菊文、杨培佑、黄桂利、曾良章、黄奕干、李修贤、玉显凰、林发荣、王群德、梁诗雨。

第三分场　前身是石楠生产组、第三生产队，始建于1965年，位于场部东南面，距场部10公里，东面和石楠村接界，南部与新铺村交接，西面连快龙村，北部临二分场。

1978年6月安置越南难侨52户330人，1984年后，进行劳动力调整，原分场老职工逐步调出，成为全部安排难侨职工分场。

分场土地总面积5873亩，至20世纪90年代初，已开发利用2553亩，占总面积99.65%，其中农业耕地1510亩，林业面积143亩，房建、道路及其他生产、生活设施等用地4200亩。至20世纪末，全分场共有80户，总人口302人（男153人，女149人），甘蔗种植面积2300亩，共142个岗，平均每岗种植面积16.2亩。2001年甘蔗总产量9989吨，人均纯收入9408元；2002年甘蔗总产量10844吨，人均纯收入7919元；2003年甘蔗总产量11401吨，人均纯收入9818元。2019年，分场共144个岗位，面积2260亩，甘蔗产量11988吨，葡萄600亩，产量600吨，平均每岗纯收入31000元；2020年，有岗位144个，面积2583亩，甘蔗产量11941吨，葡萄600亩，产量600吨，平均每岗纯收入30500元；2021年，144个岗位，面积2595亩，甘蔗产量10382吨，葡萄600亩，产量600吨，平均每岗纯收入30000元。2004—2021年甘蔗产量见表2-2-3。

表2-2-3 第三分场2004—2021年甘蔗产量

单位：吨

年份	2004	2005	2006	2007	2008	2009
产量	9390	9170	10284	12632	9119	11567
年份	2010	2011	2012	2013	2014	2015
产量	123977	12217	13221	14742	14588	12902
年份	2016	2017	2018	2019	2020	2021
产量	13409	12359	13066	11988	11941	10382

三分场近年来探索实践现代农业，2004年调整农业品种结构，种植"美人指"葡萄239亩获得成功，2015年、2017年先后两次扩大种植面积，截至2019年葡萄种植面积685亩。1984年和1988年，分场被评为农场先进单位。

2019年，分场主任兼党支部书为记为吴明雄，分场副主任为陈家东。三分场建立以来，曾在分场担任领导职务的有陈道光、蒙石泰、黄昌成、翟喜秀、冼锦权、赵灼坚、陈伟林、赖成金、陆大亥、陈喜平、赖国业、梁余威、玉显凰、陈锡明、王群德、吴明雄、陈家东、李修贤。

第四分场 前身是里衣生产组、第四生产队，建于1958年，位于场部东面，距总场6公里，东临九分场，南接良造村，西连十二分场，北接禾稿村。1978年安置越南难侨30户199人，为便于管理，1985年后劳动力进行调整，原分场老职工逐步调出，成为全部安置难侨职工的分场。

分场土地面积共6524亩，至20世纪90年代初已开发利用5824亩，占总面积的

89.27%，其中农业耕地 2050 亩，林地面积 374 亩，房建、道路及其他生产生活设施用地 1340 亩。至 20 世纪末，全分场共有 107 户，总人口 449 人（男 232 人，女 217 人），甘蔗种植面积 3200 亩，共 147 个岗，平均每岗种植面积 21.77 亩。2001 年甘蔗总产量 18104 吨，人均纯收入 12679 元；2002 年甘蔗总产量 20125 吨，人均纯收入 17935 元；2003 年甘蔗总产量 21983 吨，人均纯收入 18233 元。2019 年，分场 166 个岗位，面积 5433 亩，甘蔗产量 30612 吨，平均每岗纯收入 27000 元；2020 年，有 166 个岗位，面积 5434 亩，甘蔗产量 30272 吨，平均每岗纯收入 26500 元；2021 年，166 个农业岗位，面积 5368 亩，甘蔗产量 27418 吨，平均每岗纯收入 23500 元。2004—2021 年甘蔗产量见表 2-2-4。

表 2-2-4　第四分场 2004—2021 年甘蔗产量

单位：吨

年份	2004	2005	2006	2007	2008	2009
产量	18024	18383	21288	25162	18591	25036
年份	2010	2011	2012	2013	2014	2015
产量	23925	27390	29659	31924	30276	29286
年份	2016	2017	2018	2019	2020	2021
产量	31078	31336	29825	30612	30272	27418

四分场近几年来，注重生活区的清洁卫生工作，分场领导带动大家清理排水沟，灭蚊除臭；在生产上组织和发动职工、学生、退休人员捕捉甘蔗害虫，促进增产。1993 年、1999 年，分场被评为农场先进单位；1995 年，分场工会被自治区农林水利工会授予先进职工小家称号；1996 年，分场被评为横县综合治理先进单位。

2019 年，分场主任兼党支部书记为宁笛杰，分场副主任为陈锡明。分场建立以来，曾在分场担任领导职务的有农锡柱、何振球、黄林生、方灵、杨仁昌、何志深、杨子明、林新强、黄华初、杨秀南、吴明雄、宁笛杰、蒙贵生、陈锡明。

第五分场　前身是第五生产队，建于 1974 年，距场部 6 公里，东面接新村，南面紧靠十一分场，西部与红花村相交，北部与新城村相接。分场建立后，曾将禾稿生产组并入分场统一管理，1984 年禾稿生产组划出作为农场行政单位建制。

分场土地总面积 4438 亩，到 20 世纪 90 年代初已开发利用 4398 亩，占总面积 99.09%，其中农业耕地面积 1530 亩，林地面积 168 亩，房建、道路及其他生产、生活设施用地 2700 亩。至 20 世纪末，全分场共有 52 户，总人口 169 人（男 93 人，女 76 人），耕地面积比分场初建时扩大了 61.4%，甘蔗种植面积 2479 亩，共 117 岗，平均每岗种植 21.2 亩。2001 年甘蔗总产量 13710 吨，人均纯收入 13918 元；2002 年甘蔗总产量 13126 吨，人均纯收入 10136 元；2003 年甘蔗总产量 16248 吨，人均纯收入 16468 元。2019 年，有 119 个岗位，面积 3232 亩，甘蔗产量 18126 吨，平均每岗纯收入 22300 元；2020 年，共 119 个岗位，面积 3041 亩，甘蔗产量 17229 吨，平均每岗纯收入 21000 元；2021 年，分场共有 119 个农业岗位，面积 3191 亩，甘蔗产量 19167 吨，平均每岗纯收入 24500 元。2004—2021 年甘蔗产量见表 2-2-5。

表 2-2-5　第五分场 2004—2021 年甘蔗产量

单位：吨

年份	2004	2005	2006	2007	2008	2009
产量	15309	13219	15275	18321	13353	17182
年份	2010	2011	2012	2013	2014	2015
产量	170699	19784	20040	18610	19122	192652
年份	2016	2017	2018	2019	2020	2021
产量	19808	17726	17422	18126	17229	19167

近年来五分场管理干部重点帮助弱岗、懒岗种好甘蔗，推动各个岗位甘蔗产量平衡发展，使最近几年分场甘蔗产量提升较快，职工收入增加。五分场 1995 年获农场"丰收奖"，1997 年、1998 年、1999 年和 2002 年评为农场先进单位；2001 年获农场"双文明"建设三等奖。

2019 年分场主任兼党支部书记为李修贤。曾在分场担任领导职务的有雷兆坚、李民杰、陈奕耀、农德坚、胡家进、刘景桂、陆廷宇、李斌开、陈运义、韦旺、符李福、马超、李修贤、林发荣。

第六分场　前身是莫大湖生产队、直属园艺队、第六生产队，始建于 1956 年 10 月，1957 年 6 月改为三分场，是全场建置较为久远的分场之一，后来在分场序列中，改称六分场。位于场部北部，距场部 12 公里，东接六相村，南临五分场，西交白沙村，北接木道村。1972 年，根据横县革命委员会指示，借给横县峦城公社的峦城、扬江两个大队安排社员进入分场种植水果，原有农场人员全部撤出。至 1974 年农场收回，恢复建制。

分场土地总面积 7425 亩，到 20 世纪 90 年代初，已开发利用 7255 亩，占总面积97.3%，其中农业耕地面积 2020 亩，林地面积 1625 亩，房建、道路及其他生产、生活设施用地 3580 亩。至 20 世纪末，全分场共有 62 户，总人口 188 人（男 114 人，女 74 人），农场造纸厂停产关闭后，安排一部分下岗人员到该分场承包种甘蔗，分场耕地面积比原来增长 89.1%，甘蔗种植面积 3820 亩，共有 163 岗，平均每岗种植 23.4 亩。2001 年甘蔗总产量 20402 吨，人均纯收入 14464 元；2002 年甘蔗总产量 18464 吨，人均纯收入 8755元；2003 年甘蔗总产量 22139 吨，人均纯收入 15415 元。2019 年，分场有 140 个岗位，面积 4523 亩，甘蔗产量 21754 吨，平均每岗纯收入 23000 元；2020 年，140 个岗位，面积 4531 亩，甘蔗产量 21919 吨，平均每岗纯收入 23500 元；2021 年，有 137 个农业岗位，面积 4492 亩，甘蔗产量 24990 吨，平均每岗纯收入 26500 元。2004—2021 年甘蔗产量见表 2-2-6。

表 2-2-6 第六分场 2004—2021 年甘蔗产量

单位：吨

年份	2004	2005	2006	2007	2008	2009
产量	21790	20372	24058	27399	18713	22355
年份	2010	2011	2012	2013	2014	2015
产量	21567	23318	23101	24142	23307	21092
年份	2016	2017	2018	2019	2020	2021
产量	23501	23076	22196	21754	21919	24990

六分场为改变土地瘦瘠状况，长期抓蔗叶还田，加大土地的肥料投入，土质逐步肥沃，甘蔗产量增长较快。1988 年、1990 年、1993 年、1998 年和 2003 年，分场被评为农场先进单位；1996 年获农场"丰收奖"；1999 年、2001 年，分场党支部被评为横县先进党支部、农场先进党支部；2003 年获农场"双文明"建设二等奖。

2019 年，分场主任兼党支部书记为蒙庆志，副主任为李斌开。分场创建 60 多年来，曾在分场担任领导职务的有程德业、何振球、黄培德、陈松暖、陆仍林、陈星岳、玉英、甘永治、黄国瑞、苏春明、杨培佑、符彩凤、韦金英、韦吉明、黄桂利、马超、李修贤、李海福、符李福、蒙庆志、邓志敬、李斌开、何东才。

第七分场 前身是第七生产队。1974 年，自治区农垦局机耕队来农场垦荒和平整土地，在总场北面开垦了一片土地，遂于 1975 年在新垦的土地上设置第七分场。分场位于场部东北面，距场部 5 公里，东与禾稿接壤，南与一分场相邻，西接红花村，北连十一分场。分场土地总面积 4552 亩，到 20 世纪 90 年代初，已开发利用 4522 亩，占总面积的 99.34%，其中农业耕地 1822 亩，林地面积 200 亩，房建、道路及其他生产、生活设施用地 2500 亩。至 20 世纪末，全分场共 30 户，总人口 166 人（男 79 人，女 87 人），耕地面积比原来扩大 53.3%，甘蔗种植面积 2793 亩，共 133 岗，平均每岗种植 21 亩。2001 年甘蔗总产量 14463 吨，人均纯收入 12024 元；2002 年甘蔗总产量 13573 吨，人均纯收入 8707 元；2002 年甘蔗总产量 17043 吨，人均纯收入 15004 元。2019 年，有 128 个岗位，面积 3346 亩，甘蔗产量 16510 吨，平均每岗纯收入 20000 元；2020 年，119 个岗位，面积 3156 亩，甘蔗产量 15530 吨，平均每岗纯收入 20000 元；2021 年，有 119 个农业岗位，面积 3164 亩，甘蔗产量 15976 吨，平均每岗纯收入 20500 元。2004—2021 年甘蔗产量见表 2-2-7。

表 2-2-7　第七分场 2004—2021 年甘蔗产量

单位：吨

年份	2004	2005	2006	2007	2008	2009
产量	15353	15118	16379	18723	13277	15149
年份	2010	2011	2012	2013	2014	2015
产量	14947	16577	17974	18607	174657	16511
年份	2016	2017	2018	2019	2020	2021
产量	171841	171881	16778	16510	15530	15976

七分场在田间管理环节上，长期坚持早破垄松蔸，早施肥培土，获得甘蔗好收成，分场领导几年来重视榜样的力量，以点带面铺开工作，在分场中推广获高产种好蔗的典型。1985—2003 年，七分场 8 次被评为农场先进单位；1988 年自治区农垦局授予垦区先进单位称号；1990 年和 1991 年，分场党支部被评为农场先进党支部。

2019 年，分场主任兼党支部书记为王群德，分场副主任为吴信仪。分场建立以来，曾在分场担任领导职务的有苏鉴翠、陈咸昌、江永笋、李民杰、何国庆、农德坚、吴明雄、廖幼文、马超、曾良章、王群德、覃繁、吴信仪、黄桂利。

第八分场　前身是第八生产队，始建于 1977 年，当时主要安排新招收来的贺县籍职工。位于场部南面，距场部 3 公里，东面是良造村，南部接雅山村，北靠良圻制糖公司，西接利垌村。分场部及职工居住区紧靠西（津）南（宁）公路北缘。分场土地总面积 4210 亩，到 20 世纪 90 年代初，已开发利用 3710 亩，占总面积的 88.12%，其中农业耕地 1185 亩，林地面积 272 亩，房建、道路及其他生产、生活设施用地 2253 亩。至 20 世纪末，全分场共 52 户，总人口 151 人（男 80 人，女 71 人），甘蔗种植面积 1550 亩，比原来耕地扩大了 365 亩。共 87 个岗位，平均每岗种植 17.8 亩。2001 年甘蔗总产量 8635 吨，人均纯收入 11696 元；2002 年甘蔗总产量 8064 吨，人均纯收入 8371 元；2003 年甘蔗总产量 10214 吨，人均纯收入 13933 元。2019 年，分场有 69 个岗位，面积 1921 亩，甘蔗产量 10451 吨，平均每岗纯收入 21000 元；2020 年，共 69 个岗位，面积 2008 亩，甘蔗产量 10287 吨，平均每岗纯收入 20000 元；2021 年，分场有 61 个农业岗位，面积 1812 亩，甘蔗产量 9666 吨，平均每岗纯收入 22500 元。2004—2021 年甘蔗产量见表 2-2-8。

表 2-2-8　第八分场 2004—2021 年甘蔗产量

单位：吨

年份	2004	2005	2006	2007	2008	2009
产量	9937	9371	9711	11451	12789	11025
年份	2010	2011	2012	2013	2014	2015
产量	10194	11030	11430	12286	11182	10586
年份	2016	2017	2018	2019	2020	2021
产量	11284	11116	10877	10451	10287	9666

八分场毗邻工业区，曾利用工业废水灌溉农田，坚持了多年，对甘蔗生产很有好处。鉴于分场地理环境比较复杂，场群关系不和谐的情况时有发生，耕作区经常安排治安员巡逻，看守作物，保护职工劳动果实。1922年、1997年、1998年和2003年，八分场被评为农场先进单位。

2019年，分场主任兼党支部书记为邓志敬。分场建立以来，曾在分场担任过领导职务的有班顺明、陈咸能、杨培佑、黄华初、谢宏程、何冠雄、蒙庆志、李修贤、苏世德、邓志敬、陈荣锋。

第九分场 前身是第九生产队，建于1978年，位于场部东北部，距总场11公里，东部与苏村交界，南面和里衣相连，西靠四分场，北接大塘村。1978年6月安置越南难侨75户389人，1985年进行劳动力调整，分场原来的老职工全部调出，成为全部安置难侨职工的分场。分场土地总面积7037亩，到20世纪90年代初，已开发利用6987亩，占总面积的99.28%，其中农业耕地2340亩，林地面积347亩，房建、道路及其他生产、生活设施用地2200亩，被地方占用有待收回的面积2100亩。2001年通过司法程序已收回其中的98亩。至20世纪末，全分场共有97户，总人口419人（男224人，女195人），甘蔗种植面积2504亩，共有155岗，平均每岗种植16.2亩。2001年甘蔗总产量18656吨，人均纯收入13981元；2002年甘蔗总产量18339吨，人均纯收入11160元；2003年甘蔗总产量20336吨，人均纯收入14947元。2019年，161个岗位，面积4294亩，甘蔗产量23652吨，平均每岗纯收入21500元；2020年，161个岗位，面积4223亩，甘蔗产量22149吨，平均每岗纯收入20500元；2021年，161个岗位，面积4223亩，甘蔗产量20797吨，平均每岗纯收入20000元。2004—2021年甘蔗产量见表2-2-9。

表2-2-9 第九分场2004—2021年甘蔗产量

单位：吨

年份	2004	2005	2006	2007	2008	2009
产量	18168	16769	19988	23311	18503	20123
年份	2010	2011	2012	2013	2014	2015
产量	19069	23641	23305	25374	23070	23447
年份	2016	2017	2018	2019	2020	2021
产量	24654	24159	22647	23652	22149	20797

九分场管理干部长期抓农时季节，合理安排甘蔗砍运，对宿根蔗补苗十分重视，要求各岗保证有效株植数充分，以此推动分场甘蔗产量提升。1985年、1997年九分场被评为农场先进单位；1989年、1991年，分场党支部被评为农场先进党支部；1993年、1994年和1997年被评为横县先进党支部；1994年九分场工会被自治区农林水利工会授予先进职

工小家称号。

2019 年，分场主任兼党支部书记为黄桂利，分场副主任为杨福南。分场成立以来，曾在分场担任过领导职务的有刘永康、苏维裕、苏维相、何世贵、陈福仁、曾良章、梁余威、黄桂利、杨福南、黄奕干、梁克奎。

第十分场 前身是龙泉潭直属生产队、第十生产队，1960 年开始创办。位于场部东南部，距场部 7 公里，东连佛子村，南交苏光村，西接蒙里村，南接石南村。因 1962 年西津库区移民而占用一部分土地；同年横县商业局借用办"万头猪场"；1968 年横县革命委员会用来办县"五七干校"，1962—1978 年分场撤销停办。1979 年良圻农场收回，恢复分场建制。分场土地总面积 14677 亩，到 20 世纪 90 年代初已开发利用 10377 亩，占总面积的 70.7%，其中农业耕地 940 亩，林地面积 357 亩，房建、道路及其他生产生活设施用地 2170 亩，被地方占用有待收回 6910 亩（2004 年通过法律程序强制执行已收回 1054.94 亩）。至 20 世纪 90 年代末，全分场共 48 户，总人口 108 人（男 65 人，女 43 人），耕地面积比原来扩大了 22.34%，甘蔗种植面积 1150 亩，共有 50 岗，平均每岗种植 23 亩。2001 年甘蔗总产量 6824 吨，人均纯收入 16099 元；2002 年甘蔗总产量 6508 吨，人均纯收入 12058 元；2003 年甘蔗总产量 6833 吨，人均纯收入 15520 元。2015 年，良圻农场十分场耕地出租给横县政府建设湿地公园，余下土地分给职工种植沃柑，2019 年、2020 年、2021 年沃柑岗位 65 个，面积 520 亩，平均每亩产量 6000 公斤，平均每岗纯收入 40000 元。2004—2014 年甘蔗产量加表 2-2-10。

表 2-2-10 第十分场 2004—2014 年甘蔗产量

单位：吨

年份	2004	2005	2006	2007	2008	2009
产量	8833	7996	9568	11627	8768	10253
年份	2010	2011	2012	2013	2014	
产量	10185	10448	11409	11288	11213	

分场着重抓大面积甘蔗栽培措施，推广地膜覆盖，2001 年全分场实现了良种化。为改变生产面貌，职工自费购买抽水设备，平时抽水灌溉作物，旱灾时拿来抗旱，近年生产逐步发展。1986 年、1987 年和 2001 年分场被评为农场先进单位，1987 年自治区农垦局授予垦区先进单位称号，2001 年获农场"双文明"建设二等奖。

2015 年西津国家湿地公园开工建设，租用十分场土地 2014 亩。为了解决原甘蔗岗位人员上岗问题，农场将剩余的 520 亩甘蔗地全部进行产业结构调整，首次大面积种植沃柑。2018 年 1 月 20 日，农场在十分场举办沃柑园开园仪式，从此标志着农场新的农业产业已经形成。

2019 年由于机构改革，十分场划归三分场管理，分场不设正副主任。分场建立以来，曾在分场担任领导职务的有曾德深、王国瑞、陈奕耀、谢廷标、黄郑发、谢焕钱、陈振改、陈运义、黄奕干、卢山、马超、林发荣、陈家东。

第十一分场 前身是禾稿生产组、五分场禾稿生产队、农场砖厂农业生产组，始建于 1958 年，1984 年 10 月作行政单位建制，改称第十一分场。位于场部北面，距场部 6 公里，东面是钱塘村，南面是禾稿村，西面与红花村交界，北面紧靠五分场。分场土地总面积 3609 亩，到 20 世纪 90 年代初，已开发利用 3589 亩，开发利用共占总面积的 99.44%，其中农业耕地 1461 亩，林地面积 128 亩，工业、房建、道路及其他生产生活设施用地 2000 亩。至 20 世纪末全分场共有 51 人户，总人口 126 人（男 73 人，女 53 人），近几年耕地面积有较大的增加，比原来扩大了 36.89%，甘蔗种植面积 2000 亩，共 89 个岗位，平均每岗种植 22.5 亩。2001 年甘蔗总产量 11539 吨，人均纯收入 15072 元；2002 年甘蔗总产量 11628 吨，人均纯收入 15101 元；2003 年甘蔗总产量 13492 吨，人均纯收入 17570 元。2019 年，分场共 88 个岗位，面积 2663 亩，甘蔗产量 15985 吨，平均每岗纯收入 26000 元；2020 年，有 88 个岗位，面积 2616 亩，甘蔗产量 15221 吨，平均每岗纯收入 25000 元；2021 年，分场共 88 个农业岗位，面积 2619 亩，甘蔗产量 15961 吨，平均每岗纯收入 26500 元。2004—2021 年甘蔗产量见表 2-2-11。

表 2-2-11 第十一分场 2004—2021 年甘蔗产量

单位：吨

年份	2004	2005	2006	2007	2008	2009
产量	12735	11303	13428	16017	10973	13233
年份	2010	2011	2012	2013	2014	2015
产量	13056	15327	15209	15851	14972	15675
年份	2016	2017	2018	2019	2020	2021
产量	15573	15945	15125	15985	15221	15961

十一分场与多个村庄毗邻，他们很注意发展场群友好关系，职工生产生活都有安全感。为改变耕作区运输不便状况，分场多次组织承包户修筑田间道路，近年来榨季装车砍运得到改善。1991 年、1997 年分场被评为农场先进单位，1995 年、1997 年和 1999 年分场工会被自治区农林水利工会授予先进职工小家称号，1996 年分场党支部被评为农场先进党支部。

2019 年，由于机构改革，十一分场划归五分场管理，分场副主任为李祖涛。分场建立以来，曾在分场担任领导职务的有黎国正、陈日初、陈立成、蒙石泰、莫汝丰、吴彪、蒙庆来、潘世早、谢宏情、蒙贵生、肖海华、卢山、马超、李修贤、李祖涛。

第十二分场　是新近设立的农场区划建制。2001 年 9 月 27 日，良圻实业总公司下文，决定从 2001 年 10 月 1 日起，新设置一个行政编制单位十二工区，即现在的十二分场。分场管辖范围是：以场部西南路口至红花村坡顶公路为界，凡属一分场管理的耕地在公路东面的划归十二分场管理，原一分场农业承包岗位的工人随新划定的土地辖区，隶属十二分场。

十二分场东和四分场相连，南和良圻制糖公司相望，西与一分场相接，北与七分场相邻。因 2001 年刚构建分场框架，当年尚无单独台账，产量、产值和职工收入都还放在一分场核算。2002 年甘蔗种植面积 2674 亩，共有 126 岗，平均每岗种植 21.22 亩，甘蔗总产量 14131 吨，人均纯收入 9623 元；2003 年甘蔗总产量 18543 吨，人均纯收入 17776 元。2019 年，分场共 133 个岗位，面积 3843 亩，甘蔗产量 20394 吨，平均每岗纯收入 21500 元；2020 年，134 个岗位，面积 3853 亩，甘蔗产量 20098 吨，平均每岗纯收入 21000 元；2021 年，134 个岗位，面积 3814 亩，甘蔗产量 22255 吨，平均每岗纯收入 24500 元。2004—2021 年甘蔗产量见表 2-2-12。

表 2-2-12　第十二分场 2004—2021 年甘蔗产量

单位：吨

年份	2004	2005	2006	2007	2008	2009
产量	16379	16603	18540	21503	15283	187673
年份	2010	2011	2012	2013	2014	2015
产量	17986	20222	20498	227798	21591	20365
年份	2016	2017	2018	2019	2020	2021
产量	19540	21767	20904	20394	20098	22255

分场的土地比较肥沃，管理人员注重蔗地深耕深松，重视良种良法田间管理的各个环节，甘蔗收成较好。2002 年分场被评为农场先进单位。

2019 年，分场主任兼党支部书记肖海华，分场副主任覃子平。曾在分场担任领导职务的有林新强、张良华、李宗耀、卢山、黄云、肖海华、韦旺、李斌开、陆廷宇、覃子平。

2020 年 12 月 29 日，良圻农场有限公司党委为加强基层党组织建设，按照"地域相邻、体量相当、资源整合"的原则，把 12 个农业分场的党组织设立为 4 个工区党支部，分别是东部工区党支部，管辖四、九分场；西部工区党支部，管辖一、八、十二分场；南部工区党支部，管辖二、三、十分场；北部工区党支部，管辖五、六、七、十一分场。2021 年 11 月 12 日，良圻农场有限公司按照工区党支部的设定，把 12 个农业分场划分为四大工区，分别是东部工区，支书兼主任为宁筘杰；西部工区，支书兼主任为吴明雄；南部工区，支书兼主任为王群德；北部工区，支书兼主任为林发荣。

第三编

自然环境

中国农垦农场志

第一章　地形地貌

第一节　地理位置

国有良圻农场位于南宁市横州市西部，距横州市横州镇 35 公里，离南宁市区 70 公里，与桂（林）（北）海及南（宁）广（州）高速公路出口处六景镇 15 公里，省道西（津）南（宁）二级公路横贯其间，湘桂铁路卢村站离场部 15 公里之遥，黎（塘）钦（州）铁路横县站坐落在良圻境内，珠江主要支流郁江与总场相距 11 公里，有泊靠码头。上通南宁，下达广州、港、澳。

农场地处东经 108°59′37″—109°07′35″，北纬 22°43′46″—22°53′26″。地形为 5°～10°缓坡丘陵。海拔为 60～172 米。地势北高南低，向东倾斜，建场前是一片杂草丛生的僻壤荒野，西北地带有马尾松林生长，西南面同志村一带有大叶和小叶桉树，林下植物多为桃金娘、野牡丹、野蕨薇、芒箕等野生植物。

场界与周围 36 个村屯和一个茶试站接壤。东至陶圩镇刘村、苏村、大塘、学冲、禾稿、青禾、青湖，南至平马镇苏光、木麻、蒙里、佛子、独石、良水、新铺、苏安、里衣、昌庆、快龙、良造、荷叶江、长岭、石楠及莲塘镇佛子和原横县茶试站，西至六景镇良圻生活区的化龙、良圻、利垌、雅山，北至石塘镇新城、钱塘、木道、六相、浪君、平田、卢村以及六景镇良圻生活区的白沙、红花。场区范围无村庄分布，据建场前农业厅荒地勘测局调查资料，勘测规划建场时，最靠近农场边缘的村庄有 10 个，居民 2263 户，总人口 8047 人，民族多系壮族，场界总长 150 公里。

第二节　土地性状

建场前，广西省农业厅荒地勘测局于 1955 年 10 月派来的初勘队、水文队和农业土壤调查队进行勘测、测量和荒地调查，为开发利用土地和在这里建农场作科学的调查和规划，对这片荒地的土地性状作了初步分析。建场后，对农场的土地资源作了 3 次大规模的普查。第一次是 1956 年 9 月 13 日至 10 月末，自治区垦殖厅勘测设计队到农场进行荒地资源调查和设计规划，对土壤荒地的土地壤性状作了初步分析。第二次是 1979 年 3—5 月，农场组织力量，进行一次土壤调查分析，对全场土壤性状作了科学的调查。第三次是 1981 年 6 月初至 8 月上旬，自治区农垦局派来 20 人的土壤普查专业队，进行全面的土壤普查工作，共普查 13 个分场、站，普查面积 62699 亩，其中旱地 40954 亩，林地、荒山 21624 亩，水田 121 亩，占全场总面积的 81.68％。共挖土剖面 62 个，化验分析土壤养分速设样 641 个，其中混合样 455 个，剖面样 186 个，常规分析样 115 个。确定全场共有 13 个土种（旱地 5 个，林地、荒山 6 个，水田 2 个）。成土母质主要是第四纪红土和紫色砂岩两种，其中：属第四纪红土的土种 7 个，面积 31324 亩，占普查面积 49.96％；属紫色砂岩的土种 6 个，面积 31375 亩，占普查面积的 50.04％。各类土壤性状分析如下。

一、旱地土壤

全场旱地土壤分别由第四纪红土母质和紫砂岩风化而成。普查面积 40954 亩，占全场普查面积的 65.32％，共分 5 个土种（表 3-1-1）。

1. **铁子土**　面积 22627 亩，占旱地面积的 55.25％，是旱地主要土种之一。除五、十一分场外，各分场均有分布，较多集中在一、二、三、十分场。其主要特征、特性：耕层为铁子土，铁子在 50％以内，漏水漏肥，保水能力差，肥力中等。

2. **酸性紫砂土**　面积 16412 亩，占旱地面积的 40.07％。由紫砂岩风化而成，是旱地主要土种之一。除三、八、十分场外，多集中在一、二、五、六、九分场。其主要特征、特性：耕层较深厚，棕紫到紫红色，是弱酸性砂土和砂壤土，保水保肥能力较差。

3. **铁子底土**　面积 1015 亩，占旱地面积的 2.48％，主要分布在八分场。其主要特征、特性：耕层为铁子中壤，心土层和底层铁砂成层。

4. **赤红土**　面积 550 亩，占旱地面积的 1.34％，主要分布在十分场。其主要特征、特性：耕层中壤至重壤土，结构小块状，土层深厚，无明显的障碍层，由于平整土地时打乱了土层，土壤化程度较差。

5. **泥炭沼泽土**　面积 350 亩，占旱地面积的 0.86％，主要分布在五、十一分场。其主要特征、特性：地势低洼渍水，土壤含有机质多，耕层颜色呈黑色，底土层因渍水逐渐潜育化。

表 3-1-1　旱地土壤代表剖面分析

土种名称	代表单位	耕层厚度（厘米）	结构	养分含量				混合样养分化验结果					酸碱度 pH
				有机质（％）	全氮（％）	全磷（％）	全钾（％）	速效养分			有机质		
								碱解氮（毫克/千克）	速效磷（毫克/千克）	速效钾（毫克/千克）	有机质（％）	全氮（％）	
铁子土	一分场	0～20	粒状呈中性	2.07	0.09	0.045	0.17	103	3	72	2.4	0.09	6.1

（续）

土种名称	代表单位	耕层厚度（厘米）	结构	养分含量				混合样养分化验结果					
				有机质（%）	全氮（%）	全磷（%）	全钾（%）	速效养分			有机质		酸碱度pH
								碱解氮（毫克/千克）	速效磷（毫克/千克）	速效钾（毫克/千克）	有机质（%）	全氮（%）	
酸性紫砂土	五分场	0～25	小块状砂土及砂壤土	2.08	0.066	0.028	0.10	77	<1	5	2	0.065	5.6
铁子底土	八分场	0～24	粒状	2.08	0.075	0.052	0.36	121	6	59	3.21	0.112	5.9
赤红土	十分场	0～19	小块状	2.38	0.072	0.032	0.22	127	2	22	2.41	0.09	4.6
泥炭沼泽土	五分场	0～30	小块状	5.36	0.177	0.087	0.20	149	<1	16	4.52	0.136	5.3

二、林地荒山土壤

普查面积21264亩，占全场普查总面积的33.91%。全场林地、荒山的土质主要有两种，一是由紫砂岩残积物发育而成的砂岩酸性紫色土，根据其土层厚度分为薄层、中层、厚层3个土种；二是由第四纪红土母质发育而成的红土赤红壤、铁砾赤壤和铁砾底赤红壤3个土种。

三、水田土壤

土壤普查时，全场仅有水田121亩，经全部普查，确定共有铁子田和冷底田两个土种，分别由第四纪红土母质和紫色砂岩风化发育而成，其情况见表3-1-2。

表 3-1-2　水田土壤代表剖面分析

土种名称	面积（亩）	特征特性	剖面代表土层化验结果						混合样养分		
			耕层（厘米）	酸碱度pH	有机质pH	全氮（%）	全磷（%）	全钾（%）	碱解氮（毫克/千克）	速效磷（毫克/千克）	速效钾（毫克/千克）
铁子田	52	含铁砾50%以内，铁子中壤，粒状结构，漏水漏肥，抗旱能力差	14	6.7	3.24	0.139	0.057	0.24	137	11	31
冷底田	69	处于山间谷地及水库下有冷泉活动，耕层土壤黄化，土温较低	20	4.7	2.19	0.109	0.032	0.58	104	11	21

在土壤普查中，一场共采集495个和115个常规分析样进行化验，其结果得知，全场土壤肥力属中下水平，有机质一般为2%～3%；全氮含量0.075%～0.10%；碱解氮100～140毫克/千克，均属中等水平；速效磷除八分场含量较高外，其余各分场的含量在2.5毫克/千克以下居多，速效钾除一、八两个分场部分为40～80毫克/千克外，其余各分场均小于40毫克/千克。从整体看，全场土壤磷钾含量较为缺乏。

根据广西第三次土壤普查技术规程规定的土壤评级原则和标准，全场已普查的总面积中，评为三级地的41025亩，四级地15098亩，五级地6576亩。

第二章 自然资源

第一节 土地资源

建场初期，根据广西省人民委员会省〔56〕会农字第 13 文件精神，横县人民委员会主持召开场间整理会议，确定场界范围，经横县人民委员会批准合法的场界范围总面积86269 亩。后因搬迁、移民和县办茶试站的需要，经农场与区、地、县、乡有关部门协商达成协议后，先后在法定的场界范围划出了 9511 亩，1989 年 10 月出版的《横县县志》入编的良圻农场土地总面积为 76758 亩。根据土壤普查技术规程规定的评级原则和标准，农场土地分别达到三级、四级、五级地，其中宜农面积 27084 亩，宜林面积 15098 亩，宜牧面积 6526 亩。至 20 世纪 90 年代初，全场已开发利用 69960 亩，占总面积的 91.19%。

农场土地资源对农场经济发展和人员就业发挥着至关重要作用。1956 年开场时，垦荒 688 亩，全部种杂粮和猪饲料，次年种芳香作物，至 1960 年种植香茅 9420 亩，成为广西最大的香料作物农场。从 1964 年起，"以粮为纲"，旱改水发展水稻，耕地全部种水稻、玉米、花生等粮油作物。1977 年起，全部土地种植甘蔗，成为广西糖业基地之一，从1993 年起每年为国家提供 10 多万吨原料蔗，2003 年产原料蔗突破 21 万吨，2007 年达到最高产量，总产糖料蔗 238674 吨。每年安排在农业岗位上就业人员达 1500 人以上。鉴于农场的优越区位和土地资源优势，地方政府的许多部门进入场区设立办事机构，从建场之初至今，分别有供销、金融、税务、邮政、电信、供电、交通、公安等 11 个部门单位在农场设办事机构。农场利用优越的地理位置，决定将辖区内的 2000 亩农用土地用于招商引资建设小城镇，经请示自治区农垦局，农垦局于 2002 年 11 月 5 日以〔2002〕69 号文批复同意，总公司即派员落实有关土地变更手续和土地资源效能的规划，外单位对农场土地资源的占用，有些已得到作价补偿。2002 年 10 月 12 日，自治区农垦集团有限责任公司以垦企改字〔2002〕54 号文下达，将永新畜牧集团有限责任公司占用农场的土地 546.7亩作价 23543124 元，作为良圻实业总公司的出资入股。2003 年 11 月，南宁金土房地产评估咨询有限公司对农场的部分土地资产进行评估，价值 222782638 元。

2003 年农场加强对土地资源的管理，年内分别制定、印发了山林管理、水塘管理和石场管理办法的文件，纠正对农场土地资源无序开采占用的行为。

第二节　水　资　源

根据广西省农业厅水文地质队 1955 年调查、垦殖厅 1956 年勘测设计队勘测和广西地球物理勘探大队 1989 年勘探，良圻农场的水源共有 8 处。由于地方政府修筑水库和地质的变动，有些水源目前已不复存在，有几处现为农场的工农业生产所利用。水资源主要分布在下列几个地方。

1. **石灰槽**　在农场西部，位于同志村上方，距同志村 500 米，由露岩底的泉水涌汇而成，潭内平均水深 3 米，长年不断流，水向西流经同志村前进入良圻。潭内水源属地下河水，清微可饮，泉口面积 3 平方米，流量约 700 吨/时，据广西地球物理勘探大队水文分队 1989 年勘测记载，地下河有主河脉两条，一条往东流，一条往北流。

2. **龙潭**　位于场部东面 500 米，水向南流大部入石灰槽。潭内有泉水溢出，流量约 800 吨/时，泉水面积 1 平方米，经年长流，过去有村民搁蓄溢流的水来推动水碾，用来碾米。

3. **清水潭**　在农场以西边缘，距同志村 3000 米，此塘过去筑有拦水堤，蓄积塘内涌出的泉水，终年不干，平均水深 1.5 米，容量 43800 立方米，可灌溉稻田 40 多亩。因良圻源清水库建成，已将水源淹没其中。

4. **鲤鱼潭**　位于农场中部，长 400 米，宽 25 米，潭水清可饮用，潭内最深处 130 米，潭水面积 200 亩，枯水时潭分为二，长年水不干，水向东流，流出距潭 400 米处进入地下洞中，去处不明。1967 年筑有一道泥坝于潭的东面搁水，坝高 5 米，可引水自流灌溉土地 400 亩。

5. **白头潭**　位于鲤鱼潭以北约 600 米处，面积 10 亩左右，水深 2 米许，终年不干，水头比较低，难以引水灌溉，该水源从来没有被利用过。

6. **莫大湖**　在原横县林场即今之六分场前面。面积 130 亩，深约 3 米，湖位于丘陵间低洼处，湖的中心有一露天巨石，直径达 6 米，丰水时有水流出，附近村民开渠引水灌溉农田，冬季干旱时断流，但历年湖水未干过，经测定为可靠饮用源。

建场初期，职工饮用的水，分别从石灰槽、龙潭、鲤鱼潭等水源提取，后来农场发展加工业和各项工业生产，香茅加工、木薯淀粉、食品加工、造纸、制糖等都是利用农场的这些水资源。农牧业生产更是广泛地使用水资源，从 1964—1983 年全场先后在二分场、一分场等建设 17 处的电力排灌设施，共可灌溉土地 7342 亩。从 2001 年起兴建甘蔗固定式节水喷灌工程，共可喷灌甘蔗面积 4000 多亩。充足的水资源保证了养猪业的发展。自 20 世纪 90 年代集约化养猪兴起，每年猪的饲养量从 1 万多头发展到 4 万多头，农场的水资源足够支持畜牧业的规模生产。

农场水资源近年不断遭受人为的污染，处于农场腹地的君盈造纸厂严重污染水源，农场职工和附近村民不断要求制止无序排污。

第三节　矿产资源

根据建场后地质勘探查明，良圻农场区域内地下蕴藏有高岭土、铁矿石和石英等矿产资源。

高岭土（白泥）：位于东经 109°01′12″，北纬 22°50′47″，即场部北面沿平卢公路 5.5 公里处左侧，高岭土含氧化铝 27％，用于配制硫酸铝，是造纸化工原料之一，又是配制白水泥（建材）的主要原料，还可以制作瓷器和餐具，其色度近似石灰，黏性较大，溶于水后可直接搅拌用于粉墙，当地群众已略有所用。矿藏储量 80 万～100 万吨，平均厚度为 10～15 米，在已开采的矿口中，最高的一个矿口白泥厚度达 25 米以上。

铁矿石：位于莲花岭（地处六分场）系贫铁矿石，品位较低。

2019 年 12 月 3 日，良圻农场有限公司与横县春成矿业有限公司和另一个体企业三方协议合作开发高岭土，重新盘活利用矿产资源。

石英石：位于三分场，储量有待于勘测，品位尚未作定量分析。

开采利用情况：1976 年农场造纸厂即以开采高岭土来替代某些化工原料，用于造纸生产。1988—1993 年，农场组织力量连片开发高岭土，5 年共已开采 57100 吨，平均每年给白水泥厂提供高岭土 11420 吨。已采挖的 4 个矿口面积，共已达 2427 平方米。1994 年后，因高岭土滞销，农场遂停止开采。

第三章　气　候

良圻农场属南亚热带季风气候，太阳辐射强，根据广西垦区气候要素资料，年总辐射量109.49千卡/厘米²，日照充足，年总日照时数1785.7时，气候温暖，雨量充沛，夏长冬短，无霜期长，稀有冰雪。气候特点适宜于喜温作物生长。

第一节　气　温

根据良圻农场气象观测记载1977—2021年45年中，日平均气温21.69℃，历年的极端最高气温40.0℃，出现时间为1990年8月31日。历年的极端最低气温－2.0℃，出现时间为1983年1月23日。年平均气温最高的年份为2019年（23.02℃），年平均气温最低的年份为1993年（20.13℃）；月平均气温最高的月份为1990年8月（31.1℃），月平均气温最低的月份为1977年1月（7.3℃）。良圻农场1977—2021年各年月平均温度见表3-3-1。

表3-3-1　良圻农场1977—2021年各月平均温度

单位：℃

年份	年平均气温	1月	2月	3月	4月	5月	6月	7月	8月	9月	10月	11月	12月
1977	20.73	7.3	11.5	19.0	13.4	27.1	28.6	28.2	28.6	26.7	24.1	17.9	16.4
1978	21.42	12.8	12.8	17.1	21.6	24.3	27.6	29.2	28.0	26.1	23.0	18.4	16.2
1979	21.24	12.7	11.0	16.8	21.4	24.5	27.3	29.9	27.6	26.6	23.0	17.1	17.0
1980	21.74	13.2	11.3	17.9	21.6	26.3	27.7	28.7	28.0	26.9	24.2	20.4	14.7
1981	20.89	11.7	13.1	19.0	23.7	23.9	27.7	27.4	29.6	27.1	22.4	11.7	13.4
1982	21.43	11.3	12.4	17.1	20.5	28.1	26.9	29.8	29.7	26.2	25.1	18.5	11.5
1983	21.33	10.4	14.1	14.6	22.5	26.1	27.7	29.6	28.1	28.0	24.7	18.0	12.1
1984	20.42	8.6	9.3	16.8	21.1	24.6	27.6	28.6	28.3	26.5	21.5	19.7	12.2
1985	21.02	10.0	13.0	12.7	20.1	26.7	29.1	29.6	28.1	26.0	24.4	19.0	13.6
1986	21.37	13.0	11.7	18.0	22.5	25.4	27.4	28.0	28.3	26.9	22.0	16.7	16.5
1987	21.98	15.2	16.9	19.5	22.0	25.7	27.4	28.9	27.6	26.5	23.8	17.1	13.1
1988	20.73	12.7	10.2	12.9	19.6	25.7	28.0	28.8	27.4	27.0	23.0	17.6	15.8
1989	21.28	10.8	11.8	17.2	21.4	24.6	28.2	28.4	29.0	27.3	23.7	18.8	14.1
1990	22.5	12.4	14.0	18.5	21.5	24.9	28.8	28.0	31.1	29.4	25.2	20.0	16.2

（续）

年份	年平均气温	1月	2月	3月	4月	5月	6月	7月	8月	9月	10月	11月	12月
1991	22.14	12.0	16.5	17.9	24.2	26.7	27.5	28.0	28.0	27.6	23.1	18.9	15.3
1992	21.16	13.6	11.9	14.4	22.6	25.1	27.1	27.3	28.9	27.1	22.6	17.2	16.1
1993	20.13	10.3	14.3	16.4	21.0	24.4	26.7	27.5	26.4	26.1	19.7	17.3	11.5
1994	21.58	13.7	13.4	14.6	23.4	26.5	26.7	27.0	27.9	26.4	22.8	20.8	15.7
1995	21.8	12.0	13.2	16.3	22.4	26.1	27.9	28.6	27.4	26.9	23.5	17.7	19.6
1996	21.44	10.5	12.6	15.3	18.5	25.7	28.9	28.5	27.7	26.9	24.2	21.0	17.5
1997	21.63	14.4	13.4	17.4	22.4	25.6	27.9	27.6	27.8	24.7	24.3	20.0	14.1
1998	22.33	11.8	14.1	17.0	25.3	26.4	27.4	28.3	29.3	27.5	24.6	20.01	16.2
1999	22.08	13.9	16.7	17.5	24.0	24.6	28.5	28.7	28.0	27.0	23.8	18.9	13.4
2000	21.75	14.0	12.1	16.9	22.8	25.7	28.3	28.7	26.8	28.7	23.1	17.4	16.5
2001	21.73	14.1	13.7	18.1	21.9	25.9	27.4	28.1	28.1	28.4	22.4	19.0	13.7
2002	22.07	13.7	16.8	19.8	24.9	26.0	27.2	27.8	28.1	25.7	22.9	18.1	13.8
2003	22.29	12.9	16.9	17.6	23.2	27.0	27.6	29.3	29.0	26.5	23.6	19.9	14.0
2004	21.53	12.5	14.9	16.3	22.9	24.9	27.9	26.6	28.6	26.9	23.2	19.7	14
2005	21.86	10.5	12.1	15.8	21.7	27.7	27.3	29.5	29.5	28.6	25.5	21	13.1
2006	21.88	13.7	13.2	16.6	23.5	25	27.5	28.1	27.7	26.2	26.3	20.1	14.6
2007	21.99	11.4	17.2	17.8	20.7	26.1	28.4	29.8	28.6	25.9	24	18.2	15.8
2008	21.18	9.2	10.5	19.2	22.6	25.8	26.6	27.8	28.1	27.3	24.9	18.2	13.9
2009	22.35	13.3	20.5	17.2	22.3	25.2	27.5	28.2	29.4	24.3	17.1	14.9
2010	21.89	13.3	15.9	18.6	19.5	26.3	26.5	29.0	28.3	25.3	23.2	18.6	18.2
2011	21.31	7.6	14.1	13.6	22.2	25.3	28.8	29.7	29.3	27.0	22.6	22.0	13.5
2012	21.13	8.6	16.8	16.5	21.3	23.7	24.1	28.9	29.2	25.4	24.5	19.7	14.8
2013	22.31	11.7	15.5	20.8	22.2	26.7	28.4	28.3	28.5	26.5	23.4	22.0	13.7
2014	22.3	13.9	12.8	16.8	23.8	27.0	29.2	29.3	28.6	28.1	25.1	20.0	13.0
2015	22.94	14.7	17.7	18.6	22.9	28.0	29.4	28.4	29.6	27.3	24.3	20.7	13.7
2016	21.91	12.5	12.8	18.1	25.0	26.9	29.7	29.8	29.3	27.8	15.9	18.6	16.5
2017	21.35	14.4	15.7	16.9	22.4	25.9	17.2	28.7	29.1	29.0	24.0	18.5	14.4
2018	22.33	13.5	14.1	20.0	22.4	27.7	28.5	29.1	28.8	27.5	22.3	19.7	14.3
2019	23.02	19.6	18.2	19.4	22.3	25.1	28.5	28.6	28.9	27.3	23.7	19.6	15.1
2020	22.3	15.3	16.7	19.0	19.8	27.8	28.7	30.0	28.1	26.9	22.1	19.9	13.3
2021	22.42	13.1	18.1	19.6	22.1	25.7	28.3	29.9	28.8	28.1	22.4	18.4	14.5

第二节　降　　水

　　根据农场气象资料记载，1977—2021年45年中，平均每年降水量1273.57毫米。降水量最多的年份是2002年，为1824.1毫米；降水最多的月份为1994年7月，为551.8

毫米；日最大降水量 164.5 毫米，出现时间为 1986 年 7 月 8 日；最长连续降雨天数为 9 天，出现时间分别是 1988 年 7 月 1—9 日和 2000 年 9 月 21—29 日；最长连续无雨天数为 71 天，出现时间为 1993 年 12 月 1—1994 年 2 月 9 日。良圻农场 1977—2021 年各年月降水量见表 3-3-2。

表 3-3-2　良圻农场 1977—2021 年各月降水量

单位：毫米

年份	年降水量	1月	2月	3月	4月	5月	6月	7月	8月	9月	10月	11月	12月
1977	1444.1	50.6	8.0	12.1	239.1	174.5	201.7	287.5	171.1	74.4	125.5	3.2	96.4
1978	1195.2	21.1	47.6	43.4	113.5	127.9	153.0	89.1	267.2	153.4	168.0	3.8	7.2
1979	1402.8	41.8	122.1	31.2	144.2	125.4	255.7	128.7	335.1	76.6	133.3	6.1	2.6
1980	995.1	12.5	60.8	11.9	87.0	158.2	180.7	164.3	195.6	15.9	94.5	0.2	13.5
1981	1489.1	29.3	27.5	46.1	145.4	252.9	95.6	547.8	113.8	80.6	82.2	67.9	0
1982	1141.9	8.0	93.4	64.0	202.0	199.3	58.4	113.5	110.2	128.0	35.9	117.6	11.6
1983	852	144.7	123.4	99.6	51.9	114.0	27.5	72.8	38.6	72.1	55.0	28.9	23.5
1984	1167.7	5.4	30.2	38.9	119.6	154.0	257.3	102.3	174.7	207.6	63.0	5.2	9.5
1985	1397	5.2	84.4	87.0	103.9	195.1	98.5	130.9	338.8	174.9	107.0	63.8	7.5
1986	1657.7	3.5	60.6	36.5	208.1	265.0	210.1	361.7	91.7	100.3	91.7	53.5	175.0
1987	1258.6	0.8	0.3	18.9	57.9	354.3	217.9	217.3	183.9	53.7	58.9	94.7	0
1988	1279.4	27.5	75.5	52.3	60.8	286.3	95.8	188.9	201.3	86.6	124.4	80.0	0
1989	674.8	72.8	4.5	32.1	54.2	136.5	77.4	112.5	58.9	97.4	0	9.0	19.5
1990	1234.2	39.8	118.9	211.9	93.3	198.3	58.0	286.0	22.7	45.4	26.4	127.5	6.0
1991	1035.8	13.1	0.5	36.3	16.6	118.3	339.8	249.1	134.6	12.0	33.9	40.2	41.2
1992	911.4	126.4	60.3	66.2	42.1	127.4	111.1	166.6	62.0	61.4	0.7	34.2	53.0
1993	1370.1	15.2	74.1	5.2	120.4	219.6	380.3	38.2	294.8	129.0	55.1	38.2	0
1994	1612.3	0	46.3	119.3	6.9	146.1	322.7	551.8	147.6	125.6	27.0	28.0	91.0
1995	1436	37.5	43.8	51.0	52.3	73.4	234.4	173.3	326.5	229.2	176.9	30.5	7.2
1996	1393.2	15.5	15.0	100.4	58.5	313.2	272.6	250.5	173.0	170.0	12.3	2.0	10.2
1997	1559.9	69.0	16.9	170.4	186.0	151.0	135.6	247.7	441.1	101.7	15.3	1.0	24.2
1998	1505.4	28.0	31.9	71.4	82.7	130.4	429.4	422.6	190.2	57.3	26.6	9.0	25.9
1999	1426.6	77.3	1.2	32.5	112.9	136.5	174.8	267.2	238.7	102.9	29.0	211.9	41.7
2000	982.5	6.6	27.9	61.0	63.9	123.3	58.7	290.2	76.7	105.6	156.3	7.5	4.2
2001	1804.6	45.0	59.0	70.4	172.7	273.7	328.2	315.1	271.6	145.3	69.9	16.3	37.4
2002	1824.1	28.1	24.8	33.7	113.8	149.0	414.2	396.6	245.2	196.3	49.7	86.5	86.1
2003	1340.3	47.5	16.9	33.8	102.1	133.9	297.0	237.3	326.9	128.4	0	2.3	14.2
2004	1240.4	84.4	37.3	28.9	98.4	142.1	210.3	477.9	100.2	26.5	0	18.4	16.0
2005	1100.7	31.7	17.3	64	72.5	191	407	118	133	21.8	0.5	32.8	21.1
2006	1399.5	0.3	81.8	40.4	37.5	310.4	157.4	325.4	310.9	39.4	1.0	93	2.0
2007	1076.3	7	43.4	72.5	27.1	93.9	280.3	80.9	154.9	242.4	13.8	51.4	8.7
2008	1822.5	98.8	72.3	58.9	471.6	202.7	243.7	219.8	130.1	222.4	8.0	63.9	30.3

（续）

年份	年降水量	1月	2月	3月	4月	5月	6月	7月	8月	9月	10月	11月	12月
2009	1050	5.7	3.6	54.7	89.3	225.5	100.5	254.6	138.3	107.6	45.8	17.2	7.2
2010	1284.3	110.3	5.5	18.1	144.9	183.4	239.0	291.4	77.5	198.0	1.4	5.6	9.2
2011	1533.8	9.8	51.8	85.4	42.9	204.5	169.8	273.0	107.9	202.8	366.9	11.4	7.6
2012	1126.2	41.9	20.3	52.7	92.5	275.0	100.0	230.0	114.0	31.0	110.0	27.0	31.8
2013	1335.7	17.9	29.0	14.4	109.6	218.4	91.9	198.2	124.5	103.1	23.4	323.6	81.7
2014	1035.1	0.5	35.6	25.5	82.3	7.3	128.3	279.3	109.1	181.7	88.2	60.9	36.4
2015	1456.3	57.8	12.4	54.4	26.4	213.1	83.6	291.4	195.7	173.0	149.8	71.5	127.2
2016	1252.8	152.5	9.8	31.1	84.1	195.5	254.2	94.1	177.8	36.0	113.9	103.4	0.4
2017	1194.1	58.6	2.2	153.2	6.0	252.6	137.3	100.8	295.4	33.5	89.6	24.0	40.9
2018	903.1	45.8	13.9	45.5	80.9	130.0	121.3	174.9	79.8	117.0	23.6	36.1	34.3
2019	1048.4	20.9	70.2	134.8	137	88	128	176.9	212.3	48.8	26.2	4.1	1.2
2020	1202	22.7	98.0	121.8	131.7	230.1	255.1	50.2	175.0	58.5	52.5	1.5	4.9
2021	857.8	0.4	74.5	13.2	99.1	106.4	46.8	214.3	126.9	126.6	37	11.8	1.1

第三节　蒸发　湿度

据广西省农业厅荒地勘测局水文地质队1955年调查资料，良圻农场一带区域年蒸发量为1075.4～1121.4毫米。据建场后农场气象观测哨记载资料，1977—1986年10年间，年平均蒸发量为1214.1毫米，而同期年降水量为1240.5毫米，降水量比蒸发量多26.4毫米。每年蒸发量最大的是7月，其次是8月，这两个月蒸发量比降水量大；蒸发量最小的是1—3月，蒸发量比降水量小。

良圻农场年平均相对湿度（1977—1991年）为79.42%，相对湿度随季节而变化，夏季湿度大，冬季湿度小，一年中相对湿度小的是12月份，而6月份和8月份时值雨季，空气潮湿，相对湿度大。农场1977—1991年相对湿度情况见表3-3-3。

表3-3-3　良圻农场1977—1991年湿度

年份	相对湿度（%）	年份	相对湿度（%）
1977	74.08	1985	77.99
1978	74.97	1986	84.27
1979	74.35	1987	83.11
1980	74.93	1988	73.02
1981	79.00	1989	88.86
1982	79.90	1990	89.17
1983	75.82	1991	86.72
1984	75.10		

湿度表数据只收集到 1991 年，因为 1991 年以前是使用人工观测记录，到了 1992 年后农场安装了自动观测站就取消了湿度观测数，自动观测站仪器只观测记录雨量数据，所以湿度数据只记录到 1991 年。

第四节　风

良圻农场有显著的季风气候特征，每年 4—6 月盛吹东南风，秋、冬两季多吹东北风和北风，场区以北无高山，由于建场时才开始造林，树木不成障，无高山和林木屏障的地方，风力常达 4～5 级甚至 6 级，寒风劲吹时，尘沙滚滚，人逆行难走。后来防风防护林带逐步长成并发挥作用，大风的影响稍有抑制。

由于地形的影响，北方冷空气南下时，绕着镇龙大圣山脉和宾阳昆仑山脉猛烈袭击云表和六景一带，形成横县两大风口，六景大风口直接影响良圻农场的气候。农场大风天气主要是夏天的台风外围影响和冬春季节寒潮入侵所造成，有时偶有 8～9 级大风过境，并伴随大雨，往往造成树木折断，大面积甘蔗倒伏。

第五节　霜

根据有关气象资料，良圻农场有些年份不时发生几个早上的霜冻天气。据观测，霜日最早发生在 12 月初，最迟至 1 月底即告终霜。霜期虽短，对农业生产却危害不浅，经济作物、饲料作物往往落叶枯死、烂死。1956 年 3 月发生的霜冻，对值建场之初，没有任何防寒预案，首批香茅种苗 20 万株大部分冻死。1982 年 12 月 26—28 日，连续 3 个早上出现霜冻，甘蔗受冻害达到 40%，糖分下降。1999 年 12 月 23—26 日，连续 4 天霜冻，大部分甘蔗枯死、冻死，进厂的原料甘蔗因霜冻而降低糖分，甘蔗冻死达 95% 以上，连蔗种也告缺，场部只好组织购进蔗种分配给各分场，重新种植。

第六节　自然灾害

良圻农场灾害性的天气主要有干旱、暴雨、霜冻、大风等，自然灾害造成农业减产，往往每隔两三年或连续几年总有发生。

一、旱害

良圻农场虽属南亚热带季风气候,雨量也较充沛,但在农作物生长期,有时自然降雨不能满足作物所需,而且降雨分布不均衡,正当甘蔗拔节生长的月份,有时却连续长时间无雨。1989年全年降水量只有674.85毫米,比历年平均降水量减少57%,旱灾造成甘蔗收成锐减。1993年秋旱时间长,8—12月153天内,降水天数只有24天,高温干旱天气,使大面积甘蔗枯黄而死。1994年1月1—2月9日,连续40天无雨,严重影响全场春植蔗生长和宿根蔗出苗。1999年春旱严重,连续无雨天数35天,甘蔗不能出苗,有些地块只好重新翻种。2000年7月21—9月18日的60天内,没下过一场透雨,连续高温少雨为历年同期所没有过的,甘蔗很矮总长不起来,造成歉收。

二、洪涝

良圻农场发生洪涝灾害天气,多是夏季连续性的大雨、暴雨或台风影响所造成的大暴雨。据历年来观测,日(24小时)降水量达到或超过100毫米的,往往会出现洪涝,给农业生产带来损失。1994年7月,一个月内集中降水551.8毫米,成为历年来极端最大的月降水量,造成局部水灾,有400多亩甘蔗被淹死。1998年6—7两个月共降雨852毫米,占全年降水量的56.6%,土壤中的肥料大量流失,低洼地的甘蔗全被淹没,造成失收减产。2002年为历年极端最多降水量的一年,共达1824.1毫米,而且雨水大多集中在6—7月,受淹甘蔗达到5000多亩,其中900多亩近乎失收。

三、霜冻

良圻农场每次发生霜冻,危害的频率比较高,最主要的有3次。建场初期,1956年3月末出现霜冻,刚从外地调运来的香茅种苗20多万株,悉遭寒害枯死;1982年12月26—28日,连续3天降白头霜,全场甘蔗受冻害影响,甘蔗总面积40%受损失。1999年12月23—26日,连续4天早晨出现霜冻,极端低温降至—1℃,连蔗也几乎死光。

四、风灾

每年3—11月,良圻农场都可能出现大风,主要类型是台风外围影响而刮来的大风。因这类大风持续时间长,有时风力能达到9级,并常伴大雨,影响范围很广,危害严重。冬春季节寒潮入侵,强冷空气过境时刮来的大北风,时间持续不长,有时候也会使农业生产受到灾害。1995年8月中旬,强台风外围影响整个农场,大风持续刮了两天,甘蔗大面积倒伏，产量锐减。2003年7月24日，九号台风"伊布都"袭击农场，8月25日，时隔一个月又遭到第十二号台风"科罗旺"袭击，最大风力达9级，并连降大暴雨，各分场甘蔗大片倒伏，低洼地被淹没，农业生产损失相当大。

附：民间气象谚语

月亮周围有水圈，不久就是落雨天。

蚂蚁搬家，天要下雨。

蜻蜓结队飞，不出三日雨纷飞。

一日东风三日雨，三日东风无米煮。

狗伸舌头滴水，今晚天要落水。

塘中鱼浮头，不久山水流。

朝发红云雨，晚发红云晴。

春雾日头秋雾雨。

天将落雨乌云重，天要放晴晚霞红。

天上鱼鳞斑，晒谷不用翻。

苦楝树花开，寒潮不再来。

中国农垦农场志

第四编

企业领导体制

中国农垦农场志

第一章 中共良圻农场委员会

第一节 组织建设

一、党组织的建立

1956年建场时有党员3名，建立一个党小组，赵恒生任党小组长，党员参加过横县良圻区公所党支部组织生活。后来从别的农场、垦殖场调来人员并招工，至当年10月全场共产党员人数增加20人。1956年10月28日，农场党支部成立，选举赵恒生、黄显华、程德业、陈振轩、苏柏美（女）为支部委员，赵恒生任党支部书记，黄显华任副书记。1957年9月，中共广西省委农村工作部调常瑞亭任中共国营芳香农场委员会书记，当时党委尚未成立，只设书记一人。1958年农场下放横县，中共横县县委调黄培德任场党委组织委员。1959年8月，农场党委正式成立，常瑞亭、赵恒生、黄培德、陆怀志、程德业5人为党委委员，常瑞亭任书记，赵恒生任副书记。1959年8月23日召开农场第一次党员代表大会，至2016年7月25日农场党代会共已召开了12次，选举产生了十二届的农场党委会。因公司改制，2019年5月27日召开农场公司第一次党代会，选举产生中国共产党广西农垦良圻农场有限公司第一届委员会和第一届纪律检查委员会。

二、党的办事机构

1959年8月成立中共国营良圻农场委员会，同时设置党的监察委员会，党委分工组织委员负责党务日常工作。1964年设立党委办公室，日常党务工作归口管理。1968年1月，农场革命委员会成立，实行"一元化"领导，革命委员会的"政工组"管理党务。1974年恢复党委办公室建制，政工组改为政工科。1975年政工科改为组宣科，至1977年撤销党委办公室，组宣科改为政工科。1981年监察委员会改为纪律检查委员会，至1984年恢复党委办公室建制，撤销政工科。1991年，党委设置有办公室、纪律检查委员会、宣教科等办事机构。1994年农场实行公司制改组，企业党委是现代企业的政治领导核心，总公司党委设置纪律检查委员会和党委办公室工作机构；2003年企业分立后，总公司分为国有农场、制糖公司、畜牧公司 3 个法人实体。2004 年 7 月组成第十届党委会，是 3 家企业的政治领导核心。

三、党支部设置及党员发展

1956 年全场有党员 20 人，设立一个党支部。1957 年全场划分为一、二两个分场，分别成立党支部。1959 年全场党员人数达到 77 人，农业的三个分场成立 3 个党支部，另外香茅加工厂、修配厂分别成立 2 个党支部。1964 年分场改称生产队，全场副业单位合并为一个队，称第三队，全场共设置 5 个党支部。1971 年，全场共有党员 79 人，农业分为 6 个生产队，每个生产队建立一个党支部。1977 年生产队改为分场，共有 8 个分场，加上造纸厂、修配厂、汽车队及场部、学校、医院共设 14 个党支部，糖厂设党总支部，总支下有 2 个支部；全场党员共达 302 人。1991 年，全场设置 11 个分场，党支部随分场设立；工副业单位分为 5 个党支部，1 个总支；场部机关、中学、小学、医院、畜牧公司和离退休党员分为 6 个支部，全场共 22 个党支部、1 个总支部。1974 年农场改建公司，全公司共设 21 个党支部，党员总数 260 人。2000 年全公司设党支部 29 个，党员 306 人。2002 年设支部 30 个，党员 341 人。2003 年设立支部 28 个，党员 348 人。

建场以后，建立党支部并注重培养发展对象和按规定进行换届选举。1959 年场党委成立，第一批从生产积极分子和业务、管理骨干中吸取党员 11 人（预备期一年），1980—1991 年的 11 年间共吸收新党员 40 人。1994 年农场实现公司改制，当年吸收新党员 16 人；发展新党员最多的是 2001 年，当年共吸收新党员 19 人。2018 年改选党支部：一分场党支部、二分场党支部、三分场党支部、四分场党支部、五分场党支部、六分场党支部、七分场党支部、八分场党支部、九分场党支部、十分场党支部、十一分场党支部、十二分场党支部、总部机关党支部、东湖农场公司党总支部、东湖农场公司分部党支部、黎塘氮肥有限公司党支部。2020 年 12 月 29 日，为加强基层党组织建设，良圻农场有限公司党委按照"地域相邻、体量相当、资源整合"的原则，公司党委下设 6 个党支部，分别是本部机关党支部、东部工区党支部、西部工区党支部、南部工区党支部、北部工区党支部、东湖农场公司党支部。历年党员发展情况见表 4-1-1。

表 4-1-1　1956—2021 年党员和党支部变化情况

年份	党员总数	当年发展	党（总）支部	年份	党员总数	当年发展	党（总）支部
1956	20		1	1989	287	2	21
1957	25		2	1990		8	
1958				1991		3	
1959	77	11	5	1992		8	
1960				1993		5	
1961				1994	260	16	
1962				1995			
1963				1996	297	12	21
1964				1997	305		21
1965				1998		4	
1966				1999		8	29
1967				2000	306	7	29
1968				2001	323	19	29
1969				2002	341	18	30
1970				2003	348	8	28
1971	79	1	8	2004	351	9	
1972	85	1	8	2005	357	9	
1973	85		8	2006	374	15	
1974				2007	387	16	
1975	127	14	10	2008	405	14	
1976	151	6	12	2009	411	10	
1977	302	5	17	2010	409	4	
1978	309	7	17	2011	408	13	21
1979	317	4	17	2012	398	4	20
1980	309		21	2013	411	5	20
1981	310	1	22	2014	422	11	19
1982	309		22	2015	440	9	19
1983	298		20	2016	441	8	19
1984	286		18	2017	378	2	19
1985	280	7	19	2018	182	6	16
1986	268	5	19	2019	134	1	16
1987	252	8	19	2020	136	2	16
1988	257	5	20	2021	127	3	6

四、党建目标责任制

良圻农场党委从 1990 年起，对各党（总）支部和全体党员实行量化管理。1990 年 4 月 10 日以良（组）字〔1990〕第 03 号文件印发了党建工作目标管理责任制的各项指标，对各党（总）支部从思想、组织、作风、制度的建设进行规范、细化为 17 项指标共 100 分；对党员细化为 10 项指标共 100 分，并制订了考核验收办法。从 1997 年起场党委制定一份"党建工作要点"，把党建目标管理责任制从始至终贯彻落实。

五、民主评议及民主生活会

场党委根据党的组织原则，对全体党员进行经常性的教育和考察，制订了《关于开展民主评议党员工作方案》和《关于评议、处置不合格党员的意见》，多次开展民主评议党员活动，1989 年 9 月 10—11 月 30 日进行两个多月的民主评议党员活动。21 个党支部，252 名党员参加。这次评议有 3 名党员不合格，其中限期改正的党员 1 名，要求退党的 2 名，党委还将这次民主评议活动总结整理具文向上呈报。1999 年，场党委根据民主评议党员存在的问题，结合个别党员的现实表现，对 13 名党员进行党内除名处理。

场党委关于党员领导干部民主生活会自 20 世纪 80 年代开展以来，形成了制度化、经常化，议题是开展批评与自我批评，统一思想认识，结合年终民主考评领导干部开展，广泛征求群众意见，党政工青妇侨负责人全面参与，并将开展情况向县委、纪委和组织部报告。2000 年 11 月 27 日党政领导班子民主生活会，以"三讲"（讲学习、讲政治、讲正气）教育、警示教育为主要内容，检查、总结执行党的路线、方针、政策和决议的情况，开展批评与自我批评，促进党风廉政建设。2019 年 8 月 30 日，根据《自治区纪委机关 自治区党委组织部 自治区党委"不忘初心、牢记使命"主题教育领导小组关于第一批主题教育单位开好"不忘初心、牢记使命"专题民主生活会的通知》（桂组发〔2019〕15 号）和《自治区农垦工委 农垦集团党委关于开好"不忘初心、牢记使命"主题教育专题民主生活会的通知》要求，良圻农场有限公司党委组织召开"不忘初心、牢记使命"主题教育专题民主生活会，邀请了农垦工委、农垦集团党委第四巡回指导组组长吴彤一行到会指导，并对本次民主生活会准备充分、开出成效给予充分肯定，并对下一步抓好落实整改提出要求。

第二节　宣传教育

1956—1958 年建场初期，宣传工作因陋就简，组织人员用墙报、黑板报、广播筒来宣传，号召职工努力完成工作任务，提高香茅产量，超额完成香茅出口任务，为国争光。到 20 世纪 50 年代后期，大力宣传总路线，开展"大跃进"运动，"插红旗、拔白旗"。1959 年宣传大办钢铁，大规模组织职工烧木炭支援南乡大办钢铁。

1963 年宣传毛泽东主席"向雷锋同志学习"的题词，组织各生产队职工广泛学习

"专门利人，毫不利己"精神，许多职工在雷锋精神感召下，乐于助人，公而忘私，利用公余时间积肥献给农场。到1965年，农场的许多干部被派到武鸣县、横县和西江、先锋、明阳等农场开展社会主义教育运动。

"文化大革命"运动期间，先是组织全场职工学习"老三篇"：《为人民服务》《愚公移山》《纪念白求恩》等著作，要求大家努力为人民服务。

1975年农场成立电影队，扩大宣传教育面，在全场设立8个放映点，除场部外，有二、三、四、五、六、九、十分场放映点，每月巡回放映故事片、新闻纪录片和科教片，并经常制作幻灯，配合宣传好人好事。1987年8月，在全国农村"农林科教电影汇映月"活动中，农场电影队获农牧渔业部、文化部、广播电影电视部、中国科学技术委员会、中国科学技术协会的联合表彰。

进入20世纪90年代，场党委的宣传教育工作，重点宣传以经济建设为中心，宣传改革开放，促进思想观念的改变。1992年，场党委抓邓小平建设中国特色社会主义理论学习，推动农场破"三铁"（铁饭碗、铁工资、铁交椅），干部能上能下，职工能进能出。1993年，举办市场经济理论学习班，场属各单位主要领导和部门领导34人参加学习，场党委主要领导到班里授课，主要课程有《为什么要建立社会主义市场经济体制》和《应当怎样建立和规范市场经济体制》等，办班期间还放映了《欲海倾舟》等教育题材录像，通过办班学习提高农场干部对市场经济的正确认识和理论水平。1994年，党委的宣传工作结合农场改建公司的实际，做好"以科学的理论武装人，以正确的舆论引导人，以高尚的精神塑造人，以优秀的作品鼓舞人"四个方面为工作方向，为现代企业制度建设服务。5月31日，召开了总公司成立以来的首次宣传、思想政治工作会议。总公司所属各单位党支部书记、总部各部长37人与会，党委书记黄昌成主持会议，党委副书记闭水木传达了自治区农垦宣传思想政治工作会议精神，党委副书记陈耀礼对新时期思想政治工作进行部署，会议确定今后宣传工作"六要六不要"的方针：要帮忙，不要添乱；要明确主旋律，不要搞噪声；要注意社会效益，不要见利忘义；要内外有别，不要随心所欲；要聚集，不要散光；要狠抓落实，不要搞花架子。当年党委组织政工人员就关于转换经营机制、完善现代企业管理、完善企业法人财产制度，农场实行公司制改造等方面，编写4万多字的宣传材料，打印成册，分发到各单位职工手中，并连续广播了一个多月。1995年5月，总公司党委制订了一个规范全公司宣教工作的纲领性文件：一是结合农场改建公司的实际，宣传邓小平建设中国特色社会主义理论，政工干部要写心得体会或论文；二是加强阵地建设，服务于公司经济建设，结合公司1995年两个文明建设目标任务，把握好舆论导向，办好黑板报、广播、电视、小报等"喉舌"，宣传公司改革动向，表彰先进的人和事，准确宣传现行方针、政策、法律、法规；三是加强爱国主义、集体主义和社会主义宣传教育，推行精神文明建设，大力提倡公司员工敬业精神，促进广大干部、党员勇于奉献、乐于奉献的自觉行动；四是抓好党报党刊的征订发行，要求每个党员、干部、中层以上领导及专业技术人员每年订阅 3 份以上党报党刊，重点阅读新时期的纲领性、理论性文章。

进入 21 世纪，党委成立学习中心组，学习贯彻党的十六大精神。2001 年，党委部署各党支部及时召开党员大会，深入学习江泽民同志在庆祝中国共产党成立 80 周年大会上的讲话，并把对讲话的学习纳入年度"'双文明'责任状"。2002 年 6 月 25 日，总公司党委发出通知，在全公司开展学习、宣传、贯彻落实《公民道德建设实施纲要》活动，加强党员干部特别是中层以上领导的道德教育，引导他们树立正确的世界观、人生观、权利观，为职工作出榜样。2005 年党委制订了关于开展"创建学习型组织，争做知识型员工"活动方案，实施全面提高全员职工思想道德素质和科学文化素质，追求文明进步，崇尚文明健康精神。2006 年，场党委主要抓各单位组织开展社会主义荣辱观学习教育活动，以"八荣八耻"为准则，加大宣传，积极营造树立社会主义荣辱观的浓厚氛围。

建场以来，宣传工作的手段主要是办小报、广播，以及播放幻灯片、录像等，场办小报有比较悠久历史，主要有：1959 年《职工小报》（主笔张翅）；1961 年《农场动态》（主笔陆敏基）；1976 年《农场小报》（主笔陈耀礼）；1980 年《农场新闻》（主笔陆敏基）；1989 年《农场之声》（责编蒙振国、苏增宾、陆佑倡）；1994 年《员工知音》（主编陈耀礼，责编蒙振国）；2005—2007 年《涌泉风采》报纸（每月一期，在《南宁日报》印刷厂印刷，总编蒙振国，主编刘传群，编辑杨秀南、谢小清）；2008 年《党建园地》（总编蒙振国，主编刘传群，责编吴小梅）；2009 年《良圻时讯》（总编蒙振国，责编吴小梅）；2010 年《榨季生产简报》（责编吴小梅）；2009—2012 年，农场自办《良圻时讯》（总编蒙振国、责编吴小梅），内部发行；2013—2020 年，交由《广西农垦报》承办《良圻时讯》，每月一期，每年向《广西农垦报》交纳协办费用，对外发行，扩大农场在垦区及全区的社会影响力。同时，开设农场官方网站和微信公众号（总编吴小梅，责编覃丹），宣传方式不断拓宽，影响力得到进一步提高。

第三节　纪律检查

1959 年 8 月农场党委会成立，同时设置党的监察委员会，赵恒生任监委会书记。1981 年监委会改为纪律检查委员会，赵恒生兼任纪委书记。纪委会长期坚持对党员进行党的历史、党的性质和宗旨、党的最终目标的教育，同时严肃党的纪律，实行有效的党内监督，从团结的愿望出发，对违纪党员进行思想教育和认真查处。

2003—2006 年，纪检针对党员中违纪聚众或参与赌博行为进行查处，对参与"六合彩"赌博的 4 名党员给予党内警告处分，对在车间聚众赌博的 3 名党员给予党内严重警告处分。其间，还对 1 名不经请假、长期离岗、连续 6 个月以上不参加支部生活、不交党费的 1 名党员予以党内除名处理。

企业深化改革以后，党的纪律检查工作全面加强了思想建设和民主政治建设。自 1990 年以来，党委组织和举办党风、党纪、廉政和"三讲"学习培训班共 1990 多人次。

1991 年以来，农场狠抓党风廉政建设和作风建设，一是不断完善廉政建设制度；二是深入推进班子民主管理；三是开展廉政风险排查，促进农场党风廉政建设，保持良好政治生态。

第四节　党委重要会议和决定

党的五届委员会代表会议于 1988 年 1 月 21 日在场部召开，会期一天，到会代表 35 人，列席代表 8 人。会议讨论制定了《中国共产党国营良圻农场基层组织工作条例实施细则》，细则共四章十七条款，对场党委的职责、职权和党的组织原则作出规范，是国营良圻农场党委贯彻落实《中国共产党全民所有制工业企业基层组织工作条例》的纲领。

党建工作会议于 1992 年 3 月 30 日召开，党委、党办有关领导和所属各党支部书记共 29 人参加会议。与会人员学习了《中共中央关于加强党组织建设的通知》和区党委《关于加强企业党组织建设的通知》精神，结合良圻农场的实际，制订了《党员责任区考核方案》，最后讨论落实了农场《党建目标管理责任制》和《党员目标管理责任制》。

宣传思想政治工作会议于 1994 年 5 月 31 日在总部召开，这是总公司成立以来第一次思想政治工作会议，总公司所属各单位党支部书记、总部各部部长共 37 人，出席会议。党委副书记闭水木传达自治区农垦宣传思想政治工作会议精神，党委副书记陈耀礼对新时期思想政治工作进行了部署，会议从农场改建公司实际出发，对党的宣传工作明确规定"六要六不要"的标准：要帮忙，不要添乱；要明确主旋律，不要搞噪声；要注意社会效益，不要见利忘义；要内外有别，不要随心所欲；要聚焦，不要散光；要狠抓落实，不要搞花架子。

党风廉政建设责任会议于 2000 年 4 月 1 日召开，会议决定成立总公司党风廉政建设领导小组，全面加强公司的党风廉政建设工作。领导小组由 9 人组成，党委书记陈耀礼任组长，董事长、党委副书记何冠球任副组长。5 月 5 日，场纪委制订了《广西农垦良圻实业总公司党风廉政建设责任制实施方案》颁布施行，同时对党风廉政建设实行量化管理，制定了考核评分办法。考评项目共分五项：组织领导、预防教育、制度建设与民主管理、办案与组织制度、监督与考核，总分 100 分。

开展"致富思源，富而思进"即"两思"教育。根据 2000 年 7 月 28 日总公司农务部、工会、团委、女工委、侨联关于在农业工区开展"两思"教育的计划，总公司党委于 8 月 3 日作出决定，在农业工区开展"两思"教育活动，明确要求通过这次活动使大家弄清楚，为什么我们能够取得改革和建设的显著成就，怎样坚定信念在已取得成绩的基础上继续不懈地奋斗。

11 个工区在这次"两思"活动中达到"五破五立"的要求，即进一步破除小进即满、小富即安、不求上进、不思进取的狭隘满足感，树立大干事业、求大发展、力争上游、不断开拓进取的精神；进一步破除在困难面前无所作为、萎靡不振的思想，树立敢为人先、敢于探索、把握机遇的意识；进一步破除贪图安逸的思想，树立艰苦奋斗、励精图治、无私奉献的精神；进一步破除因循守旧、墨守成规的传统甘蔗生产模式，树立依靠农业科学、技术创新、注重质量效益的新发现；树立"两手抓，两手都要硬"的观念，为推进两个文明建设迈出新步伐。

场（厂）分立动员大会，根据自治区农垦局、农垦集团的要求，制糖公司（糖厂）从良圻实业总公司（农场）分立，总公司党委决定会同行政召开大会，做好分立的分流、稳定工作。2002 年 10 月 13 日召开动员大会，全公司中层以上领导、各部室管理人员、糖厂各工段长等 150 多人参加大会，引导大家认清形势。动员大会后，在个人自愿申请、部门择优聘用管理人员的基础上，进行合理人员分流，使企业分立顺利实施。

召开组织机构及职能设置大会。2019 年 4 月 17 日，良圻农场有限公司召开组织机构及职能设置说明大会，总部机关、分场全体管理人员参加。会议根据公司改革发展需要，对原总部各部室进行撤并，设六部一室，并相应落实人员及岗位职责。2021 年 10 月 25 日，根据《关于印发广西农垦良圻农场有限公司 2021 年管理人员竞争上岗实施方案的通知》（良司发〔2021〕64 号），召开了中层正副职人员竞职演说大会，竞聘七部一室正职中层领导和四个工区正副主任职位。

第五节　一岗双责

"一岗双责"指广西农垦企业化改制后，既要抓好分管的业务工作，又要同等条件抓好分管部门的党风廉政建设，把反腐倡廉、案件防范工作和业务工作同研究、同规划、同布置、同检查、同考核、同问责，真正做到"两手抓、两手硬"，使党风廉政建设和反腐败工作始终保持应有的力度。在公司，领导班子、班子成员和各单位、部门负责人，既要对本岗位业务工作负责，又要对党风廉政建设负责。公司董事长兼任党委书记，各分场主任兼任党支部书记：

黄奕干任一分场主任、党支部书记，玉显凰任二分场主任、党支部书记，吴明雄任三分场主任、党支部书记，宁笳杰任四分场主任、党支部书记，马超任五分场主任、党支部书记，蒙庆志任六分场主任、党支部书记，王群德任七分场主任、党支部书记，邓志敬任八分场主任、党支部书记，黄桂利任九分场主任、党支部书记，陈家东任十分场副主任、党支部副书记，李修贤任十一分场主任、党支部书记，肖海华任十二分场主任、党支部书记，杨喜南任纪检监察部部长、机关党支部书记，农军任东湖农场有限公司总经理、党总支书记，林晓东任东湖农场有限公司党支部书记、办公室副主任，阮积祥任黎塘氮肥有限公司副总经理、党支部书记。2020 年 12 月 29 日，公司党委设立工区支部：东部工区党支部（书记宁笳杰）、西部工区党支部（书记邓志敬）、南部工区党支部（书记玉显凰）、北部工区党支部（书记蒙庆志），4 个工区党支部书记全部兼任分场主任。

第六节　党员代表大会

建场以来，自 1959 年 8 月召开中国共产党国营良圻农场第一次代表大会起至改制前，先召开了十二次党代会，组成良圻农场十二届党的委员会。

一、中国共产党良圻农场第一次代表大会

第一次代表大会于 1959 年 8 月 23 日召开，到会代表 48 人，代表全场 77 名党员。大会选举常瑞亭、赵恒生、黄培德、陆怀志、程德业 5 人组成中国共产党广西国营良圻农场第一届委员会，同时选举常瑞亭、黄培德、程德业 3 人组成中国共产党良圻农场监察委员会。接着召开了党委会第一届第一次全委会和本届监委会会议。选举常瑞亭为党委书记，赵恒生为党委副书记，赵恒生为监委会书记（兼）。

二、中国共产党良圻农场第二次代表大会

第二次代表大会于 1961 年 12 月 4 日在场部召开，大会由场党委书记常瑞亭作工作报告，到会代表 50 人，代表全场 79 名党员。大会选举常瑞亭、邓群、颜景润、陆怀志、易海泉、程德业、张翅 7 人组成中国共产党广西国营良圻农场第二届委员会，同时选举邓群、易海泉、陆怀志、程德业、张翅 5 人组成本届监察委员会。接着场党委第二届一次全

委会选举常瑞亭为书记，邓群为副书记；本届监委会召开全委会，选举邓群为书记（兼），大会还选举常瑞亭、程德业为出席中国共产党横县第三届第一次代表大会代表。1964年2月，区农垦局党组调岳健龙任良圻农场党委办公室主任，并参加党委。1965年2月，区农垦局党组调张云常任良圻农场党委副书记。1969年，横县革命委员会整建党领导小组派工作组驻农场进行整建党工作，苏福荣为整建党领导小组长。1972年1月，横县革命委员会调岑宗荫任良圻农场党委书记，苏福荣任党委副书记。

三、中国共产党良圻农场第三次代表大会

第三次代表大会于1972年5月16日召开，出席代表44人，占全场党员总数的50%，场党委书记岑宗荫向大会作报告。大会选举岑宗荫、苏福荣、王世荣、莫若显、程德业、黄林生、黄锦才、雷国珍（女）、陈松暖、滕继舫、陈咸昌11人组成中国共产党广西国营良圻农场第三届委员会。场党委第三届一次全委会选举岑宗荫为党委书记，苏福荣为党委副书记；本次党代会没有选举产生党的监察委员会。1976年2月，自治区农垦局党组调丁九思任场党委书记，全面主持党委工作。1977年4月，中共南宁地区委员会调马培凯任良圻农场党委副书记。1979年8月，自治区农垦局调赵恒生任良圻农场党委书记。

四、中国共产党良圻农场第四次代表大会

第四次代表大会于1980年11月20—21日在场部召开，出席代表56人，占全场党员总数的18.1%。场党委书记赵恒生向大会作《关于1980年工作估价和1981年工作任务》的报告。大会选举赵恒生、马培凯、苏福荣、李涯、宁锦任、邓群、岳健龙、程德业、韦世幸9人组成中国共产党广西国营良圻农场第四届委员会。接着召开的场党委第四届第一次全委会选举赵恒生为党委书记，马培凯、苏福荣为党委副书记。1981年5月20日，中共南地纪字〔1981〕3号文件通知，批准赵恒生、黄昌潜、岳健龙、潘在组成本届纪律检查委员会，赵恒生兼任纪委书记，黄昌潜任纪委副书记。

1984年6月，根据党和国家实现领导班子、干部队伍革命化、年轻化、知识化、专业化的"四化"要求，第四届党委会的人事实行大变动，根据中共广西壮族自治区农垦农工商联合企业总公司委员会垦组字〔1984〕第384号文件通知，任命黄昌成为中共广西国营良圻农场党委书记，任汝民为副书记；党委委员有黄日欢、覃以鉴，原党委成员职务同时免去。

五、中国共产党良圻农场第五次代表大会

第五次代表大会于1986年7月18日在场部召开，会期两天，出席正式代表46人，

特邀代表 10 人。场党委书记黄昌成向大会作题为《认真抓好两个文明建设，保证我场经济体制改革顺利进行》的工作报告。大会选举黄昌成、任汝民、黄日欢、韦世幸、钟宝鸿、程德业、陈日初、黄锦才、彭业多 9 人组成中国共产党广西国营良圻农场第五届委员会，同时选举任汝民、韦世幸、陈日初、陆天新、何澄伟 5 人组成本届纪律检查委员会。接着场党委五届一次全委会选举黄昌成为场党委书记，任汝民为党委副书记；本届纪委会第一次全委会选举任汝民任纪委书记，韦世幸任纪委副书记。1987 年 11 月，自治区农垦局党组任命陈耀礼为良圻农场党委副书记。

六、中国共产党良圻农场第六次代表大会

第六次代表大会于 1989 年 8 月 18—19 日在场部召开，出席代表 49 人，代表全场 255 名党员，大会由场党委书记黄昌成作《团结求实，艰苦创业，努力开拓》的工作报告；由纪委书记韦世幸作《加强党的纪律保证党的十三届四中全会各项任务在我场的顺利贯彻落实》的纪检工作报告。大会选举黄昌成、陈耀礼、刘达人、刘小飞、任汝民、钟宝鸿、程德业 7 人组成中国共产党广西国营良圻农场第六届委员会，同时选举产生由韦世幸、黄锦才、陆天新、黄太锐、黄桂荣组成本届纪律检查委员会。大会通过了第五届委员会工作报告，通过了纪检工作报告。接着分别召开了场党委六届一次全委会和本届纪委会第一次全会，选举黄昌成为党委书记，陈耀礼为党委副书记；选举韦世幸为纪委书记，黄锦才为纪委副书记。1990 年 1 月，自治区农垦局党组调黄昌成任场长，任陈耀礼为党委书记。

七、中国共产党良圻农场第七次代表大会

第七次代表大会于 1992 年 10 月 4—5 日在场部召开，出席代表 49 人，列席代表 20 人，中共横县县委副书记高开诚、组织部副部长闭振柱等到会祝贺。黄昌成同志代表中共国营良圻农场六届委员会作《转变观念，坚持改革，在农工商发展道路上前进》的工作报告，由韦世幸同志作《加强党风党纪建设，为改革开放和经济建设服务》的纪检工作报告。大会依照党的章程，民主选举黄昌成、闭水木、陈耀礼、何冠球、刘小飞、雷兆坚、陈正辉 7 人组成中国共产党广西国营良圻农场第七届委员会，民主选举闭水木、陆天新、黄太锐、肖海华、陈松暖 5 人组成本届纪律委员。大会通过了中共国营良圻农场六届委员会的工作报告，通过了纪律检查委员会的纪检工作报告，并通过了相应的决议。接着分别召开了场党委七届一次全委会和本届纪委全委会，选举黄昌成为党委书记，闭水木为副党委副书记；选举闭水木为纪委书记（兼），陆天新为纪委副书记。

八、中国共产党良圻农场第八次代表大会

第八次代表大会于 1995 年 10 月 20—21 日在公司总部召开，出席正式代表 60 人，列席代表 15 人，特邀代表 14 人，中共横县县委副书记邓黄群、邹家钊等上级党委领导到会祝贺、指导。大会由黄昌成、陈耀礼分别主持，刘小飞致开幕词，杨顺广致闭幕词，黄昌成代表中共良圻实业总公司第七届委员会作题为《坚持以经济建设为中心，走向二〇〇〇年》的工作报告，闭水木同志代表纪委向第八次党代会作题为《加强纪检监察工作，为企业的经济建设保驾护航》的纪检工作报告。按照中国共产党章程，民主选举黄昌成、陈耀礼、刘小飞、杨顺广、闭水木、何冠球、陈正辉 7 人组成中共良圻实业总公司第八届委员会；民主选举闭水木、莫春姣（女）、黄太锐、陆天新、肖海华 5 人组成本届纪律检查委员会。10 月 21 日下午，中国共产党良圻实业总公司第八届委员会、本届纪律检查委员会分别召开全委会，选举黄昌成为党委书记，陈耀礼、刘小飞为党委副书记；选举闭水木为纪委书记，莫春姣（女）为纪委副书记。大会通过了关于第七届委员工作报告的决议，通过了关于上一届纪检工作报告的决议，通过了《关于加强和改进党组织工作实施意见》的文件。

九、中国共产党良圻农场第九次代表大会

第九次代表大会于 1999 年 11 月 4—5 日在公司总部召开，出席的正式代表 70 人，列席代表 8 人，邀请参加大会 10 人，自治区农垦局副局长候兆强、区农垦党群工作副处长黄延忠和中共横县县委副书记黄家勤、组织部部长赵继精、副部长何焕耀等到会指导工作和祝贺。陈耀礼代表中共良圻实业总公司第八届委员会作题为《高举邓小平理论伟大旗帜，努力开创良圻跨世纪改革和发展的新局面》的工作报告；刘小飞代表中共良圻实业总公司纪律检查委员会作关于上一届纪检工作的报告。大会按照党的章程，民主选举陈耀礼、何冠球、刘小飞、黄明威、王树初、陈正辉、方灵 7 人组成中共良圻实业总公司九届委员会，民主选举刘小飞、陈正辉、莫春姣（女）、韦吉甫、蒙振国 5 人组成本届纪律检查委员会。11 月 5 日中共良圻实业总公司九届一次全委会选举陈耀礼为党委书记，何冠球、刘小飞为党委副书记；同日，本届纪委会第一次全委会选举刘小飞为纪委书记，陈正辉为纪委副书记。

十、中国共产党良圻农场第十次代表大会

第十次代表大会于 2004 年 7 月 22 日在总部召开，应参加大会的正式代表 73 名，出席 70 名，列席 15 名，特邀代表 20 名。这次代表大会是农场和糖厂分立后首次召开的党代会。大会听取并审议通过了潘希初代表第九届党委所作题为《求真务实，与时俱进，为

实现农场区域经济跨越式发展而努力奋斗》的工作报告。潘希初在报告中总结了第九届党委组成以来的 5 年，三个文明建设取得的成绩：经济增长速度较快；内部改革全面推进；做大做强制糖企业；加快发展畜牧业；"五小企业"改制全面推进全面完成；三项制度取得突破性进展；实现"双文明"建设目标管理；农场区域建设稳定。大会批准了第九届委员会的工作报告；大会还听取和审议通过了刘小飞代表良圻实业总公司纪律检查委员会所作题为《开拓创新，勇于进取，全面抓好党风廉政建设》的工作报告。大会按照党的章程，民主选举产生了中共国有良圻农场第十届委员会委员 7 名，由潘希初、蔡卓钢、陈正辉、吴志君、方灵、杨汉珉、蒙振国组成；民主选举产生了本届良圻农场纪律检查委员会 5 名，由陈正辉、蒙振国、周万晓、梁书颖、韦吉甫组成。接着召开的中共国有良圻农场第十届委员会第一次全委会和本届纪律检查委员会第一次全委会，选举潘希初为场党委书记，陈正辉为场党委副书记；选举陈正辉兼任场纪检书记，蒙振国、周万晓为纪检副书记。

十一、中国共产党良圻农场第十一次代表大会

第十一次代表大会于 2008 年 10 月 8 日在场部召开，应参加大会的正式代表 81 名，实际出席 77 名，列席代表 6 名，特邀代表 2 名。大会由方灵、刘太福、吴志君、张伟斌、陈耀礼、周万晓、曹芳武、傅业安、覃国平、覃盛乐、蒙振国、蔡卓钢 12 人组成大会主席团，全面主持大会工作。曹芳武代表中共良圻农场第十届委员会作工作报告，傅业安代表上一届纪律检查委员会作工作报告。曹芳武同志在题为《抢抓机遇，乘势而上，为全面建设富裕、文明、和谐新良圻而努力奋斗》的报告中，总结了党委四年来的工作：以经济建设为中心，结合实力跃上新台阶；制糖企业快速增长；畜牧业持续；复混肥再跃新台阶；二三产业不断增长；企业办社会职能逐步剥离减轻企业负担。他在报告中对今后奋斗目标和目前主要任务作了部署。傅业安同志在《服务企业大局，全面履行职责，为良圻管区经济建设提供纪律保证》的报告中阐述了四年来的纪检工作，并对今后良圻管区三家企业反腐倡廉推进廉洁文化建设作了安排。大会通过了相应的决议。按照党的章程，民主选举产生了中国共产党良圻农场第十一届委员会，由曹芳武、傅业安、覃国平、吴志君、方灵、刘太福、覃盛乐 7 名委员组成；民主选举产生了本届纪律检查委员会，由傅业安、蒙振国、周万晓、梁书颖、苏万里 5 名委员组成。接着召开的中国共产党第十一届委员会第一次会议和本届纪律检查委员会第一次全委会选举曹芳武为场党委书记，傅业安为副书记；选举傅业安兼任纪委书记，蒙振国为纪委副书记。

十二、中国共产党良圻农场第十二次代表大会

第十二次代表大会于 2016 年 7 月 25 日在场部召开，应参加大会的正式代表 79 名，

实际出席 75 名。大会由方灵、刘太福、刘锦捷、苏万里、肖有恩、张伟斌、周万晓、黄卫、黄程、黄文宁、梁书颖、曹芳武、覃国平、蒙振国等 14 人组成大会主席团，全面主持大会工作。曹芳武代表中共良圻农场第十一届委员会作工作报告，苏万里代表上一届纪律检查委员会作工作报告。曹芳武在题为《勇于担当 主动作为 再创佳绩 书写文明和谐富饶新良圻的华丽篇章》的报告中，总结了党委五年来的工作。曹芳武同志在报告中对今后的奋斗目标和主要工作作了部署：加快推进甘蔗产业化发展，力争甘蔗产量再上新台阶；稳定糖业发展，促进企业可持续发展；壮大畜牧业发展，打造养猪业重点龙头企业；加快推进城镇化发展步伐，争树农垦标杆企业形象；深化内部改革，减轻企业办社会职能；全面加强党的建设，促各行各业创先争优。苏万里在《坚持全面从严治党 把纪律挺在前面 开创党风廉政建设和反腐败工作新局面》的报告中，全面阐述了五年来的纪检工作，并对今后五年农场党风廉政建设和反腐败工作作了具体安排。按照党的章程，选举产生中国共产党广西农垦良圻农场第十二届委员会，由刘太福、刘锦捷、苏万里、肖有恩、黄程、曹芳武、覃国平 7 名委员组成；选举产生第十二届纪律检查委员会，由李立荣、苏万里、黄文宁、梁书颖、蒙振国 5 名委员组成。接着召开的中国共产党第十二届委员会第一次会议和本届纪律检查委员会第一次全委会选举曹芳武为农场党委书记，副书记为覃国平；选举苏万里为纪委书记，蒙振国为副书记。

2018 年 11 月 14 日，广西农垦良圻农场有限公司正式注册成立，东湖农场有限公司、黎塘氮肥有限公司列为良圻农场公司二级子公司；2018 年 12 月 17 日，农垦集团党委批准同意成立良圻农场党委、纪委；2019 年 1 月 8 日，广西农垦良圻农场有限公司及公司党委、纪委正式挂牌成立。

十三、中国共产党广西农垦良圻农场有限公司第一次代表大会

中国共产党广西农垦良圻农场有限公司第一次代表大会于 2019 年 5 月 27 日在公司总部召开，参加这次党代会的正式代表 67 名，占党员总数（128 名）52.3%，67 名代表公司全体党员履行参政议政职责。这次会议的议程：一是蒙振国同志作第一次党代会筹备工作报告，二是选举中国共产党广西农垦良圻农场有限公司第一届委员会，三是选举中国共产党广西农垦良圻农场有限公司第一届纪律检查委员会。经过民主选举，中国共产党广西农垦良圻农场有限公司委员会委员由黄富宇、杨茂、蒙振国、陆玩潮、黄卫、农军、刘太福等 7 名委员组成，委员会选举黄富宇为党委书记，杨茂、蒙振国为党委副书记；中国共产党广西农垦良圻农场有限公司第一届纪律检查委员会委员由陆玩潮、杨喜南、黄文宁、韦光亮、卢家梅等 5 名委员组成，选举陆玩潮为纪委书记，杨喜南为纪委副书记。

第七节　历任党委书记、副书记名录

良圻农场历任党委书记名录见表 4-1-2。

表 4-1-2　历任党委书记名录

姓名	性别	民族	籍贯	任职时间
常瑞亭	男	汉	河北省	1957.9—1971.12
岑宗荫	男	汉	广西贵县	1972.1—1979.7
丁九思	男	汉	河北省	1976.2—1979.4
赵恒生	男	汉	辽宁省	1979.8—1984.5
黄昌成	男	汉	广西宾阳	1984.6—1990.1，1991.1—1997.1
陈耀礼	男	汉	广西桂平	1990.1—1991.1，1997.1—2003.9
潘希初	男	苗	广西资源	2003.9—2008.7
曹芳武	男	汉	广西防城	2008.7—2016.6
覃国平	男	汉	广西玉林	2016.7—2018.8
黄富宇	男	壮	广西横县	2018.8—2018.10（结束农场体制）
黄富宇	男	壮	广西横县	2018.10—2020.3（开始为良圻农场公司党委）
曾晓吉	男	壮	广西马山	2020.3—2022.3

良圻农场历任党委副书记名录见表 4-1-3。

表 4-1-3　历任党委副书记名录

姓名	性别	民族	籍贯	任职时间
赵恒生	男	汉	辽宁省	1957.9—1960.2
邓群	男	壮	广西横县	1961.12—1967.12
张云常	男	满	辽宁省	1965.2—1968.4
苏福荣	男	汉	广西横县	1972.1—1984.5
马培凯	男	汉	广西横县	1977.4—1984.5
陈耀礼	男	汉	广西桂平	1987.11—1989.11，1995.10—1997.1
闭水木	男	汉	广西横县	1991.8—1997.5
刘小飞	男	汉	广西平乐	1994.10—2003.9
杨顺广	男	汉	广西宾阳	1997.5—1999.6
任汝民	男	汉	广西横县	1984.6—1987.11
何冠球	男	汉	广西德庆	1999.11—2002.9
陈正辉	男	汉	广西横县	2004.7—2007.11

（续）

姓名	性别	民族	籍贯	任职时间
傅业安	男	汉	广西钦州	2007.11—2014.10
刘锦捷	男	汉	广西博白	2016.7—2018.10
杨茂	男	汉	广西北海	2018.10—2022.3
蒙振国	男	汉	广西南宁	2018.10—2021.2
陈有志	男	汉	广西博白	2021.3—2022.3

第八节　历任纪委书记、副书记

良圻农场党委于 1959 年 8 成立，当时，党委设立监委会，设置监委书记，从 1981 年 6 月起，设立纪委书记、副书记（表 4-1-4、表 4-1-5）。

表 4-1-4　历任纪委书记名录

姓名	性别	民族	籍贯	任职时间
赵恒生	男	汉	辽宁省	1981.6—1984.6
任汝民	男	汉	广西横县	1986.7—1987.11
韦世幸	男	壮	广西贵县	1989.8—1992.10
闭水木	男	汉	广西横县	1992.10—1997.5
刘小飞	男	汉	广西平乐	1997.5—2004.7
陈正辉	男	汉	广西横县	2004.7—2007.11
傅业安	男	汉	广西钦州	2007.11—2014.10
苏万里	男	汉	广西横县	2015.4—2018.10
陆玩潮	男	汉	广西宾阳	2019.5—2021.3
李胜	男	壮	广西上林	2021.5—2022.3

表 4-1-5　历任纪委副书记名录

姓名	性别	民族	籍贯	任职时间
黄昌潜	男	汉	广西横县	1981.5—1986.6
韦世幸	男	壮	广西贵县	1986.7—1989.8
黄锦才	男	汉	广西横县	1989.8—1992.10
陆天新	男	壮	广西横县	1992.10—1984.5
莫春姣	女	汉	广西平乐	1995.10—1999.11
陈正辉	男	汉	广西横县	1999.11—2007.11
蒙振国	男	汉	广西南宁	2004.7—2019.5
周万晓	男	汉	广西横县	2004.7—2016.7
杨喜南	男	汉	广西防城	2019.5—2022.3

第二章　行政机构

第一节　场部机构设置

1956年2月建场，至1958年场部的行政管理机构，仅设一个办公室统管，办公室内部分生产、行政、财务三类业务，配备文书、会计、统计员、生产技术员、基建技术员共设置6人。

1959—1960年，场部办公室撤销，原有业务分别由新设立的生产科、计划财务科和基建加工科管理。

1961年，恢复办公室建制，并增设供销科，基建加工科改为机务加工科。

1962年，国家进行机构精简，农场行政管理机构也随之缩编，场部由原来4科1室合并为2科1室，即生产科、财供科和场部办公室。

1966年"文化大革命"运动开展后，农场党政管理也随之缩编，场部由原来4科1室合并2科1室，即生产科、财供科和场部办公室。

1967年2月，中国人民解放军介入地方，进行"三支两军"（支工、支农、支左；军管、军训），在军队帮助下，当年4月20日，农场成立"抓革命促进生产委员会"，充作行政管理机构，下设办公室、政宣组、增节组、政治组，临时充作行政管理职能。

1968年4月3日，经南宁警备区批准，成立"国营良圻农场革命委员会"，原"抓革命促生产委员会"同时撤销，革命委员会下设办事组、政工组、生产组。

1973年，农场革命委员会的政工组、办事组改为行政组、生产组，生产组内设财务、供销、机务、畜牧4个小组，至1974年，农场革命委员会下设办公室、政工科、生产科。

1975年，农场革命委员会下设行政科、生产科、财务科、供销科、机务加工科、保卫科、计划生育办公室、人民武装部。

1979年8月，农场革命委员会撤销，至1980年场部管理机构设置行政办公室、组宣科、生产科、财务科、供销科、机务加工科、保卫科、计划生育办公室和人民武装部，共2室、6科1部。1981年增设良圻农场派出所，隶属农场和横县公安局双重领导。1984年5月，撤销行政办公室，改设场长办公室，增设基建科和畜牧科。

1984年8月，农场实行经济体制改革和机构改革，场部机关党政职能分开，撤销行政科、生产科、财供科、基建科、机务加工科和畜牧科。行政机构有场长办公室（内设经营管理组）、财务科、农林科、供销服务公司、基建水电服务公司、农机服务公司、畜牧服务公司，同时撤销计划生育办公室，原业务工作划归党委办公室。

1986年场部管理机构进行大变动，撤销供销服务公司、农机服务公司，分别成立供销科、基建房管科、畜牧公司、工交科；同时恢复计划生育办公室，并将场长办公室内的经营管理组分出，设立经营管理办公室，增设行政科、劳动工资科和场群关系办公室。

1987年1月1日，根据中共中央文件《全民所有制工业企业厂长工作条例》（中发〔1986〕21号）精神，成立"国营良圻农场管理委员会"。年内，场部增设教卫科、治安大队，场群关系办公室更名为人民调解委员会，撤销经营管理办公室，其业务划归场长办公室。1988年5月，场人民调解委员会撤销，成立良圻农场司法办公室。1989年，场部增设审计科、监察办公室和法律服务所（系司法办公室一套人马两块牌子）。

进入20世纪90年代，1994年5月实施农场公司制改组前，良圻农场列入编制的场部行政管理机构有农林科、财务科、供销科、基建科、工交科、行政科、劳动工资科、侨务科、经营管理办公室、审计科、宣教科、计划生育办公室、司法办公室、人民武装部、监察室、派出所、治安大队等10科、4室、1部、1所、1队。

2003年5月11日，根据广西壮族自治区农垦局印发的《广西区农垦局关于统一变更农场企业名称的通知》（垦企管〔2003〕20号），将垦区各农场的企业名称统一变更为"广西农垦国有×××农场"，使用"广西农垦国有良圻农场"企业名称时的机构有行政办公室、党委办公室、生产经营科、财务结算中心、土地管理司法办公室、物业基建科、劳资社保科。该企业名称一直沿用至2019年初"广西农垦良圻农场有限公司"挂牌成立。

第二节　总公司机构设置

1994年5月18日农场改建公司后，根据《广西农垦良圻实业总公司章程》，建立了公司的领导机构，设置了公司总部职能部门，确定了公司自上而下的管理层次，并界定了各机构职能部门的职责。公司设立9人的董事会，它决定公司的重大事项，是决策机构；总公司设立经理班子，对董事会负责，执行董事会决议和管理公司生产经营等工作；总公司设监事会，对总公司的财务、董事和经理进行监督。同时，总公司下设糖业公司、纸业公司、畜牧水产公司、商业公司和综合公司5个分公司。总公司总部机构将原来场部10室、1部1所精简为群众工作部、公共关系部、计划财务部、生产技术部、安全保卫部、监察审计部 6 个部。

各分公司经理和各部长由总经理聘任或解聘，各部长对本部定编聘任所属职员。农场改制后，在组织管理上仅公司一个法人，各分公司不具备法人资格，其民事责任由公司承担。在权力决策上，将由董事会决策，在董事会中将有 1 名工人代表通过选举进入，实行民主管理。在人事管理上，没有了国家干部、以工代干和工人的界限。农场实行公司制后，按照《中国共产党章程》建立了公司的党组织，发挥政治核心作用。

1995 年 2 月 5 日总公司与糖业公司合并同时取消综合公司，继续保留纸业公司、商业公司。1997 年造纸厂关闭，取消纸业公司，员工下岗分流。

1998 年场办小企业改制，总公司的机构设置为 1 室 8 部 1 中心，即总公司办公室、生产技术部、农务部、供销储运部、计划财务部、劳动人事部、监察审计部、社区管理部、物业管理部和再就业服务中心。

2001 年 3 月 12 日，经区农垦集团有限公司批准，良圻实业总公司畜牧水产公司改制；同年 7 月 16 日，总公司资产重组。

2003 年良圻实业公司的制糖业、畜牧业相继分立，年内，良圻区域内有 3 个独立法人实体：广西农垦国有良圻农场、良圻制糖有限公司、永新畜牧有限公司。

2003—2018 年 8 月，广西农垦国有良圻农场下辖 12 个分场和基建队、水电队、复混肥料厂，场部机关有生产经营部、财务部、土地管理部、开发建设部、综合办公室、党建办公室以及工会、侨联。2019 年 5 月，农场改为公司后，广西农垦良圻农场有限公司下辖 12 个分场、1 个复混肥料厂、1 个水务公司及东湖、黎氮 2 个子公司，总部机关设 6 部 1 室，分别是财务部、生产经营部、资产管理建设部、党群人力资源部、纪检监察部、监事法务审计部和办公室。2021 年 11 月增设企划部。

第三节　干部状况

1956 年 2 月开始建场时，只有几名从广西垦殖分局调来的干部，次年从垦区农场、垦殖场调来一部分人员，干部人数逐步增加。1957 年，农场的党政干部及财务、农业、机务、基建、卫生等方面的干部共 22 人。

1958 年，农场领导体制下放横县，从县里调来一部分党政干部，1959 年以后，农场逐步接收安排国家分配来的大中专生，充实到农牧业担任技术干部；同时农场也从工人中培养一批党政干部，1960 年首次从工人中吸收 13 人转为国家干部。

根据党管干部的原则，农场干部的考核任免及思想政治教育由场党委办公室负责。

1984 年以后，逐步向领导班子和干部队伍的革命化、年轻化、知识化、专业化方向发展，干部队伍的文化素质逐年有很大提高，从 20 世纪 80 年代开始评聘专业技术职务以来，至 2003 年末获得农业、工程、财会、经济、教育、卫生和政工各类专业技术职务的人员共 360 人，其中高级专业技术职务 10 人，中级专业技术职务 99 人，初级专业技术职务 251 人。场厂分立前，全场共有在职干部 174 人。

农场从 1980 年初，开始实行干部离退休制度，至 2006 年良圻三家企业现有离休干部 9 人，退休干部 59 人。至 2010 年底，三家企业的离退休干部共达 76 人。良圻农场公司 2021 年 12 月离退休干部 37 人。

第四节　领导人更迭

良圻农场历任领导人见表 4-2-1 至表 4-2-13。

表 4-2-1　历任场长名录

姓名	性别	民族	籍贯	任职时间
邓群	男	壮	广西横县	1960.2—1963.3
颜景润	男	汉	山东费县	1960.12—1968.3
刘达人	男	汉	广西贵县	1984.5—1990.1
黄昌成	男	汉	广西宾阳	1990.1—1994.5
蔡卓钢	男	汉	广西合浦	2004.6—2007.4
覃国平	男	汉	广西玉林	2007.4—2018.10
黄富宇	男	壮	广西横县	2018.9—2020.3（农场体制结束，转为公司制）

表 4-2-2　历任副场长名录

姓名	性别	民族	籍贯	任职时间
赵恒生	男	汉	辽宁省	1956.2—1960.2
易海泉	男	壮	江西萍乡	1960.12—1963.11
李涯	男	汉	广西陆川	1979.8—1984.5
苏日炎	男	汉	广西北流	1979.8—1984.5
宁锦任	男	汉	广西横县	1979.8—1984.5
马培凯	男	汉	广西横县	1980.4—1984.5
杨子明	男	汉	广西东兴	1984.5—1985.7
黄日欢	男	汉	广西扶绥	1984.5—1989.8
陈耀礼	男	汉	广西桂平	1986.6—1987.11
林乃正	男	汉	广西贵县	1987.11—1994.5

（续）

姓名	性别	民族	籍贯	任职时间
雷兆坚	男	汉	广西横县	1988.6—1991.12
任汝民	男	汉	广西横县	1984.6—1987.11
何冠球	男	汉	广东德庆	1991.8—1994.5
周启美	男	汉	广西灵山	2004.6—2004.8
李延化	男	汉	广西扶绥	2004.6—2007.4
方灵	男	汉	广西横县	2004.6—2014.12
刘太福	男	汉	广西北海	2008.10—2018.10（农场体制结束，转为公司制）
黄卫	男	壮	广西都安	2009.1—2018.10（农场体制结束，转为公司制）

表4-2-3　历任革委会主任名录

姓名	性别	民族	籍贯	任职时间
常瑞亭	男	汉	河北省	1968.4—1971.12
岑宗荫	男	汉	广西贵县	1972.1—1979.8
丁九思	男	汉	河北省	1976.2—1979.4

表4-2-4　历任革委会副主任名录

姓名	性别	民族	籍贯	任职时间
张云常	男	满	辽宁省	1968.4—1974.9
邓群	男	壮	广西横县	1968.4—1979.8
苏福荣	男	汉	广西横县	1972.1—1979.8
宁锦任	男	汉	广西横县	1976.2—1979.8

表4-2-5　历任总公司董事长名录

姓名	性别	民族	籍贯	任职时间
黄昌成	男	汉	广西宾阳	1994.5—1997.1
杨顺广	男	汉	广西宾阳	1997.1—1999.6
何冠球	男	汉	广东德庆	1999.6—2002.10
陈耀礼	男	汉	广西桂平	2002.10—2003.9
蔡卓钢	男	汉	广西合浦	2003.9—2004.6

表4-2-6　历任总公司副董事长名录

姓名	性别	民族	籍贯	任职时间
林乃正	男	汉	广西贵县	1994.5—1996.1
杨顺广	男	汉	广西宾阳	1994.5—1997.1
陈耀礼	男	汉	广西桂平	1999.1—2002.10
何冠球	男	汉	广东德庆	1999.1—1999.6

表 4-2-7　历任总公司监事会主席名录

姓名	性别	民族	籍贯	任职时间
闭水木	男	汉	广西横县	1994.5—1997.1
刘小飞	男	汉	广西平乐	1999.6—2003.9

表 4-2-8　历任总公司总经理名录

姓名	性别	民族	籍贯	任职时间
黄昌成	男	汉	广西宾阳	1994.5—1995.2
杨顺广	男	汉	广西宾阳	1995.2—1999.6
何冠球	男	汉	广东德庆	1999.6—2002.10
陈耀礼	男	汉	广西桂平	2002.10—2003.9
蔡卓钢	男	汉	广西合浦	2003.9—2004.6

表 4-2-9　历任总公司副总经理名录

姓名	性别	民族	籍贯	任职时间
杨顺广	男	汉	广西宾阳	1994.5—1995.2
林乃正	男	汉	广西贵县	1994.5—1996.1
何冠球	男	汉	广东德庆	1994.5—1999.7
雷兆坚	男	汉	广西横县	1994.5—1998.2
吴志君	男	汉	广西合浦	1994.5—2002.10
闭水木	男	汉	广西横县	1997.1—1999.9
覃奇茂	男	壮	广西上林	1997.1—1999.9
王树初	男	汉	广西宾阳	1999.7—2004.6
黄明威	男	汉	广西横县	1999.7—2002.9
方灵	男	汉	广西横县	2004.6—2014.12
周启美	男	汉	广西灵山	2004.6—2004.8

表 4-2-10　2018 年成立良圻农场公司历任董事长

姓名	性别	民族	籍贯	任职时间
黄富宇	男	壮	广西横县	2018.9—2020.3
曾晓吉	男	壮	广西马山	2020.3—2022.3

表 4-2-11　2018 年成立良圻农场公司历任总经理

姓名	性别	民族	籍贯	任职时间
杨茂	男	汉	广西北海	2018.9—2022.3

表 4-2-12　2018 年成立良圻农场公司历任监事会主席

姓名	性别	民族	籍贯	任职时间
刘树祺	男	汉	广西宾阳	2018.10—2022.3

表 4-2-13　2018 年成立良圻农场公司后历任副总经理

姓名	性别	民族	籍贯	任职时间
黄卫	男	壮	广西都安	2018.3—2022.3
刘太福	男	汉	广西北海	2018.3—2022.3
农军	男	汉	广西大新	2018.10—2021.3
陈飞霞	女	汉	广西宾阳	2020.3—2021.3
潘宏毅	男	汉	广西永福	2021.3—2021.8
赵仁林	男	壮	广西崇左	2021.9—2022.3

第三章　群众团体

第一节　工　会

一、工会组织的建立

1956 年 2 月农场刚创建，只有几个从其他农场调来的人员是工会会员，当时农场还没有建立工会组织。1956 年 7 月，根据中国农业水利工会广西省委员会 925 号文件《关于成立基层工会组织及颁发印模式样的通知》中"各新建农场目前没有工会会员或会员不多的单位，可由党政工团及热心工会工作的职工先成立工会筹备委员会，负责领导工会工作。在现阶段主要任务就是大量发展会员打好工会组织的稳固基础。现将中华全国总工会'关于颁发基层工会组织印章规定：直径 4 厘米，正中央刊五角星（直径 1.4 厘米），边内一条细线，星外刊印文自左右行，基层工会名称应用全衔'的规定，转发给你们，由你们自行刻制启用"的指示，农场于 1956 年 8 月派员到峦城镇刻制木质印章一枚，名曰："中国农业水利工会国营横县芳香农场委员会"，并予启用。

1957 年 4 月，农场职工人数达到 188 人，工会会员达到 163 人。1957 年 6 月 20 日，召开全场工会会员大会，通过民主程序正式成立农场基层工会委员会，由赵恒生副场长兼任工会主席，曾德深负责工会日常工作。基层工会属下有 4 个工作部门，即生产委员会、劳保福利委员会、文体委员会和女工委员会。农业分场成立工会小组。

1958 年，农场管理体制下放横县，农场名称改为国营横县良圻农场，工会名称随之改为国营良圻农场工会委员会，分场的工会小组升格为工会的分会，工会小组随生产班组设立。"文化大革命"期间，工会组织有 8 年多时间没有开展活动。

拨乱反正以后，场工会加强了组织建设，至企业分立前，共设 22 个分会，基层工会共有专干 7 人，兼职干部 2 人，工会会员 2205 人，占企业职工的 90.22%。场基层工会在新时期的经济建设中，贯彻了中华全国总工会的工作方针，工会工作渗透到企业的政治、经济、社会、文化、生产、生活各个方面，多次获全国性的表彰，职工对工会的认可率达 96.5%。

二、社团法人资格

总公司工会根据《中华人民共和国民法通则》《中华人民共和国工会法》和《中国工会章程》的规定，于1995年11月3日申请了社团法人资格登记。申请书申明企业共有职工2195人，内有工会会员1978人，每年有经费收入11万元，有固定资产22万元，有公用房144.8平方米，有活动场所724.1平方米，具备《民法通则》规定的法人条件。工会申请经核准予以确认，于1996年2月13日依法取得社会团体法人资格，同年《广西工人报》向社会发布了公告。

三、职工互助补充保险

1996年8月30日，总公司工会依法组织职工互助补充保险基金会，从各方面筹集专用基金。基金会设立以后，在国家法定社会保险待遇之外，由基层工会对职工发生的生、老、病、死、伤、残或意外灾害等特殊困难给予一定的物质帮助，是从待遇上对国家法定社会保险的一种补充。当年基金会制订了《基金会章程》，设置了会员登记表、名册表、账簿和出险申报审批表等档案材料，并组成了第一届基金理事会，理事会由陈耀礼、黄太锐、陆敏基、黄明威、莫春姣、叶枝烈、韦吉甫、梁大桐、冼锦权、闭为卿、龚仕文等11人组成，由陈耀礼任理事长，黄太锐、陆敏基任副理事长。参加基金会的职工2168人。首次筹到基金31万元，其中行政出资6万元，工会出资3.32万元，其余为参加基金会的职工缴交的会费，每人交100元。基金会成立后，立即开展活动，当年共给经济困难的职工家庭78户，家庭成员296人提供补助，补助金额10280元。至2002年，基金会会员已发展到2311人，拥有基金40多万元，基金会的储值和增值比原保险基金增长19.36%。基金会领导机构于2004年10月20日进行改选，第二届基金理事会由蒙振国、黄明良、林国贤、黄永千、雷成群、黄程、刘太福、陈大梅、张乐军9人组成，蒙振国担任理事长，黄明良、林国贤担任副理事长。

第三届基金理事会，于2008年10月31日改选，理事长蒙振国，副理事长刘传群、林国贤，成员有黄凤梅、杨喜南、苏娜、郑文访、何东英、卢家梅，刘传群兼理事会办公室主任，负责日常工作。第四届基金理事会，于2016年9月30日改选，理事长蒙振国，副理事长吴小梅、覃平，成员有杨喜南、卢家梅、黄凤梅、苏娜、玉洁、张春媚。仅2005—2018年，互助补充保险基金就补贴会员972人次，共开支398999.50元，从1996年8月30成立基金会时，每名会员只一次性交纳100元，其后一直没注入资金。随着形势的发展，资金来源缺口大，入不敷出，经场工会、经费审查委员会、基金理事会委员于

2018年12月14日召开会议决定，场工会2018年12月18日印发《关于终止职工互助补充保险基金补助的通知》（良工发〔2018〕3号文），从2019年1月1日起，停止职工互助补充保险基金，其理事会自然终止。

四、全国模范职工之家

1998年10月19—24日中华全国总工会第十三次全国代表大会召开期间，良圻实业总公司工会被中华全国总工会授予全国"模范职工之家"称号。这一称号是新中国成立以来横县的基层工会获得的最高荣誉称号。1998年11月27日，横县总工会黄廷芳主席，李善生、黎耀东副主席一行6人送来中华全国总工会"模范职工之家"匾牌并表示祝贺。黄廷芳在授牌仪式上致辞说，良圻工会履行维护、建设、参与、教育职能，倡导了"场兴我荣，场衰我耻"的企业精神，在企业改革整顿和扭亏脱困工作中做出很大贡献，在创建"模范职工之家"活动中，取得显著成绩，职工的认可率达到96.5%，我们今天送来中华全国总工会授予良圻工会的荣誉称号及匾牌，这是横县工会工作的一座丰碑。

五、会员代表大会

场工会自1957年6月20日全场会员大会正式成立基层工会以来，至今已召开了十三届的工会委员会。

第一次会员代表大会 场工会于1958年5月22日，经中国农林水利工会广西省委员会组织科以组函字第032号文批准，于同年1月24—26日在场部召开第一次工会会员代表大会，出席大会共207人，经大会民主选举产生了场工会第一届委员会，委员11人，曾德深任工会主席，黎国正任工会副主席；委员有程德业、颜福秀、黄桂荣、赵华生、陆植新、陈华镜、卢崇材、陈立珠、农福音（女）。专职工会干事王玉洁（女）。全场设一二分场2个分会，有分会委员12人；下设39个工会小组，设小组长39人，全场工会会员481人。

第二次会员代表大会 于1959年12月12日在场部召开，出席大会代表298人，占全场会员总数的57.2%。大会选举黎国正、黄桂荣、莫秀珍（女）、黄显华、陈华镜、曾德深、李达光、陆佑昌、周桂琼（女）、颜福秀、曾世文、何振球、黄才连13人组成基层工会第二届委员会，同时通过民主程序，选举产生了本届工会经费审查委员会，成员共5人组成。1960—1972年，场工会12年时间没有进行换届选举，其间主管部门指示和农场工作的需要，调整工会主要领导干部，1960—1961年由第二场长颜景润兼任场工会主席；1962年至1963年底由副场长易海泉兼任场工会主席；1964年6月至1969年2月，由程德业兼任工会主席。原工会专干王玉洁另有任用，前后由农锡柱、邱志贤任工会专干。从

1966—1973 年 7 年多时间没有开展活动。1973 年 10 月 6 日，横县革命委员会政工组批准农场恢复工会组织，开展工会活动，同年 11 月 28 日刻制一枚"横县国营良圻农场工会委员会"印章。

第三次会员代表大会　于 1974 年 1 月在场部召开，到会代表 78 人，大会民主选举岳健龙、陈松暖、邱志贤、曾德深、陈汝仕、雷国珍（女）等组成场工会第三届委员会，接着委员会进行分工，岳健龙任工会主席，陈松暖任工会副主席，同时通过民主程序组建了本届农场女工委员会，推选雷国珍任女工委主任。

第四次会员代表大会　于 1983 年 5 月 9—10 日在场部召开，会期两天。到会代表 59 人，代表全场 20 个分会的 938 名会员，会员人数占职工总人数 38.4%。大会由场工会第三届委员会主席岳健龙作题为《认真总结工会工作经验，把工会办成职工之家，开创工作的新局面》的工作报告。大会选举李涯、农锡柱、陆敏基、陈焕秀（女）、叶枝烈、刘景桂、刘小飞、麦廷辉、郭秀珍（女）9 人组成第四届委员会。接着召开基层工会四届一次全委会，推选李涯副场长兼任工会主席，农锡柱任工会副主席，通过民主形式选举陈焕秀任女工委员会主任。1985 年 12 月，场工会主席李涯于任期内病逝，广西壮族自治区农垦局任命宁锦任为场工会代主席。

第五次会员代表大会　于 1985 年 12 月 13 日在场部召开，到会正式代表 54 人，特邀代表 28 人。大会由场工会代主席宁锦任作《站在改革前列，深入开展建设职工之家活动》的工作报告。大会进行换届选举，组成第五届农场工会委员会。五届工会委员会由宁锦任、黄太锐、黄郑发、陆敏基、闭为卿（女）、余兴珍（女）、李绥远、林乃正、张乐军、麦廷辉、叶枝烈 11 人组成。接着召开场工会五届一次全委会，选举宁锦任为工会主席，黄太锐为工会副主席，工会专干闭为卿被选为女工委员会主任，余兴珍为副主任。

第六次会员代表大会　于 1987 年 5 月 9—10 日在糖厂召开，到会正式代表 54 人，占全场会员总数 4.5%，特邀代表 33 人。宁锦任主席向大会报告上一届工会工作。大会选举陈耀礼、陆敏基、黄郑发、冼锦权、闭为卿（女）、黄太锐、李绥远、张乐军、连福勇、曾良章、李海振 11 人组成六届工会委员会。大会通过了工作报告的决议。接着召开的六届一次全委会，民主选举场党委副书记陈耀礼兼任场工会主席，陆敏基为专职副主席；闭为卿任女工委员会主任。

第七次会员代表大会　于 1991 年 1 月 9 日在场部召开，到会正式代表 112 人，特邀代表 35 人，代表全场 1902 名工会会员。大会成立了由 17 人组成的主席团主持会议。场工会主席陈耀礼代表第六届工会委员会向大会作题为《依靠工人阶级办好农场，努力开创工会工作的新局面》的工作报告。大会选举陈耀礼、陆敏基、黄郑发、冼锦权、蒙振国、李海振、张乐军、曾良章、黄太锐、李绥远、闭为卿（女）11人组成七届工会委员会，大会通过了相应的决议。大会闭幕后接着召开的七届一次全委会，民主选举陈耀礼任场工会主席，陆敏基为副主席；闭为卿任女工委员会主任。良圻农场工会委员会决定建立健全本届工作机构，全体委员作了相应的分工。

第八次会员代表大会 于1993年12月15日在场部召开，出席代表111人，代表全场2143名工会会员，列席代表29人，自治区农垦局副局长候兆强、自治区农垦局人事处副处长、农垦工会副主任莫永坚到会指导工作。大会成立了由17人组成的主席团主持会议。场工会主席陈耀礼代表第七届工会委员会作了题为《团结动员广大职工以高度主人翁责任感，为我场经济发展再上新台阶建功立业》的工作报告。大会按照民主程序选举产生了第八届委员会，委员会由陈耀礼、叶枝烈、闭为卿（女）、任汝金（女）、苏维相、余兴珍（女）、陆敏基、陈文照、陈正卫、陈松暖、陈勇、冼锦权、黄太锐、黄郑发、曾良章15人组成。接着于1993年12月21日召开八届一次全委会，以无记名投票方式，选举了陈耀礼、陆敏基、闭为卿（女）、黄太锐、曾良章5人为场工会八届委员会常务委员；选举陈耀礼为场工会主席，陆敏基为副主席。

第九次会员代表大会 于1997年1月3日在原场部四楼召开，出席代表117人，列席代表29人，自治区农垦局党群工作处处长裘履极、副处长兼农垦工会主任黄延忠、自治区农林水利工会主任梁惠和、横县总工会主席黄廷芳到会指导和祝贺。本次大会是农场改建公司后召开的首次工代会。工会主席陈耀礼代表第八届工会委员会作《认清形势，服务大局，充分发挥工会在两个文明建设中的作用》的工作报告。代表们在讨论中肯定了上届工会的工作成绩，并形成决议通过了工作报告，大会按照程序，民主选举产生了总公司工会第九届委员会，由13名委员组成：韦吉甫、叶枝烈、闭为卿（女）、苏维相、张乐军、陈文照、陈勇、陈耀礼、冼锦权、黄太锐、黄明良（女）、曾良章、蒙振国。在召开的总公司工会九届一次全委会上，选举陈耀礼为工会主席，蒙振国为副主席。

第十次会员代表大会 于1999年11月26日在总部召开，出席代表104人，自治区农垦局党群工作处副处长兼农垦工会主任黄延忠、自治区农垦侨联主席林树德、横县总工会主席黄廷芳、副主席李善山到会指导和祝贺。工会副主席蒙振国受陈耀礼主席委托，代表第九届委员会向大会作《坚定必胜信心，深化改革整顿，团结动员广大职工为实现公司跨世纪发展宏伟目标而奋斗》的工作报告，大会对工作报告进行讨论并通过了相应决议。大会民主选举陈耀礼、黄明良（女）、蒙振国、周万晓、张乐军、曾良章、刘次修、叶枝烈、苏维相9人组成第十届工会委员会，选举蒙振国、韦吉甫、莫春姣（女）、肖海华、龚仕文五人组成本届经费审查委员会。在当日召开的工会十届一次全委会上，选举陈耀礼为工会主席，蒙振国、黄明良为工会副主席；选举蒙振国为工会经费审查委员会主任，韦吉甫为副主任。

第十一次会员代表大会　于 2004 年 9 月 14 日在总部召开，参加会议的正式代表 118 人，邀请代表 3 人，自治区农林水工会主任梁惠和、横县总工会主席唐奋莅临大会祝贺和指导，良圻三家企业党政领导亲临大会指导工作。上一届工会副主席蒙振国受陈耀礼主席委托，代表第十届委员会向大会作《加强和改进新世纪的工会工作，在创新发展中发挥主力军作用》的工作报告。代表们经过讨论酝酿，表决通过了工作报告并作出相应决议。大会民主选举产生了总公司工会第十一届委员会，由 9 名委员组成：蒙振国、黄明良（女）、林国贤、周万晓、农萍（女）、张乐军、刘传群、刘太福、黄永千。接着在召开的十一届七次全委会上，选举蒙振国为工会主席，黄明良、林国贤为副主席；选举黄明良为工会经费审查委员会主任。

第十二次会员代表大会　于 2008 年 10 月 23 日在场部召开，参加会议的正式代表 105 人，列席代表 9 人，良圻三家企业党政领导曹芳武、覃国平、肖有恩、傅业安、方灵、刘太福、张伟斌、覃盛乐等亲临大会指导，上一届工会主席蒙振国作题为《开拓创新奔富路，构建和谐新良圻》的工作报告，对过去四年工作进行回顾，客观地分析了存在的问题和缺点，指明今后的主要工作：一是抓好主业甘蔗生产，巩固农业基础地位；二是重视员工技能培训，培育新型职工队伍；三是紧跟时代发展步伐，深入开展劳动竞赛；四是创新工会工作方式，促进和谐企业发展；五是维护职工合法权益，帮助职工解决困难；六是练好内功做好工作，善于处理各种问题；七是抓好精神文明建设，营造健康活泼氛围。大会审议通过第十一届经费审查委员会《用好经费，服务职工》的工作报告，通过相关决议，大会民主选举产生了第十二届工会委员会，由蒙振国、刘传群、林国贤、杨喜南、农萍、苏万里、张乐军、黄明良、张海英 9 名成员组成，同时选举第十二届工会经费审查委员会，由刘传群、苏娜、郑文访、何东英、黄凤梅 5 名成员组成。接着在召开的十二届一次两委全委会上，选举蒙振国为工会主席，刘传群、林国贤为工会副主席，选举刘传群为经审委主任，黄凤梅为经审委副主任。

第十三次会员代表大会　于 2016 年 11 月 9 日在场部召开，参加会议正式代表 65 人，列席代表 7 人，良圻三家企业党政领导曹芳武、覃国平、肖有恩、黄耘、刘太福、刘锦捷、苏万里、黄卫、黄程、蒙振国、张伟斌等亲临大会指导。上一届工会主席蒙振国作题为《同心协力建家园　共创美好新明天》的工作报告，对过去八年工作进行回顾，充分肯定取得的成绩，客观分析了存在的问题，明确今后的主要工作：一是抓好主业甘蔗生产，养猪制糖全面发展；二是因地制宜结合实际，深入开展劳动竞赛；三是重视员工技能培训，开展职工"四德"教育；四是做好宣传引导，激发职工内在动力；五是维护职工合法权益，帮助职工解决困难；六是发展先进企业文化，共建美丽良圻家园。大会审议通过良圻农场第十二届工会委员会工作报告和工会经费审查委员会工作报告，通过相关决议。大会选举产生第十三届工会委员会，由9名成员组成：马丽、卢家梅、杨喜南、李立荣、吴小梅、张海英、莫绣杰、覃平、蒙振国，选举第十三届工会经费审查委员会，由5名成员组成：玉洁、苏娜、吴小梅、张春媚、黄凤梅。接着召开十三届一次两委全委会，选举蒙振国为工会主席，吴小梅、覃平为副主席，选举吴小梅为经费审查委员会主任，黄凤梅为经费审查委员会副主任。

广西农垦良圻农场有限公司工会第一次代表大会 于2021年4月26日召开，参加会议的正式代表有73人，列席代表8人，良圻农场公司领导班子成员曾晓吉、杨茂、刘树祺、陈有志、黄卫、刘太福、陆玩潮、蒙振国等亲临大会指导。提名工会主席人选陈有志作题为《凝心聚力创佳绩 推动公司高质量》的工会报告，对过去五年工作进行回顾，充分肯定取得的良好成效，客观分析了存在的弱项或短板，明确了工会工作的总体目标是：坚持以习近平新时代中国特色社会主义思想为指导，深入贯彻党的十九大和十九届二中、三中、四中、五中全会精神，按照农垦集团工会和横县总工会的决策部署，坚持新发展理念，坚持稳中求进工作总基调，以高质量发展为主题，以改革创新为根本动力，以引领高品质生活、服务美好生活为根本目的，围绕企业中心工作，抓好企业文化建设，不断满足职工群众多方面文化需求，关注民生，多办实事，维护稳定，推动工会工作再上新台阶，为公司高质量发展作出新的更大贡献。今后五年的工作思路：一是服务生产经营中心工作，努力提高职工经济收入；二是开展好劳动技能竞赛，激发职工奋斗热情；三是创新企业文化，打造温馨职工之家；四是提升职业技能水平，加强思想素质提升；五是抓好宣传引导，激发内生动力；六是维护职工合法权益，帮助职工解决困难。大会审议通过工会工作报告、经费审查委员会工作报告和女职工委员会工作报告，并通过相关决议。大会选举产生广西农垦良圻农场有限公司工会第一届委员会，由卢家梅、朱剑、苏世德、杨喜南、吴小梅、陈有志、蒙庆志7名成员组成；选举良圻农场公司工会第一届经费审查委员会，由卢家梅、李斌开、张春媚、黄陈蕾、黄铭珊5名成员组成；选举良圻农场公司工会第一届女职工委员会，由卢家梅、吴小梅、陈丽华、黄陈蕾、谢小清5名成员组成。接着召开良圻农场公司工会第一次全委会，选举陈有志为工会主席，吴小梅为工会副主任；选举张春媚为经费审查委员会主任，卢家梅为经费审查委员会副主任；选举吴小梅为女职工委员会主任，卢家梅为女职工委员会副主任。

第二节　共　青　团

一、团组织的建立

1956 年 2 月建场时，全场有共青团员 6 人，同年 3 月 6 日，召开第一次全体团员会议，成立共青团国营芳香农场支部委员会，推选陈振轩为团支部书记，兼职做团的工作。1957 年，全场共青团员总数增加到 63 人。团支委下面设 6 个团小组。1958 年春，全场团员总数达到 153 人（男 133 人，女 20 人）。同年 2 月，农场团支部升格为"共青团国营横县芳香农场总支委员会"，总支委员由 5 人组成，推选施支文任团总支部书记。1958 年 5 月，芳香农场更名为良圻农场，1959 年 7 月 2 日团组织名称随场名更改后，向共青团南宁地委报告，要求成立"共青团国营良圻农场委员会"经南宁地委组织部批准，于 1959 年 10 月成立"中国共产主义青年团国营良圻农场委员会"。从第一届团委会成立至 20 世纪末期，全场共发展共青团员 416 名。

二、行业树新风活动

多年来，团委围绕企业的经济建设，发动全场团员青年开展"行业树新风，奉献在岗位"的建功立业活动。农业分场团支部，倡导科学种蔗立新功，提高面积产量。工副业单位团组织发动团员青年降耗节能，增收节支累计达到 700 多万元。场团委组织各单位青年开展小发明、小设计、小革新、小改造、小建设的"五小"智慧杯竞赛，获得 5 项成果：降低白糖色值，提高甘蔗压榨抽出率，改装纤维板电气调和，增设造纸节浆器，解决了许多生产过程的滴、跑、冒、漏无谓消耗，实现增收节支和提高产品质量，曾被自治区经委、计委、科委、科协和自治区团委授予全区第四届青工"五小智慧杯"竞赛三等奖。

三、文化活动多姿多彩

为满足农场青年多方面需求，团委因地制宜，大小型活动双管齐下，文艺、体育、联欢多招齐发，在 20 世纪 90 年代初期，团委就举办了 8 次融文艺、知识抢答、游戏为一体的文艺晚会，与西津电厂、谢圩水泥厂、镇龙林场、峦城糖厂等单位进行舞会联欢或篮球友谊赛，举办吉他、交谊舞培训班和团员生日晚会，于 1991 年举办农场首届交谊舞、时装和卡拉 OK 大奖赛，有 79 名青年参加两晚的卡拉 OK 预赛后评选 20 多名参加决赛。在场部灯光球场表演，场领导黄昌成、林乃正、任汝民、陈耀礼、雷兆坚及 1100 多名观众观看演出，经评委打分，评选出卢克坚、黄海成、梁汉、李震等 10 人为农场 1991 年度十大青年业余歌手。

四、"永结同心"集体婚礼

农场团组织多次组织集体婚礼，倡导移风易俗。2001年举办隆重的"永结同心"集体婚礼，在总公司大礼堂举行，共有8对喜结良缘的青年男女参加婚礼仪典。总公司党委书记、工会主席陈耀礼当主婚人，给8对新人恭贺祝福，并亲笔签署婚姻证明书。婚礼结束，作为和谐、绿色的象征，8对新人种下8棵同心树。

五、"关爱我们家园"活动

农场团委及各团支部，长期带领团员青年进行主题为"美我们家园"的爱国卫生运动：一是带领各单位青年、学校师生走上街头、走进生活区清扫垃圾，疏通水沟；二是发动大家清理白色垃圾，收捡塑料食品袋，堵截污染；三是结合劳动课，组织各班级青少年种植风景树和大量花草，绿化生活区，美化环境。每年3月5日为"学雷锋日"，团委全面组织爱国卫生大行动，做好事、做实事。团委先后两次组织750多名团员青年、中小学生，开展以"为团旗增辉添彩"为主题的为民服务和义务劳动活动，共为职工义务修理家用电器180多台（件）、钟表140多只，单车140多架，裁补衣服85件，免费为群众量血压、身高、体重、测视力1275人（次）等。2003年4月，在全国上下抗击"非典"时期，场医院团支部还组织抗"非典"服务队深入乡村，为群众义诊，免费发送药物和有关宣传材料。

六、团员代表大会

第一次团员代表大会 于1959年12月召开，大会选举常瑞亭、黎国正、张翅、黄桂荣、陆仍林、丘文华、钟瑞琪、王玉洁（女）等组成"中国共产主义青年团良圻农场委员会"，第一届团委民主推选场党委书记常瑞亭兼任团委书记，黎国正任团委副书记。

第二次团员代表大会 于1964年8月召开，大会选举产生了新的一届团委会。第二届中国共产主义青年团国营良圻农场委员会由11人组成，成员是程德业、黄林生、王玉洁（女）、盛志明、蒙琼杰、关进凤、陈汉坚、卢世佑、韦秀清（女）、陈奕坚、钟宝鸿。接着团二届一次全委会开会，民主选举程德业为团委书记，黄林生为副书记。

第三次团员代表大会 于1966年9月8日晚和9日晚两个晚上召开。大会总结了共青团两年来的工作，并进行了换届选举。通过民主程序选举程德业、钟宝鸿、黄国瑞、张汝强、宁兴才、孙广飞、蒋瑞芬（女）、李日平、农秀雄（女）、陈奕坚10人组成第三届共青团良圻农场委员会，并通过民主形式选举程德业任团委书记，钟宝鸿、黄国瑞任团委副书记。这次团代会召开后，至 1986 年长达 20 年没有召开过团代会，也没有换届选举，只是在场部设置共青团专干和更换团的负责人。1976—1986 年先后担任过专职团干的有姜明、陈正卫、郑本波、钟盛林、李震、杨宗敏 6 人。

第四次团员代表大会　于 1987 年 5 月 7 日在场部召开，出席大会代表 51 人，代表全场 266 名共青团员。大会民主选举陈耀礼、杨宗敏、韦灵、韦汉东、曾良章、谭协飞、覃发、黄明良（女）、张乐军 9 人组成新一届团委会；在团四届一次全委会上，选举陈耀礼任团委书记，杨宗敏、韦灵任团委副书记。1987 年 5 月 14 日，经场党委批准和共青团横县委员会同意，杨宗敏任专职团委副书记。

第五次团员代表大会　于 1989 年 11 月 8 日在场部召开，出席大会代表 42 人，代表全场 421 名共青团员，大会选举蒙振国、李震、陈喜平、黄明良（女）、杨辉、孙剑虹、刘倩影（女）、张乐军、曾良章 9 人组成第五届共青团国营良圻农场委员会；民主选举蒙振国任团委书记，李震、陈喜平任团委副书记。1989 年 11 月 16 日，经场党委和共青团横县委员会批准，蒙振国为专职团委书记。

第六次团员代表大会　于 1991 年 11 月 9 日在场部召开，出席大会代表 45 人，列席代表 11 人，代表全场 569 名共青团员。大会成立 39 人的主席团主持大会，团委副书记李震致开幕词；团委书记蒙振国向大会作《百尺竿头更进一步，为建设有中国特色的社会主义再立新功》的工作报告；团委副书记陈喜平致闭幕词。大会期间，场党委书记黄昌成、副场长雷兆坚到会指导工作，场党委副书记闭水木在大会上作《发扬艰苦创业的农垦精神，争当继往开来的时代先锋》的讲话。大会选举蒙振国、李云、孙剑虹、李德旋、廖金政、杨辉、韦初、陈群英（女）、龙世清等 9 人组成第六届团委；在共青团六届一次全委会上，选举蒙振国任团委书记，李云、孙剑虹任副书记。

第七次团员代表大会　于 1994 年 3 月 29 日在场部召开，出席大会代表 50 人，团县委组织部部长陈成彬到会祝贺并指导工作，场党委副书记、工会主席陈耀礼到会讲了话，场侨联、场女工委向大会送了贺信。大会听取六届团委负责人谭锐作题为《团结广大团员青年为振兴农场建功立业》的工作报告。代表通过讨论和审议，一致通过并形成了相应的决议。大会选举陈正辉、谭锐、廖毅仁、谢小清、张乐军、梁伟坚、祝海强、廖金政、林发荣 9 人为第七届团委委员。在七届一次全委会上，选举陈正辉为团委书记，谭锐为团委副书记。1995 年根据总公司党委对公司共青团工作的指导意见，增补蒙振国为团委常务副书记。

第八次团员代表大会　于 1996 年 11 月 18 日在场部召开，出席大会代表 43 人，总公司党委副书记、工会主席陈耀礼到会指导工作；总公司女职工委员会、归国华侨联合会到会祝贺；团委常务副书记蒙振国向大会作题为《快马加鞭，阔步前进，为建立现代企业制度再立新功》的工作报告。代表们一致同意这个工作报告，并通过了相应决议。大会民主选举产生了新一届委员会。八届团委会由蒙振国、谢小清、梁伟坚、陈晓霞、王明芳、吴明芳、覃文海7人组成。八届一次全委会选举蒙振国为团委书记，覃文海为团委副书记。

第九次团员代表大会 于1999年11月22日在公司总部召开，出席大会代表30人，总公司党委书记陈耀礼、纪委书记刘小飞到会指导工作，总公司工会、女工委、侨联等群众组织负责人到会祝贺。大会听取和审议了刘传群同志代表第八届团委作题为《高举红旗跟党走，立足岗位多贡献，为开创良圻跨世纪改革和发展新局面奋勇前进》的工作报告，代表经过讨论和审议，一致通过了工作报告，并作出了相应的决议。大会经过酝酿，民主选举产生了新一届团委，第九届团委由刘传群（女）、覃文海、吴明芳、肖有恩、谢小清（女）、苏权、王春（女）7人组成，在团第九届一次全会上，选举刘传群为团委书记，覃文海为团委副书记。

因企业改制和场部机构调整变动，其后团委一直没有改选，由刘传群负责团委工作。

第十次团员代表大会 于2011年7月26日在场部召开，出席大会代表40人，团县委书记刘晓燕、李明颖，良圻三家企业领导曹芳武、蒙振国、肖有恩等领导到会指导工作。大会听取和审议吴小梅同志代表第九届团委作题为《开拓创新 锐意进取 发挥青年作用 迈开团委工作新步伐》的工作报告。代表经过讨论和审议，一致通过了工作报告，并作出了相应的决议。大会经过酝酿，选举产生新一届团委，第十届团委由吴小梅（女）、阮志明、陈远鹏、苏世德、莫绣杰（女）、龙凌、黄云厅7人组成。在第十届团委第一次全会上，选举吴小梅同志为团委书记，阮志明、陈远鹏为团委副书记。

第十一次团员代表大会 于2016年10月13日在场部召开，出席大会代表46人，良圻三家企业领导曹芳武、覃国平、肖有恩、苏万里、蒙振国、梁书颖等领导到会指导工作。大会听取和审议了吴小梅同志代表第十届团委作题为《敢于担当 主动作为 再创佳绩 把青春和智慧留在这片火热的土地上》的工作报告。代表经过讨论和审议，一致通过了工作报告，并作出了相应的决议。大会经过酝酿，选举产生新一届团委班子，第十一届团委由付四友、李仕龙、李世芯、阮志明、苏世德、吴小梅、莫绣杰等7人组成。在团的第十一届一次全委会上，选举吴小梅为团委书记，阮志明、莫绣杰为团委副书记。

共青团广西良圻农场有限责任公司委员会第一次代表大会 于2021年12月21日召开，工会主席陈有志组织青年团员等共9人参加会议，大会听取吴小梅作共青团广西农垦良圻农场有限公司总支委员会筹备组的筹备工作报告，宣读《共青团广西农垦集团有限责任公司委员会关于同意成立共青团广西农垦良圻农场有限公司总支部委员会的复函》《关于同意召开共青团广西农垦良圻农场有限公司第一次团员大会的批复》及相关选举办法。大会审议通过《共青团广西农垦良圻农场有限公司第一届总支部委员会选举办法（草案）》《共青团广西农垦良圻农场有限公司第一届总支部委员会书记、副书记选举办法（草案）》等，选举产生共青团广西农垦良圻农场有限公司第一届总支部委员会，由全闪、吴小梅、唐海、黄陈蕾、黄铭珊 5 名成员组成；选举吴小梅为共青团广西农垦良圻农场有限公司总支部委员会书记，黄陈蕾为副书记。

第三节　女职工委员会

一、女职工组织的建立

1958 年 5 月场基层工会成立，同时建立了女工委员会。此后每一次农场工会委员会换届选举，女职工委员会均同步改选。1986 年根据中华全国总工会第十一次全国代表大会修改并通过的《中国工会章程》规定，"基层工会设立女职工委员会"将原"女工委员会"改为单独设立的"女职工委员会"，使其在规格上提升高于"女工委员会"。根据《中国工会章程》规定和上级的要求，良圻农场于 1991 年成立女职工委员会。

二、巾帼建功竞赛

女职工委员会自 1992 年起，围绕农场经济建设，广泛发动全场各岗位女职工，以学先进、比技能、比发明、比贡献为目的参加"巾帼建功"竞赛活动，全场 90％女职工参加了竞赛。通过竞赛，涌现了一大批岗位创一流、产品创优质、效益创最佳的女职工。农业岗位的女职工，每年有许多岗位平均亩产 7 吨的高产田，总产达到每岗 150 吨以上，共有 80 多岗；工副业单位女职工收旧利废，增收节支，每年达到 60 多万元。10 多年来，在竞赛活动中，有 97 名女职工被农场评为"巾帼创献"能手，其中有多名女职工获横县有关部门授予"巾帼建功"、三八红旗手、优秀妇联标兵。

三、开展"文明家庭"活动

女职工委员会长期坚持开展以家庭道德建设为主线的"文明家庭""恩爱夫妻"活动。在农场改建公司深化改革过程中，有 156 名女职工下岗，由于女职工委员会配合党政工加强思想政治教育，许多女职工成为勇敢自强的新女性，许多家庭夫妻和睦恩爱第二次创业，许多家庭主妇带头搞好环境卫生。几年来先后有 34 户家庭被评为"五好文明家庭"，其中有 11 户获得"五好家庭"匾牌，挂在门口上。自治区和谐家庭 1 户，2 户获得南宁市"花样阳台"称号。

四、为女职工排忧解难

根据企业实际，女职工委员会多方面为女职工排忧解难促进社会和谐。一是深入群众，为他们化解矛盾。每年调解婚姻家庭、邻里纠纷 20 起以上，成功率达到 80％以上。二是协助党政加强对女职工培训，促进她们在再就业中心学技能，实现下岗分流再就业。2015 年女职工委员会开展免费家政技能培训，共有 160 多名女职工参加，其中有 62 名女工获得从业初级资格证书，增加女职工就业机会。三是帮助生活困难女职工渡难关，几年来多次发动女职工扶贫捐助，累计达到 2800 多人次，累计款额达到 2.3 万元，女职工委员会还深入到病房慰问女病员。四是全面地进行妇检，加强女职工卫生保健工作。自 20 世纪 80 年代以来，女职工委员会得到党政批准，三次为全场女职工全面妇检，每次有 1000 多名妇女获得免费体检，通过检查基本上查明全场女职工身体状况，使患病女职工及时得到入院医治。

五、女职工代表大会

第一次女职工代表大会　于 1991 年 6 月 22 日在场部召开，到会正式代表 44 人，代表全场 887 名女职工，场长党委书记黄昌成、工会主席陈耀礼、副主席陆敏基、党办主任陈正辉、侨联主席冼锦权、团委书记蒙振国到会指导和祝贺，横县女职工委员会主任郑大娇到会指导工作。闭为卿向大会作《以四化建设为中心，努力开创我场女职工工作新局面》的工作报告。大会民主选举闭为卿、余兴珍、任汝金、何永久、孙春红、黄玉芳、甘桂华 7 人组成良圻农场第一届女职工委员会；选举闭为卿为女职工委员会主任，余兴珍为副主任。

第二次女职工代表大会　于 1993 年 12 月 6 日在场部召开，出席大会代表 48 人，场工会主席、横县妇联和横县女职工委员会领导到会指导工作，场团委、场侨联向大会发贺信。闭为卿向大会报告上一届女职工委员会的工作。代表们审议了工作报告，同时讨论了提交大会的《良圻农场女职工委员会暂行条例》草案，大会同意女职工委员会的工作报告，批准女职工委员会的《暂行条例》，并通过了相应的决议。大会选举闭为卿、余兴珍、黄明良、农树芳、任汝金、张淑良、黄玉芳 7 人组成良圻农场第二届女职工委员会，并通过民主程序选举闭为卿为女职工委员会主任，余兴珍为副主任。

第三次女职工代表大会　于 1996 年 11 月 20 日在场部召开，出席代表 44 名，横县妇联主任吴少娟、县女职工委员会副主任郑大娇等上级有关部门负责人，总公司副董事长、总经理杨顺广及党委副书记刘小飞到会指导工作，总公司工会、团委、侨联负责人到会致贺词，闭为卿向大会作工作报告，与会代表对三年来的女职工工作表示满意，并通过相应的决议。大会选举闭为卿、黄明良、潘俊华、廖小香、农树芳、张淑良、符为娇7人组成良圻农场第三届女职工委员会，接着在召开的第三届一次全委会上选举闭为卿为女职工委员会主任，黄明良为副主任。

第四次女职工代表大会　于1999年11月19日在场部召开，出席代表50人，列席代表7人，邀请女职工老干部7人参加大会，横县总工会主席兼女职工委员会主任黄廷芳、副主任孙江梅、横县妇联副主席顾桂春、县妇联妇女儿童部部长吴少娟、总公司党委书记兼工会主席陈耀礼、纪委书记刘小飞到会指导工作，总公司工会、团委、侨联负责人到会致贺词。大会听取黄明良代表三届女职工委员会所作的工作报告，经过讨论和审议，通过了工作报告，并作出了相应的决议。大会民主选举黄明良、施宣吉、张良华、周冬梅、韦金英、刘倩影、符为娇等7人组成新一届女职工委员会，在当日召开的第四届一次全委会上，选举黄明良为女职工委员会主任，施宣吉为副主任。

第五次女职工代表大会　于2004年9月3日在良圻制糖有限公司召开，出席代表46人，占良圻三家企业职工妇女总数5％，列席代表3名，特邀代表8人，横县女职工委员会横县妇女联合会和场党政工领导莅临大会指导和祝贺。黄明良向大会作《为良圻跨越式发展和全面建设小康社会再立新功》的工作报告，代表们对五年来的女工工作表示满意，并通过了相应的决议。大会选出了第五届女职工委员会，由黄明良、刘传群、韦剑秋、农萍、潘俊华、龙世兰、谢小清7人组成，接着召开了第五届一次全委会，会上选举黄明良为女职工委员会主任，刘传群、农萍为副主任。

第六次女职工代表大会　于2011年7月19日在良圻农场场部召开，出席代表46人，占良圻三家企业职工妇女总数7％，列席代表4名，特邀代表5人。何东英向大会作《深入贯彻落实科学发展观 努力开创女工工作新局面 为实现"十二五"规划发展目标彰显"半边天"风采》的工作报告，代表们对七年来的女工工作充分肯定，并通过了相应的决议。大会选出了第六届女职工委员会，由何东英、卢家梅、农萍、张海英、陈香莲、陈文苑、蒙丽珍等7人组成，接着召开了第六届一次全委会，会上选举何东英为女职工委员会主任，卢家梅为副主任。

第七次女职工代表大会　于2016年11月23日在良圻农场场部召开，出席代表45人，列席代表6名，特邀代表7人。卢家梅向大会作《不忘初心 勇担使命 砥砺奋进 兢兢业业干事业 勤劳智慧展良圻巾帼风采》的工作报告，代表们对五年来的女工工作充分肯定以及为今后的工作措施和努力方向，并通过了相应的决议。大会选出了第七届女职工委员会，由吴小梅、卢家梅、马丽、张海英、刘馨文、吴丹、陈文苑、梁少兰、谢小清等 9 人组成，接着召开了第七届一次全委会，会上选举吴小梅为女职工委员会主任，卢家梅为副主任。

广西农垦良圻农场有限公司工会女职工委员会第一次代表大会　于 2021 年 4 月 26 日召开，参加会议的正式代表有 5 人，吴小梅向大会作《立足岗位建功立业 奋发有为展巾帼风采》的书面报告，对过去五年工作进行回顾，充分肯定取得的良好成效，客观分析存在的问题，明确今后五年工作思路：一是倾情做好服务工作，打造温馨的"女工之家"；二是拓宽培训教育渠道，提升女职工思想素质；三是创新文化活动形式载体，展现女职工风采；四是围绕企业中心工作，为企业高发展贡献巾帼力量；五是加强作风建设，提高工作实效。选举产生了良圻农场有限公司工会第一届女职工委员会，由卢家梅、吴小梅、陈丽华、黄陈蕾、谢小清 5 名成员组成；接着召开良圻农场有限公司工会第一届女职工委员会第一次全体会议，选举吴小梅为女职工委员会主任，卢家梅同志为女职工委员会副主任。

第四节　归国华侨联合会

一、侨联组织的建立

1978 年 6 月，184 户 1039 名越南难侨被安置在国营良圻农场，他们定居下来后，于 1984 年成立了良圻农场归侨联合会筹备小组，旨在发展侨务事业。安置在农场的难侨中，与海外有关系的 95 户 418 人，占总户数的 51%，占总人数的 40%，其涉及美国、加拿大、英国、荷兰、法国、瑞典、越南和港澳等国家和地区，安置到农场的难侨，与海外亲人来往密切，为更好团结联系归侨大众和海外侨胞，农场侨联于 1986 年 4 月 14 日正式成立。

二、组织难侨职工发展经济

场侨联自 1989 年配合农场党政组织难侨职工从安置点调迁到二、五、六、七等分场，开发种植甘蔗，先后有 27 户 143 人从三分场、九分场迁移出来，场里拨出搬迁费 57 万元，配备住房 1530 平方米，难侨职工调迁后甘蔗产量有很大的提高，比调迁前增产 37%。1993 年侨联在场党政支持下，投入 60 万元，兴建华侨贸易公司商场，于当年 5 月 15 日正式开业，经营百货、小五金、食品和针织品等项目。1997 年在原有商场基础上，又在西南路口增设一间门市部，从业人员增至 14 人。

三、参政议政

场侨联履行民主监督、参政议政职责，每一届人大和政协，侨联都就归侨的切身利益和县的大政方针问题提出 10 项以上的提案，经立案后，许多提案得到了落实。场侨联在横县政协中，每一届都保留 3 名委员，其中一名是常委，能够发挥政治协商、参政议政的作用。

四、贯彻《权益保护法》

1991 年 1 月 1 日《中华人民共和国归侨侨眷权益保护法》（以下简称《保护法》）开始实施后，场侨联组织浩大的宣传贯彻实施。一是利用墙报、广播、小报各种渠道进行宣传，并组织毗邻乡镇干部座谈，发送《保护法》单行本给地方各级领导；经全国人大修订后的《保护法》公布后，侨联又购买了 500 册单行本分发到附近乡村和地方各级领导。二是通过场工会向自治区总工会反映归侨职工情况，由自治区总工会直接报送自治区领导。1991 年 7 月 20 日自治区总工会以"国营良圻农场越南归侨难侨生产生活存在的几个值得重视解决的问题"为题，向自治区党委正副书记、常委，自治区人大正副主任，自治区人民政府正副主席呈报内参，引起重视。三是配合人大执法检查，使《保护法》逐步落到实处，从 1995 年以来的几次执法检查，侨联都组织农场干部、归侨座谈，提出落实《保护法》过程中存在问题的意见，维护归侨权益。

五、归国华侨代表大会

第一次归国华侨侨眷代表大会　于 1986 年 4 月 14 日在场部召开，出席代表 35 人，自治区侨联副主席彭启联、区农垦侨联主席庄炳炎、秘书林树德、南宁地区侨联副主席陈石光及横县侨办及场党政工领导到会指导工作，大会听取和审议了冼锦权向大会作两年来筹备工作的报告。全体代表采用无记名投票方式，选举产生了国营良圻农场归国华侨联合会第一届委员会，由冼锦权、苏维裕、陈伟林、苏维相、林德琴（女）、温科富 6 人组成，并通过民主程序选举冼锦权为侨联主席，苏维裕为副主席，大会通过了给全场归侨、侨眷的号召书。

第二次归国华侨侨眷代表大会　于 1992 年 6 月 9 日召开，出席代表 49 人，其中归国华侨代表 48 人，侨眷代表 1 人，自治区农垦局副局长候兆强、农垦侨联主席林树德、农垦局人事处副处长莫永坚及横县人大、政协、侨联有关领导到会指导工作。冼锦权向大会报告上届侨联工作，他在题为《在爱国主义、社会主义旗帜下，适应新形势要求，开创侨务工作新局面》的报告中，总结了自上一届侨代会以来 6 年的工作，大会通过了冼锦权的工作报告，批准了《良圻农场归国华侨联合会工作细则》，选举产生了第二届侨联组成人员，共由 7 人组成，他们是冼锦权、苏维相、杨子明、黄忠诚、陈伟林、黄志诚、黄玉芳（女），选举冼锦权为侨联主席，苏维相、杨子明为副主席。

第三次归国华侨侨眷代表大会 于 1999 年 12 月 18 日召开，出席代表 58 人，列席代表 10 人，自治区农垦侨联主席林树德、横县侨联副主席、县委办公室副主任黄德全、横县侨办主任陈有忠、副主任闭英珠及良圻实业总公司主要领导到会指导工作，总公司工会、团委、女职工委员会负责人向大会致贺词。冼锦权向大会作《落实十五大精神，充分发挥自身优势，努力开拓侨务工作新局面》的工作报告；大会民主选举刘太福、吴明芳、陈锡明、杨仁昌、陈伟林、苏维相、符彩凤 7 人组成第三届侨联委员会，选举陈锡明、吴明芳、洪锦通、冼锦明、李荣云（女）5 人为本届侨联经费审查委员会；在当日召开的三届一次全委会上，选举刘太福、吴明芳、陈锡明为常委，刘太福为侨联主席，吴明芳（兼秘书长）、陈锡明为副主席；选举吴明芳为经费审查委员会主任，陈锡明为副主任。

第四次归国华侨侨眷代表大会 于 2004 年 9 月 2 日在总部召开，出席代表 49 人，列席代表 9 人，特邀代表 11 人，场党政领导到会指导工作，场工会、团委、女职工委员会负责人到会祝贺并致贺词。大会听取并审议了刘太福的工作报告，经讨论审议一致通过工作报告并形成了相应决议。大会民主选举刘太福、杨喜南、陈锡明、赖国业、梁余威、韦锡波、杨秀南 7 人为场侨联第四届委员会委员，选举杨喜南、陈锡明、温日飞、洪锦通、冼锦明 5 人为侨联经费审查委员会委员。随后通过民主选举刘太福为侨联主席，杨喜南、陈锡明为副主席；杨喜南为经费审查委员会主任，陈锡明为副主任。

第五次归国华侨侨眷代表大会 于 2008 年 10 月 27 日召开，大会代表 52 名，设有 9 名列席代表，6 名特邀代表，场党委书记曹芳武亲临大会指导并对场侨联提出要求，刘太福同志代表第四届侨委会作题为《继往开来，与时俱进，稳定推进农场侨联工作又好又快发展》的工作报告，经场第五次归侨侨眷代表大会选举产生第五届侨联委员会和经费审查委员会，侨联委员会由 7 人组成，分别是杨喜南、陈锡明、梁余威、吴明雄、陈超强、王群德、苏维意，委员会选举杨喜南为第五届侨联主席，陈锡明、梁余威为副主席，经费审查委员会分别由 5 人组成，分别是陈锡明、陈超强、杨福南、吴明英、钟德成，经委员会选举陈锡明为第五届经费审查委员会主任。新当选的场侨联两委年龄结构合理，工作区域面广，加强场侨联组织建设。

第六次归国华侨侨眷代表大会 于 2016 年 9 月 30 日召开，大会代表 52 名，设有 9 名列席代表，5 名特邀代表，场党委书记曹芳武亲临大会指导并对场侨联提出要求。杨喜南同志代表第五届侨委会作题为《同舟共济 把握机遇 团结一心 共同奋斗 续写侨联工作科学发展新篇章》的工作报告。经场第六次归侨侨眷代表大会选举产生第六届侨联委员会和经费审查委员会，侨联委员会由 7 人组成，分别是杨喜南、吴明雄、陈锡明、王群德、钟德成、杨福南、符李福，委员会选举杨喜南为第六届侨联主席，吴明雄为副主席。

自 2018 年农场公司化改革后，农场办社会职能移交当地政府管理，侨务管理工作也已同步交由属地芳香社区管理。侨联组织虽仍保留在公司，但针对辖区广大归侨侨众服务性质，原则上侨联组织相应属地完善，而一直没能确定。因此，至今公司没有指导性召开第七次侨代会。

第五节　职工技术协会

良圻农场职工技术协会成立于 1983 年，其前身是良圻农场职工技术协作委员会，1988 年 3 月，根据中华全国总工会指示精神，更名为职工技术协会（以下简称技协），隶属于横县职工技术协作交流站，经呈报县民政局批准成立登记注册的社会团体，是在同级工会领导下的职工自愿结合进行技术协作活动的群众性组织。

1988 年良圻农场职工技术协会设置安装、电器、工艺、维修、财务、信息协作 7 个专业队，1993 年成立了制糖、造纸、修配 3 个技协分会，其中制糖分会多次到外地进行交流，共有会员 1120 人。

职工技协成立以来，先后为本场糖厂、造纸厂、饲料厂进行技术攻关和一部分工程设备的安装、调试，与区内宾阳、横县、柳州、贵港等县市及外省的广东、湖北、四川、湖南等地进行 14 个项目的技术活动，协作项目中，无偿服务项目 7 个，有偿服务项目 7 个，有偿服务产值 284 万元，上缴税金 7 万多元，通过技协活动为农场增收 240 多万元，节支 70 多万元。

技协在推动工会办"三产"过程中，从无偿服务到有偿服务；从内部协作到外部协作，直接参与了社会生产、生活的各个方面。先后在南宁地区工会、区农垦系统召开的经验交流会上介绍了经验。1995 年 9 月 2 日，在桂林召开的全国农林系统职工技协表彰大会上，工会副主席陆敏基在会上以《立足企业搞技改，面向社会多奉献》为题作典型介绍；1996 年 9 月，全国农林系统工会企事业经验交流大会在庐山召开，良圻工会企事业先进事迹受到表彰奖励。

职工技协第一届委员会主任叶介山；职工技协第二届委员会主任钟宝鸿，副主任杨顺广、李俊元；职工技协第三届委员会主任覃奇茂，副主任陈星岳、颜世明。

第四章 职工代表大会

第一节 职工代表

农场的职工代表大会（以下简称职代会），建场之初不太规范，从 20 世纪 80 年代起，按照规范化进行，职工代表实行常任制，任期三年。场内工作调动其代表身份不变，调离场外的或辞职的以及离退休的，其代表资格自行终止；因违纪、违法受罚或惩处的人员不宜再任代表，由原单位撤销其代表资格，另行补选。

良圻农场职代会的代表具有广泛的代表性。代表中有工人、技术人员、管理人员、领导干部和其他方面的职工。通常是工人代表占总数的 45%～46%，科技人员占 5%～5.5%，管理人员占 25%～26%，领导干部占 5%～6%，青年代表占 19%～20%，女职工代表占 6%～6.5%，归国华侨代表占 10%～11%。

职工代表大会一般每半年召开一次，各单位选出的代表，经过专门的工作小组进行代表资格审查。工作小组由工会、党办、纪检、计生办、政工人员组成，每次职代会开始前的预备会，工作小组均要向大会报告代表资格审查情况。职代会的代表人数，各届都不一致，一般代表人数占职工总数的 5%～6%。良圻农场职代会人数最多的一届共有 281 人，代表人数最少的一届仅有 38 名。

第二节 提 案

农场职代会提案的征集，主要由场工会进行，每次职代会召开前一周，给各代表团（组）发提案表，每位代表一张，提出提案的代表需填写提案表，并有 3 人以上附议，上报场工会，由场工会酌定立案，将立案的提案分门别类，签署意见，会后呈送有关场领导批示，然后送交职能部门主办、承办。提案的处理落实情况在下一次职代会时向大会通报。

建场以来，职代会每次征集到提案最多的是 80 件，最少的是 39 件，内容涉及经营管理、生活福利、环境保护、基本建设、劳动就业等方面。职代会召开期间，如有重要议题，还可实行临时动议。如1993年12月18日，第二十二届职代会召开的最后一天，有代表提出"禁止农场境内桌球经营活动"的临时动议，有21位代表附议，经主席团提交大会讨论表决，同意这项临时动议，并通过了相应的决议。

第三节 民主评议

良圻农场职代会每年都开展对农场党政领导班子和领导干部进行民主评议工作。考评工作通过组织考评领导小组实施。评议前要求被评议考核的干部写述职报告，形成书面材料后，分别在职代会上向代表们作述职报告，因公外出未能进行述职的，由大会主席团安排人员代为述职。中层领导干部只需将报告书面材料交上来。职工代表既有权评议领导干部个人的表现，又要评议领导班子整体情况。

考评的原则是坚持德能勤廉绩全面考评，主要内容是：能否坚决贯彻执行党的路线、方针、政策和国家法律、法规；是否有履行岗位职能所要求的管理能力；能否坚定地依靠组织和广大职工办企业，善于走群众路线，自觉接受各方面监督；是否勤奋敬业，勇于奉献，清正廉洁，艰苦奋斗，开拓进取，扎实工作；是否谦虚谨慎，努力学习，善于同领导班子成员合作共事；能否坚持"两手抓"，重视思想政治工作和精神文明建设。中层领导的考评，是以岗位责任为依据，结合德能勤廉绩进行评议考核。

根据职工评议、提议和投票结果，由考评领导小组提出奖惩建议，经职代会主席团同意后，提请大会讨论、审议通过。

第四节 历届职工代表大会

良圻农场职工代表大会是农场实行民主管理的基本形式，是职工行使民主管理的权力机构。建场以后至20世纪80年代前，农场的职代会制还不十分规范，一般每年举行一次（届），次年换届。有时也有一年召开两次或两三年一次的。1988年后，按照《全民所有制工业企业职工代表大会条例》进行，农场职代会与场长任期同步，每三年一届，每年召开两次会议以上，形成规范化。

第一届职工代表大会 于1959年春在场部召开，大会主要任务是动员全场职工投入"大跃进"运动，宣传贯彻党的"鼓足干劲，力争上游，多快好省地建设社会主义"总路线。大会决定发展香茅生产，扩大种植面积，增加产量，确保香茅油出口任务的完成。

第二届职工代表大会 于1961年春在场部召开，大会中心议题是贯彻中央提出的

"大办粮食"和"调整、充实、巩固、提高"方针。大会决定全场在积极发展水稻生产的同时，大种木薯、黄红麻，发展多种经营，确定从香茅为主的经营方针转变为以木薯为主的经营方针，兴建木薯淀粉厂。大会号召全场职工艰苦奋斗，战胜暂时困难，为多快好省地建设社会主义作出新的贡献。

第三届职工代表大会 于 1962 年夏在场部召开。会议主要是贯彻区农垦局〔62〕农垦精办字 91 号文件《关于良圻农场精简方案的批复》的精神，动员全场职工踊跃报名精减下放回乡；压缩场部管理机构及精减管理人员。大会决定全场工副业单位于所在的分场管理；调整农业生产结构，大力发展黄红麻生产，压缩木薯种植面积；同时研究落实当年生产、财务计划任务。大会号召留场职工安心搞好生产，一人顶两人干，确保任务完成。

第四届职工代表大会 于 1963 年 1 月 15—18 日在场部召开，出席会议的正式代表 76 人，列席代表 21 人。会议由第二场长颜景润致开幕词，由场长邓群作《关于 1962 年工作总结》的报告，由科长张振亚作《关于财务管理》的报告，由场长邓群作《关于 1963 年生产计划和经营管理方案（草案）》的报告，由副场长兼工会主席易海泉作《关于开展社会主义劳动竞赛》的报告。场党委书记常瑞亭向大会作了总结报告，副场长易海泉致闭幕词。会议期间，举行了劳模、先进生产（工作）者经验交流活动，有 7 位代表在会上作了经验介绍；为先进集体、先进个人、劳动模范颁奖。大会结束时，举行文艺演出，大会发出了《增产节约倡议书》。

第四届职工代表大会第二次会议 于 1963 年 9 月 12—14 日在场部召开，出席大会正式代表 74 人，列席代表 19 人。会议由副场长易海泉作《关于以扭亏争盈和抗旱夺粮为中心的增产节约运动的初步总结和下步工作安排》的报告。会议贯彻区农垦局召开的垦区书记场长会议精神，同时传达全国调整职工工资的有关方针、政策和做法。大会号召全场职工在全国社会主义经济建设全面好转的大好形势下，继续努力，为农场明年的生产做好准备。

第五届职工代表大会 于 1964 年 2 月 3 日在场部召开，到会正式代表 82 名，列席代表 10 名。大会主要讨论《1964 年度包产奖励管理方案》，在生产经营管理上采取《五核八定办法》，即核定工资基金、核定投资额、核定降低成本指标、核定总产量、核定产值，定生产任务、定劳动力、定工资总额、定间接费用、定劳力金额、定上缴财政收入、定上缴商品粮和商品产品、定盈亏指标。大会通过了 1964 年度的经营管理方案。

第六届职工代表大会 于 1965 年 2 月 14—25 日在场部召开，参加大会的代表共 85 人。这次大会是根据中共中央和自治区党委关于开展"四清"运动的指示下，自治区农垦局面上"四清"三级干部会议以及横县面上"四清"三级干部会议精神，结合农场的具体情况而举行的。此次代表大会亦称"面上四清职代会"，会期历时 12 天。会议中心议题是传达贯彻上级有关指示精神，解决场、队、厂、站和科室干部"四不清"的问题，对照中共中央"二十三条"进行自我检查，"洗手洗澡"，放下包袱，同时结合鸣放，进行批评与自我批评，揭发批判干部中的"四不清"问题，搞人人过关。大会由场党委副书记张云常作总结报告。

第七届职工代表大会　于 1966 年 1 月 12—18 日在场部召开，到会正式代表 63 名，列席代表 55 名。会议听取和讨论了场党委副书记张云常作关于《在全场范围内开展一次大规模的、群众性的、持久性的、全面性的增产节约运动》《关于贯彻执行中央（五条）和农垦部党组（十六条）、区农垦局（二十二条）若干具体问题的规定和具体实施细则（草案）中有关本场实施办法（二十九条）》的报告，场长邓群作《关于 1965 年工作情况及 1966 年任务》的报告。大会分组进行讨论，最后一致同意上述各项报告。

第八届职工代表大会　于 1969 年春在场部召开。因开展"文化大革命"运动，上一次职代会与本次职代会相距 3 年多时间。大会中心议题是进一步贯彻执行中央"以粮为纲，全面发展"的方针，讨论落实 1969 年生产财务计划；决定推行三级管理、三级核算、各计成本、自负盈亏的责任制和奖惩制，加强企业管理。

第九届职工代表大会　于 1972 年夏在场部召开，本次职代会与上次职代会间隔 3 年时间。大会听取了农场革命委员会主任岑宗荫作工作报告，岑主任全面总结了上一届职工代表大会以来的工作，提出当前的生产计划和工作任务。会议讨论落实了 1972 年经营管理方案。大会号召全场职工全力扭转农场经营亏损局面。

第十届职工代表大会　于 1974 年秋在场部召开。大会的中心议题是贯彻区农垦局的指示，深入开展"农业学大寨"的群众运动，开展农田基本建设，大规模平整土地；规划农场发展蔗糖生产，筹建糖厂，发展场办工业，改变农场长期经营亏损的局面。会议讨论落实 1974 年生产财务计划和完成任务应采取的措施，为 1975 年改变农场经营方针，全面发展甘蔗生产打实基础。

第十一届职工代表大会　于 1975 年 12 月 20—22 日在场部召开，会期 3 天。大会由农场革命委员会主任岑宗荫作《国营良圻农场关于加强企业管理工作》的报告。会议讨论制定了 1976 年全场生产、财务计划草案，大会分组讨论了工作报告和 1976 年的计划指标，一致同意工作报告和 1977 年度的生产财务计划。

第十二届职工代表大会　于 1976 年 12 月 20—22 日在场部召开，到会代表 270 人。农场革命委员会主任丁九思向大会作了题为《以阶级斗争为纲，坚持党的基本路线，认清大好形势，鼓足干劲，誓夺 1977 年革命、生产的新胜利》的工作报告。大会讨论落实了

1977 年度生产、财务计划和为实现计划所采取的各项措施。

第十三届职工代表大会 于 1978 年 5 月 7 日在场部召开，由农场革命委员会主任丁九思向大会作工作报告，代表们讨论和审议了丁力思的工作报告，大会分组讨论了经营管理方案，最后一致通过了 1978 年"四定"（定任务、定人员、定收入、定支出）岗位责任制和超产奖励实施办法。大会号召全场职工认真贯彻中央领导的指示："一定要把亏损帽子拿走开"，抓好企业整顿，实现扭亏增盈。

第十四届职工代表大会 于 1979 年 4 月 27—29 日在场部召开，到会正式代表 281 人，列席代表 6 人，大会讨论通过了 1979 年《农场企业经营管理办法》，制定了 1979 年全场的生产、财务计划，确定了良圻农场要实现"三级管理、两级核算、各计成本、统负盈亏"的管理办法，全面建立"四级管理"和"四级核算"，场部对各核算单位的"四定"指标实行总额控制，允许基层核算单位在年度总指标内有支配生产和资金的自主权。

第十五届职工代表大会 于 1979 年 11 月 16—18 日在场部召开，到会正式代表 256 人，列席代表 19 人。大会由场党委副书记兼副场长马培凯作 1979 年工作总结报告，副场长李涯向大会作农场基本规章制度的说明，场财务科长张振亚作《关于 1980 年企业经营管理"财务大包干""四定一奖"奖惩办法》的说明，经大会表决一致通过各项交付讨论的方案。最后，场党委书记赵恒生作总结报告。

第十六届职工代表大会第一次会议 于 1980 年 11 月 24—29 日在场部召开，由李涯副场长作题为《为夺取 1981 年扭亏为盈战斗的全面胜利而奋斗》的工作报告。大会在讨论工作报告的同时，分组讨论和审议场部提交大会的《1981 年经营管理办法》和场工会提交大会的《国营良圻农场为四化立功受奖实施办法》。大会原定开 4 天，后因有关方案在讨论中代表们意见分歧较大，大会延期 2 天继续讨论修订，最后原则通过了 1981 年经营管理办法，一致通过为四化立功受奖实施办法。

第十六届职工代表大会第二次会议 于 1981 年 5 月 12 日在场部召开，大会的中心任务是根据中共中央〔1980〕75 号文件和自治区农垦局指示精神，讨论研究重新修订上次职代会通过的《1981 年经营管理办法》。经修订后提交大会讨论审议，最后经表决通过，场部形成文件下达全场实施。

第十七届职工代表大会第一次会议 于 1982 年 12 月 20 日在场部召开，到会代表 133 人，大会成立主席团主持会议。场党委副书记兼副场长马培凯向大会作《进一步完善岗位经济责任制，为不断提高经济效益而奋斗》的工作报告，副场长苏日炎作关于编制《1983 年生产经营责任制实施方案》的说明，场党委书记赵恒生作大会总结报告。大会期间，代表们根据国务院〔1982〕117 号文件精神，联系实际讨论通过了 1983 年以包、保、协、核、奖、惩为内容的联产计酬的经济责任制，讨论制订了《关于职工请假制度》《关于职工家庭养猪、种植自用地的决定》《关于基建、水利材料管理的规定》《关于林木管理的规定》《环境卫生管理办法》。上述文件经职代会审议表决通过，下文实施并上报自治区农垦局。本次代表大会出了会议简报，在4天的会议中，共编印了《职代会简报》5期，编发职代会信息86条。

　　第十七届职工代表大会第二次会议　于1983年12月24—26日在场部召开，到会正式代表140人。由李洭副场长致开幕词，苏日炎副场长作工作报告，财供科负责人作关于编制1984年生产经营责任制方案的说明，农场规划工作负责人叶介山作关于农场总体规划的报告。与会代表分组讨论、审议上述各项报告和方案，最后表决通过了工作报告、生产经营管理方案和总体规划方案。

　　第十八届职工代表大会第一次会议　于1984年12月11—14日在场部召开，到会正式代表113人，特邀代表23人，大会成立主席团主持会议。大会由场党委副书记任汝民致开幕词，场长刘达人向大会作了《总结经验，提高认识，锐意改革，为办好职工家庭农场，开创我场建设新局面而努力奋斗》的工作报告，场长助理苏日炎作关于编制1985年经营管理方案及生产、财务计划的说明，场党委书记黄昌成作了总结报告。大会讨论通过了场长工作报告及《国营良圻农场一九八五年经营管理实施方案》。

　　第十八届职工代表大会第二次会议　于1985年12月14—16日在场部召开，到会代表92人。场长刘达人向大会作《关于1985年的工作总结》的报告，场长助理苏日炎作关于制订1986年经营管理实施方案的说明。在三天的会议中分组讨论了工作报告和1986年度的经营管理方案，与会代表经过讨论和审议，一致通过并作出相应的决议。

　　第十九届职工代表大会第一次会议　于1986年12月13—20日在场部召开，到会代表129人，特邀代表13人。大会成立主席团主持会议，场长刘达人向大会作题为《认真贯彻落实中央8号文件，坚持把改革开放居于首位，狠抓两个文明建设，团结奋斗，再展宏图》的工作报告，财务科长何冠球作《关于1986年财务计划执行情况和1987年财务计划》的说明，场办公室主任林乃正作《关于1987年经营管理实施方案》的说明，副场长任汝民作《关于场规民约》的说明，场党委书记黄昌成作《关于干部工作、学习、考核、奖惩制度》的说明。大会期间，传达贯彻了中共中央、国务院批转农牧渔业部《关于农垦经济体制改革的报告》，民主评议了场级领导干部，民主推选了参加"农场管理委员会"的职工代表成员。会议分组讨论并审议通过了《国营良圻农场经营管理实施方案》《国营良圻农场场规民约》《国营良圻农场干部工作、学习、考核、奖惩制度》等文件，并通过了相应的决议。场党委书记黄昌成作大会总结。

第十九届职工代表大会第二次会议 于 1987 年 12 月 28—30 日在场部召开，到会代表 117 人，特邀代表 30 人。大会由副场长雷兆坚致开幕词，场长刘达人向大会作《认清形势，解放思想，增强信心，深化改革建设有中国特色的社会主义国营农场》的工作报告，场财务科长何冠球作《1987 年财务计划执行情况及 1988 年的财务预算》的说明，副场长林乃正作《关于 1988—1990 年经营管理实施方案》的说明，场党委副书记陈耀礼作《关于小城镇建设规划和职工住房改革问题》的说明，党委书记黄昌成作大会总结。会议期间，自治区农垦局办公室主任胡谊卿到会指导工作。到会代表对大会的几个报告和方案文本进行讨论和审议，部分代表并和场领导进行了民主协商对话。大会一致通过和批准了上述报告和方案，分别形成了相应的决议。大会还专项讨论通过了《国营良圻农场职工代表大会条例实施细则》。

第二十届职工代表大会第一次会议 于 1989 年 1 月 10—12 日在场部召开，到会代表 102 人，特邀代表 25 人。大会期间，自治区农垦局局长黄道业、横县总工会副主席黄廷芳、农场常年法律顾问荣宁、王和平到会指导工作。副场长林乃正致开幕词，场长刘达人作《全面深化改革，稳定发展经济，为夺取改革和建设的新胜利而共同奋斗》的工作报告，财务科长何冠球作《关于财务工作情况》的说明，场党委副书记兼工会主席陈耀礼代表参加场管会的职工代表向大会汇报工作，场经营管理办公室副主任韦吉甫作《关于1989—1990 经营管理实施方案》修改情况的说明，场党委书记黄昌成作了大会总结，场党委副书记兼工会主席陈耀礼致闭幕词。与会代表对上述报告和提交大会的几个实施方案进行审议，一致表示同意并通过了相应决议。大会还选出参加场管会的职工代表 5 名以及职代会三个专门工作机构（评议监督小组、生活福利小组、生产经营小组）成员。大会期间，部分代表与场党政领导进行了民主协商对话，就生产建设、经营管理、生活福利和文教卫生等方面进行恳谈。

第二十届职工代表大会第二次会议 于 1990 年 1 月 18—19 日在场部召开，到会代表 103 人，特邀代表 32 人。横县总工会副主席宁明光到会指导工作。黄昌成场长作《在治理整顿中发展，在深化改革中完善，为夺取我场两个文明建设的新胜利而奋斗》的工作报告，财务科长何冠球作《关于 1989 年财务计划执行情况和 1990 年财务计划》的说明，副场长林乃正作《1988 年度工效挂钩职工工资升级实施情况》的报告，副场长任汝民作《关于继续推进治理整顿和深化改革的若干措施》的报告。场党委书记陈耀礼作了大会总结。到会代表对几个报告和方案进行讨论、审议，最后表决通过。大会还讨论通过了《关于继续推进治理整顿和深化改革的若干措施》的文件，并确认《1988 年度工效挂钩职工工资升级实施办法》。

第二十一届职工代表大会第一次会议　于 1991 年 1 月 9—12 日在场部召开，这次大会的代表具有双重身份，既是第七次工会会员代表大会代表，又是二十一届职工代表大会代表。到会正式代表 112 人，列席代表 35 人。会议分两个阶段进行，先开工代会，接着开职代会。场长黄昌成在职代会上作题为《统一思想，树立雄心，坚定方向，求实奋进》的工作报告。财务科长何冠球作《关于 1990 年财务决算及 1991 年财务预算情况》的报告。场工会主席陈耀礼代表参加农场管理委员会的职工代表向大会汇报工作。场经营管理办公室主任李震作《关于经营管理方案修改情况》的说明，财务科长何冠球作《关于经营承包制实施办法》的说明，场长黄昌成作《关于第二轮场长任期目标》的说明。场党委书记陈耀礼作大会总结。大会期间，代表们对上述报告和方案进行审议及提出修改意见，最后大会代表表决通过并形成相应的决议。大会民主选举了参加场管会的职工代表及三个专门工作小组的成员。

第二十一届职工代表大会第二次会议　于 1991 年 7 月 29—30 日在场部召开，到会正式代表 125 人，列席代表 34 人。本次大会成立 18 人的主席团主持会议。7 月 29 日，全体代表听取了场党委书记兼场长黄昌成作关于 1991 年上半年的工作总结报告；听取总会计师何冠球关于编制"十年规划八五纲要"的说明，听取了副场长雷兆坚作关于修改《场规民约》和制订《职工治安管理守则》的说明。7 月 30 日，大会分组讨论、审议、修改十年规划"八五"计划纲要和《场规民约》《职工治安管理守则》。大会最后表决批准了《国营良圻农场经济和社会发展十年规划和"八五"计划纲要》《场规民约》《职工治安管理守则》，并通过了相应的决议。

第二十一届职工代表大会第三次会议　于 1992 年 1 月 10—11 日在场部召开，到会正式代表 124 人，列席代表 35 人。大会听取了场长黄昌成作题为《总结经验找差距，冲出困境求发展》的工作报告，场财务科长莫春姣作《关于 1991 年财务计划执行情况和 1992 年度财务计划》的报告，场经营管理办公室主任李震作《关于 1991—1993 年经营管理方案》的部分条文修正案的说明，场工会主席陈耀礼作关于民主考核干部工作汇报和关于提案工作的说明。代表经过讨论和审议，对 1991 年实现利润 330 万元，获得甘蔗总产量 100720 吨表示满意，同意 1992 年的生产、财务计划和为实现工作任务所采取的措施，并批准了 1991—1993 年经营管理方案部分条文修正案。代表们对全场干部开展民主考评方法和考评结果表示满意。大会对各项报告和提交大会的各项方案通过了相应的决议。

第二十一届职工代表大会第四次会议　于 1992 年 5 月 19—20 日在场部召开，参加会议的正式代表 143 人，列席代表 42 人。场长黄昌成向大会作工作报告，场劳资科副科长梁大桐作 1989—1990 年效益工资升级实施办法说明，副场长何冠球作职工住房改革暂行办法补充规定说明，场工会副主席陆敏基作编制社会主义劳动竞赛方案说明。代表们对黄昌成关于 1991 年工作的全面总结，认为是实事求是的；对梁大桐提交大会的效益工资实施方案，是符合企业法原则精神的，表示同意 1989—1990 年效益工资升级实施办法。对何冠球提交大会关于职工住房改革暂行办法补充规定，认为是符合农场客观实际的，大家一致通过这个补充规定条文。代表们讨论了陆敏基提交大会的社会主义劳动竞赛方案并听取了他的说明，认为开展社会主义劳动竞赛，是发展社会生产力和提高企事业经济成效的好办法，同意在农场开展活动，并批准了这个劳动竞赛方案。大会对各项报告及提交大会的方案文本进行表决，一致通过，作出了相应的决议。

第二十一届职工代表大会第五次会议　于 1993 年 1 月 8—9 日在场部召开，出席代表 119 人，列席代表 37 名，会议由场工会主席陈耀礼主持，黄昌成作《以市场为导向，在转换经营机制中不断提高企业的经济效益》的工作报告，场财务科科长莫春姣作关于《1992 年财务计划执行情况和 1993 年度财务计划》的财务报告，场办公室主任方灵作《1991—1993 年经营管理方案部分条文修正案》的说明。代表们对各项报告和提交大会的方案文本进行讨论。认为过去的一年，良圻农场生产经营、工农业产值最高，经济效益最差、灾害最重、困难最多。全年亏损总额达 324.8 万元，是建场以来亏损额最大的一年，也是自农场经济体制和领导体制改革以来的头一次亏损，应引起全体职工重视。大会对各项报告和提交大会的方案进行审议，一致通过黄昌成的工作报告，原则同意莫春姣科长财务决算和财务预算方案；原则批准经营管理方案的部分条文修正案，并通过了相应的决议。

第二十一届职工代表大会第六次会议　于 1993 年 5 月 17—18 日举行例会，出席代表 120 人，列席代表 39 名，场党委书记、场长黄昌成在会上作了题为《增强市场意识，弘扬先进精神，推进企业发展》的重要讲话。会议主要审议通过《实施"全民所有制工业企业转换经营机制条例"方案》《1993 年企业浮动转固定工资升级实施办法》《公费医疗改革管理方案》，何冠球、梁大桐、张庆文 3 人就上述方案的编制作了说明。代表们对提交大会的方案文本进行讨论和审议，大会一致通过了《实施"全民所有制工业企业转换经营机制条例"方案》和《1993 年企业浮动转固定工资升级实施办法》；原则通过了《公费医疗改革管理方案》，并通过了相应的决议。

第二十二届职工代表大会第一次会议　于 1993 年 12 月 16—18 日在场部召开，出席代表 119 人，列席代表 37 名，自治区农垦局副局长候兆强、农垦局劳动人事处副处长、农垦工会副主任莫永坚到会指导。会议由场工会主席陈耀礼主持，副场长林乃正致开幕词，党委副书记闭水木致闭幕词。场长黄昌成向大会作了题为《增强市场意识，在深化改革中加速农场经济发展》的工作报告；财务科长莫春姣作《1993 年财务计划执行情况和 1994 年度财务计划》的报告；提交大会表决的方案文本有《良圻农场财务管理办法》《1994—1996 年经营管理方案》以及《1993 年度民主评议和考核干部汇报》等，经分组讨论、审议后由大会付诸表决，通过了场长黄昌成的工作报告、科长莫春姣的财务决算和预算报告，通过了《1994—1996 年经营管理方案》《1993 年度民主评议和考核干部汇报》，并作出了相应的决议。大会选举了参加农场管理委员会的职工代表，选举了职代会生产经营小组，生活福利小组、评审监督小组成员。

第二十二届职工代表大会第二次会议　于 1994 年 5 月 18 日在公司总部召开，出席代表 119 人，列席代表 40 名，特邀代表 9 名。上午，出席会议的全体 168 名代表，参加了广西农垦良圻实业总公司成立庆典，下午召开大会，总公司董事长黄昌成向职代会作了题为《为建立现代企业制度发出更大的热和光》的工作报告。黄昌成场长总结了过去一年的生产经营成果，实现利税总额 885.6 万元，全员职工创利税 2844.8 元。他高度评价广西国营良圻农场顺利完成公司制改组。场党委副书记兼工会主席陈耀礼向大会作关于选举进入"三会"（董事会、监事会、劳动争议调解委员会）的职工代表的说明，大家一致同意所提出的选举办法。最后，大会选举进入董事会、监事会的职工代表各一名，选举进入劳动争议调解委员会的职工代表 4 名。

第二十二届职工代表大会第三次会议　于 1994 年 12 月 23—24 日在公司总部召开，出席代表 112 人，列席代表 24 名，特邀代表 4 名。总公司党委副书记、工会主席陈耀礼主持大会开幕，总公司副董事长、副总经理杨顺广致开幕词，总公司董事长兼总经理黄昌成向大会作了题为《坚持农工商全面发展，走良圻经济发展的道路》的工作报告。总公司财务部长莫春姣作《关于 1994 年财务计划执行情况和 1995 年度财务计划》的报告，总公司副总经理何冠球向大会作关于《1994—1996 年经营管理方案部分条文修正案》的说明，总公司工会副主席陆敏基向大会作关于《全员劳动合同制实施办法》的说明。代表们对 1994 年获得的良好经济效益表示满意，同意 1994 年的财务决算和 1995 年的财务预算，批准关于 1994—1996 年经营管理方案部分条文修正案，一致通过《全员劳动合同制实施办法》，大会并通过了相应的决议。

第二十二届职工代表大会第四次会议　于 1996 年 1 月 5—6 日在公司总部召开，大会出席正式代表 111 名，列席代表 35 名，大会听取并审议了总经理杨顺广作题为《迈出新步伐，走农工商全面发展道路》的工作报告，计划财务部长宁庆才作关于《1995 年财务计划执行情况和"九五"财务计划》的报告，副总经理何冠球作关于《1994—1996 年经营管理方案部分条文修正案》的说明，工会主席陈耀礼作关于 1995 年度民主评议考核干部的书面汇报。大会通过了杨总经理的工作报告、财务工作报告、经营管理方案部分条文修正案和民主考评管理干部的书面汇报，并形成了相应的决议。总公司董事长、党委书记黄昌成向大会作了题为《团结拼搏，负重奋进，为夺取1996年的胜利而努力》的大会总结讲话。

第二十二届职工代表大会第五次会议　于1996年7月19日召开，出席代表103名，总公司董事长黄昌成向大会作了《广西农垦良圻实业总公司建立现代企业制度试点方案》的说明，工会主席陈耀礼作关于《集体合同》草案的说明。代表们在审议中认为，《试点方案》及附件8个配套方案文本，其指导思想、原则、总目标发展方向是正确的，试点的内容是符合实际的，实施的步骤安排是切实可行的；《集体合同》立足于本公司现有条件，内容和订立的条款是依据《中华人民共和国劳动法》对劳动关系双方的规范，是稳定劳动关系的重要举措。经大会表决，通过了《试点方案》，批准了《集体合同》，并作出了相应的决议。最后，大会举行《集体合同》签字仪式，总公司法定代表人黄昌成代表总公司、总公司社团法定代表人陈耀礼代表全体职工，分别在《集体合同》上签字。

第二十三届职工代表大会第一次会议　于1997年1月4—5日召开，大会出席代表117名，列席代表28名，大会主席团执行主席陈耀礼、刘小飞分别主持大会。会议主要议程是：听取杨顺广总经理作《推进两个根本性转变，实现新的经济增长点》的工作报告，听取总公司计划财务部长宁庆才作关于《1996年财务计划执行情况（含业务招待费使用情况）和1997年财务计划》报告，听取副总经理何冠球关于编制《1997—1998年度经营管理方案（草案）》的说明及关于《公费医疗制度改革方案》的说明，听取公关部副部长方灵作《关于小城镇建设、职工住房管理办法（草案）》的说明，全体代表分组讨论、审议提交大会的各项报告、方案文本，经大会表决一致通过，最后形成了相应的决议。

第二十三届职工代表大会第二次会议　于1997年10月9日召开，主要内容是听取总公司领导班子述职，并给予测评，工会主席陈耀礼主持大会。大会先由总公司董事长、总经理杨顺广向大会报告领导班子三年来履行职责的情况，接着由领导班子成员杨顺广、陈耀礼、刘小飞、何冠球、吴志君、闭水木、雷兆坚、黄太锐、王树初、覃奇茂分别述职；然后，领导干部离开会场，由中层领导、职工代表分两次对领导班子各成员"背对背"测评。参加对总公司领导班子及成员测评的中层领导61人，职代会代表103人。此次职代会测评是：领导班子团结协作，民主决策；锐意进取，开拓创新；维护企业利益，关心群众生活；坚持两个文明一起抓。存在的问题是企业内部改革尚欠力度，对科技兴农抓得不够力，"两手抓"的问题还没有从根本上解决。10名总公司现职领导，获得优秀率60％以上的有 4 人。总公司考评领导小组已综合考评情况，分别写出对领导班子及其成员的评价材料，上报区农垦局，并向领导班子及其成员反馈。

第二十三届职工代表大会第三次会议 于 1998 年 5 月 28 日在总部召开，出席会议正式代表 101 名，列席代表 22 名。大会的主要内容：一是听取和审议杨顺广总经理作《解放思想，实事求是，努力实现改革与发展的新突破》的工作报告；财务部长宁庆才作《关于 1997 年财务计划执行情况及 1998 年财务预算》的报告，并通过相应的决议。二是听取副总经理何冠球作《关于"五小"企业改制意见的说明》；审议总公司《关于全心全意依靠职工办企业的暂行规定（草案）》，并通过相应的决议。大会对杨总经理的工作报告进行讨论和审议，认为对 1997 年的总结是实事求是的，对今后的工作计划是切实可行的，大家一致通过杨总经理工作报告和财务决算的报告。在审议总公司《关于对"五小"企业改制意见》时，认为对造纸厂、大修厂、商业公司和开发公司，分别实行转让、招租承包、国有民营和全面整顿等措施，是正确和必要的，一致同意总公司对"五小"企业的处置意见。大会根据议程安排，还分别审议了《1997 年度民主评议考核管理干部工作汇报》《全心全意依靠职工群众办企业的暂行规定》以及《关于实施畜牧股份合作制方案》。经分组讨论并经大会表决，大会一致通过《1997 年民主评议考核管理干部的工作汇报》和《关于全心全意依靠职工群众办企业的暂行规定》。大会批准了《关于实施畜牧股份合作制的方案》。

第二十三届职工代表大会第四次会议 于 1999 年 6 月 4 日在总部召开，出席会议正式代表 110 名，列席代表 20 名。会议的主要内容：一是进行深化三项制度改革的动员，二是民主推荐公司级及中层以上管理人员人选。总公司党委书记兼工会主席陈耀礼作了题为《深化三项制度改革，促进企业健康发展》的动员报告。代表们对陈耀礼的报告表示赞成和支持。最后经过酝酿，大会采用无记名投票方式，推荐总公司领导干部人选及各部门领导人选，由总公司分别将候选人名单上报自治区农垦局和提交总公司人事部门考核任用。

第二十三届职工代表大会第五次会议 于 1999 年 7 月 20 日在总部召开，出席会议正式代表 110 名，列席代表 17 名。总公司董事长、总经理何冠球向大会作题为《深化企业改革整顿，实现改革、发展、稳定的协调发展》的工作报告；财务部长宁庆才作《关于 1998 年财务计划执行情况及 1999 年财务预算》的报告；党委书记、工会主席陈耀礼作《深化三项制度改革实施方案》《全员劳动合同制实施细则》《企务公开民主监督暂行规定》的说明；总公司民主考评领导小组作《关于 1998 年民主评议考核领导班子及中层以上领导干部工作的汇报》的书面报告，分别进行讨论、审议，一致表决通过，并作出了相应的决议。

第二十四届职工代表大会第一次会议 于 2000 年 6 月 22—23 日召开，出席会议正式代表 103 名，列席代表 20 名，特邀代表 7 名。6 月 22 日，大会正式开幕，总公司总经理何冠球向大会作题为《抓管理，重科技，不断深化改革，促进企业稳步发展》的工作报告，财务部长韦吉甫作《关于 1999 年财务计划执行情况及 2000 年财务计划》的报告，总部办公室副主任李震作《总公司 2000—2002 年经营管理方案》编制的说明，总公司副总经理吴志君作《关于畜牧水产公司改制方案》的说明，总公司考评领导小组提交《关于民主评议中层以上领导干部》的书面汇报。6 月 23 日，总公司董事长何冠球代表领导班子向职工代表作述职报告，总公司的 10 名党政工领导分别向大会的职工代表述职。代表们经过酝酿、讨论和审议，通过大会表决，通过了何董事长的工作报告，同意 2000 年的生产、财务计划和为实现计划所采取的措施，批准了总公司《2000—2002 年经营管理方案》，通过了《畜牧水产公司改制方案》以及民主考评总公司领导班子及中层以上领导干部工作的汇报，并通过了相应的决议。

第二十四届职工代表大会第二次会议 于 2001 年 4 月 20 日召开，参加会议的正式代表 96 人，列席代表 25 人，邀请代表 10 人。大会主席团执行主席刘小飞主持大会，大会主要议程：一是听取审议何冠球总经理的工作报告、年度财务（含业务经费使用情况）报告、民主考评工作汇报，并通过相应的决议；二是总公司党政领导班子及成员向职代会述职、推荐公司级后备干部。根据议程安排，总经理何冠球向大会作了《抓住机遇，加快发展，注重生产科技，提高效益》的工作报告，财务部长韦吉甫向大会作《2000 年财务计划执行情况和 2001 年财务计划的报告》的报告，办公室主任李震作《关于"十五"计划编制情况的说明》，总公司民主考评干部领导小组向大会作《民主评议考核工作汇报》（书面），大会对上述各项报告和提交大会的方案文本进行审议，并作了相应的决议。总公司党委书记兼工会主席陈耀礼作了大会总结。

第二十四届职工代表大会第三次会议 于 2002 年 5 月 20 日召开，参加会议的正式代表 91 人，列席和邀请代表 34 人。大会于上午 8 时开幕，董事长、总经理何冠球向大会作题为《真抓实干，勇于创新，努力提高企业竞争力》的工作报告，总公司财务部长韦吉甫作《关于 2001 年财务计划执行情况和 2002 年财务计划的报告》的报告，大会代表审阅了《民主评议考核工作汇报》（书面），听取了各部、室及车间正职领导向职代会作述职报告。代表们对上述各项报告进行讨论和审议，经大会表决作出了相应的决议。大会最后通过了推荐公司级后备干部名单。

第二十五届职工代表大会第一次会议 于 2003 年 6 月 16—17 日在总部召开，参加会议的正式代表 85 人，列席代表 18 人，邀请代表 7 人。这次大会是畜牧业、制糖业相继分立后，总公司单独召开的职代会。大会听取了董事长、总经理陈耀礼作《摆脱困境，创新发展，以新思想指导新实践，全面建设农场小康社会》的工作报告，财务部长雷成群作《关于 2002 年度财务计划执行情况和 2003 年度财务计划的报告》，生产经营部部长玉子应作《2003—2005 年经营管理方案》编制的说明，审阅了民主评议考核工作的书面汇报和关于各单位实施"双文明"责任状情况的书面汇报。大会对上述各项报告和提交大会的方案文本进行讨论审议，通过了陈耀礼的工作报告；原则批准 2003—2005 年经营管理方案；大会通过了民主推荐场级后备干部人选。

第二十五届职工代表大会第二次会议 于 2004 年 9 月 25 日在场部召开，参加会议的正式代表 83 人，列席代表 14 人，邀请代表 9 人，大会成立 15 人的主席团主持会议。蔡卓钢场长向大会作了题为《突出甘蔗主业地位，积极实施结构调整，努力实现增产增收》的工作报告，财务部长雷成群作《关于 2004 年度财务计划制订》的情况说明，农场民主评议考核工作领导小组向大会提交关于民主评议考核中层以上管理人员的汇报（书面）材料，审议了关于 2004 年度分场管理人员收益分配方案修正案。上述各项报告及提交大会的方案文本，经代表们讨论，经大会表决一致通过，并形成了相应决议。

第二十五届职工代表大会第三次会议 于 2005 年 6 月 20 日在场部四楼会议室召开，出席正式代表 79 人，列席代表 16 人，邀请代表 10 人。大会听取蔡卓钢场长作《克服困难，真抓实干，加快发展》的工作报告，听取了财务部长雷成群关于《2004 年度财务计划执行情况和 2005 年度财务计划》的报告，审议了农场民主评议考核工作领导小组提交大会的《关于 2004 年度民主评议各级管理人员情况》的报告（书面），场工会主席蒙振国作地膜覆盖劳动竞赛总结讲话。代表们对各项报告和方案文本分别进行审议，经大会表决一致同意蔡卓钢的工作报告、雷成群的财务报告和场民主评议考核工作领导小组的考评工作报告（书面），最后形成了相应的决议。

第二十五届职工代表大会第四次会议 于 2006 年 10 月 18 日在场部召开，出席大会的正式代表 76 人，列席代表 25 人。大会听取场长蔡卓钢作《整合资源，优化产业结构，实现农场经济跨越》的工作报告，科长玉子应作《2005—2008 年经营管理方案部分条文修正案》的说明，农场民主评议考核工作领导小组作《关于民主评议管理人员》的工作报告（书面），场长蔡卓钢作关于员工合理化建议实施情况的通报。大会对各项报告进行充分讨论，同时审议了提交大会的《关于土地连片承包经营方案》和《关于农场城镇化建设管理规定》。经大会表决，大会代表原则同意各项报告和提交大会的方案文本，并形成了相应决议。最后，场党委书记、制糖公司董事长潘希初作总结报告。本次职代会由场长蔡卓钢代表企业，场工会主席蒙振国代表全体职工，双方签订了集体合同。

第二十六届职工代表大会第一次会议 于 2007 年 5 月 28 日在场部召开，出席大会正式代表 76 人，列席代表 22 人，列席劳模 8 人，邀请代表 2 人。党委副书记陈正辉主持大会，工会副主席杨秀南作职代会代表说明，场长覃国平作题为《狠抓糖料基地建设，强化企业内部管理，努力创建富裕文明和谐新农场》的工作报告，财务结算中心主任雷成群作《关于 2006 年度财务计划执行情况和 2007 年度财务计划制订情况》的报告，会上进行《关于 2006 年度民主评议各级管理人员》的报告的书面汇报；副书记陈正辉宣读表彰通报，对一批先进单位、集体和劳模、先进生产（工作）者进行颁奖，场党委书记、制糖公司董事长潘希初作总结讲话。

第二十六届职工代表大会第二次会议 于 2007 年 8 月 15 日在场部召开，出席大会正式代表 76 人，列席代表 19 人，工会主席蒙振国主持大会，场长助理洪陈宣读自治区农垦局税费改革文件，场长覃国平作《广西农垦国有良圻农场深化税费改革实施办法》的说明，副书记陈正辉宣读《深化改革实施办法决议》，代表们通过了决议，场党委书记、制糖公司董事长潘希初作总结讲话，大会在雄壮的《国际歌》声中圆满结束。

第二十六届职工代表大会第三次会议 于 2008 年 5 月 13 日在场部召开，出席大会正式代表 73 人，列席代表 23 人，列席劳模 7 人，工会主席蒙振国主持大会，场长覃国平作《解放思想，更新观念，扎实工作，与时俱进，努力实现农场经济社会又好又快发展》的工作报告，财务结算中心副主任黄凤梅作《关于 2007 年度财务计划执行情况和 2008 年度财务计划制订情况》的报告，会上进行了"双文明"建设考核情况和员工合理化建议落实情况书面汇报，并民主测评场领导班子及成员，傅业安副书记宣读表彰通报，对先进单位、集体和劳模进行颁奖，副场长刘太福宣读工作报告和财务工作报告决议，代表们表决通过《决议》，傅业安副书记作总结讲话。

第二十七届职工代表大会第一次会议 于 2009 年 4 月 22 日在场部召开，出席大会正式代表 70 人，列席代表 17 人，列席劳模 6 人，工会主席蒙振国主持大会，场长覃国平作题为《认清形势，坚定信心，积极进取，迎接挑战，深入学习实践科学发展新目标而奋斗》的工作报告，财务部部长黄凤梅作《关于 2008 年度财务计划执行情况和 2009 年度财务计划制订情况》的报告，覃国平场长作经营管理方案修改说明，会上进行《2008 年度民主评议各级管理人员总结，员工合理化建议实施情况》的书面汇报，并民主测评场领导班子和成员，分 4 个代表团讨论场长工作报告和经营管理方案，场长覃国平对代表们的意见作说明，副场长方灵、刘太福分别宣读场长工作报告、财务工作报告、经营管理方案决议，代表们表决通过了 3 个决议，副书记傅业安宣读表彰通报，对先进单位、集体和劳模进行颁奖，场党委书记、制糖公司董事长曹芳武作总结讲话。

第二十七届职工代表大会第二次会议　于 2010 年 4 月 28 日上午在场部召开此次职工代表大会既是农场职代会例会，又是 2009 年度的广西农垦国有良圻农场先进表彰的大会，大会组成主席团主持会议，由方灵、玉子应、刘太福、刘传群（女）、李荣娟（女）、陈明德、梁余威、黄卫、黄程、黄凤梅（女）、曹芳武、傅业安、覃国平、蒙振国、蔡卓钢 15 人组成，开幕式由执行主席兼场工会主席蒙振国主持。会议的主要任务是以贯彻落实科学发展观和 2010 年全区农垦工作会议精神为指导，全面总结 2009 年度工作，研究部署的工作任务；表彰 2009 年度先进集体和先进个人。

场长覃国平向大会报告工作。覃国平在题为《鼓足干劲，加快发展，为建设富裕文明的新农场奋勇前进》的工作报告中，全面总结 2009 年的各项工作，安排部署 2010 年的工作任务。2009 年全场较好地完成了各项指标任务，经济继续保持平衡较快发展，全场呈现经济发展好于预期，职工生活持续改善、管区和谐共赢的良好局面。报告要求 2010 年要以保持管区经济稳定较快增长为首要任务，以扩大投资规模为重点，以深化改革扩大开放为保障，以改善民生促进和谐为根本，全面实现农场科学发展观三年计划和"十一五"发展规划目标。

大会接着听取了黄凤梅部长关于财务预算的工作报告；开展民主测评场级领导班子和领导成员，最后经表决，大会通过了相应的决议。

党委副书记傅业安在大会上宣读表彰通报，先进单位代表和种蔗能手的代表在会上作典型介绍，党委书记曹芳武作大会总结报告。

第二十七届职工代表大会第三次会议　于 2011 年 4 月 29 日在场部召开，出席大会正式代表 70 人，列席代表 20 人，列席种蔗能手 3 人，工会主席蒙振国主持大会，场长覃国平作《站在新起点，实现新跨越，努力开创富裕文明和谐农场建设新局面》的工作报告；财务部长黄凤梅作《关于 2010 年度财务决算情况和 2011 年度的财务预算情况》的报告，会上进行了民主测评场领导班子及成员，副书记傅业安宣读表彰通报，对先进单位、集体和劳模进行颁奖，会议宣读《场长工作报告和财务工作报告决议》，表决通过决议，曹芳武书记作总结讲话。

第二十七届职工代表大会第四次会议　于 2011 年 11 月 3 日在场部新会议室召开，出席会议正式代表 70 名，列席代表 21 名。大会主席团由方灵、玉显凰、刘太福、刘传群（女）、肖海华、曹芳武、黄卫、黄程、黄亦干、黄桂利、傅业安、覃国平、蒙振国、蔡卓钢组成。主席团成员工会主席蒙振国主持大会，场长覃国平向大会作《广西农垦国有良圻农场 2012—2014 年经营管理方案》和《模拟股份制改革试点方案》的说明；黄程助理作解除石任同志劳动合同的说明。

代表们分四个小组讨论两个方案，代表们经过酝酿、讨论、审议，表决通过《2012—2014 年经营管理方案、模拟股份制改革试点方案和解除石任同志合同的决议》，曹芳武书记作总结讲话。

第二十七届职工代表大会第五次会议 于 2012 年 4 月 26 日上午在场部新会议室召开，出席会议正式代表 68 名，列席代表 20 名，列席劳模 6 人。大会主席团由方灵、玉子应、刘太福、刘传群（女）、李荣娟（女）、黄卫、黄程、黄凤梅（女）、曹芳武、傅业安、覃国平、蒙振国、蔡卓钢组成，工会主席蒙振国主持会议，覃国平场长向大会作《乘势而上创业绩，赶超跨越谱新篇，向 25 万吨目标奋斗，以优异成绩向党的十八大献礼》的工作报告。听取部长黄凤梅关于财务预算的工作报告，开展民主测评场级领导班子和领导成员。党委副书记傅业安在大会上宣读表彰通报，先进单位代表和种蔗能手的代表在会上作典型介绍，党委书记曹芳武作大会总结报告。

第二十七届职工代表大会第六次会议 于 2013 年 6 月 27 日在场部召开，出席大会正式代表 64 人，列席代表 19 人，列席种蔗能手 4 人，工会主席蒙振国主持大会，场长覃国平作《以党的十八大精神为指引，努力开创农场经济社会新局面》的工作报告，财务部长黄凤梅作 2012 年度财务计划执行情况和 2013 年度财务计划制订情况的报告，进行"修改计生管理暂行规定相关条文"书面汇报，民主测评场领导班子及成员；副书记傅业安宣读表彰通报，对先进单位、集体和劳模进行颁奖，代表们表决通过相关决议，曹芳武书记作总结讲话。

第二十八届职工代表大会第一次会议 于 2014 年 5 月 28 日在场部召开，出席大会正式代表 80 人，列席代表 13 人，列席种蔗能手 6 人，工会主席蒙振国主持大会，场长覃国平作《凝心聚力谋发展，开拓创新求突破，不断推动各项事业再上新台阶》的工作报告，财务部长黄凤梅作《关于 2013 年度财务计划执行情况和 2014 年度财务计划制订情况的报告》，民主测评场领导班子及成员，副书记傅业安宣读《关于表彰 2013 年度先进集体和个人的通报》，对先进单位、集体和劳模进行颁奖，会上宣读《工作报告和财务工作报告决议》《广西农垦国有良圻农场城镇建设管理办法》《关于良圻农场辖区主要道路命名的决议》《关于政策性农业保险赔偿余额抵减免 2014 年政策性农业保险的决议》，代表们表决通过相关决议，曹芳武书记作总结讲话。

第二十八届职工代表大会第二次会议 于 2015 年 4 月 29 日在场部召开，出席大会正式代表 76 人，列席代表 14 人，列席种蔗能手 7 人。工会主席蒙振国主持大会，场长覃国平作《适应新常态，抢抓新机遇，奋力推进全场经济社会全面发展实现新跨越》的工作报告，场长助理黄文宁作财务工作报告，场长覃国平作新一期经营管理方案修改说明；民主测评场领导班子及成员（书面）；刘太福副场长宣读《关于表彰 2014 年度先进集体和个人的通报》，对先进单位、集体进行颁奖，代表们审议通过《良圻农场 2015—2017 年经营管理方案》等决议，场党委书记曹芳武作总结讲话。

第二十八届职工代表大会第三次会议　于 2016 年 5 月 12 日在场部召开，出席大会正式代表 75 人，列席代表 13 人，列席种蔗能手 7 人。大会主席团成员由刘太福、吴明英（女）、吴明雄、苏万里、张廷柱、陆成福、黄卫、黄文宁、黄凤梅（女）、曹芳武、覃国平、蒙枝留、蒙振国等同志组成，工会主席蒙振国主持大会。大会听取场长覃国平作《站在新起点，向着新高度，实现新跨越，为努力完成"十三五"发展目标开好头、起好步》的工作报告，财务部长黄凤梅作财务工作报告。纪委书记苏万里宣读《关于表彰 2015 年度先进集体和个人的通报》，民主测评农场领导班子成员（书面），先进典型代表发言，大会代表审议通过场长工作报告和财务报告。场党委书记曹芳武作总结讲话。

第二十九届职工代表大会第一次会议　于 2017 年 5 月 10 日在场部召开，参加会议的正式代表 65 人，列席代表 10 人，列席种蔗能手 5 人。大会由工会主席蒙振国主持。场长覃国平向大会作了《凝心聚力谋发展，同心同德迈新程，谱写农场企业化改革发展新篇章》的工作报告，财务部长黄凤梅向大会作《2016 年财务计划执行情况和 2017 年财务预算计划的报告》，纪委书记苏万里宣读《关于表彰 2016 年度先进集体和个人的通报》，审议通过《关于 2016 年员工工资增长的决议（草案）》，民主测评农场领导班子和成员（书面）并进行先进典型发言。党委书记、场长覃国平作大会总结。

第二十九届职工代表大会第二次会议　于 2018 年 6 月 6 日在场部多功能会议室召开，出席大会正式代表 64 人，列席代表 11 人，列席种蔗能手 6 人。大会由工会主席蒙振国主持。首先听取场长覃国平作《同心同德，真抓实干，敢于担当，奋力谱写新时代农场改革发展新篇章》的工作报告，部长黄凤梅作《2017 年度财务计划执行情况和 2018 年财务预算情况报告》和生产经营收入各方面开支情况说明，纪委书记苏万里宣读《关于表彰 2017 年度先进集体和个人的通报》并进行颁奖，民主测评农场领导班子和成员（书面）；大会审议表决通过了场长工作报告和财务报告，进行先进典型发言。场党委书记、场长覃国平作总结讲话。

第二十九届职工代表大会第三次会议　于 2018 年 10 月 18 日召开，应到会正式代表 69 人，实到会正式代表 65 人，请假 4 人，工会主席蒙振国主持会议。因广西农垦进行公司制改革，把宾阳的东湖农场（原王灵农场）和黎塘氮肥厂并入良圻农场，原场长覃国平调至新兴农场任职。增补黄富宇、杨茂、刘树祺、农军、陆玩潮、江绍军 6 名新任领导为正式代表，公司筹备组副组长杨茂宣读《良圻农场有限公司改制方案》和《公司章程（草案）》，并作解读说明。与会代表一致审议表决通过《方案》和《章程》。公司筹备组组长、场党委书记、场长黄富宇讲话并提出公司下步工作设想。随后，展开农场公司制改革工作。

第二十九届职工代表大会第四次会议　于 2018 年 11 月 9 日召开，应到会正式代表 68 人，实到会 68 人，工会主席蒙振国主持会议。根据上级公司制改革需要，与会代表们一致表决通过蒙振国为职工董事、吴小梅为职工监事，党委书记、董事长黄富宇讲话。

良圻农场公司第一届第一次职代会暨 2019 年先进表彰大会　于 2020 年 4 月 28 日召开，党委副书记、工会主席蒙振国主持会议，副主席吴小梅作代表资格审查报告。各选举单位选出 73 名正式代表。党委书记、董事长曾晓吉作题为《攻坚克难，勇挑重担，奋力开创公司高质量发展新篇章》的工作报告，党委副书记、总经理杨茂解读 2020 年度经营管理方案相关问题并宣读表彰通报。会上，表彰公司 2019 年度先进单位 2 个、先进集体 2 个、劳动模范 3 人、先进生产者 22 人、先进工作者 15 人。李祖涛代表先进单位发言，吴小梅代表先进集体发言，蒙枝留代表劳模发言，蓝满英（东湖农场公司）代表先进生产者发言。党委副书记、总经理杨茂作总结讲话。

良圻农场公司第一届二次职代会　于 2020 年 6 月 30 召开，应到会正式代表 73 人，实到会正式代表 64 人，请假 9 人，党委副书记、工会主席蒙振国主持会议。与会代表选举吴小梅（女）、周少平（女）、杨喜南（归侨）、曾晓吉、覃春燕（女）、蒙振国 6 位同志为广西农垦集团工会第一届会员代表；选举玉显凰、吴小梅（女）、杨茂、杨喜南（归侨）、曾晓吉、覃立恩（东湖农场公司）、蒙振国 7 位同志为广西农垦集团第一届职工代表大会代表。

良圻农场公司第一届三次职代会　于 2021 年 2 月 5 日召开，应到会正式代表 73 人，实到会代表 69 人，请假 4 人，会议由党委副书记、工会主席蒙振国主持。公司党委书记、董事长曾晓吉作《改革创新增活力 稳中提质促发展 持续推进良圻农场公司转型升级高质量发展》的工作报告。通过《良圻农场公司 2021 年度经营管理方案》决议和《良圻农场公司集体合同》决议。

良圻农场公司第一届四次职代会　于 2021 年 4 月 26 日召开，会议应到会正式代表 73 人，实到会 67 人，请假 6 人。会议由党委副书记、工会主席陈有志主持，通过陈有志为职工董事的决议。

良圻农场公司第一届五次职代会　于 2022 年 2 月 11 日召开。会议由党委副书记、工会主席陈有志主持。为落实疫情防控要求，会议分为三个小组依次召开，公司领导班子成员及职工代表 71 人参加了会议。大会审议表决通过《增补和免去部分职工代表》《选举推荐农垦集团公司职工监事候选人》《推荐公司工会为广西工人先锋号》《土地经营管理办法实施细则（试行）》等四项决议。

第五编

企业管理

中国农垦农场志

第一章　劳动管理

第一节　劳动用工

良圻农场在创建初期的劳动管理，主要按照农业部颁布的国营农场组织规程，推行编制定员和劳动定额的劳动管理制度，控制劳动用工过程职工人数的无序增长。1958 年，全国性的"大跃进"运动开始后，突破了农场劳动定员、劳动定额的用工制度。1961 年 3 月，良圻公社同志村小队并入农场，全村（小队）主要劳动力 67 人转为农场试用工，国家承认其由集体所有制转为全民所有制身份。1962 年以后，农场承担了安置复退军人和社会青年的劳动就业安排；接受了招收知识青年为农场职工的任务，农场职工人数大量增加。从 20 世纪 60 年代后期起，良圻农场在劳动力管理上实行"自然增长"制度，即职工子女到达就业年龄以后，由农场根据生产需要，自行安排符合招工条件的职工子女参加工作，同时，招进符合条件的职工配偶为农场工人，国家承认他们为全民所有制国家职工身份。从 20 世纪 80 年代以来，"自然增长"劳动力就增加了 390 多人。自兴办职工家庭农场后，职工子女的"自然增长"已不适应农场的劳动用工需要，用工形式变为多渠道、多层次、多方面的就业安排。

1972 年，为解决有的分场农工劳动力不足和农场学校师资缺乏问题，农场对一部分订有生产承包合同，本人愿意迁来农场、符合条件的原农村劳动力，办理"农转非"手续。当年共有 417 人办理了手续迁移到农场，其中一部分到学校任教。

农场经济体制改革和领导体制改革后，劳动管理引入竞争机制，实行劳动优化组合，场属各单位定额、定员编制内的缺额，由用人单位制定补员计划，由场部协调增补，规范了农场的劳动用工制度。

2018 年 10 月，根据广西农垦局、广西农垦集团公司的部署，农场进行体制改革，由全民所有制改为公司制，农场公司根据上级的指导意见，按照党管干部、结构调优、遵循大部制原则设置管理岗位和管理人员职数，农场公司（包括东湖和黎氮）全部管理人员均进行竞聘上岗，实行动态管理，建立起能上能下、能进能出、工资能升能降的用人机制。

根据中共中央、自治区关于深化国企改革，建立国有企业领导人员分类分层管理制度，实行与社会主义市场经济相适应的企业薪酬分配制度，深化企业内部用人制度改革的工作意见及集团相关决策部署，公司贯彻落实推行经理层任期制和契约化管理工作，通过对企业经理层成员实行任期管理和建立契约关系，以协议约定开展年度和任期考核，并根据考核结果兑现薪酬和实施聘任（或解聘）的经理层任期制和契约化管理方式。2021 年 9 月公司法定代表人与公司经理层成员共 9 名签订了《岗位聘任协议书》《经理层成员 2021 年度经营业绩责任书》《经理层成员任期经营业绩责任书》。

第二节　劳动报酬

建场以来，良圻农场实行过多种劳动报酬形式。建场初期，农牧工人按 7 个等级发工资，以货币形式，月底发放。其计算方法是月薪日计，即把本人等级工资，除以 25.5 天，得出日工资标准，再乘以实际出勤天数计发。场行政管理人员、技术人员、勤杂人员、机务人员则按其本人职别、级别实行月薪制。在农场实现公司制改造前，基本沿用这种劳动报酬形式。当时各类人员的工资报酬都不高，一直维持低标准的生活水平，但他们都有艰苦奋斗的精神，为农场的建设和发展作出了贡献。

1959 年以后，农工实行"三包一奖四固定"的劳动报酬形式，即按基本工资加奖励或处罚，这种计酬方法，在一定程度上调动了生产工人积极性，比等级工资固定发放前进了一步。"文化大革命"一开始，就批判这种劳动报酬形式是"管、卡、压"，被取消了，又恢复了等级工资制。

1972—1975 年实行评工记分的报酬形式，即按全体农工的工资总额评工记分，按工分分配。工分制的实行，生产劳动与分配联系紧密，职工的劳动积极性有所提高，但因为工分的多少不能反映农产品产量的多少，职工追求的是工分，不是产量，加上评分又不尽合理，其中还有"政治工分"，工分虽然多了，工分值却下降了，农场的生产并不理想，从 1976 年起，又执行以月薪日计酬的支付办法。

1981 年开始，农场实行承包到劳动者的联产计酬责任制。实行联产计酬的职工，取消原等级工资，保留粮食差价及副食品补贴，预借生活费，职工分配收益的多少随他创造的劳动成果上下浮动，提高了职工的积极性和企业的经济效益，但最终还没有解决职工的生产经营自主权问题。

从 1984 年起，开始兴办职工家庭农场，职工的收益除了按合同规定应上交农场的产品和费用以外，其他收益归职工所得。20 多年来，职工家庭农场不断完善，职工劳动报酬和经营成果紧密联系在一起，完全打破"大锅饭"的管理模式。

农场农业工人承包农场土地自主经营，定额上交，自负盈亏，实行家庭承包联产计酬制。农场管理人员工资收入由基本工资和绩效工资两部分组成，工资收入随职务（岗位）的变动而变动，易岗易薪。2020年员工薪酬实行工资总额管理，集团公司负责制定二级公司工资总额管理制度，并按照企业管理层级，逐级落实工资总额管理职责。集团公司对二级公司实行总体调控管理并核定工资总额。在集团公司核准额度内，二级公司依法依规自主决定内部薪酬分配，并负责指导和监督所属公司做好工资总额预算和管理工作。工资总额由工资总额预算基数、工资增减额、专项奖励和其他工资四部分构成。

第三节　劳动保障

建场以来，职工享有工伤、病假工资待遇。建场初期，工伤按本人现行标准工资100%发放；病假工资按工龄长短及本人现行标准工资的60%～100%不等发放。农场经济体制改革后，职工因伤病住院治疗，农场给付伤病救济费，总体规定是：6个月以内伤病，工龄不满5年的按本人现行工资的40%发放，工龄满5年不满10年的发放50%，工龄满10年不满15年的发放60%，工龄满15年不满20年的发放70%，工龄满20年不满25年的发放80%，工龄满25年不满30年的发放90%，30年以上工龄的发放100%。6个月以上的伤病，工龄不满5年的按本人现行标准工资的40%发放，工龄满5年不满10年的发放45%，工龄满10年不满15年的发放50%，工龄满15年不满20年的发放55%，工龄满20年不满25年的发放60%，工龄满25年不满30年的发放65%，30年以上工龄的发放70%。

农场职工享有公费医疗待遇，建场初期，沿用国家公费医疗制度实施，无论门诊或住院治疗，医疗费用由农场全额负担。农场改建公司后，实行公费医疗制度改革，主要规定是，对职工实行门诊医疗个人包干，工龄满10年不满20年的7元（农工9元），工龄满20年不满30年的9元（农工12元），工龄满30年以上的12元（农工15元）。退休人员按上述标准实行门诊医疗包干以及按规定住院留医，离休人员按国家规定据实报销。因工负伤职工医疗费，经医院鉴定后，由单位全额负担。1997年，进一步深化了公费医疗制度改革，主要内容是实行门诊医疗费包干，住院治疗和转院按规定程序办理，公费医疗进一步规范。2006年后，农场参加了"新农合"。2018年，"新农合"与"城镇居民医疗保险"合并为"城乡居民基本医疗保险"。

农场职工按国家规定享有退休待遇，男职工满60周岁，女职工满50周岁（干部55周岁），劳动人事部门给予办理退休手续，企业按月发给退休费。1995年，总公司参加了农垦系统统筹的职工基本养老保险，养老保险金由企业和职工共同负担，职工个人还从1991年11月补缴养老保险费。2000年7月2日，自治区人民政府以桂政发〔2000〕31号文件，将农垦、林业、煤炭、华侨4系统的企业职工基本养老保险从当年6月1日起纳入全区统筹，即农场退休职工养老金实行社会化发放，农场退休职工按月领养老金，不受企业经济效益和企业各种经济因素影响，实现老有所养。从2005年起已连续13年调整增加基本养老金。从2018年6月起，农场退休职工共计1141人，全部移交芳香社区管理。

第四节　全员劳动合同制

根据《中华人民共和国劳动法》规定的原则精神，1994年12月24日，总公司第22届3次职代会审议通过了《全员劳动合同制实施细则》。后经职代会代表团（组）联席会议修订，于1996年5月8日以良司字〔1996〕16号文印发。《全员劳动合同制实施细则》所规范的内容、劳动合同签订程序、违约责任以及争议处理办法，企业和职工都达成了共识，年内，共有2188名职工确立了和企业的劳动关系，签订了劳动合同，签订劳动合同的职工占总人数的98.96%。在签订全员劳动合同基础上，1996年7月19日，总公司法人代表，董事长黄昌成代表企业，总公司社团法人代表、工会主席陈耀礼代表全体职工签订集体劳动合同。2006年10月18日，在第二十五届四次职代会召开期间，场长蔡卓钢代表企业、工会主席蒙振国代表全体职工，双方再次签订了集体合同，从工作时间、休假制度、工资津贴、安全生产、劳动保护、劳动保障、福利医保、教育培训、纪律奖惩、合同保障、期限变更等内容作明确规定的职责和义务。全员劳动合同和集体合同对稳定劳动关系都具有法律效力。2021年2月5日，在广西农垦良圻农场有限公司第一届三次职代会上通过《良圻农场公司集体合同》决议，会上党委书记、董事长曾晓吉代表企业，工会主席蒙振国代表全体职工，双方签订了良圻农场公司集体合同，就劳动合同签订、劳动报酬、工作时间和休息休假、保险、福利、劳动安全卫生、职业培训、纪律与奖惩，以及集体合同的期限、变更、解除与终止，监督检查和争议处理、违约责任等方面做了明确规定。

第五节　劳动争议调解

1994年5月，农场改建公司后，劳动关系需要多方面协调。1994年7月1日，成立了"良圻实业总公司劳动争议调解委员会"，以处理企业深化改革中的劳动关系。调解委员会由9人组成，其中职工代表4人、企业代表3人、工会代表2人，由工会代表陆敏基任调解委员会主任。总公司以良司字〔1994〕第 19 号行文印发通知所属单位。2005 年 11 月 4 日，场工会良工发〔2005〕11 号文《关于调整场劳动争议调解委员会委员的通知》。因人员变动，重新调整场劳动争议调解委员会委员，委员由 9 人组成：职工代表杨喜南、刘传群、肖海华、曾良章，企业工会代表蒙振国、杨秀南、张乐军，企业代表黄程、韦光亮，主任蒙振国、副主任黄程，办事机构设在场工会。因工会换届，2016 年 12 月 29 日，良工发〔2016〕53 号文《关于成立劳动争议调解委员会的通知》，决定劳动争议调解委员会由 7 人组成：职工代表蒙振国、吴小梅、卢家梅，企业代表杨喜南、廖金政、符李福、彭艳群，主任蒙振国，副主任杨喜南、吴小梅。委员会下设办公室，在场劳资办，卢家梅兼任办公室主任，负责调解委日常事务，并进一步明确调解委职责，开展工作。

调解委员会成立以后，多年来对因除名、开除、辞退问题发生的争议以及执行有关工资、奖金、保险、培训、劳动保护的规定所发生的争议进行调解。调解委员会几年来调解活动，主要是化解矛盾，理顺情绪，依法维护，预防为主，协调关系，稳定秩序，推进企业改革的顺利进行。

第二章 人事管理

第一节 人事制度

1956年建场时，场领导由华南垦殖局广西分局任命，后来广西垦殖厅、农垦局等主管部门成立，场级领导由主管厅、局直接任免。1984年农场领导体制进行重大改革，改变了"论资排辈"的传统惯例，良圻农场的领导班子，由广西农垦局从本场的干部、工人中，按"德才兼备"的标准，根据"四化"的要求，任命一批党政领导干部，组成了党、政、工新的领导班子。

1959年场党委成立后，干部的管理由党委办公室负责，农场的中层干部任免，由场党委进行考核选拔，报呈农垦局任免。从建场初期至公司制改造前，农场职工中有国家干部、以工代干和工人严格的身份界限，从工人或代干中转为国家干部，要作严谨的考核和完备的审批程序。1994年实现农场改建公司前，良圻农场共有国家干部144人。

1994年5月，农场公司制改组完成后，人事制度进行了一系列改革，打破了国家干部与聘用干部和代干的身份界限，打破了干部与工人的身份界限，实行干部能上能下，自强不息，组织部门择优录用。根据党管干部的原则和《公司章程》以及《建立现代企业制度试点方案》规定，一切干部由党委组织部门管理，所属单位行政领导的任免由总经理提名，人事部门考核，征求党委领导意见，董事会或总经理决定聘任或解聘，党群干部的任免按国家有关规定管理，农场人事制度改革和人事管理废除了干部终身制。

2002年，根据广西农垦集团有限责任公司关于农垦糖业公司体制创新的指示精神，良圻糖厂从良圻实业总公司分立。分立后的良圻实业总公司人员配置采取竞争上岗、双向选择的方式进行，即先由个人提出岗位意向申请，再由总公司党委根据工作需要及个人德、能、勤、绩、廉等综合情况统筹，决定岗位人选，妥善安置41名管理及后勤人员。

2018年公司企业化改制后，为进一步加强对广西农垦良圻农场有限公司内设机构部门负责人和子公司领导班子成员的管理，建立适应现代企业制度要求的选人用人机制，更好地促进公司改革发展，参照《党政领导干部选拔任用工作条例》《关于在深化国有企业改革中坚持党的领导加强党的建设的若干意见》《广西农垦集团二级公司中层管理人员选拔任用管理办法（试行）》等有关规定，选拔任用农场公司中层管理人员，必须坚持下列原则：党管干部与企业董事会依法选择经营管理者相结合的原则，德才兼备、以德为先、注重实绩、群众公认的原则，民主集中制原则，组织选拔与市场化选聘相结合的原则。选拔的程序是动议、民主推荐、考察、党委会讨论决定、公示、按程序聘任。

2021年11月，为规范管理广西农垦良圻农场有限公司中层管理人员选拔任用工作，建立适应现代企业制度要求的选人用人机制，更好地促进农垦改革发展，参照《党政领导干部选拔任用工作条例》《自治区直属企业领导人员管理规定》《广西农垦集团二级公司中层管理人员选拔任用管理办法（修订）》等有关规定，选拔任用公司中层管理人员，必须坚持以下原则：党管干部与企业董事会依法选择经营管理者相结合的原则，德才兼备、以德为先、注重实绩、群众公认原则，民主集中制原则，组织选拔与市场化选聘相结合的原则。选拔任用公司中层管理人员应当具备以下基本条件：具有较高的政治素质，坚持以"三个代表"重要思想、科学发展观、习近平新时代中国特色社会主义思想为指导，坚持党的基本路线，坚持贯彻执行党的方针、政策，具有强烈的事业心、责任感，能够充分发扬"艰苦奋斗、勇于开拓"的农垦精神，工作勤奋，爱岗敬业；具有较突出的工作业绩，熟悉现代企业经营管理，有较强的决策判断能力、经营管理能力、沟通协调能力、开拓创新能力、处理复杂问题和突发事件能力，市场竞争意识强，能够推动企业可持续健康发展；具有履行岗位职责所必需的专业知识，熟悉国家宏观政策及相关法律法规，熟悉国内外市场和农垦相关行业情况；具有良好的职业素养和工作作风，遵纪守法，团结协作，廉洁从业；具有良好的心理素质和能够正常履行职责的身体素质。选拔程序是动议、民主推荐、考察、党委会讨论决定、公示、按程序聘任。

第二节　干部考核

建场以来，根据党管干部的原则，干部的考核选拔聘用归口场党委办公室管理，"文化大革命"期间干部的考核选拔任用处于混乱状态。农场"革命委员会"成立后，先后设政工组、组宣科，后改为政工科，负责干部的管理工作。拨乱反正以后，干部的考核管理，又归口场党办室。1988年，农场开始建立干部的考核制度，每年由党委主管，组成工作小组对干部从德、能、勤、绩、廉五个方面进行民主评议考核。

1991年1月5日，农场关于干部的考核任用作出规定：选拔聘任干部，必须坚持德才兼备、任人唯贤的原则，做事公道、光明正大。根据党管干部的原则要求，一切干部归口党办管理，各单位使用代干要报党办室备案；中层行政干部的任免由场长提名，交党办室考核，征求党政领导意见，场长决定任免；党务干部由党委任免。

1996年，为适应建立现代企业制度要求，总公司建立了公司内部能进能出、能上能下、公开平等、择优聘用的干部考核机制，应聘上岗坚持德才兼备、任人唯贤、群众公认、注重实绩、择优聘用的原则。职工受聘的基本条件包括政治素质、身体素质、工作态度、职业道德、年龄及工作年限等要求。任职要求，根据不同管理层次、不同岗位提出具体的能力、资历要求。1997年开始，组织总公司党政领导班子和领导干部向职代会述职，领导班子和领导干部的德、能、勤、绩、廉由职工评说，实现民主评议考核干部工作规范化。

2000年，总公司党委加快人事制度改革步伐，拓宽了干部的考核任用渠道，当年通过公开招聘、民主选举、择优录用、培训考察任用工区管理干部，有19名40周岁以下、高中文化程度以上符合招聘条件的职工，报名参加竞聘二工区主任职务，通过发表竞选演说、设计施政方案和公开答辩来选拔；对三工区和六工区的主任职务，直接选举产生，3名通过竞选、民主选举产生的新任工区领导，采取任前公示，担任了工区领导职务，实现了干部考核的公正、公平和多样化。

第三节　后备干部培养

1984年，农场实施领导体制改革，一批青年职工走上场级领导岗位，同时择优选拔培养一批后备干部，这些后备干部后来分别担任了农场的领导职务。1995年，根据自治区农垦局会议精神，总公司党委决定配备一批后备干部，推荐选拔的后备干部共12人，平均年龄37岁，年龄最大的43岁，最小的30岁，其中共产党员11人，大中专毕业学历的9人，各级各类专业技术职务的9人，按照干部"革命化、知识化、专业化、年轻化"的"四化"标准择优选拔培养。1999年6月4日，在总公司第二十三届四次职代会上，采用无记名投票方式，推荐总公司领导人选和各部门领导人选，分别将候选名单上报区局和提交总公司人事部门考核培养任用。2000年，在全公司公开招聘工区后备管理员，从59名报名者中选30名大中专毕业待业青年，委托广西职业技术学院培训三个月，从中择优试用12名，经考核转正，先后有6名走上中层领导岗位。场厂分立以来，先后有刘太福、洪陈、刘传群、黄程、苏万里、黄文宁被选拔为场长助理，其中刘太福、黄程、苏万里分别担任了农场和良糖高层的领导职务。

第四节　员工培训

为提高员工素质和工作技能，公司因地制宜举办各种形式的教育培训。培训分为：①职前培训。新员工须进行职前培训，主要培训内容有公司概况及企业文化展示、各项规章制度、职业安全教育、商务礼仪、岗前业务培训等。②内部培训。根据培训需求，在公司内部自行组织的培训，主要包括由公司内部业务骨干或管理人员进行授课，或聘请外部教师在公司内授课、集中开展网络视频等培训方式。③外派培训。公司选派受训对象参加本公司外的各种培训，主要包括公司组织员工参加由农垦集团相关部门、专业培训机构组织的脱产培训等。

为了借鉴学习垦区兄弟农场生产经营管理等先进经验，弘扬"艰苦奋斗、勇于开拓"的农垦精神，进一步提升中层管理人员的执行力，2009年8—9月，从场部和分场抽调16名中层领导分期分批到垦区的那梭农场（卢山、李修贤）、峒美农场（吴明雄、符李福）、荣光农场（马超、韦旺）、昌菱农场（陆成福、杨福南）、华山农场（李斌开、蒙庆志）、新光农场（陈源聪、宁筁杰）、柳兴农场（黄桂利、覃繁）和王灵农场（杨喜南、梁余威）为期一个月的跟班学习，开启了农场中层干部培训的新形式。

第三章　财务管理

第一节　管理体制

1956年2月，农场创建初年，时值我国执行第一个五年计划的建设时期，财务的管理体制，由国家主管部门对农场财务实行统一管理，即国营农场场部在国家主管部门的直接领导下，对全场财务活动实行集中统一管理，全面控制和综合平衡，农场是基层生产单位，没有资金支配和财务收支自主权。

1959年，良圻农场设置财务科，对农场的财务活动进行有条理的管理。当时，农垦系统关于"统收统支""收支两条线"开支由国家拨款、收入全部上缴国库的办法已经终止了，开始从事事业管理转向企业化管理，农场建立了经济核算制，国家拨给的生产经营资金有权依法独立运用、支配及全面核算资金、成本和盈亏。由于领导体制变动，农场多次下放给县管理，隶属关系的几下几上，企业的实力被削弱，财务管理体制被打乱。农场归口自治区农垦局统一管辖以后，又恢复了企业化管理的运作。

从1963年起，按照区农垦局规定，农场的预算纳入国家预算管理，实行收支两条线，收入上交，支出由国家拨款，不采取以收抵支。农场为经济核算的独立企业单位，计算盈亏，接受国家拨款与缴款；办理采购、销售与对外结算业务和银行的存贷关系。分场、生产队是农场内部的核算单位，不得对外发生业务关系。

1964年开始，农场实行"定收定支""三定一奖""建立奖励基金"和"超收留成"等管理办法，使统收统支、统负盈亏的财务管理体制有实质性的突破。

1977年7月，国务院和自治区提出国营农场要实行财务大包干，包干办法是以场为单位，三年指标，一次核定，包干结余归单位使用，包干亏损由单位自行解决。包干期间，良圻农场全面完成了区局下达的包干指标。此后国家对农垦企业仍继续沿用"核定指标包干上缴，结余留用，超支不补"的财务包干的管理体制。

1974年初，良圻农场开始实行联产承包责任制，进而兴办职工家庭农场，农场建立了适应财务管理和会计核算的新体系。农场财务科在组织筹集和有效使用资金、挖掘内部潜力、降低生产成本、建立财务分析和财务监督等方面进入了新的时期。

2018年底，广西农垦实行企业化改革和企业优化重组后，东湖农场有限公司和黎塘氮肥有限公司归属良圻农场公司直接管理，并纳入公司的财务报表合并范围。

2019年7月，良圻农场水务分公司撤销财务职能，财务工作纳入良圻公司本部财务部统一管理。

2019年9月，集团公司根据现代化企业管理制度，建立全面预算管理体系，出台全面预算管理办法，良圻农场公司也开始将全面预算管理的理念应用于公司管理中。

2020年12月，根据集团公司工作部署，广西农垦集团财务共享系统网上报账平台开始上线试行，集团公司及下属公司分批上线。根据安排，良圻农场各级公司于2021年3月1日起上线运行网上报账平台。网上报账平台上线后，费用报销等各类申请事项审批效率得到了大大提高。

第二节 财务制度

农场从建场初期至20世纪60年代中期，就建立了规范的财务规章制度，即由场部集中统一的财务管理制度，其涵盖内容是：农场由场部按照国家计划统管全场财权，组织和领导全场的财务会计工作，全面安排各项资金，管理财务收支；由场部统一核算，统一对国家和上级缴款和接收拨款，统一对外进行采购、销售的结算，统一办理银行的存款和贷款，各项财务收支都纳入国家预算管理，实行收支两条线，不能以收抵支；分场（生产队）负责管理场部拨给的财务物资，计算和考核本单位的产品成本，不得对外发生结算业务和在银行开户。其实际操作都是按照农垦部制定、颁发的《国营农场财务管理暂行办法（草案）》《国营农场经济核算试行办法（草案）》《国营农场会计科目（草案）》等规章制度。

农场集中统一的财务管理制度，随着国民经济的调整逐步突破，1964年实行"定收定支，以收抵支"的资金管理办法，即对农场的收入和支出采取一年一定，以收抵支，差额上交给主管部门和由主管部门补足，超额完成计划利润或减少计划亏损的超收部分，农场可得到适当分成。随着农垦企业实行财务大包干和兴办职工家庭农场，进一步扩大农场的财务计划权、财产使用权和处理权，农场的财会工作逐步向制度化、标准化、科学化迈进。

农场在实现经济体制改革、实现公司制改组以后，财务制度相应改进，总公司的财务制度有如下规定：所属各单位必须严格遵守执行《中华人民共和国会计法》《企业财务准则》和《农业企业财务会计制度》。为有利于财务部门做好使用计划，生产部门要制定生产计划和物资消耗定额，经主管领导批准，报送供销部门，供销部门根据生产的实际需要，在编制年度物资需要计划的同时，编制季度的物资需要计划，经主管领导批准报送财务部门。总公司监审部对各单位财会制度的执行情况进行审计，并进行经济效益审计和经营承包审计及离任审计。

农场和糖厂分立后，农场制定了财务管理制度，加强"三项资金"和应收家庭农场款的管理，对外单位的各项历史遗留欠款，采取有效措施追收，并预防新的呆账发生。农场公司改革后，本场先后出台了《广西农垦良圻农场有限公司财务收支审批管理办法》（良司发〔2020〕17号）、《广西农垦良圻农场有限公司财务管理制度》（良司发〔2020〕72号）、《广西农垦良圻农场有限公司往来款项管理办法（试行）》（良司发〔2020〕73号），广西农垦良圻农场有限公司财务管理制度（2021年修订版，良司发〔2021〕65号），同时《广西农垦良圻农场有限公司财务管理制度》（良司发〔2020〕72号）停止执行。严格遵守国家颁布的各种财经法规和财务制度。为有利于财务部门做好全面预算编制和资金使用计划，各部门编制年度预算和资金使用计划，经分管领导批准后，报送财务部门。财务部门根据各部门报送的预算，结合公司年度任务目标，编制年预算报表和各阶段资金使用预算，并在预算执行过程中分析执行情况及存在的问题。

第三节 成本管理

农场刚创建时，农垦系统已由事业管理转向企业化管理，逐步实行经济核算制，但由于过去高度集中统一的财务管理制度造成的影响，仍然是企业领导和企业职工都不负盈亏责任，缺乏相对独立的经济利益，对降低成本和提高经济效益不关心，由于管理制度的局限，造成农场长期亏损。

从1964年开始，区局对农场实行了"定收定支""三定一奖"（定产量、定工资总额、定上缴利润、超产奖励），建立奖励基金，超产留成制度。农场内部，工副业单位实行班组经济核算，汽车、拖拉机实行单机核算，促使职工关心生产成本，关心经济效益。

农场实施经济体制改革以后，进一步强化成本管理和成本核算。在执行联产承包责任制过程中，成本核算的内容及管理制度都有了改变，农场对成本的重视程度和核算的管理水平有了很大的提高，但由于固定资产折旧的改变、职工人数的增加、工资水平的不断提高及价格上涨等因素的影响，农场工副业产品和农产品成本处于上升趋势。1998年，良圻实业总公司推广邯钢"成本否决制"和"模拟市场核算"的方法，总公司糖厂的吨糖成本降低183.28元，1999年全面实现总成本下降476万元。

农场在推行联产承包、兴办家庭农场后，承包单位在合同的制约下，成为独立核算、自负盈亏的经济实体，代替了原来分场、生产队为基层核算单位的职能，职工家庭农场普遍关心成本，关心经济效益，场部通过会计核算与统计调查相结合的方法，取得各分场和家庭农场的生产成本和经营成果。实现企业化改革和企业优化重组后，集团公司更加重视经济效益和成本管理，定时召开经济运行分析会，每月一分析，每次一主题，密切跟踪主要经济指标动态，增强工作预见性和针对性，及时纠偏，精准施策。上线浪潮企业管理软件全面预算管理模块，制定全年的全面预算，对其实行动态管理，对成本费用进行严格把控，实际支出不能超过预算支出，做到降本增效。

第四节　固定资产管理

1956 年建场当年，农场的固定资产原值 10.67 万元，10 年后，1966 年固定资产原值达到 121.94 万元，1993 年农场实行公司改组前，固定资产已提高到 5291 万元，建场初期至 20 世纪 70 年代末，农场的财务活动由国家主管部门支配，实行集中统一的管理，全面控制和综合平衡。1984 年在财务包干的基础上，尤其在办家庭农场以后，扩大了农垦企业的财权，农场有权处理自有的固定资产，实行有偿转让、调拨或出租、出卖。

农场改建公司后，总公司规定对固定资产实行分级管理、分级核算、谁使用谁管理的责任制，明确使用维护责任，各单位要定期清点核对，保证账物相符。单位价值在 2000元以上，并且使用超过 2 年的，也列为固定资产，确保经营资产的保值和增值；对盘点中出现的固定资产盘亏损失要查明原因，分清责任，认真处理；凡提前报废、报损的固定资产和关键设备、成套设备或重要建筑物等固定资产作银行贷款抵押，能转让的，有关单位要提出申请，由总部报经自治区农垦集团公司审核后送区国有资产管理局审批；对一般性固定资产、闲置固定资产的出租、抵押和转让，以及已到报废年限或淘汰的固定资产报废，由有关单位报总部审批，并报自治区国有资产管理局备案；各单位占用的国有资产发生转让和以资抵债时，要按国家规定进行评估，通过总部报自治区国有资产管理局审批，以国有资产管理核准的评估确认价进行转让、抵债。

2003 年 2 月，总公司组织工作组，对全公司固定资产、在建工程、土地资源等进行清查，掌握了企业所有财产、物资的真实状况，账面总值 8963 万元，账面净值 8268 万元，潜亏损 3493 万元，在资产运作中保证其完整无损；原已关停并转的工副业单位待处理财产 3394 万元，已上报主管部门争取政策处置不良资产，使企业的固定资产管理适应场厂分立的需要。2018 年 8 月，为积极稳妥推进农场企业化改革，加快企业优化重组和资源整合，拟对国有农场进行公司化改制，农垦集团公司为此委托评估公司对良圻农场全部资产和负债进行评估。经评估，良圻农场总资产价值为178146.97万元，评估增值119438.26万元。评估结果已上报集团公司备案，对资产评估结果进行会计处理的请示也已获集团公司批复。

2020年实行固定资产信息化管理，各项固定资产基础信息录入资产管理系统，建立完整的固定资产信息数据库，加强固定资产实时动态监管，及时掌握公司固定资产存量、分布、结构、使用状态及其增减变动等全面信息。

第五节　流动资产管理

根据财政部、农垦部联合制订的《国营农场财务管理暂行办法》，国营农场的流动资产共分三类：一是定额流动资金，二是非定额流动资金，三是专用物资储备资金。实行企业化管理以后，按照自治区农垦局的布置，农场对国家拨给的生产经营资金有权依法独立运用和支配，全面核算资金、成本和盈亏。实行流动资金、基本建设资金、事业费、利润、折旧的核算办法和计提企业基金制度，根据生产、开荒、营林特点，对基本建设投资和流动资金采取来源分开、使用合并、结算归口的办法。

在20世纪70年代以前，农场在编制长远和年度财务计划，是在生产计划、劳动工资、物资供应基础上编制的。流动资金仅能在储备、生产流通过程中周转性使用；定额和非定额流动资金每年核定一次，列入财政收支计划，由国家拨款补足，不得用于基本建设和事业费开支。

经济体制改革前，农场财务科负责全场流动资金的统筹安排和调拨，供销科负责储备资金的掌握和运用、采购、库存、供应。

农场在实现了公司改组后，财务制度规定，凡在企业、事业单位会计科目的任何款项，都属于公款，各所属单位都应按规定入银行开立的有关存款户，不得用储蓄折子取款项，也不得私设"小金库"。审计部门要做好监督工作。坚决杜绝公款私存和"小金库"等违反财经纪律的现象；对流动资金的盘亏和损失核销必须查明原因，分清责任，对事故责任人进行必要的经济处理，对应由企业核销的损失，其正常合理的定额内损耗由各单位进行核销，对非常损失则要上报总部审批，损失数额较大的还要通过总部审查后报区农垦集团公司和区财政厅审批；严禁个人借用或挪用公款，对预借的款项要及时办理报账手续，并清退余款；为确保库存现金安全，各单位要严格执行现金备用限额制度，超过限额的要送存银行。各单位库存现金备用限额为：总公司计划财务部2000元，畜牧公司1000

元，其他单位各 500 元。

之后银行系统逐步升级改善，良圻农场也启用企业网银，逐步减少现金收支活动，金额超过 2000 元的收款行为全部通过银行转账、存现办理，几乎所有的支付行为都是通过银行转账支付，降低财务风险。

2019 年底，集团公司出台了《公务借款管理办法（试行）》，进一步明确公务借款的范围、程序及期限，并对逾期未归还借款的处理做了明确规定。

为加强农场公司往来账款管理、及时清理不合理的资金占用、防范经营风险、确保资金安全，农场公司于 2020 年 11 月出台了《广西农垦良圻农场有限公司往来账款管理办法（试行）》，对往来账款的对账、催收、责任等内容作出了规定。

第六节　审计制度

农场于 1989 年设立了审计科，加强内部审计工作。1989 年 7 月 17 日，印发的《国营良圻农场内部审计工作实施办法》规定了农场内部审计工作施行的范围和工作任务：①对资金财产的完整、安全进行监督检查；②对财务收支计划（包括奖金、收益分配计划）、预算信贷计划、外汇收支和经济合同的执行情况及其经济效益进行审计监督；③对基本建设和技术改造计划的预算和决算进行监督；④对内部控制制度是否严密健全有效进行监督检查；⑤对场部及下属各单位实行以财务收支审计为基础，经济效益审计为重点，着重抓好承包经营责任审计和各单位任期目标审计；⑥对会计报表、决算的真实、正确、合规、合法进行审计，同时按规定对年终决算实行签证；⑦对严重违反财经法纪的行为进行专项审计；⑧贯彻执行国家审计法规，参与重要的财务会计制度，协助财会人员完成场长和上级审计交办的审计事项。农场改建公司以后，总公司于 2002 年 6 月 25 日颁布施行了《良圻实业总公司内部审计管理制度》，共计有 15 条文规定，规范本企业内审行为。

农场企业化改革和企业优化重组后，公司逐步建章立制，陆续出台了审计相关制度，2020 年 11 月 5 日印发《广西农垦良圻农场有限公司内部审计工作管理制度（试行）》（良司发〔2020〕67 号）和《广西农垦良圻农场有限公司内部审计实施细则（试行）》（良司发〔2020〕68 号），2021 年 2 月 5 日印发《广西农垦良圻农场有限公司投资建设项目审计监督管理办法（试行）》（良司发〔2021〕7 号）。

农场审计机构落实后，除日常开展正常的审计业务，多次进行了专项审计：1994 年 6 月 7—16 日，对食品厂进行承包经营终结审计，为总公司领导决定关闭撤销该厂提供决策依据。1994 年 6 月 22 至 7 月 7 日，对华侨商业公司进行承包终结审计，通过审计为总公司领导决定对华侨公司改制提供决策依据。1995年9月20至10月24日，对场造纸厂实施经济效益审计，为总公司领导掌握该厂生产经营损益情况提供经济情报。1998年年中至7月下旬对九分场自存资金收支情况进行审计，2000年8月对三工区财务收支情况进行审计，弄清了这两个农业单位职工反映的热点问题，给群众一个明白，还干部一个清白。2003年1月。对原总公司物业部及其责任人的经济责任进行任期终结审计，通过审计，纠正了该部的违规报销行为。

自治区农垦局审计部门也对农场开展审计业务。1992年11月16日，自治区审计室下达垦审便字〔1992〕第2号文件《关于对良圻农场原商店租赁经营终结审计的调查意见》，对农场的审计决定进行调查分析，提出指导性建议。2002年10月14日自治区农垦局下达《关于下发良圻实业总公司原任董事长兼总经理杨顺广同志离任经济责任审计报告的通知》（垦审发〔2002〕71号），2003年11月14日自治区农垦局审计小组印发《关于良圻实业总公司原任董事长陈耀礼同志任期经济责任审计报告》，2008年8月26日广西壮族自治区农垦局下达《关于原任场长蔡卓钢同志任期经济责任审计报告的通知》（垦审发〔2008〕45号），2019年12月25日广西农垦集团下达《关于良圻农场原场长覃国平任期经济责任审计报告的通知》（桂垦审监发〔2019〕33号），2020年12月10日广西农垦集团下达《关于良圻农场公司原董事长黄富宇同志任期经济责任审计报告的通知》（桂垦审监发〔2020〕44号）。

第四章 物资管理

第一节 物资采购

改革开放前,农场采购物资的渠道有两种:凡属国家统配和区局管的物资,按隶属关系报送主管部门申请分配供应,其余物资由农场自行采购。农场所属的生产、基建、维修、设备、卫生等建设需要的统配及局管物资,按季度先报计划申请,然后按所准指标,派人去订购、采购、开票提货。属于农场职工所需的日用工业品、副食品,分别纳入地方凭证票采购供应,农场职工和其他企业职工一样按标准供应。1960年,在自治区首府南宁邕江大桥(现为一桥)附近,设立良圻农场驻南宁办事处,作为采购区内物资设备及上下联系机构,后来由于城市规划建设,办事处楼房搬迁,遂撤销农场驻邕办事处。

"文化大革命"开始以后,原有的供应渠道中断,物资采购进入无序状态。1978年开始,重新疏通了物资供应渠道。随着农场生产有较大发展,农场所需的化肥、农药、饲料、农机配件、畜牧机械、化工产品等日益增多,农场供销部门皆可满足生产所需的物资采购供应。从20世纪80年代起,物资供应渠道逐步过渡到市场调节,其供应方式由产品调拨型发展为商品经营型,农场的生产消费物资成为商品而进入流通领域,许多物资采购项目,系采用经济合同方式,订立供需关系,付款方式有分期付款、托收承付、自带汇票等。

为规范农场采购,2002年11月,成立了总公司农资采购管理小组,在农用物资采购过程中,广泛收集市场信息,比质比价采买,避免暗箱操作,杜绝舍贱求贵、以次充好的现象发生,既要保证生产的需要,又要避免积压和浪费。

第二节 验收库存

农场早期的仓库,只是简单的砖木结构,存放采购回来的化肥、农药、工具等,直到场办工业兴起后,除了储备保存采购的物资,还要建储仓贮藏产品。经过多年建设,先后建有纸品仓库、糖品储仓,以及储存纤维板、酒精的仓库等。

按计划采购回来的物资，均由保管员根据发票和采购员填写的材料入库单进行核对入库，对托收单位按合同发来的货物，依据托收单、运输单等对货物清点核对验收，凡经验收的实物与验收单相符，保管员要在材料验收库单上签字，根据手续完备的验收凭证进行记账，入库手续才算完备。

总公司对物资管理有严格制度，规定物资入库时，保管人员应对有关票证，如发现品种、规格、型号、数量、质量不符时，应及时通知经办人处理；库存物资要根据物资品种、规格、型号、质量、性能分门别类整齐堆放，并用明显标记标明每种物资的货号、名称、规格、价格等，以便查阅和发放，并建立明细账卡，对物资的入、出库进行详细的登记，做到日清月结。

第三节　供应发放

库存物资的供应发放，主要有生产资料和配件备品，即农药、肥料、外涉件和纸、糖机设备等。农场在物资流通领域，强调尽量既减少占用资金又要保障供给，库存物资一定要做到"四保"，即保质量、保数量、保安全、保急需。

企业对物资的发放有明显规定，领用物资一律通过仓库领用，不经主管领导同意，任何部门和个人不得自行购买，并根据物资消耗定额和限额领用，办理有关领用手续后，方能凭出库领料单提货；化肥农药等农用生产资料，由农务部统一组织供应，并由专人负责采购和调拨。为使农务部做好肥料供应，各分场要根据农务部确定的施肥定额和承包岗位甘蔗面积做好需求计划，按计划采购和调拨供应；各分场仓库保管员凭领料单发货，并不得兼任开票工作。

仓库管理要求做到"三清"即数量清、材质清、规格清，"二齐"即库容整齐、堆码整齐，"三一致"即账、物、卡一致，并克服计划经济时期对库存多、周转慢、调度不灵的弊端，供应发放做到有条不紊。

第四节　产品销售

建场初期，生产规模还比较小，产品不多。国营农场属全民所有制的国有经济，是国家投资办的国有企业，农场所生产出来的产品属国家所有，按国家需要统一调拨。1956—1964年农场香茅加工出产的香茅油，全供国家外贸，出口西欧国家。1959—1966年场淀粉厂出产的3500多吨木薯淀粉，由国家调拨出口苏联。农场畜牧队出栏的育肥猪，除一部分作自给产品外，大部分供外贸出口和通过商业管理体制调拨。1984 年农场产出的纤维板，有一部分通过外贸渠道在"广交会"上展销。

1961 年 3 月，自治区农垦厅就农场的产品处理下文《关于国营农场产品管理制度暂行办法（初稿）》，其中关于产品的销售问题规定：国营农场产品必须纳入国家计划，由国家调拨按先外贸后内贸，在保证完成出口任务后才能安排代销。产品分类分级管理：一类粮油、肉猪、橡胶、咖啡、茶叶、香料油、龙舌兰麻等由自治区统一调拨；二类白糖、家禽、蛋品、肉用牛羊、洋麻、菠萝、柑橘、纸、酒、奶等，由区局据各场生产计划与商业部签订合同，由场交售。二类超额部分或一、二类以外的产品，场留足自用后，按国家规定自行处理，但不得进入自由市场。多年来，农场均遵循这个原则处理产出的产品。

随着农场工农业的发展，到 20 世纪 80 年代，良圻农场的产品已蔚为丰富，品种比较多，有白糖、纸品、纤维板、酒精、红砖、肥猪、鸡、鸭、鹅、鱼等，在经济体制改革推动下，产品的销售渠道向开放型转变，突破了原来的销售模式。农场实行了农工商结合，由单纯生产型向生产经营型发展。

第五章 民主管理

第一节 职工代表大会制

农场从建场初年开始推行职工代表大会，当时主要通过职工代表会实现农场领导干部、技术人员和工人群众"三结合"的办法，解决场内生产、技术方面的大问题。到20世纪60年代，职代会形成了制度化，强调职代会是企业职工行使民主权利的机构，有权审议企业领导关于生产经营的重大决策，有权监督企业的行政领导，有权维护职工群众的合法权益，通过行使这一系列权益体现农场的民主管理和职工的主人翁地位。

良圻农场1959年春召开第一届第一次职工代表大会，至2022年2月召开良圻农场公司一届五次职工代表大会。建场60多年来，职代会共已召开了30届70次会议。

1994年5月农场改建公司后，职工代表大会是公司民主管理的基本形式，公司职工代表大会由公司所属各单位选举职工代表组成，一般每年至少召开一次职工代表全体会议。其职责主要有：①听取和讨论本公司发展规划和生产经营重大决策方案的报告、总经理年度工作报告、公司财务预算决算报告等，提出意见和建议；②讨论通过集体合同草案，对涉及职工切身利益的重要改革方案和重要规章制度事先提出意见和建议；③审议决定本公司提出的公益金使用方案；④评议监督本公司董事、监事、经理等中高级管理人员，向有关方面提出奖惩升降、聘用或解聘的建议；⑤依法选举和更换董事会和监事会中的职工代表，并听取他们的述职报告；⑥其他须经职工代表大会审议讨论决定或通过的事项。场厂分立以来，国有良圻农场职代会继续发展和完善。

第二节 农场管理委员会

农场管理委员会是农垦企业民主管理的一种形式，20世纪50年代，农业部颁发的《国营农场组织规程》规定，农场管理委员会是在上级农场主管部门的领导下企业的重要决策机构，由场长副场长、工会主任、主要技术人员、先进生产工作者和工人代表组成。它的主要职能是：根据上级批准的经营方针任务，结合本场实际情况，讨论决定生产财务、管理制度、职工福利及工作总结等重大事宜。一般半个月至 1 个月召开一次会议。企业主要技术人员、先进生产工作者和工人代表，通过出席农场管理委员会会议，代表职工群众就企业管理中的重大问题发表意见，提出建议、方案等，体现职工的主人翁地位。后来，实行党委领导下的场长负责制，强调党的"一元化"领导，农场管理委员会逐步淡出，其职能为企业党委所代替。

1987 年 1 月 1 日，根据中央文件《全民所有制工业企业厂长工作条例》精神，农场下达《关于设立国营良圻农场管理委员会的规定》的文件，管委会由 15 人组成，其职责是处理农场经营管理中的重大问题：①经营方针、长远和年度计划、重大技术改造和技术引进计划、职工培训计划、工资调整计划和财务预决算、自有资金分配和使用方案；②农场党政工团等脱产人员编制和管理机构的设置和调整；③重要规章制度的建立、修改和废除。1987 年 12 月 30 日，农场颁发了《国营良圻农场场长工作条例实施细则》，其中规定农场管理委员会由场长、副场长、总工程师、总农艺师、财务科长、党委书记、工会主席、团委书记和不少于管理委员会全体成员 1/3 的职工代表（含工会主席）组成，就企业经营管理中的重大问题协助场长决策。

1994 年 1 月 5 日，农场下发《关于健全农场管理委员会的通知》文件，进一步健全组织，新的场管会共由 17 人组成，其活动真正达到经常化、制度化。

第三节　民主管理的发展

良圻农场的企业民主管理，经多年实施，实现了职代会活动制度化、组织体系网络化和民主管理形式多样化，1991 年 12 月，横县总工会组织工作组到农场考核，通过了企业民主管理"四化"达标验收。

近年来，良圻农场的民主管理，原有的基础职工代表大会、农场管理委员会、民主评议领导班子和领导干部等，随着企业改革的进展、民主管理的实施，又有新的发展。

建立职工董事监事制度　1994 年 5 月 18 日农场改建公司，在当日召开的总公司二十二届二次职代会上，选举产生了进入总公司董事会和监事会的职工代表各一名，从此职工代表以劳动者身份进入董事会和监事会，参与公司重大决策和监督，行使民主管理职能。

建立劳动争议调解委员会　1994 年 7 月 1 日，设立总公司劳动争议调解委员会，以妥善解决深化改革中的劳动关系。调解委员会共 9 人组成，其中职工代表 4 人，企业代表 3 人，工会代表 2 人，调解委员会主任由工会的代表担任。该委员会成立后，经常接待职工群众来访、来信，就有关劳动就业、劳动报酬、劳动保护和除名、辞退等争议个案进行调解，把矛盾化解在萌芽状态。

职工代表视察工作　组织职工代表就企业的热点问题进行视察调研，是职工民主管理发展的新阶段。1994年12月23日，第二十二届三次职代会代表到场造纸厂视察调研，了解生产经营中存在的问题和环保措施，巡视第三期技改工程，并就群众反映强烈的问题提出整改意见。此后职工代表视察企业工作成为经常化。

民主协商恳谈　良圻实业总公司的民主协商恳谈制度，是在农场的职工代表和场领导民主协商对话的基础上发展起来的。民主协商恳谈会一般在职代会召开期间，由工会安排一部分职工代表和党政领导座谈交流研究，共商企业生产大计，表达职工群众的意见和要求，是企业民主管理重要的新形式。

第四节　公司党委会、董事会、总经理办公会议事规则

2018年，根据农垦改革决策部署，良圻农场公司完成农场企业化改革和公司制改制，企业由全民所有制改为有限责任制企业，严格按照法定程序，完成公司党委、董事会、经理层组建工作，公司正式步入现代企业运营轨道。

2018年9月，"广西农垦良圻农场有限公司"正式注册成立；东湖农场、黎塘氮肥厂两家子公司于12月29日正式注册成功"广西农垦东湖农场有限公司""广西农垦黎塘氮肥有限公司"，2019年1月23日正式挂牌成立。

为确保公司合法合规运营，公司制定了公司党委会、董事会和总经理办公会议事规则。

总经理办公会议事规则　保证经理层依法行使职权、履行职责、承担义务、权责统一的原则，保证公司日常经营管理达到互相协调科学决策、高效运行的管理目标。严格依照公司党委的领导和公司董事会的授权行使职权，履行诚信和勤勉的义务。履行职务时，不得违背公司党委会议决策以及公司董事会决定事项或超越经营班子职权范围。总经理办公会实行总经理负责，当总经理办公会就审议事项无法形成多数意见时，一般性问题可缓议；涉及紧急问题和时效性较强的问题，可由总经理裁定；涉及"三重一大"和全局性事项须按有关规定提交公司党委和公司董事会。严格执行相关法律法规和《公司章程》规定，结合公司实际，充分论述议题的必要性和可行性，详细论证、评估议题的潜在风险和预期收益，就议事项目提出明确意见，为科学决策提供参考意见和可靠依据。

公司党委会议事规则　坚持党对国有企业的领导的原则。要毫不动摇地保持党对国有企业的领导地位，把加强党的领导和完善国有企业法人治理统一起来，明确企业党组织在

公司法人治理结构中的法定地位，创新企业党组织发挥领导核心和政治核心作用的途径和方式。严格按照"集体领导、民主集中、个别酝酿、会议决定"的要求讨论决定重大问题。凡属党委职责范围内的重大问题，都必须按照少数服从多数的原则，由党委集体讨论决定。坚持解放思想、实事求是、与时俱进的原则。以发展为第一要务，以改革总揽全局，坚持把上级党委的指示精神同公司发展实际紧密结合，创造性地开展工作。坚持求真务实，勇于担当，充分发挥公司党委班子成员的创造性和积极性，形成科学有效的决策。

董事会议事规则　为加强和改进党对国有企业的领导，保证董事会有效履行职责，提高董事会运作的规范性、科学性、有效性，充分维护出资人和公司利益，根据《中华人民共和国公司法》《中华人民共和国企业国有资产法》《广西良圻农场有限公司章程》以及其他相关法律、法规和规范性文件制订规则。董事会是公司的决策机构，董事会及其成员应当认真行使出资人赋予的权利，在《公司章程》规定的职权范围内决定集团的重大事项，确保公司经营行为符合国家法律、法规以及《公司章程》的要求，对出资人和公司利益负责，确保国有资产的安全与保值增值。

第六章　治安管理

第一节　管理机构

建场初年，农场没有专设治安管理机构，仅安排一名军转干部，负责农场的治安保卫工作。以后，场办公室设置一名保卫干事。农场"革命委员会"成立后，于1975年下设保卫科和人民武装部，1981年，增设横县公安农场派出所，1986年，又增设场群关系办公室。1987年，成立农场治安大队，场群关系办公室改为人民调解委员会。

1988年，场人民调解委员会撤销，改设农场司法办公室，至1991年，列入农场行政编制的治安管理机构有公安派出所、治安大队、司法办公室和人民武装部。

1994年，农场改建公司后，总公司设立安全保卫部，全面负责企业的治安管理工作。同年，设置治安管理综合治理办公室，下设21个治保会。

1996年，总公司的治安综合治理工作由安全保卫部负责，其职能由公安派出所、人民武装部、司法办公室和经济警察队共同实施。当年，全公司共有公安干警5人、经警23人，治安员16人，下属的治保会20个，组成人员59人。

1998年，总公司的治安综合治理分别进行调整、充实，公司的综治委、普法委领导班子，分别由总公司党政领导兼任主任，治安工作分别由安全保卫部、公安派出所、人民武装部、司法办公室、经警队实施。

1999年，总公司设社区管理部，统辖公司治安管理职能各部门。同年建立总公司铁路护路联防工作领导小组，下设办公室，配设护路队员27名，义务巡视辖区铁路沿线，护路保平安，同时组织防火灭火应急分队，配属队员30人。

2002年，良圻农场派出所撤销，设立龙潭派出所，系横县公安局行政所，负责维护良圻辖区3家企业的社会稳定，维护辖区的社会治安工作。

2004年11月，国有良圻农场党委下文，调整充实农场社会治安综合治理委员会和普法领导小组组成人员，健全农场治安管理机构。

2007年10月1日，广西农垦国有良圻农场、广西农垦糖业集团良圻制糖有限公司、广西农垦永新畜牧集团有限公司良圻原种猪场三家企业协商，决定组建良圻农场治安巡逻队，队员由农场安置的退伍军人组成，横县公安局龙潭派出所负责指挥和管理，主要职责和任务是在辖区内开展治安巡逻，防范"两抢一盗"案件的发生。治安巡逻队每年的经费由三家企业共同承担，其中良圻农场分担40%，良圻制糖公司分担40%，良圻原种猪场分担20%。

第二节　治安综合治理

良圻农场辖区40平方公里，为净化一方热土，确保一方平安，自20世纪80年代以来，在辖区内进行治安综合治理，发挥专门机构职能作用，依靠群众，依法治场。一是严厉打击刑事犯罪活动，每年查处15起以上，破案率25%以上；查处治安案件30起以上，结案率75%以上。二是在辖区内大张旗鼓扫除黄赌毒，近年来捣毁赌博团伙3个，抓获31人，并进行经常性抓赌禁赌活动；在开展无毒社区行动中，出动宣传车36辆次，挂贴禁毒宣传牌两套，并在西南路口"安宁山庄"酒楼查获冰毒案。三是加大安全防火措施，张挂大型防火宣传牌12块，防火警示牌1000块，每年防火巡逻20次以上，近年来添置了灭火器材装备，在五分场破获一起纵火烧甘蔗案。四是协助公检法司执行收回国有土地，几年来共执行收回农场被非法侵占土地1万多亩。五是在辖区铁路沿线组织护路联防，在辖区铁路线内挂护路宣传牌8块，张贴护路通广告15份。

综治工作致力于调处人民内部矛盾，每年成功调解民事纠纷案件十几件以上，化解民间矛盾于萌芽状态。农场长期开展普法教育和普法宣传，累计发放学习资料3万份以上，每年皆进行普法考试，还到学校给学生上法制课，普及法律教育。为落实治安综合治理各项任务，把综治工作列入企业"双文明"责任状内容，所属单位和职能部门都交押金，逐年按责任状内容考核验收，增强综治责任感。每年良圻农场与横县社会治安综合治理委员会签订社会治安综合治理责任状，农场与各部门、分场签订责任状并交押金，按照责任状内容年终进行考核评比，优秀单位获奖励，不合格单位扣押金。

第三节　户籍管理

建场后，由场部办公室管农场户籍，后来设立行政科，户籍归行政科管，1981年，成立公安派出所。由于获得相关部门的授权，户口迁入农场或从农场迁移出去，只要相关的手续齐备，农场派出所即可办理。

农场辖区内有集市、商场、饭店、发廊和大量民工，流动人口超过1000人，辖区内严格户籍管理工作，曾经多次进行暂住人口清查和计划生育大清查，派出所和户籍管理人员还经常上门督促检查，符合暂时居住条件的必须登记办理证件。1992年和1995年，农场两次较大规模办理"农转非"户口，总公司订出6项规定，规范"农转非"工作：①解决"农转非"户口进入公司的对象，必须是总公司现在正式职工的配偶或子女；②户口的子女年龄不超过18周岁；③不在册的职工家属、受过计划生育处罚的人员，不属此次转户口范围；④户口迁来总公司的家属，自谋职业，居住自理，总公司不负责其工作及住房安排；⑤转户口的除向县交所规定之费用外，每人另交500元，作总公司城建费；⑥符合转户口条件的人员，须凭身份证、结婚证、计划生育证、公司城建费收据等证件，到总公司派出所办理转户口手续。两次共办理"农转非"迁入农场800多人。

农场于1988年开始办理第一代居民身份证，2006年开始办第二代居民身份证。1956年建场时，有固定户籍在农场的居民共120人，2000年11月1日零时，第五次全国人口普查，农场共有居民5347人，1682户，其中家庭户1624户，集体户58户。现户籍在农场辖区居民突破了6400人。2020年11月1日零时，第七次人口普查，农场共有辖区居住的常住居民8629人，2627户，集体户1户，户籍在农场辖区的居民6627人。

第四节　特种行业管理

良圻农场辖区内，至20世纪末有酒楼、旅社、发廊、饭店、摩修、汽修等各行业26家，还有农贸市场、商场、百货商店、油库等场所，农场安保部门对特种行业管理常抓不懈，对暂时居住在这些场所的人员，经常督促、检查、登记、办理证件。几年来共召开了12次特种行业场所会议，布置他们做好安全防火，督促从业人员知法守法，恪守职业道德，禁止辖区内发生黄、赌、毒事件，并对一些营业摊点的音响加以限制，不准扰民。1998年安保人员通过例行检查，在一个叫"安宁山庄"的酒楼破获了一起冰毒案。

2000年，总公司对辖区内的石场和石料开采作业进行整顿，强化民用爆炸物的管治，对领料、存放、使用都定出规章，要求从业人员切实遵守。

2002年，公司颁布了《维护稳定工作应急预案》的文件，预案包括应急事件的立案、应急处置指挥系统和部门责任、应急处置方案、基本保障措施和追究执行不力或不作为行为责任等，《维护稳定工作应急预案》也是职能部门对特种行业管理的纲领。进入21世纪以来，农场加强社区建设，使维稳工作取得较大成效。

第七章　管理现代化

第一节　推广应用现代化管理手段

建场半个世纪以来，企业在深化改革中发展，在不同的历史时期，管理工作达到当前的先进水平。一是管理思想现代化，根据科学发展观的要求，确立企业经营战略观念、变革观念、竞争观念、时间观念、服务观念、质量观念、素质观念、开发观念、时间观念和效益观念等，按客观规律进行管理。二是管理组织现代化，企业在管理组织工作中，正确处理管理体制、组织机构、规章制度以及生产和劳动组织等问题，以经济责任为中心，完善承包经营体制，在企业形成网络。三是管理方法现代化，农场在不断变革中，企业管理应用一系列适合现代大生产要求的管理方法，诸如引进标准化管理体系、推行 6S 现场管理、绿色食品、节能减排、无纸办公等，力求与生产力的发展相适应。四是管理手段现代化，随着改革的深化进行，企业分立以后，农场区域各企业在企业管理中，用先进的现代化管理工具和手段，如电子计算机、机器人、DCS 控制系统、北斗卫星定位、录像、计量、监测、通信、显示、闭路电视等，来提高管理工作的自动化程度，达到准确、经济、高效的目的。五是管理人才现代化，农场在实现国家大型二档企业后，随着畜牧改制、农场和糖厂分立，辖区各企业根据企业内部因素和外部因素需要，制糖业、畜牧业引进各种专业管理人才，自己也培养一批人才，推进生产经营的发展。其他方面的现代化管理手段和方法，如目标管理、经营决策管理、价值工程管理、产量预测管理和 5S 管理等的推广应用，提升了企业的管理水平。

第二节　两改两加强

农场在运作中从实际出发，以改革为主线，加强企业改组改造。20 世纪 80 年代起，农场实行经济体制改革，由"吃大锅饭"到推行"三定一奖""联产计酬"，进而兴办职工家庭农场，农业获得稳步发展。在改革的推动下，场办工业也振兴起来，农业以糖料蔗为主，工业有制糖、造纸、纤维板、酒精、建材、纸箱、食品等项目。1994 年 5 月，在深化改革基础上，企业全面改组，广西国营良圻农场改建公司，成立了广西农垦良圻实业总公司，企业通过内涵挖掘不断进行技术改造，制糖业最初压榨能力由日榨 500 吨逐步提高到 850 吨、1200 吨、2500 吨、3500 吨；2019 年，良圻制糖公司日榨量已达到了 4500 吨；造纸业由投产时年产 900 吨，经过技改，逐步提高到年产 1500 吨、7000～10000 吨。后来由于市场经济的作用，有些项目产品无市场，销售无效益，1997 年 1 月，造纸业关闭停产，继而资产评估、产权拍卖，继之对砖厂、商业公司、开发公司放开搞活，进一步深化了内部改革。实行公司制改造以后，加强了企业化管理，实施人事、劳动、分配三项制度改革，在技术管理上，实行现场管理，实施现场规程，实现质量保证体系 ISO9002 贯标认证。2002 年，遵照自治区农垦局、农垦企业集团总公司关于做大做强农垦企业的指示，实行资产重组，糖业、畜牧业从农场分立，"两改两加强"在新的格局、层面上继续发展。

良圻制糖公司根据"两改两加强"工作思想，在 2019/2020 年度榨季中，通过严格执行工艺纪律、积极把控原料蔗质量、进一步节能降耗等管理手段，全榨季共榨蔗 49.86 万吨，混合产糖率 13.64%，创建了建厂以来的产糖率新高。"涌泉"牌白砂已连续 10 年在全国糖业质量评比中荣获优秀奖，成功跻身高端市场，良圻制糖有限公司也成为箭牌糖果、天地一号、加多宝、娃哈哈、三九药业、蒙牛等知名品牌的合格供应商。

第三节　"三化一中心"管理

2008 年 8 月，良圻场区各企业，在农垦"管理年"活动中，根据现代管理的要求，制订了"三化一中心管理制"的条文，全面落实以制度管人、以制度管事的理念。

文件分两部分，第一部分是管理制度，第二部分是岗位职责。管理制度从领导班子决策程序至环境卫生管理办法共有 17 项规定；岗位职责从党政工领导岗位到基层管理人员岗位细化为 54 个岗位的职责规范，文件颁布实施以来，企业管理工作的制度化、信息化逐步向广度和深度发展。

第四节　建立一体化管理

广西农垦糖业集团良圻制糖公司从 2000 年开始引进国际标准化管理体系，先是质量管理体系，接着陆续引进食品安全管理体系、职业健康安全管理体系、环境管理体系，并于 2004 年整合为四标一体的一体化管理模式。标准化管理体系是现代企业生产经营活动和实现目标产品的重要措施和模式，它把企业管理的各个方面有机地结合起来，以获得最大的经济效益和社会效益。

一体化管理整合体系的管理方针是：以人为本，关注顾客，关爱员工；诚信守法，保护环境，保障安全；持续改进，追求卓越，铸造品牌。

一体化管理适应了现代化管理的手段和要求，该企业多年来通过一体化管理体系的贯彻落实，持续改进，企业管理工作一年迈上一个新台阶。

第五节　信息管理智能化

1. **办公自动化**　2013 年起公司总部利用广西糖业集团良圻制糖有限公司的 OA（办公自动化）平台资源，开始使用 OA 办公系统，签发、阅读文件基本上是通过电脑网络进行，逐渐向无纸化方式办公发展，提高了工作效率。2018 年公司制改革后，良圻农场、东湖农场和黎塘氮肥厂重组为广西农垦良圻农场有限公司，东湖农场公司和黎塘氮肥公司作为良圻农场公司的子公司，为了密切提高公司本部与子公司之间的工作衔接，规范化管理，提高工作效率，于 2019 年公司本部购置硬件设备组建 OA 系统平台，通过北京软卓科技有限公司对良圻农场公司协同办公系统进行了迁移（从良圻制糖公司 OA 系统分离）升级，实现公司本部与子公司无纸化办公。

2. **全国甘蔗生产信息监测工作**　全国甘蔗生产信息监测工作从 2014 年开始，公司被列入第一批监测单位，监测内容包括整个糖厂蔗区的甘蔗种植面积、品种、长势、病虫害、气象、受灾等方面。接到监测任务以来，公司派专人负责，每月按时完成田间观测、信息收集、系统上报等工作，2014—2022 年连续 9 年被评为"全国甘蔗生产信息监测先进单位"。

3. **农机信息化管理工作**　2018 年引进建设北斗农机精细化管理平台，初步实现了农机作业实时监控、作业面积和作业质量信息化。

4. **财务核算集团化管理工作**　2010 年公司财务核算通过用友 NC 系统并入企业集团构建集中的会计核算平台。完成集团企业建立信息一致、可比的会计核算体系，在此基础上规范基础信息，有效地贯彻和执行集团统一的会计核算政策，从而提高会计信息的可比性和一致性。集团内部交易的自动协同，从根本上解决内部交易对账难问题，通过用友 ERP-NC 财务核算系统和集团内部各成员单位之间的科目对应关系，提供了由一方单位的凭证自动生成另一方单位凭证的"协同凭证"功能，保障集团内部交易准确核算，提高了工作效率，先进的报表功能板块使决策者随时都能得到企业最新的财务状况资料。

5. **党员管理系统现代化** 从 2010 年起，党员管理开始使用全国党员管理系统，每年录入党员信息，汇总至中央组织部。通过党员管理系统，使每名党员信息都联网记录，实行规范管理。农场党委每年参加全国党员统计汇总录入，详细记载党员变化情况。根据农场企业化改革后，2018 年退休职工党员组织关系转至芳香社区党委管理，截至 2019 年底，公司党委共有 1 个党总支、15 个党支部，党员总数 134 人。2020 年，为加强基层党组织建设，按照"地域相邻、体量相当、资源整合"的原则，良圻农场公司党委下设为 6 个党支部，分别是本部机关党支部、东部工区党支部、西部工区党支部、南部工区党支部、北部工区党支部、东湖农场公司党支部，共有党员 128 人。

第六节　应用网络办公

自 2000 年腾讯 QQ、电子邮箱被开始作为社交工具以来，也逐渐被管理人员应用于日常办公文件的传输、发布通知等。2008 年，良圻农场办公室运用 QQ 建立起了单位的第一个"良圻农场公司办公 QQ 群"，各分场、部室也相继成立了自己的 QQ 办公群，以此进行日常工作沟通、文件发布等，提高了办公效率。2011 年腾讯微信诞生后，随着智能手机的普及，管理人员也同样利用微信的社交功能，同步于 QQ 高效运用于日常的办公管理。这是本场利用网络进行办公的初始模式。

2003 年，办公电脑已从各部科室逐渐普及到分场，QQ、微信已不能满足工作需要，且文件涉密方面也存在网络安全隐患。2012 年 12 月 26 日，农场投入 7.33 万元，与北京三众科技有限公司签订合同，建设实施协同办公自动化项目，该项目包含了办公自动化系统、知识档案管理子系统、手机短信应用三大模块。2013 年 1 月，本场正式启用该套协同办公自动化系统进行文件处理、档案管理和平台短信发布等，将办公自动化提升到了一个全新的层面。2019 年 4 月，本场又投入 15.82 万元，对协同办公系统进行迁移升级和系统维护服务。2021 年，广西农垦集团有限责任公司泛微 OA 系统经过前期建设、测试，已具备投入运行条件，于 2 月 16 日起正式上线。为了统一规范网络办公，根据广西农垦集团有限责任公司《关于启用农垦集团泛微 OA 系统的通知》精神，良圻农场公司投入 4 万元，与广西农垦集团公司接轨，于 2021 年 4 月正式启用泛微 OA 系统进行文件处理，逐渐更替原有的协同办公自动化系统。

第六编

经营管理

中国农垦农场志

第一章　经营方针及变革

第一节　经营方针

1956年2月建场，根据国家需要和农场的土壤性状，确定为专业的香料作物农场，以种植香茅、枫茅为主的经营方针，建场当年共种植173亩，此外兼种一些木薯、玉米、花生等粮油作物。至1960年，全场的香茅、枫茅种植面积达到9402亩，占全场耕地面积的70%，成为广西垦区种植香料作物面积最大的国营农场。

1961年，香茅油价格下跌，由1.1万元/吨下降至0.7万～0.8万元/吨，挫伤了农垦发展香料作物的积极性，同时农场要实现粮油自给，无暇顾及香料作物生产，当年，香茅、枫茅种植面积减至2000亩，而改为以种植木薯为主的经营方针。此后几年，良圻农场木薯种植面积增长较大，最多时曾发展到4031亩。1963年，又发展黄红麻等经济作物，种植面积达到2199亩，最高年份种植面积曾达到3070亩。

1966年，农场贯彻执行国家"以粮为纲，全面发展"的方针，以发展水稻、玉米、花生等粮油作物为主，在粮食自给的基础上开展多种经营。全场生产经营的工作重心，是实施"旱改水"工程，拖拉机、牛工、人工一齐上阵，搞平整土地，改畲造田，水稻种植面积由1965年的461亩增至2320亩，玉米由863亩增至1614亩，花生由205亩增至464亩，粮油作物占全场耕地面积的71%。

1977年1月，根据上级的决定，良圻农场的经营方针确定以种植原料蔗为主，全部耕地种蔗，不种粮食作物，农场职工口粮和食油由国家供应。当年春，全场甘蔗种植面积9025亩，当年有收成的面积5600亩，产出原料蔗7224吨。此后甘蔗种植面积逐步扩大，总产和单位面积产量逐年提高。至2001年，甘蔗种植面积达26000亩，进厂原料蔗176511吨，总产值达到3371万元。2007年，甘蔗种植31807亩，产蔗238674吨。

随着农垦经济体制改革的深化，良圻农场逐步从单一经济的道路走了出来，到20世纪80年代，农场的经营方针确定以甘蔗为龙头，努力发展场办工业，走上农工商综合发展道路。

第二节　经营方案的制订

农场的经营管理方案，根据管理体制和管理机制，在不同的历史时期有不同的管理内容。建场初期至改革开放前，按照集中、统一吃"大锅饭"的管理模式，农场接受主管部门下达的年度计划任务后，场便组织财务、计划、统计和生产技术人员编制生产经营方案，将上面下达的任务分解到分场、工副业、各厂，由分场（厂）安排生产队、车间任务。分场（厂）按旬、月、季度给生产队、车间安排任务，当时称之为长计划，短安排。当年制订生产经营方案，缺乏调查研究，缺少群众基础，执行起来往往与实际脱节，计划任务与责、权、利也脱节。

随着农场经营方针的变革和管理体制的改变，1979 年，确定全场实行三级管理、两级核算，各计成本，统负盈亏，全面建立以岗位责任制为中心的管理制度，制订了《良圻农场企业经营管理办法》，在当年 4 月召开的场十四届一次职代会审议通过，下发施行。自此每年都订有年度的经营管理方案，在充分调查研究的基础上，经多次上下讨论、补充、修订，最后提交职代会审议通过颁布实施。

1988 年开始实行场长任期目标责任制，每届任期 3 年。任期内，场长对国家主管部门（自治区农垦局）下达的生产、财务计划目标负责，分场场长、主任对场部下达的生产、财务计划目标负责。农场的经营管理方案由原来一年一订，改为按场长的一届任期制订，即三年一订，其内容包括农业管理、工副业（二、三产业）管理、劳动人事管理、财务管理、物资（生产资料）管理和产品销售、分配、奖罚等。经营管理方案三订一年持续到 2017 年。2018 年农场公司化改革过渡期，2019—2021 年试行经营管理方案一年一订，由于执行过程中存在一定的弊端，2022 年起恢复经营管理方案三年一订的做法。

第三节　调整产业结构

农场从经济体制改革到经营机制的转换，不断摆脱单一经济发展模式，努力发展场办工业，在调整产业结构中，开展综合经营。建场初期建设的香茅加工厂、木薯淀粉加工厂、造纸厂等，因农场经营方针的改变，至 20 世纪 60 年代末，仅剩下造纸厂一个工业项目，1975 年春，国家在农场兴建糖厂，1976 年 12 月建成，其附设的酒精车间也同时投产。随即上级决定改变农场经营方针，全部耕地种植甘蔗，为糖厂提供原料。1979 年，在农场北面兴建一座 22 门轮窑式砖厂，年产机制砖 600 块。1982 年，利用联合国难民署

40 万美元援资，加上自筹资金，在糖厂厂区建设一座年产 2700 立方米的纤维板厂，1984 元旦建成投产，在产业结构上发展综合利用。与此同时，造纸厂、酒精车间都在实施技术改造，扩大再生产。1984 年开始组建畜牧公司，全民发展大群饲养瘦肉型猪，全部更新原有猪群，引进国外优良品种，随后兴建万头猪场，实行工厂化养猪，实现商品猪、优良种猪的规模化生产。与此同时，畜牧公司饲养三黄鸡、北京鸭，1986 年成为广西三黄鸡出口及三黄鸡苗、北京鸭苗供应基地之一。

当时，农场根据"无农不稳、无工不富、无商不活"的产业结构指导原则，力图推进农工商全面发展。1979 年农场开始办商店，经营有五金交电、日用百货、日杂生资、糖烟副食、文化用品等项目，还开设理发、饮食、家电修理等，从业人员最多时达到 23 人。

1986 年，农场在场部北面建设一座食品加工厂，经营业务以加工干粉、湿粉、腐竹、花生油，附设饮食、糕点门市部。1988 年冬，在农场西北方向的"黄牛岭"山脚下，兴建一座建材厂，主要生产机制红砖，年产 1000 万块。

农场在产业结构调整和产业结构创新中发展，1981—1991 年连续 11 年盈利，共获利润 2397.23 万元，此后随着市场风云的变幻，有些年头亏损，有些年头盈利，但是产业结构调整却是有成效的。后来，经过市场调节，有些产业已经关闭停产，在新的形势面前，有的产业已从农场分立。

第四节　资产重组

根据广西农垦集团有限责任公司关于农垦糖业（集团）有限公司组建方案，将良圻糖厂从广西农垦良圻实业总公司剥离，实行资产重组，糖厂以确认的资产进行重新注册登记，成为广西农垦糖业（集团）有限公司子公司。2001 年 6 月 26 日，广西农垦局党组、集团公司董事会召开农垦糖司资产重组动员大会。按照会议精神，总公司于 7 月 16 日成立了资产重组工作小组，领导小组由组长何冠球、副组长陈耀礼以及刘小飞等 5 名成员组成。领导小组下设办公室，还有 3 个专项工作小组：资产界定小组、实物盘点小组和账务清理核实小组。即日起，各专项工作小组在界定糖厂资产、债权债务、人员、厂区土地基础上，开展对糖厂资产进行清查、审计、评估和确认工作。

遵照农垦集团颁发的《糖司重组各糖厂资产、债务、所有者权益的界定原则及资产评估程序》《关于广西农垦糖业（集团）有限公司资产重组有关问题的补充通知》及《糖司重组资产、债务、所有者权益的界定及评估确认工作实施方案》原则精神，2001 年 7 月 25 日，良圻实业总公司行文，提出总公司与糖厂资产界定的 13 条意见：①货币资金的界定，按原有的良圻实业总公司在农行的账户余额划归总公司，良圻糖厂的账户余额和现金余额划归糖厂。②应收款项，其他应收款（含内部往来）、预付账款在原有的基础上按业务归属划分。③原材料全部是为糖厂和糖厂扶持蔗区甘蔗生产使用，划归糖厂；在产品、产成品是糖厂生产的，划归糖厂。④应收家庭农场款按原有的权属，划归总公司管理。⑤长期投资按原来合并时的权属，分别划归所属单位。⑥固定资产、在建工程的划分，根据使用归属原则，糖厂范围内固定资产以及太平码头、加油站、复合肥加工厂归糖厂，其余为总公司合并时所管理的固定资产，划归总公司。⑦短期借款余额4500万元，划归糖厂负责归还。⑧应负账款、预收账款、其他应付款，按原有的基础，结合合并几年来的业务所属来划分。⑨应付家庭农场款、待转家庭农场上交款，按权属划归总公司管理。⑩应付工资、应付福利费、应交利润，以合并时为基础，合理划分。⑪应交税费、预提费用是糖厂生产、销售业务过程产生的费用，划归糖厂。⑫长期借款，其中75万元是合并前借用的，划归总公司，其余105万元是糖厂用于开发原料蔗基地借用，划归糖厂。⑬实收资本，按合并时所属加上清产核资中所属的资产重估增值归属划分；盈余公积按合并时所属划分，1995年以来糖厂的经营亏损减盈利，划归糖厂。畜牧公司上交的各项权益划归总公司。

2002年10月24日，良圻实业总公司良圻制糖有限公司召开联席会议，就制糖公司从总公司分立后，有关人员安置及资产分割等问题进行专题研究，并决定：第一，两家公司分立后，原糖厂及总部竞聘富余人员由制糖公司按农垦糖司体制创新协调会精神作一次性安排。第二，资产处置，应按广西农垦重组糖业公司时的《糖司重组各糖厂资产、债务、所有者权益的界定原则》执行。但2001年7月糖厂与总公司剥离在资产界定时，把加油站、复合肥厂划归糖厂，把桑塔纳轿车和农务单车棚划归总公司，不符合"各项资产谁形成谁使用"的原则，因此应重新划定，即把加油站、复合肥厂及各农业分场肥料仓的肥料、农药重新划归良圻实业总公司管理。另外，桑塔纳轿车和农务单车棚划归制糖公司管理；风神小轿车从制糖公司划归总公司管理，由两家公司的财务部负责分账。上述协议，已得到执行。

场厂分立资产重组有关工作，于2002年10月全部结束，良圻制糖公司拥有固定资产原值8094万元，良圻实业总公司所有权益2144.25万元，年内固定资产增加636.5万元。

第二章　计划管理

第一节　统一计划分级管理

农垦计划、农垦生产是国民经济计划的一部分，农垦系统内的计划管理实行"统一计划、分级管理"体制。农垦企业分为中央企业和地方企业两大类，农垦部直接投产的列为中央企业，由省市投资的列为地方企业，良圻农场属于地方企业，其计划由部统一归口、审批下达、组织实施、督促检查，实行分级管理。1964年1月，农垦部颁布的《国营农场计划管理暂行办法（草案）》规定，农场生产纳入国民经济计划，必须按照国家批准的计划进行生产，要求上下内外一本账，各项计划指标互相平衡，不留缺口。良圻农场在执行计划经济过程中，没有设立专门计划部门，只配备专职的计划人员。农场制定有定额管理制度，所有作业都有班组原始记录，有台账记录在案，每个生产组（班）设一名记录员，完善基层的计划管理制度。"文化大革命"开始后，计划管理工作被废止，这一时期，农场不再编制计划，也没有上报计划，计划秩序混乱。

1978年，国家农垦总局成立后恢复了农垦统一计划、分级管理体制，农场各项计划的编制管理、实施、上报、审批都恢复了过去的程序，生产建设的编制根据实际由财务、供销、农技、劳资等人员会同制订、综合逐级上报，然后再由上面逐级下达。上级下达给农场的指令性计划，农场必须执行，不得变更计划。

第二节　计划编制及执行

建场以后，农场每年都按照上级下达的计划任务制订年度计划，还分别编制各个时期的五年计划。1962年，根据上级指示编制了《良圻农场第三个五年计划发展规划》，1980年编制了"六五"规划，以后陆续又编制了"七五"至"十一五"规划。2010年编制良圻农场"十二五"发展规划，2015年编制良圻农场"十三五"发展规划，2019年编制良圻农场有限公司"十四五"发展规划。制订中长期的计划是农场的目标管理，在规划年限内，主要经济作物、工副业增长速度、经济增长目标及财务盈亏概算等，也是农场编制年度计划的依据。经过几个五年计划的执行，至场厂分立前，企业累计向国家缴纳各种税费15233万元，投资回收率达593.25%。

农场的年度计划是按主管部门下达的计划指标任务，农场据此编制的生产经营详细计划，其内容有工农业总产值、经济增长指标、财务收支成本、盈亏、劳动工资、物资供求、技术措施、基本建设、社会总产值、国民经济生产总值等。计划草案须经职工讨论，几上几下修订，最后经职代会审议通过，然后付诸实施。对主管部门下达的指令性计划，全场职工都视为国家对企业和职工的要求，努力去执行，场部各职能部门都按自己的职责组织力量，去实现各计划任务。

第三节　计划管理改革

国家由计划经济体制推进到社会主义市场经济以后，自治区农垦局根据国务院颁发的《关于改进计划体制的若干规定》，从1984年起，对计划管理进行若干改革。农场根据新时期的计划管理制度编制农场生产经营发展目标。计划制订的原则，既充分留有余地又充分发挥指标的先进性。

计划管理的改革主要有四个方面：一是改变了过去计划下达后，一切都作为指令性任务来执行的惯例，变指令性为指导性，扩大企业在国家计划指导下，按照市场需求因地制宜安排生产经营计划的自主权，给农场经济带来新的活力。二是农场的基本建设计划改为固定资产计划，控制投资总规模；1985年国家又将预算的基本拨款改为贷款；企业自筹资金搞建设；根据批准控制数字，实行先存后用的办法。三是国家放宽生产与非生产性项目的审批权限。1976年以前，建设项目不论大小均需审批，1984年改为生产性50万元、非生产性15万元以下的项目，农场有权决定；200万元以下生产性工程项目、100万元以下非生产性项目，自治区农垦局有权审批。四是1984年以后逐步提倡投资择优投放，把农场利用自有资金修建中小学或单项工程建设投资5万元以下或分散种植的作物限期投产，结余留场使用。

计划管理改革，改变了计划工作中责权利脱节的弊端，实行大农场套小农场统分结合双层管理体制，在农场统一计划指导下实行经济责任制，家庭农场重视资金利润率、成本利润率和劳动生产率等经济效益计划指标，提高计划工作的科学性。

第三章　经济责任制

第一节　等级工资制

1956年建场时，全国进行工资改革，取消了原来的工资分制改为实行货币工资制，即等级工资制，农场干部、勤杂人员、机务人员根据地区类别按月发给本人等级工资，农业工人工资实行月薪日计，按照国家统一规定的农工七级工资，按出勤天数根据本人的工资等级计算供给。当时，良圻农场一级农工工资26元，二级29.6元，三级33.8元，四级38.5元，直至农场经济体制改革前，迄无一人超过四级工资。安排就业的农场职工子女、配偶及并场社队的试用工，每月18元，还没进入农工一级标准工资。

1960年进行工资调整，将原来国家规定的农业工人的七级标准工资制，改为十二级标准工资，最低一级，月工资标准18元，最高十二级41.6元。当时定级的标准是：1957年前参加工作的农工，最低起点六级，月工资28元；1958年前参加工作的农工，最低起点的为三级，月工资22元；农场安排工作的职工子女从一级起点，月工资18元。

1963年，中央决定在全国范围调整工资，农场根据自治区决定，此次升级面为40%，干部工资基本保持不动。工资等级标准改为八级，最低一级，月工资标准24元，最高八级，月工资59.4元。此次调整，按规定先套级后升级，套级办法是：将原来的等级工资就近新级别套，就高不就低。经过调整后，全场农牧工人工资提高了10.7%。

1974年的工资调整，农牧工人工资等级共分九级，最低为一级，月工资标准29元，最高七级，月工资63.8元，当年调整后，全场职工平均每人月增6.1元。

1986年实行工资套改、升级，全场职工工资升级面100%，工资等级标准定为八级，最低一级，月工资标准36元，最高八级，月工资标准108元（表6-3-1）。

等级工资制的推行，形成了劳动管理有定额而无考核，生产、财务年初有计划、有任务，年终算账不负盈亏责任，工资照拿。随着经济机制转换和管理体制改革，此后又进行多次工资套改和升级，等级工资没有多大实际作用了。

表 6-3-1   良圻农场各时期工资等级金额

单位：元

年份	适用地区	一级工资	二级工资	三级工资	四级工资	五级工资	六级工资	七级工资	八级工资	九级工资	十级工资	十一级工资	十二级工资
1956	南宁	26	29.6	33.8	38.5	43.9	50.2	57.2					
1960	广西	18	20	22	24	26	28	30	32	34.2	36.5	39	41.6
1963	广西	24	27	30.8	35.1	40	45.6	52	59.4				
1974	广西	29	34	38	42.9	49	55.9	63.8					
1986	广西	36	43	51	60	70	82	94	108				

第二节   三包一奖四固定

良圻农场 1960 年开始实行"三包一奖四固定"的经济责任制，这是克服分配制度上的平均主义，转而实施这种工资加奖励的分配形式。"三包"即包产量、包产值、包成本。"一奖"即超额奖励（未完成者扣罚），完成产量、产值和计划成本投入的奖工资额 5%，超计划盈利部分奖励 40%。奖励的办法后来发展到很多种类，有超产奖、超额奖、节约奖、超计划利润奖等。未完成任务的扣工资，责任工资占基本工资的 10%。"四固定"的内容是土地固定、农具固定、耕畜固定和劳力固定。工副业生产实行单位独立核算、定额上交、超支不补、超额分成的分配方法。上述管理制度实施到 1965 年初，1966 年"文化大革命"开始后就不再执行这一劳动报酬形式了。

第三节   大寨工分制

1972 年起，农场推行"大寨式标准工分"的劳动报酬形式。农牧工人的等级工资全部取消，以全场工资总额平均，每人月工资额 24.8 元。以每月参加生产劳动的农牧工工资总额合计，按工分来分配。各个月的工分值并不一样，有时工分多了，分值低了，收入却少了。评工记分是一个烦琐的分配过程，每到月底，各生产班组就集中评工分，按现实表现，是否和中央保持一致，开会是否积极发言等；其次是劳动生产是否积极，贡献是否大，根据上述各项条件，先推定一个"标兵"，评为 11 分，比标兵差一点的评 10 分，其次是 9.5 分，再次是 9 分，以此类推。各生产班组评工记分结束后，由分场汇总到场部财务科，计算出当月分值，然后由各生产组按各人出勤天数，计算出月工资额，往往当月的工资要拖到下个月中旬才能算清发放。

大寨式评工记分的分配制度，意识形态工分比劳动生产工分占的比重还要大，工分的多少并不能反映产量的多少，职工往往"只要千分不要千斤"，关心的是工分而不是经济效益，经营管理上还是"大锅饭"，1975 年开始停止了这种劳动报酬方式，又恢复了月工资日计制度。

第四节　联产计酬责任制

1982 年起，农场实行联产计酬的浮动工资制，农牧业方面，推行等级工资加联产责任奖罚，职工所得的收入同他创造的劳动成果挂钩，工副业单位实行"利润分成或增盈减亏分成经济责任制"。

（1）场部对各分场实行"四定"（定任务、定人员、定支出、定收入），增盈减亏部分 50％留给分场支配。

（2）场部对各分场实行专业承包，联产计酬，农业所承包的耕地面积以合同为据，三年不变，生产量指标分年核定。

（3）实行联产计酬责任制的职工，取消原等级工资，保留粮食及副食等项补贴，预借生活费。

（4）畜牧业养猪人员，个人月等级工资超过 40.2 元的保留工资；月工资在 40.2 元以下的，全部作为联产计工资；牧牛员每月预留责任工资 5 元，实行基本工资加奖励；养鱼业实行专业承包，定额上交，自负盈亏；养鸡业实行"四定一奖一罚"（定任务、定人员、定收入、定支出，增盈减亏奖励，欠产及减盈增亏受罚），每人每月预留责任工资 5 元，其余按实际出勤天数计发。

（5）工副业单位采取核定生产年度利润指标，奖金按提成比例和超利润指标部分分成的办法，每人每月预留工资 5 元。

（6）场部各科室管理人员，每人每次预留工资 5 元，年终全场由财务决算后计奖罚。

第五节　目标责任状

农场体制改革后，从 2019 年开始，为了建立符合市场经济要求的有效激励和约束机制，充分调动经营者的积极性，实现国有资产的保值增值，促进企业经济效益增长，确保集团发展目标的全面实现，集团以签订《目标考核任务责任书》的方式，对各二级公司进行考核和奖惩。考核主要内容为经济指标（其中，2019 年营业收入目标任务 20800 万元，利润总额 300 万元；2020 年营业收入目标任务 8000 万元，利润总额 160 万元；2021 年营业收入目标任务 5600 万元，利润总额 440 万元）、管党治党指标、年度重点工作指标；考核对象为公司党委书记、董事长、总经理、党委副书记、纪委书记、监事会主席、副总经理、工会主席、协理员、副协理员等集团确认的二级公司领导班子成员，实行一岗双责制度。

第四章　经济体制改革

第一节　财务大包干

良圻农场推行财务包干办法始于 1977 年，国务院和自治区 1977 年 2 月分别发文指示，以场为单位实行财务大包干。三年指标，一次核定，包干结余归单位使用，包干亏损由单位自行解决。1979 年 2 月，国务院批转财政部、国家农垦总局《关于农垦企业实行财务包干的暂行规定》，从此，国营农场实行"独立核算，自负盈亏，盈利留用，亏损不补"的财务大包干制度。自治区农垦局根据垦区实际，确定 1979 年的农场利润全部留场使用，亏损单位，按包干指标结余留用。当年，区局核定良圻农场包干指标亏损 240 万元，实际经营亏损 163.79 万元。

根据财务大包干精神，自治区农垦局决定从 1981 年起，农场生产性的投资项目拨款改为贷款，贷款基金的来源，是原有自治区计委每年安排农垦基建的拨款，属于农业生产建设部分。贷款实行低息，农业按年息 1.2% 计算，工业按 2.4% 计息，要求投产后 3~5 年内分次还清。财务大包干制的贯彻实施冲破了从计划经济体制以来的统收统支的规定，扩大了农场的自主权，促进了经济的发展。良圻农场自实行财务大包干以后，从 1981—1991 年连续 11 年实现生产经营盈利。

第二节　职工家庭农场

职工家庭农场是国营农场家庭联产承包责任制进一步发展的形式，是在普遍承包到户的基础上，农场生产分工分业有所发展的结果。良圻农场兴办职工家庭农场始于 1984 年，当年，共办起 758 个，家庭农场的职工 1125 人，占农业工人总数的 97.79%。承包土地面积 13076 亩。当时还办有一个联户职工家庭农场。经两年实践后，农场全面实现了兴办家庭农场，农业工人 100% 参加家庭农场。

职工家庭农场体制是国营农场统分结合、双层经营、"大农场套小农场"的体制。1984 年 9 月，全国农垦工作会议通过的《国营农场职工家庭农场章程（试行草案）》规定："以户为单位，实行家庭经营、定额上交、自负盈亏的经济实体"，"职工家庭农场长期承包使用国有土地、山林、草原、水面等生产资料，相对独立地从事农、林、牧、副、渔生产和经营"。因此，职工家庭农场在国家计划指导和与国营农场签订经济合同制约下，是相对独立的商品生产者，产品按有关规定单价卖给企业，包干上缴，余下归己。职工家庭农场的兴办和发展，促进了国营农场管理体制全面改善，由过去主要依靠行政手段来管理，变为主要依靠经济手段来管理，做好产前、产中、产后服务（表6-4-1）。表6-4-2列出的是1956—2021年良圻农场（公司）历年经济效益。

表 6-4-1　职工家庭农场生产经营统计

年份	家庭农场岗位（个）	甘蔗有收面积（亩）	进厂原料蔗（吨）	平均亩产（吨）	农业总产值（万元）
1988	806	12593	65116	5.17	382.67
1989	854	13609	46867	3.44	211.8
1990	1209	14099	51624	3.66	275.53
1991	1296	17040	93636	5.50	412.94
1992	1308	19087	81551	4.27	612.52
1993	1324	20009	119221	5.50	1944.71
1994	1287	22037	106000	4.81	2114.37
1995	1227	20385	122441	6.00	2469.44
1996	1273	27504	110100	5.71	2069.29
1997	1371	22608	121496	5.37	2791.24
1998	1350	22027	120047	5.45	2811.00
1999	1350	22627	134264	5.96	2865.00
2000	1488	22627	125220	5.53	2824.19
2001	1488	26000	176511	6.79	3509.32
2002	1445	26000	169942	6.54	2972.21
2003	1490	26200	203754	7.78	3697.74
2004	1515	31626	185282	5.86	3949.81
2005	1515	32069	179233	5.59	5444.78
2006	1524	32237	204461	6.34	5951.86
2007	1524	31776	238674	7.51	6794.45
2008	1524	32311	177142	5.48	5157.81
2009	1619	32733	216163	6.60	7959.92
2010	1619	44662	205968	4.61	10883.12
2011	1619	44463	230457	5.18	12447.68
2012	1616	44462	236114	5.31	11910.24
2013	1616	43616	253548	5.81	11800.93
2014	1616	43534	241500	5.55	10203.30
2015	1486	41233	222505	5.40	10610.19

（续）

年份	家庭农场岗位（个）	甘蔗有收面积（亩）	进厂原料蔗（吨）	平均亩产（吨）	农业总产值（万元）
2016	1486	41082	230806	5.62	12316.75
2017	1486	40450	231912	5.73	12374.26
2018	1470	40227	225845	5.61	11687.31
2019	1470	40052	224914	5.62	11693.94
2020	1461	41600	218930	5.26	11498.09
2021	1463	41663	221719	5.32	11549.55

表 6-4-2　1956—2021 年良圻农场（公司）历年经济效益

年份	工农业总产值（万元）	工 业		农 业		经营盈亏（万元）
		产值（万元）	占总产值（%）	产值（万元）	占总产值（%）	
1956	0.43	0	0	0.43	100	−0.99
1957	5.24	4.82	91.98	0.42	8.02	−0.34
1958	24.91	24.54	98.51	0.37	1.49	−7.02
1959	68.03	30.07	44.20	37.96	55.80	−12.04
1960	47.54	10.67	22.44	36.87	77.56	−57.93
1961	21.02	5.49	26.12	15.53	73.88	−31.97
1962	14.55	5.49	37.73	9.06	62.27	−47.34
1963	34.48	18.72	54.29	15.76	45.71	−10.47
1964	41.71	24.35	58.38	17.36	41.62	−11.4
1965	46.89	25.51	54.40	21.38	45.60	0.82
1966	41.14	8.53	20.73	32.61	79.27	−30.07
1967	27.97	9.3	33.25	18.67	66.75	−37.16
1968	27.8	18.58	66.83	9.22	33.17	−36.26
1969	57.59	44.56	77.37	13.03	22.63	−46.58
1970	87.92	73.07	83.11	14.85	16.89	−13.82
1971	59.97	44.99	75.02	14.98	24.98	−25.76
1972	63.63	49.12	77.20	14.51	22.80	−28.37
1973	82.3	66.1	80.32	16.2	19.68	−11.28
1974	90.13	72.25	80.16	17.88	19.84	−25.6
1975	99.75	94.12	94.36	5.63	5.64	−41.19
1976	115.35	61.46	53.28	53.89	46.72	−69.31
1977	223.72	162.82	72.78	60.9	27.22	−109.27
1978	535.44	462.99	86.47	72.45	13.53	−98.59
1979	675.13	602.33	89.22	72.8	10.78	−163.79
1980	816.75	738.46	90.41	78.29	9.59	−32.81
1981	1079.52	1003.29	92.94	76.23	7.06	74.23
1982	1222.29	1084.93	88.76	137.36	11.24	88.9
1983	1246.71	1140.29	91.46	106.42	8.54	1.3
1984	1181.94	987.74	83.57	194.2	16.43	18.18
1985	1329.87	1114.43	83.80	215.44	16.20	87.86

（续）

年份	工农业总产值（万元）	工 业		农 业		经营盈亏（万元）
		产值（万元）	占总产值（%）	产值（万元）	占总产值（%）	
1986	1783.55	1483.17	83.16	300.38	16.84	124.46
1987	1987.74	1623.26	81.66	364.48	18.34	307.67
1988	2041.29	1575.29	77.17	466	22.83	379.6
1989	2354.59	1948.98	82.77	405.61	17.23	511.07
1990	2782.16	2358.65	84.78	423.51	15.22	484.95
1991	5992.76	4498.18	75.06	1494.58	24.94	318.91
1992	7016.95	5404.43	77.02	1612.52	22.98	−324.8
1993	7885.54	5940.83	75.34	1944.71	24.66	108
1994	8545.17	6430.9	75.26	2114.27	24.74	898.42
1995	7948.97	5478.98	68.93	2469.99	31.07	75.55
1996	8925.5	6316.21	70.77	2609.29	29.23	−787.48
1997	8578.28	5787.04	67.46	2791.24	32.54	−485
1998	11094	8283	74.66	2811	25.34	−1539
1999	11528	8663	75.15	2865	24.85	−718
2000	11675.63	8851.44	75.81	2824.19	24.19	460.73
2001	11787	8416	71.40	3371	28.60	827.2
2002	3073.63	291.5	9.48	2782.13	90.52	0.46
2003	3506.23	318.23	9.08	3188	90.92	5
2004	4569.43	819	17.92	3750.43	82.08	5
2005	6352	1162	18.29	5190	81.71	10
2006	8105	1780	21.96	6325	78.04	10
2007	12614	3540	28.06	9074	71.94	30
2008	11597	3108	26.80	8489	73.20	36
2009	11989	2604	21.72	9385	78.28	15
2010	18027	3864	21.43	14163	78.57	8.36
2011	17651	3172	17.97	14479	82.03	11.59
2012	17439	3259	18.69	14180	81.31	11.9
2013	17456	3192	18.29	14264	81.71	20.82
2014	14563	3023	20.76	11540	79.24	20.68
2015	18039	3458	19.17	14581	80.83	26.19
2016	17410	2679	15.39	14731	84.61	28.19
2017	20380	2722	13.36	17658	86.64	31.69
2018	32252	2016	6.25	30236	93.75	120
2019	32400	2120	6.54	30280	93.46	572.47
2020	31741	1729	5.45	30012	94.55	1229.12
2021	34709	5350	15.41	29359	84.59	1744.84

第三节　场长负责制

1986年，良圻农场开始建立场长负责制，实现农场的行政首长有责有权，对企业全面负责，改变过去管理体制过度集中，制约了农垦企业生产。

建设发展的状况：1987年12月，根据《全民所有制工业企业厂长工作条例》有关规定，分别制订了《国营良圻农场场长工作条例实施细则》和《国营良圻农场场长任期目标责任制》，把农场的短期目标、短期利益、长远利益结合起来，加速推进两个文明建设。1988年开始，实行场长任期目标责任制，任期内（1988—1990年）的总体目标是：届满年甘蔗种植面积1.55万亩，总产5万吨；大力发展畜牧生产，抓住蔗糖、造纸、制板工业。逐步形成系列化生产，逐步提高职工物质、文化生活水平。具体目标是：届满工农业总产值2611万元，全员劳动生产率1.11万元，固定资产达2303万元，利润362万元，将任期目标层层分解落实到分场（厂）、队基层单位，直至承包岗位和个人。任期届满实际超额完成了计划指标。场长负责制的建立，使农场实现自主经营，成为相对独立的经济实体。

第四节　转换企业经营机制

1993年5月，农场全面实施转换企业经营机制。转换企业经营机制的目的是：使农场适应市场要求，成为依法自主经营、自负盈亏、自我发展、自我约束的商品生产和经营单位，成为独立享有民事权利和承担民事义务的企业法人。转换经营机制的主要内容是：落实场办企业生产经营权，落实场办企业产品销售权，落实场办企业物资采购权，落实企业投资决策权，落实场办企业留用资金支配权，落实场办企业资产处置权，落实场办企业联营兼并权，落实场办企业劳动用工权，落实场办企业人事管理权，落实场办企业内部机构设置权，落实场办企业拒绝摊派权，落实场办企业进出口权，落实场办企业工资、奖金分配权。

1993年5月17日，农场召开二十一届六次职代会，经大会审议，通过了《良圻农场实施"全民所有制工业企业转换经营机制条例"方案》，1993年5月18日以良场字〔1993〕第20号文件颁布实行。

第五章　企业改革整顿

第一节　企业深层改革

在良圻农场 50 多年发展过程中，改革开放前，生产建设和经营管理的最大障碍，一是财务管理由国家统收统支，分配实行等级工资制，形成了企业吃国家的"大锅饭"，职工吃企业的"大锅饭"局面，挫伤了职工劳动积极性和创造性。二是在管理体制方面既高度集中，又经常方针不稳定，职工不安心，其中虽然多次下放农场管理权，但都放给地方政府，没有给农场和生产者自主权，企业无能为力。三是产业结构不合理，农场长期限于单一经营，单纯上生产原料产品和自给性产品，商品经济得不到发展，极大地制约了农场生产建设的发展和经济效益的提高，形成了过去亏损的局面。

改革开放后，农场从体制方面的深层次的改革：一是由单一经营转向农林牧副渔、农工商服综合经营的农场经济体制；二是由平均主义的分配形式转向联产承包责任制，从根本上打破"大锅饭"；三是由统一集中经营转向农场和职工家庭农场统分结合双层经营体制；四是由以指令性计划为主的产品经济转向商品经济；五是由行政手段管理转向以经济手段管理。

农场在深化改革中，迅速调整产业结构，开拓适销的工农业产品，提高经济效益，逐步实现国家和职工的收益同步增长。

第二节　企业整顿

1984 年，根据中共中央、国务院关于坚持高标准、严要求进行企业整顿工作精神，以及农牧渔业部农垦局颁发的"农垦企业整顿验收标准"，农场组成企业整顿领导小组，全面开展农场的企业整顿工作。一是按干部"四化"要求，整顿了领导班子，按"精简、统一、效能、节约"的原则，进行机构改革，按企业民主管理的规定健全和完善了企业领导体制；二是整顿完善职工家庭农场和经济责任制，发展生产，提高经济效益；三是整顿和加强劳动纪律，严格实行奖惩制度；四是整顿财经纪律，健全了财务会计制度和物资产品管理制度；五是整顿了农场党的基层组织，搞好党的建设，提高了职工思想觉悟，积极进行社会主义精神文明建设。农垦企业整顿验收标准共 37 项，满分 1000 分，经农场自检，总分达到 938 分（800 分为合格），1985 年 1 月 26 日，呈文向南宁农垦分公司报告，请求进行企业整顿验收。南宁农垦分公司逐项检查评定，向农场颁发了"企业整顿五项工作合格证"。

1998 年 4 月，自治区党委、自治区人民政府下达《企业改革整顿的总体方案》，农场根据文件精神，安排 1999 年实施企业全面整顿。以企业内部的改革和整顿为主，调整和优化产业结构，深化农场内部三项制度改革。

分流企业富余人员。当年建立了农场再就业服务中心，78 名下岗职工经过培训，实现了再就业。整顿中，以市场为导向，提高全体职工产品质量观念，建立了 ISO 质量保证体系。经过整顿，现代企业制度的框架基本建立起来，企业管理进一步规范化，企业的资产得以保值和增值，逐步走上良性循环轨道，实现企业全面整顿的预期目标。

第三节　农场改建公司

1994 年 5 月 18 日，良圻农场改建为国有独资有限责任公司。是日上午，广西农垦良圻实业总公司正式挂牌，隆重举行了公司成立典礼，自治区农垦局局长黄道业、副局长童玉川和横县县委副书记邓黄群、县人大常委会副主任黄坚毅、县长助理刘培良、县政协副主席顾一雷及县、镇（乡）、垦区有关单位的领导、嘉宾 120 多人到会祝贺，参加庆典活动的职工群众 1000 多人。庆祝大会主席台两侧，悬挂着一副长联，上联是："国有农场改制仪典，意重理深，喜今日嘉宾济济，笑语频频"，下联是："实业公司揭幕吉日，地久天长，看明天财源滚滚，硕果累累"。童玉川副局长宣读农垦局关于成立良圻实业总公司及董事会的批复文件，黄道业局长和县委邓黄群副书记分别在会上发表讲话，热烈祝贺公司创建，董事长兼总经理黄昌成作了题为《努力奋进，继往开来》的报告。

良圻农场始建于 1956 年 2 月，从建场初期到党的十一届三中全会召开前，生产建设虽然有一定程度的发展，但因受旧体制的束缚，缺乏活力，农场连年亏损，党的十一届三中全会后，尤其农场经济体制改革后，扭转了亏损局面，从 1981—1993 年盈利总额 2056 万元，建场 38 年来，国家投资总额 2793 万元，而国家从农场回收了 6094 万元，等于收回了两个多农场。但农场原有体制阻碍了企业进一步发展，企业进入市场举步维艰，唯一的出路是转换经营机制，今天，国有农场实行公司制改组后，将按照"产权清晰、权责明确、政企分开、管理科学"的原则推进，加强现代企业制度建设。

第四节　场办企业改制

良圻实业总公司根据"三改一加强"的方针，1997年全面放开搞活场办企业。场造纸厂在扭亏无望情况下，1997年2月25日总公司董事会、党委会决定停产关闭，然后经总公司二十三届二次职代会审议确认，并从8个方面作出处置：一是原来所发生债权债务由李震、赵光宇、韦吉明、卢道乐负责处理，并另立明细账目。二是停产后，纸业公司负责对其全部生产设备进行全面保养、维护和封存。三是现有废纸、蔗渣、化工原料等由纸业公司作价出售，机动车交由总公司封存拍卖，出售和拍卖收入款项交总公司财务部。四是除少数人留守外，其余人员分流安置，各有关单位不得拒绝接收，有关单位的领导要做好思想政治工作，帮助分流人员尽快安居乐业。五是留用八名保卫人员，实行封闭式管理，确保厂区及生产设备安全。六是总公司成立清算小组，由何冠球副总经理任组长，抽调有关人员参加，负责对纸业公司进行内部审计，并形成书面审计报告。七是留守人员（含该公司领导）及保卫人员均取消等级标准工资，每月发放280元生活费，资金从原材料及机动车拍卖出售收入中列支。八是由总公司以书面形式，将纸业公司关门停产情况上报自治区农垦局。当年，在请示区局同意后，造纸厂已进行资产评估，产权拍卖，同时人员已分5批分流安置，共352人。

1997年11月23日，继年初关闭造纸厂、资产评估和产权拍卖后，又分别作出放开搞活开发公司、砖厂、商业公司和大修厂的决定。对场办企业改制实行"一企一策"：开发公司实行全面停业整顿；砖厂改制为集体性质的公司，重新办理注册登记和税务登记，独立核算并单独承担民事责任；大修厂租赁给内部职工经营，承租者要重新办理工商注册登记和税务登记，并单独承担民事责任。

第五节　深化三项制度改革

1999年，良圻实业总公司进一步深化企业内部劳动、人事、分配三项制度改革。7月20日，总公司将《良圻实业总公司深化三项制度改革实施方案》及有关配套方案提交总公司二十三届五次职代会审议通过，颁发实施，于8月全面贯彻执行。"三项制度"改革的主要内如下。

一、人事制度改革

（1）根据公司生产经营和市场竞争需要，本着精简效能原则和精干主体，剥离辅

（助）、后（勤）的要求，科学设置公司内部管理机构，管理层次应减到最少。

（2）公司按内部工作类别和性质定经营管理岗位、专业技术人员岗位、生产（服务）人员岗位。实行职工制，打破干部与工人身份界限，对所设置的管理、技术、工人岗位建立内部竞争上岗机制，逐级聘任，并动态管理，做到能上能下、能进能出。

（3）建设精干高效权威的领导班子。公司高层管理人员职数要减少，采用职工推荐候选人，组织人事部门考核，广西农垦集团公司董事会聘任的方式产生；完善和规范法人管理机构，在公司内部形成权责明确、相互协调的制衡的管理机制。

（4）公司中级管理人员，经职工代表推荐，组织人事部门考核，公司党政领导集体研究确认后，由总经理聘任。党群负责人的产生及管理仍按有关规定执行。

二、劳动制度改革

（1）继续实行劳动合同制。公司与全体职工按平等自愿、协商一致的原则签订书面劳动合同，依法确定劳动关系。

（2）公司以及各单位（或部门）根据生产经营需要，建立健全动态的定岗、定员、定编制度，做到合理设置和调整岗位，实现劳动力资源的优化配置。

（3）组建再就业服务中心，认真做好富余人员上岗、转岗或改行培训，组织学习技术、提高劳动技能。富余人员分流安置立足于内部消化，并确保富余人员的基本生活。

三、分配制度改革

在主管部门核定的工资额内，实行工资自主分配形式，选择灵活多样的内部分配方式，如岗位技能工资、计件工资、结构工资等，真正把职工的工资收入与职工技术等级、劳动贡献紧密挂钩，易岗易薪。公司的高级管理人员在条件成熟后实行年薪制。从 8 月开始，取消了原来的等级工资分配形式。新的分配制度实行固定工资部分占 20%，浮动工资部分占 80%，这一结构工资分配形式，与总公司经济效益挂钩，每半年考核定档，按责任轻重、技术水平、劳动强度、工作条件、贡献大小的差异，把工资分 15 级 29 个档次，薪随岗变。

第六节　成立芳香社区

根据《中共中央　国务院关于进一步推进农垦改革发展的意见》（中发〔2015〕33 号）文件规定，2018 年 5 月 8 日《横县人民政府关于同意成立六景镇芳香社区的批复》（横政函〔2018〕57号），在原广西农垦国有良圻农场管辖范围内成立六景镇芳香社区建制。2018年6月22日，中国共产党芳香社区委员会召开第一次党员大会，应到会有选举权的正式党员97人，实到会91人，因病请假6人，选举社区第一届党委会，2018年6月25日《中共横县六景镇委员会〈关于中国共产党芳香社区委员会党员大会选举结果〉的批复》（六批〔2018〕3号），同意蒙楚仲、吴明英、王福艳、邓庆志、龙世清、曾良章、农秀清为中国共产党芳香社区委员会委员，其中，蒙楚仲为书记，吴明英为副书记。社区党委设芳香社区、良圻农场老龄委、良圻制糖有限公司老龄委3个党支部，共有党员206人，其中离退休党员163人，占党员总数的79%。

2018年6月28日，芳香社区召开第一次居民代表大会，采取各选区单位流动投票的办法，全社区共有选民5609人，发出主任选票4299张，收回选票4251张，其中有效票4251张，无效票0张；发出副主任选票4299张，收回选票4255张，其中有效票4255张，无效票0张；发出委员选票4299张，收回选票4256张，其中有效票4256张，无效票0张，选举主任1名，副主任1名、委员5名（差额1名），主任蒙楚仲，副主任邓庆志，委员滕松清、朱秀玲、莫金英、关光胜。2018年7月2日《中共横县六景镇委员会、横县六景镇人民政府关于蒙楚仲等同志任职的通知》（六发〔2018〕28号），任蒙楚仲为社区党委书记、居民委员会主任，任吴明英为计生专干兼妇联主任，邓庆志为民兵营长兼治保主任，任朱秀玲为文书，任莫金英为农技员，任滕松清为会计，提名蒙聪为团支部书记。辖区内各单位、分场设有15个居民小组长、居民代表若干名。社区办公地点设在原农场职工文化活动中心，设有社会事务工作服务大厅、新时代文明实践站、社区退役军人服务站、青年民兵之家、群众信访服务室等服务场所，负责承接原良圻农场26项社会职能。随后，在六景镇党委、政府领导下，按部就班开展社区各项服务工作。

第六章　税费改革和小额贷款

第一节　农工减负

农场改革重点是农工减负，根据农业产业化和建设现代化农业需要，推行农业经营机制创新，推进农场管理体制改革，锐意减轻农业工人的负担。

2007年之前，农场与1042名有劳动关系的农工签有承包合同，承包面积26050亩，应缴给农场各种费用716.55万元，人均负担6876.68元，平均每亩土地负担275.07元。为了减轻农工负担，农场专门成立机构，全面深化税费改革。2008年税费改革施行后，经核算，有劳动合同关系的1042人，减负总数172.1万元，平均每人减负1651.63元，减负24.02%。

第二节　建立长效机制

为确保农工减负全面落到实处，减负后不再反弹，企业采取一系列措施保障其有效执行：一是制订了《深化税费改革实施办法（草案）》文件，经2007年8月15日提交场第二十六届二次职代会审议通过，呈报自治区农垦局批准后颁布施行；二是每年在场务公开栏予以公开，增加透明度；三是制定发放《农工负担手册》，明示收费项目额度，凡手册以外的收费，农工均可拒付；四是企业每年编制的《经营管理方案》，均订立条文明确规定农工的交费标准，加强社会监督。

第三节　推行农工小额贷款

良圻农场为改变多年来在经营管理中每年要为承包户垫支生产费用的做法，推进农工完全实施"两费自理"的进程，2009年以农行新的惠农政策为契机，通过小额贷款的方式为农户筹集生产资金，当年共贷款1300多万元，完全满足了农场全年资金需要，缓解生产资金周转的压力，使农场能在农资价格较低情况下购买到优质肥料农药，降低农工的甘蔗生产成本。这批小额贷款的发放，还解决了许多职工自建房、集资房和购置农机资金不足的问题，这一机制的实施，给农场职工的生产生活带来很大便利。

第七章 创新经营管理模式

第一节 高效利用土地资源

随着经营管理在新形势下的变化，农场为提高土地资源的效能，从实际出发多方面管好用好国有土地：

（1）农场与周边乡镇村民小组签订协议，将曾被农村占用现在执行收复的一部分土地租给村民种甘蔗，2008年4月，通过协商农场出租481亩土地给平马镇快龙村委良造经联社第一村民小组种甘蔗；2009年初，农场在已被执行收回的三分场1448亩土地中，租出700多亩给长岭和石楠经联社村民发展甘蔗种植业。此后，一些与农场有土地纠纷的村委纷纷要求和农场签订协议，按此模式承租土地。平缓场群矛盾，保证农场对国有土地的管理权，提高土地效益。

（2）利用农场的土地优势，推进管区工业化、农业产业化和城镇化进程。2007年，以八分场18亩土地租赁，引进吉林电力管道工程公司钢筋混凝土管道项目，项目总投资900多万元，生产能力年产管道9000米，增加农场就业机会和收益，拉动地方经济；2009年9月，农场将原农场中学场地租赁给南宁市景圻企业管理有限公司，建设阳光谷居家养老项目，建设老人滋养基地别墅、公寓楼等，造福一方，提高农场经济效益和社会效益。2013年建设横县粮食储备中心库，政府收回国有土地使用权54.45亩，2017年建设广西万川种业有限公司种子仓储包装加工项目，政府收回国有土地使用权29.96亩，建设横县六景镇第二卫生医院扩建项目，政府收回国有土地使用权9.58亩，以办理设施农用地方式出租30亩给横县浩隆达商贸有限责任公司，建设农机服务合作社，2019年开发利用高岭土开采项目，现有矿区开采面积56亩，每年约开采10亩，每亩收益约5万元。

（3）为进一步规范农场土地利用和效能，加快招商引资步伐，2009年农场出台了《广西农垦国有良圻农场招商引资奖励细则（试行）》的文件，使土地资源新的管理模式有章可循。

第二节　营销产品新运作

良圻农场自 2004 发展"美人指"葡萄生产，2005 年获得收成，近年采取先进方式进行营销，市场看好。一是利用现代通信技术在网络上向客户群发信息，介绍"美人指"新产品，以及通过媒体，广而告之；二是进行精美包装，发展礼品果销售；三是组织客商观光，到葡萄基地采摘、销售，实现了葡萄生产的产销两旺，经过多种营销运作，每公斤"美人指"价格比原先提高 20% 以上。

第三节　信息化管理手段

农场为提高经营管理工作效率，近年来加快了企业办公现代化、信息化管理进程。从 2009 年开始，场部给每个分场配发了办公电脑及打印材料设备，利用农场局域网作为平台，发布农场信息和通知，节省了办公资源和拓宽交流渠道，提高了管理效能。与此同时，农场利用糖厂服务器资源，通过光纤与糖厂并网，两家企业软件系统和信息共享，改善办公环境和条件，实现管理工作的现代化和信息化，经过职能部门运作，从而把农场经营管理手段提高到一个新的阶段。

第四节　培养管理人才新模式

2009 年 7 月，农场党委为提高经营管理人员的才干，经研究，选派了 14 名青年中层干部到华山、那梭、荣光、火光、峝美、新光、黔江、昌菱等 7 个兄弟农场进行一个月的跟班学习。一边实践，一边提高，并在期满后进行跟班学习活动总结。这次学习活动，是国有企业经营管理在新的形势下推行的，丰富了他们的工作阅历，拓宽企业管理知识层面，开辟了农场培训青年管理干部新的路子，也为其他兄弟农场的人才培养规划提供了很好借鉴。

中国农垦农场志丛

第七编

农　业

中国农垦农场志

第一章　农业概况

第一节　管理机构

1956年建场初期，行政管理机构设置一个办公室，统管行政、生产、财务三类业务，由生产技术人员管农业，下面设置生产队（分场级编制）和若干生产组。1957年10月，分别成立一分场和二分场，作为场部派出机构管理所属农业队、组。1959年，场部设生产科，担负农业生产管理职能。1964年，分场改称生产队，队下面设生产组，全场共编成14个农业生产组。1966年，"文化大革命"开始后，农场党政机构陷入瘫痪状态，1967年2月，农场成立了"抓革命促生产委员会"，其下属的"增节组"负责农业生产管理职能。

1968年4月成立"国营良圻农场革命委员会"（以下简称革委会），革委会下设办事组、政工组、生产组，生产组负责农业生产管理职能。1974年，农场革命委员会设置生产科，系农业生产的职能部门。1976年农场糖厂建成投产，糖厂农务部除管理农村蔗区生产外，兼管农场甘蔗生产的种、砍、运和肥料供给、田间道路修筑工作。1977年生产队改为分场，全场共设8个分场。1980年，分场建制改称生产队，全场共设10个生产队。1984年，生产队改为分场建制，全场共设11个分场。1984年8月，农场进行机构改革，场部生产科撤销，设立农林科，专责管农业。1994年5月，农场改建公司，公司的农业生产由总公司生产技术部负责管理，2002年场厂分立后，生产技术部改名为生产经营部。1999年，农场分场改称农业工区，全公司共设11个工区。2002年，奉上级指令实行资产重组，国有良圻农场的下属工区，随即改为分场建制，全场共设12个分场。

2020年12月29日，根据良圻农场公司党委《关于设立各基层党支部的通知》（良发〔2020〕28号）精神，良圻农场公司下属12个分场按地理方位设置为4个工区，即东部工区（由原来四、九分场组成）、南部工区（由原来二、三、十分场组成）、西部工区（由原来一、八、十二分场组成）、北部工区（由原来五、六、七、十一分场组成）。

第二节 耕地及耕作制度

良圻农场在勘测规划和场间整理会议确认，横县人民委员会批准，法定土地总面积86269亩，建场以来，由于国家建设需要，以及农场与地方达成协议，先后从法定的场界范围划出了土地9511亩，农场实有土地总面积76758亩，其中宜农面积27084亩，宜林面积5098亩，宜牧面积6526亩。根据自治区农垦局1981年派来的土壤普查专业队进行土壤普查，普查面积62699亩，按普查技术规程的土壤评级原则和标准，评为三级地的41075亩，四级地15098亩，五级地6526亩。

按建场时勘测设计规划，农用地实行轮作制，全场共划分11个轮作区，每年要保证有3/5香茅种植面积，与香茅轮作的有花生、绿肥、红薯、玉米等作物，后来由于经营方针变动，原定的轮作制无法贯彻执行。建场以来，除初期种植香茅、枫茅等香料作物，先后种植了花生、玉米、红薯、木薯、水稻、红麻、剑麻等多种粮油作物和经济作物。

1977年1月起，农场确定为以种原料蔗为主的经营方针，由于全部耕地都种植甘蔗，没有进行轮作，农艺方面实施优化甘蔗品种结构，推行良种良法的耕作制度。20世纪80年代前，主要甘蔗品种有印度997、台糖134；1980—1999年，主要甘蔗品种有选3、桂糖11、粤糖63-237；2000—2014年，主要种植甘蔗品种为新台糖系列，即新台糖16号、新台糖20号、新台糖22号、新台糖23号等良种，其中以新台糖22号为当家品种，长年占种植面积的75%以上；2015年至今，主要推广桂糖42号、桂糖46号和桂柳05136等良种。良种良法耕作制度推广以来，甘蔗生产农艺性状和糖分纯度都优于以前，职工和企业都产生较大的经济成效。

良圻农场建场时经营方针是种植香茅为主的专业香料农场，香茅成为第一代农业生产主业。1959年改变为发展木薯为主，木薯为第二代农业生产主业。1963年开展多种经营，红麻成为第三代农业生产主业之一。1963年后，在党和国家"大办粮食"的号召下，发展以水稻为主的经营方针，水稻是农场农业生产的第四代主业。从1977年起，农场经营方针是发展原料蔗为主，甘蔗生产为农场第五代农业生产主业。此后这一经营方针延续至今。

2002年农场与糖厂分立后，良圻农场延续以甘蔗种植为主，继续保持原来的耕作制度，实行甘蔗单作，种植的甘蔗品种主要有新台糖16号、新台糖22号、新台糖23号等。2020年在耕作及甘蔗种植技术方面大力推行大功率机械深耕深松、蔗叶还田、地膜覆盖、节水灌溉、病虫害绿色防控技术，确保甘蔗稳产增产。

第三节　劳　动　力

良圻农场农业劳动力的形成，主要有 8 个方面：①从垦区的垦殖场和一些老场调来建场的职工；②建场初期招收的农村青年、复退军人；③并入农场的人民公社生产队劳力；④20 世纪 60 年代安排到农场的城镇社会青年；⑤20 世纪 70 年代安排到农场的横中学生和招工来的知青；⑥自然增长劳动力；⑦1978 年安置到农场的越南难侨；⑧农转非后由农场安排到承包岗位的劳动力。

1956 年农场初创，农业劳动力只有几十人，次年从广西垦区其他场调来一些老职工，劳动力增加到 150 人，1958 年开始"大跃进"运动，在横县当地招收一大批农村青年和复退军人，农业劳动力突破了 800 人。此后几年，维持在 800 多人。1962 年国民经济开始调整，农场职工进行精减回乡，当年，农业劳动力锐减至 450 多人，1962 年继续精减下放职工，农业劳动力仅维持在 400 人左右。1963—1974 年的 12 年间，农场的农业劳动力每年都维持在 400～420 人。1975 年，国家决定在农场建造糖厂，大力发展甘蔗种植业，扩建农业分场，从各地招收了 1200 多名新工人，至 1977 年，农业劳动力很快增至 1580 多人。1978 年，农场安置越南难侨 184 户 1039 人，其中属于劳动力的 438 人安排参加农业生产，自此，农场的农业劳动力突破了 2000 人；至 1979 年，农场职工总数达到 3117 人，其中属于农业劳动者达到 2400 人，为建场以来在册职工人数最多的一年。1980 年后，由于掀起"知青回城"热和抽调一部分职工支援新建场（厂），职工人数逐渐下降。1984 年兴办职工家庭农场后，根据一定的土地面积安排承包岗位，20 多年来安排农业岗位的劳动者在 1200～1400 人。由于甘蔗生产季节性强，各项承包岗每年农忙时节还请 700～800 个农村劳动力，从事甘蔗种植和砍运以及田间管理等。

与农村甘蔗种植土地分散、面积相对偏小等特点比，农场用于甘蔗种植土地相对连片，每个甘蔗种植岗位土地面积在 25 亩以上，因甘蔗种植面积较大，甘蔗种、管、收工作的劳动力来源主要还是外来民工（含农场周边村民工），特别是甘蔗收获季节，基本依靠外来民工来完成。据统计，每年榨季甘蔗砍收时期，到农场从事甘蔗砍收工作的外来民工将近 800 人。

第四节　农工培训

农场结合农工对新型种植技术措施的需求，邀请专家或农场农业技术骨干以室外现场培训和室内培训相结合的方式开展培训，主要开展有甘蔗种植、病虫防治和管理、葡萄和沃柑栽培技术等培训。

在农工安全培训方面，农场每年以会议和专题培训方式，组织全体分场管理人员进行安全生产培训，然后再由分场管理人员，特别是作为安全生产第一责任人的分场主任，通过会议、广播、板报等方式，将安全生产相关知识传达到各个农工。

第五节　肥料施用

建场以来，农场每年都施用大量的有机肥和无机肥料，有机肥的主要来源有以下几方面：一是建场初期至20世纪80年代的垫栏肥。各生产组铲草或拉稻草来垫牛栏和垫猪栏运动场，沤积一定时间成农家肥。二是积制堆肥和烧草皮泥。种香料作物和粮油作物时，各农业队、组安排劳力或组织专业积肥组，铲草皮积制堆肥和烧草皮泥。堆肥的制作是将草皮拌石灰堆高，用污水淋透，待腐熟透后施用。草皮泥是将铲下的草皮砌高，在底下开洞用暗火熏烧，成为草皮灰泥，冷却后即可施用。三是绿肥。有的是在耕地上纯种，有的是在旱地作物株行间种，水稻则在稻田里种稻底绿肥。绿肥品种有猪屎豆、灰叶豆、大绿豆、含羞草、红花草等。四是滤泥。1976年场糖厂建成后，每个榨季都调运大量滤泥供农田施用。此外，购进有机质商品肥，主要是豆饼、花生麸和桐麸等，20世纪60年代还从雷州半岛购进大量海肥。农场养殖猪、鸡每年也运送不少粪便供农田使用。

1977年确定农场以发展甘蔗为主的经营方针后，农场坚持探索配制有肥效长、各种养分配比合理、能满足甘蔗各生长时期需要的肥料，即良圻农场产出的复混肥。1992年建立复混肥料厂，使用尿素、钙镁磷肥、进口钾肥、硅锰肥、锌肥、桐麸、硫酸等作为主要原料及微量元素，经工艺加工而成，因此，除含有农作物必需的氮、磷、钾、硅、钙、镁等营养元素外，还含有锰、锌、硼等多种微量元素和有机质及农作物生长元素，可广泛用于甘蔗、水稻、果树等多种农作物的种植。2020年开始，为了方便职工群众甘蔗种植、培土等工作，复混肥料厂开展肥料与农药代拌混合服务，将肥料与农药混合搅拌均匀后，再装袋送到职工群众的田间地头，减少了施用肥料农药的步骤，减轻了职工群众的劳动负担，广受职工群众好评。现在一直继续生产和施用。

建场以来，历年施用含有氮、磷、钾等养分的化肥有多种，氮肥主要有尿素、碳酸铵等，磷肥主要有过磷酸钙、钙镁磷等，钾肥主要有氯化钾、硝酸钾等。磷钾肥施用时常与农家肥拌和，氮肥则用于催肥单独施用，经多年探索，效果不错。

第二章　主要农作物

第一节　香　茅

香茅系禾本科多年生草本植物，分蘖性强，簇生成大丛，有香气，其叶面青绿色，背面粉绿色。经高温蒸煮制成香茅油，产品供国家出口，是农场 1956 年建场时确定的经营方针。当年，首批从区内五星农场引进香茅种 20 万株，栽种面积 173 亩，作种苗繁育，后因遇寒流，冻死 20％以上。1958 年 3 月，又从广东海南和粤西的勇士、海鸥农场购进香茅 7630 万株，种植面积 7385 亩。当年收获生茅叶 1876213 公斤，平均亩产 254 公斤。

1960 年，是全场栽种香茅面积最多的一年，也是广西垦区种植香料作物面积最大的国营农场，全场种植高达 9402 亩，占农场全部耕地 70％。从 1961 年起，由于农场经营方针的改变，面积逐步减少。1966 年，全场香茅种植面积下降至 2501 亩，却是香茅生长最旺盛的年份，平均亩产 503.5 公斤，总产共达 1259253 公斤，1969 年全场终止了香茅种植（表 7-2-1）。

表 7-2-1　良圻农场香茅生产情况

年份	种植面积（亩）	有收面积（亩）	平均亩产茅叶（吨）	总产（吨）	年份	种植面积（亩）	有收面积（亩）	平均亩产茅叶（吨）	总产（吨）
1956	173	173	0.052	8.996	1963	678	660	0.237	156.42
1957	2417	2417	0.12	290.04	1964	1326	1151	0.189	217.539
1958	7385	7385	0.254	1876.044	1965	2207	2207	0.389	858.523
1959	6659	6659	0.047	312.973	1966	2501	2501	0.504	1260.504
1960	9402	6194	0.054	334.476	1967	2026	2026	0.364	717.204
1961	2901	1839	0.054	99.306	1968	1418	1348	0.094	126.712
1962	1964	1367	0.167	228.289					

第二节　玉　米

1956 年 2 月建场即开始种玉米，是本地的品种黄玉米，主要用作猪饲料，当年只少量种植，共96亩，当年有收成的面积67亩，平均亩产26公斤。以后种植面积逐年扩大，产量逐年提高，至1965年发展到836亩，平均亩产提高到129公斤。1966年开始大面积种植，播种达1614亩，但由于品种老化，农艺陈旧，平均亩产只有53.8公斤。1969年首先引进的"白马芽"品种，取代本地黄玉米，改进了耕作方法，平均亩产提高到104.9公斤。1970年引进"墨西哥白"和"都安2号"与本地玉米杂交，获得增产。1976年大面积生产，种植面积3738亩。1980年，全场玉米增产增收，种植面积1961亩，平均亩产155.5公斤，总产304935公斤。从1983年起，农场不再安排玉米种植计划（表7-2-2）。

表7-2-2 良圻农场玉米生产情况

年份	播种面积（亩）	有收面积（亩）	平均亩产（公斤）	总产（公斤）	年份	播种面积（亩）	有收面积（亩）	平均亩产（公斤）	总产（公斤）
1956	96	67	26	1742	1970	1892	1892	84	158928
1957	180	180	21	3780	1971	1722	1328	78.8	104646
1958	211	211	80	16880	1972	1328	936	34.8	32573
1959	506	287	47	13489	1973	1891	1883	52.5	98858
1960	1252	1156	42	48552	1974	1873	1873	31	58063
1961	1552	1481	47.4	70199	1975	2195	2136	55.5	118548
1962	593	517	45	23265	1976	3738	3225	29	93525
1963	387	387	63.7	24652	1977	798	724	50.6	36634
1964	206	206	104.4	21506	1978	539	539	115.5	62255
1965	836	836	129	107844	1979	818	818	147.8	120900
1966	1614	1492	53.8	80270	1980	1961	1961	155.5	304936
1967	1520	1520	69.7	105944	1981	1222	1222	140.5	171691
1968	1173	1173	79.7	93488	1982	1042	983	177	173991
1969	1468	1468	104.9	153993					

第三节 花 生

建场当年种植本地大花生品种68亩，平均亩产12.5公斤，总产850公斤，全部留作种子，为次年扩大种植面积做准备，解决职工食用油。

1965年从广东引进"西巨头"品种取代本地大花生品种，平均亩产提高到72.8公斤。1972年又从广东引进"粤油7号"，1983年引进"合油"品种，并加以改进农艺，产量有很大提高。

1984年开始,农场不再安排花生种植任务,各承包岗自行安排种植,花生生产一直维持到1990年(表7-2-3)。

表7-2-3 良垌农场花生生产情况

年份	播种面积(亩)	有收面积(亩)	平均亩产(公斤)	总产(公斤)	年份	播种面积(亩)	有收面积(亩)	平均亩产(公斤)	总产(公斤)
1956	68	68	12.5	850	1974	323	323	31	10013
1957	92	90	15.4	1386	1975	523	510	17.8	9078
1958	523	523	17.5	9153	1976	659	655	24	15720
1959	294	294	31	9114	1977	1050	965	20.9	20169
1960	535	520	15	7800	1978	828	828	55	45540
1961	524	518	21.6	11189	1979	1356	1342	47.9	64282
1962	576	528	9.7	5122	1980	1310	1310	34	44540
1963	314	313	36.6	11456	1981	1275	1275	41	52275
1964	211	188	29.9	5621	1982	104	104	49	5096
1965	205	205	72.8	14924	1983	101	101	98	9898
1966	464	441	21.5	9482	1984	1154	1154	139	160406
1967	350	349	37.2	12983	1985	2150	2150	53.8	115670
1968	278	278	25.9	7200	1986	2213	2213	53.6	118617
1969	317	317	84.5	26787	1987	1597	1597	100	159700
1970	339	339	74.1	25120	1988	1020	1020	99	100980
1971	322	322	19	6118	1989	1200	1200	125	150000
1972	309	309	48.2	14894	1990	1100	1100	100	110000
1973	338	338	24	8112					

第四节 木 薯

木薯是一种耐旱的经济作物,建场初期新开垦的土地土质瘠薄干旱,很多土地就被种植木薯,产品主要用作猪饲料。1959年在鲤鱼潭分场建一座木薯淀粉厂,加工成淀粉,产品供外贸出口苏联,农场确定以种植木薯为主的经营方针,1960年,种植面积由1959年的341亩增至4037亩,木薯总产量共达508.622吨。1964年木薯产量较高,平均亩产达到了0.444吨,当年种植面积2184亩,总产969.696吨,良垌农场从1959—1968年,大面积种木薯共10个年头,还引进了越南木薯品种,在一部分土地上种植,后因产量不高,不久便淘汰了(表7-2-4)。

表 7-2-4　良圻农场木薯生产情况

年份	种植面积（亩）	平均亩产（砘）	总产（砘）	年份	种植面积（亩）	平均亩产（砘）	总产（砘）
1959	341	0.149	50.89	1964	2184	0.444	969.696
1960	4037	0.126	508.662	1965	1233	0.210	258.93
1961	1311	0.125	163.875	1966	867	0.147	127.449
1962	3440	0.102	350.88	1967	247	0.158	39.026
1963	727	0.517	375.859	1968	326	0.2	65.2

注：1960—1964 年种植的一部分越南品种"面包木薯"未列入本统计范围。

第五节　红　麻

红麻属于亚热带作物，因其株干表面多呈红色而得名，其特性耐旱滥生，比较适宜新垦荒地种植。良圻农场 1959 年开始试种红麻，面积 10 亩，从 1961 年起，种植面积逐年扩大，1963 年种植面积 2199 亩，总产干麻皮达到 81839 公斤。1966 年为种植红麻顶峰期，全场种植面积达到 3070 亩。红麻春种秋收，以结籽为成熟期，先采种后收割。收割后浸泡于水中，至红色表皮脱落时捞起，经人工或打麻机将麻皮剥下，在清水中冲洗，剩下二层皮晾晒干成产品，为国家纺织工业提供原料，其株秆晒干后可作薪柴燃料，叶渣经沤制可供农田做肥料，当时农场的 1000 多亩水稻施用后效果很好（表 7-2-5）。

表 7-2-5　良圻农场红麻生产情况

年份	种植面积（亩）	有收面积（亩）	平均亩产（公斤）	总产（公斤）	年份	种植面积（亩）	有收面积（亩）	平均亩产（公斤）	总产（公斤）
1959	10	10	26	260	1966	3070	1588	13	20644
1960	35.5	35.5	36	1278	1967	66	660	36	19074
1961	468	270	53	14310	1968	151	151	25	3775
1962	800	750	20	15000	1969	81	21	68.5	1439
1963	2499	1808	45	81360	1970	10	10	146	1465
1964	533	491	84.5	41490	1971	20	20	56	1120
1965	1186	1186	55	65230					

第六节　水　稻

1964 年，良圻农场开始试种水稻，种植面积 92 亩，因一部分旱地改水田，当年有近四成失收，有收成的面积 58 亩，平均亩产 47.6 公斤。1965 年，全国掀起"大办粮食"高潮，农场根据以粮食为自给性产品的思路，全力发展水稻生产，当年，水稻扩种至 461

亩。为引进先进水稻栽培技术，从广东潮汕地区请来 4 位农民种田能手，进行传、帮、带，并在一分场成立"农业试验组"，推广科学种田经验繁育优良稻种，水稻平均亩产提高到 108.3 公斤。1966 年，农场为实现粮食自给，决定以全部耕地种植水稻的经营方针，全场集中力量进行平整土地，兴修水利，安装机电灌溉，保证优先发展水稻生产；并将一分场"农业试验组"升格为分场编制的"农场农业试验站"，划定土地进行水稻品种试验和良种繁育，逐年提高了单位面积产量。1966—1976 年，以水稻为主共经营了 11 年，双季稻种面积最高年达 3781 亩，总产量 519948 公斤，实现粮食自给有余。从 1977 年起，农场改变了以生产原料蔗为主的经营方针，水稻种植面积大幅度减少，至 1981 年终止了水稻种植（表 7-2-6）。

表 7-2-6　良圻农场水稻生产情况

年份	播种面积（亩）	有收面积（亩）	平均亩产（公斤）	总产（公斤）	年份	播种面积（亩）	有收面积（亩）	平均亩产（公斤）	总产（公斤）
1964	92	58	47.6	2761	1973	3114	3114	154.7	4817364
1965	461	461	108.3	49926	1974	3539	3539	138.3	89443
1966	2320	1664	66	109824	1975	3636	3634	143	519948
1967	1971	1953	108.8	212486	1976	3781	3700	125	462500
1968	2457	2457	70.5	173219	1977	1180	1180	166.1	195998
1969	2786	2786	126.5	352429	1978	982	982	155	152210
1970	2606	2606	126.9	330701	1979	739	739	183.7	135754
1971	2893	2772	121.9	332657	1980	317	317	286.5	90821
1972	2771	2764	143.3	396081					

第七节　葡　　萄

农场"美人指"葡萄基地的建立，是场厂分立后，于 2004 年春开始在难民安置点三分场发展种植葡萄 230 亩，是广西"美人指"连片集中、规模最大的种植基地。基地地势平坦，地形开阔，阳光充足，整个基地以园地成方，渠路成行，路、沟、林配套成网的田园规划，全部采用避雨膜盖、果穗套袋、节水滴灌、农家肥沟施等栽培技术，获得了无公害农产品和富硒农产品的认证。基地在经过 2015 年、2017 年两次扩种，增加到了685 亩，种植户数 84 户，岗位 108 个，年产鲜果 120 多万公斤，每年 6—12 月均有鲜果上市。主要种植的葡萄品种有美人指、巨峰、夏黑、阳光玫瑰等，随着产业发展品种也不断更新。2015 年推广种植葡萄新品种阳光玫瑰。当年荣获广西统一战线同心·创业示范基地称号，同年葡萄产品参加全国优质冬葡萄评比获优质奖和金奖。

第八节　沃　柑

因横县建造国家级西津湿地公园需要，横县人民政府租用十分场 2000 多亩土地，经农垦集团、公司的同意，从 2015 年起，将十分场租用建造湿地公园后剩余的 600 多亩土地开始发展沃柑产业。沃柑基地总面积 660 亩（种植面积 500 亩），2017 年试产挂果，总产 75 万公斤。到 2019 年，总产量达 150 万公斤，在市场上已打出了良圻农场"吉满红"沃柑品牌，深受客户青睐。

第三章 甘蔗生产

第一节 蔗为立场之本

建场以来，农场经营方针多次变动，1977 年确定了以种植甘蔗为主的经营方针，这是农场第五代农业生产主业，从此，甘蔗生产成为立场之本，历届领导班子一直坚持"发展甘蔗生产是良圻农场经济发展的基础"指导思想不动摇。农场在确立种原料蔗为主的经营方针后，决定全场的耕地一律种蔗，不允许种其他作物，有的分场原来还种有一部分水稻、花生、玉米等作物，均在 1981 年后终止了种植，改为种植甘蔗。20 世纪 90 年代初，有些职工在耕地里种茉莉花，在甘蔗地株行间套种粮油作物，偏离了农场生产经营指导思想，1992 年 8 月 3 日召开办公会议，研究全面贯彻落实既定的经营方针，制止无序种植，在蔗地套种、间种之风蔓延。会后，场领导组织工作组到各分场开展工作，处置了乱种植的行为。1992 年 9 月 1 日，场部张贴和下发《关于禁止利用蔗地种茉莉花及其他作物的通告》，确保农场以蔗为本的地位，同时各职能部门加强对甘蔗生产的各项服务工作。

以蔗为本的方针实施以来，企业和职工收益同步增长，农场的小城镇建设日益发展，职工兴建了 500 多座楼房，人民群众称小城镇中的楼房为"甘蔗楼"。

第二节 优化品种结构

农场为发展甘蔗生产，30 多年来不断优化甘蔗品种结构。1976—1979 年，甘蔗品种主要有台糖 134、印度 331 等，其中以台糖品种为主，1980 年引进选 3、桂糖 11，经过多年繁育推广，形成了选 3、桂糖 11 为主的格局，兼有桂糖 10、印度 CO997、粤糖 63-237 等早中晚为搭配的品种体系。从 1999 年开始，加快了良种的引进、推广进程，主要有新台 16、新台 22、新台 26、新台 28 等新台系列品种，全场实现 100％良种化。经农科人员农业试验，新台 20 号、22 号、23 号、28 号在良圻农场蔗区表现良好，农艺性状与其他品种对比有明显优势，糖分纯度优于其他品种，经优化结构新台糖系列品种成为良圻农场甘蔗当家品种，达到稳产、高产、高糖的成效。因新台 22 号适宜坡地种植，较耐旱，而新台糖28号产量较高，适合低洼地种植，近几年来，农场以种新台22号、28号为主。

新台糖22号以高产、高糖、耐旱、适应性广、脱叶性好等特性得到迅速推广种植，至2006年种植面积比例高达93.8%，成为农场甘蔗当家品种。直至2013年，由于长期大面积种植单一甘蔗品种新台糖22号，甘蔗病虫害日趋严重，新台糖22号宿根矮化病日益显现，甘蔗产量下滑。2013年起，为了扭转甘蔗品种单一局面，本场开始陆续引进甘蔗新品种桂糖42号、桂柳05/136号、桂糖46号等品种，经过试验示范种植，这三个甘蔗新品种种性表现较好，产量和糖分不亚于新台糖22号，深受甘蔗种植户青睐，迅速得到了推广种植，特别是桂糖42号，以其高产、高糖、抗倒伏能力强、脱叶性好等特点，发展十分迅速。至2018年，桂糖42号种植面积比例已达60%，迅速成为当家品种。2020年进厂原料蔗品种比例中，桂糖42号已占比高达87.5%，而新台糖22号占比已经下降到不足1%（仅0.92%）。

第三节　高产栽培配套措施

农场坚持科技兴蔗，组织农技人员进行农业试验，实施农科创新及现代化农业示范，全面推广大面积甘蔗高产综合栽培技术。

一、2010年前主要措施

1. **推行宽行密植**　经过长期试验，在大功率耕作机械深耕基础上，甘蔗种植行距适度拉宽，并适当密植，单产和总产有很大提高，行距以130～140厘米为宜。

2. **氮、磷、钾合理配施**　经过小区试验，然后在大面积上推广，平均亩施尿素38公斤、磷肥93公斤、钾肥30公斤。

3. **全面推行良种化**　农场经过长期筛选，不断优化甘蔗品种结构，近年引进新台糖系列，很适宜在农场栽培，新台20号、21号、23号、26号、28号均能保持稳产高产。

4. **加大水利喷灌建设**　农场的甘蔗水利化逐步实施，逐年投入加大水利喷灌设施建设，目前，全场约有1/5的甘蔗地配套了水利喷灌设施，提高原料蔗保收程度。

5. **推广化学除草**　全部普遍推行化学除草，主攻清除恶性杂草，用以代人工除草办法，节省人力，抑制杂草蔓生。根据调查统计，采用化学除草办法，每亩增加效益200多元。

6. **深入开展灭鼠**　每年农场配制毒谷2万公斤左右，统一布置投放，有效控制老鼠对甘蔗的危害。

7. **掌握运用气象资料**　农场长期安排人员做好气象资料的记录、收集和整理，结合本地气候，根据农事需要，布置农业生产，保证甘蔗生产不违农时。

二、2010 年后主要措施

1. **大功率机械深耕深松**　新植蔗全部采用 120 马力 * 拖拉机深耕深松 35 厘米以上，并采用旋耕机耙后机械开行，使土壤达到"深、松、细、平"的良好条件，有利于促进甘蔗萌发和生长，为实现高产高糖高效打下基础。

2. **蔗叶还田**　新植蔗地采用机械碎叶还田技术，让蔗叶中丰富的有机质养分回归土壤，减少地力损耗和养分流失，保持土壤肥力，增加土壤有机质，改善土壤结构，提高土壤的通透性和保水蓄水能力，有利于甘蔗根系下扎生长，增强甘蔗抗旱能力。改变传统焚烧蔗叶的做法，减少环境污染。

3. **宽行种植**　种植 1.2 米双沟行，有利于增加蔗苗基数，提高宿根蔗产量，同时便于甘蔗机械化作业，推进甘蔗生产全程机械化进程。

4. **地膜覆盖**　基地冬春植蔗及宿根蔗推行地膜覆盖技术，甘蔗地膜覆盖栽培可以提高土温，保持土壤水分，促进蔗芽早萌发，提高萌芽率，增加单位面积蔗苗基数。

5. **病虫害综合防治技术**　坚持"预防为主，综合防治"的方针，加强病虫害监测与预报，科学制订防控预案，努力提高病虫鼠害统防统治水平。

（1）主要病害防治。在蔗苗出齐后定期进行检查，将黑穗病苗拔出并集中处理。

（2）虫害防治。在种植和培土时施用农药防治害虫，预防天牛、金龟子、蓟马、螟虫等害虫的危害；做好螟虫预测预报工作，根据预测预报，利用康宽加杀虫双对第一、第二代螟虫的统防统治。推广甘蔗螟虫赤眼蜂防治技术、性诱剂绿色防控技术，以减少农药施用。

6. **猪沼液定量灌溉**　每亩每次灌溉 20 立方米，整个生长周期灌溉 2～3 次。猪沼液含有丰富的有机质，合理利用其灌溉甘蔗地可以增加土壤有机质、培肥地力，减少化肥使用量。

第四节　国家糖料基地建设项目

自治区农业厅、自治区发展计划委员会和自治区农垦局组成的广西"十五"第一批国家糖料基地建设项目验收小组，于 2003 年 3 月 25 日对良圻实业总公司糖料基地建设项目进行验收。验收小组综合评议，同意良圻实业总公司承担的"十五"第一批国家糖料基地

---

* 马力为非法定计量单位，1 马力＝735.49875 瓦。——编者注

建设项目通过验收，以总分98.9的高分，名列广西"九五""十五"期间所有国家基地建设项目的首位。良圻实业总公司的基地建设项目根据甘蔗生产要求，集中体现了水利化、机械化、良种化的综合作用，良种良法栽培，平均亩产7.75吨。验收小组评价意见是：

（1）总公司党政领导对糖料基地建设项目重视，思想落实，加强项目的组织管理，明确责任，措施落实。

（2）基地建设资金足额到位。实际完成总投资259万元（中央160万元，企业配套99万元），设立专账专人管理，建设资金通过区农垦局审计室专项审计。

（3）认真执行投资计划，较好完成项目建设任务。①建成1200亩有较好喷灌设施相配套的甘蔗良种繁殖基地，引进新台糖系列品种，平均单产由项目建设前的4.09吨提高到7.75吨，增长89.49%；平均蔗糖分达15.2%，比实施项目前的13.2%增加2个百分点。项目建成后，推动全场甘蔗生产跃上新台阶。全场甘蔗100%实现了良种化，糖料蔗平均单产由3年前的4.64吨提高到6.07吨，亩产增幅达30.8%。②完成1200亩低产蔗地土壤改良，购置芬兰维美德公司大功率拖拉机和大型深耕深松机械1台套。③完成蔗区喷灌及水利配套设施。④基地建设成效显著。小基地建设带动整个总公司大基地建设，项目建设当年，全公司进厂糖料蔗总产达17.86万吨，比项目建设前3年平均进厂增加5.19万吨，增长40.96%，蔗农增收，糖厂增效。⑤基地建设档案资料分类整理较好，建成标志清楚，内容明确，后续管理保护措施较完善。同时，还制作了《在希望的田野上》基地项目建设纪实影视光盘。历年甘蔗生产情况见表7-3-1。

表7-3-1　良圻农场历年甘蔗生产情况

年份	种植面积（亩）	有收面积（亩）	平均亩产（吨）	总产（吨）	年份	种植面积（亩）	有收面积（亩）	平均亩产（吨）	总产（吨）
1976	3299	1741	0.64	1114	1989	17100	13651	3.71	50713
1977	9025	5600	1.29	7273	1990	19003	14090	3.9	55000
1978	11922.7	9775.4	0.82	8047	1991	20154	18092	5.32	96383
1979	10670.2	9557.8	0.66	6349	1992	19087	19087	4.27	81551
1980	8356.9	6267.1	1.49	9350	1993	20009	20009	5.5	119221
1981	9567.9	6773.6	2.55	17282	1994	22037	19667	5.39	106000
1982	11411	8068	2.47	19931	1995	20385	20385	6	122441
1983	12532	8355	1.34	11195	1996	22504	22504	5.71	110100
1984	13076	9082	2.81	25531	1997	22608	22608	5.37	121496
1985	14599	9658	3.11	30074	1998	22027	22027	5.45	120047
1986	13096	9965	3.95	39350	1999	22627	22627	5.96	134864
1987	14746	11276	5.34	60243	2000	22627	22627	5.53	125220
1988	16111	13435	5.06	67925	2001	26000	26000	6.79	176511

（续）

年份	种植面积（亩）	有收面积（亩）	平均亩产（吨）	总产（吨）	年份	种植面积（亩）	有收面积（亩）	平均亩产（吨）	总产（吨）
2002	26000	26000	6.53	169942	2012	44462	44462	5.31	236114
2003	26200	26200	7.78	203754	2013	43616	43616	5.81	253548
2004	31710	31626	5.86	185282	2014	43534	43534	5.55	241500
2005	32265	32069	5.59	179233	2015	41233	41233	5.40	222505
2006	32265	32237	6.34	204461	2016	41082	41082	5.62	230806
2007	31807	31776	7.51	238674	2017	40450	40450	5.73	231912
2008	32344	32311	5.48	177142	2018	40227	40227	5.61	225845
2009	32740	32733	6.6	216163	2019	40052	40052	5.62	224914
2010	44662	44662	4.61	205968	2020	41600	41600	5.26	218930
2011	44463	44463	5.18	230457	2021	41703	41663	5.71	237711

第五节　选育良糖 2 号

良圻制糖有限公司和国有良圻农场选育并公开推介的甘蔗优良品种良糖 2 号，获得农艺工作者的肯定，有关方面以该品种作桂垦 1 号品牌，向东盟国家推介。该品种系从广西龙州调来的"新台糖 23 号"中选育出，经多年的试验观察及繁育试种，确属优良。

经几年来选育试验结果，良糖 2 号新宿平均亩产为 6.64 吨，比新台糖 16 号增产 16.4%，与新台糖 22 号相近。良糖 2 号新植产量在不倒伏年份比新台糖 22 号低，反之则高。宿根比新台糖 22 号增产 7.2%。10 月至翌年 2 月平均糖分为 14.2%，比新台糖 16 号低 0.31%，与新台糖 22 号相近，前期糖分比新台糖 22 号低，但 12 月份后糖分很快增加，达到 15.39%，接近新台糖 22 号糖分水平。

良糖 2 号适宜在地力中等或中等以上的旱坡地及水田作冬春植或宿根栽培，在台风多发地区栽培，利用其特能抗倒伏特性，更能发挥其抗倒伏增产增糖潜力。该品种经选育试种，经本蔗区多年繁育栽培实践，有较高利用价值。

第六节　甘蔗科研转化

本场在确定发展以原料蔗为主的经营方针，大面积种植甘蔗以来，农业技术人员对甘蔗栽培试验从无间断，取得很大成效，场各级领导也普遍开展"吨糖田""千亩万吨示范蔗"的生产科学实践，从中总结经验，由点到面整体推广。

良圻农场生产技术部门、良圻制糖有限公司农务部门的农艺工作者，近年甘蔗的栽培试验和旱地甘蔗高产丰收试验十分活跃，研究的课题相当广泛，分别进行了甘蔗品种比试验、甘蔗受冻害后发芽试验、甘蔗品种退化的表现及防治试验、甘蔗摆种试验及甘蔗肥料施用试验等。他们在科学试验中认真总结，积累大量试验数据，选育出甘蔗优良品种"良糖1号"蔗种，向蔗区推广，受到地方政府和蔗农的欢迎。随后，他们继续研试，又选育出"良糖2号"甘蔗良种，在更大范围内推广，提高了企业的经济效益和社会效益。

农艺师谢廷林，在长期的甘蔗科学试验中积累了丰富的经验，并进行了系统的总结，2003—2009年的七年时间内，分别在《广西蔗糖》《甘蔗糖业》科学刊物上发表了《甘蔗施用改土保水肥试验总结》《甘蔗肥料投资试验总结》《甘蔗施用糖厂酒精废液的肥效试验研究》《宿根蔗前期不同管理水平对甘蔗的效应》等9篇科技论文，在科学实验中提升理论高度，用科学理论来指导地方和蔗区的甘蔗栽培，服务于大面积生产的实践，发挥科技引领作用。

本场随着广大职工种蔗积极性的提高、农业技术人员甘蔗科研水平的提升，农场的原料蔗产量一步步增长。1976年，农场开始种植甘蔗，当年全场甘蔗总产量仅达1000多吨，此后的4年，每年产蔗量都徘徊在几千吨之内。1981年才突破1万多吨，1万多吨到几万吨一直维持了12年。1993年以后，每年蔗产量上升到10多万吨。进入21世纪，2003年、2006年、2007年和2009年以后，甘蔗总产量都突破了20万吨。2013年是农场发展甘蔗生产40多年来产量最高的一年，总产量达到253548吨。

近年来，良圻农场通过《桂南蔗区糖料蔗"双高"新品种引进、选育与高效繁育技术研究与示范》《甘蔗优良新品种（系）高效繁育与中试示范（二）》等课题项目的研究与试验，熟化并大力推广了甘蔗良种良法、蔗叶碎叶还田、机械深耕深松、地膜覆盖、节水灌溉、病虫草鼠害综合防治等6项技术，归纳总结出了1套桂糖46号的高产繁育技术。桂糖46号等甘蔗良种的示范推广，降低了甘蔗品种单一化对抵抗自然和生物灾害的能力下降及品种退化的潜在威胁。创新技术的使用，提高了工作效率，降低了甘蔗种植成本，更易于实现甘蔗生产的节能化、高效化，产生良好的社会经济效益。

农艺工作者不断进行试验、探索和总结，用科学发展观理念指导甘蔗栽培试验，农艺工作创新科技最终转化为科研成果并进行推广应用。

第四章　林木生产

第一节　发展概况

建场前，进行农场勘测规划，场区内是一片杂草丛生的僻壤荒野，西北地带有马尾松林，西南面同志村一带有桉树木山，莫大湖为原县苗圃站所在地，周围有桉树和松树，林下植物大都是野蒺藜、桃金娘、芒箕和野牡丹等野生植物。

根据1956年8月横县人民委员会审定批准的法定场界内，有林面积4610亩，大部分为稀疏的松树幼苗。建场后，农场开始造林，先是沿着田区边缘种植大叶桉、小叶桉和柠檬桉，营造防护林带，在周围的野岭坡播种马尾松，搞荒山绿化和水土保持。林区沿着自然地形划分，全场共划分16个林区，植树造林采取义务与任务相结合，遇到雨天不便搞大农田作业情况时，各生产队就去安排挖坑植树或播马尾松种子。义务植树要包种包活，如成活率不足必须补种。从1956年至20世纪80年代，全场共造林5769亩，农场有林面积共达10379亩，覆盖率达到12.5%。

第二节　防护林带

建场之初，场区因无树木和高山屏障，受季风气候影响，风沙危害甚烈。建场后按国家要求，造林与田间道路统一配套，以营造防护林为主。首先在场部片和鲤鱼潭开始，绿化荒山和防护林结合开展，到1958年后，各分场、队的营林工作也开展起来。

当时，营造防护林带是按苏联国营农场的模式操作，规定每条林带宽5.5~6米，株行距1米，沿着田区先拉线定标，然后挖坑种树，树种多为大叶桉，有一部分小叶桉和柠檬桉。防护林造起来后，在一定程度上局部改变了农场小气候，后来有些林带影响田间道路畅通，有些林带占据农田过多，不利大田生产。

在全场造林面积5769亩中，其中70%是防护林带，面积约4000亩。农场经营方针经多次变动，有些林带布局不适于当前的经营运作，防护林逐步调整，有计划地砍伐一部分不便于大田耕作和田间运输的林木，林带面积比原来有所减少。

第三节　有林面积分布

1956年8月经横县人民委员会审查批准的场界内，有林面积4610亩，其分布在场区各场属单位，各分场有林面积不平衡。建场后的营林植树，是根据田区防护林带的布局及荒山绿化需要运作，各分场有林面积相差比较大。建场之初至20世纪80年代，有林面积调整前，共有林木10379亩，其中有1092亩为毗邻村屯所占，尚待收回（表7-4-1）。

表7-4-1　良圻农场有林面积分布

单位：亩

单位	种林面积	桉树	松树	外占	备考
一分场	1255	915	285	55	系清西朗所占
二分场	870	690	180		
三分场	301	121	90	90	系石楠村所占
四分场	2077	455	992	630	系良造村所占
五分场	811	661	150		
六分场	2534.8	761.8	1773		
七分场	779	589	190		
八分场	500	180	160	160	系良造村所占
九分场	415	315	100		
十分场	413.2	99.2	157	157	系荷叶江所占
十一分场	423	361	62		
合计	10379	5148	4139	1092	外占林木均为松树

第四节　林木布局调整

随着农场经营方针的多次变动，以及落实农业生产的科学发展观，农场的林木分布有计划地进行调整，自1987年起，为贯彻执行发展糖料蔗生产的经营方针，砍伐了一部分影响大田作业的防护林带和低坡荒地的林木，经砍伐过的林地，用大功率农业机械垦翻作耕地，扩大甘蔗种植面积，经两年多砍伐调整，至1991年底，全场共已砍伐开垦原有林地面积6197亩，至2006年，农场实有林地面积5274亩，其中邻村群众占去1092亩，外占的林木面积达20.7%，尚待收回（表7-4-2）。

表 7-4-2　调整后农场有林面积分布

单位：亩

单位	种林面积	桉树	松树	外占	备考
一分场	234	179		55	系清西朗所占
二分场	389	389			
三分场	233	143		90	系石楠村所占
四分场	1004	374		630	系良造村所占
五分场	168	118	50		
六分场	1625	485	1140		
七分场	200	200			
八分场	432	272		160	系良造村所占
九分场	347	297	50		
十分场	514	327	30	157	系荷叶江所占
十一分场	128	128			
合计	5274	2912	1270	1092	外占林木均为松树

第五章　农田基本建设

第一节　平整土地

1964年，农场开始实施旱地改水田，当时没有推土机、挖土机及大功率拖拉机等农机设备，拖拉机犁地后，即投入大量人工，用耕牛耙平，进度较慢，能够平整的只是有水灌溉的地方。当年，共平整90多亩，改成水田并种上了水稻。1965年全场"大办粮食"，工作的重心是旱改水、平整土地，派人到区农垦局勘测设计队借来2台水准仪，测了等高线，然后组织劳动力沿着等高线筑田基，用下田上方的土筑上田下方田基，当年共平整了460亩，达到水田标准，可以种水稻。1966年，农场决定以发展水稻为主的经营方针，全场所有测了等高线的土地全部筑上了田基，已筑了田基并平整了的土地有1万多亩，达到水田标准的有2300多亩，从1966—1976年的11年间，旱改水达到水田标准的面积共达3780亩。

1974年，自治区农垦局机耕队调来一个班，长驻农场，配备了大功率拖拉机、推土、刮土机具，帮助农场平整土地，最多时达到31台机车同时作业。1975年5月和1976年5月，国家农林部门有关领导两次到农场检查指导平整土地工作。历时两年多的平整土地，至1977年5月底结束，共完成13427亩，许多原来已经筑了田基的地块，连田基也用推土机推平，重新安排地块和田区走向。平整土地面积最多的是五分场和七分场，五分场平整了3200亩，七分场平整了1221亩。

第二节　水利建设

农场兴办水利始于1958年，建设的第一个项目是位于七分场的双城塘水库工程，将原水库扩大增容，堤坝加大加高，300多名职工吃住在工地，夜以继日工作，苦干七天七夜完成任务。

1964年，横县"西津电力抽水横县灌区石塘片筹备处"成立，良圻农场是受益单位之一，派员参加筹备处工作。横县甘乐电灌站（二级站）从甘乐干渠开挖良圻支渠经过农场，为扩大灌溉面积，自治区农垦局当年拨款 10 万元，结合电灌站筹备处工程在二分场北面兴建良圻电灌站（三级站），计划在农场抽水灌溉 6400 亩，支渠、毛渠、斗渠以及渡洪槽、涵洞等附属工程均配套建设成型。

1968—1978 年，兴建二分场马山水库、"五七"水库、逗塘水库和快龙水库（配合横县兴建），以及三分场西月扁塘水库等工程项目。

农场的大片土地处于瘦瘠荒野，防渗能力弱，灌溉时渗漏严重，抽上来的水长时间都未能灌溉到位，灌溉成本高，实际效果很不理想。

第三节　电　灌　站

良圻农场得西津电力之便，电动排灌工程发展较快，从 1964 年搞二分场鲤鱼潭站、三分场白石站、西月扁塘站开始，以后逐步兴建各分场电灌工程。1976 年建立农建队，专业开展水利建设，就地安营扎寨，长期在水利工地施工。农场从 1964—1983 年的 20 年中，共兴建了 14 座电力排灌站，装机 15 台，661 千瓦动力，渠道总长 54.93 公里（干渠 17.25 公里、支渠 27.69 公里、斗渠长 9.99 公里），设计能力灌溉面积 12539 亩，实际灌溉面积 8072 亩，最低扬程 6 米，最高扬程达 21 米。

随着农场经营方针多次变动，尤其近年来喷灌工程的发展，许多电灌站的作用已逐步淡出甚至废弃不用了。

农场的电力排灌及设施情况见表 7-5-1。

表 7-5-1　良圻农场电力灌溉及设施

年份	单位	站名	水泵型号	扬程（米）	动力（千瓦）	变压器（千瓦）	渠道总长（公里）			灌溉面积（亩）	
							干渠	支渠	斗渠	设计	实灌
1964	二分场	甘乐二级站									
	二分场	旧站	10BA/13	8	55	100	310			400	300
	二分场	鲤鱼潭站	14BA/28	20	100	180	281	855	2007	2342	1275
	三分场	白石站	8BA/18	6	22	100	2218	1245		500	449
	三分场	西月扁塘站	8BA/18	15	22	50	150	7793	657	600	500
1965	一分场	苗圃站	10BA/13	6	55	100	1510	1000	220	500	418
	一分场	杨彭站	10BA/13	21	55	70	4260	4629	2924	1767	1500
1975	九分场	里衣站	14BA/28	14	100	180	2674	5980	2531	1500	1000
1977	四分场	快龙站	12BA/18	12	100	180	2150			300	120
	六分场	旧站									
1979	六分场	新站	8BA/18	10.5	22	50				500	300
	七分场	新民站	12BA/13	15	100	180	1263	2345	267	1400	500

（续）

年份	单位	站名	水泵型号	扬程（米）	动力（千瓦）	变压器（千瓦）	渠道总长（公里）			灌溉面积（亩）	
							干渠	支渠	斗渠	设计	实灌
1979	八分场	西南干渠					1635	1013	300	1130	280
	八分场	二级站	2BA/12	16	30	50	800	2746	1082	800	700
1983	十分场	1站	10BA/13		55	70					
	十分场	2站	8BA/13		30	50					
	十分场	3站	8BA/13		30	50					
合计							17251	22786	9988	12539	8072

第四节　基本农田保护区

良圻实业总公司按照《土地法》规定，切实保护农场耕地，从1997年2月起，根据自治区农垦局的部署和横县土地局编制的《划定基本农田保护区工作和技术要点》的要求，全面安排了具体实施事宜，按《基本农田保护条例》规定精神，成立了有关工作机构，并进行踏界勘察，逐块进行调查登记，量算面积，在保护区设立了保护牌，埋设保护界桩。在确保预留用地的前提下，共划定了35块耕地为保护区范围，面积37384.43亩，保护率达91.5%，保护区设立保护牌4块，埋设保护桩界178条，成为良圻农场基本农田保护区的永久性标志。1998年3月15日，制订颁布了《良圻实业总公司基本农田保护规定》，用条文形式加强基本农田保护措施。1998年4月，基本农田保护区划定工作，通过了区农垦局验收。

2021年12月31日，广西农垦良圻农场有限公司根据《自治区党委办公厅 自治区人民政府办公厅印发〈关于全面推行耕地保护田长制的实施意见〉的通知》（厅发〔2021〕45号）要求，制定《广西农垦良圻农场有限公司全面推进耕地保护田长制的实施方案》，成立广西农垦良圻农场有限公司全面推进耕地保护田长制工作领导小组。组长由公司党委书记、董事长曾晓吉，公司党委副书记、董事、总经理杨茂同志担任；副组长由公司副总经理陆玩潮、刘太福同志担任；成员由办公室主任苏世德、生产经营部经理李海福、资产管理建设部经理陈源聪及各部室主要负责人担任。领导小组下设全面推行耕地保护田长制工作办公室，办公室设在资产管理建设部，主任陆玩潮（兼），副主任符李福，成员蒙庆志、玉显凰、陈家东、卢山、陆成福、韦炳坚、严波、潘福进、杨子尚、李卓凤、全闪及各工区（分场）为主要负责人。

田长制的工作目标是坚持保护耕地导向原则。公司上下建立耕地保护工作格局，责任明确耕地保护制度，实现地有人种、有人管、责任有人担，耕地保护网格化。公司上下形成耕地保护体系，耕地"非农化""非粮化"得到有效遏制和控管，全面完成耕地撂荒治理任务，力争公司耕地数量不减少、质量有提升、布局稳定合理，稳步提升粮食综合生产能力。

第五节　喷灌工程

1982年，农场开始实施喷灌工程，先是在一分场西面兴建泵房，从小杨彭抽上工业废水来喷灌甘蔗。1984年，又在二分场鲤鱼潭边建一处电力喷灌点，两处工程共投资33.3万元，可喷灌甘蔗800亩，后因可行性较差，管理又不善，泵房的许多器械被盗或被毁损，这两处喷灌设施最终被废弃。

2001年，良圻农场承担国家"十五"第一批糖料基地建设项目，农场兴办喷灌工程，建成节水式喷灌及水利配套设施，共建泵房两座，面积70平方米，设置水泵机组2台（套）；铺设喷灌管道27200米，建成输变电线路6公里，修缮三面光防渗防漏引水渠道3公里；建成浆砌石840立方米储水池一座。喷灌工程可灌溉面积1200亩，新增灌溉面积1000亩，改善了农场的甘蔗水利条件。

2002年5月，投资99.9万元，兴建十二分场甘蔗固定式喷灌工程，历时77天，于2002年8月竣工，有效喷灌面积1026亩；2002年7月投资85万元，兴建六分场节水型甘蔗喷灌工程，历时30天，有效灌溉面积1085亩；2003年，投资75万元，兴建一分场甘蔗喷灌工程，于2003年10月工程竣工，该处喷灌有效灌溉甘蔗1000亩。

自2007年以来，农场加快了农田水利建设进程，先后又开工兴建了多处甘蔗灌溉工程，一是建成了利用永新原种猪场二、三、四期猪场粪水的喷灌工程，灌溉面积550亩；二是2008年完成了三分场甘蔗节水式喷灌工程项目，灌溉面积1300亩；三是2009年完成了九分场喷灌工程的总管安装工作，该项目可灌溉甘蔗面积1250亩；目前在建的喷灌工程项目还有十一分场喷灌工程，在近几年来农场甘蔗受旱情况下，有效地灌溉农田作物，为农场旱地甘蔗大面积高产发挥重要的作用。

第六节　甘蔗"双高"基地建设

甘蔗"双高"基地建设是指优质高产高糖糖料蔗示范基地建设。根据自治区人民政府及农垦集团相关文件，全区"双高"基地建设任务500万亩，2014年起建至2020年结束。自治区下达给农垦集团"双高"基地建设任务22万亩，农垦集团分配良圻农场建设任务 2.55 万亩。按照"经营规模化、种植良种化、生产机械化、水利现代化"的甘蔗"双高"基地"四化"建设标准要求，良圻农场完成经营规模化建设中泥结石道路99343.88 米，水泥硬化道路建设 24781.94 米，小块并大块共 15899.319 亩；完成良种化 100%，以桂糖 42 号、桂糖 46 号、桂柳 05136、新台糖 22 号等甘蔗品种为主；在机械化方面，机耕、种植、中耕培土、甘蔗装运等全部实现了机械化，甘蔗机械化收获也在积极地推进当中。据 2020 年统计，90 马力以上机耕拖拉机 60 台，其中 120 马力以上 12 台，配套深耕犁、碎叶机、旋耕机、开行器等农机具 130 台；完成水利化建设中新建喷灌5218 亩，新建滴灌 4700 亩，对旧固定式喷灌进行升级改造 15582 亩。

良圻农场四、九分场土地整治项目于 2012 年立项，实施规模面积为 667.05 公顷，总投资 2442.01 万元，项目中标价 1996 万元（其中一标段 963 万元，二标段 1033 万元），2013 年 9 月 28 日开工建设。

2014 年 2 月 23 日，农场就一、二、三、四、九、十、十二分场共 7 个片区，建设优质高产高糖糖料蔗示范基地建设水利化项目，向自治区农垦局申请审批《2014 年 2 万亩优质高产高糖糖料蔗示范基地建设水利化项目建设方案》《2014 年 2 万亩优质高产高糖糖料蔗示范基地建设水利化项目初步设计报告》，于 2014 年 9 月 24 日，《自治区农垦局关于同意良圻农场 2014 年 2 万亩优质高产高糖糖料蔗示范基地建设水利化项目建设方案的批复》（桂垦科生函〔2014〕18 号）批复同意实施，为本农场原料甘蔗增产增收打下良好基础。

依托"双高"基地建设，由于甘蔗田间配套设施如水利化、蔗区道路得到进一步优化和改善，特别是通过"双高"水利化建设甘蔗可灌溉面积大幅提升，甘蔗产量及糖分比实施"双高"建设前有稳步提高。

第六章　土地资源整合

第一节　卫星测量土地

为准确了解和掌握土地面积，加强对土地资源管理，农场运用高科技手段测量全场耕地面积。2005年12月，首先在十二分场搞试点，在取得成果的基础上，总结了工作经验，2006年2月24日，召开全场耕地面积测量工作动员大会，由点到面整体铺开测量工作。全面工作由广西土地勘测规划院用卫星定位系统技术进行测量，绘图、勘测全部电脑化实施，方法简便，科学准确，客观公正。此前，在20世纪90年代前后，曾组织两次大规模人工测量全场耕地面积，但因缺少科学手段，测量结果不够准确，不利于农业生产发展。卫星测量工作于6月25日全面完成，9月7日场部召开分场主任会议，公示卫星测量的耕地面积。通过此次卫星测量，绘制全场耕地面积图，为农场整合土地资源、充分利用土地潜能、制订生产措施等提供科学决策依据。

第二节　土地整理项目

良圻农场土地整理项目于2007年1月22日开始施工，总投资1431万元，整理总面积687.86公顷，新增耕地81.89公顷，占整理总面积的11.91%，整理项目包括土地平整、农田水利、道路工程和其他工程。2009年1月5日已全部完成工程建设，共完成土地平整10315.2亩；农田水利浆砌石排水沟19720米，浆砌石路肩12890米；输水管道72950米，泵站4座，排水沟12处，检查站81座，蓄水池3座，涵管100座，沉沙池100座，盖板涵洞5座，输变电线路2100米；建成4米宽田间道路13241米，5米宽田间道路5000米，2.5米宽生产路24350米，栽种速生桉树1000株，完成率100%。

2009年1月5日，自治区土地整理项目竣工验收专家来到本场，分成农田水利组、道路组现场进行竣工验收，经专家们实地审核、鉴定、讨论，一致通过由自治区农垦局组织实施的良圻农场土地整理项目验收。

第三节　土地确权

根据 2017 年自治区国土资源厅、财政厅、农垦局联合下发《关于印发加快推进全区农垦国有土地使用权确权登记发证工作方案的通知》（桂国土资发〔2017〕27 号）的文件要求，本场加快推进土地使用权登记发证工作。经统计，至 2020 年底，良圻农场公司本部土地总面积 74146.89 亩（含争议土地未确权面积 5935.32 亩），已确权登记面积 68211.57 亩（其中 1264.68 亩被占土地已确权打证，未转移登记到农垦集团名下）。已转移登记到农垦集团名下的 73 宗面积共 66946.89 亩，其中农用地 31 宗，建设用地土地证 42 宗。余下土地因与周边村存在权属争议，将通过积极与县政府对接，以事实为依据，逐步完成权属争议地的土地使用权登记发证工作。

第四节　归侨分场土地连片经营

为改变三、四、九三个归侨分场耕地零碎分散经营状况，农场于 2006 年 10 月 24 日印发了经良圻农场第二十五届四次职工代表大会审议表决通过的《广西农垦国有良圻农场耕地连片承包经营方案》的通知，成立工作领导小组和三个工作小组，各工作小组根据分工负责的分场实际情况制定了具体耕地连片承包工作实施细则，对三、四、九分场实行耕地连片承包经营。该项工作于 2007 年 2 月 23 日全部完成，为今后甘蔗生产增产增收奠定了坚实基础。

第七章　农业机械

第一节　发展概况

　　农场初创时，全场只有耕作机械，以后又发展运输机械，直至发展种植机械和收获机械。1956年9月，第一批进场的农机设备是D35链轨式拖拉机2台，配四铧犁2台。同年冬从区内龙北农场调2-25K中型轮式拖拉机1台到场，配合犁耙整地运送肥料。以后拖拉机增多，成立机务队来管理。

　　1957年开始有运输机械设备，当年，第一辆载重汽车吉斯-150进场，载重吨位4吨。1958年开始增加运输力量，先后又增加了两辆"解放牌"汽车，全场3台汽车载重量共13吨。后来汽车拥有量不断增加，成立了汽车队来管理。

　　良圻农场是先有收获机械，然后发展种植机械。1969年，农场自行设计、制造水稻收割机，全场3台水稻收割机，每台日完成104亩。1976年，自制水稻插秧机7台，每台日插秧30亩。由于插秧机操作过程中插秧、分秧这些环节没有彻底解决，有时很麻烦，有些生产队时用时停，不十分理想。农场机务队撤销后，职工相继购买了轮式拖拉机、装载机等农机以及旋耕耙、破垄器、开行器（培土器）、深耕犁、碎叶机等农具用来进行甘蔗生产。至2020年农场职工拥有785台套农机农具设备。

　　2002年农业机械在本场得到一定的发展，全场职工购买了6～15马力手扶拖拉机35台、东方红75拖拉机15台、55铁牛20台。在甘蔗生产过程中，犁耙整地开行已实现机械化，部分运肥拉水用手扶拖拉机，甘蔗种植、施肥、大培土和收获机装车基本上是牛加人工，机械化程度还是较低。

　　2020年机械发展情况：2020年全场职工拥有6～15马力手扶拖拉机16台、304-604小四轮拖拉机375台、804-907拖拉机23台、1004-1204（含1204）拖拉机11台、1204以上拖拉机25台、碎叶还田机具7套、装蔗机46台、切段式联合收获机4台，同时具有与之匹配的农机机具。甘蔗从种到收，碎叶还田、机耕整地开行、施肥盖土、宿根破垄、中耕培土、运输及搬蔗归堆和装车基本实现了机械化。还需人工作业的是下种摆种、喷施除草剂和砍收。六分场和九分场职工已购买4台切段式联合收割机，对解决甘蔗机械化最大瓶颈机收问题有一定的突破。

第二节　机　务　队

建场初期，农业机械少，只有3台小功率拖拉机，拖拉机到分场耕作，分场又无权安排拖拉机作业，便成立一个机务组来管理，除了拖拉机手，还配备3个维修工到组里。"大跃进"开始后，耕作机械发展比较快，陆续又增加了几台54马力的链轨拖拉机，随即又调进了几台胶轮拖拉机，1960年，农场成立了机务队。机务队除安排本场作业，完成本场的犁耙整地和运输肥料到大田的任务，也到其他公社和兄弟农场代耕。1975年起，机务队的拖拉机会同自治区农垦局机耕队，为农场平整土地，推土造田，至1977年，共完成平整土地13427亩。

1977年2月，全场汽车、拖拉机集中统一管理，汽车队并入机务队，成为一个小组，拖拉机有三个小组，有东方红75拖拉机11台，共825马力，中型拖拉机19台，共744.7马力。至1991年，全场拥有大中型农用拖拉机29台，共1730马力；大中型牵引农具51台，其中旱地犁13台，开行器13台，耙12台，中耕器13台；手扶拖拉机16台，共192马力。由于农场管理体制和经营机制转换，到20世纪80年代机务队撤销，拖拉机下放给分场，后来全部折价卖给职工。

第三节　汽　车　队

1960年，汽车队成立时，有载重汽车3台，驾驶员6名，还有一个10人的装卸组，主要任务是运输香茅叶入厂加工和运走茅渣，另一个任务是为木薯淀粉厂运输加工原料和运出产品。场办工业发展以后，除了农用运输、工业的运输需求任务很重，各类汽车迅速增加，1974年有载重汽车7辆，665马力、27.5吨位。1980年，恢复汽车队建制，从1987年起，实行汽车运输专业管理，单车承包，机车完好率达94%，出勤率达97%，两年内盈利15万元，扩大了车队的资金积累。

1979—1985年，汽车队举办汽车驾驶员培训班，共办了4期，110多人受训。1988年，南宁地区公安处在农场设立交通管理分校，至1990年，共办班3期，为横县、邕宁、宾阳、贵县、来宾等地培训了汽车驾驶员600多人。

1991年，汽车队拥有载重汽车28辆，3718马力、140吨位。1992年末，汽车队撤销，汽车队一部分管理人员成立"开发公司"继续开展经营，原车队的卡车6辆、北京大吉普 1 辆及所配套拖卡，调入修配厂，随车调入 12 名司机，对外沿用汽车队名称。随着农场体制改革的深化和社会运输力量增强，已无必要设置汽车队，全场所有载汽车也已作价拍卖。

第四节 农机修造

建场初期，农场的农业机械修造设备比较简单，仅有钻床一台、车床 2 台、老虎钳 2 台和电焊机 1 台等，锻锤加工还需要人去拉风箱和人工锤打，技术能力还比较低，工人师傅中有五级钳工 1 人，四级技工 1 人，三级和二级普通工各 2 人，到 1996 年，农机修造设备和技术力量有了很大改善和提高，已具备对国产各类汽车"三保"和大修能力。

1961 年，在技术力量还薄弱的时候，农场自行制造了 2 台拖拉机驾驶室，1965 年，制造畜用打浆机 1 台，基本解决养猪的饲料加工。1969 年，农场自行设计、制造水稻收割机 3 台，成功投入使用。以后又自行制造打谷机、插秧机等，都能在实际生产中使用。至 1977 年，全场水稻、玉米、花生等主要作物的生产，从犁耙整地、开行、种植、杀虫到收割、运输等作业，基本实现了机械化或半机械化，减轻农工的劳动强度和提高工效。1981 年，自制甘蔗播种机，在小面积上试验，从开行、砍种、播种到放肥、盖土等 5 道工序一起完成，甘蔗生产基本实现机械化。后由于在大面积作业受地形条件限制，以及推行联产承包责任制，此项成果都还没推广开来。

第五节 创制推广盖膜器

甘蔗地膜覆盖栽培是甘蔗获得高产高糖技术措施之一，该场农科人员多年试验，盖膜比不盖膜平均每亩增产 0.7 吨，糖分提高 0.5％以上。但因传统人工盖膜，每个劳动力一天只能完成 1 亩多，费时费力，有时会误农时，难以全面推开。2004 年，农务部谢庭林借鉴广东经验，组织指导大家率先制作了 50 台盖膜器，首先在良圻农场试用，获得成功，其效率每天可完成 10～16 亩盖膜面积，比人工提高 6～8 倍，2005 年，良圻农场九分场职工苏维良在原有的基础上进行改良，创制出新一台盖膜器，使之可操作性更强，之后投入批量生产，并很快就在我们蔗区迅速推广，很多兄弟单位也闻讯前来参观仿制推广。在新形势下，良圻制糖公司决定，对蔗农甘蔗盖膜每亩补贴 35 元，地膜覆盖这一技术措施因而更普遍得到推行，一年比一年盖膜面积增多。良圻农场 2004 年盖膜 2300 亩；2005 年 9770 亩；2006—2010 年，平均每年达到 13000 亩，占新植蔗面积 70％以上。农村蔗区的甘蔗盖膜面积也有很大提高，目前约占新种植面积的 50％以上。

盖膜器的诞生、推广，带动了甘蔗地膜覆盖栽培的发展。从 2009 年起，农场甘蔗承包户每户都有一台以上盖膜器。

第六节 装 蔗 机

甘蔗装车在实现机械化之前是一种劳动强大的工作。多年来，农场未完成该项工作，每年榨季，各分场需从农村招聘多组装蔗队进行人工装车，但在节假日、阴雨天及晚上常常不能按时完成装车任务，从而影响到糖厂的正常生产。为了解决装蔗难题，2011 年，一分场和四分场职工率先购买 4 台叉车专用于装甘蔗，经使用后机械装车不仅效率高，还降低了装蔗费用，于是在 2012 年，很快在全场得到推广应用，实现了装蔗机械化。

第七节 推广使用北斗农机精细化管理系统

北斗农机精细化管理系统由北斗导航农机管理终端、高清拍照设备、系统平台、手机App、短信平台五部分组成。该系统可以实时提供拖拉机作业的深度、面积、位置、图像等信息，也可以查询拖拉机作业的历史作业信息。与人工核查作业质量相比通过管理系统核查简单方便、快捷高效，节省了大量的人力、物力，提高了面积统计的实时性、准确性、全面性和工作效率。

2018 年，在 19 台拖拉机上安装了北斗导航系统终端，目前只有安装了北斗导航系统的农机才可以到农机局申请作业补贴，在积极的宣传推广和补贴的支持下，安装北斗导航系统的职工逐年增加。

第八节 农业机械推广应用

机械化程度的高低，直接影响蔗农的生产意愿和甘蔗生产的稳定发展。本场随着全区农业机械的发展及蔗农对农业机械的迫切需求，农业机械得到快速发展普及。到 2020 年底，全场职工购买了如下大中型甘蔗生产农机及机具：6～15 马力手扶拖拉机 16 台，30～60 马力小四轮拖拉机 375 台，80～90 马力旋耕开行拖拉机 23 台，100～120 马力犁地拖拉机 28 台，120 以上大功率拖拉机 19 台，碎叶还田机具 11 套，装蔗机 46 台，切段式联合收获机 4 台，以及与上述配套的拖卡、破垄器、施肥器、盖膜器等一大批农机具。由于拥有一定的各种农机及机具，使之能满足不同季节不误农时完成各个农机作业工作，实现了除甘蔗收获机外基本实现农业机械化作业。近年来，本场淘汰地全部做到先用碎叶机进行碎叶还田，既响应了政府禁烧蔗叶的号召，又达到增加土壤有机质、培肥地力、改良土壤及以蔗养蔗的目的。机耕整地用120～220马力机车深耕犁地，用旋耕机耙地2次再开行，达到深松碎叶，为甘蔗高产稳产打下良好基础。宿根蔗破垄、运蔗种、运肥料、新植蔗下种后施肥盖土、盖地膜、中耕施肥大培土及砍收后搬蔗归堆，都是大批小型农机及小四轮完成。装蔗则是从2012年至今，全部实现机械化作业。甘蔗收获机则是甘蔗全程机械化的瓶颈，2020年六分场和九分场职工已购买4台切段式联合收割机，2020/2021年度榨季在农场共收获2100多吨，对机械收获瓶颈有所突破，并随农机农艺的融合，机收定会快速得到推广应用，真正实现甘蔗全程机械化。

中国农垦农场志

第八编

畜 牧 业

第一章　畜禽生产

第一节　发展概况

建场以来，农场坚持农牧结合的生产布局，以牧养农、以养猪业为主的畜牧生产进程，分几个发展阶段，1956—1959 年为全面发展打下基础；1960—1969 年为确定发展计划和品种改良，将杂乱猪群改为清一色的陆川猪母本，实行公猪良种化，肉猪杂交一代化。1970年后，利用杂交猪为母本，实行以猪为主的专一生产，虽然各分场都养有一部分耕牛，但是只作役用，鸡、兔、羊等禽畜生产下马。1984 年，将全部耕牛和猪群的大部分折价卖给职工家庭经营，以私养为主，农场只保留种畜站作公养和繁殖仔猪的畜种基地。

1985 年，农场畜牧服务公司决定恢复公养为主，大群饲养瘦肉型猪出口，更新原有猪群，引进国外优良品种杜洛克、大约克、长白等品种，实行最优的杂交组合方案，经过选育使大猪、中猪符合出口质量要求，成为广西外贸出口瘦肉型猪基地之一，并被列为广西首府南宁市"菜篮子"工程活猪基地之一。

在发展以猪为主同时，还大群饲养三黄鸡、北京鸭，农场还利用有天然水面的条件发展渔业，每年产鱼 1 万公斤以上。

自 20 世纪 90 年代起，农场由传统养猪模式改为工厂化养猪，进而加强和完善集约化养猪的各个环节，规模化生产，创造规模效益的新阶段。进入 21 世纪后，畜牧管理体制先后改组为多种经济成分的股份制有限公司，为做大做强畜牧龙头企业，又与永新公司组成新的永新公司，走上畜牧业发展的新阶段。

第二节　养　　猪

农场 1956 年建场后即开始养猪，当年饲养 120 头猪，1958 年在"大跃进"的形势下，养猪业大干快上，当年饲养量达 1280 头，1959 年增加到 1424 头，出栏和出口生猪均达到 100 头。后由于饲料和兽医防疫跟不上，每年只养几百头猪，1963 年养猪业几乎达到全面覆没的程度，年末存栏仅存 23 头。1970 年起，养猪业逐步复苏，当年存栏数达到 1266 头，从 1978 年起，每年饲养量都在 3000 头以上。1984 年，开始兴办职工家庭农场后，养猪业以职工私养为主，农场负责种猪繁殖，给养猪户供应猪苗。1985 年下半年，场里恢复公养，实行大群饲养瘦肉型猪出口。自建场以来至畜牧改制分立前，累计外贸出口生猪 51761 头，在发展养猪过程中，还为社会提供大量良种猪苗。

第三节　养　牛

良圻农场养牛始于 1956 年，养牛 43 头，次年养牛 56 头，1958 年增至 156 头，从 1959 年起，每年养牛数量都在 300 头以上。随着农场旱地改水田任务的增加以及种植水稻为主经营方针的确立，对耕牛养殖越来越重视，至 1969 年，养殖牛数量为最多，全场共达 429 头，其中有黄牛 110 头，能繁殖母水牛 32 头。

农场养牛的主要用途：一是役用，即用来耕地、犁耙田、平整土地等，所以绝大部分是养水牛，黄牛是辅助性的，用来拉车、犁菜地、红薯地等；二是积肥，每年从牛栏里沤积大量的垫栏肥，用以施用农作物和改良土壤。随着耕作机械的发展，尤其是区局机耕队到农场进行几年的平整土地，农场的经营方针又改变为以种糖料蔗为主，耕牛的作用已不十分重要。1984 年兴办职工家庭农场后，农场全部耕牛折价给职工养殖，此后农场再没有公养的牛群了。

第四节　养　羊

1959 年，农场开始养羊，养羊的历程总共只有七八年时间。开始只试养 16 只，次年增加到 77 只，1961 年达到 121 只，此后每年都在 100 只左右，1965 年，养最多时达到 169 只。自 1966 年开始进行处理，出售给职工屠宰，至 1967 年全部处理结束，公家再没有养过羊。农场养的是黑山羊，1959 年开始挤羊奶，安排一名兽医兼做挤奶和送奶。当时是困难时期，市场物资短缺，有些职工身体浮肿，或因营养缺乏染有疾患，可得到一个时期羊奶供应，每天可供 30 多人订奶。1963 年，在里衣（四分场）建有羊舍，羊群转到里衣去放牧，就终止了挤奶作业。

第五节　养　鸡

20 世纪 50 年代末，农场开始养鸡，当时只安排一两个人零散地养一些鸡，没有形成规模养殖。到 1974 年，饲养一群蛋用良种莱亨鸡，每年产蛋约 150 多公斤，除用作喂养公猪外，一部分蛋品供应食堂和职工。1985 年以后，场畜牧公司开始进行大群饲养三黄鸡，同时专项配备万枚孵化机 3 台，5000 枚出雏机 1 台，1986 年被列为广西三黄鸡肉鸡出口及三黄鸡苗供应基地之一。1988—1993 年，每年平均出栏三黄鸡肉鸡 6560 只，累计出栏 39366 只肉鸡供应市场，其中出栏肉鸡最多的是 1989 年共 7636 只。从 1986 年开始供应三黄鸡苗给农户，此后连续 4 年，平均每年出售鸡苗 12000 多只，其中最多的一年，共 33159 只。1994 年后，畜牧业全面落实以养猪业为主，不再养鸡。

第六节　养　　鱼

农场从 20 世纪 80 年代中期开始，利用临近畜牧场的 407 亩天然水面养殖淡水鱼，开始年产鲜鱼 8500 公斤左右，放养的多是罗非鱼、鲤鱼和草鱼等品类。进入 90 年代，鱼产量逐年提高，1991 年产鲜鱼 9000 多公斤，1992 年产 9560 公斤，1993 年产 22300 公斤，1994 年达 24500 公斤，后几年总维持在这个水平。此后，由于养殖环境和水面条件受到限制，就不再安排养鱼项目。

第二章　集约化养猪

第一节　万头猪场建设

农场自20世纪90年代开始兴建万头猪场，加速了集约化养猪进程和畜牧业的发展。万头猪场于1991年开始建设，共投资274万元，平整土地25300立方米，主体工程建筑面积4363平方米，还有消毒室、兽医室、保育舍、配电房等附属工程，内部安装了先进的机械设备，从国外进口用于猪场管理的计算机软件、受孕探测仪等工厂化养猪设施。猪场所属的4个养猪基地，建有44幢猪舍，建筑面积19067平方米，分布在杨彭、二分场、四分场和六分场等地。

1992年9月，万头猪场工程竣工投入使用，1993年猪饲养头数达到12747头，比上一年增长34.58％；1994年饲养头数达到17815头，比上一年增长39.76％；1995年达到25417头，比上一年增长42.67％。以后饲养头数年年增长，至畜牧改制前的2001年，养猪头数共达44215头，出栏生猪28590头，存栏生猪15625头。

第二节　扩大母猪生产线

1994年，为进一步完善集约化养猪的各环节，全力扩大了母猪的生产线，经严格挑选，留足后备母猪399头，连同原有的601头基本母猪，至年底整个生产线达到1000头母猪规模，共产出1531窝，繁殖仔猪13820头，1997年后，每年的基本母猪都达到1300头以上。2001年，畜牧管理体制改革前，整个母猪生产线已经达到1536头，当年产出3494窝，共繁殖仔猪31743头，平均窝产9.09头。

第三节　良种选育及引进

农场养猪初期，是清一色的陆川猪母本，实行公猪良种化，肉猪杂交一代化。1985年起，更新原有猪群，引进国外优良品种杜洛克、大约克、长白等，实行最优的杂交组合方案，经过选育，使大猪、中猪符合出口质量要求以及体型规格要求。

1998 年 11 月，直接从加拿大进口杜洛克、大约克、长白原种猪 246 头，包机从加拿大运到上海；1998 年 12 月，从加拿大遗传设计公司和基因改良公司引进加系杜洛克 96 头，共有 17 个血统；2001 年 10 月，从丹麦引进长白、大约克原种猪共 100 头。

杜洛克原产美国东北部，其血统来自新泽西州红毛猪及纽约州的红毛杜洛克猪。在选育过程中，经过了由脂肪向瘦肉型改进的过程。永新加系杜洛克的选育目标，第一阶段主要是驯化、保种、纯繁与扩群；第二阶段在扩群的基础上，挑选一批最优秀的公母猪建立核心群与繁育群，在核心群内开展品系繁育（群体继代选育），进一步提高种猪质量。经过 3 年多的选育、纯繁与扩群，现存栏加系纯种母猪 1100 头，各项目标均已实现。自 1998 年以来，累计向农户提供了优质良种猪 90 多万头。

2008 年从美国引进 600 头 SPF 原种猪，品种有长白、大白、杜洛克，具有体型高长、背腰宽阔平直、肢蹄结实、腿臀丰满等特点。胎产活仔数 12 头以上，瘦肉率 66% 以上，达 100 公斤日龄 141 天，料重比 2.5 : 1。

2017 年从法国引进 1000 头 SPF 原种猪，品种有长白、大白、杜洛克和皮特兰，具有健康度高、繁殖性能突出、生长速度快、抗病能力强、瘦肉率高、肉质好等特点。长白、大白窝产活仔 16 头以上，杜洛克、皮特兰达 100 公斤日龄 126 天。法系猪的成功引种有助于提升猪群遗传改良水平，加快种猪生产性能遗传进展，提升生猪品质，为优质健康瘦肉型猪选育及产业化经营提供优质种源支持，对于提升广西乃至全国生猪生产水平具有重要意义。

第四节　疫病防治

农场养猪业对防疫兽医工作抓得紧，尤其实行工厂化养猪后，进一步强化了猪群的疫病防治，制订有严格的管理章程，从没有发生过传染流行性的疫情，主要是落实了各项措施：①养猪场以标准化一级防范来规范，种猪场地与育肥猪场隔几公里以外，每个猪场都建有围墙，设立大门消毒池和更衣换鞋消毒室，大门派专人看守，严禁非工作人员进入场地，必须严格按照防范消毒规定实施到位，并不准到市场购买猪肉食；②严格按规定的免疫程序执行，坚持注射猪瘟疫苗、猪肺疫疫苗、链球菌、五号浓缩苗，要求达到 100%，并加强对口蹄疫的防范；③猪群调出后 6 小时内即用 2% 烧碱冲洗场地，然后用 20% 石灰水喷向地板及天花板，入栏用消毒药品消毒，坚持 3 个月轮换一次；④全群猪全进全出，每 15 天进行一般性消毒一次，每月大消毒一次，保育猪调出及育肥猪出栏使用专车运输，而且经过二次消毒后进场，杜绝传染病的传播流行。

2018 年开始，非洲猪瘟逐渐蔓延全国，在如此严峻的防疫形式下，良圻原种猪场在原来基础上增加配套设施、设备，不断完善生物安全制度并监督落实，确保猪瘟、猪伪狂犬病、猪繁殖与呼吸综合征等疫病的净化效果，杜绝猪群受非洲猪瘟影响，保证猪群健康。主要落实以下措施。

一、加强基础建设，确保防疫制度有效落实

（1）思想极度重视，成立行动小组，各猪场要严格按照分清等级、划清界线、设置关卡、量化风险和联防联控等原则执行日常的生物安全措施，成立相应的疫病防控行动小组，定期检查监督各项日常生物安全工作的落实情况。

（2）不断升级生物安全设施、设备。①建立洗消烘干站；②增设临时消毒点、三个中转站；③增购饲料车及符合要求的拉猪车；④猪场增设连廊、防蚊网、料塔、熏蒸棚、过渡房。

（3）猪场布局合理，符合动物防疫要求，每个猪场都建有围墙，设有大门消毒池和工作人员更衣换鞋消毒室，猪场生产区和生活办公区分开；生产区内建设连廊—净道和污染道分开；每栋猪舍出入口均设有消毒池及消毒桶，进出猪舍必须消毒；猪场建立专门的公猪站，用于采集精液供生产及销售用。

二、强化生物安全体系，严格落实防疫制度与措施

（1）严格执行防疫体系要求，强化生物安全。①分清等级、划界线、设立关口，量化风险；②储备足够数量且效果佳的消毒药和其他防疫物资；③加强入场物资管理；④猪只的控制；⑤猪场门口和洗澡房日常管理；⑥猪场卖猪和猪粪管理；⑦消毒点/消毒通道和车辆日常监管；⑧啮齿类、软蜱及蝇、蚊等昆虫控制；⑨每周按生物安全检查表核查猪场生物安全漏洞；⑩做好猪场员工的物资供应，开展联防联控工作（针对非洲猪瘟 3 公里范围）。

（2）建立安全留种制度，保障公司内部留种安全及公猪精液保障。建立相对独立的后备猪培育舍，改善后备猪的饲养管理及健康管理。按公司留种计划，每年 4 次引种，后备猪在培育场饲养 3 个月以上，得到有效的隔离观察后，按监测方案监测合格后，方可转入种猪场。公猪站公猪定期采样监测，确保免疫抗体合格，无其他病原。

（3）建立血清监测制度，层层监控，保障猪群安全。按年度整体监测方案，对猪瘟、蓝耳病、口蹄疫、伪狂犬、布鲁菌病等主要疾病的抗体及抗原进行检测，了解免疫抗体情况，适时调整免疫程序，更改免疫方案。确保猪只保持健康安全的状态，无猪瘟、伪狂犬、口蹄疫等疾病。

三、加强生产管理与监督，保持生产稳步增长

加强规范 KF 猪场数据管理软件、猪群健康动态监控表的使用，加强全进全出与定期进行部分清群，提高保育猪群成活率。母猪场采取测背膘精确喂量，节约饲料成本。利用 B 超进行早期妊检检测，减少母猪非生产天数，节约饲料成本。利用"公司＋合同育肥"，实现育肥猪的全进全出及降低猪群密度，为保育猪的部分清群提供条件。采取分胎次饲养模式，针对性饲养管理，提高头胎母猪后代的成活率及头胎母猪的断配率。采取三点式饲养模式，降低整个猪群的死亡率。通过以上各项综合措施，公司每年的生产成绩都在稳步上升，经济效益明显提升。

取得的成绩：2018 年良圻原种猪场第四原种猪场通过国家"猪瘟净化示范场"评审，"猪伪狂犬净化示范场"复评审；梧州新利畜牧有限公司通过国家"猪瘟净化示范场""猪繁殖与呼吸综合征净化示范场"评审，是目前国内唯一一家通过三个病评审的猪场。

第五节　无公害标准化饲养

永新养猪业用 3 年时间，进行瘦肉型猪无公害标准化生产技术的研究与实践，实现了生产与科研齐头并进。从 2004 年 1 月起，永新畜牧有限公司与广西大学共同实施"瘦肉型猪无公害标准化生产技术研究与示范"项目，至 2006 年 12 月，项目实施 3 年，共出栏无公害生猪 101.58 万头，年平均 33.86 万头，比项目实施前 3 年平均年增加 9.62 万头，增长 39.69%；平均每头生产母猪产仔 2.23 胎，产活仔 21.5 头，比前 3 年提高 0.28 头窝；平均每头断奶仔猪耗料 55.34 公斤，比前 3 年降低 4.26 公斤；全群料重比平均为 3.17：1，比 3 年前下降了 0.19；育肥猪料重比平均为 2.76：1，比前 3 年下降了 0.09。每头生产母猪年提供商品猪 19.2 头，比前 3 年增加了 0.73 头；全群死亡率为 6.53%，比前 3 年降低了 1.24 个百分点，项目实施前 3 年，每出栏一头猪利润 8.22 元，项目实施期间平均 32.35 元，每头增加 24.13 元，比前 3 年提高了 2.94 倍。

无公害标准化生产技术研究与示范项目，采取严格生物安全、健康种猪群、产品质量保障体系、标准化生产技术规程和科学养猪新技术集成应用等措施，制定了外种瘦肉型无公害超标准化饲养生产技术管理、人工授精、兽药使用、兽医防疫、营养标准与饲料使用、产品无公害处理操作规程和生猪质量安全返溯实施细则等，为市场提供了大量瘦肉型无公害商品猪，为广西养猪业可持续性健康发展作出示范。永新的养猪业无公害标准化饲养规程，可操作性强，相当成功。

第三章　饲料生产

第一节　电脑配方

永新畜牧公司饲料厂（原良圻农场泰丰饲料厂）的饲料生产，自1993年起，实行电脑配方生产，是广西养猪行业首家运用电脑配方生产、用电脑技术设计、控制配方的饲料厂。2003年，通过ISO9001：2000国际质量管理体系论证，美国谷物协会，日本及我国台湾、香港专家多次来指导工作，年产30000吨规模的饲料生产线，生产流程采用电脑控制，通过电脑优化各猪群的配方后，将配方投放实际生产中，使每公斤饲料比人工配方节约0.03元，一年可节约50多万元，同时电脑优化饲料配方，比人工配方节约劳动力7天，及早满足猪群各阶段营养需要，一头体重90公斤肥育猪，由原来180天缩短至现在的160天，由原来每增1公斤耗料3.5公斤，降至现在的增重1公斤耗料3.25公斤的水平。

第二节　混合饲料

永新饲料厂拥有较高水平的生产、质量控制技术队伍，设有两条全价料生产线，产品混合饲料有粉料和颗粒料两种，主要原料有玉米、豆粕、鱼粉和预混料。此外，配合麸皮、豆油、磷酸氢钙、苏氨酸、蛋氨酸、赖氨酸、康红宝K-78及乳清粉等多种原料和添加剂，经中控室控制程序，微机操作，准确按配方要求投放。自投产以来，配料准确率、小料添加准确率、预混料均匀率、出厂合格率均达100%，是营养水平稳定的全价饲料，经测定，饲料营养水平见表8-3-1。

表 8-3-1　饲料营养水平测定

测定年份	代谢能（兆焦/千克）	CD（%）	钙（%）	总磷（%）	赖氨酸（%）	蛋氨酸＋胱氨酸（%）
1999	3.4	19.9	0.8	0.7	1.1	0.5
2000	3.3	19.1	0.8	0.7	1.0	Met0.3

第三节 产品流向

1992年10月1日,广西农垦良圻实业总公司饲料厂建成投产,当时规模较小,年产混合饲料5000吨,主要供给本公司各猪场所需,对外销售数量不多。1996年与香港商泰国际投资有限公司合作,实施和使用国际新的饲料生产科技成果,生产出"泰丰"牌饲料,既适合养猪,又可以用于养鸡、鸭和养鱼。当年,产出混合饲料10000吨,除解决内需,一部分投放市场,销售了3000吨,此后直至2001年畜牧业体制改革前,每年外销均达到2000吨以上。

2002年,永新畜牧公司组建后,永新饲料厂的混合饲料生产规模,年产达到30000吨,产品除供应公司所属的12个猪场的12万头猪所需之外,还供应外单位"公司+基地+农户"的养猪户。

第四节 饲料生产发展

随着养猪规模的不断扩大,饲料产能也不断提高,2005—2010年,年产混合饲料均为2万~2.5万吨;2011—2015年,年产配合饲料均为4万~6.5万吨;2016—2019年,年产配合饲料均为7万~9万吨。

2008年起新增一条配合饲料生产线,由江西联大提供成套机械设备。混合机有效容积2立方米,混合均匀度变异系数≤7%,配料系统采用电脑自动控制,配料动态精度≤0.3%,精度静态不大于0.1%。年单班产量达2.5万吨,年可生产7.5万吨猪配合饲料,产品主要供应良圻原种猪场所属各猪场使用,对外有部分销售。

近年来,饲料厂因生产需要,新增如下设备:

(1)新建了两个可容纳2000吨的圆筒仓。

(2)膨化生产线。

(3)增加12个20吨仓容的散装仓。

(4)原生产车间增加了一个保质器。

(5)新增一条治粒生产线。

(6)新增了1个洗消中心点,5个熏蒸棚,1个非瘟检测室。

良圻原种猪场饲料厂扩建项目于2019年7月23日开工建设,项目占地面积40亩,拟建设一座单产20万吨的饲料厂,总建筑面积共18100平方米。建设内容包括建设原料仓（建筑面积约 3648 平方米）、散料仓（建筑面积约 780 平方米）、圆筒仓（建筑面积约 896 平方米）、主车间（建筑面积约 2592 平方米）等建筑，采购与安装整套生产设备，并配套其他附属设施（如道路建设约 8000 平方米）等。项目估算总投资约 6000 万元，其中建筑工程费用 3600 万元，设备购置及安装费 2100 万元，其他费用 300 万元。技术方案见图 8-3-1。

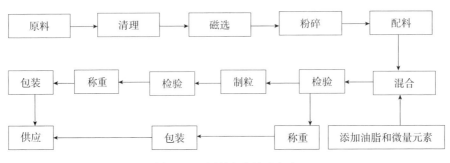

图 8-3-1　饲料生产技术方案

社会效益：项目实施后，饲料的年生产能力由原来的 6 万吨提高到 46 万吨，按 3800 元/吨销售价计算，年可实现销售收入 17.48 亿元，扣除固定资产折旧、资金利息、管理成本等，年可实现纯利润 2000 万元以上。可供应年出栏 100 万头生猪的饲料量，按每出栏一头生猪盈利 150 元计，公司年利润总额在 1.7 亿元以上；同时出栏的种猪，可带动农户增收。项目不仅对农场养猪业的发展起到重要的作用，还促进周边农村畜牧业发展，为稳定南宁肉类市场供应作保障。饲料工业作为我国国民经济的重要基础产业之一，其发展对繁荣农村经济、促进畜牧业发展、增加农民收入、提高粮食转化率、节约粮食资源，保证"菜篮子"有效供应，乃至国民经济的发展起到了重要作用。

第五节　精准营养

饲料成本占养猪生产成本 70% 以上，育肥猪饲料消耗量大，降低育肥猪饲料成本是降低养猪生产成本的关键之一。不同品种、性别的育肥猪在不同地区、不同季节、不同生产管理模式下各生长阶段的营养需要量是不同的。精准营养是根据本场不同品种、不同基因型育肥猪在不同季节下测定最大生长潜力和采食量，分别建立生长和饲料消耗曲线，确定不同生长阶段赖氨酸需要量、能量需要量及赖能比，根据育肥猪各生长阶段营养实际需要量来配制精准营养日粮，结合饲料预算实现育肥猪精准饲喂，在满足营养需要的同时避免营养物质浪费，降低饲料成本，实现低碳、高效养殖。

为了降低育肥猪饲料成本，提高养猪经济效益，2015—2016 年开展了 4 批育肥猪精准营养试验，每批随机选择有代表性的 144～160 头试验猪，分 8 个栏分布到有代表性的栋舍和栏位中。试验猪平均体重约 20 公斤时开始试验，每隔三周利用电子笼秤及 ALOKASSD-500V 型 B 超按个体测定一次体重、背膘、眼肌面积，全程记录耗料，试验猪平均体重超出上市体重约 125 公斤时结束试验，每批试验猪头均测定 7～8 次，合计测定 4601 头次。利用育肥猪精准营养试验获得的体重、累计采食量、可消化赖氨酸需要量与日龄回归曲线等试验数据配置的精准营养日粮，与旧配方日粮相比，降低饲料成本62～97元/吨，配合饲料预算及饲喂程序制定，规范了育肥猪饲喂管理，实现了育肥猪精细化饲喂。通过大群饲养对比试验，饲喂准营养日粮与旧配方日粮相比单位增重饲料成本降低 0.47 元/公斤，同时降低酸氢钙用量和有害物质排放，有利于环境保护，实现高效、低碳养殖。

2017—2019 年育肥猪累计增重 85037.8 吨，以饲喂精准营养日粮增重饲料成本降低 0.47 元/公斤计算，通过实施育肥猪精准营养与饲料预算，累计节约饲料成本约 3996.8 万元。

第四章 畜牧改制

第一节 畜牧股份制改造

根据农垦集团指示精神，原广西农垦良圻实业公司畜牧公司改组为广西农垦良圻畜牧有限责任公司，于 2001 年 6 月 16 日正式挂牌。企业总股本 2961200 元，其中国有股 1009660 元，占 34.1%，职工个人股 1951540 元，占 65.9%。改制后，公司共有职工 90 人，其中固定职工 56 人，临时工 34 人，全年发放工资总额 61.1 万元。2001 年 6 月 1 日正式运作至 12 月底，出栏生猪 17317 头，自留种猪 226 头，繁殖 2078 窝 18577 头，平均窝产仔猪 8.94 头；年末生猪存栏 15625 头，实现营业收入 1144.8 万元，主营业务利润 67.7 万元，减去各项费用后，实现纯利润 22.9 万元。改制后，为扩大公司生产，在场杨彭猪场建造一座 150 立方米的沼气池，在种畜站增建育肥猪舍 2 幢和 1 个污水处理氧化塘，饲料厂增购 1 台 0.5 锅炉，这几项工程共投资 51.3 万元，当年都已投入使用。年末，公司总资产为 1443.49 万元。

畜牧业改制后，凸显出几个方面的有利因素：一是企业是集约的大型养猪场，年出栏达 3.5 万头以上，饲养成本较低，是广西目前技术先进、效益较好的猪场之一，改制规模优势将进一步发展。二是公司与广西目前最大最好的种猪场——永新猪场近邻，改制后能以最快速度改变猪群结构，生猪品种品质上有优势。三是科技含量高，在品种改变、技术推广应用等方面均走全区前列。四是多年来，在区内建立了稳固的销售基地，深受客商欢迎，产品供不应求。五是投资回报率高，十几年来，每头生猪一般都有几十元利润，每年只需出栏 3 万头生猪，利润率可达 10% 以上。六是改制后企业按《公司法》运作，员工责任心更强，经济效益及各方面发展的优势明显。

第二节 永新畜牧有限公司

根据自治区农垦局指示，2002 年广西农垦畜牧有限责任公司和广西农垦永新畜牧有限公司合并，组成新的永新畜牧有限公司。合并后永新公司以发展养猪为重，不断扩大种猪生产规模，实施统一品种，统一购销业务。存栏母猪达到 4000 头的规模，其中纯种母猪群 2000 头，出栏种猪 18000 头，商品母猪群 2000 头，商品猪 2000 头，是广西集约化养猪规模最大、技术设备最先进的养殖企业。

2005 年，广西农垦永新畜牧有限公司总资产 9286.5 万元，国内生产总值 6800 多万元，利税 1824 万元。企业集种猪、商品猪自繁、自育、自养、饲料加工、销售一条龙生产，是现代畜牧业省级农业产业化重点龙头企业，在国内最早实行"三点式"生产、全进全出、分阶段隔离饲养、全程数字化管理，仔猪 12～14 天超早期断奶技术，疾病控制与净化、污水达标排放技术，其先进技术代表广西乃至中国养猪发展方向。猪场种猪全部从加拿大、丹麦引种，常年为社会提供优质长白、大白、杜洛克纯种猪及二元杂种猪、三元杂商品肉猪。公司获得农业部无公害生猪产品认证，并纳入农业部无公害生产品查询追溯系统，是广西同行首家获得 ISO9001：2000 国际质量管理体系认证单位。"永新源"牌生猪系广西名牌产品。

第三节　良圻原种猪场

2007 年，根据自治区农垦局和广西永新畜牧集团的决定，广西农垦永新畜牧有限公司改建为广西农垦永新畜牧集团良圻原种猪场。广西永新畜牧有限公司以其近亿元的总资产投入新组建的良圻原种猪场，开展生产经营和科研。猪场共有职工 288 人，企业为全员职工投保意外伤害保险。该场以原种猪养殖为重点，集商品猪的繁、育、养、饲料加工和销售一体化经营。原种猪场建立后，当年出栏生猪 91991 头，次年 118000 头，2009 年达到 127958 头。

良圻原种猪场生产与科研同时并进，加强科技创新。一是采用新工艺、新设备、新技术，实行"三点式"饲养先进模式，引领广西乃至全国养猪业发展方向。二是开展科学实验结合生产取得突破，平均一年开展药物实验 25 次，从中选取有效药物多种，利用有效药物挽救猪仔 3000 多头。三是采用电脑管理，加强信息交流与应用，完成了建设猪场网络监控项目，对生产进行远程管理、调控。客户可以直观了解种猪生产过程，不在现场也很方便观看种猪，大大提高工作效率，同时也可以减少疫病的传播。四是组织实施了《瘦肉型猪无公害标准化生产技术研究与示范》《养猪企业标准体系的研究与应用》《大型集约化种猪场伪狂犬病净化技术研究与应用》等多个科研成果的项目，其中 14 个项目荣获省部级科技奖项，分别为一等奖 1 项、二等奖 5 项、三等奖 8 项。

永新良圻原种猪场品牌生猪，无论生猪在市场上畅销无余，还是市场低落到低谷，良圻品牌总供不应求，享誉生猪市场，良圻"永新源"种猪是一张农垦名片。

畜牧公司改制前后，曾担任畜牧业的主要领导有李霭祥、吴志君、梁业琨、陆可俭、肖有恩、伍少钦、覃燕灵。

第五章 新时期的畜牧业

第一节 三期工程建设

良圻原种猪场向农业部提出的扩建工程建设，即三期工程，于2003年12月16日经农业部批准建设，并列入中央国债投资项目。该项目于2004年5月初开工建设，2005年底竣工投产。建设项目完成后，其生产规模由年饲养基本母猪4500头增加到5500头，年出栏生猪达到10万头，其中年出栏种猪2.5万头，商品肉猪7.5万头，经济效益和社会效益有相当大的提高。一是项目投产后，企业每年比原来可多出栏生猪1.8万头，增加销售收入1743万元，增加盈利335万元，可多向国家上缴企业所得税110万元，投资回收率较高。二是进一步解决了广西各地的养殖户长期以来存在引种困难的问题，为加快广西养殖业产品结构调整和加快广西瘦肉型猪的发展起促进和推动作用，增强广西农垦畜牧产品的市场竞争力。三是进一步加快公司＋农户养殖模式的发展，扩大养殖规模，增加农民收入。项目投产以来，每年为广西市场提供长大、大长等二元杂母猪30万头，再通过人工授精技术，利用优秀公猪的精液给农民养殖的二元杂母猪配种，年可产出三元杂瘦肉型商品猪630万～650万头，即可增加农民收入12亿元以上。四是利用猪场经处理达标后排放出来的废水对周围1000亩甘蔗进行灌溉，减少蔗农肥料支出和促进甘蔗增产，多提供原料蔗进厂压榨。

第二节 四期扩建工程

良圻原种猪场从2008年起，投资4000万元投建第四期扩建工程，即良圻原种猪场第四原种猪场，项目建设有300头种公猪人工授精站、400头母猪头胎母猪场、1200头经产母猪场与配套保育育肥场。第四原种猪场全部采用大跨度设计、水泡粪、全自动喂料、全自动通风换气工艺。拥有国内首家应用高效过滤器（DOP）的大型公猪站，能过滤0.3微米的微粒99.5％以上，有效阻止蓝耳病、猪瘟、伪狂犬、喘气病等传染病感染。该项目工艺设计节约土地1/3，节约劳动力2/3，节约用水2/3，减少排污量2/3，降低料重比

0.1以上，达100公斤出栏时间节省10~12天，全群成活率提高2％以上，每头母猪提供活产仔多1头以上，利用率提高15％。第四原种猪场建成全面投产后，存栏基础母猪可达8000头，年出栏生猪可达160000头，其中出栏种猪50000头，商品猪110000头。

第三节　梧州新利畜牧有限公司

广西梧州市新利畜牧有限公司是由广西农垦永新畜牧集团有限公司良圻原种猪场投资兴建的现代化原种猪场。该猪场2009年10月开工建设，2012年底竣工投产，规模为1200头母猪生产线及其配套设施，建设猪舍面积13000平方米，年出栏生猪2.5万头，其中PRRS（蓝耳病）阴性种猪1万头。年辐射带动农户出栏商品猪20万头，农户增收4000万元以上。

广西梧州市新利畜牧有限公司集成应用国内先进养猪技术，是国内首家从公猪站、配种妊娠、产房、保育到育成环节全程采用空气过滤工艺建设的猪场。公猪舍采用世界最先进的高效空气过滤系统，能有效阻止猪蓝耳病、猪瘟、伪狂犬、口蹄疫等病原入侵，确保种猪群蓝耳抗原抗体双阴性，猪瘟、伪狂犬、口蹄疫等抗原阴性。2016年，公司获得全国"猪伪狂犬疾病净化示范场"，2018年，公司获得全国"猪瘟净化示范场""猪繁殖与呼吸道综合征净化示范场"的荣誉，成为全国首家"三病"净化示范场。

广西梧州市新利畜牧有限公司的投产填补了桂东南地区无现代化原种猪场的空白，是农垦融入地方经济发展的典范，对梧州市产业结构调整优化、加速区域生猪改良、提高生猪产品质量及市场竞争力将产生深远的影响。

第四节　良圻兽医技术中心

良圻兽医技术中心于2014年10月新建落成。该中心按照人传染病医院的标准设计，每个分区独立通风，进出风口均采用空气过滤，是目前国内养猪企业最高标准的实验室。公司先后投资2000多万元，购买荧光PCR、酶标仪、病理切片机、液相色谱和气相色谱等50多套检测设备。能开展血清学检测、分子生物学检测、微生物理化鉴定和药敏试验、兽药残留检测、农药残留检测、重金属检测、消毒药检测、临床解剖等项目。对疫病危害关键控制点实行常年动态监控，为建设猪群健康体系提供有力的科学依据。

第五节　第五期1万头母猪原种猪场扩建工程

良圻第五期1万头母猪原种猪场总投资约3.4亿元，该项目占地面积485亩，建设10000头基础母猪生产线（占地250亩）和保育育成区（占地235亩）。母猪繁殖区共有4条生产线，每条生产线有2栋妊娠舍和10单元产房，共有8栋妊娠舍和40单元产房；保育育成区建设3条保育育成一体化猪舍生产线，每条生产线有7栋猪舍，共21栋保育育成一体化猪舍。项目配套建设年产20万吨的饲料生产线、建设污水处理2座，日处理污水300吨/座；建设生态肥厂一个，日处理猪粪40立方米。

该项目2016年开始建设，2018年5月全部竣工投产，公司规模迅速翻倍增长。

良圻第五期猪场由清华大学设计团队设计，目标是建成节能、环保、安全、高效、低成本的现代化猪舍。

1. **节能**　墙体贴4厘米保温材料，吊顶0.3毫米PE膜＋10厘米保温棉，红外线成像仪检测密封性。

2. **环保**　大跨度高床免冲水、机械刮粪工艺，节约用地2/3，结合水盘式饮水器节约用水1/3，中水回用，养猪废弃物处理后喷灌甘蔗林，变废为宝，实现零排放。

3. **安全**　全程空气过滤，净化猪伪狂犬病、猪瘟、PRRS抗原原体双阴性，减少用药。

4. **高效**　PSY28头，人均饲养母猪200头，育成猪4000头；采用保育育肥一体化猪舍，减少运猪、应激与冲洗猪栏；屋面与吊顶使用镀铝锌板，使用寿命30年以上。

5. **低成本**　实施精准饲养。

第六节　良圻原种猪场车辆洗消烘干中心简介

良圻原种猪场车辆洗消烘干中心是国内首家车辆洗消烘干站，占地11亩，建筑面积600平方米，总投资400多万元。项目于2018年6月开工，11月竣工投入使用。洗消中心由车辆待洗区、高压清洗消毒房、待烘干区、全自动高温烘干房、烘干车辆停放区等组成。其中核心部分是高压清洗消毒房和全自动烘干房，高压清洗水的压力达到200公斤，提高冲洗效率和节约用水。车辆在烘干房经过15～30分钟预热、72℃烘烤10分钟、烘干5分钟、排放热量8分钟等程序形成一个完整的烘干过程，烘干一部车约50分钟。车辆经过高温烘烤，能有效杀灭非洲猪瘟、猪流行性腹泻、猪蓝耳病、猪伪狂犬病、口蹄疫等致病微生物，杜绝运猪车辆携带病原，确保生猪生产的安全。

第七节 横县病死畜禽无害化处理中心

2013 年，良圻原种猪场投资 100 多万元，建成 1140 平方米的堆肥仓，采用堆肥技术，无害化处理病死猪，实现资源综合利用。

堆肥法是利用木屑或甘蔗渣等提供碳源，与猪场的病死猪（含胎盘、死胎、木乃伊等）混合堆肥，通过细菌、真菌、放线菌等在适宜的温度下进行一系列反应，经过两次发热，一次移堆，实现废物全部降解，达到无害化处理目的。

2019 年投资 1360 万元建成广西农垦永新畜牧集团有限公司良圻原种猪场横县病死畜禽无害化处理中心，该中心占地面积 30 亩，生产能力为批次处理 5 吨，日处理 20 吨，配套建设有机肥深加工处理车间、污水废气处理及相关附属设施。病死畜禽通过高温高压、干化制法转化成有机肥或燃料。可对横县全县病死畜禽实现集中处理，避免部分养殖场业主和散养户将病死畜禽尸体随意扔到垃圾堆或水中等造成环境污染，危害人体健康。该项目年产油脂 900 吨、肉骨粉 2250 吨、有机肥 1.2 万吨。

该中心于 2018 年 7 月开工建设，2019 年 2 月份正式投入使用。

第八节 经营新模式与品牌营销

良圻原种猪场为扩大养殖规模，发挥农业产业化龙头企业示范带头作用，从 2008 年 10 月份开始，率先推出"公司＋大户"的新模式，加快产业化经营步伐。这种模式以村（屯）作为基地，农户代猪场进行饲养，每户至少饲养 350 头，并按公司统一设计图纸进行选址，建设猪舍，使用猪场提供的猪苗、饲料、兽药，按猪场技术方案饲养猪群，农户饲养出合格的商品猪后，猪场付给农户管理费。使猪场在减少固定投入的情况下得到了发展，农户投资少、见效快，真正实现企业农户互利双赢的产业化养殖模式。到 2009 年，"公司＋大户"的模式已成功推行，成为增加企业效益的一项措施。产业化养殖经营模式取得了显著成效，猪场在横县芦村、石塘以及华山农场发展"公司＋大户"养殖 18 户，2009 年上半年饲养生猪 5800 头，年末发展到出栏生猪 10000 头，养殖户平均每头生猪获利 50 元。

2014 年，推行了"公司＋标准化合同育肥"产业化经营模式，指导农户建设全环境控制、全自动喂料、机械刮粪等先进工艺的标准化合同育肥猪舍，为农户节约 2/3 劳动力，有效降低育肥猪料重比0.1以上。以上产业化经营模式解决了农户养猪技术难、生猪销售难问题及市场低迷亏损风险问题，解决农户养猪后顾之忧。同时，有利于整个猪场的全进全出管理，对降低死亡率及料重比具有重要作用，项目推行以来，育肥猪死亡率小于2%，30~100公斤料重比为2.7∶1。2019年共带动农户160户，生猪出栏20万头，产值3.2亿元，农户增加纯收入4300多万元，户均增收约27万元。

2015年开始启动广西农垦荣光农场"公司＋标准化合同育肥"生猪产业扶贫项目，通过3年多的发展壮大，荣光农场出栏的生猪已从2015年的1500多头发展到2018年的1万多头，代养费也从2015年获得的25万元提高至2019年的200多万元，该项目已成为广西农垦生猪产业脱贫的典范，为创建和谐社会主义新农村发挥重要作用。

良圻原种猪场生产猪瘟、猪伪狂犬阴性，猪蓝耳病双阴性的种猪，打造健康、高产、高效的"永新源"品牌种猪，配套完善的售前、售中、售后服务，深受客户的青睐。"永新源"种猪销售已覆盖广东、云南、贵州、湖南、河南、福建、江西、浙江、安徽、海南、甘肃等全国20多个省份，经过多年的发展壮大，种猪年销量从1999年1189头/年，到2020年已达到10万头/年，在国内享有较高的知名度和美誉度，实现了质和量的飞跃。客户群体也从原来的中小客户居多发展成为现在的大集团为主，基本实现将80%种猪销售给20%的优质客户目标。近几年前来引种的大集团客户主要有新希望、正邦集团、广东食品进出口集团、康达尔集团、广东新兴食品、贵州都匀黔昌畜牧、湖北神童牧业、化州广垦农牧、福建卜蜂、东瑞食品集团等。

种猪售后服务团队推广新技术、新操作，不断创新售后服务范围的边界及延伸，提高客户的饲养管理水平，提升"永新源"种猪的溢价。提供的技术服务内容有：①新技术新操作技术应用。提供A超妊娠母猪测背膘精准营养、B超妊娠诊断技术、后备猪驯化、定时输精、赶母猪见公猪、结扎公猪混养诱情、批次化生产等技术服务。②精准营养。提供精准营养技术，为客户定制本场育肥猪生长曲线，精准配置低成本日粮，发挥育肥猪生长潜能，降低生产成本。③帮助客户猪场建立猪场数据管理系统并指导其应用。④指导客户猪场规划建设，包括建立猪场生物安全体系。⑤依托良圻技术中心，为客户开展血清学检测、分子生物学检测、细菌培养和药敏试验、免疫抗体监测等检测项目，帮助客户猪场做疾病诊断和健康管理，以及疾病控制与净化。特别是国内发生非洲猪瘟疫情，种猪销售服务团队外出参与、组织非洲猪瘟防控交流培训会，培训目的不只为客户服务，更是对社会责任的担当。

良圻原种猪场"永新源"牌生猪以四肢粗壮、体型丰满、健康生猛、瘦肉率高、无药残、肉质好、口感好等特点享誉市场。生猪产品远销广东广州、深圳、佛山，四川成都、绵阳、邛崃、内江、自贡、西昌，云南昆明、安宁、楚雄，贵州贵阳、都匀、遵义，重庆九林坡、荣昌等地。

良圻猪肉肉色鲜、卖相好、口感香甜，销售网络遍布广西各地市及工业重镇。据初步统计，直销客户南宁五丰食品、广西汇华食品、集团永牧肉食品等企业在南宁、柳州、桂林、北海、百色等地区设置96个专卖店（超市专卖柜）销售良圻猪肉。凭借着良好的品牌优势，在区内其他生猪养殖出口场供港生猪市场份额不断萎缩的情况下，良圻原种猪场供港活猪数量逆势上扬，已连续7年供港活猪稳居广西第一，占广西供港活猪的80%～90%。良圻原种猪场供港活猪在深圳罗湖区清水河仓库经笋岗进出口检验检疫局清水河办事处检验检疫，批批合格，全部符合供港活猪要求。良圻原种猪场猪肉品质在香港市场反映良好，良圻猪四肢粗壮、体型丰满、健康活泼、体格均匀、瘦肉率高、无药残、肉质好、口感好。售价在香港上水屠房和荃湾市场名列前茅。

"永新源"牌生猪先后被评为广西名牌产品、中国品牌猪、新中国成立以来广西60个最具影响力品牌、广西优质农产品、广西出口名牌、广西名优富硒产品、广西农业品牌目录等。

历年养猪生产情况见表8-5-1。

表8-5-1　畜牧业养猪生产情况

单位：头

年份	年末存栏			年内出栏			年份	年末存栏			年内出栏		
	总数	公猪	母猪	总数	出口	内销		总数	公猪	母猪	总数	出口	内销
1956	120	1	1				1972	1672	5	128	319	255	64
1957	297	2	10	39	39		1973	1647	5	115	399	220	179
1958	1280	6	59	38	30	8	1974	1537	7	106	447	150	297
1959	1424	7	163	158	142	16	1975	1497	5	103	545	251	294
1960	577	9	140	40	40		1976	1633	4	115	712	155	557
1961	235	6	19	55	31	24	1977	2909	13	206	713	162	551
1962	130	2	77	35	20	15	1978	3138	21	500	681	66	615
1963	24	3	47	44	18	26	1979	3474	10	300	1237		1237
1964	320	3	58	25	19	6	1980	3146	9	311	1774	748	1026
1965	617	7	84	44	11	33	1981	3924	16	640	1584	513	1071
1966	481	6	72	94	76	18	1982	1588	15	606	2138	1183	955
1967	578	5	90	115	94	21	1983	4512	15	455	2676	1990	686
1968	829	6	92	201	162	39	1984	5764	9	318	4930	2300	2630
1969	892	5	94	218	175	43	1985	4660	4	210	3028	1251	1777
1970	1266	5	95	248	231	17	1986	3512	8	247	2810	2101	709
1971	1401	5	122	253	240	13	1987	3382	4	202	2444	1926	518

（续）

年份	年末存栏			年内出栏			年份	年末存栏			年内出栏		
	总数	公猪	母猪	总数	出口	内销		总数	公猪	母猪	总数	出口	内销
1988	3024	10	304	1916	1119	797	2004	31795					
1989	3821	13	330	3325	1922	1403	2005	43612			85388		
1990	3248	14	296	4266	3203	1063	2006	52127			88775	3200	85575
1991	3242	15	290	5175	4405	770	2007	31753	180	6202	92874		
1992	4238	19	325	5234	4593	641	2008	62129	176	6204	83036	19838	63198
1993	5487		643	7260	4826	2434	2009	66901	173	6495	122958	32826	90132
1994	7095		601	10720	3363	7357	2010	75885	253	7601	119127	23339	95788
1995	10375		973	14682	3739	10943	2011	102325	260	8778	135440	15765	119675
1996	11629			19683	3931	15753	2012	112070	291	10154	171798	23680	148118
1997	11955		1350	24173	3936	20237	2013	135483	323	11420	202176	34080	168096
1998	13267			24886	1885	23001	2014	114232	321	9521	209278	32321	176957
1999	13126		1305	26877	240	26637	2015	139660	280	12004	185524	14880	170664
2000	14880		1443	28775		28775	2016	141974	316	11764	244286	15545	228741
2001	15625		1536	28590		28590	2017	177666	446	16485	256692	15496	241196
2002	17506			30438		30438	2018	245960	414	20085	326279	18493	307786
2003	21584		4228	37545		37545	2019	227525	414	22425	360053	1836	358217

第九编

工 商 业

第一章 工业概况

第一节 管理机构

1959年，场部设置基建加工科，归口对建场三年多来兴建的各厂进行业务管理，当时农场有香茅加工厂、木薯淀粉厂、酒厂和修配厂等工副业单位。

1960年，设立联合加工厂，对场属各厂进行统一管理。

1962年，全场工业单位达到了5个，除原联合加工厂所属的4个厂，场造纸厂正在兴建。是年，农场工业管理体制改组，香茅加工厂、酒厂、修配厂划给一分场管理，淀粉厂划给二分场管理，造纸厂由场部继续投资建设。

1966年后，在"文化大革命"期间，农场成立"抓革命促生产委员会"，场属各厂统一由委员会管理。

1968年，场革命委员会成立，革命委员会下属的生产组，系场办工业单位的管理机构。

1975年，农场革命委员会设置10个职能部门，机务加工科职司全场机务及工业各厂业务。

1986年，经多年发展，农场的工业项目及行业结构提升到新的高度，场办工业初具规模，场部设立工交科，对所属各厂（糖厂单列）行使管理职责。

1994年，农场改为国有独资有限责任公司——广西农垦良圻实业总公司，总公司下设5个分公司，原来的工业单位糖厂改为糖业公司，造纸厂改为纸业公司，其余各厂设立综合公司，此外还有畜牧、商业等公司。

1995年2月5日，糖业公司与总公司总部合并，综合公司机构取消，总公司对其实行各厂单独核算、自主经营、自负盈亏、自我发展、自我约束的经营责任制，按责任制规定，实行费用定额上缴，核定上缴利润基数或利润比例分成等管理办法。

第二节 场办工业

良圻农场办工业，主要是随着农业发展的需要而兴起，围绕农业办工业，办好工业促农业，实现综合利用进行深加工。

1956 年建场时，经营方针是以发展香料为主，香茅、枫茅的种植占全场耕地面积的 80%，茅叶必须经高温蒸馏冷凝成香茅油。当年 9 月首先在石灰槽兴建一座简易香茅加工厂，煮炼茅油，11 月建成投产。1957 年 6 月在鲤鱼潭增建一处香茅加工点，当年 10 月竣工投产。香茅加工为农场最早的工业项目。

1958 年 10 月，在二分场鲤鱼潭西南面兴建一座木薯淀粉厂，生木薯经加工成为淀粉，供国家外贸出口，木薯渣用于喂猪和酿造木薯酒。1959 年初，在一分场南边兴建一座以木薯渣和红薯为主要原料的酿酒厂，规模较小。

1959 年 9 月，为适应本场农业机械的维护与修理，兴建一座修配厂。至 1966 年，修配厂已形成相当规模，厂本部及所属各车间外，还配设了铸造厂（车间），修造水平和设备、场地设施都有较大发展，具备了对国产各类型号汽车、拖拉机"三保"和大修能力，经自治区交通厅批准定为甲类汽修厂。

为综合利用香茅加工过程的副产品茅叶纤维，1960 年开始动工兴建一座年产 300 吨的造纸厂。同年，又办起粮油加工业，农场自产的稻谷、玉米、花生等农产品，加工成大米、食油和畜牧饲料，场办加工业初步形成了一个为农牧业产前、产中、产后服务的轻工生产结构。

1967 年后，农场管理体制多次变动，几次下放给地方又收回区局，同时由于经营方针改变，香茅油、木薯淀粉、酿酒等项目相继关闭，造纸厂原于 1964 年建成，因原料缺乏而未能投产，后经设备改造，改变以黄茅、稻草、废纸为主要原料，生产原色纸，于 1968 年 4 月正式投产，而后生产规模逐年扩大，生产能力年产包装纸 7000 吨，经过三期技改，最终达到年产 15000 吨规模。

1974 年，兴建一座年产 1400 吨的石灰厂，解决农场水稻生产和基建工程所需，当时市场供应短缺，农场组织力量办石灰厂自给，后来市场能够供给，1976 年石灰厂下马。

1975 年，国家为发展蔗糖生产，在场部南面建设一座日榨 500 吨的糖厂，附设酒精制炼车间，1976 年 12 月建成投产，几经设备更新、技术改造，生产能力逐步提升，场厂分立前，达到日榨 2000 吨以上规模。

1977 年，农场利用自身土地资源，在农场北面兴建围窑式红砖厂一座（两窑），生产能力窑产红砖 1 万块（7 天为一周期）。1979 年围窑式生产改为轮窑式生产，共 22 门轮窑，生产能力年产红砖 600 万块。

1982 年，为综合利用制糖副产品蔗渣纤维，在糖厂厂区建设一座纤维板厂，生产干法硬质两面光蔗渣纤维板，1984 年元旦建成投产。

1986 年 6 月，兴建综合食品加工厂，场地及厂房利用旧粮库及大晒场装修改造，主要加工花生油、干湿米粉、果脯和腐竹等食品，当年 8 月正式投产。

1994 年，为改善农场耕地土壤结构和供给大面积甘蔗生产所需肥料，兴建农场复混肥厂，当年试产成功，次年开始批量生产，年产复混肥 5000 多吨。至 20 世纪 90 年代初，场办工业已具有相当规模，到 20 世纪末，全场工业总产值达到 1.026 亿元。

根据农场管理体制的改革和经营机制的转换，场办工业已由围绕农业办工业改为围绕市场办工业，工业项目有很大变动。1994 年底，食品加工厂和纸箱生产已停产撤销；1997 年前后，造纸厂、修配厂、砖厂和建材厂分别进行评估拍卖、租赁经营、股份合作制改造等，人员下岗分流；糖厂于 2002 年从农场分立，原属场办工业范畴的隶属关系的布局，从根本上作了调整。

第三节　行业结构

良圻农场开办的工业没有重工业，属轻型结构，场属工业单位，按行业结构分属 4 个行业：食品工业、造纸工业、建材工业、轻化工业。

1. **食品工业**　在场办企业中，食品项目有制糖、粮油加工、淀粉、酿酒、腐竹、果脯和米粉等。

2. **造纸工业**　场造纸厂建设的时间跨度较长，由于设备及生产原料短缺，从建厂到投产共用 8 年，先后制造原色纸、有光纸、爆竹纸、瓦楞纸和箱版纸等。

3. **建材工业**　农场发展建材业，充分利用自然资源，就地取材，就地生产，项目有纤维板、机制砖、白泥、石灰等。

4. **轻化工业**　主要产品有香茅油、酒精和复混肥等，香茅油是建场后最早的工业产品。

场办工业主要依靠农业产业结构的合理协调才能发展，许多项目由于缺乏原料供应，相继下马，香茅油、木薯淀粉、粮油加工等，因没有原料基地保障而关闭；制糖业由于加强了原料基地建设，农场全部耕地全部种植糖料蔗，使糖业生产长盛不衰。

发展场办工业，走出了单一经济的死胡同，至 20 世纪 90 年代中期，1995 年全场工业总产值 5497 万元，占工农业总产值 68.9%，农业占 31.1%。进入 21 世纪，2001 年，全场工业总产值 8416 万元，占工农业总产值 71.4%，农业占 28.65，从根本上改变了产业结构的比重。

第四节　主要各厂概况

一、香茅加工厂

建于 1956 年 9 月，土法上马，投资 0.72 万元，土建面积 462.02 平方米，设有 3 炉 3 甑，当年建成投产，厂址在场部东南面。1957 年 6 月在鲤鱼潭边增建一个加工点，土建面积 422.22 平方米，投资 0.74 万元，设有 3 炉 3 甑，当年 10 月建成投产。1958 年春，进行设备更新改造，由人工直接烧火蒸熬改为高压炉蒸汽蒸熬，总投资 20 万元，产量有很大提高，年产香茅油 25 吨，产品供国家外贸出口，销往东南亚一些国家和西欧的英、法等国。1966 年因不再种植香茅，加工厂停产，此后再没有恢复生产。

香茅加工厂建厂至关闭共 10 年，一直没有任命厂长，具体工作由加工队队长陈振轩负责管理。

二、淀粉厂

1958 年冬建厂，厂址在二分场鲤鱼潭西南面。厂房面积 1400 平方米，投资 3.29 万元；烘干房 268 平方米，投资 0.79 万元；各项设备投资 3.75 万元。1959 年 12 月 15 日建成投产，日产干粉 7 吨，因木薯淀粉属季节性生产，年均总产干粉 500 多吨，全部产品由国家计划调拨，出口苏联，1966 年，农场经营方针改变，淀粉厂停产关闭。

淀粉厂建成后，行政由二分场管理，曾担任淀粉厂领导的有施支文、黄建昌。

三、修配厂

建于 1959 年 9 月，位于场部西面的现农场小学处，土建面积 672 平方米，投资 3 万元，有桂林立式钻床 1 台，八尺皮带车床 2 台，650 型牛头刨床 1 台，老虎钳 2 台，简便套筒开口钣手 2 副，锻锤 6 只，手拉风箱 3 只，15 千瓦焊机 1 台，有五级技工 1 人、四级锻工 1 人、三级钳工 2 人、车工 1 人。1966 年，厂址迁至场部南面，规模逐步扩大，设备逐年增至完善，技术力量不断增强。1988 年，经有关主管部门考核鉴定，具备了对国产各类型汽车"三保"和大修能力，自治区交通厅批准定为甲类汽修厂。根据国家交通部门对汽车大修企业专用、通用、试验和检测修理专业，要求计量器具设备率达到 90% 以上，1991 年全厂已具备的设备配备率达到 100%。全厂共有职工 82 人，在职工中具有各类专业技术人员 28 人，其中工程师 1 人、技术员 3 人、八级汽修工 1 人、六级汽修工 4 人、二级汽修工 5 人、六级汽电工 1 人、四级汽电工 1 人、四级焊工 1 人、四级锻工 3 人、二级喷漆工 2 人。1993 年，全厂生产总值 53.32 元万元，实现利润 14.6 万元，上缴税金 11.79 万元。1993 年，修配厂又搬迁到西南路口，除搞修造业，还营销零配件，但效果并不太理想。从 1994 年起，修配业在市场竞争中逐步走下坡路，1995—1997 年 3 年内，就亏损达 69.76 万元，在每况愈下的局面下，无法再办下去，1997 年 12 月，修配厂向社会招标承租，全厂员工下岗分流。

建厂以来，曾担任修配厂的领导有谌绍来、陆家平、李开甲、赵光宇、廖健夫、黄亦干。

经营情况见表 9-1-1。

表 9-1-1　修配厂经营情况

单位：万元

年份	总产值	利润	税金	年份	总产值	利润	税金
1975	3.21	−0.50		1987	10.06	1.08	0.10
1976	4.31	−1.13		1988	17.32	2.56	0.29
1977	5.67	0.30		1989	29.94	2.81	1.14
1978	6.76	−0.56		1990	26.87	4.14	1.18
1979	5.29	−1.48		1991	34.20	5.47	1.78
1980	6.70	0.08	0.20	1992	37.33	9.91	2.81
1981	7.64	1.07	0.01	1993	53.32	14.60	11.79
1982	5.99	1.01	0.02	1994	45.71	0.22	9.60
1983	6.19	1.32	0.02	1995	31.61	−19.48	3.65
1984	5.86	0.60	0.05	1996	20.80	−31.40	2.35
1985	4.89	0.04	0.09	1997	14.80	−18.76	
1986	6.74	1.45	0.09				

四、造纸厂

建于 1960 年 7 月，位于场部东南面，土建面积 1200 平方米，投资 3.48 万元，设备投资 10.20 万元，生产能力年产 300 吨，1964 年竣工后，造纸原料未能解决，当时没有投产。1967 年，根据市场态势和原料情况进行设备更新，于 1968 年 4 月 1 日正式投产，生产能力年产机制纸 900 吨，1970 年实施技术改造，形成年产 1500 吨的生产规模。从 1985 年起，造纸厂逐步实施三期技术改造工程计划，最终形成年产机制纸万吨的能力。1987 年初，投资 90 万元，完成第一期扩建工程，达到年产 3000 吨；1988 年开始实施第二期技改，共投资 900 万元，形成年产 7000 吨的生产能力。完成第二期技改填平、补齐，始能配套生产。1993 年第三期技改开始运作，建立工程指挥部专项实施，1994 年 10 月第三期技改项目全部竣工，12月18日正式投产，1995年产量突破12000吨。

由于造纸业从1991—1996年的6年生产经营中，连年亏损，市场好的时候成本增长幅度大于产品价格增长幅度，市场不好时，产品价格下跌幅度大于原料价格下跌幅度，纸厂的产、供、销已处在恶性循环中。1997年2月25日，在扭亏无望情况下，彻底停产关闭，人员分六次分流安置。

农场造纸厂在投产到关闭的30年（1968—1997年）中，盈利17年，累计利润205万元；亏损13年，累计亏损2468.04万元；共出产各类纸品58441.68吨，产值5254.24万元；纳税504.32万元。

建厂以来，曾担任纸厂领导的有张翅、李俊元、彭业多、杨志文、赵光宇、曾玉明、钟宝鸿、李震、农金福、梁汉东、颜世明、黄海清、韦吉明、卢道乐。

生产经营情况见表9-1-2。

表 9-1-2　造纸厂生产经营情况

年份	产量 （吨）	产值 （万元）	利润 （万元）	税金 （万元）	年份	产量 （吨）	产值 （万元）	利润 （万元）	税金 （万元）
1968	66.13	9.05			1983	1035.00	72.94	−14.58	6.56
1969	298.23	34.15	7.20	3.40	1984	913.00	71.00	−12.83	4.67
1970	558.08	62.45	26.96	6.52	1985	1496.00	93.39	13.91	12.47
1971	432.53	36.39	1.88	2.92	1986	1502.89	105.14	11.91	14.08
1972	601.22	38.77	3.80	0.08	1987	1976.00	138.36	24.83	22.85
1973	910.96	58.30	15.62	5.84	1988	1835.00	128.47	34.50	22.86
1974	983.58	62.95	8.21	6.30	1989	2324.88	162.24	16.06	29.11
1975	897.82	62.85	14.36	6.36	1990	3001.92	462.24	4.84	29.15
1976	1048.69	73.41	−1.21	7.34	1991	3462.69	515.60	−35.74	44.86
1977	764.00	12.02	16.15	5.40	1992	4404.81	483.000	249.84	46.84
1978	1277.25	69.97	−8.11	8.91	1993	4123.35	371.10	−311.40	26.79
1979	633.25	52.96	4.01	5.43	1994	1763.73	164.27	368.87	17.32
1980	1183.10	77.03	1.90	8.40	1995	12395.98	1115.63	428.07	77.15
1981	1095.00	74.56	−8.69	7.99	1996	6121.93	550.97	−694.31	65.43
1982	1334.00	94.23	−8.39	8.73	1997			−326.00	

五、砖厂

建于1977年冬，厂址在场部东北面禾稿村边，距场部7公里，1978年秋建成投产。初时土法上马，由场基建科主持设计安装，有"围窑"式砖窑两座，设计能力为窑产红砖10000块，7天烧一窑，周转期一个月，全厂年产机制砖20万～30万块。1980年进行设备更新改造，由"围窑"改为"轮窑"，共22门，设计生产能力年产红砖600万块，总投资 25.8 万元。1984 年 1 月至 1994 年 6 月，实行集体承包经营，自负盈亏，定额上交。自 1983 年技改完成至租赁经营前，累计产机制红砖 4500 万块，总产值 337.5 万元。

1994 年 7 月，砖厂租赁给横县附城的 5 位农民经营，租期从 1994 年 8 月 30 至 2006 年 8 月 30 日共 12 年，租金共 60 万元，双方签订了《砖厂租赁协议书》。租赁届满后经协商续订租赁协议。

曾在砖厂担任领导的人员有刘达人、黄建昌、莫汝丰、李宗耀、黄宏球、覃标发、彭子皖。

六、食品厂

建于 1986 年 6 月，除投入 9 万元购置生产设备和新建 400 平方米厂房外，其余利用粮油仓库和一分场大晒场、旧房屋办厂，当年 8 月投产。食品加工厂主要生产设备有 0.7 吨/时直立式锅炉一座，干、湿米粉生产线和卧式人力花生油压榨机 4 台，以及生产腐竹的加工设备，经营业务以加工干米粉、湿米粉、腐竹、花生油等食品为主，兼营畜牧饲料供应店、饮食店、糕点店，每天上市。湿米粉加工实行以销定产，定点供应场内各饮食店，每天加工大米 200～250 公斤，送货上门。花生油采用职工来料加工和设点对外收购花生相结合。畜牧饲料玉米、麦糠等主要从外省进货，销售给场内外养猪用户。从 1986 年 8 月投产至 1991 年底，累计总产值 49 万元，实现利润 13 万元。其后，产品因缺乏竞争力，销售无市场，终于停产关门了，人员分流安置。

曾任食品厂领导的人员有农金福、黄海清、莫思本、李宗耀。

七、建材厂

建于 1988 年冬，位于一分场黄牛岭脚下，距场部 1 公里。投资 85 万元，其中 24 门轮窑砖窑 20 万元，制砖设备 20 万元，生产生活设施 45 万元，1989 年 7 月 25 日正式投产，设计生产能力年产机制红砖 1000 万块。投产后，由于泥场浅层土壤中三氧化铝含量高达 36%，还原性能差，致使烧失量达 10.38%，生产无法正常进行。后经混合部分土砂和煤灰，使三氧化铝含量降低到 7%～13%，产品质量略有提高，据采土取样化验数据表明，5 米以下深层土壤化学成分含量比较接近制砖原料要求。为提高产品质量，建材厂到旧砖厂拉红泥打砖，但远程取土制砖，成本费用过大，经济效益不大理想。

建材厂从 1989 年开始投产，至 1998 年实行股份制合作之前，累计生产机制砖 5041.46 万块，产值 821.85 万元。在经营机制上，建材厂站在改革前列，1992 年率先进行全员风险抵押承包责任制；1998 年改制为股份合作制企业。2003 年 7 月，经广西农垦集团有限责任公司批准，总公司收回不规范改制的建材厂，进行全面审计清查，当年8月，请南宁资质机构评估资产，并对资产的处置、人员安置、债权债务的处理作了原则安排，最后完成了砖厂的对外拍卖。

建厂以来曾担任砖厂的领导人员有李宗耀、黄宏球、莫汝丰、彭子皖、覃标发。

八、复合肥厂

建于1994年秋，年产复混肥2500～4000吨，主要供应场属各承包户和良圻糖厂蔗区所需的蔗肥，由于肥效显著，后来还供应毗邻乡镇菜农、茶农所需，直至远销海南的蕉农、蔗农的求购。为扩大生产规模，2001年10月，添置了1台干压式选粒机，产量有所上升，但产量仍未能满足用户的需求。2003年8月，在原基础设施上进行技改，经横县技术监督局批准，实施以后产量大增，年产复混肥5000～8000吨，当年委托自治区商标事务所注册"欣丰"牌商标，经该所审查上报国家工商行政管理局商标评定委员会获准。2003年8月7日，在农场召开推介会，提高了"欣丰"牌复混肥知名度。在2006/2007年度的榨季生产中，复混肥产出25700吨，创建厂14年来最高纪录。

建厂以来，曾担任厂领导的人员有何志深、黄列、黄云。

第二章 制 糖 业

第一节 糖业生产的建立

20世纪70年代初，自治区农垦局提出在良圻农场建设糖厂的意向。按当时领导体制，农场仍属横县管理。在选厂址时，有两种意见，一种意见认为糖厂建在横县甘乐村，另一种意见认为应在农场建厂。1975年1月，自治区经济委员会轻工厅、自治区农垦局、自治区勘测设计院和横县人民政府5家实地考察，根据地层勘测和水文资料以及其他可行性方面资料，认为在农场建糖厂比较适宜，当年2月糖厂筹备处成立，建厂工作正式开展。在糖厂隶属关系上，当时也有两种意见，一种意见认为直接由县管，另一种意见认为应由农场管。1976年11月11日，自治区农垦局、自治区糖办及横县有关部门在农场开会，决定糖厂归农场管。1976年12月31日糖厂建设工程竣工，试机生产成功。1977年1月，自治区有关部门和县委、县政府落实农场经营方针，确定以发展糖料蔗为主，粮食、食用油由国家供应（此前农场职工粮油由农场自给自足），从此，农场从原料基地到加工，全面建立了糖业生产体系。

第二节 综合利用

糖厂1976年12月31日建成投产时，附设的酒精车间同步生产，日产酒精4000升，1984年，为扩大综合利用能力，将日产酒精量提高到8000升。从1993年起，酒精生产车间不断进行设备改造，改进工艺操作，至1999年，酒精生产能力达到日产15000升。到2001年进行"资产重组"的当年，全年产出酒精1462吨，产值451.52万元，综合利用的经济效益提升了新的高度。

1982年7月，糖厂利用联合国难民署投资，在厂区兴建一座纤维板厂，专门生产干法硬质两面光蔗渣纤维板，作为车间一级建制隶属糖厂。1984年建成投产，共投资192.7万元，其中联合国难民署援资40万美元，主要用于土建部分。设计生产能力年产纤维板2700万立方米，从1991年起，该厂生产设施不断更新扩大，生产能力进一步提高，20世纪末，年产纤维板已经达到 7000 立方米，至 2006 年，生产能力达到了年产蔗渣泡花板 2 亿吨。

第三节　绿色食品

近年来，农场制糖业加强以产品质量为中心的管理机制，蔗区生态环境无污染、无公害排放，生产工艺流程层层把关，定好白砂糖质量指标，经国家有关部门考察认可，1999年 7 月，代表农业部全权管理绿色食品标志与绿色食品相关事宜的机构——中国绿色食品发展中心，与广西农垦良圻实业总公司签订协议，"涌泉"牌一级白砂糖和酒精产品获得"中国绿色"食品标志使用权。2005 年，通过食品安全管理（HACGP）体系认证，并获得了国家颁发的强制执行的食品质量安全市场准入许可证。

第四节　质量认证

制糖业开展质量保证体系贯标认证工作始于 1999 年 8 月，从 ISO 概念的认识，到规范程序的编写、组织全员学习培训等历时 4 个月，至 1999 年 12 月，对 ISO9002 的质量保证体系，由企业内部自查自评；接着于 2000 年 1 月，开展第一次外审，针对 15 个不合格项进行分析，作出纠正措施，加大了认证力度。至 2000 年 2 月 28 日，通过了中国船级社质量认证公司的审核，良圻实业总公司糖厂是广西垦区首先获得 ISO9002 质量认证的糖业企业，为巩固和加强已经取得的 ISO9002 质量管理成果，糖厂从 2000 年 10 月起，组织职工参加以质量管理成果要素为内容的学习班，聘请广西轻工学校来班授课，全面提高糖业职工的科技素质。

在 2000 年通过 ISO9001：1994 质量管理体系认证的基础上，2003 年通过 ISO9001：2000 质量管理体系认证，逐步与 ISO14000 环境管理体系、OHSAS18000 职业健康安全管理体系接轨，全面打造成垦区的精品企业。

第五节　制糖业发展新阶段

制糖业发展很快，从 2004/2005 年度榨季至 2008/2009 年度榨季的 5 个榨季中，总榨蔗量共达 1834417 吨，共产机制糖 233914 吨。经过设备更新、技术改造和扩建，从 2007/2008 年度榨季起，日榨蔗量平均可达 3300～3500 吨，比建厂初年的日均榨量 500 吨扩大到 7 倍左右，在 2007/2008 年度一个榨季中，总榨量达到 496371 吨，比 20 世纪末一个榨季的榨蔗量增加了 2.9 倍。

良圻制糖业近年抓产品质量落到实处，白砂糖、赤砂糖一级产品率达到 100%，生产安全率达到 100%，自 2008/2009 年度榨季以来，每年开榨期间，全厂每天节水量达 31200 立方米，平均每榨季节约水资源 15 万元、排污费 100 多万元，减少糖分损失 60 多万元。

糖厂在生产全过程中，注重从源头上杜绝食品污染，其"涌泉"牌白砂糖，成为广西著名商标，系娃哈哈、箭牌、棒棒糖等国内知名品牌供应商。

第六节 南乡蔗区的开发

根据制糖业"得原料者得天下"的战略思想，良圻制糖公司领导班子创新思路，加大蔗区开发进程和扶持力度，从 2007 年开始，到横县的边远山区南乡镇，开垦荒地种植甘蔗，经农艺工作者考察，在南乡的荒山较多而宜于种原料蔗的有松柏、天亮、合山、碑塘、桥板、高山、陈塘、五合等 8 个村委，公司组织农机、化肥、种子、技术各方面力量开发料蔗生产。2007 年开发荒地 5582 亩，旱地旱田 3804 亩；2008 年和 2009 年又继续开发，开荒 4236 亩，三年共开发荒地 13622 亩，全部种植原料蔗。

制糖公司对原料基地的开发扶持，当作第一车间来建设，投入大量的财力、物力，自南乡蔗区开发以来，三年内的投入开发资金以及各项补贴共达 490 多万元，为该蔗区搞基础设施、开辟田间道路、架桥、建涵洞、渡槽等附属工程共投入 364 万元，建设水上运输线飞龙码头投入 430 多万元，上述各项共已投入资金 1284 万元。3 年来南乡蔗区为糖厂提供了大量的原料蔗，2007 年进厂原料蔗 48900 吨，2008 年达到 51000 吨，2009 年 49000 吨，实现了互利双赢。

第七节 良圻制糖有限公司

广西农垦糖业集团良圻制糖有限公司始建于 1975 年 2 月，其前身是广西农垦国营良圻农场糖厂，当时国家投资 520 万元，设计压榨能力日榨蔗量 500 吨，1976 年 12 月 31 日建成投产，经多次技术改造、设备更新，压榨能力不断提高，并且实现了综合利用。至 2001 年糖厂资产重组时，生产能力已达到日榨 2000～3000 吨。

现广西农垦糖业集团良圻制糖有限公司是广西农垦糖业集团的子公司，位于南宁市横县西部，距市区 70 公里，铁路、水路、公路及通信十分便利，公司土地面积 345 亩，拥有良圻农场蔗区、农村蔗区 8.1 万亩的糖料基地，企业总人口 1056 人，在岗职工 530 人，年产机制糖 4 万吨以上，蔗渣刨花板 2 万吨以上。公司坚持"质量第一，顾客至上，坚持改进"的原则，不断提高产品质量，生产的"涌泉"牌白砂糖多次获全国蔗糖质量优良奖。1999 年获中国绿色食品标志使用权。2000 年通过 ISO9001：1994 质量管理体系认证，2003 年通过 ISO9001：2000 质量管理体系认证，2004 年通过 ISO14001：1996 环境管理体系、GB/T 28001 职业健康安全管理体系认证，2005 年通过食品安全管理（HACGP）体系认证，并获得了国家颁发的强制执行的食品质量安全市场准入许可证，从而建立质量、环境、职业健康安全、食品安全一体化管理体系，成为广西首家、全国第二家通过四个管理体系认证的制糖企业，被农业部评为第一批全国农产品加工示范企业。

2006 年，企业总资产 1.95 亿元，经营总收入 26504 万元，国内生产总值 8859 万元，实现利税 3300 万元，工业总产值达到 17505 万元。

进入 2008/2009 年度榨季，良圻制糖有限公司落实一体化管理的要求，采用新技术，建立科学的控制系统，通过增加一套 500 吨/日规模的糖浆上浮系统，降低色值，减少杂质。在榨期中，对煮糖罐和助蒸机内壁衬上不锈钢板，降低铁锈等水不溶物，提高产品质量。全榨季共压榨原料蔗 38.12 万吨，平均日压榨量 3307.01 吨，产混合糖 47528.35 吨，混合糖率 12.47%；产橘水 9437.652 吨，蔗糖分 14.03%，同比上榨季 12.09% 增长 0.26 个百分点，糖分总收 87.78%；白砂糖平均色值 123.8IU，擦罐糖 0 编号顺利产出一级白砂糖，A 类一级白砂糖产率 100%。

2019 年，为了贯彻落实习近平总书记视察广西时的重要讲话精神，以广西糖业"二次创业"发展战略为指导，加快推动糖业资源优化配置，有效促进广西糖业企业转型升级，提升广西制糖业的核心竞争力，经广西壮族自治区人民政府批准，由广西农垦集团有限责任公司、广西华盛集团有限责任公司、广西建工集团有限责任公司、广西荣桂物流集团有限公司、广西柳工集团有限公司共同出资组建了广西糖业集团有限公司。良圻制糖有限公司作为广西糖业集团的子公司，也于 2019 年 11 月 25 日正式由原来的"广西农垦糖业集团良圻制糖有限公司"更名为"广西糖业集团良圻制糖有限公司"。2019 年 10 月，黄忠泊任广西糖业集团良圻制糖有限公司的法人代表为党委书记、执行董事、总经理。

改制后的 2019/2020 年度榨季，良圻制糖有限公司共榨原料蔗 49.86 万吨，平均日榨量 3673.05 吨，蔗糖分 15.33%，混合产糖率 13.64%，一级白砂糖产率 100%。混合产糖率创建厂以来的新高。

曾在良圻农场糖厂或良圻制糖有限公司担任主要领导的人员有苏福荣、覃以鉴、黄日欢、莫若显、郭显文、李汉章、杨顺广、黄太锐、刘小飞、王树初、覃其茂、黄明威、方灵、潘希初、马步、杨汉珉、张伟斌、覃盛乐、曹芳武、温德标、唐辉文、黄耘、刘锦捷、黄程、张继清、黄忠泊、李国球、尹贵寿。

制糖业榨季情况见表 9-2-1。

表 9-2-1　制糖业榨季情况

榨季（年度）	总榨蔗（吨）	实际榨蔗天数	榨季经过天数	日均榨蔗量（吨）	蔗糖分（%）	混合糖产率（%）	机制糖（吨）	酒精（吨）	废糖蜜（吨）	节渣（吨）
1976/1977	6178				12.61	8.74	540			
1977/1978	21469	51	81	425	14.02	12.04	2585		609	
1978/1979	40280	84	115	477	14.59	12.40	4994		1142	
1979/1980	45520	92	112	496	14.72	12.74	5799		1422	909
1980/1981	54628	99	128	554	14.90	12.57	6866	83	1762	
1981/1982	83200	118	152	702	13.98	12.05	10026	258	2460	
1982/1983	106656	125	169	855	12.33	9.90	10554	231	4042	3988
1983/1984	62237	69	88	965	13.11	10.79	7146	29	2557	
1984/1985	79470	84	100	947	13.46	11.33	9007	375	2447	
1985/1986	103073	111	136	932	13.73	11.46	11809	423	3350	
1986/1987	106724	116	135	917	14.16	12.35	13185	626	2758	
1987/1988	114373	125	142	925	12.78	11.11	12705	642	3201	
1988/1989	135023	125	140	1079	13.28	11.52	15555	437	3831	7923
1989/1990	139933	112	122	1255	13.07	11.16	15623	400	4832	7565
1990/1991	141489	94	111	1504	12.31	10.78	13901	693	4427	6361
1991/1992	185611	133	144	1394	12.60	11.10	16187	1152	5471	8568
1992/1993	193286	135	150	1424	12.07	10.30	19913	1300	6224	6912
1993/1994	175135	119	139	1386	13.10	11.45	20054	1142	4986	10692
1994/1995	145691	79	99	1835	12.81	11.35	16529	618	3545	8743
1995/1996	177016	101	113	1754	12.45	10.91	19321	804	4693	11181
1996/1997	164767	98	121	1679	13.06	11.60	19969	1012	4627	9799
1997/1998	225871	131	137	1720	12.63	11.27	25461	1107	5693	12178
1998/1999	223996	125	134	1792	13.29	11.86	26575	1652	5686	11898
1999/2000	224618	118	131	1877	12.16	10.76	24169	1613	7874	13967
2000/2001	172181	88	110	1792	13.54	12.09	20881	1316	4370	13222
2001/2002	277531	120	143	2306	13.87	12.24	24254	1462	7930	16496
2002/2003	281352	121	142	2321	14.12	12.41	34915	644	8715	14060
2003/2004	334415	144	157	2311	14.75	13.19	44108	1477	10190	21262
2004/2005	306031	132	148	2322	14.67	13.08	40027		8468	19789
2005/2006	296974	115	149	2582	14.62	12.93	38399		8671	35899
2006/2007	353787	126	151	2814	14.74	13.20	46701		9985	35760
2007/2008	496371	150	168	3304	13.69	12.34	61257		14096	31972
2008/2009	381225	115	125	3307	14.03	12.47	47528		9438	27885
2009/2010	436511	162	140	3351						

（续）

榨季（年度）	总榨蔗（吨）	实际榨蔗天数	榨季经过天数	日均榨蔗量（吨）	蔗糖分（%）	混合糖产率（%）	机制糖（吨）	酒精（吨）	废糖蜜（吨）	节渣（吨）
2010/2011	438277				14.62					37480.39
2011/2012	473826	124	149	3163	13.99	12.29	58236		13984	42307
2012/2013	516053	138	151	3732	13.38	11.53	59507		17750	43989
2013/2014	560003	138	150	4030	14.15	12.53	70191		18375	42239
2014/2015	506621	125	133	4036	13.91	12.37	62690		17228	41381
2015/2016	474942	117	132	4026	13.22	11.63	55219		16229	35627
2016/2017	498398	121	132	4089	13.79	12.20	60825		16622	35355
2017/2018	511798	122	129	4163	13.72	12.07	61797		16126	36998
2018/2019	498834	121	128	4090	13.56	11.83	58989		16691	27863
2019/2020	498608	127	135	3925	15.33	13.64	68013		16344	33595

第三章　技术改造

第一节　设备更新改造

农场主要的场办工业项目，投产以后，都是分别扩大生产规模，实施技术改造，提高效能。

一、修理业的更新改造

1959 年 9 月修配厂初建，厂房 672 平方米，各种工具仪表设备比较简陋。1988 年进行设备更新改造，达到具备国产各类型汽车"三保"和大修能力，自治区交通厅批准定为甲类汽修厂。

二、造纸业的更新改造

于 1968 年建成投产，年产机制纸 900 吨，1970 年首次设备更新，购进一台双缸 787 抄纸机，达到年产 1500 吨的生产规模。1985 年起，造纸厂逐步实施三期技术改造工程计划，1987 年完成第一期工程，增设一台三缸三网 1575 型抄纸机，形成年产 3000 吨的生产规模；1988 年开始扩建工程，实施第二期设备更新，主要更新制浆设备，采用水平带式真空洗浆机制浆系统，替代原来底面浆共用一条生产线的旧设备，同时增设 14 立方米蒸球 4 台和 50 立方米喷放锅 2 台，日产纸浆 30 吨。新增 1500 千瓦汽轮发电机和 20 吨/时沸腾锅炉各 1 台，专为造纸厂供电供汽，还配套增设一台 3 缸 3 网 1575 型抄纸机，共达到年产机制纸 7000 吨规模。1993 年开始进行第三期设备改造扩建工程，1994 年完成工程项目，同年 12 月 18 日正式投入使用，设计能力年产 15000 吨规模。

三、制糖业的更新改造

糖厂 1976 年 12 月 31 日建成投产，压榨能力日榨 500 吨。自 1981/1982 年度榨季开始，对糖厂主要设备进行技术改革，逐年提高压榨、炼制和综合利用能力，将 10 吨/时蔗渣煤粉炉改为 16 吨/时，增加 350 平方米蒸发罐 1 台，7.5 立方米煮糖罐 1 台，压榨能力由日榨 500 吨提高到 650 吨。1982/1983 年度榨季，经过加大蔗刀机功率，由 55 千瓦加大到 75 千瓦；加大压榨机线速，由 13 米/分增到 18 米/分；增大加热器，由 60 平方米改为 90 平方米 3 只；增大蒸发罐，由 350 平方米改为 550 平方米 1 台；将 10 吨/时蔗渣煤粉炉改为 16 吨/时；增设煮糖罐 2 台 20 平方米，助晶箱 1 台 20 立方米，1000 千瓦汽轮发电机 1 台，使压榨能力由日榨 650 吨提高到 850 吨。1983/1984 年度榨季，扩大酒精车间生产能力，由日产 4000 升扩大到 8000 升。1984/1985 年度榨季增加 25 平方米真空吸滤机 1 台，1985/1986 年度榨季增加空气压缩机 2 台，1986/1987 年度榨季增加真空泵 2 台，1987/1988 年度榨季增加蔗渣除穗机 1 台、蔗渣打包机 1 台（生产能力为日打包 80～100 吨）。1988/1989 年度榨季增大压榨机，由 φ450 毫米×800 毫米压榨机，改为 φ710 毫米×1370 毫米压榨机及相应原料预处理设备；增大蒸发罐 2 台，由 550 平方米改为 850 平方米，日榨能力由 850 吨提高到 1000～1200 吨。1989/1990 年度榨季，增设 1500 千瓦汽轮发电机组 1 座、220 千瓦柴油发电机组 1 台，增加 25 吨/时蔗渣煤粉炉 1 台，蒸发罐由 550 平方米改为 850 平方米，增加 120 平方米加热器 3 台，100 直径分蜜机 3 台，20 平方米助晶箱 3 台，20 平方米结晶箱 5 台，14 平方米种子箱以及相应配套的其他设备，使生产能力由日榨 1200 吨提高到 1500 吨。经过连续 11 年对主要设备的更新改造，至 1991/1992 年度榨季，原建厂时日榨 500 吨的设备，绝大部分已更新改造。

1995 年榨期前后，糖厂继续对有关设备进行挖潜改造：①喂蔗台加宽一、二级蔗带，更新蔗带板，在榨季运行中完好率 100%；②1 号蔗刀机鼓直径加大，力排数由原 8 排改为 12 排，甘蔗破碎率提高 10%；③改造锅炉蔗渣带，由原刮板输送带改为胶带式输送带，使锅炉得到最佳发挥，安全率 100%；④将原来 3 台耗能高的变压器（每台 320 千伏安），更换为 2 台 630 千伏安的变压器，使每次起炉升压有足够外电供给；⑤更换沉淀水泥池，将单孔出汁的 120 立方米沉淀池改更新为 160 立方米环形出汁沉淀池，不易出现反底和顶笼现象，提高蔗汁澄清效果。

2003 年 4 月，制糖公司实施了下列几项糖业设备改造项目：①更换农务地中衡两台；②更换动力车间 2 号汽轮发动机配套电器；③更换动力车间及配套电气；④更新制炼车间 2 号、3 号种子箱；⑤更换制炼车间 2 号、3 号种子箱；⑥制炼车间 8 号、9 号煮糖罐加装强制循环装置；⑦增加制炼车间无滤布真空吸滤机一套。

四、建材业的设备更新

砖厂 1977 年冬建设时，土法上马，采用"围窑"式生产，生产能力年产 30 万块红砖，经 1980 年改造为 22 门"轮窑"式生产，生产能力发展到年产红砖 600 万块，及至

1988 年冬兴建砖厂（建材厂），新增 24 门轮窑制砖设备，整个生产设施已达到年产机制红砖 1600 万块的规模。

第二节　工艺技术改造

一、造纸业的工艺技术改造

1986 年纸厂为提高废纸碎解时的杂物净化率，改进工艺操作，提高抽浆泵扬程，增设斜筛，并改干跳为水跳，理顺洗涤、净化工艺，使轻重杂物净化率由 20％～30％提高到 80％～90％，日处理量由 10～30 吨提高到 60～100 吨。1988 年为加快制浆速度，提高生产能力，将原安装的双盘制浆机的固定池制浆模式改变为 5 台双盘磨连串起来用，不固定浆池，从而克服了中断等浆抄纸现象，提高了磨浆能力。1991 年，经业内人员研究，改变上压辊的上毛布运行走向，使之不经上压辊，从而纸病减少，成纸物理指标显著提高，经检测定，裂断长从 3200 米提高到 3700 米以上。1994 年，改进瓦楞纸的制作流程，把原来除砂的低压除砂器换成 606 高压除砂器，并相配高扬程浆泵，解决了以前细小砂粒除不干净的老大难问题，在工艺操作程序上，增加了将高压清水注入除砂器充分稀释浆料，使砂、浆分离。为提高浆料干净程度，减少腐浆、烂浆，经技术人员改造浆池结构，把设在地下的浆池移上地面，使浆料得到充分循环，从而改变了粘罐多的现象，提高产成品率和纸品质量。

二、制糖业的工艺改造

糖业投产以来历经 10 个榨期以后，积累了不少工艺操作经验，除按常规进行设备维修保养外，还不断进行设备挖潜和工艺革新改造。1987/1988 年度榨季前后，对锅炉设施和工艺操作进行大量的改进，给煤装置改为螺旋式；运煤传动改为电动辊筒带动；蔗渣经过除髓后再燃烧；磨煤机煤锤采用销钉紧固装置；水处理引进石灰法，降低给水硬度，使锅炉安全运行。甲糖分蜜原用的吊篮式电机改用可调速的电机带动，同时改进了 4 台乙、丙糖分蜜机，糖蜜的输送全部采用气送技术，克服了泵送的不安全因素。1991/1992 年度榨季，为提高压榨回收率，对设备效能和工艺操作进行了许多改进，通过改造 2 台蔗刀机，提高甘蔗原料破碎度，由原来的 60％提高到 80％以上，为压榨回收率提高创造条件。同时，对 5 台压榨机进行技术改造，从榨辊的设计到耗渣板的定型放样以及压榨机的安装数据，均采用先进技术，使压榨回收率达到 97.22％。煮炼方面，改变了传统的工艺技术，克服了由于干旱造成蔗汁成分胶质大的影响，提高糖浆纯度，降低蒸发罐的进汽温度，减少糖分的转化损失，使未测定损失降低到 1％；同时，在煮糖中，强调配料技术，采用浓熬稀放技艺，减少橘水带走糖分，使煮炼回收率达到89%以上。1997/1998年度榨季，通过技术工艺的改进和优化技术装置，提高制糖的产品质量，采用吊篮筛乙糖，振筛增加分类筛层，将糖分分离出来；增设清除白砂糖黄黑点岗位，增加板式除锈器装置，白砂糖质量进一步提高，开榨后第三甑即产合格糖，白糖的黄点、黑点及糖粉多的现象得到根治，结硬块等外观差的老问题也得到了解决。

2011—2020年10年间，良圻制糖还实施了以下工艺改造：①2013年改造了一级蔗槽和新增1台蔗刀机，日榨蔗能力提高约1000吨；②2015年，建造了符合药厂十万级卫生标准的装包间，并引进了白砂糖全自动装包＋机器人码垛集成生产线，成为全国第一家采用全自动装包的制糖企业；③2018年，良圻制糖有限公司制糖物联网控制中心建成并投入使用。这是物联网技术率先在制糖生产全过程的深度应用。

三、制砖的工艺改造

1988年，制砖生产由于泥场土壤三氧化铝和三氧化二铁含量过高，三氧化铝含量达22.46%，三氧化铁含量达13.36%，还原性能差，砖块表层外观有明显缺陷，致使烧失量达10.38%。后在制作过程中，掺进部分土砂和煤灰，使三氧化二铝含量降低至7%～13%，从而提高产品质量。

第三节　节能降耗

场办工业在生产过程中，采取各种节能降耗措施，实现物尽其用，提高生产效能和经济效益。

1991年，造纸业着重解决纸浆粘毛布问题，每年为此花费巨额资金换新网，换上的新网只能用1～3天，既增加物耗而浪费资源，又影响生产和效益。后来，改进使进浆口压力达到3.2公斤，出浆口压力达到2.4公斤，进出浆口压力差达到了0.8公斤，斜筛由原来一道改为两道，同时又改进了沉砂槽等相关设备，改善黏结毛布问题，换上的新网可使用8～12天，大大降低物耗。1995年，造纸厂在生产过程中改进工艺流程，实现降耗节水：一是用高扬程浆泵，改用低压除砂器，使砂浆分离，减少浆流失；二是重点对抄纸技术进行培训，解决抄纸运作过程粘缸多、断头多、烂纸多的浪费现象；三是将抄纸排出含纤维的白水回收利用，把回收浆池引进1575纸机进行搭配抄造，及时回收从白水和洗涤流失的纤维吨纸耗浆1.3～1.08吨，1吨纸造价成本减少250元。

糖业生产的节能降耗贯穿在各个榨季的生产过程中，1991/1992年度榨季，采用了节能热力方案，大量抽取蒸发汁汽作加热和煮糖热源技术。为了降低电耗，引进两台进相机，使其降低第一台切蔗机和压榨机的电机电流，每天可节电 600 千瓦·时（度），煤耗降低到 5.9%。1998/1999 年度榨季，各车间严格控制和降低各种原材料、辅助材料的耗用，吨糖耗蔗比上榨季减少 0.48 吨，吨糖石灰减少 0.828 公斤，吨糖耗磷酸减少 0.423公斤，吨糖耗煤减少 30 公斤。由于节能降耗全面落到实处，吨糖生产成本降低 183.28元，全榨季总成本下降 476 万元。2000/2001 年度榨季，组织实施应用等压排水新科技项目，改善了蒸发系统、结晶系统的传热效率，节约了能源，促进成本管理的良性发展，吨糖耗用甘蔗 8.27 吨，比上榨季的 9.49 吨减少了 1.22 吨，吨糖耗蔗下降了 12.86%。2007年，良圻制糖有限公司首次荣获"清洁生产企业"称号。2020 年，良圻制糖投入 840 万元，淘汰更换三台低效汽轮机组。

第四节　达标排放

农场工业生产比较注重"三废"（废水、废气、废渣）的管理，20 世纪 80 年代，造纸厂进行技改过程中，设置了白水回收装置及烟囱安置喷水设施，有效防止了水源和粉尘污染。

1996 年，糖厂投入 66 万元，加强排污处理，取得实际效果，横县人民政府授予环境目标责任制先进单位称号。2000 年，糖业生产按照国家提出的 2000 年 6 月 30 日前污染源达标排放的要求，进行"三废"治理，聘请了广西必佳生物工程有限公司并组织自身的技术力量，运用 EM 技术措施对糖厂生产排出的废水进行科学的除臭洁净处理，治污符合国家规定的标准，经县、地区和自治区三级环保部门验收合格，达到"一控双达标"，实现了"三废"的达标排放。2007—2010 年，制糖业加大治理"三废"的投入，达到全区糖业环保一流水平，创造出"良圻模式"。

2014 年，良圻制糖有限公司又对原有污水处理系统进行升级改造，将原有接触氧化法污水处理工艺改为活性污泥法处理工艺，主要内容为：①将原有的 1 号、2 号接触氧化池改为 A 池（1000 立方米）；②将 3~9 号池及中沉池改为 O 池（4000 立方米）；③在 A 池进出口安装两个溶解氧探头，对溶解进行监控；④新增一座辐流式沉淀池（2500 立方米），污泥回流依靠重力自流回 A 池。项目共投资 250 万元，于当年建成并投入运行。改造后的污水处理能力和处理效果进一步得到提高，各污染物优于广西地方标准《甘蔗制糖工业水污染物排放标准》（DB 45/893—2013）。2016—2019 年，在全国制糖期绩效同业对标活动中，良圻制糖有限公司多次荣获"吨蔗耗新鲜水标杆企业""吨糖 COD 排放量标杆企业"。

第四章 产品选介

一、香茅油

香茅油系良圻农场早期的工业产品，以香茅叶片为原料，用高温蒸馏冷凝而成。据《本草纲目》记载，香茅主治中恶，温胃，止呕吐，疗心腹冷疼。茅油呈黄褐色，放出优雅的柠檬清香气味。其用途除制炼香水外，还可以作为人工颜料品及香料之原料，入药可作制剂，制作防蚊香水预防疟疾。农场1956—1966年累计产香茅油50多吨，供国家外贸出口。

二、淀粉

良圻农场木薯淀粉的生产工艺，共分5个主要工段：第一个工段为原料清洗去皮，第二个工段为分切磨碎，第三个工段为筛分、分离，第四个工段为精制，第五个工段为脱水干燥。5个工段必须在短时间内迅速完成，获得成品淀粉。农场的淀粉具有无毒无臭、糊化容易、浆液黏度稳、渗透力强、定性好、能长期贮存的特点，主要作为食品及纺织业等原料。场淀粉厂累计产出的500多吨一级淀粉，经外贸部门全部出口苏联。

三、瓦楞纸

农场造纸厂生产的瓦楞纸是用当地的黄茅草、蔗渣和回收废纸作原料制成的，主要有瓦楞原纸和挂面箱板纸两个品种，是制作纸箱的主要原料。该厂产品系用多缸造纸机抄造，并经压光，纸质较优。瓦楞原纸多用于包装纸箱的衬里，通过多年的造纸探索，已由高定量向低定量高强度发展。该厂箱板纸是多层的黏合体，有低档和中档两类不同的物质和强度，均无横向上翘或横向下翘的弊端，印刷性能和防潮性能都较好。

四、机制砖

农场砖厂的机制砖，由围窑焙烧发展为轮窑焙烧，按风化→生坯→揭晒→焙烧→成品严格工序生产，外观光滑，砖面完整，成砖的物理性能及规格标准符合国家规定，达到100标号，保湿、保温、隔音性能良好，高层楼房及人居工程等广泛领域均可适用，多年来在农场小城镇建设中，已建成的 310 座楼房均采用该厂产品，质量可靠。

五、白砂糖

良圻糖厂生产的"涌泉"牌一级白砂糖，以甘蔗为原料，采用压榨蔗汁、亚硫酸法澄清工艺，糖砂粒均匀，干爽松散，晶莹洁白，味甜无异味，各项指标符合国家标准；1999年获得"绿色食品"商标使用权，从 2000 年开始至今，"涌泉"牌一级白砂糖连续多年获国家糖业监督检测中心颁发的产品质量优良奖荣誉证书；在 2005 年在全国食糖产品市场质量抽查中，质量名列前茅，登上"国家监督抽查红榜"产品畅销全国各地，赢得众多区内外客商及消费者的好评。2010 年"涌泉"牌白砂糖荣获新中国成立以来"广西 60 年最具影响力品牌"，2016 年荣获首届横县县长质量奖，2017 年荣获"广西名牌产品"称号和广西商标品牌金奖。2009—2019 年，已连续 10 年在全国糖业质量评比中荣获产品质量优秀奖。

六、蔗渣刨花板

蔗渣刨花板是良圻糖厂综合利用产品，以蔗渣为原料，采用先进的生产工艺制作而成，各种规格的刨花板均符合国家标准要求，具有甲醛含量低、表面光滑、厚度均匀、色泽光亮、吸收率低、静曲强度高、握钉力强、可钻孔锯割和形成加工、易着色优良等特点，可广泛应用于建筑、室内装修、家具制造、音板等行业，是二次加工的理想基材，在较宽泛的领域可代替木材作用。

七、复合肥

良圻农场 20 世纪 90 年代，开始生产复合肥，初时是为解决蔗区的甘蔗种植用肥而生产，至 20 世纪末，农场采用湖南省硅锰肥实业有限公司的先进技术，开发产出"欣丰"复混肥，适用于甘蔗、水稻、果树、蔬菜、茉莉花等经济作物，可用于基肥和追肥，具有肥效长，氮、磷、钾元素配比合理，含有钙、镁、硫等中量元素及锰、铁、锌等微量元素，有机质丰富，改善土壤结构，抗倒伏、抗病虫害等特点。"欣丰"牌复混肥能满足作物各生长期的需求，在较大程度上提高了蔗糖分和产量，使水稻千粒重增加，空壳少；使果树结实率高，提高水果表面光泽度，是使农家致富有望的高效复合肥料。

复合肥厂自 1994 年建厂以来，至 2011 年，所生产复混肥（N-P-K）总含量为 25%，经过 2010 年对全场土壤进行了全面测土化验后，对肥料三元素配比进行改进，由原来的

25％含量的复混肥（N-P-K：9-8-8）改为28％含量的复混肥（N-P-K：12-8-8）。

为了做好复混肥等农资宣传销售工作，扩大公司生产的复混肥的社会影响力，2021年2月公司成立了农资销售中心。农资销售中心归复混肥厂管辖，主要是做好农资销售、咨询和配送服务工作。

第五章　商业概况

第一节　场办商业

农场兴办商业始于 1979 年秋，当时设立了一个"国营良垌农场商店"，兴建 390 平方米的商场，分设五金交电、日杂生资糖烟副食、日用百货、文化用品五个门市部，流动资金 24.5 万元。商店下设理发、车缝、饮食、钟表修理、家电维修等服务业，分场设有代销店。从 1979 年从事商业经营至 1993 年商业改制，平均年销售额 30 多万元，利润 1 万～1.5 万元。从 1984 年起，商店实行经理租赁制，每三年一届，每年定额上交农场 4 万元。商店内部各门市部、各代销店和各服务业均实行承包制。

1992 年 7 月，农场商店和场供销经理部合并，组成良垌农场商业公司，继续开展商业活动。1993 年，商业公司共有职工 27 人，流动资产余额 227.05 万元，库存商品 134.10 万元，全年商品销售总收入 141.8 万元，增长 159.2%，营业总成本 335.66 万元，营业费用 19.95 万元，缴纳税金 5.5 万元，全年经营实现利润 6.38 万元。

2000 年，农场的商业经营、活动规模及开展形式作了较大调整。2000 年上半年开始，经营运作主要通过商业公司和华侨贸易公司来实施。商业公司的商场，自 1997 年招标租赁经营，由原公司从业人员承包经营，农贸市场由另一名从业人员管理，签订协议承包。2000 年 10 月，商场及各门市部店面，承包期满，没有继续发包和租赁经营。良垌农场的国有商业经营活动和商店销售运作，从 1979 年 9 月至 2000 年 10 月止，共历时 21 年，至此全面停止经营；商业公司也随着农场"三项制度"改革和管理体制调整而撤销。

第二节　集体商业

一、华侨贸易公司

农场侨联在场党政支持下，筹集资金 60 万元，兴建了华侨贸易公司商场，1993 年 5 月 15 日正式挂牌开业，经营百货、五金、食品、针织品等项目，后又在西南路口增设店面，共安置 11 名归侨青年就业。1994 年秋，在东兴设立了良垌华侨贸易公司东兴办事处，扩展经营业务。1995年，华侨贸易公司管理体制实行改革，从公有制转换为集体所有制企业，当年，农场有关部门对华侨公司进行资产、负债情况和经济效益审计，根据内审结果作出处理决定，所占用国有资金分期收回。华侨公司改为集体所有制经营后，当年扭亏为盈，获利7万多元。至2000年，华侨贸易公司从业人员减至8人，全年销售收入101万元，商业销售成本84万元，毛利16万元，经营费用6.5万元，管理费用7.5万元，净利润0.28万元，交纳税金1.3万元，发放工资总额4万元。近年来实行承包经营，利用原商场从事商业活动。

二、如春酒楼

1998年春，场基建队在西南路口集体经营餐饮业，开了一家如春酒楼，分流安置队里3名员工到酒楼从事管理工作。酒楼五层，房建及设施共投入33万元，当年获利8万多元。2001年夏，由于基建业务需要，酒楼以26万元价格拍卖，基建队不再经营餐饮业。

第三节 个体商业

自改革开放以来，农场辖区内私营和个体商业普遍营运，据有关调查统计资料，在20世纪90年代，个体商业网点已遍设全场，共达70多个。近几年综合统计从业人员平均每年163人，经营业务有餐饮、食品、美发、旅馆、百货、五金、生资、服装等，以餐饮业最活跃。劳动者报酬平均每年共65.8万元。至2020年12月底，个体商业经营业务范围有所增加，有批发部、建材销售、农机配件、汽车修理、超市等200多家，其中汽车修理由原来小型的修理店发展成为维修功能齐全的维修点，也有汽车检测中心。

第十编

小城镇建设

第一章　小城镇规划

第一节　农场建设的发展

良圻农场创建于 20 世纪 50 年代中期，原是一片杂草丛生、顽石突立的荒野，经过几十年的开发建设，工农业生产有了很大发展，农田基本建设、职工住房建设、公共设施建设和交通电信建设有了长足的进步。全场 76758 亩土地（原场界范围内总面积 86269 亩，后从法定场界范围划出 9511 亩），已开发利用 4.1 万亩，配套有 14 个电灌站，水利渠道（干渠）17251 米，灌溉面积 11712 亩；职工住房人均 16 平方米；公共设施建有幼儿园、中小学、医院、文化活动中心、办公大楼；交通、通信设施正在迅速发展。场办工业已形成了多行业结构，拥有制糖、造纸、纤维板、酒精、机制砖、农机修造、食品加工和粮油加工等，全场 22 个行政单位，工农业总产值突破 1000 万元，1981—1988 年连续 8 年盈利，累计实现利润 399.03 万元。

农场总部所在地已形成一座初具规模的小城镇，成为辖区政治、经济、文化中心与管理中心和商贸集散地。农场小城镇居住着 427 户居民，总人口 2045 人。城镇周边 6 公里范围有乡村村屯 15 个，总人口 9500 人。由于农场建设事业迅速提升，场部的发展需要增强城镇建设意识，有整体的、科学的小城镇规划。1986 年，在实行农场综合整体规划补课中，专项编制了良圻农场小城镇建设整体方案，从而适应农场建设发展需要。2009 年实施危旧房改造和集中建设公寓楼，在新层面上促进小城镇建设向纵深发展。芳香小区新建 5 栋 40 套公寓，于 2009 年 9 月交房。2009—2019 年，完成建设公寓楼 454 套，连排式楼房 760 幢。小城镇的布局更加大气繁华。

2008—2010 年，芳香小区建设了 14 栋 104 套公寓楼。2011 年，农场辖区全面实施危旧房改造建设，把场部东西区原有瓦房全部拆除，原址新建连排式楼房 393 幢。2012 年芳香小区 A 组团开工建设，至 2015 年建设完成，共建设了 6 栋共 254 套公寓楼。

农场小城镇建设日新月异，至 2020 年，农场总部居住户数由 2010 年的 427 户增加到了 2627 户，常住人口达到 8629 人。因为农场小城镇的快速建设，原 1986 年编制的良圻农场小城镇建设整体方案，已不适应农场的发展需要，农场于 2007 年聘请广西城乡规划设计院编制了《广西农垦国有良圻农场规划（2007—2025）》。2018 年，乘着国家推进特色小镇建设的东风，农场申报了特色小镇"芳香小镇"建设项目，通过了自治区政府的审批，农场聘请上海同异城市规划有限公司北京分公司，在《广西农垦国有良圻农场规划（2007—2025）》的基础上编制了《广西芳香小镇核心区建设规划（2018—2025 年）》。

第二节　总体规划

根据 1981 年 12 月国家农垦部在北京召开的农垦规划设计工作专业会议的部署，规划工作主要通过调查研究、总结办农场的正反经验，因地制宜发挥优势，调整农业布局和产业结构，促进农工商综合发展。同时搞好小城镇规划，把农场场部逐步建设成为工农结合、城乡接合、有利生产、方便生活、经济繁荣、文教发达、环境优美、具有高度物质文明和精神文明的新型小城镇和社会主义新村。1982 年 4 月 12 日，自治区农业区规划办公室批准区农垦局成立规划领导小组，下设总体规划办公室、各农场组建相应机构。1983 年初，农场综合规划办公室完成了良圻农场的土地利用、工农区划、生活、文化区划及小城镇建设全面规划工作并将方案上报区农垦局。当年 12 月 12—18 日，区农垦局组织专业技术人员和一部分农场代表在良圻开会，对良圻农场规划方案进行辩论验收；中国农业工程研究院派来董廉方、李春桂、张经恒 3 位专家与会指导工作。会议认为良圻农场的总体规划比较规范，工农区划比较合理，土地利用比较恰当，道路布置符合人流、车流交通发展要求，小城镇建设规划稳妥可行。

1985 年 6 月 10 日，区农垦农工商联合企业总公司以垦规字〔85〕13 号发文，对良圻农场规划下达审批意见，认为良圻农场在以蔗糖生产为主的基础上，根据本场特点积极绿化，工副业以糖厂为骨干，搞好综合利用和加工，发展一定规模的养殖业，这样的生产结构是可取的。场部小城镇功能分区明确，各功能区均有发展余地，房屋和道路布局合理，较好地解决污染问题，整个规划是积极可取的。

根据上级指示，1986 年秋，农场综合规划办公室进行规划补课，从实际出发修订了农场小城镇的工农区划、生活区划、商业、文化中心以及水电、街道、排污等基础设施的规划。1987 年 3 月，按照区农垦局的部署，农场专项开展居民点建设规划工作，并将其纳入农场小城镇规划方案中，1988 年，良圻农场的规划成果：撰写总体规划报告、测绘土地利用图和农业布局图、小城镇规划图等图件，在农牧渔业部举办全国国营农场小城建设规划和住宅设计评奖会上，广西良圻农场获二等奖（此次评奖会不设一等奖）。2015 年完成《广西农垦国有良圻农场建设规划》《广西农垦国有良圻农场场部南片控制性详细规划》《广西农垦国有良圻农场工业区控制性详细规划》。2019 年完成《广西农垦芳香小镇核心区建设规划》。

2018 年，《广西壮族自治区人民政府办公厅关于公布第一批广西特色小镇培育名单的通知》（桂政办发〔2018〕28 号）中，广西农垦芳香小镇成为目前广西农垦唯一获批的特色小镇培育单位。为加快芳香小镇建设，落实《广西壮族自治区住房城乡建设厅关于印发广西特色小镇培育阶段验收评估细则的通知》（桂建村镇〔2018〕94 号），农场聘请上海同异城市规划有限公司北京分公司编制了《广西芳香小镇核心区建设规划（2018—2025 年）》。

芳香小镇的建设将通过产业集聚实现人口集聚。而常住人口的各种需求，又将促进道路、供电、供水、通信、污水垃圾处理、游客集散、民宿、公共服务、绿化美化的工程建设，改善当地居民的生活环境与条件，成为推进新型城镇化建设的新支点。

第三节 小城镇布局

良圻农场地处南宁市横县西部，位于北纬 22°43′—22°53′，东经 108°59′—109°07′，距南宁市 70 公里，离桂（林）（北）海及南（宁）广（州）高速公路交会出口处六景 15 公里，省道西（津）南（宁）二级公路横贯期间，场部距湘桂铁路卢村站 15 公里、郁江太平码头 10 公里，境内有 11 万伏送变电站和移动通信发射塔。电力充足，铁路、公路、水路及通信堪为便利，农场辖区内土地面积 76758 亩，常住总人口 6100 多人。

场部小镇位于农场西部，地势平坦，占地 900 多亩，经过几十年的建设，已成为辖区政治、经济、文化和管理中心，是周边乡镇物资集散中心和商贸要地，现建设用地已达到 441 亩，20 世纪末，常住人口 840 户，总人口 3180 人。1986 年，农场对场部城镇的发展进行了总体规划，全面安排山、水、田、林、路、房、地、电、机布局，着重调整好功能区，搞好供、排水设施和绿化。

小城镇功能区的规划，共分为五个区：

1. **行政管理及文娱中心**　设在城镇中部，有场部办公楼、招待所（内设食堂、浴室、停车场、车库等）、影剧院、图书馆、电视转播台，有线及无线广播站、灯光球场、溜冰场，并利用独有的湖光水色建一个公园，内有天然游泳池、九曲桥、凉亭等，供职工休息娱乐。

2. **工业区**　布置在城镇东南部，有糖厂、纸厂、纤维板厂、纸箱厂、家具厂、饮料厂、综合食品加工厂、砖厂、车队等。

3. **商业区**　布置在镇内主干道交叉点四周各 60 米范围，有百货店、副食商店、日杂商店、五金交化商店、生资商店、农贸市场、饮食店、书店、药店、照相馆、理发店、服装加工店、综合修理部，设置地方银行、电信、税务、工商办事机构。

4. **教卫区** 布置在城镇的西南部，有托儿所、幼儿园、中心小学、普通中学、医院、妇幼保健院等，并设有一个标准的"半圆式"田径场。为移风易俗，在城镇西北角的黄牛岭拟建一座灵园和骨灰存放处。

5. **住宅区** 布置在城镇北面及东西方向的主干道西段的两侧，为适应办家庭农场需要，住户以垂直分户，带庭院的二层楼房为主，一户一幢或两户一幢，每户底层建筑面积占地以不超过 120 平方米为宜。

此外，规划方案对小城镇建设道路系统、供水系统、排水系统、供电系统都作相应的布局。2009 年，在地处农场、良糖、永新畜牧的中心地带，建成占地 40 亩的"怡景园"休闲广场，园内花木茂盛，亭、台、石、山、水和球场一应俱全，每当夜幕降临，游人如织，成为职工群众最为心仪的休闲场所。2016 年完成职工文化活动中心及占地 5 亩的老人门球场项目建设。

第四节　芳香小镇

广西农垦芳香小镇，根据广西壮族自治区人民政府办公厅《关于培育广西特色小镇的实施意见》（桂政办发〔2017〕94 号）、广西壮族自治区住房和城乡建设厅《关于组织申报第一批广西特色小镇的通知》（桂建村镇〔2017〕89 号）文件精神，于 2018 年 4 月申报。2018 年 10 月《广西壮族自治区人民政府办公厅关于公布第一批广西特色小镇培育名单的通知》（桂政办发〔2018〕28 号）批复同意，成为目前广西农垦唯一获批特色小镇培育单位。由广西农垦良圻农场有限公司、广西农垦永新畜牧集团有限公司良圻原种猪场、广西糖业集团良圻制糖有限公司三家单位共同创建。

《广西农垦芳香小镇产业策划研究》和《广西农垦芳香小镇核心区建设规划》经自治区住建厅组织专家评审获通过，2018 年 12 月 17 日获得培育阶段验收通过。2019 年 2 月 18 日（桂建村镇〔2019〕5 号）同意转入建设阶段，现正在按规划要求结合实际进行建设。

第五节　农业科技园区

为了贯彻落实《广西壮族自治区人民政府办公厅转发科技厅关于广西农业科技园区建设实施方案（2014—2020 年）的通知》（桂政办发〔2014〕102 号），2015 年 4 月 24 日，广西壮族自治区科学技术厅下发《关于开展第二批广西农业科技园区申报建设认定工作的通知》（桂科农字〔2015〕40号），良圻农场积极响应并开展申报创建农业科技园区工作。

2015年12月，广西良圻农业科技园区获自治区科技厅批准创建（桂科农字〔2015〕111号），2016年2月，成立良圻农业科技园区管理委员会，由广西农垦良圻农场、广西农垦集团良圻制糖有限公司、广西农垦永新畜牧集团有限公司良圻原种猪场及广西壮族自治区亚热带作物研究所共同承担建设。

广西农垦良圻农业科技园区建在良圻农场内，总建设规模75470亩（永新畜牧板块550亩，良圻制糖板块420亩，农垦新城2500亩，甘蔗基地25500亩，湿地公园6500亩，周边蔗区40000亩）。本着"高起点规划、高标准建设、高水平管理"的原则，高效利用园区的资源优势、产业优势、政策优势，将"猪-沼-蔗-糖-果-游"打造成为特色鲜明、效益显著、带动能力强的全产业链可持续发展的农业科技园区。

2018年园区经营总收入达129508万元，利税约18355万元，其中辐射带动农户总收入达33530万元，利润6950万元。园区承担科技项目25项，其中结题11项，在研14项。

（1）良圻农场、热作所承担甘蔗种植业相关科技项目8项，其中已结题2项，在研6项，发表科技论文9篇，参与项目实施人员获2014—2016年度全国农牧渔业丰收奖2项。

（2）良圻原种猪场承担农业部、区科技厅、市科技厅科技计划项目7项，已验收4项，在研3项获得科研经费430万元。

（3）良圻制糖有限公司承担科技项目11项，已验收5项，在研6项，获得财政经费资助682.26万元。截至2018年底，良圻制糖有限公司共申请专利34件，获授权16件，其中发明专利4件，实用新型专利12项，在专业期刊发明技术论文46篇。

（4）基地板块。甘蔗新品种进入广西农作物新品种区试2个，累计引进甘蔗新品种（系）27个，推广优良新品种3个，建成三级良种繁育基地面积1781亩。

（5）集成应用技术16项，研发新技术3项；研发新品种1个——草食动物甘蔗颗粒饲料取得进展，有望完成研发新品种1个的目标；建园区信息技术微信交流群1个；园区信息平台正在建设中，有望进一步完善整合。

2015年12月30日，经广西壮族自治区科学技术厅批准认定（桂科农字〔2015〕111号），良圻农场三家企业获得广西农业科技园区称号。

2021年广西良圻农场农业科技园区开展重新认定工作，于2021年9月份通过认定。园区建设主题为桂垦生猪"稳产保供"与现代农牧融合高质量发展，园区核心区重点建设良种猪原种繁育基地（800亩）、商品猪数字化养殖基地（1800亩）、良圻兽医技术中心、甘蔗良种繁育推广基地（三级）（1500亩）、甘蔗绿色种植示范基地（4000亩）和现代糖业加工基地。示范区重点建设数字化养殖示范推广区（5000 亩）、农牧循环种养示范推广区（20000 亩）、农牧康养示范区（1500 亩）。重点开展园区四大功能内容建设，包括建设星创天地和开展农村创新创业服务；建设提升工程技术研究中心，引进高等院校和科研院所到园区共建创新平台；建立园区科技信息服务平台，实现线上交易、线下服务、信息交流一体化；培育一批农业科技型经营主体，孵化科技型中小企业、高新技术企业；根据资源禀赋和主导产业优势，培育园区特色产业群开展数字化生猪养殖、绿色甘蔗种植与智能化制糖加工；建立高素质农民培训基地，加强线上线下技术培训和辅导。

第六节　特色农业示范区

2016 年 1 月，广西农垦永新畜牧集团创建"广西农垦永新源生猪健康养殖（核心）示范区"。2017 年 7 月，监测考评获得五星级评定。2017 年 12 月，荣获广西壮族自治区人民政府授予第二批"广西现代特色农业（核心）示范区"称号。

广西农垦永新源生猪健康养殖（核心）示范区位于广西横县良圻农场，是以生猪养殖为主导产业的"生猪养殖—甘蔗种植—制糖加工"循环经济现代农业示范区。目前已形成核心区 8000 亩，拓展区 8 万亩，辐射区 12 万亩，年出栏生猪 70 万头，双高甘蔗基地 7.6 万亩，年产机制糖 7 万吨的规模，为打造甘蔗、养猪、蔗糖和湿地公园、农垦新城五大板块基地奠定基础。

核心区拥有 2 个农业产业化国家重点龙头企业、1 个国家生猪产业技术体系综合试验站、1 个国家生猪核心育种场、2 个自治区级工程技术研究中心、1 个自治区农业科技园区，是国家生猪产业技术体系广西生猪创新团队、广西生态养殖技术研发人才小高地、自治区高新技术企业和知识产权优势企业培育单位。示范区的成功创建是广西农垦全面深化现代农业改革的一个成功典范，也是农垦第一批获核心区称号的单位，进一步提升了生猪健康养殖生产技术和管理水平，实现了瘦肉型猪健康养殖转型升级，也将为今后实现"猪-沼-蔗-糖-果-游"循环经济模式，带动辖区经济发展，促进农业增产、农民增收，加快种养有效结合，增强企业发展后劲提供了条件，进一步提高了企业的经济效益和社会效益。

第七节　现代农业产业园区

2021 年由广西农垦良圻农场有限公司、广西糖业集团良圻制糖有限公司、广西农垦永新畜牧集团有限公司良圻原种猪场三家单位作为建设主体的横州良圻现代农业产业园申报创建，于 2022 年 3 月 14 日通过广西壮族自治区农业农村厅、财政厅批准创建，园区将建设生猪养殖及其产业延伸项目、甘蔗种植及其产业延伸项目、蔗糖加工技术提升项目等。其中生猪养殖及其产业延伸项目包含良圻生物安全体系升级项目、良圻原种猪场母猪场升级改造项目、猪基因组选择遗传评估体系构建及基因组选育研究、建设良圻原种猪场信息化管理平台、"公司＋合同育肥"项目、环保建设改造升级项目，甘蔗种植及其产业延伸项目包含甘蔗标准智能化种植项目、水肥一体化智慧农业示范项目、绿色智能自动化防控项目、甘蔗三级良种繁育基地项目、特色农旅项目，蔗糖加工技术提升项目包含蒸发系统优化改造项目、锅炉技术改造项目、更新自动硫黄炉项目、研发甘蔗副产物新产品项目。设计规模为园区总产值达到 28.8 亿元，其中生猪产业年产量达到 4.4 万吨，甘蔗年产量 49 万吨。

第二章 规划实施

第一节 管理机构

1983年初，农场由党政工和工业、基建、农林等部门组成农场综合规划办公室，对农场的小城镇建设和居民点建设进行全面规划管理。

1986年，农场综合规划办公室，对农场小城镇建设进行规划补课，进一步对场部小城镇的功能区作出规范。

1988年5月，成立农场职工住房改革领导小组，下设办公室，办公室设在工会，从此拉开了小城镇房建工作，小城镇建设实际是从住房改革开始起步。

1998年9月1日，为加强农场小城镇的实际管理工作，设立了农场社区管理和物业管理部的行政管理机构。

1999年9月1日，成立农场辖区园林绿化建设领导小组，专责研究和加强小城镇园林式的绿化建设工作。

2005年7月13日，成立良垌农场小城镇建设领导小组机构，把农场小城镇建设纳入农场党政日常工作范围。

2006年12月6日，成立农场小城镇清洁工程工作小组，由行政、党委、工会、基建、土地、司法、社保等部门组成，把农场小城镇建设结合城乡清洁工程开展。2008—2010年，农场小城镇加强公寓楼建设，新增公寓楼12幢，小城镇居民人均居住面积达36.6平方米。

2009—2019年，完成危房改造2123户，危房改造补助资金2742万元。

第二节 街道 道路 通信 绿化 硬化 亮化

一、街道

场部小城镇街道，根据规划具体实施，主要是结合、依附小城镇内各功能区和道路系统布局形成。

二、道路

道路系统采用方格式，镇内有两条干道呈十字形交叉，东西方向的干道为城镇的主干道，连接住宅区、商业区、教卫区，称为"西南大道"，全程 1000 米，路面总宽 30 米，其中车行道宽 14 米，两侧行道及绿化线各宽 8 米。南北方向的干道，连接住宅区、工业区、行政管理及文娱活动中心区，并外接西南省级公路，此干道长约 4000 米，路面宽度按县级公路规格设置，在镇中心十字路交叉点百米范围的路面按"芳香大道"路面规格设置。在东一区、西二区两个住宅区各有两条路面宽 8 米（包括路植树、暗沟 12 米）的次干道呈十字形交叉点，东西向与"龙潭路"平行并连接东西两个住宅区，长约 900 米，各个次中心交叉点与"芳香大道"呈垂直线，长 60 米，在住宅区内除主次干道外，每幢楼房前后左右都路路相通，沟沟相连，以绿化带相隔。

2011—2019 年完成场部通分场道路建设 22.6 公里，危改配套完成场部小城镇核心区道路 6 公里，铺设地坪 10000 平方米。

三、通信

建场初期，架设场部通往良圻区邮电总机的电话线单线 6 公里，1957 年架设从场部至生产队（分场）的电话共 27 公里，线杆系松木或桉树木，20 世纪 70 年代开始换成水泥杆。从 60 年代起，配备小型磁石电话交换总机，容量 30 门，设专责话务员一名，所有分场、生产队都通了电话。随着生产的发展和工作任务的增加，至 20 世纪 70 年代，话务员增至 3 名，全天轮值。除电话通信，还经常使用电报，1979 年春开始，良圻邮电分局在农场设服务点，平均每天收发电报 150 份。

20 世纪 80 年代中期，农场配备"对讲机"用以指挥生产，布置工作任务、交流经营信息。

1996 年，农场投入资金 36 万元，建高频道通信线路，随后电信部门又在农场安装移动通信发射塔，到 20 世纪末场内共有办公电话及住宅程控电话 1074 部，至 2010 年，农场区域共已安装程控电话 1239 部。

四、绿化

为了改善场部生活区及各分场住宅区居住环境，2009 年起，农场逐年投入资金，建设绿化项目。2009 年、2014 年，农场分别投入 150 多万元资金，建设集运动健身、休闲娱乐等功能的占地约 40 亩的怡景园，以及占地约 5 亩的老年门球场，西南路口至电信大楼沿路两侧种植扁桃风景树 120 多棵。2010 年，利用"一事一议"资金，建设三分场小公园，投资约 20 万元。2015 年，利用现代特色农业（核心）示范区创建资金，建设三分场葡萄观光采摘区入园道路、观景楼、道路两侧绿化草坪风景树等，投入资金约 100 万元。

五、硬化

2002 年后，农场加大职工居住区环境建设，采取利用财政资金、企业自筹、职工建房基础设施费等措施，对各居民点住宅区道路及房前屋后地坪进行硬化，至 2014 年危房改造项目完成，场部及分场住宅区道路、地坪全部完成水泥硬化，投入资金约 500 万元。

六、亮化

至 2020 年底，西南大道、芳香大道及场部生活区完成照明路灯安装约 250 盏，分场主干道及住房周边安装路灯约 180 盏，方便了职工家属的夜间出行，投入资金约 86 万元。

第三节　供水　供电　排水

一、供水

供水系统水源采用深井中地下水，符合生活饮用水水质标准，并经净化处理，在行政管理文娱中心区、商业区、教卫区各建一座容积 500 立方米的水塔，配套各级水管，全部自来水化，装进每幢每户。在实施过程中，发现水源有污染现象，水色、水味变差，水质不符合生活饮用水标准。2005 年，在场部西北方向另开一口井，水源丰富，水色水味俱佳，当年 5 月供水，经横县卫生防疫站化验达标，水质符合生活饮用条件，经长期跟踪监测，均合格，每年供生产、生活用水 5 万多立方米。20 世纪 80 年代中期，农场投入大量资金陆续修建水塔、铺设管道、架设线路，至 2020 年，全场范围全部完成自来水入户，彻底解决饮水困难问题。

二、供电

供电系统采用国家电网与场办电厂的电源，专用外电高压线路长 20 公里，变压器容量为 2500 千伏安，自备用电机组容量为 3000 千瓦。镇内供电线路沿主、次干道设置，均采用地下电缆式，并在道路两侧每隔 30 米设置路灯。鉴于 20 世纪 80 年代外电供应不正常，1988 年，农场将从峦城湾渡变电站至场部的电源撤销，另投资 22 万元，新架设从良圻良村变电站至场部 8.8 公里的输电线路。

1995 年，县供电公司在良圻农场境内西南公路北面建一座 11 万伏送变电站，占地 27 亩。该站的建设直接改变了农场小城镇供电系统格局。自 2004 年 10 月电网交给国家地方电网，至今，小城镇及全场的生产、生活用电由国家电网供电，电源充裕。

2010—2019 年，生活用电已移交地方供电所，2019 年 9 月出台分场生活用水管理制度，明确分场生活用水自主经营，2019 年 1 月，成立良圻农场有限公司水务分公司，出台相应的经营管理办法（草案）。2019 年，根据《自治区农垦局 农垦集团公司关于规范有序推进国有企业职工家属区"三供一业"分离移交相关事项的通知》的文件要求，完成了"三供一业"设计方案（施工）图纸、维修改造项目费用预算（概算）书及说明，已报农垦集团申请财政补助资金。

三、排水

排水系统采用石砌，盖上混凝土板作为暗沟，在沟底每隔 50 米处设一深 1.5 米的沉沙池，避免填堵淤沙杂物。在各级道路的两侧分别开挖各级排水沟，并将各级水沟相通，集中排放。在农场大道车行路两侧的排水沟深 2 米、宽 1.5 米，在次干道两侧的排水沟深 1.5 米、宽 1 米，在各幢连通小路的两侧的排水沟深 1.5 米、高 0.7 米。主干道两侧水沟为主排水沟，由东往西。在小城西北角设污水处理站，污水处理后方可灌溉或排入源清水库。在实施过程中，由于供水系统早先已基本形成，但排水系统仍不配套，各级水沟还没有设置完善，往往出现污水滥流现象，特别是雨季，污染物排入水源中上游，严重污染水源和环境，影响卫生和居民生活，只好逐步整治。

2007 年，借助国家危房改造政策有利条件，场部及分场生活区住宅楼房化、地坪硬化，污水统一集中经化粪池净化处理排放，居住环境面貌一新。

第四节　居民住宅

1956 年农场初建，职工和家属居住的房屋，是干打垒和糊壁巴、泥墙瓦面的简单建筑，1959—1975 年，房建大都是兵营式砖瓦墙面土木结构的平房，1976 年，农场糖厂建成投产，有一部分职工开始住上钢筋混凝土结构的楼房。

1986 年开始进行场部小城镇规划时，小城镇居民的住宅面积共 17587 平方米，居民 472 户 2045 人，人均居住面积 8.6 平方米。1988 年 4 月开始，废止了职工住房由国家统建统配房管制度，职工开始申报自建住宅楼房，至 1991 年，职工自建楼房 24803 平方米，加上原有折价出售给职工的旧房 27019 平方米，住宅面积共 51882 平方米，居民人均居住面积 12 平方米。

住房改革的实施推进，加速了小城镇住房建设。至 20 世纪末，在小城规划区域自建的住宅楼房，已建成了三层高以上的楼房 232 座，面积 55000 平方米，按 2000 年第五次全国人口普查统计资料，小城镇常住居民共 3162 人，人均拥有楼房面积 17.3 平方米。近年公寓楼建设高度发展，2007—2010 年，新增面积达到 23918 平方米，人均拥有住宅面积，现在比 2000 年增长了 111.6％。至 2020 年，"芳香佳苑"小区街两旁，有 128 套公寓式楼房，有 12 层高 258 套商品房。场部东、西区 350 多间旧瓦房推倒，重建 500 间联排式楼房，至 2020 年共有 1331 户住宅楼。

第五节　公共建筑及圩场

建场初期，公共建筑比较简单，场部办公室也只是砖墙瓦面土木结构的建筑物。1980 年初，农场开始兴建一座钢筋水泥结构的楼房，共 860 平方米，安排给青年职工做集体宿舍，以后经过改造装修，用作农场文化活动中心大楼，场工会搬来大楼办公。1981—1990 年，逐步建起场部办公大楼及场属各单位办公室、中学教学楼、医院门诊楼、留医部大楼、小学教学楼、公共食堂、招待所、商店等公共建筑物。根据 1991 年底调查统计，全场共建有各类办公室 4684 平方米、公共食堂 1238 平方米、招待所 841 平方米、文化活动中心 860 平方米、学校 7200 平方米、医院 1888 平方米、商店 1668 平方米及生产厂房 26682 平方米，公共建筑面积共达 47461 平方米。

为促进市场繁荣，加速小城镇建设，1993 年农场投资 60 多万元，在场部西南面建成一座二层 2400 平方米的农贸市场，1993 年 10 月，向县政府呈文申请，要求成立农场圩场。横县人民政府 1993 年 10 月 20 日函告良圻农场，同意良圻农场场部成立圩场，圩期与横州圩期同一天，第一个圩日为 1993 年 10 月 30 日，3 天为一个圩，周而复始。开圩日，隆重举行了开圩典礼，观看开圩盛况和参加交易的各界人士达 1 万多人，自此在商品流通交换领域有了新的物资集散地。

2011 年初，农场农贸市场经营权实行公开对社会招标，3 月 15 日开标，中标的是农场居民陈老板，中标价为 17 万元/年，经营期为 10 年。农贸市场租期于 2021 年 3 月 21 日期满，公司班子领导决定对下一期租期继续实行公开招标，资产管理建设部根据领导意见做出了招标方案，招标底价为 25 万元/年，于 2021 年 3 月 17 日进行公开招标。截至 3 月 17 日，咨询人数为 11 人，按时交纳竞标押金 1 人，公司招标领导小组根据招标方案，现场电话连线交纳竞标押金者，最后确定按 25.2 万元/年给予交纳竞标押金者承包农贸市场经营管理权，并于 2021 年 3 月 22 日签订了承包合同。

第六节 绿化及环境卫生

在小城镇内住宅区房前屋后、公共建筑物前后以及道路两旁等重点绿化区，按规划已种上棕榈树、芒果树、桃树、小榕树等灌木风景树和一些乔木，在主干道的交叉点都设有花圃或小花园，种上了各色花卉；每幢楼前后都设有绿化带相隔，现已绿树成荫，百花盛开，既绿化了环境，又使镇上居民赏心悦目。小城镇规划实施后，农场辖区内设置了绿化队，保障和发展绿化花木。2002 年，由于企业生产经营成果显著，投入了较多资金进行小城镇环境建设，年内共投入 110 万元，主要用于总部道路两旁和分场的绿化，工业区和农业单位道路的硬化，以及排污沟的疏导开挖等方面环境建设。2009 年在场区中心地带建成一座 40 亩的"怡景园"，美化了环境，也是职工休闲娱乐的综合广场。

为维护农场小城镇的环境卫生，农场建立环卫组，保持小城镇公共场所天天有人打扫，制定了环境卫生制度，各住房户每天上午 8 时前、下午 5 时前把各自垃圾定点统一堆放，各住户、店主负责房前 5 米、房后 1.5 米区域内的清洁，打扫干净，严禁生活区内放养牲畜，家禽要圈养，同时规定生活区内不得乱丢废弃物和随地吐痰、大小便。生活区内设有垃圾箱，垃圾、废弃物一律往箱内倒，由清洁工每天清理。为保障小城镇环境卫生工作正常运行，每年开支专项费用，还规定小城镇居民及来镇内设店经商者，按月缴纳卫生清洁费，保证清洁工程长效开展。现在小城镇的清洁卫生进行了承包，环卫工作进一步增强。

第七节 环境保护

农场小城镇形成的环境污染，污染源主要是工业的废水、废气和废渣等，畜牧业生产排放的污水，居民饲养家畜不按规定圈养在野外排出的粪便。20 世纪 80 年代末至 90 年代初，水源污染严重时，水呈黑褐色，自来水不能用来洗涤，饮用要买矿泉水；烟囱飘落的粉尘，纷纷扬扬，不能在屋外晒衣物，受污染的鱼塘时有死鱼浮头。

农场对小城镇环境污染问题，采取多项措施，从根本上治理"三废"，保护环境。场造纸厂在技改过程中，设立白水回收装置和烟囱喷水设施，防止水源和粉尘污染。制糖业于 1976 年投入 66 万元加强污水处理，实现达标排放。2000 年，糖厂组织力量进行"三废"整治，聘请广西必佳微生物工程有限公司进行治污，运用 EM 技术措施，对废水进行科学除臭，清净处理，达到"一控双达标"的要求。2007 以来，由于节能减排成效显著，良糖被评为自治区和南宁市绿色环保小区。畜牧业多年来致力于无公害标准化养殖，设置氧化塘，实现无公害达标排放。在刚新建的第四原种猪场，采用全自动通风换气工艺，采用空气过滤系统，具有创新环保新科技的优势。农场在推行城镇化管理过程中，加强对环境保护宣传教育工作，严禁随处吐痰和大小便，严禁居民将垃圾、废物倒入排污沟，同时组织青少年在社区收捡"白色污染"。

农场小城镇广大居民、群众组织，对环境保护极大关心。1991 年，根据群众的反映和要求，场工会会同医院和水电部门，深入现场调查水源污染问题，向生产单位及职能部门提出整治污染、保护环境意见。1992 年，农场第十一届三次职代会收到多份关于要求治污的提案，职代会予以立案，并经场领导签批，交付有关部门实施。2000 年 6 月 23日，第二十四届一次职代会根据职工代表的强烈要求，通过了关于《强烈要求新兴造纸厂立即停止向深潭排放工业废水浆》的决议。多年来广大居民和附近村民不断向环保部门和各级政府反映，地处良圻农场腹地的君盈造纸厂（原名新兴造纸厂）"三废"严重污染毒害群众情况，要求切实整治，保护环境维护人民身体健康。2006 年 11 月 11 日，《南宁晚报》刊登了记者的文章《排污管污染美丽的水库》，引起社会各方面的关注。目前，该厂正在加速节能减排工程实施。

第八节　分场居民点建设

良圻农场辖区除场部小城镇外，尚有 9 个分场居民点，根据 2000 年第五次全国人口普查统计，9 个居民点共有 605 户，总人口 2089 人，全居民点的住房面积共 25068 平方米，居民人均 12 平方米。从 20 世纪 70 年代起，各居民点都分别兴办了托儿所、小学校和卫生室，后来随着企业改革的进程，这些公共设施和建制皆已撤销。从 1988 年起，各分场居民点分别安装了闭路电视。

场部小城镇规划实施以后，分场居民点加快了建设步伐，各分场逐步建了办公大楼。原来的主要交通道路是泥路，后来都打了水泥进行硬化。排污沟全面疏通，并加盖了水泥板。几个居民点自来水皆打深井供水。从 20 世纪 90 年代中期起，各居民点都建设了高频通信电线，安装了程控电话。居民点用电来自国家供电网，电源充足。近年来，场部加强居民点的建设规划、平整土地，农场担负居民点的道路、排污、供水"三通一平"实施。有农场户口的居民在规划区域建楼房的，须向场房管部门提出书面申请，经投标胜出或批准划给宅基地，交足规定应交的款项，始能动工兴建，居民点的建设更美观，达到整齐划一。

2009年，中央财政下拨资金344.4万元，农场使用这些资金，先后实施三、四、九分场归难侨危旧房改造246户370间，改造工程采取排掀瓦顶、更换横梁和红色琉璃瓦，更换防盗门窗，统一粉刷墙体，现在，随着改造工程竣工，分场居民点的居住条件有所改善，归难侨分场的居住区成为一道靓丽的风景线。另外，农场鼓励职工新建楼房，在分场建设连排式职工住房，由场里统一规划，统一设计，三个归侨分场完成33栋，加上5栋40套公寓楼，共完成改造319户。

第九节　东湖农场公司城建

东湖农场公司生产发展了，收入增加了，然而职工居住的绝大多数是20世纪六七十年代建的泥砖瓦房。从2007年9月，开始实施归难侨危旧房改造，自治区人民政府、农垦局下达给农场改造任务425户。农场把危旧房改造安居工程作为民生工作重中之重来抓，2010年12月完成归难侨危旧房改造工作。为改变农场居住条件，自治区人民政府、农垦局2011年下达给农场危旧房改造任务1054户，经过三年多的努力奋战，2013年底，全面完成了危旧房改造工作，农场昔日旧貌换了新颜，成为垦区乃至自治区危旧房改造示范单位。整个危旧房改造工作，农场始终坚持民生为重，改变人居环境，职工、职工家属受益，促进农场和谐发展的原则，按五个一点（即职工出一点、农场投一点、财政补一点、银行贷一点、老板垫一点），动员广大职工、归侨家属参加危旧房改造。新建的公寓楼，农场按建筑成本价出让给职工及其家属，道路、绿化、亮化等配套设施由农场筹资建设，让职工群众真真切切享受到农场发展的成果。

第三章 小城镇管理

第一节 职工住房改革

建场初期，职工住房是清一色的泥墙瓦面结构的平房，以后逐步建设砖墙瓦面结构的平房，至 20 世纪 70 年代末，职工仍然住在狭小、简陋的平房里，有的职工三代同堂还挤住在一间小平房里。改革开放以后，农场投入了较多的资金搞房建，职工的住房条件稍有好转。至 1988 年，场部小城镇规划区域居民住宅总面积 17587 平方米，按居民总人口 2045 人，人均住房面积 8.6 平方米。职工居住尽管还不算宽松，但企业对职工的住房问题压力相当大，继续按统建统配办法满足不了职工对住房的要求，在新的形势下职工的住房制度必须进行改革。

1988 年 5 月，农场根据自治区农垦局关于国营农场职工住宅改革实施方案，1988 年 5 月 12 日以良场字〔1988〕第 7 号文件《关于国营良圻农场职工住房改革暂行办法》下发。职工住房改革的核心是停止公建住房投资，废除统建统配制度；农场过去建设的职工住房，作价卖给职工；今后职工新建住宅均以自建为主，由农场统一规划，分配建房基地，职工自建或自建公助；新楼房按小城镇规划统一进行。房改实施以后，全场过去建设的 27019 平方米职工住房，已实行谁住谁买、谁买谁修、产权归己、地权属国家的办法，全部作价卖给职工。

旧房作价按账面净值作价和按质论价的办法，将住房划为两类，第一类为 1965 年以前已完成或即将完成折旧的旧房，按残值按质论价，按作价金额收费，作价收费额一般应以略低于第二类房作价收费为宜；第二类为 1966 年开始计算折旧的住房，按账面净值结合房屋的质量作价，场部按总额 35％向分场收费，分场以划分类别的房屋进行摸底平衡后，并结合住房的新旧程度自行调节，可按 33％～40％的幅度折价收费，场部片按作价的 40％收费。整个工作于 1988 年底已全面完成。

住房改革实施当年，有 18 户职工 44 人率先申请自建住宅楼房，农场给予每名职工补助 600 元建房费。到 1990 年，在场部小城镇规划区域职工自建有三层以上的住宅楼 3600 平方米，从此打破了几十年来统建统配、住房靠国家的局面，次年，全场自建公助建房的职工达到 52 户 152 人，建成 3 层以上楼房共 12440 平方米。至 1995 年，职工在小城镇建三层以上楼房共达 147 幢，面积 28250 平方米，共投入建房资金 970 多万元，此外尚有很多在建楼房还没竣工。住房改革实施 10 年以后，至 1998 年，小城镇区域职工建设的楼房累计达到 232 幢，建筑面积 55000 平方米。房建工作发展起来后，根据农场实际，场部制定了一系列住房改革管理方案，从 1988—1995 年的 8 年中，分别制定下发了《国营良圻农场住房改革暂行办法》《关于职工在小城镇进行自建住房的规定》以及《国营良圻农场关于住房管理工作会议纪要》等 13 种文件，这一系列文件的颁布和施行，保证了农场住房改革的顺利进行，房管工作规范有序。

《广西农垦国有良圻农场城镇建设管理办法》于 2014 年 5 月 28 日良圻农场第二十八届一次职代会审议表决通过，《管理办法》明确规定：一是坚持报批、报建制度，规范建房要求，严禁乱搭、乱建，凡在农场范围建房的住户，由农场根据不同地段统一收取相应的公共设施费；二是坚持"建新拆旧"和"建新房退旧房"的原则；三是 1988 年农场根据上级文件精神，进行了职工住房改革后，农场公司已没有义务与责任安排职工住房；四是未办理房产权属的建房户，对自建住宅原则性不得转让给农场以外人员，如确实需要转让给农场以外人员的，必须经农场书面批准并按建筑面积收取 100 元/米² 的公共设施费后方可转让；五是属于市场运作方式房的可自由处置。

第二节　社区管理

一、管理机构

20 世纪 80 年代末开始，场部小城镇的日常管理和职工住房改革的日常工作，由场部行政科负责，行政科撤销后，业务由场办公室接管。为加强城管工作，1988 年，成立了社区管理部和物业管理部两个行政部门。2000 年，为加强社区规范化建设，社区管理工作纳入司法所。为搞好小城镇的园林绿化工作，随后设置了农场辖区园林绿化建设领导工作，全面管理实施小城镇园林式绿化建设领导小组。2005 年 7 月 13 日，成立农场小城镇建设领导小组，把小城镇管理纳入农场日常议事日程。2006 年 10 月 23 日，成立了由农场行政、党委、工会、基建、司法和社保部门组成的农场小城镇清洁工程工作小组，结合广西城乡清洁工程开展工作。

二、管理制度

1994 年 3 月 15 日，场部制定并颁布实施《供水、用水管理制度》《供电用电守则》，农场小城镇居民和农场职工的水电供用实行制度化。1997 年 3 月 5 日，良圻实业总公司制定颁发了《关于小城镇建设暨职工住房管理办法》，经总公司第二十三届一次职代会审议通过确认。2001年11月30日下发了《广西农垦良圻实业总公司居民点建设管理办法》，把分场居民点的建设规划和管理纳入农场小城镇建设管理工作范围。2003年10月20日，场部制定颁布了《广西农垦国有良圻农场职工住宅改革办法》，当年全面施行。2004年12月22日制定的《广西农垦国有良圻农场物业管理规定》、12月22日，农场制订的《场部片卫生管理办法》《广西农垦国有良圻农场小城镇管理规定》，以良场发〔2004〕第40号文件颁布实施。

上述各项管理制，受到场属各单位职工的拥护，小城镇居民认真执行，几年来，在城建区域的违章建筑、不达标的房建和有碍总体规划的建筑物，照章清理，共有20多住户按规定被拆除，维护小城镇的房建健康发展。

三、关注民生

农场小城镇的社区管理工作，重视解决民困，维护民利，发展民生。一是对于原在小城镇规划区域居住的一部分没有能力建房、购房的困难居民户，帮助他们动迁，建"周转房"供其居住，同时帮助住在危房中的居民拆迁，安排他们搬出到"周转房"居住。二是帮助社区困难居民办理"低保"，每年享受"低保"的人员达20～35人，每年节假，工会组织还为社区困难职工、病员"送温暖"，让改革的成果惠及弱势群体。三是关心社区离退休人员，经常组织他们开展文娱体育活动，安排他们去旅游、打门球，做到老有所养、老有所医和老有所乐。四是完善社区管理，各部门齐抓共管，实现社区规范化建设，把场部小城镇建成"无毒社区"。五是加大公寓建设力度，2009年9月建成的芳香小区共5栋40套公寓楼，成为场部小城镇建房的典范。

为加快农场经济和社会事业全面发展，强化农场生产经营职能，提高农场社会管理水平，规范社区管理机构设置，明确人员职责，提高工作效率，2010年8月13日，成立广西农垦国有良圻农场社区管理委员会。

2018年6月28日，在横县人民政府副县长宁宇、横县民政局、六景镇党委政府等有关领导及社区居民的掌声中，横县六景镇芳香社区服务中心正式挂牌成立，标志着良圻农场办社会职能移交工作迈出了坚定步伐，取得阶段性成果。芳香社区负责承接原农垦国有良圻农场办26项社会职能。

第三节　开发土地资源

2002年，良圻实业总公司利用自身优越的地理位置，寻求新的经济增长点，决定将农场小城镇规划区域内 2000 亩农用地变更为建设用地。2002 年 10 月 28 日向区农垦局打报告请示，农垦局于 11 月 5 日下文批复，同意将辖区内的西南路口职工住宅附近 2000 亩农用地变更为建设用地，用于招商引资建设小城镇，并要求尽早办理有关土地变更手续，落实招商引资计划。通过投标已在该区域计划 50 多户居民宅基地建房，50 多幢三层以上楼房逐步建成，另有外单位来长期租用 10 亩土地，农场收益 10 万元。

2004 年春，农场划出 300 亩土地设立葡萄基地，2005 年葡萄园的"美人指"葡萄挂果有收成。良圻农场能在地处东经 108°59′、北纬 22°43′的经纬度发展"美人指"葡萄，引起社会各界的关注，联合国难民署官员、地方党政领导、农艺专家曾多次到"美人指"基地考察，几年来葡萄基地的经济效益和社会效益显著。三分场扩建葡萄基地 300 亩，新建设十分场沃柑基地 600 亩。

第四节　加速小城镇建设

农场小城镇规划完成通过验收后，场党政工及各部门采取一系列措施，加快城镇建设步伐：

1. **发动并鼓励职工自建住宅楼**　对在规划区内建房的职工实行补贴，除划给建房基地外，每一个自建房的职工，农场补助 600 元，当时以农场砖厂的 10000 块机制砖折价补贴，如每户有 3 名职工建房，农场的补贴可够一层楼的用砖，致使当时小城镇房建发展很快。

2. **加大小城镇建设服务**　1986 年，农场设立房管科，1991 年单独设置基建科，1993 年成立农场基建队，1994 年设立水电基建队，上述各机构的设置，都负责对农场小城镇建设进行开发。居民建楼房由农场统一下基础，住宅区的平整土地、通水、通电、排污统一由农场实施，使小城镇的硬件建设迅速有序发展。

3. **允许外来人口到小城镇建房，中标者由农场划给建房地基，在小城镇建房子**　农场还先后划地给工商、农行、税务、交警、变电站等 11 个部门，在场部小城镇建楼房，设办事机构，方便居民履行有关手续。

4. **建立农贸市场**　在小城镇街区连片设有 30 多家餐饮、百货、生资、美容、修理等"商业一条街"，进一步加速小城镇建设步伐，并经申报横县人民政府批准成立农场圩场，确定圩期，繁荣市场。

5. **小城镇扩大增容**　农场给予符合地方政府规定各项条件并缴增容费的农村人口，办理农转非到农场落户。仅在 20 世纪 90 年代落户进入农场的农转非人口，就达到 820 多人，他们积极参加农场的各项建设事业，在农场建楼房安居，推进小城镇建设的发展。

第五节　小城镇建设发展新阶段

农场小城镇建设从 2008 年起，进入了一个新的发展时期，在实施规划过程，既保障民生，又切实兼顾环保、美观、舒适。2008 年 8 月，农场、良圻制糖有限公司、良圻原种猪场及君盈纸业公司四家企业共同出资 120 万元，在小城镇中心地带建成一座面积 40 多亩花木繁盛的园林，叫"怡景园"，供职工群众休闲、娱乐、健身。年内还在场部至西南路口，沿公路两旁种植 250 株绿化风景树，今已苗壮成长，绿叶成荫。2009 年 11 月，上述四家企业又共同出资 80 多万元，在小城镇主要街道路段安装 120 盏高架路灯，每盏 250 瓦。2009 年，以中央财政拨款 344 万元为基础，在场部小城镇规划区域的"芳香佳苑"先后新建成 5 栋 40 套公寓楼房；与此同时，居民点危旧房改造完成 246 户 370 间标准房；建成分场排式职工住宅房 33 栋。新建的公寓楼、排式住宅楼及改造完成的超标准房，整齐划一，美观适用，2011—2019 年新增路灯 115 盏，"芳香佳苑"新增 6 栋 344 套公寓楼，其中两幢为小高层住宅楼，配套安装民用电梯，在小城镇布局中成为新亮点。

2012 年 9 月、2020 年 8 月，通过招商引资，分别引进广西超大运输集团有限责任公司及民企老板，投资建设占地 9.95 亩的客货运站（车站）及占地 11 亩的良圻机动车检测站，进一步完善便民设施建设。

芳香小镇于 2018 年 4 月 4 日，经广西壮族自治区人民政府批准（桂政办发〔2018〕28 号），列入广西第一批特色小镇培育名单。

2019 年 2 月，桂建村镇〔2019〕5 号批准，通过特色小镇培育阶段验收，进入建设阶段。2021 年 12 月 28 日，桂建村镇〔2021〕10 号批复，芳香小镇通过 2021 年广西特色小镇建设阶段评估验收，150 分制，评估得分 123 分，在参加建设阶段评估的 30 家特色小镇中名列第四名。

2022 年 1 月 15 日，利用特色小镇财政奖补资金 1300 多万元，开工建设芳香小镇科研中心项目。

第六节　颁发房地产权证

农场小城镇形成规模后，场党政领导决定对小城镇居民加强民利，发展民生，自 2009 年 12 月开始，为小城镇居民办理自建楼房宅基地土地使用权证以及办理房产权证，规范小城镇的房建行为。

2009 年 12 月 3 日，农场制定了《场部职工办理自建楼房宅地土地证方案》的文件，按照横县国土资源局颁布的《良圻农场居民宅地补办出让手续初步方案》及现行国家法律法规的规定，进入自建楼房宅地使用权证和房产权证办理工作程序，按规定实行先交费后发证原则，即申请办证户先交全部办证费用再发给土地使用权证书。凡在场部（含西南路口）自建住宅楼房和集资建公寓楼套房（属个人全产权）的场正式职工（含退休、糖厂、畜牧、原学校、原医院职工）、非职工和外来户均可申请补办楼房基地土地使用权证。

在办理楼房宅基地使用权证缴费过程中，基本地价费实行优惠办法：农场职工及户口在场的非职工（含退休、糖厂、畜牧、原学校、原医院）、按宅基地评估价的 20％优惠；场正式职工（含退休、糖厂、畜牧、原学校、原医院职工）除按宅基地评估价的 20％优惠外，另有职工工龄补贴优惠，即办证户家庭成员（户口簿内）职工每年工龄补贴 100 元，但家庭成员职工工龄补贴相加额不能超过宅基地评估价的 20％，超过即按 20％优惠收取基本地价费；户口不属农场的外来建楼房户，申请办理宅地土地证费用按土地评估的 100％收取，无优惠待遇；办证户以户口簿家庭成员为准，家庭成员属农场职工的，可以享受工龄补贴优惠，不属于职工的按非职工标准优惠。

良圻农场此次大规模集中办理自建楼房宅基地使用权证及房产证，从 2009 年 12 月起至 2010 年 8 月底，共办理发放了土地使用权证和房产证 555 户，共 37293 平方米，从而把农场小城镇建设的管理工作提高到一个新的阶段。

第七节　归侨危旧房改造

良圻农场在 2007—2009 年的三年内，贯彻执行国家对归难侨危旧房改造的方针政策，超额完成上级布置全场三年归难侨危旧房改造的 287 户任务，到 2009 年底，实际共完成 366 户（实际补助对象为 356 户），其中新建 73 户（联排式 33 户，公寓式 40 户），投入资金 135.6 万元；三个集中安置的三、四、九归难侨分场，共完成原地维修加固 39 幢 371 间（293 户），平均每间投入 7393 元，总工程开支 274.3 万元，两项补助资金合计开支 409.9 万元，除中央和地方拨付的 344.4 万元全部投入使用外，施工方垫支了 65.5 万多元。

农场在推行归侨危旧房改造过程中，结合小城镇规划布局实施。为筹建设资金，通过税费改革取得的 10 多万元资金及时投入使用。配套完善了归侨三分场生活区延伸硬化道路建设；争取到中央财政资金 120 万元，优先安排四分场至场部小城镇的水泥硬化道路建设。

完成了 366 户归难侨危旧房改造后，根据原规划还有 60 多户 80 多间未能落到位，按维修加固来概算，还需 70 万元资金，农场多方向上级报备争取，努力推进全面落实归难侨危旧房改造工程。

第八节　场部拆旧建新

根据 2009 年 2 月 23 日自治区农垦局召开全垦区安置归难侨农场危旧房改造工作总结和布置会议精神，农场于 2009 年 3 月 10 日出台《广西农垦国有良圻农场 2009 年度归难侨危旧房改造实施方案》，归难侨危旧房对象是以户为基本单位，户数的确定是以 2005 年 12 月 31 日前，在龙潭派出所户口登记在册的户主为依据，以改善住房条件、改善居住环境为出发点，按照 220 户的改造任务，分期分批全面铺开实施。

根据自治区人民政府《关于确保完成 2011 年保障性安居工程建设任务的通知》（桂政发〔2011〕15 号）、自治区农垦局《关于印发广西农垦危房改造实施意见的通知》（垦计发〔2011〕60 号）文件有关精神，自治区农垦局分两次下达给良圻农场危房改造任务共计 1808 户（含糖厂、畜牧），良圻农场于 2011 年 6 月 8 日出台了《广西农垦国有良圻农场危房改造实施方案》，危房改造工程保障对象原则为现居住在危房的人员，以及 2009 年自行对居住危房进行改造已竣工但未验收且达到单位危房改造标准要求的人员。

危房改造工程主要采取集中到场部片区建公寓式楼房（根据实际规划用地而定）、所在分场原址拆除重建或异地新建公寓式或联排式楼房、除险加固方式进行。通过上述一系列危房改造拆除了场部东西区所有瓦房及分场部分瓦房，兴建了芳香小区一、二、三期公寓式楼房 64 套，芳香小区 A 组团公寓式楼房 256 套，16 栋式楼房 128 套，老人公寓式楼房 24 套，良圻制糖公司公寓式楼房 24 套，良圻原种猪场公寓式楼房 88 套，场部东西区及分场原址拆除重建或异地新建联排式楼房 387 栋。至 2014 年底，得到危房改造补助资金涉及户数 2123 户，危改资料统计发放补助金额 2741.5910 万元，改善了良圻农场辖区内职工群众生活条件。

第九节　绿化环卫

2002 年，农场和糖厂分立后，农场全面负责场部片区（含西南路片）绿化、环卫工作。2002—2008 年，从各单位抽调 6 人组成环卫队，分成 3 个小组，每 2 人为一组，分片区负责环卫绿化工作，每天清扫收集垃圾运至电信大楼西边坑塘堆放、填埋。

2008 年起，环卫、绿化工作对外承包。生活垃圾由承包者清运到十二分场南边地界新垃圾填埋场，农场每年环卫费用开支约 15 万元。绿化工作由广西南宁绿垦现代农业有限责任公司承包，负责"怡景园"、"夕阳红"门球场、三分场小公园的绿化维护管理工作，农场每年绿化维修费用开支约 10 万元。

为改善居住环境，提升居民幸福指数，2009 年、2014 年，农场分别投入 150 多万元资金建设集运动健身、休闲娱乐等功能的占地约 40 亩的怡景园及占地约 5 亩的老年门球场，西南路口至电信大楼沿路两侧种植扁桃风景树 120 多棵。2010 年，利用"一事一议"资金建设了三分场小公园，投资约 20 万元。2015 年，利用现代特色农业（核心）示范区创建资金，建设三分场葡萄观光采摘区入园道路、观景楼、道路两侧绿化草坪风景树等，投入资金约 100 万元。逢年过节，各分场、各单位发动职工家属对住宅区进行清扫，场部机关亦组织工作人员到责任区清理打扫。此项工作于 2021 年 3 月交芳香社区接管。

至 2020 年 12 月，农场共投入绿化环卫资金约 600 万元。

第十节 基建水电队

良圻农场建场之初，发扬"自力更生、艰苦创业"的精神，不给国家增加负担，自己承担农场基本建设及生产生活供水供电工作，当时实行计划经济，农场根据需要于前一年向上级主管单位，申请基本建设所需材料。1979 年 6 月，成立良圻农场基建队，负责全场基建项目建设。

改革开放后，1999 年 10 月，水电队基建队合并，成立良圻农场基建水电队。2003 年 1 月 13 日，根据良圻实业总公司关于设立基建队的通知（良司发〔2003〕3 号），基建队单独分离出来，成立良圻实业总公司基建队。2021 年 2 月 5 日，因农场公司改革发展需要，撤销农场基建队（良司发〔2021〕6 号）。

2004 年 10 月，根据国家电力供应统一管理的相关文件精神，良圻农场生活供电工作无偿移交横县供电局，农场水电队不再承担供电安装及维护管理等工作。2009 年 6 月 23 日，根据《中华人民共和国公司法》规定，注册成立广西农垦良圻农场有限公司水务公司。

第十一节 "三供一业"分离移交

广西壮族自治区人民政府办公厅《关于印发国有企业职工家属区"三供一业"分离移交工作实施方案的通知》（桂政办发〔2017〕52 号）等文件精神，2017 年开始，在全区全面推进国有企业职工家属区"三供一业"分离移交工作，对相关设备设施进行必要的维修改造，达到城市基础设施的平均水平，分户设表、按户收费，交由专业化企业或机构实行社会化管理，2018年底前基本完成。2019年起，国有企业不再以任何方式为职工家属区"三供一业"承担相关费用。

此前，农场公司除供电部分自2004年10月电网移交给国家地方电网外，一直以来供水由农场水务分公司自主经营管理，物业由农场公司统筹管理，尚未纳入地方管理。2018年9月17日，农场公司与横县人民政府签订的《广西农垦国有良圻农场办社会职能分离移交协议书》明确，由横县六景镇政府负责牵头组织实施农场供水及物业移交，但由于政策补助资金没有及时到位，农场没有城市供水管网覆盖，辖区十二个居民点比较分散，小区物业管理不成熟，集中统一管理难度大，经营管理成本高，难以推向社会，导致物业管理及供水仍处于自收自支状态。

2019年5月，农场场部芳香佳苑小区，在芳香社区居民委员会和农场公司的牵头组织下，小区422户业主通过选举产生组建了"横县六景镇芳香社区芳香佳苑业主委员会"，业主委员会成员有7名，主要负责小区日常的物业管理等工作。除此之外，农场其他居民点仍没设物业管理。

2021年9月2日，农场公司收到农垦集团拨付2021年中央财政农村综合改革转移支付资金（农垦国有农场办社会职能改革补助）1998.93万元，资金专用于农垦国有农场办社会职能改革补助"三供一业"供水、供电改造项目建设。农场公司计划用于供水维修改造项目1420.71万元，其中：良圻公司本部改造户数2700户，预算支出783万元；下属东湖公司改造户数1576户，预算支出457.04万元；下属黎氮公司改造户数623户，预算支出180.67万元。计划用于供电维修改造项目578.22万元，其中：下属东湖公司改造户数596户，预算支出274.16万元；下属黎氮公司改造户数661户，预算支出304.06万元。改造资金不足部分由企业自筹完成，2021年12月24日，良圻本部供水维修改造项目开工建设，争取在2022年6月底前完成改造并移交地方管理。

2021年10月15日，农场公司与横州市六景镇人民政府签订广西农垦良圻农场有限公司"三供一业"供水设施分离移交协议，2022年3月9日，六景镇政府注册成立"南宁六景水业有限公司"，农场公司生活供水管理工作完成移交。

第十二节　社会职能移交

中共中央、国务院《关于进一步推进农垦改革发展的意见》（中发〔2015〕33号）等文件精神，提出了坚持社企分开改革方向，推进国有农场生产经营企业化和社会属地化管理，要求农场办社会职能改革在 3 年内完成（即 2016—2018 年）。

2018 年，在自治区农垦改革领导小组的强力推动下，良圻农场公司与横县人民政府共同推进农场办社会职能改革。2018 年 4 月 24 日，横县县委、县政府出台印发《横县接收广西农垦国有良圻农场办社会职能改革实施方案》（横办发〔2018〕40 号），正式启动各项场办社会职能移交工作，2018 年 5 月 8 日，成立横县六景镇芳香社区。2018 年 6 月相继完成社区两委的选举和组建。

农场公司将新建的职工文化中心 1 栋（建筑面积 528 平方米，占地面积 308 平方米，资产总值 80 万元）物业资产无偿移交给政府管理维护，作为芳香社区办公场所使用，同时，农场公司还为社区配置空调、电脑、办公桌等一批办公设备价值约 6 万多元。2018 年 6 月 28 日，芳香社区服务中心揭牌成立，横县人民政府副县长宁宇代表横县党委、政府出席了揭牌仪式，社区管理服务工作逐步步入正轨。

2018 年 9 月 17 日，良圻农场公司正式与横县政府签订农场办社会职能分离移交协议书，明确将农场办的"小城镇和居民点建设与管理"等三大类 26 项社会职能移交由当地政府管理，包括移交退休人员 1429 人（含辖区良圻制糖公司和永新畜牧公司）。随后将近一个月的时间，陆续与横县民政局等 12 个职能部门签订社会职能移交确认书，直至 2018 年 10 月 30 日，良圻农场公司社会职能移交工作全面完成。

2019 年 3 月，良圻农场公司荣获"广西农垦改革'两个三年'重点工作特别贡献奖三等奖"，刘太福等 9 人荣获"广西农垦改革'两个三年'重点工作先进个人"表彰。

第十一编

企业文化
建设

中国农垦农场志

第一章　先进表彰

第一节　评先评模

建场以来，农场为表彰先进典型，鼓励职工劳动生产积极性，每年都开展评比先进进行表彰的活动。有时候是以开展劳动竞赛的形式，制订竞赛方案，年终总结表彰。评先评模的条件，根据时代的特点，各个时期条件不同，建场初期至"文化大革命"前，评先进、树劳模最重要的是政治表现，劳动生产实绩作为参考放在第二位。当时评比先进，评出的先进人物，也叫"树标兵"，有浓厚的时代色彩。获得先进称号的个人、集体，主要是精神奖励，发给奖状，名字登上"光荣榜"，物质奖励比较少，有时发一条毛巾、一件背心或一具茶壶之类，上面印有获得的荣誉称号。"文化大革命"期间农场评比先进及表彰活动停止了多年。

拨乱反正以后，农场恢复了评先评模和表彰工作，新时期的先进表彰活动，围绕农场的精神文明建设、生产经营成果，按实绩高低评先进，凭贡献大小树劳模。每年从被评为先进称号的人员中选定若干名事迹最突出者为劳动模范。获得先进单位、先进集体、先进生产（工作）者、劳动模范称号的，发给荣誉证书和奖金或一定的物质奖励。

对于先进事迹突出，贡献比较大的职工，农场根据上级下达的评先评模指标，整理先进材料上报，由上级机关表彰和授予荣誉称号。其中：1959年自治区人民政府授予陈振轩广西农业社会主义建设先进生产者称号，1989年自治区人民政府授予潘仕伟自治区劳动模范称号，1995年自治区人民政府授予何月娇自治区劳动模范称号，2000年自治区人民政府授予吴志君广西有突出贡献科技人员称号，2002年自治区总工会授予陈耀礼广西"五一劳动奖章"，2009年农业部授予吴志君"新中国成立60周年'三农'模范人物"称号。

第二节　印发《光荣册》

农场的先进表彰工作，从20世纪80年代开始，形成了制度化、规范化。自1987年起，根据各个年度评比表彰情况印发《光荣册》，每年编订一册，发至场领导、各部门、各单位，供大家参考学习，内容有该年度农场党政关于评比表彰决定的文件、评比考核条件，获农场、县、地（市）、省（自治区）级直至中央部委各级授予先进个人名单和先进集体、先进单位，先进事迹材料。自1987年编印《光荣册》至2021年，34年间共记载有获地市级以上授予荣誉称号的先进集体202个（次），其中中央部委级20个（次）、县级298个（次）；获地市级以上授予荣誉称号的先进个人362人（次），其中部委级45人（次），省级劳模5人，县级595人（次）。农场评出的场级先进单位、先进集体333个（次），先进生产（工作）1932人（次）；劳动模范183人（次），编印的先进典型材料278份（篇）。

第三节　加强劳模管理

1. **彰扬先进人物的奉献精神**　多年来场领导经常组织政工人员深掘劳模的先进事迹，将典型材料撰写成通讯报道等各种体裁文章，分别在《中国农垦》《农垦工人》《广西日报》《广西农垦报》《广西工人报》《广西工运》《横县时讯》等报刊登载，有的通过《广西人民广播电台》《横县电台》将农场劳模的先进事迹刊发，弘扬劳模的奉献精神。

2. **制定优惠方案向劳模倾斜**　1997年在制订农场效益工资实施方案时，在条文中规定，获得场级以上劳动模范称号并能保持荣誉的，予以增加两级效益工资。此后的企业效益工资增资方案，每次都有这样的规定，向劳模倾斜。

3. **省级以上劳模退休获优惠待遇**　原获华南垦殖局劳模称号的农场供销科长陈稠辉告老退休时，场劳资科按规定予以增加一级退休金；自治区劳模、九分场归侨女工何月娇，1999年6月办理退休时，场劳资科发放一次性奖金1577元的特殊优惠待遇。

4. **发放劳模津贴**　自治区总工会、南宁市总工会按上级关于劳模管理办法规定，分别给自治区劳模潘仕伟、何月娇、广西五一劳动奖章获得者陈耀礼，按季度发给一定的津贴。

5. **提高劳模的荣誉感**　1988年，自治区劳动模范潘仕伟、何月娇获自治区人民政府授予广西壮族自治区成立40周年纪念章。

6. **发放困难补助**　南宁市劳模周少萍2020年、2021年连续两年每年得到南宁市总工会发放的困难补助金3000元。

第二章　思想政治教育

第一节　企业精神教育

1. **团队精神教育**　根据本企业的实际，从20世纪80年代起，农场提出了"场兴我荣，场衰我耻；场富我甜，场亏我苦"的十六字教育方针。这四句话作为企业精神，团结、教育、激励了两代农垦职工，努力拼搏，为1981—1991年连续11年盈利，奠定了一定的基础。

2. **加强艰苦奋斗教育**　农场党政工经常组织开场元老们，向青年职工讲述创业的艰辛经历，如何克服艰难险阻，在荒无人烟的地方创建一座农垦新城。每十年场庆，农场组织庆祝活动，都邀请开场元老讲艰苦奋斗、勇于开拓的历程。农场报纸《涌泉风采》（2005年1月至2009年3月共出版50期），还设置"场史回眸"栏目，坚持营造艰苦奋斗的氛围，使农垦精神代代相传。

第二节　"双基"教育

根据中央指示精神和横县部署，农场从1990年7月起至1993年6月底，用3年时间对职工开展基本国情和基本路线教育。主要内容：一是进行历史和国情教育。通过了解近百年来中国历史和中华人民共和国发展历程，使职工懂得，社会主义道路是中国人民的历史选择和必由之路。二是建设和改革的教育。用活生生的事实，使职工理解，要建设物质文明和精神文明的高度发达的国家，必须实行改革开放的方针。三是传统和现实的教育。继承过去光荣传统，做"四有"新人，在新时期内作出更大贡献。在"双基"教育期间，全场共订了《职工基本国情和基本路线教育读本》1500册，供干部职工学习。在开展教育过程中，为提高职工思想认识，进行两次知识竞赛，放映有关"双基"教育的电影10多场。

第三节　"三导"法

1994年，良圻农场实行公司制改造以后，在深化改革中，不同利益的群体之间有不同的认识，思想比较混乱，许多干部对新时期的思想工作感到陌生，束手无策，总公司党委经调查研究，向场属各级干部提出"三导"工作方法：超前开导，同步引导，善后疏导。根据这一思想方法和工作方法，顺利完成了企业改制、"三项制度"改革和现代企业制度试点。

一、超前开导

随着改革的深化，企业推出了新的举措，关系到不同群体的利益再分配，有些职工在新形势面前表示怀疑与否定，尤其1994年首次提出生产投资、生活费两费自理的举措时，有些职工担心丢了"铁饭碗"，将来生活无保障，不愿意改变现状。场领导班子有针对性地把工作做在前头，大会小会不断做思想教育，还和个别职工谈心，使大家都明白"两费自理"是企业自主经营、自负盈亏、自我发展、自我约束的客观要求，反复向大家讲场情、讲形势，还用文艺演出形式向大家宣传。通过开导，使改革的阻力变为动力，当年就有1111人参加"两费自理"，种植甘蔗2万多亩，总产甘蔗13万吨，盈利506万元，承包岗每岗纯收1万多元。

二、同步引导

1. **引导职工学知识，学技术**　一方面引导35岁以下的青年职工自觉读书，重点学习党的基本路线、基本理论，另一方面引导职工学科学技术。总公司举办生产技术学习班、再就业培训班，派农科人员到现场指导，358名下岗分流职工愉快地去创新业。

2. **引导职工爱岗敬业**　总公司开展"最佳主人翁"活动，组织劳模演讲团到场属各单位宣讲，培养职工主人翁意识，为企业多作贡献。

3. **引导职工支持、参与企业改革和生产决策**　企业每项改革方案都安排职工讨论，集思广益，群策群力。

4. **引导劳动致富，发展经济**　总公司帮助职工确立发展经营项目、目标，1996年职工自营经济户655户，自营经济总产值233万元，利润54.8万元，使改制后企业能稳定发展。

三、善后疏导

根据企业深化进程，1995年一部分场办企业实行股份合作制，对这一新型的企业重组形式，职工心里总不踏实，参股怕投进去拿不回来，不参股又怕分红没份，自己吃亏，在企业没地位。面对职工的心态，党委分别疏导，党政工领导带队，深入职工中面对面谈心，反复讲清股份合作制的意义和势在必行，并将操作方法交底给职工，消除大家忧虑。经过妥善疏导，职工愉快参股，砖厂33名职工均入股，接着畜牧业实行股份制改组，几百名职工入股，还成立了职工持股会。

第四节 "两思"教育

2000年8月3日，总公司党政联合发文，决定把"致富思源，富而思进"的教育作为《"双文明"责任状》考核的主要内容，并批转了农务部及工、青、妇、侨群众团体拟定的《关于在农业工区开展"两思"系列教育活动计划》的方案。这次活动，从8月中旬开始至9月底结束，历时一个半月，其工作方法是：

1. **加强"两思"教育的组织领导** 总公司主要领导和工会、团委、女工委、侨联、农务部等各方面和部门共同组织实施，还专门布置落实各单位、各部室的任务，形成了对"两思"教育的齐抓共管。

2. **以"八个一"为载体，把教育活动落实到位** "八个一"的内容是开一次座谈会，搞一次征文比赛，填一份统计表，出一期板报，开展一次劳动竞赛，搞一次环境卫生，办一次篮球比赛，发一份甘蔗科技资料。各工区通过召开各方面的职工代表参加的座谈会，回顾本工区20多年改革开放的历程，使人们明白今天的发展变化，"源"在何处，致富应该"进"到何方。通过征文比赛，共收到应征稿件41篇，篇篇文稿讴歌我们企业改革开放取得的成就，令人振奋。精心制作一份《改革开放前后家庭变化情况统计表》，通过一组组递增的数字，直观反映了公司改革前后的经济效益、职工家庭收入、住房面积、家用电器、交通通信的巨大变化，激励职工奋进。通过每一个工区、单位编制一期板报，并巡回展出、评比，活跃了群众文化生活，歌颂了新生活。从农场实际出发，开展一次比单产、比总产、比收入、比良种蔗面积、比管理措施到位为主要内容的劳动竞赛，促进群众性的科学种蔗，各工区增产增收。开展一次群众性的整顿工区环境卫生，倡导文明新风，共建美好家园。举办一次规模较大的农业"丰收杯"篮球赛，展示农工勇创佳绩的精神风貌，融洽了场群关系。编印一本《甘蔗栽培技术实用手册》，发至农业单位，人手一册，手册结合农场实际，指导性、可操作性强，对科教兴蔗、实施"丰收计划"、加强"吨糖田"建设有很大促进作用。

3. **开展"两思"系列教育活动，进一步弘扬团队精神、爱岗敬业精神** 通过一系列职工喜闻乐见活动的开展，彰显了"场兴我荣，场衰我耻"的良好思想氛围，增强了企业的向心力和广大职工的奉献精神。

第五节　"三讲"教育

良圻实业总公司于 2000 年 9 月 21—11 月 20 日，历时两个月时间，在所属 28 个党支部 298 名党员中开展以讲学习、讲政治、讲正气为主要内容的"三讲"教育学习活动，整个活动分 4 个阶段进行。第一阶段为宣传发动，总公司党委通过广播、闭路电视、墙报、简报、座谈会等多种渠道动员，9 月下旬，邀请广西职业学院两名教授到公司举办"三个代表"和"三讲"理论培训班。10 月 18 日，总公司党委召开"三讲"专题动员大会，其后以党支部为单位贯彻传达，层层发动，促使全体党员认真投入学习活动。第二阶段理论学习，着重领会和落实江泽民同志在广东、上海等地考察时的重要讲话。各支部上辅导 33 次，集中开会 84 次，24360 人次参加学习，有 138 人上交学习心得体会文章，共 315 篇 52 万字。第三阶段为召开生活会，活动时间为 11 月 9—15 日，以"三讲"为主要内容，按照"团结—批评—团结"的原则要求，进行批评与自我批评，开展积极健康的党内思想斗争，解决党风、党性方面存在的问题。第四阶段为总结整改，时间安排 11 月 16—20 日。各支部在民主生活会后，及时将"三讲"学习活动总结以及党员的心得体会材料上报，党委召开总结会，把专题活动成果转化为加强党的建设，各级领导班子要针对存在的问题，制订改进措施。

2001 年 5 月 11 日开始，企业党政工领导班子及成员，继续以 3 个月时间进行"三讲"学习教育活动，将"三个代表"的要求体现在学习教育的各个环节，区农垦局工作组对此次"三讲"和"三个代表"的思想教育成果给予好评和肯定：一是党政工领导班子及成员进一步统一了思想，增强按现代企业制度搞好公司的信心，精神面貌有新的变化。二是推进了公司的改革，增强了班子及成员开拓创新的意识。三是转变作风，增强了班子及成员的廉洁自律意识和法治观念，党群干群关系有了新的改善。四是进一步加强了公司的建设，党组织凝聚力和战斗力有了新的提高。通过教育活动，有力地推动各项工作的开展，企业的宣传教育、思想政治工作、领导干部的执政水平提升到新的阶段。

第六节　"双文明"责任状

"双文明"责任状是农场思想、政治教育工作的一项主要内容。1997 年开始，总公司决定把全年的物质文明、精神文明建设目标，实行量化管理，制订成《"双文明"建设责任状》，由企业主要领导与所属各单位领导签字，责任人交纳风险抵押金，年终按综合考核验收。总公司对在"双文明"建设责任制中成绩优秀、在生产经营活动中有较大贡献的所属单位授予"双文明"建设先进单位奖。对在"双文明"建设活动中，与总公司签订了责任状，交足责任风险抵押金、按规定完成考核工作的所属单位，视情况给予奖惩：①综合考核分95分以上为一等奖，退回全部责任风险抵押金，发给奖金10000元；②综合考核90分以上至95分以下二等奖，退回全部风险抵押金，发给奖金8000元；③综合考核分85分以上至90分以下为三等奖，退回全部责任风险抵押金，发给奖金6000元；④综合考核分80分以上至85分以下的为及格，退回全部责任风险抵押金，不奖不罚；⑤综合考核分在80分以下的为不及格，不退回风险抵押金，取消单位正副职的全部奖励性收入，并视具体情况对单位领导予以"黄牌"警告，另给予通报批评。

"双文明"责任状的责任目标共有四项：①经济建设目标；②党建目标；③综治目标；④计生目标。涵盖了全年的两个文明建设任务，自1997年以来，"双文明"建设已形成制度化。2002年6月，总公司颁布了《总公司"双文明"建设考核（试行）办法》，规范了"双文明"建设活动中的责任目标及考核办法。

从2001年起，"双文明"建设责任制推进到总公司一级单位，当年，广西农垦企业集团有限责任公司与广西农垦良圻实业总公司签订"双文明"责任状，物质文明建设指标有7个方面：①利润总数；②养老保险上交及发放额；③资产管理费缴纳额；④资产负债率；⑤"三项资金"占有额；⑥应收家庭农场款或成本费用利润率；⑦职工人均年收入。精神文明建设成就指标共7个方面，即思想建设、组织建设、作风建设、制度建设、综合治理、安全生产、计划生育。

第七节　编纂《良圻农场年鉴》

《良圻农场年鉴》于2006年5月编纂完成付印出书。2005年1月，场党委、国有良圻农场、良糖和永新畜牧的领导研究决定，为加强职工思想政治工作，在《良圻实业总公司年鉴》初稿基础上，修订续编，延续定断年代，并将书名定为《良圻农场年鉴》。从《良圻实业总公司年鉴》的撰写到《良圻农场年鉴》编纂定稿付梓，历时7载，增删4次，每次修订，在史实、文采、篇幅上都有很大的提高，直至成为精品。

《良圻农场年鉴》为精装12卷合订本，时间跨度12年，共78万字，内有彩照10幅（页），全书共652页，第一版印刷1000部，1992—2003年，各卷分别按概述、行政、党委、职工代表大会、群众团体、农业 、教育、卫生、先进表彰、大事记、附录分类编排撰写，是良圻三家企业的政书。5月18日，在场部举行首发仪式座谈会。

《良圻农场年鉴》如实记载了先行者、改革者和继承者勇于开拓、艰苦奋斗的功绩，为人们总结过去，分析现状、探索未来提供借鉴。史实和质量是年鉴的生命，《良圻农场年鉴》资料翔实，观点正确，体例完善，特点鲜明，文风端正、功在当代、利在千秋，该年鉴的出版发行是三家企业的一件大喜事，对借鉴历史，服务当前有十分重要的意义，一书在手，备之案头，作决策、究事理，有微型档案之便，有存时致用之功。

第八节　修编第三版场志

在1995年9月编纂出书第二版《良圻农场志》的基础上，由陆敏基主编和执笔，蒙振国、周桂芳等协助补充修编，分建制沿革、建场、自然环境、企业领导体制、企业管理、农业、畜牧、工商业、小城镇建设、企业文化建设、教育·科技、文化·卫生·体育、社会、人物、先进集体、补遗16篇74章312节，共37.9万字，第三版《良圻农场志》于2011年4月付印发行。

第九节　编纂《情系良圻·梦牵农场》

由蒙振国主编，吴小梅、周桂芳、曾良章等协助，第一部分《岁月的见证》收纳349张照片。第二部分《媒体看良圻》卷首语2篇：①《生产经营结硕果》收集31篇文章；②《城镇建设换新貌》收集4篇文章；③《企业文化添活力》收集22篇文章；④《党建工作目标明》收集8篇文章；⑤《企业高管话发展》收集15篇论文。第三部分《优秀征文选》收集29篇文章。附录部分为2011—2015年荣获厅（市、局）级先进单位和个人及大事记，有通讯、报告文学、论文、消息、诗、散文等，基本上在报刊发表的文章514页26.69万字，书画册一体，图文并茂，于2016年5月印1000册，向建场65周年献礼的纪念文集。

第十节　解放思想大讨论

为深入贯彻落实中共中央、国务院《关于进一步推进农垦改革发展的意见》（中发〔2015〕33号），自治区党委、政府《关于进一步推进广西农垦改革发展的实施意见》（桂发〔2017〕3 号）文件精神及汪洋在全国农垦改革发展电视电话会议上的讲话精神，根据桂垦工委发〔2017〕76 号文件要求，农场制定《开展"学文件精神，促进改革发展"解放思想大讨论活动实施方案》，明确总体要求、指导思想、基本原则、主要目标、讨论重点、方法步骤、组织领导等内容，决定 2017 年 9 月 6 日—11 月 30 日在全场范围内开展解放思想大讨论活动。通过召开动员大会、制定实施方案、开展座谈交流、调查问卷、解决实际问题等方式，农场结合生产实际，成立 6 个督查大讨论小组，深入各单位、分场、部门，围绕事关农垦改革发展的六个重点内容和突出问题广泛开展讨论，要求场领导班子成员每人撰写一份合理化建议，中层副职以上管理人员每人提出一个合理化建议，并开展问卷调查，共有 42 名管理人员提出合理化建议或金点子 56 条，经梳理汇总 24 条，在全场上下形成"人人关心改革、人人参与改革、人人为改革发展作贡献"的良好局面。

第十一节　"不忘初心　牢记使命"主题教育活动

根据《自治区纪委、自治区党委组织部、自治区党委"不忘初心 牢记使命"主题教育领导小组关于第一批主题教育单位开好"不忘初心 牢记使命"专题民主生活会的通知》（桂组发〔2019〕15 号）和广西农垦工委、广西农垦集团党委要求，农场公司在 2019 年 6—9 月，开展"不忘初心 牢记使命"主题教育活动，成立领导小组，制定工作方案，扎实推进学习教育、调查研究、检视剖析、整改落实、专题民主生活会等环节工作，通过发放征求意见表、召开座谈会、个别访谈、谈心谈话、设意见箱等方式，广泛听取辖区党员代表、职工群众代表等意见和建议，征集到关于农场公司生产经营管理、生活环境及其他方面的意见和建议 66 条，其中公司领导班子及成员意见建议 13 条，助推良圻农场公司高质量发展。

第三章　创建活动

第一节　五讲四美三热爱

1981 年，根据中央指示精神，在全场范围开展"五讲四美三热爱"的活动。在职工中，以开展"五讲四美"的思想教育和文明礼貌教育为主，在青少年中，以加强"三热爱"培养爱国主义精神为主。"五讲四美"主要内容是讲文明、讲礼貌、讲卫生、讲秩序、讲道德，心灵美、语言美、行为美、环境美；"三热爱"的主要内容是热爱祖国、热爱党、热爱社会主义。这是一次农场有组织地动员广大群众参加移风易俗、依靠和发动群众建设社会主义精神文明的实践活动。

为实现"五讲四美三热爱"活动深入持久和经常化开展，场党政各部门、各群众团体和学校密切配合，发动职工群众、中小学生"学雷锋，做好事"、开展"五好家庭"、"青年技术革新能手"、"十佳教师"等活动，学校组织中小学生打扫公共场所、擦洗公共大楼玻璃窗、收捡清理垃圾，保持环境清洁卫生。1982—1990 年，共涌现出"学雷锋积极分子"190 多人次，评选出"五好家庭"76 户、"文明户"21 户、"青年技术革新能手"15 名、"十佳教师"10 名。群众当时对活动的开展赞誉说：治脏有效，治乱有果，治差有变。

2020 年 7 月 31 日，良圻农场公司党委举办"最美奋斗者"学习宣讲活动，公司吴小梅、李仕龙、玉显凰 3 名先进典型人物登台讲述个人奋斗故事，激发全体员工勇于拼搏、担当作为的奋斗激情。同年 8 月 5 日，3 名公司"最美奋斗者"走进沙塘农场公司进行宣讲。

第二节　场规民约

1986 年，农场制订了第一部农场约法《国营良圻农场场规民约》（以下简称《场规民约》），同年 12 月 20 日经场第十九届一次职代会审议批准，正式颁布实施。1991 年 7 月 30 日，这部约法经场第二十一届二次职代会审议对部分条文作修正，经会议通过并布告施行。

《场规民约》主要从下列各方面进行规范制约：①自觉维护遵守公共秩序；②遵守消防安全规定和治安管理；③遵守交通规则和安全管理；④遵守国家政策法令；⑤发扬中华民族美德和优良传统；⑥实行计划生育；⑦禁止聚赌，不准参赌；⑧遵守户籍管理；⑨保护环境和讲究公共卫生。

当时，农场在阐明制订《场规民约》的意义时，主要有以下考虑：为创造稳定的良好社会秩序，保证农场工农业生产和经济建设的顺利进行，实现十年规划和"八五"计划，推进两个文明建设。多年来，以《场规民约》为依据，对农场职工内部发生的矛盾和不符合道德规范的行为进行调整，都能比较顺利解决。

第三节　培养"四有"职工队伍

农场在新时期经济建设事业中，形成党政工齐抓共管，努力培养有理想、有道德、有文化、有纪律的职工队伍。

一、加强政工干部队伍建设和道德建设

1992 年起实行政工专业职务任职资格聘任制度，首次被聘任人员按区农垦局企业政工人员专业职务评定工作领导小组审核批准，分别取得政工师 5 人，助理政工师 4 人，政工员 5 人，共 14 名政工干部，在加强政工干部队伍建设的同时，结合农场实际，把共产主义道德原则具体运用到社会公德、职业道德和婚姻家庭道德领域。2002 年，党委组织各部门在总公司范围全面贯彻公民道德实施纲要，提高农场职工的道德水准。

二、以开展竞赛为载体，提倡奉献精神

农场党政工青妇侨整体合力，开展劳动竞赛，通过竞赛发展农场生产力，激发职工积极性和创献精神。同时坚持开展"先进生产（工作）者"活动、"巾帼创献"活动、"行业树新风、奉献在岗位"活动、"学雷锋小组"和"文明户"活动，以社会主义的先进思想培育人。自农场编印《光荣册》以来，至 2019 年，全场共有 1878 人次被评为先进生产（工作）者。

三、加强企业文化建设

（1）场工会及各群众团体，1992 年发动职工捐资 135400 元，兴建农场文化活动中心，长期开展群众文化活动。

（2）1992年在分场开办职工文化技术夜校，提高员工文化水准；2001年总公司开办经济管理大专班，有30多名青年职工参加学习，全体学员经学习考试，均取得毕业文凭；农场长期组织专业技术工种、技术岗位工人进行专业技术培训，组织农业工人观摩学习良种栽培技术。

（3）农场多次组织美术、摄影、书法、板报展览，多次开展征文活动，并结集编印《征文佳作选》。2006年，农场和《新绿报》联合举办场庆50周年志庆"我与良圻"有奖征文活动，作者来稿40余篇，发表征文26篇，经评选，黄昌成获一等奖；潘希初、蒙振国获得二等奖；周锡生、程德业、苏安华获三等奖。《涌泉风采》报发表36篇，评选出特等奖1篇、一等奖2篇、二等奖2篇、三等奖4篇、鼓励奖14篇。

四、加强法制教育

农场根据各个时期的"普法"工作进程，订购普法读本，组织职工学习法规条文，考试法制知识，并与场属各单位签订《社会治安综合治理责任状》，增强职工遵纪守法意识。

五、开展司法服务

2000年横县司法局在本场成立良圻农场司法所。2004年10月，农场成立土地司法办。司法所工作职能与乡镇司法所工作职能类似，负责开展司法调解、普法法制宣传教育、社区矫正等工作。司法所每年组织职工群众开展普法国家法律法规学习，参加年内普法法律法规考试，参考人数率达90％以上，考试成绩及格率达99％以上。

农场工会在培养"四有"职工队伍过程中，坚持做好维护、监督、教育、建设、激励职能，对提高全员职工整体素质发挥了重大作用，1998年获中华全国总工会授予全国"模范职工之家"称号。2010年被自治区农林水利工会委员会授予全区农林水利系统劳动关系和谐企业。2011年被自治区农林水利工会委员会授予全区农林水利系统劳动关系和谐企业。

第四节　创建文明单位

1982年3月，在中央倡导开展第一个"全民文明礼貌月"活动中，农场根据本企业职工当前的思想道德水平，从实际出发开展活动，在活动中，各单位、各部门分别提出活动计划，场工会提出了"贯彻《职工守则》，发挥工人阶级主力军作用"的活动方案；共青团组织提出"行业树新风，奉献在岗位"的活动计划；场女工委号召广大女职工创建

"文明户"发挥"半边天"作用；中小学组织广大师生建立"学雷锋小组"，到公共场所打扫卫生，为群众做好事；医院组织医务人员为离退休人员义诊，把方便带给别人。经过多年"创建文明单位"活动，实现了"两个文明"一起抓。1987年，农场糖厂、造纸厂被横县人民政府授予"文明单位称号"，一分场被授予"文明分场"称号。1993年，农场小学被自治区教委授予"文明学校"称号，糖厂制炼车间被授予"文明车间"称号。1993年，农场医院被自治区农垦局授予"文明医院"称号。1994年，农场团委被横县授予"红旗团委"称号。2011年，良圻农场被自治区农垦工委授予广西农垦新闻宣传工作先进单位，被自治区农垦精神文明建设委员会授予首批广西壮族自治区农垦文明单位。2012年，良圻农场党委被自治区农垦工委授予广西农垦创先争优活动示范点，良圻农场被自治区精神文明建设委员会授予广西壮族自治区文明单位。2014年，良圻农场被自治区农垦工委、自治区农垦局授予广西农垦新闻宣传与信息工作先进单位。2015年，农场女工委被南宁市授予"三八"红旗集体称号。2016年，通过自治区文明办复核继续保留广西文明单位称号。2017年，良圻农场被广西首府南宁献血委员会办公室评为连续10年开展无偿献血活动先进单位。2020年良圻农场公司通过自治区文建委复核通过自治区文明单位。

中国农垦农场志丛

第十二编

教育　科技

第一章 普通教育

第一节 幼儿教育

农场开办幼儿教育始于 1966 年秋，分别在场部、二分场设 2 个教学点，2 个班，入园幼儿 45 人，入园率 95%，有幼师 2 人，没有单独设幼儿园建制，行政隶属农场小学统一管理。1967 年后，教学点、入园人数、师资配备等随着农场的发展而逐年提升。

1971 年，农场开始普及幼儿教育，发展到 6 个教学点 7 个班，共 127 人，入园率达 100%。1987 年，幼儿教育发展到最高阶段，除场部片以外，场属各单位均设置教学点，全场共设有 12 个教学点 20 个班，入园人数 399 人，入园率 100%，幼师共 23 人。全场幼儿教学点都配备有一定的教学设施，有相应规模的教室、课桌，各类玩具价值数万元。

1999 年，为提高幼儿教育质量，幼师实行竞争上岗，优胜劣汰；从 2000 年起，农场逐步实施剥离企业办社会职能，幼儿园实行经营自理，单独核算，不再纳入农场办学的范围，但幼儿教育仍继续开展。

幼儿教育情况统计如表 12-1-1 所示。

表 12-1-1　幼儿教育情况

年份	幼儿园	教学点	幼儿班数	幼师人数	入园人数	年份	幼儿园	教学点	幼儿班数	幼师人数	入园人数
1966	1	2	2	2	45	1983	1	12	16	17	284
1967	1	2	3	3	70	1984	1	12	17	18	370
1968	1	3	4	4	85	1985	1	12	17	18	323
1969	1	3	6	6	108	1986	1	12	17	18	338
1970	1	6	7	6	125	1987	1	12	20	23	399
1971	1	6	7	7	127	1988	1	12	20	23	377
1972	1	6	8	7	156	1989	1	11	19	21	377
1973	1	7	8	7	112	1990	1	12	15	19	321
1974	1	7	8	7	135	1991	1	12	17	18	325
1975	1	7	8	7	119	1992	1	11	14	15	282
1976	1	8	9	7	144	1993	1	10	13	14	266
1977	1	9	11	7	190	1994	1				245
1978	1	10	13	8	236	1995	1				260
1979	1	11	14	13	270	1996	1				272
1980	1	11	14	13	216	1997	1				214
1981	1	11	14	10	160	1998	1				225
1982	1	12	15	14	275	1999	1				250

第二节　小学教育

1960 年 9 月 15 日成立国营良圻农场职工子弟学校，校址在场部西面，初时是一间 24 平方米的教室。场党委书记常瑞亭兼任校长，只设一名教师，系专任教师，是一位女同志，邓淑姿。入学学生 34 人，设置一个复式班，分一、二、三、四 4 个年级教学，这是农场开办普通教育的最早格局。

1963 年，适龄儿童入学人数骤增，为扩增校舍，利用场修配厂机修房改成 3 间教室，1 间办公室，3 间宿舍。入学学生 84 人，其中一年级 1 个班 24 人，二四年级 1 个复式班 50 人，三年级 1 个班 10 人。另设学前班（幼儿班）1 个班 20 人，教师增至 4 人。

1964 年，学生增加到 154 人，分 8 个班进行教学，配备教师 7 名。教学设施还是相当简陋：有办公桌椅 7 套；课桌椅 154 套；黑板 8 块；图书室 1 间，藏书 200 册；毛制算盘 1 具。体育教学设施有沙池、跳高架、双杠、乒乓球台、篮球场及一些尼龙跳绳、积木等设备。

1969 年，共设 4 个小学教学点，学生增至 327 人，有 6 个年级，分 13 个班，17 名教师，学校领导有 3 名，校长和党支部书记均系专职，从此农场学校办成了完全小学。

1980 年，小学教育由 4 个教学点发展到 12 个教学点 29 个班，在校学生 781 人，教师 40 人，至 1990 年，全场在校学生共 38 个班，共 899 人，为农场办学以来小学生人数最多的一年，专任教师达 56 人，普及义务教育的入学率 100%，巩固率 90.7%，毕业率 94.6%。

学校的设施逐步改善。20 世纪 80 年代，兴建了 3 座教学楼，共 1583 平方米，可容纳 1080 名学生。1990 年，全部更新了旧课桌，每个班都配置 4 台悬吊式风扇、1 台录音机，学校配备了投影机 2 台、录像机 1 台、25 寸彩电 1 台、幻灯机 1 台。体育活动场地比较充裕，图书室有藏书 3500 册。学校的德、智、体教育逐步进入正规化，1992 年，被自治区教委授予"文明学校"称号。

农场按照现代企业制度建设的要求，从 2000 年起，加紧剥离企业办社会职能，先是划出幼儿园独立开办，自负盈亏进行经营，并做好各项准备工作，2008 年 1 月，小学正式交地方管理。

小学教育情况如表 12-1-2 所示。

表 12-1-2　小学教育情况

年份	教师人数	在校学生		升上初中人数	年份	教师人数	在校学生		升上初中人数
		班数	人数				班数	人数	
1960	1	1	34		1982	50	30	754	98
1961	1	1	34		1983	54	33	744	100
1962	3	3	54		1984	53	30	698	94
1963	4	4	104		1985	53	30	643	80
1964	7	6	154		1986	48	29	686	85
1965	9	8	162	1	1987	49	29	708	82
1966	12	11	203	12	1988	50	33	843	100
1967	15	12	244	18	1989	52	33	889	80
1968	15	12	306	26	1990	56	38	899	136
1969	17	13	327	37	1991	57	38	892	140
1970	17	13	364	46	1992	57	37	853	116
1971	18	14	383	53	1993	57	37	827	109
1972	18	16	409	65	1994	56	35	801	91
1973	20	16	446	68	1995	53	30	754	
1974	23	19	474	114	1996	53		684	
1975	23	20	343	107	1997	53		698	
1976	25	20	452	93	1998	51		685	
1977	25	21	456	100	1999	52		553	
1978	30	28	739	92	2000	38		553	
1979	35	28	726	94	2001	36		505	
1980	40	29	781	105	2002	36		567	
1981	47	32	821	95	2003	36		539	

第三节　中学教育

1968 年 10 月，农场开始办初级中学，招收一年级学生 1 个班，14 人，皆系场内职工子女，教室设在场部小学内，党政组织管理与农场小学共为一体。1970 年秋，初中班全部结业，学制为两年。接着按照国家规定的统一学制，继续增招新生 1 个班，40 人，1971 年后，学生人数逐年增加，教师也逐年增多。

1972 年，中学校园与小学校园分开，另在场部西南面建筑校舍，党政管理仍和小学合为一体。

1976 年，初中增至 4 个班，学生 150 人，教师 14 人。为解决初中毕业生升学问题，又筹办农场高级中学，当年秋季，招收高中学生 1 个班，39 人。当时因缺乏教室，便到距离场部 15 公里远的芦村中学借用一间教室，自派 2 名教师去管理和授课，师生一起在芦村中学吃住。后因离开校部太远，实在不方便，遂于 1977 年春季迁回农场，搭油毛毡工棚，临时充作高中教学部教室。

1978年，初中达到5个班，学生190人，高中1个班，学生39人，共配设教师19人，同年，教学行政管理与小学分开，成为一所完全中学，党组织仍在小学党支部。

1985年，是建场以来中学教育发展最兴旺的时期，全初高中在校学生10个班，共有学生465人，其中初中7个班340人，高中3个班125人，共有教师26人。1986年后，在校学生逐年减少，至1989年，初中仅有6个班，学生240人，高中因缺乏师资停办。1988年后，中学单独成立党支部，与小学的党组织分开。

进入20世纪90年代，中学的各种教学设备已具一定规模，有手摇发电机、录音机、分析天平、信号源、气体定时演示器等供教学实验作教具。体育活动场地及设施有篮球场、足球场、单双杠、沙池等。阅览室每年订有40多种报刊，图书室有藏书3600多册。

农场中学于2005年7月停办，通过招商，原场中所有设施租赁给东兴市新兴办学集团，供他们开办兴华中学。

中学教育情况如表12-1-3所示。

表 12-1-3　中学教育情况

年份	教师人数	初中学生		高中学生		考升场外高中人数
		班数	人数	班数	人数	
1968	2	1	14			
1969	2	1	14			
1970	3	2	54			
1971	5	2	75			
1972	7	3	115			
1973	8	3	110			
1974	11	3	110			
1975	13	4	150			
1976	14	4	150			
1977	16	4	150	1	39	
1978	19	5	191	1	39	
1979	21	6	232	2	80	
1980	26	6	232	2	80	
1981	26	5	218	3	109	
1982	26	6	285	2	69	
1983	26	6	303	2	81	
1984	26	6	277	2	73	
1985	26	7	340	3	125	
1986	26	6	293	3	87	
1987	26	6	246	3	60	
1988	21	6	273		16	
1989	24	6	240	1		9
1990	26	7	288			7
1991	27	7	298			16
1992	25	7	311			6

（续）

年份	教师人数	初中学生		高中学生		考升场外高中人数
		班数	人数	班数	人数	
1993	27	7	316			9
1994	26	8	306			
1995	26	8	306			12
1996	26	8	309			10
1997	27	8	292			7
1998	27	8	313			2
1999	27	8	290			7
2000	24	6	227			6
2001	18	6	223			
2002	21	8	406			6
2003	21	8	405			5

第四节 教师队伍

农场办学的早期，师资比较缺，教师学历、文化程度普遍低，至20世纪80年代，中小学教育有了很大的发展，教师人数骤增，中教人数最多时达到27人，小教人数最多时达到57人，中学专任教师占学校教职工的80％。2005年，农场聘任的54名中小学教师中，中教一级11人，中教二级4人，中教三级1人；小教高级19人，小教高级4人，幼教高级1人，幼教三级1人。

中小学教师文化程度情况如表12-1-4和表12-1-5所示。

表 12-1-4 中学教师文化程度构成

单位：人

年份	教师人数	文化程度				年份	教师人数	文化程度			
		大专	中专	高中	初中			大专	中专	高中	初中
1968	2		1		1	1980	26	15	4	7	
1969	2		1		1	1981	26	15	4	7	
1970	3		1		2	1982	26	15	4	7	
1971	5	1	2		2	1983	26	15	4	7	
1972	7	2	3		2	1984	26	15	4	7	
1973	8	3	3		2	1985	26	15	4	7	
1974	11	4	4	1	2	1986	26	15	4	7	
1975	13	5	5	1	2	1987	26	15	4	7	
1976	14	6	4	2		1988	21	11	4	6	
1977	16	8	4	3		1989	24	13	4	7	
1978	19	9	5	4		1990	25	14	6	5	
1979	21	11	5	5		1991	27	14	8	5	

表 12-1-5 小学教师文化程度构成

单位：人

年份	教师人数	文化程度				年份	教师人数	文化程度			
		大专	中专	高中	初中			大专	中专	高中	初中
1964	7		3	1	3	1978	30		10	6	14
1965	9		3	3	3	1979	35		10	11	14
1966	12		3	4	5	1980	40		11	16	13
1967	15		3	4	8	1981	47		11	20	16
1968	15		3	4	5	1982	50		15	21	14
1969	17		4	4	9	1983	54		15	25	14
1970	17		4	4	9	1984	53		14	25	14
1971	18		4	4	10	1985	53		14	25	14
1972	18		4	4	10	1986	48		14	21	13
1973	20		4	5	11	1987	49		18	17	14
1974	23		4	6	13	1988	50		16	17	17
1975	23		4	6	13	1989	52		20	21	11
1976	25		4	7	14	1990	56	1	21	21	13
1977	25		4	7	14	1991	57	3	25	17	12

第五节 学校剥离

良圻农场于1994年5月实现公司改制后，在建立现代企业过程中，加快剥离企业办社会的步伐。总公司在2002年3月15日和2002年11月25日写出书面报告，分别向横县人民政府及县四大班子呈请，将良圻农场总公司自办学校、医院从企业分离出来，交由政府有关职能主管部门管辖，并指示总公司的县人大代表雷兆坚在出席县人大十三届四次会议期间，就良圻实业总公司自办学校、医院分离问题向大会递交了议案（编号：203号），10月8日，县人民政府办公室答复同意雷兆坚等8位代表的议案。

在地方政府尚未实际解决企业剥离学校交地方办理之前，良圻农场实施了剥离了步骤，2005年7月，场中学停办，通过招商引资，与东兴市新兴办学集团签订了租赁合同，将农场中学租给他们，在原址开办兴华初中，第一学年共招收学生300多人。农场小学从2004年起，就分离尚未取得实质性进展情况下，先行内部分离的办法。2006年8月，场部根据农垦局的指示，下发文件要求学校做好移交给地方政府管理的各项准备工作。2008年1月小学正式交给地方管理，在场部举行交接仪式。2009年9月南宁景圻公司租用原中学固定资产及场地，建设"阳光谷"居家养老项目，计划总投资1000万元，并连带接管幼儿园。

第二章　成人教育

第一节　农业技校

为培养农场农科技术力量，1960 年，在横县教育部门的支持、协助下，成立了一所国营良圻农场农业技术学校，是职业教育培训性质的形式，实行半工半读，场党委书记常瑞亭兼任校长。课目开设语文、数学、物理、化学等 7 门基础知识课，专业课有拖拉机、农业技术、畜牧技术、农机修理等课程，学制两年。学生来自场内具有初中文化程度的男女青工和横县良圻、莲塘、陶圩、石塘等乡、社保送来的农中学生，共招收了 120 人。师资是选调农场干部具有高中以上学历或有农牧业、农业机械知识专长的技术人员兼任教员，学校行政管理由工会专职干部负责。开学两年，按时结业，120 名初具农牧业技术和农业机械知识的毕业生，分别充实到修配厂、机务队去工作，一部分人安排到分场做农业辅导员和畜牧辅导员。1962 年，农业技校毕业人员全部安排工作结束后，没有继续招生，原学校的教室、房舍全部分配给农场职工住宅。

第二节　业余夜校

1963 年初，根据各级工会的指示和倡导，农场开办职工业余文化夜校，由场工会主办，场党委书记常瑞亭兼任校长，聘任一名专职文化教员，学员是场部片各单位职工自愿报名，共 46 人，教科书由南宁地区工会办事处提供的《职工业余文化读本》，全套课本有语文、数学、历史、地理 4 种，农忙时节停课，农闲时继续开课，这种办学方法叫"停车不让路"，夜校坚持到 1964 年。

1992 年 7 月 27 日，场工会、场团委、场女工委配合场侨联，在归侨安置点开办职工文化夜校一个班，由暑假回场的大学生授课，学员是该分场的归侨农工，共 38 名学员。7 月 28 日又有两个班开学，分别有学员 32 名和 38 名，由小学教师兼职授课。三个班的文化夜校学员共 105 人，主要是扫盲，教学员认字提高文化程度，也传授一些农科知识，利用晚上工余时间教学，农业技术人员帮助辅导。夜校开办一年多，有一部分学员原来不识字，经过学文化，能够看懂自己领用的化肥、农药数量，会在领料单上签名了。

第三节　成人学历教育

良圻实业总公司在自治区党校和职工技术学院支持帮助下，开办成人学历教育，1998年11月，设立大专班教学点，经报名考试，共有40名职工被录取为区党校98级经营大专班学员，当年11月12日举行开学典礼，为提高职工文化科学技术素质，把大学办到家门。

2001年，根据区农垦局研究生培训计划，农场选派一名青年干部蒙振国参加清华大学人文学院为期两年的研究生培训，后来取得了相应学历。

第四节　职工在职教育

农场在各个时期，结合实际加强职工的在职素质教育。分场的农业职工，由农业技术干部进行辅导，上农业技术课，还多次组织他们到高产地区实地考察学习，让他们逐步掌握旱地高产综合栽培知识，落实大面积高产措施；畜牧业根据职工不同的岗位、环节、工序制订出系列教育量化指标，由分管领导主讲，组织职工全面学习领会后，在各自岗位上学以致用，每月考核一次，对三次考核不合格者，调离原工作岗位；制糖业职工，每年开榨前，分别开办员工教育学习班，管理人员设置全面质量管理、现场管理、安全生产管理等课程，车间职工学习安全生产知识课程和关于节能降耗、成本否决制的生产方法，各业职工在职教育形成了经常化。

第五节　女工培训

一直以来，农场女工委注重对女工思想意识、保健意识、女工干部的培养教育等多方面的培训。一是开展女性健康知识、亲子教育专题培训等多期培训班；二是举办健身操和化妆礼仪培训班；三是多次组织三家企业女工骨干到横县、南宁参加妇女骨干培训班，进一步提高女工干部的履职能力、办事效率、思想素质，锻炼和增长女工干部才能；四是女工委联合横县妇联、南宁市康之桥职业技能培训学校，开展免费家政技能送教上门培训，共有160多名女工参加，其中62名女工获得家政技能资格证，为女工拓宽就业渠道，提高经济收入奠定良好基础。

第三章　教育投入

第一节　学校设施

农场中小学校园面积共 150 多亩，从建校初期至 20 世纪末，学校从简单设施发展至一定的规模。场中学建筑面积 5858 平方米，拥有物理实验室、语音室、电脑室、阅览室、图书室，各种实验仪器较为齐全，藏书达到 5878 册，活动场所有篮球场、足球场，有宣传长廊、校园网络，教师室实现电化办公。小学建筑面积 2708 平方米，内有教学楼 1 座、教室 14 间，办公楼 1 座、办公室 4 间，学生宿舍楼一座、寝室 14 间，体音室、阅览室、电视室各 1 间，有电脑 24 台，投影仪 13 台，收录机 20 台，藏书 4500 册，教学仪器音、体卫类器材达到国家规定二类标准，少先队活动室有全套仪仗队服装。中小学共有固定资产 201 万元。

第二节　教育经费

农场教育经费的投入，每年开展职工教育培训开支数万元，普通教育随着教育规模的发展，经费逐年递增，从 20 世纪 80 年代起，每年递增 31.2%，仅 1984—1994 年的 11 年间，共投入普通教育经费 433.57 万元。据广西农垦良圻实业总公司 2000 年 9 月 30 日就企业剥离社会职能问题，向横县人民政府等的报告中，阐明每年需供小学教职员工工资、奖金、业务费用 384941 元，中学教职员工资、奖金、业务费用 215476 元，中小学教育经费每年共投入 600417 元。

第四章　科技普及

第一节　科技队伍

1956年初建场时，生产规模尚小，全场只有工程、农业初级专业技术人员5人。进入新时期经济建设阶段，科技人员有了很大增加，1988年，农场有各类获职称的科技人员21人，其中中级职称3人，初级职称18人。至1990年全场有工程、农业、经济、财会、教育、卫生等多方面、多行业的专业技术职务人员200人，其中工程系列26人，农业16人，经济46人，财会28人，教育61人，卫生23人。2003年，全场专业技术职务任职资格的人员达到360人，比1999年增长91.5%。各系列专业技术人员构成如下：工程58人，农业42人，经济49人，财会41人，教育87人，卫生55人，政工28人。2020年，全公司专业技术职务任职资格的人员有88人，其中高级职称14人、中级职称29人、初级职称36人，高级技工3人、中级技工3人、初级技工3人。政工系列38人，农业系列16人，经济会计系列14人，工程系列11人，技工类9人。截至2021年，全公司专业技术职务任职资格人员有91人，其中高级职称16人、中级职称29人、初级职称37人、高级技工3人、中级技工3人、初级技工3人，政工系列40人、农业系列16人、经济会计系列15人、工程系列11人、技工类9人。

第二节　技术培训攻关

一、技术培训

农场职工岗位技术培训始于20世纪80年代，此后逐步推行，形成制度化，至20世纪90年代，平均每年技术培训的职工占在册职工总数的35.3%。培训的层面包括农业、畜牧业、工业、基建、水电的在岗职工。农业岗位职工的技术培训，主要是提高他们良种良法的种蔗知识，实现旱地甘蔗大面积种植高产丰收；畜牧业职工的岗位培训，重点在养猪的各个环节，解决新科技在生产上的实际运用，自2006年以来，良圻原种猪场通过对外交流，请美国专家、教授来开班培训，提高科技水平；糖厂每年10月为职工技术培训月，主要是使糖业职工尽快适应 ISO9002 质量保证体系规范的各项管理；造纸业实行职工技术轮训，让大家熟练掌握操作抄纸技术，克服粘缸多、断头多、烂纸多等现象；基建、水电职工的岗位培训，促进基建水电人员适应新技术在本行业的应用，落实持证上岗。1999 年，设立职工再就业服务中心，举办劳动技能培训，使他们掌握一定的劳动技能，重新上岗并能胜任本岗位工作。

二、技术攻关

1993 年，造纸厂为解决造纸生产过程中砂粒除不干净的质量问题，组织技术人员和造纸工人合作攻关，经几十次试验，从改造工艺流程和设施入手，把连用多年的低压除砂器换成 606 高压除砂器，相配套高扬浆泵，最后攻克了长期砂粒除不干净的难题。1994 年，造纸厂再次组织攻关，主要目标是防止纸浆流失过多问题，经反复研究试验，将清水注入除砂器，充分稀释浆料，最后把设在地下的浆池移上地面，使浆料得到充分循环，杂质和纸浆彻底分离，解决了纸浆大量流失浪费现象。1997 年，糖业生产为攻克白糖黄点、黑点和糖粉多的质量问题，组织了攻关的一个课题小组，通过技术改进和优化技术装置，采取吊篮筛乙糖，振筛增加分类筛层，将糖粉分离出来，同时增设负责清除白砂糖黄黑点的岗位和设备，最终在 1997—1998 年榨季，攻关解决了白砂糖的黄点、黑点、糖粉多、结硬块、外观差的老大难问题。

第三节 专业技术职务评聘

1988 年 2 月起，农场根据中共中央《关于改革职称评定、实行专业技术职务聘任制度》的规定，改革旧的职称评定方法，实行专业职务聘任制，把职务和职称分开，使职务和职责一致。截至 1988 年底，首次评审获专业技术职务任职资格 225 人，其中农业 13 人、工程 32 人、卫生 25 人、会计 30 人、统计 2 人、教育 71 人、经济 52 人。1989 年 4 月首次聘任专业技术人员共 185 人，其中农业 14 人、工程 24 人、卫生 24 人、会计 25 人、统计 2 人、教育 56 人、经济 40 人。

1991 年，农场在专业技术职务评聘中增加政工系列，政工人员的专业技术任职资格追溯到 1990 年。当年，共聘任农业、工程、卫生、会计、统计、教育、经济、政工 8 个系列 195 名专业技术干部职务，其中高级技术人员 3 名、中级技术人员 27 名、初级技术人员 165 名。

1994 年，良圻实业总公司开展年度职称评审工作。当年的职称改革工作，联系现代企业制度建设各项工作进程，推荐、评审、晋升等于7月底申报结束。各系列专业技术人员评定结果是：农业技术12人，其中高级职称1人、中级职称4人、初级职称7人；工程技术人员30人，其中中级职称1人、初级职称29人；教学人员60人，其中中教高级职称3人、中教一级6人、中教二级14人、小学高级职称11人、初级职称26人；经济管理人员20人，其中中级职称1人、初级职称19人；会计人员25人，其中中级职称5人、初级职称20人；统计人员2人，都是初级职称。各类专业技术人员取得职称的共149人。

1995年，根据区农垦职改字〔1995〕第15号文件精神，全面开展年度职称评审工作，从8月中旬起，各系列开始推荐、评审、晋升条件申报。评审结束后，全公司各类专业技术人员共175名，各类专业职务如下：农业系列12名，其中高级1名、中级4名、初级7名；工程系列27名，其中中级2名、初级25名；卫生系列21名，其中主治3名、医护18名；教育系列55名，其中中高3名、中一6名、初级11名、小高11名、初级24名；经济系列19名，其中中级1名、初级18名；会计系列25名，其中中级5名、初级20名；统计系列2名，都是初级2名；政工系列14名，其中中级5名、初级9名。

1996年，根据年内评聘专业技术职务情况统计，共有8个系列科技人员160名，其中高级职称2名、中级职称40名、初级职称112名，另有10名专业技术干部，经区局评审，获申报晋升职称资格。

1999年，根据自治区农垦局各系列各级别职称评委评审通过，相关职改领导小组批准，以及对1996年前已获得各类任职资格的验证注册，决定对215名各系列各档次专业技术人员任职资格进行公布，其中工程系列29人、内中级6人、初级23人；农业系列25人，其中内高级1人、中级6人、初级18人；经济系列17人，其中内中级1人、初级16人；工程系列29人，其中内高级1人、初级23人；教育系列66人，其中内中级2人、初级64人；卫生系列32人，其中内中级7人、初级21人；会计系列28人，其中内中级7人、初级21人；政工系列18人，内高级1人、中级8人、初级9人。

根据2006年5月印行的《良圻农场年鉴（1992—2003）》记载，以最近的调查统计良圻三家（良圻农场、良圻制糖有限公司、永新畜牧公司）企业自职改以来，获各类专业技术职务资格人员人360名，其中高级10名、中级99名、初级251名。

2020年，根据农垦集团评委会评审及相关职改办批准，农场现有专业技术职务资格人员88人，其中高级职称14人、中级职称29人、初级职称36人，高级技工3人、中级技工3人、初级技工3人；政工系列38人，其中农业系列16人、经济会计系列14人、工程系列11人、技工类9人。

2021年，根据农垦集团评委会评审及相关职改办批准，公司现有专业技术职务资格人员91人，其中高级职称16人、中级职称29人、初级职称37人，高级技工3人、中级技工3人、初级技工3人。政工系列40人，农业系列16人，经济会计系列15人，工程系列11人，技工类9人。

第四节　科技表彰大会

1995年9月4日，广西农垦良圻实业总公司召开科技工作表彰大会，参加会议的有总公司领导、各单位负责人和科技工作者代表共67人。总公司董事长、党委书记黄昌成作了题为《依靠科技进步，促进科技全面发展》的报告。黄昌成全面总结了建场以来科技工作的成绩，无论是农业生产还是畜牧业的发展，制糖、造纸、酒精、纤维板、红砖等工副业项目的产品，科技含量越来越高，科技进步越来越显著，长期奋战在第一线的科技人员作出了很大的贡献。会议决定当前做好三项工作：一是真正树立科学技术是第一生产力的理念，把科技工作作为振兴企业经济的措施来抓；二是农场原来科技含量较高、基础扎实的项目，原料蔗、养猪、制糖等，要继续发展，向高新、尖端开拓前进；三是加强科学试验和实践，加强科技协作，组织技术攻关，力争做出成果。大会表彰了为农场生产建设作出较大贡献的17名科技工作者，给予了奖励，有4名先进科技工作代表在会上作典型事迹介绍。

第五章 科技发展

第一节 农业科技

农场根据各个时期的经营方针，大面积种植香茅、木薯、玉米、水稻、红麻、花生米、甘蔗等作物，其中香茅、甘蔗等栽培，经多年试验、实践、对比，从品种引进、选育、栽培、管理、收获到种储都有一套行之有效的技术规程。

一、香茅

（1）采用分株增殖，选一年以上健壮的植株为培育母株，适当修剪须根后，置阴凉处假植，定植期宜在雨季，成活率高，植后5～6个月即可第一次收割，一年收获3～4次。

（2）割叶终止期在适时，终止割叶太早则产量低，太迟则容易致香茅大面积死亡，经试验，割叶终止期以当年12月中旬为宜。

（3）割叶方法应避免平割，宜采用锥形多刀割取，并进行培土，以利安全过冬。

（4）重施有机质的磷钾肥，不但可增加茅叶收割次数，产量高，且对于香茅出油率及品级都有很大提高。

二、甘蔗

农场在确定以蔗糖为主的经营方针后，大面积种植甘蔗，经在大田栽培实践中探索和在实验基地进行科研，积累了一系列适合本场土壤性状特点、气候、雨量等自然条件变化的品种、管理、高产、高糖的高产优良品种栽培经验。

（1）不断引进、培育、推广甘蔗优良品种，形成早、中、晚熟合理搭配的良种体系。经长期对比试验，筛选确定以新台糖16号、20号、22号、23号、26号和粤糖63/237、79/177等作为优化甘蔗品种的基本结构。

（2）搞好良种繁殖，建立基地，长期跟踪品种对比、行距对比等试验，探索出宽行密植，以140～150厘米宽行种植最为恰当的数据。

（3）实行科学配方施肥，并早种早管早施肥。实行农场旱地甘蔗配方施肥技术，是根据甘蔗生长过程养分需要量和氮、磷、钾肥料的效应函数研究试验，以及微机指导施肥试验，以农场本底供肥能力的测定来计算，达到的目标产量作为指导肥料施用量。

（4）推广化学除草。农场蔗地多为一年生的杂草与多年生的恶性杂草，密密麻麻长在一起，杂草多的地块，每平方米有 13000 多株，重 2 公斤，相当于亩有杂草 1.3 吨，人工除草费时费力达不到应有效果，经多年试验，使用杀草谱广、药效期长、低毒高效的"蔗田除草剂"，能基本解决大面积田间除草问题。

（5）加强植保。农场甘蔗的主要虫害是锯天牛、金龟虫、螟虫、蓟马虫和棉蚜虫，危害甚烈，根据农科实践，防治方法是：新植蔗下种时施特丁磷 5 公斤，5 月初全面喷洒甲氨磷，有效地把虫害消灭在点发时期。老鼠对甘蔗危害也不小，每年都拌制毒谷 1.5 万～2 万公斤，分两次投放毒鼠，能在甘蔗收成前，有效地抑制鼠害。

（6）测土配方施肥。农场从 2008 年 12 月开始进行测土配方田间试验，农业技术人员在全场 12 个分场深入田间地头，全面铺开土壤采样收集工作，共采集土壤样品 416 个，每个样品采集土壤分 15 个点采集，到 2009 年 4 月完成土壤采集送检工作，送至金光中心站检测分析，在全场推广测土配方施肥，依托甘蔗智能化施肥专家系统，推广甘蔗智能施肥技术，减少肥料用量，降低成本，提高农业经济效益，一年多来，农场核心示范区全部进行因土配方施肥，同时，还进行甘蔗"3414"肥效小区试验。农场实施测土配方田间作业以后，提高蔗区土壤营养成分，促进蔗农节本增收。

2015—2017 年主要参与自治区科技厅《甘蔗优良新品种（系）高效繁育与中试示范（二）》课题申报、实施，项目获验收通过并取得科技成果登记。课题引进甘蔗新品种（系）17 个进行品比试验筛选，筛选出单产和蔗糖分达到"双高"基地要求的适合良圻蔗区种植的新品种（系）4 个——桂糖 42 号、桂糖 46 号、桂柳 05136、桂糖 08-1589。建立甘蔗新品种繁育示范基地 1 个，三年累计繁育示范面积 3213 亩，平均亩产 7.7367 吨，三年累计生产优良种茎 2.4858 万吨，基地产值达 1317.474 万元，新增利润 203.094 万元。推广种植桂糖 42 号、桂糖 46 号、桂柳 05136 等新品种，新增工农业产值 3768.562 万元，新增工农业利税 1647.7991 万元。总结形成《良圻农场甘蔗良种繁育技术规程》和《良圻农场甘蔗高效栽培技术规程》，在省级刊物上发表论文 2 篇；培训 710 人次。

2016—2018 年主要参与自治区科技厅项目《广西良圻农业科技园区科技创新能力建设示范——甘蔗种植、制糖、生猪养殖产业》申报、实施。经专家现场查定，项目大面积集成应用示范大功率机械深耕深松、蔗叶还田、宽行种植、地膜覆盖、病虫害综合防治、猪沼液定量灌溉等高产栽培技术 6 项。建立优良品种繁育示范基地面积 916 亩，亩产优良种茎 7.54 吨；推广种植桂糖 42、桂糖 46、桂柳 05136 等优良新品种，2018 年农场优良新品种覆盖面积达 75.55％，甘蔗平均亩产 6.909 吨，甘蔗蔗糖分 14.62％。2018 年 2.5 万亩双高基地总产 17.2725 万吨，据良圻制糖公司 2018—2019 年榨季进厂原料蔗统计，优良品种原料蔗量占农场总量的 79.24％，平均甘蔗价格 513.77 元/吨，比普通品种的 490 元/吨提高了 23.77 元/吨，产值 8874.09 万元。辐射带动 4 万多亩总产 27.2989 万吨，优良品种原料蔗量占 54.45％，平均甘蔗价格 506.34 元/吨，比普通品种的 490 元/吨提高了 16.34 元/吨，产值 13822.5479 万元。

2017—2018 年主要参与南宁市科技课题《桂南蔗区糖料蔗"双高"新品种引进、选育与高效繁育技术研究与示范》申报、实施。经专家现场查定，课题引进甘蔗新品种（系）8 个进行比较试验，筛选出适合桂南蔗区推广种植品种（系）1 个——柳城 07-150，建立甘蔗良种繁育示范区 217 亩，亩产优良种茎 7.217 吨，推广种植桂糖 49 号、福农 41 号等新品种 690 亩，进一步优化蔗区品种结构。项目实施期间新增农业产值 562.81 万元，利润 268.66 万元。

第二节　工业科技

一、造纸

农场造纸厂 1968 年投产，至 1997 年 2 月关闭停产，经过 29 年的生产实践，积累了一整套造纸科技措施。

（1）根据生产需要不断进行工艺技术和设备效能改造，对纤维的蒸煮，由传统的蒸煮办法改为低温快速蒸煮，缩短了蒸煮时间，降低物耗，提高粗浆收获率和球浆的产量。

（2）加大纤维分离机容积，按原安装容积 0.4 立方米改为 0.8 立方米，加大一倍，并增设斜筛，改干跳为水跳，理顺洗涤、净化工艺，使杂物净化率由 20％～30％提高到 80％～90％，日处理量由 10～30 吨提高到 60～100 吨。

（3）改变双盘磨固定浆池制浆方式为不固定制浆方式，将 5 台双盘磨不固定浆池连起来使用，加快制浆速度，提高生产能力。

（4）交换配料池小功率推进器为大功率推进器，使搅拌工艺良性循环。原传统设施是 11 千瓦、转速 970 转/分的电动机推进器，浆料浓度大时不能推进搅拌，经试用 17 千瓦、1450 转/分的电动机，各种化工原料经搅拌作用配制生产效果明显。

（5）改进了抄纸过程各相关部位设备和工艺，减少粗渣粒和纸病，提高了成纸的物理指标，稳定产品质量和产量。

二、制糖

制糖业自 1976 年末正式生产以来经过 30 多个榨季，日榨量由 500 吨发展到 3500 吨，生产工艺技术改变了传统式的高硫熏工艺，采用适应甘蔗澄清工艺技术，改进中和反应器，使工艺条件的控制得到稳定，产品的科技含量相应提高。1999 年，糖厂加强以产品质量为中心的管理机制，蔗区生态环境无污染，生产工艺流程层层把关，定好白砂糖糖质量的内控指标，白砂糖从零编号起就生产出合格糖，使整个榨季白砂糖皆保持在 130 度幅度内。当年 7 月，代表农业部全权管理绿色食品标志与绿色食品相关事宜的机构——中国绿色食品发展中心，与良圻实业总公司签订协议，"涌泉牌"一级白砂糖获"中国绿色食品"标志使用权。糖厂并于 1999 年 8 月开展 ISO9002 质量保证体系贯标认证工作，至 2000 年 2 月 28 日，通过了中国船级社质量认证公司的审核，成为广西垦区首先获得 ISO9002 质量认证的糖业企业。

2014 年，由广西糖业研发中心良圻基地成功在良圻制糖有限公司落户。良圻制糖有限公司拥有了广西糖业四大顶尖科研平台：制糖分析实验室、糖醇糠醛类制品研究实验室、八桂学者绿色制糖岗位研究实验室和广西甘蔗资源绿色加工工程技术中心，均落户良圻制糖有限公司，并建有一条木糖、木糖醇联产 L-阿拉伯糖中试生产线，成功利用了甘蔗渣提取木糖、木糖醇、L-阿拉伯糖等系列产品。2014—2019 年，至今先后承担了国家、自治区、南宁市等科技项目 13 项，获得授权或受理的实用新型专利和发明专利 30 多项，发表研究论文 28 篇。2017 年，良圻制糖有限公司获评广西壮族自治区知识产权优势企业和高新技术企业。

第三节 畜牧科技

建场初期至 1983 年，农场养猪生产规模不大，1984 年开始规模化大群养猪，随即养猪业应用推广新科技。一是猪的品种改良、繁育与推广，相继引进纯种中约克、大约克、盘克等外种猪，坚持自繁自养，不外购猪苗，逐步实现母猪本地化、公猪良种化、肉猪杂交一代化的商品猪规模。二是猪的疫病防治成果显著，杜绝传染源，猪群死亡率为 5.83％，达到国际先进水平。良圻的养猪业并率先在广西垦区消灭了猪布鲁菌病，其研究成果《国营农场布鲁氏菌综合防治推广应用》，获得相当的社会经济效益。三是推行电脑配方管理。自 20 世纪 90 年代起，农场养猪业进入电脑配方、电脑管理的高层次发展，饲料生产采用电脑控制，通过电脑优化各猪群的配方后，将该配方放实际生产中推广，使每公斤饲料比人工配方节约 0.03 元，一年可增收节支 10 多万元。猪场管理通过电脑储存猪群档案，及时反映种猪生产优劣状态，及时查找猪群父母代及其后代的生产性能，达到优化组合优势。四是应用受孕探测仪。在规模化养猪实践中，采用受孕探测器，提高了母猪利用率，及时发现未孕或返情母猪，配种 21 天后，即能确定是否受孕，适应集约化养猪密度大、数量多、人员少的特点。

永新畜牧科技人员深入生产实践，取得很大成效，主要成果有：

（1）"南方集约化饲养外种瘦肉型猪综合技术推广"项目获 2002 年全国农牧渔业丰收二等奖。

（2）"仔猪超早期隔离断奶技术研究"项目获 2005 年广西科技进步三等奖。

（3）"加系瘦肉型原种猪选育与配套组合研究"项目获 2006 年广西科技进步二等奖。

（4）"瘦肉型猪无公害标准化生产技术研究与示范"项目获 2007 年广西科技进步二等奖。

（5）"广西种猪场饲料主要霉菌素调查和防治研究"项目获 2008 年广西科技进步三等奖。

（6）"养猪业标准体系的研究与应用"项目获 2009 年广西科技进步三等奖。

第四节　农机科技

1969 年自行设计制造水稻收割机 3 台；1970 年自制水稻插秧机 7 台；1976 年自制电动打谷机 7 台，平均每台 1 小时可打稻谷 800 公斤。至 1977 年，全场水稻、玉米、花生等主要作物的生产，从犁耙整地、开行、播种、杀虫、收割、运输、脱粒等工序，基本实现了机械化和半机械化，减轻农工的劳动强度。在农场改变为以发展糖料蔗为主的经营方针后，1981 年自行研制甘蔗播种机，开行、砍种、播种、下肥、盖土 5 项工序一起完成，基本实现甘蔗生产机械化，但都还停留在小面积上试验，由于种种原因，后来没有推广开来。

第五节　农业机械 GPS 定位

近年来，由于农业生产技术的成长，农业智能化管理效率提升，本场为推动农业领域的智能化、机械化成长，开始引进农业机械 GPS 定位技术及无人机喷药作业技术。

农业机械 GPS 定位技术的应用中，将 GPS 定位器固定在农业机械中，通过接收卫星信号，传输至后台，将相关的定位信息进行分析，并准确呈现在管理平台。通过 GPS 定位器，可以在终端看到大功率机车作业深度及作业面积，避免机车由于职工监工不到位而作业不合格，导致返工及验收面积差别大导致的纠纷，提高了作业及验收效率。通过几年的摸索及改进，目前本场安装有 40 台 GPS 定位器，分布在各个分场。

第六节　无人机喷药

植保无人机旋翼产生的强大气流，将药液直接压迫作用于作物的各个层面，农药随气流可深入甘蔗的根部、叶子的背面，对甘蔗病虫进行防治。不需再头顶烈日，背着十几公斤的农药在蔗田喷洒了，现在植保无人机在地头遥控操作喷洒，人体不容易受药物侵害，避免重度中暑，安全可靠。

第六章　科技应用

第一节　提高产品科技含量

1988年，养猪业的科技应用，在原有电脑管理、电脑配方的基础上，又成功使用喷雾系统装置，达到使夏季猪群降温的目的，猪群的料重比达到3.22∶1，比此前的平均3.24∶1降低了0.02，提高了养猪成效。当年，还通过了对核心猪群的不断选育和引入良种猪的血液，达到商品猪质量稳定的效果，向香港供生猪产品，一类猪达94%，口岸还允诺免检优惠，向区内提供种猪699头，体形和生产性能均好，在当时生猪市场疲软情况下，由于农场生猪的科技含量高，出栏生猪仍然十分畅销。

第二节　提高制糖设备效能

糖业生产进入20世纪90年代初，开始对有关设备进行挖潜，提高了设备效能。一是喂蔗台加宽了1.2级蔗带，更新蔗带板，在各榨季运行中，完好率达100%。二是1号蔗刀鼓直径加大，刀排数由原8排改为12排，甘蔗破碎率提高10%。三是改进锅炉蔗渣带，由原刮板输送带改为胶带，使锅炉在生产中安全率达到98%～100%。四是将原3台耗能高的变压器（每台320千伏安）更换为2台630千伏安变压器，使每次起炉升压有足够外电供给，为多榨快榨赢得时间和效益。五是将原来单孔出汁的120立方米沉淀池更新为160立方米环形出汁沉淀池，解决了反底和顶笼问题，提高蔗汁澄清效果。

1997年，根据制糖生产锅炉能力的不足，更新改造2号炉，由25吨扩大到30吨产气能力；更新2台甲糖甎，增加1个20立方米乙糖甎，全部管路更新和原料箱移位，1998—1999年榨季由日榨原料蔗1800吨提高到2000吨，一个榨季可缩短15天的榨期，同时预有300吨的余地。

第三节　无公害养殖基地

2003年广西农垦永新畜牧业进入无公害超标准化的生产管理，8月13—24日，广西水产畜牧局组织自治区畜牧总站、药物监察所等相关单位专家9人，先后深入永新等7家畜牧公司的生猪养殖基地现场，听取申请单位无公害生猪养殖基地建设情况汇报，查阅生猪生产过程中各项原始记录、档案、产品质量管理体系及产品抽样检查结果等，对照农业部无公害生猪养殖基地验收办法进行综合验收。考核专家组认为，永新等畜牧单位在无公害生猪养殖基地建设方面做了很多工作，养猪集约化程度高，尤其永新先进的污水处理系统、饲养环境的绿化美化、全进全出分点式隔离饲养、ISO 9001：2000产品质量管理体系、电脑化管理和疫病控制与净化等方面技术的应用，有效地保证了猪群从出生到上市的良好健康状况。专家组一致同意永新公司等畜牧单位验收为无公害生猪养殖基地，并颁发了证书。

第四节　垦区最高的甘蔗

广西农垦良圻实业总公司推广应用垦区甘蔗高产栽培综合技术措施，长期坚持和完善甘蔗生产的水利化、机械化、良种化、智能化建设，以新科学、新技术种植甘蔗，1999年"吨糖田"示范项目面积1510亩，甘蔗平均亩产7.41吨，平均蔗糖分14.39％。2001年，在"吨糖田"示范片200亩中，砍收时经实地验收，亩产达到8.6吨，最高的一株达到4.1米，受到广西农垦局副局长陈锦祥赞扬，他说，自发展甘蔗生产以来这是广西垦区长得最高的甘蔗。

第七章 科技成果

第一节 环保建设新突破

良圻制糖公司的环保建设，走的是可持续发展的路子，他们先后与自治区农垦局、区科技厅、广西大学、自治区轻工设计院、广西糖业生产力促进中心和横县环保局取得联系，寻求帮助指导，寻找最优秀治污科技手段，从一开始就高标准、高起点，从根子上、源头上治理。自2007年以来，良糖根据生产环节的排查，利用技术创新转化科研成果手段，先后立项"锅炉冲灰水流程改造"等6个项目，消灭部分污染源。紧接着又实施了两项重大整改措施：一是开展清淤工程，把原来历年污水排的大池塘全部清理干净，再放清澈干净的水源，封闭、储存起来，使之循环利用，又不外排；二是为了治污，砍掉了糖厂的酒精生产项目，这项目虽然每年能为企业创造30多万元利润，但污染严重，忍痛关闭。

内部改造取得阶段性环保建设成果后，经过科学预测，又实施环保治污更大规模，良糖投入历史上最大的费用1038万元，实施"节水治污和清洁生产工程"项目，这是一项技术先进、工艺科学、集专家智慧和成果于一体的工程，自治区环保局、财政厅、环境监察总队、农垦局都给予很大的支持；横县环保局与良圻制糖公司一起研究筛选最佳方案从排污源头抓起，从清洁生产工艺着手，一直跟踪监测，直至达标。

良圻制糖公司实施环保建设综合工程以后，监测数据表明，在节能、节水、无污染费用、循环水灌溉甘蔗等新增效益收支相抵后，每年可实现经济效益117万元，企业形象在社会上得到很大的提升。2007年以来，到良糖参观环保建设项目的国内外官员、客商和院校师生纷纷涌来，其中有美国、加拿大、新加坡、黎巴嫩、叙利亚、缅甸等32个国家和地区的客人；有农业农村部农垦局的领导、内蒙古自治区农垦局的领导、农垦管区的金光、柳兴制糖公司等同行单位；有在商务部进修学习的"小农适应全球化"高级研修班40多个国家的学员、广西职业学院人力资源系师生等，良圻制糖公司环保建设创新科技实现新突破，开创企业经济效能新领域，赢得海内外贵宾、同行和学者、专家的赞扬。

第二节　畜牧创新科技引领行业发展

良圻原种猪场近年来，通过电脑数字化生产管理分析系统，充分挖掘生产潜力，发挥创新科技在畜牧业上的生产经营业绩。一是采取分胎饲养和全进全出的方法，有效防止疫病的发生，降低死亡率；二是强化 B 超妊检力度，减少母猪非生产天数，提高空胎检出率；三是加强母猪测背膘定喂量的落实与管理，进一步提高了母猪的生产成效；四是坚持保育猪科学普防措施，有效控制猪副嗜血杆菌造成的损失，提高成活率；五是全国首家使用 AIOKA-50B 超仪制作生长曲线，做到精准饲养，降低饲料成本，提高生长速度；六是合理使用兽药疫苗，避免滥用浪费，增大成本。

近几年来，良圻原种猪场为拓展科技在畜牧业上的成效，在科技投入上不遗余力，贡献率在行业内处于领先地位，不仅积极参与科技项目研究推广，每年还有一个科研项目课题通过专家论证，在应用新设备、新工艺方面走在全国同行业前列，到 2022 年为止，该猪场已获得国家和自治区 8 个重大行业科研项目支持，得到项目资金 824 万元。

良圻原种猪场在科学养猪上引领行业发展方向，其成功之处在于畜牧创新科技。该场现在新建成的第四原种猪场，是国内第一家采用大跨度设计、水泡粪、全自动喂料、全自动通风换气工艺的猪场，也是国内首家采用过滤系统的公猪站。与此同时，良圻原种猪场作为全国第一批生猪"良好农业示范"认证试点单位，2009 年 7 月 7 日通过了申请认证工作，养殖专业化、规范化和集约化水平不断得到提高。

2002—2010 年，九年来良圻原种猪场已分别有"仔猪早期隔离断奶技术研究""大型集约化猪场伪狂犬病净化技术研究与应用""南方集约化饲养外种瘦肉型猪综合技术推广"等 7 项科研成果，获得全国农牧渔业丰收奖和广西科技进步奖。

第三节　甘蔗科研转化生产提升

良圻农场在确定发展以原料蔗为主的经营方针，大面积种植甘蔗以来，农业技术人员对甘蔗栽培试验从无间断，取得很大成效。农场各级领导也普遍开展"吨糖田""千亩万吨示范蔗"的生产科学实践，从中总结经验，由点到面整体推广。

良圻农场生产技术部门、良圻制糖有限公司农务部门的农艺工作者，近年甘蔗的栽培试验和旱地甘蔗高产丰收试验十分活跃，研究的课题相当广泛，分别进行了甘蔗品比试验、甘蔗受冻害后发芽试验、甘蔗品种退化的表现及防治试验、甘蔗摆种试验以及甘蔗肥料施用试验等。他们在科学试验中认真总结，积累大量试验数据，选育出甘蔗优良品种"良糖 1 号"蔗种，向蔗区推广，受到地方政府和蔗农的欢迎赞扬，随后他们继续研试，又选育出"良糖 2 号"甘蔗良种，在更大范围推广，促进企业的经济效益和社会效益提高。

农艺师谢廷林，在长期的甘蔗科学试验中积累了丰富的经验，并进行了系统的总结，在 2003 年到 2009 年的七年时间内，分别在《广西蔗糖》《甘蔗糖业》科学刊物上发表了《甘蔗施用改土保水肥试验总结》《甘蔗肥料投资试验总结》《甘蔗施用糖厂酒精废液的肥效试验研究》《宿根蔗前期不同管理水平对甘蔗的效应》等 9 篇科技论文，在科学实验中提升理论高度，用科学理论来指导地方和蔗区的甘蔗栽培，服务于大面积生产的实践，发挥科技引领作用。

良圻农场随着广大职工种蔗积极性的提高、农业技术人员甘蔗科研水平的提升，农场的原料蔗产量才一步步增长，1976 年农场开始种植甘蔗，当年全场甘蔗总产量仅达 1000 多吨，此后的 4 年，每年产蔗量都徘徊在几千吨之内，1981 年才突破 1 万多吨，1 万多吨到几万吨一直维持了 12 年时间，1993 年以后，每年蔗产量上升到 10 多万吨，进入 21 世纪，2003 年、2006 年、2007 年和 2009 年，甘蔗总产量都分别突破了 20 万吨。2007 年是农场发展甘蔗生产 30 多年来产量最高的一年，总产量达到 238674 吨。农艺工作者不断进行试验、探索和总结，农艺工作创新科技最终转化为科研成果。

第四节　深耕和单行补苗创高产

用大功率机车深耕深松、宿根蔗单行补苗，能实现甘蔗高产，这是农场农艺工作者多年来科学试验，并全面推行取得的成果。大功率机车整地，可加深耕作层土壤，提高土壤保水保肥力，增加甘蔗抗旱抗倒伏能力。农科人员经多年试验表明，深耕比不深耕平均株高增加 14.2 厘米，亩有效茎增加 388 条，亩增产 0.57 吨。2006 年良圻制糖公司及良圻农场多方扶持蔗农购买大功率机车，并参用大功率机车犁地的实行鼓励，每亩补贴 10 元。当年，农场深耕深松面积达 16193 亩，自 2007 年以来，全场基本上皆用大功率机车深耕犁地。农村蔗区深耕深松面积比农场少，2006 年只有 2608 亩，2007 年后，农村蔗区深耕深松面积每年达到了 8000 多亩。据农科人员测算，通过推广大功率机车深耕深松，全蔗区每年可增加甘蔗产量 15000 吨。

农业技术人员针对农场甘蔗当家品种因种植多年已表现退化，特别是宿根蔗产量低的现象，2006 年起反复试验，进行了"宿根蔗前期不同管理水平对甘蔗产量的效应"的研究课题，按高管理水平处理，可保证宿根蔗有足够的苗数和早生快长，获得高产高效。经试验和多点调查，宿根蔗单行补苗比不补苗株高增加 21.4 厘米，亩有效茎增加 1288 条，茎径减小 0.12 厘米，亩增产 1.54 吨。良圻农场工会为进一步推广这一科研成果，2006年 10 月 18 日，发文通知所属各分场，在广大职工中开展"补苗杯"劳动竞赛。由于宿根蔗单行补苗增产效果明显，操作简单易行，种蔗户乐于接受，2007 年宿根蔗单行补苗面积农场达 4536 亩，2008 年 7858 亩。自 2007 年以来农场连创高产，农村蔗区产量也大有提升，这是深耕深松和宿根蔗单行补苗取得的成效。

第八章 科技奖项

第一节 省部级科技奖项

获省部级科技奖项目及人员情况如表 12-8-1 所示。

表 12-8-1 获省部级科技奖项目及人员

年份	获奖项目	受奖人员	授予单位
1990	全国农牧渔丰收高产技术项目三等奖	李蔼翔	农业部
1990	旱地甘蔗大面积高产丰收三等奖	黄昌成、程德业	农业部
1991	推广旱地甘蔗综合栽培技术先进个人	黄昌成、滕明诗	农业部
1995	全国职工技协先进个人	覃其茂	中国农林工会
1999	中华农业科教基金会神内基金推广奖	吴志君	自治区人民政府
2000	广西有突出贡献人员	吴志君	自治区人民政府
2001	广西农业先进工作者	吴志君	自治区人民政府
2002	农牧渔业丰收技术项目三等奖	吴志君、陈源强、谢植、唐荣福、肖有恩	农业部
2006	全国轻工企业信息优秀领导	潘希初	中国轻工业联合会
2016	全国农牧渔业丰收奖	黄卫	农业部
2016	全国农牧渔业丰收奖	李仕龙	农业部
2016	2013 年度农林水利系统优秀调研成果优秀奖	蒙振国	中国农林水利工会
2018	中国改革开放 40 周年广西休闲农业十大领军人物	黄富宇	广西休闲农业协会

第二节 厅局级科技奖项

获厅局级科技奖项目及人员情况如表 12-8-2 所示。

表 12-8-2 获厅局级科技奖项目及人员

年份	获奖项目	受奖人员	授予单位
1987	推广旱地大面积高产丰收奖	黄昌成、程德业、滕明诗	自治区农垦局
1991	农情工作先进奖	玉子应	自治区农垦局
1991	供出口猪先进奖	李蔼翔、卢永亮	外贸经委

（续）

年份	获奖项目	受奖人员	授予单位
1992	推广农业技术成绩显著科技人员	吴志君	自治区农委、科委、教委、科技干部局、农垦局
1994	推广农业技术成绩显著科技人员	吴志君	自治区农委、科委、教委、科技干部局、农垦局
1995	研制推广科技成果有功人员三等奖	吴志君	自治区党委、人民政府
1995	推广农业技术成绩显著科技人员	吴志君	自治区农委、科委、教委、科技干部局、人事厅
1997	农业第一线推广农技成绩显著科技人员	陈源强、吴志君	自治区农委、科委、教委、科技干部局
1998	农业第一线突出贡献先进工作者	陈源强	自治区农垦局
1998	防牲畜"五号病"先进个人	吴志君、陈源强、卢永亮	自治区农垦局
1999	防牲畜"五号病"先进个人	吴志君、陈源强、卢永亮	自治区农垦局
2000	广西农牧渔业丰收二等奖	吴志君、陈源强	自治区农业厅
2001	全区农业科技先进工作者	吴志君	自治区科技厅、农业厅、水利厅、林业厅
2002	南方集约化饲养外种瘦肉型猪技术推广项目奖	吴志君、陈源强、谢植、唐荣福、肖有恩	自治区农业厅
2002	全区农业科技先进工作者	吴志君	自治区科技厅农业厅、水利厅、林业厅
2002	科学养猪优秀论文一等奖	吴志君、唐荣福、谢植	广西畜牧兽医学会
2002	科学养猪优秀论文二等奖	吴志君、雷羽、肖有恩、陈源强、姜志杰、唐荣福、谢植	广西畜牧兽医学会
2002	科学养猪优秀论文三等奖	吴志君、肖有恩、谢植、黄志宏	广西畜牧兽医学会
2009	基地农场高产岗奖	邓乃林、张才南、陈明德	自治区农垦局
2010	科学技术进步奖一等奖	黄卫、玉子应、陆成福、农德坚、廖金政、李仕龙	自治区农业科学院
2010	广西科学研究与技术开发计划项目"应用飞机进行甘蔗催熟增糖的技术研究与示范"三等奖	玉子应	自治区农业科学院
2011	科技技术进步奖一等奖	黄卫、玉子应、陆成福、农德坚、廖金政、李仕龙	自治区农业科学院
2012	科技进步二等奖	农德坚	自治区农业厅
2016	实用新型专利证书	李仕龙（共7人）	广西南亚热带农业科学研究所

第九章　专业技术人员

第一节　高级专业技术人员名录

高级农艺师：苏日炎　滕明诗　玉子应　黄　卫　谢廷林　黄富宇
　　　　　　农　军　曾晓吉　李仕龙　陈有志　李　胜　覃立恩
高级畜牧师：李蔼翔　吴志君　肖有恩　伍少钦
高级工程师：刘惠清　钟宝鸿　陈荣锋　潘宠毅　孙贵聪
高级经济师：潘希初　杨　茂
中学高级教师：李海振　屈知光　陈文照
高级政工师：陈耀礼　蒙振国　覃国平　傅业安　杨喜南　刘树祺
　　　　　　陆玩潮　阮积祥　卢寿庭

第二节　中级专业技术人员名录

农艺师：梁朝宗　周启美　李廷化　谢宏情　农德坚　李海福　廖金政　陆成福
　　　　甘孝瑜　陆　斌
畜牧师：陈源强　谢　植　唐荣福　杨福任　陆可俭　蒋志疆　张海英　韩定角
　　　　陆　江　卢永亮　吴细波　蒙春宁
兽医师：梁书颖　秦荣香　苏　华　蓝　伟
工程师：颜世明　徐成海　陈正洪　滕德荣　杨　辉　林志伟　陈树森　杨汉珉
　　　　张伟斌　覃盛乐　张继清　周开法　韦炳坚　梁克奎　覃春燕　覃勇建
主治医师：银焕堂　张庆文　吴一华　李碧云　陈　勇　吕植晓　黄宗尉　刘次修
会计师：梁业琨　莫春姣　韦吉甫　雷成群　卢道乐　李庆雄　张春媚
审计师：龚仕文
统计师：韦汉东
中学一级教师：梁加佳　李道静　陈亦叶　陈黄图　王典臣　闭水木　黄玉霞

　　　　　　　　洪　陈　颜东进　雷务霄　苏新国　甘秋芬　廖毅仁　刘才荣

　　　　　　　　林发荣　苏玉红

小学高级教师：伍文贞　邓淑姿　古灿光　陈昌明　林京春　颜会绘　林　干

　　　　　　　　班立静　梁天佳　邓福义　滕中兴　周冬梅　苏万里　颜　远

　　　　　　　　梁桂先　农丽蓉　卢坚群　严　静　卢灿平　任良娇　李卫燕

　　　　　　　　农朝炳　陈幼宁　农　梅　巫加伟　李彩红　彭艳群　滕晓梅

　　　　　　　　黄朝先

幼儿园高级教师：黄育银　黄桂英　韦　芬　陈荣英　陆燕华

经济师：陈稠辉　林庆富　梁大桐　刘钦华　韦善育　韦剑秋　李斌开

政工师：韦世幸　陆敏基　黄郑发　陈正辉　欧　坚　刘小飞　赵光宇　韦光亮

　　　　陈喜平　周万晓　曹芳武　刘太福　蔡卓钢　苏万里　黄　程　彭艳群

　　　　刘传群　闭水木　黄明良　梁　明　李立荣　梁先知　吴小梅　谢小清

　　　　苏世德　黄文宁　陈源聪　卢家梅　黄桂利　杨福南　林发荣　朱　剑

　　　　覃桢军　张祖进　莫天祥　肖景成　何情祖

第三节　初级专业技术人员名录

助理农艺师：叶树佳　姜　爽　梁余威　梁诗雨　彭　程

助理畜牧师：农新跃　雷　羽　姜志杰　宋　辉　郑翠莲

　　　　　　全永辉　卢　剑　黄克宏　陆世有

助理兽医师：龙红英

助理工程师：廖健夫　尚自强　施支文　谌绍来　闭煜良　韦　英　滕　俊

　　　　　　庞　彦　梁伟坚　祝海强　陆国善　陆祖军　陆伟新　黄国庆

　　　　　　梁有发　谭　锐　农秋阳　李盛鹏　杜猛泉　黄　程　韦炳坚

　　　　　　苏　权　杨洁茜　张太文　覃培翰　梁引春　覃　平　何立庆

　　　　　　陈桂良　潘春香　颜冰幸　闭圻彪　滕锡强　宁寻理　梁　洪

　　　　　　严　波　黄陈蕾　谢科然

医师：李日平　蒋文明　李德旋　刘倩影

助产师：姚　娟

检验师：龙绍武

护师：农季夏　莫润桓　方海娟　谢　芳　苏　英　邱红敏　黎　阳　王　春

助理会计师：蒙志爱　闭荣宣　陈咸直　刘露云　宁庆才　郑文访　黄金凤
　　　　　　　周忠德　甘培勤　陆琼芬　张小宁　黄凤梅　廖幼文　黄桂利
　　　　　　　何翠群　韦桂莲　韦剑秋　高雪梅　黄文宁　凌燕萍　苏　娜
　　　　　　　邓祝庆　覃子平　黄明珊　覃　芙　潘树礼　陆绍萍　陈丽华
　　　　　　　黄海燕

助理统计师：陈宝娟

中学二级教师：陈　明　黄秀芬　方向鲜　陆钟鸣　黄海鹰

小学一级教师：黎　英　何世奎　孙桂芬　李统煜　苏维海　张嘉和　黄志诚
　　　　　　　　廖小香　莫汝清　潘国才　莫玉莲　郑斯军　谭凤献　苏世萍

幼儿一级教师：何少芳　林德琴

助理经济师：程德业　曾德深　彭业多　刘永康　甘永治　蒙志勇　陈星岳
　　　　　　　王树初　黄海清　黄传望　黄明枢　蒙开理　廖金政　江永笋
　　　　　　　方　灵　刘太福　姚荣贵　梁　明　颜福莲　黄宜宜　黄　钊
　　　　　　　梁露丹　李国庆　陈家东　彭　程

助理政工师：莫汝丰　陆天新　余兴珍　冼锦权　吴明芳　苏维相　曾良章
　　　　　　　肖海华　张乐军　刘传群　刘　坤　吴明飞　李斌开　莫燕选
　　　　　　　卢　山　周桂芳　李修贤　符李福　陆廷宇　吴明雄　王群德
　　　　　　　宁筛杰　邓志敬　玉显凰　马　超　何东才　梁克奎　陈家东
　　　　　　　黄陈蕾　李祖涛

农业技术员：陆仍林　欧　俊　陆成福

畜牧技术员：邓　强　梁　荣　覃振发

工程技术员：龙碧莲　卢焕文　陆仍家　蒙天才　卢其安　覃昌汉　黎荫来
　　　　　　　梁昆华　郭显文　张　翅　苏万成　李开甲　苏世良　邓培飞
　　　　　　　周培辉　陆家平　陆志晖　颜志莲　韦许进　吴信仪　卢红梅
　　　　　　　梁岳强　农认路　马琦艳　黎　洁　梁祝群　黄开芬　马　丽
　　　　　　　周冬泉　龙秋莲　韦锡波　秦显光　颜伟进　苏秀兴　钟爱文
　　　　　　　黄小梅　王活龙　黄　玲　吴芳兰　杨朝秀　阮志明　罗文健
　　　　　　　李永昶　康绍传　吴信仪

医士：王燕华　黄美云　陈秀珍　杨月英　白景龙　梁灿保　曾云超　张　宁
　　　陆镇生　黎　霞　韦超展　梁　惠　白　波　邓庆新　农　勇　覃　喜
　　　杨仁凤

药剂师：宋以瑶　梁金好　雷　红

护　士：潘秀英　潘俊华　施　群　何锡珍　莫金英　陈皓玲　甘　香　邓春燕
　　　　黄　娟

助产士：陆桂源

会计员：刘增修　黄为俊　沈汝利　余锡恩　冯国彩　邓矩好　韦青锋　黄宏球
　　　　黄炳成　陈大梅　农丽珍　黄云佳　梁惠芳　滕旭珍　何东英　陈正均
　　　　罗世萍　卢家梅　陈锡明　黄铭珊　李剑文　许仕茗

中学三级教师：蒙楚仲　张仕进　叶树规　张汉玉

小学二级教师：农秀香　段红刚　韦著菁　陈世芬

小学三级教师：覃瑞坚　张汝森　黄忠云　黎　虹　陆灿玲

幼儿三级教师：农月梅

经济员：莫汝丰　韦汝现　王克兴　龙辉明　陈汉坚　梁小蕾　马耀兆　杨子珍
　　　　黄亦任　钟宝荣　黄本洪　梁子发　施永禄　黄小萍　钟永保　雷兆坚
　　　　叶枝烈　何志深　马秀乾　李民杰　杨培佑　陈咸昌　陈亦耀　苏鉴翠
　　　　韦吉明　李宗耀　杨喜南　余洪宝　李润妹　陆钟鸣　黄云厅

政工员：黄桂荣　闭为卿　曾玉明　赵灼坚　韦　旺　蒙庆志　杨秀南

何建伦　覃立辉

图书系列管理员：付仕萍　王树玲　雷华丽　黄远玲

高级技工：农国铭　农有聪　农国敏　康绍传

第十三编

文化　卫生
体育

中国农垦农场志

第一章 文 化

第一节 文化设施

一、广播室

1957 年，场部首设一间广播室，主要转播中央人民广播电台的新闻节目、文艺节目以及地方广播电台的各种节目，间或播发农场党政文件及各方面的通知。1975 年末，利用场部电话总机线路兴办有线广播，广播室安装 300 瓦扩音机 1 台。从 1976 年起，全场各农业分场及工业单位的糖厂、造纸厂各安装舌簧喇叭 2 只，场部装高音喇叭，形成全场有线广播网。每天除转播中央及地方广播电台节目，还播发农场新闻节目，宣传好人好事，播发企业中心工作、农场劳动竞赛动态等。2005 年，筹资 3 万多元，在场部、糖厂、畜牧和 12 个分场共安装 15 个无线广播，每星期一、星期三、星期五定期播放三家企业新闻。

二、图书室

农场 1958 年开始办图书室，先是由场部办了一间，订有区内外一些主要报纸和文艺期刊，附设一阅览室供大家阅读，图书室的藏书凭借书证借阅。至 20 世纪 80 年代，场部图书室进一步扩大，设专人管理，订报纸最多时达 36 种，杂志 44 种，藏书达到 17000 多册，发放借书证 1120 本，随后，糖厂、场医院、场中小学也相继办了图书室，场部的一些书刊供职工阅览一段时间后，又分发到分场循环利用，至 20 世纪 90 年代初，全场共办有 9 家图书室。进入 21 世纪初，场部、糖厂的阅览室定期开放，并有专人负责管理。2008 年，南宁市总工会授予糖厂阅览室为"职工书屋"，赠送两张新书架和一批科技、文化、工具书籍。

三、电影队

1975 年，农场工会成立电影放映队，有单镜头 16 毫米放映机一部，配备 2 名放映员，至 20 世纪 80 年代初，电影放映机增加到 2 部，设两个电影队，放映员增至 4 人，在全场范围内设 10 个放映点，皆系露天映场，巡回放映故事片、新闻纪录片和科教片，每年放电影 200 场左右，最多的一年放映了 270 多场。1987 年 8 月，在全国农村"农林科教电影汇映月"活动中，农场电影队按时按质按额完成放映任务，获农牧渔业部、林业部、文化部、广播电影电视部、中国科学技术协会联合表彰。1993 年 5 月，场文化活动中心开放后，设录像厅放录像，随即电影放映逐步淡出，电影队遂停止了活动。

四、电视接收站

1982 年，农场投资 2 万元，在场部建立一座覆盖 5 公里的电视差转台，设在场部东面原造纸厂料场内，后因覆盖不够宽，电视图像欠佳而废弃不用。1989 年，投入 20 万元，办闭路电视接收站，站址设在场部南面糖厂内，设置两人专责管理。1995 年，电视用户大量增加，由工会牵头筹资 8 万元，兴建文化活动中心电视转播站，1995 年国庆节落成使用，可收视 14 套节目。后来又更换全部旧线路，经线路改造后，可收视 20 多套节目，有一段时间还播放了农场新闻电视节目。自 20 世纪 90 年代起，各农业分场也相继设立了电视接收站，管理工作由场文化活动中心电视转播站负责。2004 年和 2005 年，良圻三家企业筹资 90 多万元，先后在场部和各分场安装电缆光纤线路，辖区内（十分场除外）能收 35 套清晰的电视节目。

五、文化活动中心

1992 年，场工会暨团委、女工委和侨联共同发起建立农场文化活动中心的倡议。是年 9 月，这几个群众团体发出了《为兴建农场文化活动中心告全体职工书》，动员农场职工和社会力量，捐献资金支持文化活动中心工程建设。至 1993 年 1 月，共有 2861 人捐款，共得捐款 13.54 万元，整个工程于同年 4 月份装修完成，楼房共 3 层，面积 860 平方米，5 月 1 日投入使用。文化活动中心设有图书室、阅览室、广播室、游戏机室、棋牌娱乐室、录像放映厅、闭路电视转播站、灯光球场及露天舞台等。活动中心落成，当年放映录像 418 场、观众 14510 人次。农场文化活动中心的建立，变封闭式活动为开放性的经营。1995 年，在职工文化活动中心灯光球场南面增建了一个门球场，适应不同年龄群体参加活动。农场区域的重大赛事、演出和其他重要活动，都在文化活动中心场地内举行。为纪念建场 60 周年，2016 年，农场投入资金 200 多万元，拆除原有职工文化活动中心，重新规划建设占地 2700 平方米、建筑面积 420 平方米的职工文化活动中心，同时对怡景园内部基础设施进行更新改造。

六、园林文化建设

随着经济建设的发展，企业的领导重视园林景观建设。良圻制糖近年兴建的"桃花岛休闲广场"成为良糖职工休闲、怡情、观景的好去处。2009 年建成的"怡景园"休闲广场，地处农场、良糖、永新畜牧的中心地带，成为职工群众最为心仪的景观，园林占地 40 亩，园内花木茂盛，亭、台、石、山、水和球场一应俱全，每当夜幕降临，游人如织。园林由农场、良糖、永新畜牧和君盈纸业共同出资 120 万元所兴建。

2021 年良圻农场公司投入 79.8 万元对"怡景园"进行了升级改造，增加了党建文化、廉政建设、社会主义核心价值观、企业文化四个宣传板块，增设了甘蔗、生猪、葡萄、沃柑四个产业的雕塑；对现有园林进行升级整合，并增设了园林投放灯、彩带灯；进行了拓宽公园跑道、加装路灯、增加健身器材等建设。

第二节 群众文化活动

农场职工群众性的文化活动主要有：一是组织业余文艺演出，二是开展知识性、趣味性的娱乐活动，三是组织职工写作、书画、摄影创作及展出，四是开展公益活动。

一、文艺演出

建场初期，文化生活比较单调，为活跃职工文化生活，农场每到周末都开周末文艺晚会，组织文艺爱好者上台唱歌跳舞，还自编自演一些小节目，职工自己演给职工看。20 世纪 60 年代至 70 年代初，场工会组织文艺演出队，排演多个古装粤剧及一些现代剧目，除在场内演出，还经常到邻村表演和兄弟农场演出。20 世纪 80 年代以来，每年重大节日，农场都组织全场性的歌咏比赛，场属各单位皆组队参加，演出之后评出名次。

二、娱乐活动

场部及一部分场属单位，每到年节或重大假日，经常组织职工开展知识性、趣味性的娱乐活动，组织广大群众游园、钓鱼、掷飞镖、套活鸡、枪击气球、盲人击鼓、猜谜等，形成广泛的群众性娱乐活动。20 世纪 80—90 年代，场团委牵头组织广大青年跳交谊舞，并举办了三期的业余交谊舞训练班，每期多达 100 人，训练班结束后，以学员为骨干带动大家，形成全场范围的活动，并辐射到周围农村。

三、写作书画摄影演讲活动

农场鼓励和支持群众性的文艺创作活动，自 20 世纪 80 年代以来，农场职工每年的写作、书画、摄影作品，大量的稿件除由场内编辑小报、小刊登载以外，还荐送和组织向外投稿，多年来分别在县级、省级和中央部级报刊上发表新闻、通讯、文艺作品 600 多篇（幅）以上。建场以来，曾多次组织墙报、板报比赛和书法、绘画、摄影作品展览，分别评出一、二、三等奖和鼓励奖，对一些思想性和艺术性较高的作品，农场向报刊推荐，有些作品发表后获得好评，并被评为好作品，获得了奖励名次。自 20 世纪 90 年代以来，场党委、工会、团委举办多次知识抢答竞赛和演讲、电脑技能比赛，评出名次进行奖励。2018 年 11 月 7 日，农场工会、团委组织开展电脑操作技能比赛。良圻农场、良圻制糖公司、良圻原种猪场三家企业选派 26 名选手参加比赛。参赛选手根据统一提供的文稿内容，使用 Word、Excel 等基本办公软件进行速度和质量比拼，评委组根据选手操作速度、文稿质量进行现场评分确定一、二、三等奖，最终由良圻原种猪场黄鸿摘取本次电脑操作竞技比赛桂冠。2016—2018 年，每年六一儿童节期间，场团委组织青年员工代表，到农场辖区六景镇第二小学开展"送书籍·共成长"活动，为 30 名品学兼优或家庭贫困学子送去励志书籍，鼓励孩子们通过阅读书籍，培养爱读书、爱学习的良好习惯，树立积极向上、奋发有为的远大志向，关心呵护农场职工子弟健康成长。

四、公益活动

场工会、团委、女工委、侨联积极开展公益活动。2010—2021 年，这 12 年就发动 757 人次，献血 27.215 万毫升，连续 12 年被南宁中心血站授予无偿献血先进单位。因父病逝后的张华菁、张瑞鑫学费拮据，开学前仅一周，就发动 737 人捐款 33262 元，解囊相助。每当职工家属有难，大家都自觉捐款献爱心，弘扬"一方有难，八方支援"的中华民族优秀美德。

第三节　民间的文化组织

2008 年初，在老龄委党支部的支持、帮助下，一部分爱好文艺的退休职工，组织了一个由 40 多人组成的"夕阳红文艺娱乐队"，自编自演节目，广泛开展民间喜闻乐见样式的活动。文艺娱乐队有戏曲、秧歌、舞蹈、歌咏各队，除在场内经常性地举行文艺晚会，还多次应邀到县内一些地方和庙会参加演出。

2009 年 9 月，由良圻制糖公司和良圻农场 17 名员工，自愿组合，成立一个"红月芳"业余文艺队，良糖陈红为队长教练，工作之余或者晚上大家聚集跳舞健身自娱，如有演出安排，则利用休息时间集中彩排，节目自编自导自演，不断提高表演水平。同期还有黄桂英、陈雪萍的民族舞业余文艺队。文艺队自成立以来，除在场内演出，场长覃国平、副书记傅业安、副场长黄卫和刘太福、工会主席蒙振国还带队先后去西江、明阳、王灵、东风等 11 个农场演出，文艺队还到县内红花、雅山等 7 个村公所和 8 个分场表演了 15 场。场工会主席蒙振国自始至终带队参加表演，也上台参演，节目有现代舞、民族舞、小品等，深受单位职工和广大群众的欢迎。一分场黄恩平为队长的业余文艺队先后两次参加广西农垦文艺汇演获好评。企业领导对此重视，单位出资添置了一些音响器材和各种道具，队员们也自发添置演出服装和舞鞋。逢重大节日和放长假，场工会为丰富职工业余文化生活，也常安排文艺演出任务，他们都能够完成任务。

2010 年初，在农场、良糖、永新畜牧三家企业一部分精于舞龙舞狮的民间艺人的发动下，组织了一个"芳香吉祥龙狮队"，内有舞龙组、舞狮组和民乐组，原来只是退休职工参加，后来吸引了不少男女老少加入，龙狮队成立后，逐步添置了行头道具，首先应邀到六景镇良圻生活区去表演，受到热烈欢迎和好评。2010 年春节期间，龙狮队在职工文化活动中心广场举行公演，向职工群众拜年，随后，还向各商场店铺贺岁，登门到职工家中恭贺吉祥安康。此后，毗邻村镇的商家开业或村委有重大活动，也常邀请"芳香吉祥龙狮队"去舞龙舞狮表演庆贺随喜。

2016 年 9 月，由农场职工家属黄恩平牵头，成立了"艺馨"业余文艺队，队员 18 名。2017 年，在场工会主席蒙振国的带领下，该队先后赴西江、金光、山圩三个垦区兄弟农场开展"将改革进行到底·向新时代出发"为主题的金秋联欢文艺晚会。2019 年参加广西农垦庆祝新中国成立 70 周年、2021 年庆祝建党 100 周年文艺演出。文艺队自成立以来，先后到了南宁、横州、六景镇、梁造村、里衣村等表演了 50 多场次。

2016 年 8 月，由良圻制糖公司职工龙世清牵头，成立了良圻农场乒乓球协会，会员 23 名，为规范管理，协会制定了协会章程，明确协会的宗旨、性质及会员的义务、会费的使用等。协会自成立以来，经常与周边乡镇乒乓球协会进行球艺交流，多次参加南宁及横县各乡镇举办的乒乓球赛，并多次获得名次。

第四节 场庆和大型文体活动

在 2016 年场庆 60 周年开展"九个一"活动：一是 5 月 25 日召开有 110 多人参加的

场庆纪念座谈会；二是邀请广西大地艺术团和场业余文艺队同台演出文艺晚会，观众3000多名；三是建了一个150多平方米有企业沙盘、农具、文件、资料、图片等场史文化展厅；四是印发照片文章合一、共514页的《情系良圻，梦牵农场》纪念文集；五是录制一首《光辉岁月》的场歌；六是展出12块建厂60周年图文并茂的展板；七是举办征文比赛评名次奖励；八是举办篮球、气排球、门球比赛活动；九是制作一张企业形象宣传片。

2014年秋，场党委、场工会承办广西农垦局第八届"送文艺、科技、法律下基层"文艺巡回演出，前后到九曲湾、新兴、山圩等五个农场演出，观众7300多名。

2017年9月12—25日，场党委、场工会举办广西农垦良圻辖区2017年全民健身运动会，主题是"团结、文明、创新、拼搏"，有22个队、500多名职工群众参加气排球、羽毛球、乒乓球、拔河、跳绳五大类比赛项目，进行了隆重的开、闭幕式，是建场以来规模最大、水平最高、竞争最激烈、影响最广泛的综合性体育盛会。2017年8月25日晚，在场部职工文化活动中心举办第二届"魅力良圻"舞蹈比赛晚会，来自农场辖区各单位及11个分场的22支队伍、200多名选手参赛，有夫妻、母女同台演出，气氛活跃。2017年，场工会协助自治区总工会"中国梦·劳动美——喜迎党的十九大"文艺慰问演出。2018年8月27日晚，场工会协助南宁市总工会"中国梦·新时代·劳动美"文艺慰问演出，观众1500多人。2018年，场侨联在九分场举办山歌晚会，并邀请横县文艺队在职工文化活动中心举办"颂党恩·迎侨庆·聚侨心"的越南归侨回国40周年文艺庆祝晚会。

2021年，是中国共产党成立100周年，也是广西农垦建垦70周年、良圻农场建场65周年。为营造浓厚的节日氛围，以群众文艺的形式生动鲜活地讲好党的故事，充分反映党的百年辉煌历史，讴歌党领导人民的伟大创造，充分展现广西农垦和良圻农场在党的领导下奋发有为、拼搏向上的精神，良圻辖区三家农垦单位开展"感党恩·跟党走·强农垦"主题系列活动，共庆建党百年、建垦70周年和建场65周年。

1. 开展建场65周年活动 2021年6月16日，良圻农场公司邀请了14名开场元老、离退休场级干部参加公司举办的建场65周年座谈会，组织他们走访十分场"吉满红"沃柑生产基地、三分场葡萄园示范基地、芳香特色小镇建设项目等，老领导们对良圻农场公司的中长期发展计划提出了许多宝贵的意见和建议。

2. 举办文艺晚会 2021年6月16日晚举办良圻辖区单位"永远跟党走"文艺晚会比赛，良圻农场公司本部、分场和东湖农场公司、良圻制糖公司、良圻原种猪场以及驻地农业银行、桂商银行、信用社、学校、医院、幼儿园等单位22个节目参加演出比赛。农垦集团党群工作部资深主管、副部长沈毅平，集团党委宣传部副部长黄群，横县总工会党组书记、常务副主席胡国栋及三家农垦企业领导出席晚会，相关建场元老、离退休场级干部和受邀嘉宾、农场辖区近1000名职工家属观看了演出。

3. 举办运动会 2021年10月18日，由良圻农场公司、良圻制糖公司、良圻原种猪场主办的"永远跟党走"运动会正式拉开帷幕，良圻三家农垦企业及辖区驻场单位领导出席开幕式，300多名运动员和广大职工群众用火热的运动激情礼赞中国共产党建党100周年、广西农垦建垦70周年和良圻农场建场65周年。来自良圻三家农垦企业、芳香社区、银行、医院、小学等驻场单位组成的12支运动员代表队，挥动着小国旗，精神抖擞，充分展示了农垦良圻人敢于拼搏、奋发向上的精神风貌。

第二章　卫　　生

第一节　机构及装备

1956 年，农场建场初期，场部设一间卫生室，配备 1 名卫生员及一些简单医疗器械及药物。1958 年，增设鲤鱼潭、莫大湖两个卫生室，场部改设卫生所，至 1979 年，全场卫生医疗机构共设 1 所 11 室，1980 年，场部卫生所改设卫生院。1984 年，农场卫生院升格为医院建制，医院占地面积 13200 平方米，建筑面积 1980 平方米。1987 年，场部设教卫科，其职司教育卫生行政工作。至 20 世纪末，医疗器械有体外冲击波碎石机 1 台、超声诊断仪 1 台、高频电刀 1 台、麻醉呼吸机 1 台、六参数心电监护仪 1 台、血氧监测仪 1 台、200 毫安 X 光机 1 台、钾钠氯分析仪 1 台、尿十项分析仪 1 台、心电图机 1 台、电热立式压力蒸汽消毒器 1 台、20 升蒸馏水发生器 1 台、新生儿抢救台 1 台、电动人流吸引器 1 台、吸引器 3 台、洗胃机 1 台、救护车 1 辆、空调机 3 台、综合手术台 1 张、产床 1 张、妇产科检查床 2 张、急诊车 1 辆。

农场医院是一家在横县区域的基层综合医院，担负着企业周边村镇 6 万人口的医疗工作，上述医疗装备基本适应所担负的任务。卫生院移交地方后，改名为横县精神病医院。

2000 年农场医院组织机构情况见图 13-2-1。

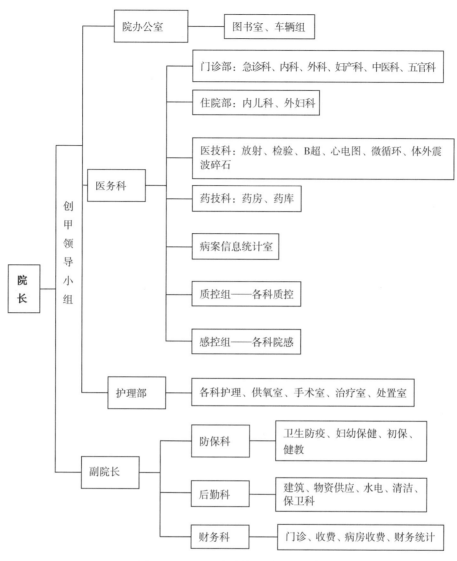

图 13-2-1　2000 年农场医院组织机构

第二节　队　伍

农场卫生医疗队伍随着农场生产建设的发展而逐步壮大。1956 年建场时，只有 1 名卫生员。1958 年，农场卫生所有 3 名医生，并从职工中选拔培训了 4 名卫生员，充实到各分场卫生室。1980 年，全场医务人员增至 28 人。至 20 世纪 90 年代，农场共有医务人员 39 人，其中具有中级技术职务（主治医师）4 人，助理级、员级（医师、医士、护士、药剂师）20 人，卫生员 15 人。到 20 世纪末，在全场 39 名卫技人员中，其中医生 17 人（主治医师 5 人、医师 8 人、医士 4 人），护理人员 15 人（主管护师 1 人、护士 14 人、护士 10 人），检验放射、B 超、心电图、碎石、药剂等专业技术人员 7 人。据 2006 年编纂印行的《良圻农场年鉴（1992—2003）》刊载，进入 21 世纪，良圻农场卫生医疗专业技术职务任职资格人员共有 48 人，其中中级专业技术人员 8 人，助理级专业技术人员 10 人，员级（初级）专业技术人员 30 人。

第三节　技术水平

建场初期，医务人员少，技术力量薄弱，稍重的病人都往场外医疗单位转送治疗，场内无法担任任何手术，必须送出县以上医院才能实施。随着农场医疗条件提高和技术力量的增强，1992 年，建立了农场初级卫生保健中心，1993 年起，大部分外科手术都可直接在农场医院实施。1994 年，首创输血业务，平均每年为病人输血 2.5 万毫升，能有效、及时地抢救失血性休克、出血性贫血的病人。1996 年，开始在场医院进行体外冲击波碎石，治疗结石不再外送；同年，以场医院的技术力量，能够实施治疗心脑血管、血栓特效疏通微循环专有手术。1998 年，开展肠套叠肠段切除吻合术、异位妊娠摘除术、剖宫产胎儿取出术、子宫肌瘤、子宫全切除术、骨折内固定术等，填补了农场技术空白。2000 年 9 月 8 日通过了农场医院"一甲医院"国家等级医院的评审。现农场医疗预防保健水平已达到一定高度，主要体现在如下诸方面：

（一）急诊医疗

场医院急诊科每天 24 小时应诊出诊，有监护仪、急救推车、洗胃机、心电图机、电动吸引器械、供氧设备及救护车等器械，每年急诊病人 1400 人次以上，成功救济各种外伤休克、有机磷农药中毒、脑血管意外、急腹症等。

（二）内科、儿科

医院设置有内科、儿科门诊及内儿科住院病区，在临床上治疗支气管哮喘、慢性支气管炎、肺部感染、肺源性心脏病风湿性心脏病、胆囊炎、肾病综合征、慢性肾功能衰竭中毒、消化道出血等常见病及疑难病症，并且有抢救儿科各种急危重症的能力。

（三）外科、妇产科

能对各种外科疾病进行诊断及治疗，开展了胃癌根治术、胃大部分切除术、直肠癌根治术及人工再造肛门术、肝破裂修补、胆囊切除、肠梗阻、肠套叠手术、膀胱切开取石、甲状腺腺瘤切除、甲状腺囊肿切除、阑尾切除疝修补；骨折切开复位内固定术、软骨瘤摘除、骨折手法复位术、鼻息肉摘除、胬肉摘除、白内障摘除及小面积烧伤治疗。能处理较为复杂的妇科及产科病症，如妊高征、先兆流产、产褥热、产后缺乳、功能性子宫出血、妊娠呕吐、盆腔感染，能开展胎头吸引、臀位分娩、剖宫产、子宫次全切或全切术、异位妊娠摘除、输卵管（卵巢）肿瘤摘除以及计划生育"四项"手术。

（四）五官科

能临床治疗急慢性咽喉炎、鼻炎、扁桃体炎、中耳炎、角膜炎、巩膜炎、青光眼等疾病，开展白内障摘除、翼状胬肉切除、鼻息肉摘除等手术。

（五）中医

能对内、外、妇、儿科常见病及部分疑难杂症进行辨证施治，如哮喘、不孕症、慢性盆腔炎、风湿、慢性肾炎、胃病、冠心病、高血压等。

（六）医技、检验科

开展B超大检查，肾、输尿管、膀胱体外震波碎石及心电图检查。开展血尿、大便常规、肝功能、两对半、血钾钠氯检查、二氧化碳结合力、尿十项分析、涂片检、血糖、尿糖、肌酐、尿素氮、抗"O"试验等检查，能够开展透视、摄片以及各种造影检查。

（七）保健预防

能够胜任社区卫生防疫工作，包括计划免疫、传染病防治、寄生物防治。还按卫生防疫部门要求，对食品行业进行监督检查。妇幼保健方面，能开展围生期保健、儿童系统保健；开展计划生育手术，妇女病普查及治疗。对心血管疾病、高血压、肿瘤、糖尿病进行普查防治。

第四节　医疗制度改革

良圻农场于1994年实现公司制改造后，次年实施了公费医疗改革。良圻实业总公司于1995年颁布了《公费医疗制度改革方案》，主要是：①改革医疗管理体制，下放医疗经费管理权，对医院公费医疗实行"包干，超支不补，节余自用"的方针。②对职工实行门诊医疗费"个人包干，节余留用，超支不补"的医疗费用规定。工龄满10年不满20年的7元（农工9元），工龄满20年不满30年的9元（农工12元），工龄满30年以上12元（农工15元）。③职工因病需住院治疗的，由医院提出意见，并经所在单位批准后，原则在总公司医院留医，危重病人经医院和单位领导批准后，转院到指定公立医院留医。④退休人员按上述标准实行门诊医疗包干和住院留医。离休人员因病门诊和住院留医医疗费用按国家规定据实报销。⑤因公负伤职工不论门诊和住院，其医疗经费经医院鉴定后，在单位全额报销。

1997年，总公司废止了1995年的医改方案，制订了新的医疗制度改革方案，新的医改方案共有11条，主要的是医疗经费管理权限，实行门诊医疗经费包干、住院治疗和转院批准手续以及公费医疗范围等。

2003年8月，农场进一步深化医疗制度改革，实行职工基本医疗统筹管理。8月12日，下达了《职工基本医疗统筹管理暂行规定》文件，该文件共6章40条，总体规定有5个方面：一是建立适应农场职工基本医疗统筹管理的保障制度，实行以收定支、收支平衡的原则，农场已订立劳动合同的职工、退休职工均纳入统筹管理范围（离休干部医疗待遇不变）；二是职工基本医疗统筹基金由农场或其所属各用人单位和职工个人共同缴纳；三是建立基本医疗统筹基金个人账户，参加者均发给《医疗手册》；四是规范职工医疗待遇、基本医疗费支付与结算；五是成立农场职工基本医疗统筹管理工作领导机构和办事机构，进行监督、管理与奖惩职责。职工基本医疗统筹管理经过3年实施，至2006年3月，在原有基础上，农场又作了若干规定，主要是关于办理住院转院手续规定、调整住院医疗费统筹基金支付的最高限额、关于医疗费报销规定、调整住院医疗费统筹基金支付比例等4项。

2008年1月8日，正式办理农场医院移交横县人民政府管理。农场自建场初年开始即成立卫生机构，至此剥离，已届52年时间。

根据新时期的医疗机制，良圻制糖和永新畜牧已分别参加横县医疗费用统筹保险，2009年12月，农场根据职工医疗实行国家新型农村合作医疗和农场适当补偿结合的基本原则，制订颁布了《广西农垦国有良圻农场职工基本医疗制度规定》的文件。这一管理办法的实施，充分利用国家新型合作医疗资源，建立既能减轻职工医疗费用负担又兼顾职工受益的新型医疗卫生服务和补偿制度。2015年10月，在原有基础上，农场又对《广西农垦国有良圻农场职工基本医疗制度规定》作了修改，主要修改了取消原职工门诊医药费包干补贴制度，调整降低县级和乡镇级住院起付线标准，提高住院报销比例，规定在职职工和退休职工享有相同报销比例，切实减轻职工的住院费用负担。2016年度办理职工住院二次报销费用47.3万元，2017年度办理职工住院二次报销费用59.2万元，2018年度办理职工住院二次报销费用42.19万元，2019年度办理职工住院二次报销费用36.52万元，2020年度办理职工住院二次报销费用34.77万元。

第三章 体 育

第一节 体育设施

建场之初，场里在职工集居的地方，找一片平整的开阔地，用灰沙冲打成篮球场，再到良圻找木匠和铁匠做成球架和篮筐，就利用简陋场地器材开始组织篮球活动。1957年，利用建房子的木材，请木工师傅做一副乒乓球桌，再到峦城买来球拍球网，就兴起了乒乓球运动，这是早期的体育设施和运动项目。农场各项体育设施随着生产经营的发展日益加强，场属各单位也陆续开辟篮球场，球场原来比较简陋，地面是用灰沙冲打而成，随后都用水泥来硬化，拼装灯光，设有看台，篮球场预设有排球、羽毛球的设备，根据需要也可作排球、羽毛球场。1980年，场工会专雇两人来制作两条拔河绳，用作节日拔河比赛，一直到现在还在使用。其后，还开辟了足球场，增加了青年人喜爱的足球项目。至20世纪90年代，又建成了门球场，适应老年人开展活动。

1993年5月，农场文化活动中心落成后，很多体育活动都在这里开展。平时，各单位利用自己的场地和设施自行开展小型多样的活动，逢重大节日，场文化活动中心成为全场各种体育竞技项目的集中地。现在，全场共有篮球场（兼有排球、羽毛球功能）14个，其中有8个装有灯光，足球场2个，门球场2个，乒乓球桌20台。

2002—2020年，农场共投入资金400多万元，在场部建设占地30亩，具有运动健身、休闲娱乐功能的怡景园；建设占地2700平方米、建筑面积2910平方米的职工文化活动中心，中心设室内阅览室、乒乓球室、棋牌室和室外羽毛球场地、篮球场地、气排球场，在芳香社区成立时，将文化中心移交芳香社区办公使用；建设占地5亩、建筑面积500平方米的门球馆一座；各分场则利用空闲场地，规划气排球场，购置安装一大批体育器械。

农场通过投入资金，建设体育活动场所及购置安装健身器械，把全民健身运动推向广大职工群众。

第二节　群众体育

篮球是农场群众性体育活动参与最广泛的项目，也是开展最早的项目。农场创建初期，职工们业余生活单调，工余饭后或节假日就到球场打篮球，农场单位增多后，场属各单位职工也爱好打篮球，逐渐地由自发状态发展到有组织地开展，由在场内打球到场外去比赛，广泛地开展，形成了群众性的活动项目。20世纪60—80年代，农场经常组织男女篮球队，利用节假日到附近的良圻、平马、莲塘、陶圩和峦城等乡镇进行球赛，也常到县内西津电厂、水泥厂、氮肥厂、镇龙林场等企业单位交流球艺。场属单位之间，也屡开展篮球赛，从20世纪80年代起，多次组织全场的"农业杯""华侨杯""甜蜜杯"篮球赛，场属各单位均组队参加。1990年春，农场业余篮球队在南宁地区参赛，获南宁地区"甜蜜杯"赛冠军。

农场职工的业余体育活动，由单纯的篮球逐步发展为多样性的排球、气排球、乒乓球、足球活动，至20世纪90年代，由于农场离退休职工已达800多人，为适应众多的老年人体育锻炼，全场建造了2个门球场，组织了多个门球队和气排球队，每天都有老年人打门球、打气排球，锻炼身体，农场的门球队参加横县和自治区农垦局举办的门球比赛，都得到优胜名次；农场门球队多次进行场际门球交流比赛，并参加农垦、南宁、横县的门球比赛，多次获得名次，活跃了老年人的体育活动，提高了球艺。

农场文化活动中心建成以来，每天早晨、黄昏都有中老年人做健美操、体育舞蹈、打腰鼓、练歌喉，广泛地开展活动。

自建场以来，农场注重搞好场群关系，曾多次组织开展场群篮球比赛，请毗邻乡村和蔗区群众组队来场参赛，密切场群友好关系。

2005年，良圻农场辖区承办规模较大的广西农垦首届职工球类运动会，举行篮球、气排球、门球、乒乓球、羽毛球5项赛事，共10多支男女运动队参加赛事，从2005年8月15日开始，当晚举行运动会开幕式，区农垦局副局长罗天耀和参赛单位领导及3000多名观众参加，至8月23日结束，历时9天80场次比赛，形成垦区的群众性体育活动。在参加农垦局的决赛中，糖厂女子乒乓球获冠军；农场男子、女子乒乓球均获季军。2009年，在参加广西"农垦杯"球类比赛中，农场男子乒乓球队获团体冠军。当年，农场老年门球也获广西农垦"黔江杯"门球赛亚军。

2010年7月9日，农场首届妇女竞技运动会在场文化活动中心开幕，场党政工领导出席开幕式，共有250名女运动员参赛，开展的项目有木板鞋竞走、车铁圈接力、跳绳接力、搬物接力以及组字接力赛共6个项目，与此同时，还进行了气排球、乒乓球和门球赛3个球类项目，群众喜闻乐见，前后共达1584人次到场观赛，运动会举办时间是7月9—26日，历时18天，是一次别开生面的群众体育活动。

2011年8月29—9月6日，由良圻农场、良圻制糖有限公司共同主办的"庆祝广西农垦建垦60周年巡回慰问演出文艺晚会"共到7个分场、1个蔗区村委开展文艺巡演。

2011年10月15日，广西农垦迎来建垦60周年华诞。良圻农场、良圻制糖公司选送舞蹈节目《甘蔗甜》，为晚会添光彩。

2013年9月2日，良圻农场工会完成首届"农业分场杯"气排球赛。

2013年9月27日，良圻农场党委组织举办"舞动良圻"广场舞比赛，共有辖区各单位共23支代表队参与比赛。

2014年10月，良圻农场侨联举办庆祝安置归侨回国36周年晚会。

2015年8月7日，良圻农场团委举办的环场健身跑活动，共有职工群众420多人参加，环场跑步4.5公里。

2016年5月25日，良圻农场开展形式多样活动纪念建场60周年。

2016年8月25日，由良圻农场党委、工会主办的良圻农场辖区第二届"魅力良圻"舞蹈比赛在职工文化活动中心隆重举行。来自农场辖区各单位及农业分场的22支参赛队200多名选手，在舞台上绽放舞姿进行激烈角逐，展现了良好的团队风采。

2017年9月12日，由良圻农场党委、工会主办的广西农垦良圻农场辖区2017年全民健身运动会也正式拉开帷幕。来自农垦良圻辖区三家企业及驻场单位共20个，500多名职工参赛，当晚运动员代表、各单位领导嘉宾、职工群众1500多人参加了开幕式。

2018年6月19日，良圻农场党委举办"不忘初心·牢记使命"主题演讲比赛，来自场部机关、制糖公司及农业分场15个党支部共19名参赛选手倾情演讲，共话使命，抒发豪情，充分展现职工勇于担当、奋发有为的精神风采。

2018年8月15—16日，良圻农场侨联组织开展系列活动，与全场广大归侨职工侨眷、职工群众共同回顾40年来越南归侨在生产生活方面的发展历程，凝聚侨心，广聚侨力，推动农场改革发展。

2019年1月23日，一场别开生面的"甘蔗王"擂台赛在良圻农场公司热闹举行，由各农业分场初赛选送晋级复赛的10捆"甘蔗宝贝"成为比赛现场焦点，展开了一场"接地气"的甘蔗生产科学种管劳动成果大展示、大比拼。

中国农垦农场志

第十四编

社　会

中国农垦农场志丛

第一章 职工生活

第一节 职工人数

　　农场创建当年,劳动力来源,除广西省垦殖厅从垦区一部分农场调进职工,作为生产和管理的骨干,大部分都是从地方上招工。1956 年 3 月 25 日,从良圻、莲塘、陶圩、石塘等乡、社招收 29 名工人,这是建场以来第一批招收的工人,与此同时,吸收一部分符合条件的职工家属当工人。当年,全场职工人数 120 人。

　　1957 年初,省垦殖厅从西江、五星农场和三星垦殖场调来 80 名职工。1958 年,为推动农业生产"大跃进",大幅度调高生产任务,大批招收工人,全场职工人数增至 671 人,在此期间,每到生产大忙季节,还外雇临时工 100 多人,至 1961 年,全场职工总人数增加到 915 人。

　　1962 年,中共中央、国务院号召国家机关和企事业单位精简机构和精减人员,农场经过组织动员后,全场干部、工人都踊跃报名,申请下放回原籍务农,第一批获准下放的职工共 320 人。1963—1964 年,仍有一部分职工被下放回乡,共 90 人,整个过程全场下放回乡的职工共达 410 人。至 1964 年末,农场在职职工人数 511 人。

　　1964 年 9 月,中共中央批转农垦部党组《关于党组扩大会议几个主要问题讨论意见的报告》提出国营农场改革"五条指示",1965 年 2 月 25 日,农垦部党组为贯彻中央"五条指示",提出了"十六条规定",1965 年冬,自治区农垦局在《关于贯彻执行中央"五条"和农垦部党组"十六条"若干具体问题的规定(草案)》中规定:"凡现在国营农场落户的一切可以参加劳动的人,都要安排他们参加生产劳动,男女老少整半辅助劳动力齐上阵。凡参加劳动的,除地、富、反、坏分子外,都是农场工人。"据此,农场逐年安排职工子女就业,并尽可能动员职工家属参加生产劳动,并于 1965—1970 年在玉林地区贵县和南宁地区宾阳县招收一批社会青年,至 1974 年,全场职工总人数达 1140 人,农忙季节雇请临时工 600 多人。

　　1975 年,国家决定在农场建糖厂,农业确定了以种植甘蔗为主的经营方针,为发展糖料蔗生产,决定大量增加劳动力,开辟新分场。当年,接收了横县横州镇非农业人口和横中应届高中毕业生 500 人为农场职工；1975 年，又在桂林地区平乐、恭城、龙胜和梧州地区贺县、钟山招收一批到农村插队的知识青年，以及南宁地区宾阳、横县和柳州地区来宾的农村青年共 600 多人为职工，至 1977 年，全场职工总人数增至 2481 人。

1978 年 6 月，根据国务院国发〔1978〕94 号文件指示，接收安置回到中国境内的越南难侨 184 户 1039 人进场，其中 438 人安排为农场工人。

1979 年，按国家劳动部门的招工条件，符合要求的自然增长劳动力 127 人安排在农场就业，全场职工总人数当年达到 3117 人，为建场以来职工在册人数最多的一年。

1980 年以后，原从横县、贵县及桂林地区招来的青年职工，相当一部分人要求调回原籍安排工作，同时，主管部门从农场抽调一批工人骨干和技术力量支援兄弟场（厂），农场职工逐年减少。至 20 世纪末，全场职工 2088 人。

2002 年 9 月，根据上级指示，农场的制糖业、畜牧业相继分立，农场形成了 3 个广西农垦独立的法人单位，职工人数有很大变化。企业分立时，广西农垦国有良圻农场 1505 人，广西农垦良圻制糖公司职工 563 人，农垦永新畜牧公司职工 100 人。

企业分立前后各年度职工人数如表 14-1-1 和表 14-1-2 所示。

表 14-1-1　良圻农场分立前各年度职工人数

年份	人数	年份	人数	年份	人数	年份	人数	年份	人数	年份	人数
1956	120	1964	511	1972	528	1980	2939	1988	2060	1996	2211
1957	188	1965	521	1973	525	1981	2823	1989	2079	1997	2816
1958	674	1966	521	1974	527	1982	2693	1990	2088	1998	2468
1959	843	1967	520	1975	1645	1983	2560	1991	2099	1999	2432
1960	884	1968	517	1976	1819	1984	2246	1992	2167	2000	2444
1961	915	1969	535	1977	2481	1985	2170	1993	3001	2001	2164
1962	570	1970	531	1978	3042	1986	2149	1994	2768	2002	2096
1963	538	1971	530	1979	3117	1987	2041	1995	2851		

表 14-1-2　良圻农场分立后各年度职工人数

年份	人数	年份	人数	年份	人数	年份	人数	年份	人数
2003	1442	2007	1227	2011	937	2015	710	2019	794
2004	1382	2008	1104	2012	863	2016	652	2020	738
2005	1328	2009	1045	2013	810	2017	613	2021	695
2006	1267	2010	979	2014	752	2018	561		

注：2019—2021 年职工人数包括东湖公司和黎氮公司人数。

第二节　职工收入

从 1956 年建场至经济体制改革前，农场职工收入主要是工资，那时候实行等级工资制。工资收入之外，有时候发一些奖金，例如综合奖，每季度发一次，人均月奖金数元；年末岁尾，发一点年终奖。此外再没有其他自营经济或庭院经济收入了。1956—1985 年的 30 年中，良圻农场职工年人均收入 401.66 元。1985 年农场兴办职工家庭农场，推行经营承包责任制，从 1986 年起，经营效益逐年提高，职工收入逐年增长，1986—2001 年企业分立前的 16 年中，职工年均收入 5078.06 元，是农场经济体制改革前 30 年年均收入的 12.6 倍（详见收入表）。

表 14-2-3　良圻农场职工年均收入

单位：元

年份	平均收入	年份	平均收入	年份	平均收入	年份	平均收入	年份	平均收入
1956	296.67	1970	352.45	1984	596.24	1998	5994.10	2012	32897
1957	373.38	1971	354.44	1985	716.40	1999	5717.07	2013	38991
1958	372.51	1972	392.36	1986	1013.50	2000	5950.00	2014	42870
1959	219.11	1973	389.26	1987	1225.55	2001	6870.22	2015	45678
1960	224.09	1974	416.85	1988	1910.99	2002	9050	2016	47927
1961	223.39	1975	425.73	1989	2263.42	2003	9379	2017	52796
1962	254.27	1976	447.47	1990	1732.54	2004	11255	2018	53679
1963	326.31	1977	432.83	1991	2109.04	2005	13506	2019	46588
1964	406.21	1978	393.84	1992	2220.00	2006	16955	2020	49823
1965	386.74	1979	420.54	1993	5862.14	2007	18391	2021	44581
1966	420.95	1980	479.31	1994	4772.40	2008	21870		
1967	379.10	1981	551.38	1995	12301.01	2009	23475		
1968	376.08	1982	596.87	1996	10709.00	2010	28121		
1969	351.00	1983	574.07	1997	10600.33	2011	33390		

注：表中的调查统计时限始自建场当年，迄于农场分立止。

调查统计范围经济体制改革前是职工的月工资、奖金收入，经济体制改革后是以家庭农场纯收入为主，其他自营经济收入未包含在内。

第三节　职工住房

1956 年建场至 1957 年，职工住房多为泥墙（干打垒或泥砖砌成）瓦面结构的平房。1958 年，逐步改为砖瓦面土木结构。1976 年场糖厂开始兴建钢筋水泥结构职工住宅楼房，初时，是两栋 1120 平方米。1980 年春，场部开始兴建第一栋单身职工集体宿舍楼房，共

3层860平方米，名曰"青年大楼"（后装修作职工文化活动中心大楼）。1983年，兴建中小学教师宿舍楼、场领导及科室干部宿舍楼、医院职工宿舍楼。此后，为节省房建用地，职工住房皆以建楼房为主，场部小城镇区域内不允许再建平房。

1986年，建场已届30周年，场部小城镇居民住宅面积共达17587平方米，居民472户2045人，人居面积8.6平方米。1988年，农场开始推行职工住房改革，实行"谁住谁买，谁买谁有"的房改制度，将原有的住房全部折价卖给职工，废止了统建统配制度，同时，采取私建公助，以私建为主，鼓励职工改善居住条件，兴建住宅楼房，按农场小城镇建设总体规划统一安排。当年，场部片处理原建住房63栋，共140170.34平方米。房改实施3年后，至1991年，场部片职工新建3层以上钢筋混凝土结构的楼房共12440平方米，已有40%的职工住上了楼房。

房改在全场范围贯彻后，职工楼房的势头更大更快，许多原居住在分场的职工，也纷纷到场部小城镇来建楼房。至20世纪末，职工在场部小城镇规划区建成3层以上楼房共232座，面积55000平方米，按第五次全国人口普查统计资料，小城镇居民3163人，人均居住楼房面积17.39平方米。进入21世纪后，随着小城镇建设发展，尤其在芳香小区建设、阳光公寓的兴建和大批的旧危房改造完成后，人均居住面积和居住环境大有提高，现在职工人均居住面积达到了36.6平方米。

第四节　职工子女就业

建场初期，职工子女不多，且年纪也还小，还没有形成劳动力。从1964年起，农场开始安排职工成年子女就业，根据农场生产需要，按照国家劳动部门的规定办理审批手续，经上报劳动局批准为固定职工，逐年扩大农场的就业人数。

随着农场生产建设的发展和人口的增加，从20世纪70年代起就形成了自然增长劳动力这一特殊情况，由农场自行安排。农场经济体制改革尤其实现公司制改造后，劳动就业引入竞争机制，新工人先培训后上岗，各单位定员定编，如缺额的，由用人单位制订补员计划，经劳资部门审批，各单位自主决定用工形式，职工子女（自然增长劳动力）的就业采取多方面、多渠道的就业措施，不再由农场全包下来、全部安排。

1997年，场造纸厂停产关闭，随后几个场办小企业相继改制，有300多人的就业问题要解决，做好人员下岗分流，农场不再进行招工。自建场累计安排职工子女场内就业人数达2091人。

良圻农场2006—2008年经营管理方案规定："农业工人办理辞职、退休、病退、死亡、解除劳动合同或工作调动等手续时，必须退出其农业岗位；对于租赁岗位，男性年满57周岁，女性年满50周岁，终止租赁合同，退出租赁岗位。"2008年1月，为了做好农业岗位的承租工作，制订了《良圻农场农业岗位承租工作方案（试行）》（三、四、九归侨分场不执行此方案）。

待业人员租赁农业岗位确定办法：①优先"0就业"家庭租赁岗位；②申请租赁的待业青年（家属）通过打分形式按分数从高到低确定租赁人员，然后通过抽签确定租赁岗位。打分按待业人员的年龄、户口性质、家庭待业人数、独生子女、归侨子女和是否抚养有成年残疾人等六项进行。每一家庭只能报名一人参与岗位承租打分。新租赁农场土地的人员实行先交费后经营的办法。

2018年实行农场公司化改革后，2019年起农业职工退休后退出的承包岗位，不再直接安排职工子女就业，由农场公司收回土地作为国有经济经营，至2021年底，农场公司共收回2000多亩土地，由农场经营管理，种植甘蔗、高效经济作物等。

农场子女就业情况见表14-4-4。

表14-4-4 农场职工子女就业统计

年份	人数	年份	人数	年份	人数	年份	人数	年份	人数
1964	3	1976	108	1988	113	2000		2012	39
1965	10	1977	52	1989	82	2001		2013	60
1966	3	1978	68	1990	96	2002		2014	47
1967	2	1979	127	1991	103	2003		2015	52
1968	1	1980	6	1992	193	2004		2016	44
1969	3	1981	35	1993	205	2005		2017	53
1970	2	1982	129	1994	158	2006		2018	44
1971	8	1983	33	1995	127	2007		2019	0
1972	11	1984	30	1996	149	2008	31	2020	0
1973	26	1985	40	1997		2009	46	2021	0
1974	28	1986	94.	1998		2010	43		
1975	19	1987	27	1999		2011	39		

注：2000—2007年找不到统计数据，2008—2020年按安排租赁岗位人员统计人数。

第五节　劳保待遇

建场初始，农业工人的劳动防护用品发雨帽、手套、口罩、蓑衣（1970年后改为雨布，后又改为雨衣）、围裙等，机务工人发工作服、手套、胶鞋、雨衣、肥皂、口罩等。后来，场办工业发展了，工业企业职工按轻工系统发放劳保用品。到20世纪80年代，场各单位暑天发给职工清凉饮料，每年发放4个月。农场经济体制改革后，农工的劳动防护用品从他们的承包收入中自行开支购买。

农场职工享有医疗保健待遇，1956—1994 年，职工伤病门诊、留医费用由企业全额支付，1995 年开始实行公费医疗制度改革；2003 年实行职工基本医疗统筹管理，职工按新医改方案规定办法，享受伤病门诊、住院、保健待遇；2008 年，农场职工、家属参加横县新型农村合作医疗，因病住院的职工享受在新农合和农场双重报销的待遇；制糖业和畜牧业全员职工参加了横县全县统筹医疗保险。

农场职工享受国家规定的退休待遇，全员职工参加养老保险；2001 年，根据自治区人民政府桂政发〔2000〕31 号文件规定，从 2000 年 6 月 1 日起，将农垦、林业、煤炭 3 个系统的企业职工的基本养老保险纳入全区统一的企业职工养老保险制度。至 2002 年企业分立时，农场已有 741 名职工离退休养老，此后按照国家政策离退职工基本上每年都增加退休养老金。2005—2018 年连续 13 年增加企业退休人员的养老金，2019 年退休职工人均基本养老金 2589.38 元。

第六节　职工群众交通

建场初期，职工群众出行的方式主要为步行。20 世纪 80 年代后，有部分家庭购买了自行车。90 年代后，摩托车开始进入部分家庭。2000 年后，小轿车开始进入职工群众家庭。随着人民生活水平的不断提高，职工群众的交通出行方式逐渐发展到自行车、摩托车，再到小轿车。据不完全统计，从 2010 年起，家庭小轿车的家庭拥有率每年以 8％的速度递增。截至 2020 年，农场辖区职工群众家庭轿车拥有率达 80％。

第二章　侨务事业

第一节　难侨的由来

良圻农场发展侨务事业，是建场 22 年之后，于 1978 年安置被越南反动当局驱赶到中国境内的越南难侨。中国侨居在越南的华人，世代与越南人民友好相处，长期在那里繁衍生息，共建美好家园。在胡志明任越南人民共和国主席时称之为"同志加兄弟"。胡志明逝世后，1977 年起，越南当局掀起反华浪潮，波及甚广，从政治、经济、组织、文化、教育及生产生活的各个领域，一批批华人被迫从水陆两路离开越南，冒着生命危险逃难到中国的广西、广东、云南、福建等省份，成为"越南难侨"。

第二节　安置难侨

根据中共中央、国务院国发〔1978〕94 号文件精神，经横县县委、农场党委研究，1978 年 5 月 25 日，成立了"横县接待安置难侨领导小组"，由县委副书记黄锡麟任组长，县委统战部部长蒙杰、农场党委副书记马培凯任副组长，由县委办公室和农场政工科负责人担任领导办公室正、副主任，并从县直机关、农场管理人员中抽 57 名干部具体负责接待安置工作。

1978 年 6 月 10 日，领导小组根据中共广西壮族自治区委员会、中共南宁地区委员会的指示，派员到东兴难侨接待站进行有关工作，于 1978 年 6 月 14 日接回了难侨 184 户 1039 人，其中男 525 人、女 514 人；原籍广西 935 人，广东 99 人，福建 1 人，越南 4 人（女眷）。这些难侨居住在越南广宁省的海康市、芒街、广河、先安、锦普、八老等一市五县的文进、祛东、春海、蒙亮、下尉、新平、潭河、堂花、富海、桂兑、大来、木排、海朗、东海、桐雷、万安、垌达、海廉 19 个乡、镇、社。这些人按越南北方解放后土地改革时阶级成分划分政策确定，属贫农的 157 户 880 人，下中农的 16 户 102 人，中农的 3 户 17 人，手工业（车缝、理发）的 2 户 6 人，工人 6 户 34 人。他们的文化程度有高中 11 人，初中 35 人，小学 451 人。他们的姓氏分别为杨、黄、苏、陈、何、李、吴、冼、钟、凌、翟、宋、王、刘、关、韦、徐、符、梁、禤、翁、赖、温、覃、郑、段、殷、严、龙、唐、潘、陆、叶、洪、许、张、林、邓 38 姓。

难侨被接到农场后，根据当时适当集中安置的原则，结合农场的实际情况，他们被安置在二分场（临时安置点）27 户 121 人，三分场（永久安置点）52 户 330 人，四分场（原作临时安置点，后成为永久安置点）75 户 389 人。在安置过程中，除组织难侨学习党和国家有关方针、政策，贯彻落实《中华人民共和国归侨侨眷权益保护法》，进行思想政治教育宣传外，着重解决生产、生活上的各种具体问题，及时发放国家给予难侨的临时生活救济费（人均 50 元），家具添置费（人均 60 元），还给一批棉被、蚊帐、棉衣、卫生衣裤和各种型号的单衣实物。日常生活必需的家具、炊具、用具等一一给予添置，送至每个家庭。

安置难侨是一项细致、复杂的工作，在安置过程中，他们的思想情绪和行为不断出现反复。从 20 世纪 80 年代初开始，他们曾因对安置环境不满，对计划生育抵触或听信谣传，多次集体外流。经自治区有关部门劝导，农场领导、政工干部、场侨联、派出所干部深入到安置点做细致的思想工作和善后疏导，他们逐步稳定下来，接受安置。

至 2020 年底，现有归侨侨眷人数 1904 人，据初步统计，回国后通过海外关系陆续移居到国外的有 200 多人，主要到美国、英国、加拿大、澳大利亚、瑞典等国家和地区，海外关系涉侨人员达 1000 多人。

第三节　侨民生产生活

农场对安置下来的难侨，根据国家劳动部门招工政策的有关规定，作出了安排。凡满 16 周岁（除在学校读书外）不满 60 周岁的成年男女，具有劳动能力，均作为农场工人安排就业，享受与农场其他职工同等待遇。

劳动生产组织方面，根据农场农业生产具体情况，最初阶段的劳动组织，采取以难侨劳动力为主体，配备一部分老职工工作骨干进行带动，分场主任、指导员的正职和财务统计、保管员、生产队长、记录员由农场老职工骨干担任，副职由难侨中较有群众威信、有一定文化素养的成员担任，在生产和管理实践中培养、发现难侨骨干，逐步选拔到分场、生产队正职领导岗位，老职工骨干逐步撤出，放手给难侨自己治理，最终成为完全独立管理的难侨分场。经过考核，从 2008 年 3 月起，还配备了一名由难侨职工担任的副场长。

经济生活方面，从进入正常生产劳动起，每个家庭经济来源，一方面靠生产的基本工资收入，另一方面靠享受国家暂行生活标准定额补贴。最初就业阶段，劳动力定为农工一级，月基本工资 27 元。安置初期，难侨中大部分家庭人口较多，劳动力较少，单靠劳动工资收入生活水平较低，因此，国家采取暂行生活标准定额补贴办法，每月老少人口平均 15 元，劳动力平均 20 元，劳动工资收入水平不足生活标准部分由国家补足。1982 年后，随着国家调整增加职工工资，职工从事生产超产奖金收入也在增长，难侨生活水平逐步提高，国家生活定额补贴逐年减少，甚至取消。

难侨分场建设方面，1978—1986 年，国家拨给农场华侨事业费累计 156.12 万元，农场用这些拨款并自筹资金数百万元，用于生产性建设 89.386 万元，其中平整土地 3800 亩，建猪舍牛栏 1624 平方米、仓库 450 平方米，修水利渠道 5.5 公里；用于供电线路、设备 16.31 万元；用于住房和公用房建设 60.89 万元，其中住房 12899 平方米、公用房 530 平方米；用于交通运输设备 20.99 万元户；此外，用于教育、卫生和生活设施建设，建有教室 2000 平方米，卫生室 40 平方米，晒场 3400 平方米，人畜饮用水井 3 口（每口井深 90 米），自来水塔 3 座共 150 立方米，每个家庭均用上自来水和电。从 2008 年起，难侨分场全面进行改造，共已建造了 319 户居民住宅，人居环境彻底改善。

1985 年农场进行经济体制改革后，难侨职工兴办了家庭农场，生产迅速发展，经济收入有很大提高，根据原定的生活标准都已突破，靠国家补贴生活的家庭已不存在，很多家庭的经济积累逐年增长。他们被安置到农场 12 年后，1990 年曾做过调查统计，全场难侨职工家庭拥有"东方红"链轨式拖拉机 4 台、中型拖拉机 4 台、手扶拖拉机 22 台、耕牛 52 头，各种农机具保证了生产上的需要。职工家中有各类型电视机 189 台、自行车 548 辆、摩托车 37 辆、收录机 103 台、洗衣机 44 台、电冰箱 13 台，单就四分场 84 户难侨职工，在银行存款 40.3 万元。

许多难侨职工生活改善以后，又向新的目标发展。难侨职工苏维钦，全家 5 口人，有 2 个劳动力，1984 年他辞去分场副主任职务，承包 8 亩土地种植甘蔗，同时开垦地边角和荒坡山地，扩大种植面积，至 1987 年共垦荒 20 亩，当年甘蔗有收成的面积 23 亩，总产原料蔗 121 吨，总产值 8414 元，纯收入 6670 元，大家一致评选他为农场劳动模范。难侨职工苏维河，1988 年自筹资金 3.5 万元，租用九分场旧仓库开办一家"侨兴水泥纸袋加工厂"，于当年 6 月安装试机成功，次年，产品销售收入 24.86 万元。办厂所需劳动力就地雇请，解决 20 多名难侨待业青年的就业问题，深得难侨职工的赞许。难侨女工何月娇，坚持早出晚归，精耕细作，用心学习科学种蔗，从 1990 年起，连续 3 个年头，她承包的岗位，甘蔗产量高，贡献大，1995 年自治区人民政府授予她劳动模范称号。退休以后至今还享受区劳模津贴。

农场为调节难侨安置点土地面积过少问题，从 1989 年起，组织难侨分场职工调迁开发，从安置点迁到土地较多的二分场、五分场、六分场和七分场，经多次安排，共迁出27户143人进行开发性生产。至1992年，全场难侨职工的甘蔗总产比调迁前增长37%，难侨职工生活得到进一步改善。

第四节　安置侨民新变迁

良圻农场自安置归难侨以来，积极贯彻落实中央侨务政策，认真按照《归侨侨眷权益保护法》依法维护归侨侨眷合法权益，根据"十六字方针"，优先照顾和考虑归难侨子女的就业和生活。1986年4月成立侨联以来，公司领导班子重视归侨工作，在多次机构改革中，仍保留一套人马、两块牌子的办公机构，设有侨联和侨务办公室，配备专职侨联主席，直到2018年农垦改革社会职能移交，侨务正式交由当地政府管理。历年来，农场能提拔优秀归侨及子女到分场担任领导及管理员。目前，各行各业都安排有归侨侨眷以及归侨子女就业，其中良圻制糖公司安置52人，畜牧种猪场2人，水电队4人，复混肥厂2人，医院小学8人，农场科室6人，分场管理人员10人。特别重视和培养归侨青年的中坚力量，目前在农场及其他单位担任中层以上领导职务的归侨侨眷有13人，其中2008年刘太福同志被提拔为副场长，归侨管理人员占全场管理人员的12%，共有25名归侨侨眷加入中国共产党，自安置以来，归侨政治社会地位逐步提高。

农场侨联在上级侨务部门和农场党委的直接领导下，充分发挥和履行好自身职能作用，先后于1998年荣获全国侨务系统"先进集体"，2006年、2008年分别获得自治区侨联授予的"全区侨联系统先进集体"，并于2008年度被自治区农垦局授予"侨联工作先进集体"，2018年在第十次全国归侨侨眷代表大会上荣获中国侨联颁发的"全国侨联系统先进组织"等荣誉称号。

一、生活方面

多年来，农场积极为侨排忧解难，在有限的华侨事业经费中，每年对困难归难侨家庭进行慰问或补助均达到3万～5万元，并争取了长期患病致困归侨家庭申请享受了国家低保金，归侨低保户占全场享受低保户的40%以上，同时拿出部分经费奖励和扶持优秀或困难侨生，促进了归侨子女在校学习的浓厚兴趣。1992年以来，超100多名归侨学生或归侨子女陆续考取清华、武汉大学、泉州华侨大学、广西大学等名牌重点或普通大专院校，比较突出的是，1995年三分场归侨子弟陈基富同学，通过艰苦努力学习，考取了清华大学，一鸣惊人，为农场和广大归侨争得荣誉，树立榜样，提高了归侨的社会地位。

2007年以来，在一系列国家利民政策的推动下，农场侨联部门认真履行职能作用，积极落实好国家侨务政策，通过中央好政策，做好宣传动员、方案制订、措施落实等相关工作，使归侨居住或生活条件发生了明显的变化。

1. 危旧房改造　2007—2009年归难侨危旧房改造中，完成365间归难侨危旧房维修加固改造，推动新建62户，完成财政资金投入344万元，农场配套投入32万元，至此拉开归侨建房的热潮。

2. 配套基础设施不断完善　2008年以来，农场争取国家财政项目资金700多万元，分别投入完善安置归侨三、四、九分场公共场地硬化、生活区道路以及连接场部道路硬化8公里、排污沟、灯光球场、小公园建设、办公楼、灯光球场等基础配套设施。2015年以来，农场自筹资金也分别投入到安置归侨四、九分场生活配套设施改造完善，为四、九分场完善50多户和12户新楼排污沟建设，配套完善三、四、九分场太阳能路灯安装。通过广西农垦现代特色农业（核心）示范区项目，投入将近600万元，完善三分场葡萄基地景观建设，为该分场葡萄基地发展以及人文环境生活更上一个台阶。一系列项目资金的投入，安置归侨职工群众是最大受益者，在他们辛勤耕耘中，享受到国家日益昌盛的改革成果，以至在农场特殊政策照顾下，大大提升了安置归侨生活。

二、文化方面

归侨文化生活质量明显提高。2013年6月份从闭路电视转换电视数字化接收改造后，归侨文化取向多元化，思想观念已融入社会化。安居乐业后，不单是电视、电脑、手机等网上娱乐，部分归侨家庭陆续购置家庭用小车超60辆以上，生活质量也跟上社会发展的步伐。2018年8月，在农场侨联的建议下，开展纪念越南归侨回国建设40周年一系列活动，得到了领导的肯定和重视，并给予10万元内的活动计划开支，保障了庆祝各项活动顺利推进，于当年8月15—18日，分别组织开展了纪念庆典文艺晚会、座谈会、义诊、体育运动会、相册制作等。最为特色的是，农场侨联充分发挥桥梁作用，以凝聚侨心，发挥侨力，倡导归侨山歌文化氛围，以山歌筹委会名义发出募捐活动倡议，使公司广大归侨侨眷和移居海外侨胞共同参与到此次纪念活动中，募捐人员达578人，共筹得活动款34208.60元，其中海外有51人参与，热心捐款6869元，顺利在安置归侨九分场于8月15日晚上举办了"山歌好比春江水"的山歌助兴现唱晚会，来自广西区内10多名山歌手同台表演，晚会通过现场视频直播并制作，发给海外侨胞及区内外归侨侨眷，丰富了广大归侨侨眷的业余文化生活。

三、生产方面

安置在农场的归难侨主要以种植甘蔗为主，他们早出晚归，辛勤耕作，科学种管。2007 年以来，三个归侨分场均实行了土地连片承包经营管理，当年甘蔗进厂量同步屡创历史新高，达到 8 万多吨，直到 2019 年，归侨甘蔗生产仍稳定在 8 万吨以上水平，持续保持占全场甘蔗总产量的 35%，同比 1998 年翻了一番。多年来，由于归侨子女逐年增加，就业压力加大，考虑到安置归难侨的特殊性，在公司侨联建议下，农场都能给予生产倾斜，把集中安置的部分归侨分流到各个分场，安排生产岗位，对收复的被占土地，优先安排归侨子女上岗，同时，允许三、四、九归侨分场退休的归侨职工，可由其子女直接接岗承包，实行"一场两制"，大大提高了归难侨子女的就业率。至今，归难侨生产岗位达 560 多个岗，占全场 1617 岗的 34.7%，归侨岗均纯收入保持在 2.5 万元以上，每年上交农场公司生产经营管理费用 600 多万元。2009 以来，归侨职工科学种管意识增强，归侨机械化推广已成为农场一项重要生产措施。目前，归侨购置大功率机耕车 12 辆、运蔗车 15 辆、叉车装蔗机 17 台、小四轮作业车 300 多辆，基本上 1.5 个岗位有一辆车，因为车辆增加，从而调动归侨子女参与甘蔗生产工作积极性，归侨甘蔗生产管理步入飞跃式发展。特别是归侨四、九分场，生产管理科技投入大幅增加，肥料投入均超越农场生产最低要求。几年来，两个归侨分场生产管理保持在农场生产分场中，交替排在农业分场首位。2011—2012 年度职代会表彰种蔗能手中，归侨职工占 30%，最为突出的是 2013 年度表彰种蔗能手 8 名中，归侨职工占了 6 名，占比 75%；2016 年种蔗能手共评选 5 名，其中归侨职工占 4 名；2017 年度种蔗能手共评选 6 名，其中归侨职工占 2 名。

归侨甘蔗生产持续增加，在自身艰苦奋斗下，近年来，农场也侧重把中央财政生产配套资金下放到归侨分场。2008—2009 年，投入 400 多万元，完善三分场 1000 多亩和四分场 1200 多亩喷灌设施使用；2009—2010 年投入中央土地平整项目资金 1500 万元，平整二分场延伸改造九分场 1000 多亩甘蔗道路、灌溉设施等；2011—2012 年投入县财政项目资金 800 多万元，完善四、九分场部分甘蔗道路改造、喷灌设施等 1500 多亩；2013 年投入中央土地平整项目资金 2000 多万元，完善四、九分场甘蔗主道路硬化、次道压石渣、喷灌等所涉蔗区面积达 7000 多亩；2014—2015 年，一优双高项目再落户到三个安置归侨分场，地块整理、道路建设、喷灌设施也将进一步提高升级，为归侨甘蔗生产种、管、运中机械化提供便利，稳定安置归侨安心农场甘蔗生产。

为了逐步改变部分归难侨困难生活，考虑到归侨三分场，因人多地少，家庭收入较低，部分归侨等、靠、要思想比较严重，制约了农场的和谐发展。2004 年初，场侨联协同农场发挥排头兵作用，把调整产业的项目放到该分场，种植了250亩高效"美人指"高效葡萄，农场筹集了150万元的生产启动资金，争取了自治区安置办项目扶持贷款资金40万元，安排了归侨子女67个管理岗位。为了把该项目做强做大，农场给予资金上的大力支持，多年来，无偿投入的生产、宣传、销售等资金超过100多万元，垫付生产资金120多万元，是农场建场以来生产扶持最大的项目。经过思想上的不断疏导，加强技术的培训、管理和督促，2007—2016年葡萄产量一年一台阶，从10万公斤跃升到50多万公斤，销售收入也从150多万元提高至600多万元。特别近几年来，年岗均收入3万元左右，小部分岗位收入达10万元以上，弥补了该分场单靠甘蔗生产收入的不足，同时也增强了归侨生产自营意识和市场意识。从葡萄管理增加家庭收入中，规划特色的葡萄楼纷纷拔地而起，改变了该分场一直落后的面貌，形成了楼房格局化在全场中最具吸引力的一个分场。目前，该基地在高效益的推动下，种植发展达500多亩，已列为广西农垦现代特色农业（核心）示范区之一，已完成初步建设。

多年来，在场党委的思想教育培养下，在农场不断给予政策的照顾下，大部分归侨以场为家，爱岗敬业，勤劳肯干，艰苦拼搏，努力生产，涌现出一批荣获各级部门、单位的先进生产工作者、劳模、优秀党员等先进人物。近年来，九分场种蔗能手归侨职工陈明德、何世华等，被农垦集团评为"甘蔗高产能手"等称号。农场副场长刘太福同志，待人诚恳，敢为人先，积极发挥农场班子团队带头作用，依法维权、依法护侨，先后主要配合为农场收复被村民长期占种的国有土地2000多亩，曾于2006—2008年度被自治区侨联授予"侨联系统先进个人"称号；2007年荣获中华全国归国华侨联合会授予的"中国侨联维护侨益先进个人"称号；同时，2008年又获得中国侨联授予的"全国侨联工作先进个人"。2013年场侨联主席杨喜南，认真履行好自身职责，热心为侨服务，得到上级侨联好评并推荐被全国侨联、侨务系统评为"全国归侨侨眷先进个人"。2018年场侨联副主席吴明雄，在担任安置归侨三分场支部书记、主任以来，好学上进、勤劳肯干，贴心为归侨侨眷开展生产、生活服务，赢得上级领导以及归侨群众一致好评，经推荐被全国侨联、侨务系统评为"全国归侨侨眷先进个人"。

良圻农场侨联以经济建设为中心，扶持和引导归侨发展生产、增加收入改善生活，积极做好参政议政，拓宽联谊，发挥作用，一直以来，都保持推荐至少一名归侨为县政协委员，广泛征集员工的意见，出谋献策，发展经济。另外，还积极参与越柬老、南宁归侨青年委员会等各种联谊交流活动，增长见识，增进友谊，拓宽视野，共同发展。积极服务好海外新旧华侨回场探亲所需，为他们提供做好一切便利服务工作，使他们感受到无论身在何处都有温暖的家，提高农场在海外的国际社会影响力。

从 2007 年起，归侨分场实行土地连片承包，原来分散、零星的土地连片承包后，调动难侨职工的生产经营积极性，有利于科学种蔗和创高产、稳产。

第五节　扶持归侨

2002 年农场侨联重视安置归侨子女教育问题，并把该项工作纳入侨联跟踪服务对象，制定了《归侨学生的学习奖励和扶持困难归侨学生的有关规定》，实施后当年奖励本年度考取大专院校、重点高中等 9 名归侨子女，奖励金额 3000 多元。同年，接待来访的归侨群众 100 多人次，通过华侨事业费帮助解决他们临时生活困难，开支共 33010 元。2002 年 3 月，农场把收回 600 多亩的被占土地优先安排给归侨职工子女 10 人，共 170 多亩，解决部分归侨家庭人多地少的就业安置。

2020 年场侨联主动与县统战部（侨办）多次对接，落实了芳香社区上报的 46 户困难归侨侨眷，将他们全部确定为慰问对象。1 月 16 日，南宁市统战部副部长何见霜率慰问组到公司开展慰问活动。2020 年春节期间，公司负责侨联的部门，协调当地政府将 56 户困难或弱势归侨侨眷家庭纳入春节慰问对象，慰问金 28000 元，让他们在农场企业化改革中共享改革成果。

2021 年以来，一是农场公司通过财政项目及配套部分自筹资金共 120 万元，为安置归侨四、九分场完善新水塔各 1 座。自筹资金投入 90 万元为归侨四、九分场建设完成了农机停放点，解决了两个分场农机乱停乱放局面。二是春节期间，良圻农场公司侨联部门加强春节困难归侨侨眷的关注，主动协调好当地政府对安置归侨群体的关注，及时与社区负责侨务工作的社区人员做好安置困难归侨侨眷的调查建档，期间共将 63 户困难或弱势归侨侨眷家庭纳入了春节慰问对象，春节慰问金共 34500 元。这些慰问对象大多是老弱病残或经受病痛折磨，治病成本开支大，导致生活困难。此次慰问活动进一步提高了农场企业化改革安置归侨侨眷社会影响力，促进海外侨胞认识到农场公司对安置归侨侨眷的重视和关心。通过此次慰问让困难归侨侨眷家庭感受到祖国怀抱的温暖，增强他们对生活的自强信心。同时也促进了归侨侨眷之间和谐生活和共同发展。

第三章　人　　口

第一节　人口普查

新中国成立以来全国第一次人口普查于1953年开展，当时还没有建场。1956年农场创建，当年，总人口126人，其中男性人口87人，女性人口39人。

到1990年全国第四次人口普查时，全场总户数1233户，总人口4314人，其中男性人口2284人，女性人口2030人，全场受过不同程度文化教育的4618人，占人口总数的96.7％，其中大专以上58人，高中（中专）685人，初中1364人，小学2061人。

2000年全国第五次人口普查，全场总户数1682户，总人口5347人，其中男性人口2762人，女性人口2585人，全场受过不同程度文化教育的5005人，占人口总数的93.6％。全国第五次人口普查与第四次普查时隔10年，良圻农场总人口增加1033人，增长23.9％，其中男性增加478人，女性人口增加555人。

至2019年末，根据横县统计局提供数据，良圻农场辖区户籍家庭总数2181户，人口合计6461人，其中男性3330人，女性3131人，是1956年开场时总人口的51.28倍。

2010年第六次全国人口普查，全场户籍总户数2252户，户籍总人口5539人，其中男性2726人，女性2813人。

2020年第七次全国人口普查，全场户籍总户数2627户，户籍总人口6383人，其中男性3284人，女性3099人。流动人口总人数8345人。户籍总人口比第六次全国人口普查增加844人，增长15％。

1956—1990年农场人口构成情况见表14-1-1。

表 14-1-1　1956—1990年农场各时期人口构成

年份	总户数	人口数			年份	总户数	人口数		
		合计	男	女			合计	男	女
1956	64	126	87	39	1959	971	1362	856	506
1957	128	250	170	80	1960	999	1400	952	448
1958	851	1133	782	351	1961	1097	1604	1018	586

（续）

年份	总户数	人口数			年份	总户数	人口数		
		合计	男	女			合计	男	女
1962	646	1054	506	458	1977	2431	3986	2002	1984
1963	676	1106	572	534	1978	2680	5122	2590	2532
1964	769	1190	621	569	1979	2513	5241	2670	2571
1965	847	1339	672	667	1980	2493	5480	2845	2635
1966	878	1438	751	687	1981	2148	5264	2676	2588
1967	917	1522	801	721	1982	2097	5105	2635	2470
1968	963	1588	841	748	1983	1995	5103	2644	2459
1969	958	1668	853	815	1984	1625	4806	2469	2337
1970	963	1709	869	840	1985	1127	4648	2389	2259
1971	958	1755	883	872	1986	1054	4671	2441	2230
1972	951	1882	975	907	1987	1204	4564	2384	2180
1973	943	1852	934	978	1988	1191	4319	2276	2043
1974	1126	2178	1129	1049	1989	1224	4293	2261	2032
1975	1121	2164	1107	1057	1990	1233	4314	2284	2030
1976	1819	2917	1473	1444					

第二节　民　族　姓　氏

一、民族组成

1990 年全国第四次人口普查统计，全场有汉、壮、瑶、满、仫佬、京 6 个民族，在全场总人口 4314 人中，有汉族 3013 人（占总人口的 69.8%），壮族 989 人（占总人口的 22.9%），其余几个民族人口较少，除瑶族超过 300 人外，其他民族均在 10 人以下，有两个民族仅各有 1 人。2000 年全国第五次人口普查统计，全场有汉、壮、瑶、满、京 5 个民族，在全场总人口 5347 人中，汉族有 3641 人，占总人口数的 68.09%，其余壮、瑶、满、京 4 个民族有 1706 人，占总人口的 31.91%。企业分立后，至 2006 年，在良圻农场辖区落户的人口中，有汉、壮、瑶、苗、满、京 6 个民族。2020 年第七次全国人口普查中，全场有汉、壮、瑶、苗、满、京 6 个民族，在全场总人口 8345 人中，汉族有 5925 人，占总人数的 71%，壮、瑶、苗、满、京 5 个民族有 2420 人，占总人口的 29%。

二、人口姓氏组成

根据 1990 年全国第四次人口普查，以及 2000 年全国第五次人口普查资料统计，在良圻农场辖区落户的人口中，共有姓氏 140 个，姓氏人口最多、排在前列的是张、黄、刘、李、陈 5 个姓。

第三节　生殖保健

从 20 世纪 80 年代，农场计生部门与场医院合作，每年为育龄妇女发放避孕药具，开展婚检，为产孕妇孕检，为育龄妇女做妇科病检查，对做了"四术"的女职工作术后访及随访检查，并为他们建立了保健档案，把不利于育龄妇女身心健康的行为降到最低程度，每年不间断为新生儿采取免疫措施，实施儿童免疫接种。

至 21 世纪初，全面启动"母亲安全工程"，贯彻落实了《母婴保健法》。

2001 年，全年接产 95 人，新法接生率 100％，住院分娩率 100％，产检率 97％；产后访视 95 人次，访视率 100％；无新生儿破伤风，无孕妇死亡，无褥感染发生。计划免疫工作，建卡合格率 100％，"五苗"接种率达到 100％。

第四章 老龄工作

第一节 管理机构

农场在20世纪80年代前没有设立老龄工作的专门管理机构，由有关职能部门负责老龄工作，退休工人的管理主要是劳资科负责，离退休干部由党委办公室管理，场工会协助职能部门开展离退休人员文体活动和"送温暖"慰问工作。

1990年，农场成立了"老龄工作委员会"，负责全场离退休人员各项服务工作，是老龄工作的常设管理机构，同时，在离退休的人员中建立了老龄党支部，离退休的党员能够经常参加组织生活。

1994年，农场实现公司制改造后，总公司党委决定进一步贯彻执行《老年人权益保障法》，在全公司范围更好地落实对离退休人员"政治上关心、生活上关照"，共享改革成果。

1996年2月，总公司成立养老保险基金会，设置2名专职干部统筹全公司养老基金，全面负责总公司养老保险运作，直至2000年7月，自治区人民政府下发文件，将农垦、林业、煤炭、华侨4系统的企业职工养老保险从当年6月1日起纳入全区统筹，良圻公司遵照自治区规定，企业不再自行开展养老保险运作。

第二节 离退休人员概况

农场从1978年起，开始办理第一批职工退休，共3人，此后即形成常态管理，制度化，符合国家有关规定的即行办理离退休手续，离退职工人数逐年增多。到了20世纪90年代，离退休进入高峰期。1990年，离退休人员达到333人，其中离休干部14人；1994年，离退休人员累计共达500人，至1998年，已突破600人，共达到了636人。2002年，企业分立当年，全场共有53名职工退休，共有离退休人员741人。至2010年，良圻三家企业共有退休职工1170人。离退休人员退下来后，大都在农场安享晚年。根据国家有关规定，农场共有9名离退休干部经批准易地安置，到县以上城镇定居。从1978年办理离退休以来，至 2019 年，去世离退休干部 268 名，其中离休干部 12 人，退休干部 256 人；有离休职工 2 人（岳健龙、梁宗朝），退休职工 1152 人。2021 年，去世离退休干部 29 名，其中离休干部 0 人，退休干部 29 人；有离休职工 1 人（岳健龙），退休职工 1167 人。

第三节　离退休福利待遇

农场根据国家有关规定和农场能力，尽可能在政治、经济、文化、生活、医疗等方面对离退休人员给予关怀照顾，实现老有所养、老有所医、老有所乐和老有所学。

一、老有所养

办理离退手续后，离退休人员均按月领养老金，在纳入全区统一的企业养老保险前，养老金直接由场财务发放，从 2000 年 6 月 1 日起，根据自治区政府发文规定，农场职工基本养老保险纳入全区统一企业职工养老保险制度。农场还根据有关文件规定，给离休干部发放老龄补贴。2018 年之前，农场工会每年的春节、中秋节都对离退休职工发放慰问品。

二、老有所医

农场离退休人员享有公费医疗保健待遇。1995 年前无论在场内治病还是外出求医，他们的医疗费由农场全额负担。1995 年实行公费医疗制度改革；2003 年推行职工基本医疗统筹管理，退休人员按医改方案享受门诊、住院待遇，离休干部按国家规定开支医疗费用，离休人员定期进行保健检查。农场对因病住院的离退休人员，还去看望、慰问，送温暖。

三、老有所乐

退休职工组织有门球队、排球队、舞蹈队和文艺演出队，每逢春节、国庆、重阳节等都举办活动，开展适合老年人的体育比赛项目。平时，文化活动中心都有老年人的活动场地，让离退休人员进行娱乐活动。全场有 3 个门球场和气排球场，还设有棋艺室，供老年人打球、打牌、下棋，场工会和老龄委还常组织老年门球队外出比赛或邀请外单位老年人来场参赛，农场每隔一个时期，还组织离退休人员到区内外旅游，先后组织他们到首都北京、华东五省、湖南韶山、贵州黄果树及区内桂林、北海、龙州、百色等地游览观光。

老年门球运动是一项适合老年人参与的体育活动，集运动、智慧、乐趣于一体，有益老年人身心健康的体育项目。良圻农场历届领导重视这项工作，1997 年就建立起良圻农场老人门球队，原来场部灯光球场前的门球场比较简陋，经常组织退休干部职工开展门球活动。2015 年在场部西区新建了室内的专用门球场。

2005 年 9 月 18 日，场工会主席蒙振国带队到南宁参加广西农垦举办首届职工球类运动会（包括门球队）。2006 年 6 月 18 日，参加广西农垦局举办的第三届"西江杯"门球赛。2006 年 9 月 20 日，场老龄委组织由原党委书记兼工会主席陈耀礼和糖厂工会主席林国贤带领老人球队一行 24 人，前往红河、黔江、西江、桂平等学习，相互交流。2009 年良圻老年门球队参加广西农垦第四届"黔江杯"门球比赛活动获亚军。2016 年 6 月 21—23 日，自治区农垦局老年体协和良圻农场在本场门球场共同举办"广西农垦第十一届'良圻杯'老年人门球比赛"，丰富老年人文体活动，达到切磋球艺、交流思想、增进友谊之目的。

2008 年，老龄党支部组织"夕阳红"文艺演出队开展活动，除在良圻辖区表演，丰富企业文化生活，还到外地演出、交流演艺经验，增进友谊。2010 年，以辖区老年职工为主体成立了一个"芳香吉祥龙狮队"，春节、元宵到职工家庭户舞龙舞狮拜年、庆祝，还应邀到外地进行龙狮表演，农场老年人活动的知名度和影响日益增强。

四、老有所学

场文化活动中心阅览室，除订有中央及地方多种报刊，还专门为离退休人员订有《中国老年报》《广西老年报》《老年周报》《中老年保健》《老年知音》等报纸杂志，供老年人阅读。为有利于组织老年人学习和方便离退休党员过组织生活，1999 年，在原有一个老龄党支部基础上增设老龄二支部，两个老龄党支部同抓离退休人员思想政治教育和学习。农场党政工领导还经常在老年人集会上向他们讲解国内外形势和农垦改革状况及成果。企业分立后，党政工作领导继续抓老年人的学习常态化。芳香社区成立后，离退休人员按上级部署划入社区管理。

第五章　场群关系

第一节　密切农场和地方的关系

1956年建场以来，农场历届党政领导注重与周边乡村发展友好关系，有矛盾的通过双方互谅互让和依靠地方各级政府协商解决。建场50年来，农场管理体制多次变动，历经三上三下，3次下放横县地方管理，历时12年，横县各部门和地方各级政府热心帮助农场解决经济、文化、社会、交通、电力、通信等问题，多次调县直机关干部到农场担任领导，充实领导班子，1975年农场建糖厂，县里抽调一批干部帮助筹建，县里还划定3万多亩农村蔗地为场糖厂蔗区，为农场提供原料蔗。

农场为密切场群关系主动做工作，每到年节，邀请县、乡、村和有关部门领导开会座谈。交心通气，介绍农场生产建设形势，征求他们意见。有时农场党政领导主动登门，到县党政机关或有关乡镇座谈，沟通情谊。自1958年以来，农场不间断组织球队、文艺演出队到县内农村作友谊比赛和慰问演出，还经常邀请他们组队来农场参加活动。农场1976年成立了电影队后，常到毗邻乡村巡回放映，活跃农村文化生活。

从2007年起，农场党委、工会有意识地组织农场新生代和毗邻乡村农民的新生代进行球艺交流，开展篮球、排球友谊赛，几年来共已进行10多场新生代友谊赛，把场群和谐友谊延续至新生代，推进场群友好一代代向前发展。

公司领导注重与周边乡镇发展友好关系，多次为周边乡镇道路建设、文化娱乐设施建设提供一定的支持，为公司和周边乡镇的友好关系奠定基础。

每年还不定期到周边毗邻乡镇人民政府综治办、司法所、派出所、土地管理所等部门交流工作。年终邀请乡镇人民政府相关部门领导来农场召开座谈会，肯定他们对农场工作的大力支持，提出工作建议，密切了场政关系。

第二节　扶持毗邻乡村

农场发挥国有企业优势，长期对毗邻乡村进行扶持。建场初期，应乡、社、生产队之要求，常派拖拉机帮助农村垦荒、犁耙整地，使他们赶上农时季节。1968年，农场造纸厂建成投产后，长期到近邻村屯收购农民稻草、茅草等原料，帮助他们发展副业，增加收入。

1972年，农场无偿支援毗邻的平马乡兴修快龙水库和西泠江水库，出动一台推土机帮助水库作业，直至竣工，还出资10万元支援工程建设。20世纪80年代，农场畜牧专项设备3台孵化机，先后孵化三黄鸡苗33159只、北京鸭苗17474只，供应近邻村民，扶助他们发展良种鸡鸭。自20世纪70年代中期农场糖厂建成后至90年代初，共为毗邻乡村和农村蔗区修筑道路380公里，建造涵洞、桥梁、渡槽等附属工程30多处，给蔗区甘蔗种植户预支无息定金2234万元，发放原料蔗超产奖金12万元。自南乡蔗区开发后，为农村筑路、架桥、发放定金更是大量增加，扶持的力度进一步增强。

2000—2021年，农场与周边毗邻村委、经联社建立较好的场群关系，时常与毗邻村委、经联社在工作上、生活上交流沟通，互相走动拜访。每年春节前邀请村委、经联社干部来农场召开座谈会、年拜会，或农场土地管理部人员到村委、经联社登门拜访，互相交流思想并送春节慰问品，紧密场群和谐友好关系，促进了社会经济发展。

第三节　农场示范作用

农场建场以后，即开始用拖拉机耕作，大面积的农业机械作业，使世代用畜力耕种的附近农民看到农机代替耕畜的前景。为使农民赶上农时季节，农场还常应公社、生产队之请派拖拉机去农村代耕，作出示范。1969年农场自行制造了水稻收割机，每台收割机日割水稻104亩。周围村屯农民常结队参观机械收获，他们拓宽了眼界，看到农业机械化的远景。

农场畜牧业先进的科学养猪技术，代表现代养猪的趋向，对横县养猪业发挥示范作用。畜牧公司帮助购买猪苗的农户，传授给他们瘦肉型猪的饲养方法，以及疫苗防治、后备母猪及断奶仔猪的饲养管理方法，使他们学到许多科学养猪技术，对横县农村养猪业的发展帮助很大。

1977年，农场糖厂建成投产后，经常派农业技术员到农村蔗区为农民传授种蔗新工艺、新技术，推广甘蔗优良品种。农场的种蔗能手多次到发展种蔗业的乡村介绍甘蔗种植的先进经验，县里也多次组织蔗区农民种蔗能手到农场种蔗能手的蔗地参观、取经，使他们学习甘蔗大面积高产栽培技术，农场的示范作用带动了周围农村甘蔗种植业的发展。

第四节　互利双赢

1962年，农场兴办一所半工半读的农业技术学校，帮助横县地方培训一大批有文化、有技术的农村青年。横县从良圻、陶圩、石塘、百合等乡镇选送了110名农村青年到农场农业技校学习，毕业后，留用一部分学员充实了场农业、农机和修造技术力量，一部分回原籍为建设新农村作出贡献。

1975年秋，农场由县委调配应届高中毕业生及历届初中生500多人到农场工作，次年春，又从县内农村招收复退军人、农民骨干200人为农场职工，帮助地方安排大批知识青年和农村劳动力到企业就业，也为农场生产建设注入大量的有生力量。

农场周围许多农用地，农民在传统上没有种糖料蔗习惯，农场糖厂建成后，扶持群众发展甘蔗种植业，帮助农民增加收入，糖厂也获得充分原料。农场畜牧业发挥自身优势，发展公司＋基地＋农户的发展模式，辐射带动横县地方发展养猪业，农户增加了收入，农场也取得较好的经济效益。良圻辖区三家企业在与乡村农民的友好合作中皆实现了互利的效果。

第六章　驻场企业及场办企业拍卖承租

第一节　驻场企业和单位

建场后，随着农场经济壮大，尤其近年单位依托六景工业园区的建设，不少企业入农场辖区安营扎寨，在场内开展生产经营。驻场的企业有良圻供销社百货店、横县农行农场营业所、良圻邮电支局农场服务点、广西农村信用社、广西横县桂商村镇银行、横县保险公司农场营业所、横县电信公司农场营业所、移动公司营业所、君盈纸业公司、南宁景圻公司、吉林管道公司（于 2019 年撤离）、私营五福板厂、广西超大运输集团有限责任公司、广西万川种业有限公司、横县粮食仓储中心、横县浩隆达商贸有限责任公司等。驻场单位有工商所、地税分局、国税分局、交警中队、龙潭派出所、变电站、驻农场交通稽征站、公路养护站，共有 8 家单位、16 家企业。

第二节　总公司砖厂拍卖

良圻实业总公司砖厂自 1998 年 1 月改制为股份合作制企业，生产经营到 2003 年 4 月，共 5 年多时间。因改制不彻底，出现问题较多，后严重亏损自行停产。2003 年 4 月 19 日，砖厂向总公司递交停产报告及要求安置该厂职工的呈文。在停产已既成事实情况下，总公司发出批文同意其所求。总公司为此组织专门小组对该厂进行审计、清查，5 月 30 日审计结束，总部对砖厂现有资金、资产、物资、财务清点盘结后，将砖厂收回总公司，并上报自治区农垦局，请求区局批准由良圻实业公司租赁、承包或者拍卖。2003 年 7 月 31 日，广西农垦集团有限责任公司以垦企管发〔2003〕31 号文批复：同意良圻实业总公司的呈请，在妥善安置职工和收回股权基础上收回砖厂，以便拍卖。2003 年 8 月，请求南宁市物资机构评估砖厂，并对资产处置、人员安置、债权债务处理作了善后安排，是年以 28 万元的价格实现了砖厂拍卖。

农场砖厂于 2018 年因经营不善，不能办理页岩证，经公司董事会讨论决定，报废拆除。公司为了充分利用建设用地，计划在原址建设有机肥及甘蔗尾梢青饲料项目。

第三节　加油站竞标承租

2003年9月，良圻实业总公司通告，将总公司经营多年的加油站招租承包。该加油站1993年建成投入经营，一直由良圻农场注入资金，交给供销部门兼营，因按传统的方式进行管理，没有完善经营机制，调动不起加油站职工积极性，不能体现加油站存量资产的经济效益。当加油站竞标承租方案公布以后，场内外群众前来询问，纷纷报名参与竞标。报名截至2003年10月10日。经过竞标，最终以20.1万元竞标成功。当年11月起，按机制运行。

2013年，良圻农场加油站全部资产、经营权及土地使用权出租给广西中油垦祥石油有限公司，租赁期限20年，5年为一租期，第一租期15万元/年，之后，每五年递增20%，以此类推。

第四节　旧砖厂招租关停

根据公司改革发展实际情况，十一分场砖厂从1994年开始，通过出租的形式发包给私人经营，共经过几次私人承包，截至2017年8月30日，因国家对红砖生产严格控制及承包者经营不善，十一分场砖厂关停。关停后，领导班子开会研究决定，组织相关部门对资产进行盘点，并向农垦局资产管理部门申请对固定资产报废处理。2018年3月16日，广西农垦集团有限责任公司以桂垦国资函〔2018〕9号文批复：同意报废砖厂固定资产。现原旧砖厂用地通过招商引资引进白泥原材料加工项目使用。

第七章　全国性普查

第一节　农业普查

2017年良圻农场开展第三次全国农业普查工作，为认真做好普查工作，摸清家底，服务"三农"，组织召开了全场第三次全国农业普查动员大会，成立了良圻农场农业普查工作领导小组，从场部各部室抽调普查员共18名。此次普查对象共有1097户，普查数据均采用PDA审核录入。

第二节　经济普查

为做好第四次全国经济普查单位清查工作，良圻农场成立经济普查工作领导小组，从场部各部室及芳香社区抽调普查员共7名。此次普查对象法人单位及产业活动单位73家，个体经营户404家，其中有证个体户246家，无证个体户209家，按时完成了第四次全国经济普查工作。

第十五编

人物　先进集体

第一章 人 物

第一节 省地市级劳模简介

陈振轩简历

陈振轩，男，1932年7月出生，广西防城市光坡镇人。1949年参加企沙盐场当盐工，1953年2月参加钦州县垦殖工作，随即调到龙州县龙北农场当工人，1955年12月加入中国共产党，1956年2月参加横县芳香农场（即现在的良圻农场）创建工作，是12名开场元老之一。1957年调任场香茅加工厂，任加工队队长；1961年夏至1964年7月，调任一分场副支书、支书。1964年秋至1965年冬，参加搞"四清"，先后在横县、武鸣、宁明农村开展"四清"工作，任片长。1965年末奉调回场，历任一分场支书、主任、场革委会政工组副组长、政工科副科长、科长、计卫科科长。1992年退休。

陈振轩同志在担任加工队队长期间，香茅出油率和茅油质量均达到国际先进水平，农场又连续几年超额完成香茅出口任务。陈振轩同志被推选出席1960年1月在桂林召开的广西农业社会主义建设先进代表大会，被评为自治区劳动模范，获得劳模奖章和证书。

潘仕伟简历

潘仕伟，男，1947年11月出生，广西横县六景镇人，壮族。1969年参军，成为中国人民解放军的一名战士，1973年复员退伍回乡，1976年参加广西国营良圻农场工作，先后当工人、生产队长、分场副主任等职。

潘仕伟同志站在改革前列，带头打破"铁饭碗"。1984年在生产队长任上，毅然带动大家承包，他自己兴办了家庭农场。承包以后，他实行科学种蔗，夺取大面积高产，而且不断开拓，扩大种植面积，至1988年，在原来承包30亩甘蔗地的基础上，扩大承包到70多亩。他还无私传授种蔗技术给农村群众，带动周边村民种蔗，为地方发展原料蔗生产贡献力量。

潘仕伟同志从1985—1988年的4年中，共向国家交售原料蔗1286吨，为国家创利税近 8 万元，先后 5 次被评为农场先进生产者，2 次被评为农场劳模和广西农垦先进个人。1989 年，自治区人民政府授予潘仕伟自治区劳动模范称号，至今享受自治区劳模津贴。

何月娇简历

何月娇，女，1949 年 1 月出生，系回国的越南难侨，1978 年 6 月安置到广西国营良圻农场，分配在九分场从事农业生产。

她热爱祖国，以场为家。在安置初期，有一部分难侨误信谣传，闹待遇，对安置环境不满。她坚定地表示：我的根在中国，在广西，要在农场扎根一辈子。在难侨中，她首先响应计划生育号召；在生产方面，她实行科学种蔗，使用地膜覆盖，化学除草，早种早管，连续多年取得甘蔗旱地大面积高产丰收。1986—1995 年 10 年中，共向国家交售原料蔗 1448 吨，为国家缴纳税金 9 万元。

何月娇同志先后 8 次被农场授予劳动模范称号；1991 年被自治区农垦局授予垦区"甘蔗高产岗"称号；1992—1993 年连续两年被横县女职工委员会评为"巾帼创献能手"；1995 年自治区人民政府授予她自治区劳动模范称号，至今享受自治区劳模津贴；1999 年国务院侨办和全国侨联授予她全国归侨侨眷先进个人称号。

吴志君简历

吴志君，男，1961 年 8 月出生，广西合浦县人，高级畜牧师。1981 年广西农学院毕业，分配到广西国营良圻农场从事畜牧技术工作，1984 年任农场畜牧服务公司经理，1994 年 5 月担任广西农垦良圻实业总公司董事、副总经理，2002 年畜牧业改制，任良圻畜牧有限责任公司董事长。

吴志君同志在畜牧科研、生产中有重大贡献，对猪的品种改良、现代化集约型养猪、猪的电脑管理、电脑饲料配方诸方面卓有建树，获得多种荣誉称号和奖励。

1999 年获中华农业科教基金会颁发"中华农业科教农业推广奖"，2000 年自治区人民政府授予"广西有突出贡献科技人员"称号，2001 年自治区人民政府授予"广西有突出贡献专家"称号，2002 年获农业部颁发的"南方集约化饲养外种瘦肉型猪综合推广项目第二名完成者"奖励，2009 年农业部授予他"新中国成立 60 周年'三农'模范人物"称号（全国仅表彰 100 名）。

吴志君同志作为广西有突出贡献专家，享受政府特殊津贴。

陈耀礼简历

陈耀礼，男，1948 年 8 月出生，原籍广西桂平城厢镇，出生于广西平乐县，高级政工师。1985年5月加入中国共产党。

陈耀礼同志于1969年2月至1975年12月，在平乐县插队务农，当过民办教师，参加过枝柳铁路建设。1975年12月至1978年3月，在广西国营良圻农场工作，前后当工人、宣传干事、工会干事、教师。1978年3月参加"文化大革命"后恢复的第一次高考，被广西南宁师范高等专科学校录取，在中文专业读书。1981年1月至1984年8月，在广西国营良圻农场中学任高中教师。1984年8月至1994年5月，任良圻农场办公室主任、副场长、团委书记、党委副书记、场工会主席、场党委书记。1994年5月至2003年9月，任广西农垦良圻实业总公司党委副书记、工会主席、副董事长、董事长、总经理。2003年9月至2008年8月任广西农垦国有良圻农场调研员，2008年8月退休。

陈耀礼同志在良圻农场工会被授予"全国模范职工之家"基础上，于2002年获区总工会授予的广西五一劳动奖章。作为全区五一劳动奖章获得者，至今享受市劳模津贴。

潘希初简历

潘希初，男，苗族，1970年5月出生，广西资源县人，在职研究生学历，高级经济师职称。1991年7月参加工作，1993年6月加入中国共产党，1991年8月至1993年3月在源头农场担任宣传干事、团委副书记（主持团委全面工作），1993年5月至1998年5月在源头农场罐头食品厂任副厂长、党支部书记，1998年5—12月在区农垦改制工作团驻石碑坪农场工作，1999年1月至2001年1月在源头农场任办公室主任、场部机关党支部书记、场长助理，2001年2—12月任源头农场场长助理、党委副书记，2002年1—4月任源头农场党委副书记，主持全面工作，2002年4—9月任良丰农场党委书记，2002年9月任广西农垦糖业集团良圻制糖有限公司董事长，2003年9月至2008年7月任广西农垦国有良圻农场党委书记和良圻制糖有限公司董事长、总经理。

潘希初同志在良圻任职的5年中，对企业的经济、社会、文化及一体化管理、人居环境、蔗区开发建设等卓有建树，在他的关心支持下，完成了一项重大的系统工程——编纂完成了一部78万字的《良圻农场年鉴》。

潘希初同志用企业家的眼光，以发展为第一要务，促进企业经济迅速发展；落实企业建章立制，实行标准化管理，使公司成为广西首家、全国第二家通过质量、环境、职业健康安全、食品安全一体化四个标准管理体系认证的制糖企业；他同时抓好三个文明建设，形成企业、地方、毗邻农村合力，和谐共建发展。

潘希初同志于2005年被中国食品工业协会评为全国食品行业质量管理优秀领导者；多次被南宁市委、南宁市政府评为先进工作者，获工业发展"三年、五年"目标实现"三年"中期目标先进个人、榨季先进工作者、优秀共产党员等称号。

2008 年 7 月，潘希初同志调离良圻，任广西农垦糖业集团柳兴制糖公司董事长、新兴农场党委书记。

周少平简历

周少平，女，1973 年 1 月出生，广西横县人，中专文化，2011 年 6 月入党。1986 年 9 月至 1989 年 7 月，在良圻农场中学读书；1989 年 7 月至 1992 年 1 月在家待业；1992 年 1 月至今，良圻农场十分场承包农业岗位（其间于 2016 年 9 月至 2018 年 7 月在广西农业广播电视学校函授中专读书）。

获奖情况：2009 年被南宁市政府授予劳动模范称号，2011 年被自治区农垦局评为先进工作（生产）者，2019 年 4 月当选为自治区总工会第十三次代表大会代表，同年当选为南宁市总工会第十九次代表大会代表、工会委员，2020 年 7 月被推选为广西农垦集团有限责任公司第一届工会会员并参加当年会员代表大会，2020 年 10 月被推选为中共广西农垦集团公司第一次党员代表大会正式代表，于 11 月参加中国共产党广西农垦集团公司第一次代表大会。

第二节　农场创建者和场级领导简历

赵恒生简历

赵恒生，男，1927 年 2 月出生，辽宁省庄河市人。1947 年 7 月参加革命工作，在庄河县保安团警卫排当战士；1948 年 10 月至 1949 年 6 月，任 41 军 154 师 6 团 2 营 5 连班长、副排长，随后到师政治教导队当学员；1949 年 12 月任 154 师 462 团连队文化教员；1951 年 7 月至年末，任广西军区税警团政治处青年助理员；1952 年 12 月至 1953 年 10 月，任林工团政治处青年助理员、九连副政治指导员；1953 年 10 月至 1955 年 3 月，任广西垦殖分局警卫队指导员，广西省委垦殖部组宣科科员。

1956 年率员创建横县芳香农场（即现在的良圻农场），1956 年 2 月至 1960 年 10 月任农场副场长、党委副书记；1960 年 10 月至 1969 年 2 月先后调任横县农业局副局长、公安局副局长，1969 年 2 月至 1970 年 1 月在"五七"干校劳动，1970 年 1 月至 1979 年 8 月分别任横县公交计划小组副组长、横县农机局局长、县委工交部部长，1979 年 8 月至 1984 年 12 月先后担任良圻农场党委书记、顾问。1985 年初离休，在县城横州镇定居。

程德业简历

程德业，男，1931年12月出生，广西桂平市寻旺乡人。1951年参加革命工作，加入中国人民解放军桂平区中队，随即调广西军区税警团三营九连当战士。1952年改编为广西林业工程独立第一团，1952—1953年历任该团三营九连副班长、班长。1954年改编为中国人民警察广西公安警卫队，1954年1月至1956年1月任小队长职务。

1956年1月14日奉命到横县创办国营芳香农场（即现在的良圻农场），是12位农场开拓者之一，开场后任管理员。从1958年8月起至1992年8月，历任莫大湖分场、一分场党支部书记、农场工会主席兼团委书记、场部生产科、农林科长。分别参加自治区农垦局面上"四清"工作组、横县革命委员会第三办公室开展的中心工作多年。

程德业同志1954年6月加入中国共产党，系第一届至第六届场党委委员，并当选为代表出席中共横县第三次党代会。1988年获全国农牧渔业丰收三等奖，1993年获全国农业科学技术推广工作荣誉证书和奖章。

韦世幸简历

韦世幸，男，1932年11月出生，广西贵港市东龙镇人，壮族。1959年12月加入中国共产党。

韦世幸1949年11月参加党所领导的游击队，在二十九大队一连当战士，后游击大队改编为中国人民解放军桂中支队二十九团。旋于1950年7月至1952年11月在广西东南金矿警卫大队任副班长。1952年12月至1953年12月在中国人民解放军林工团三营九连任副班长。1954年1月至1956年1月任中国人民警察广西公安警卫队小队副队长。

1956年2月，奉调参加横县国营芳香农场（即现在的良圻农场）创建工作，是12位农场开拓者之一。从1956年2月起，历任广西国营良圻农场办公室文书、秘书，党办公室主任，中共国营良圻农场纪律检查委员会副书记、书记职务。1992年底退休。

陈振轩简历

参见本章第一节"省地市级劳模简介"。

张振亚简历

张振亚，男，山西省人，原在广西垦殖分局勘测设计队工作，1956年2月，调来横县参加农场创建工作，是12位开场元老之一。在良圻农场长期从事财务工作，先后担任主管会计、财务科长等职，20 世纪 80 年代，调到自治区农垦局财务处工作，于 1998 年南宁病逝。

陈华镜简历

陈华镜，男，广西马山县人，新中国成立初期在广西合浦县垦殖场做农技工作，1956 年与其他 12 位同志调来横县创建新农场，长期在良圻农场担任农业技术领导，抓绿化造林工作卓有成效，曾担任农场生产科科长，于 20 世纪 70 年代末在农场病逝。

黄桂荣简历

黄桂荣，男，原系侨居新加坡华侨，13 岁离开家庭父母回到祖国定居。1956 年 2 月，从广西龙州龙北农场调来横县参加新农场创建工作，在良圻农场先后担任生产队长、分场主任、生产副科长、司法办主任等职。90 年代初，黄桂荣同志从农场华侨公司经理岗位上退休。

周桂琼简历

周桂琼，女，原在广西农垦医院工作，1956 年调来横县参加农场创建工作，在 12 位开场元老中，她是唯一的女性。在良圻农场，周桂琼长期做医务工作，创建农场第一个卫生室和卫生所，开展疫病防治，卓有建树。在 20 世纪 70 年代后期，调离农场，先后在横县陶圩和横州镇一中当医生。

尚自强简历

尚自强，男，辽宁省人，1956 年调来横县参加创建新农场，主要是搞建筑工作，此后，长期担任农场基建技术员。在"文化大革命"中，他受到不公正的待遇，被开除公职，遣送回原籍劳动。拨乱反正后，尚自强同志恢复了公职及政治待遇，继续从事基建业务工作。

李达光简历

李达光，男，原系侨居越南华侨，在国内革命战争年代，他参加粤桂边区的武装斗争，为解放战争作出贡献。1956 年 2 月，调到横县参加新农场创建工作，后长期做农场仓库保管和食堂管理员。李达光同志虽然身居管理工作岗位，但从不脱离生产劳动，深受职工赞扬。20 世纪 80 年代，李达光同志离休。

黎国正简历

黎国正，男，广西龙州县上金乡人，1933 年出生，1953 年参加龙北农场工作，1956 年 2 月参加农场创建工作，先后担任良圻农场生产队长、人事干事、团总支书记、场工会副主席和主席等职。1963 年申请下放回乡，回到原籍参加劳动生产。

谭启鸿简历

谭启鸿，男，1925 年 10 月出生，广西龙州县人，16 岁参加革命，1953 年到龙北农场工作，1956 年调到横县参加新农场创建工作。曾担任生产队长和拖拉机驾驶员，2000 年在农场逝世。

常瑞亭简历

常瑞亭，男，河北广平县人。1941 年参加革命工作，从 1941 年起，至 1945 年中期，在河北省广平县任县公安队战士、班长、通信员等。

常瑞亭自 1945 年日本投降后，至 1948 年 12 月，在二纵 2 团司令部任收发员、供给员；1948 年 12 月至 1951 年 10 月，调到湖北省工作，先后在枣阳县（现枣阳市）任公安派出所所长、区组织委员、襄阳专区工作队长；1951 年 10 月调到广西省工作，任陆川县土改工作队片长、中队长。

为发展我国农垦事业，常端亭从 1952 年起，调到垦殖部门工作，1952 年 10 月至 1957 年 8 月，先后担任广西垦殖分局钦州垦殖所人事股股长、广西垦殖厅人事科副科长；1957 年 9 月至 1968 年 4 月，任广西农垦国营良圻农场党委书记；1968 年 4 月至 1971 年末任农场革命委员会主任。1972 年初调离农场到横县地方工作。

李洭简历

李洭，男，1926 年 6 月出生，广西陆川县古城乡人，1948 年 7 月在香港达德学院读书时参加革命工作。1949 年 2 月在东江粤桂湘边加入中国共产党，任广东东江游击区群运工作组组长；1949 年 3 月至 10 月任广东河源县（现河源市）平陵乡政府指导员；1949 年 11 月至 1950 年 5 月任广东江源县第五区政府政治助理员兼团区工委书记；1950 年 6 月调任广西省工委青工部干事；1950 年 7 月至 1951 年 7 月任广西省委第四工作队小队长兼团委副书记；1951 年 8 月至 1952 年 7 月任邕宁县工委组织部副部长；1952 年 8 月至 1954 年 3 月任中共邕宁县第三区委员会副书记、团邕宁县委副书记；1954 年 3 月至 1958 年 4

月任桂西区党委宣传部教育科干事、副科长，1958年5月因被错划为"右派"，调来横县良圻农场。

李涯同志调到农场后，先后任农场管理员、场工会干事、会计等。1979年1月"右派"错划问题获平反，恢复政治名誉。1979年10月起，前后任良圻农场副场长兼工会主席、场党委委员、顾问等职；1985年离休，享受厅局级待遇。1985年12月7日因病医治无效不幸逝世，终年59岁。

李涯同志投身革命30多年来，无论在白色恐怖的日子里，还是在社会主义建设时期，或身处逆境中，总是坚定革命信念，忠于革命忠于党，孜孜不倦干工作，尤其在恢复政治名誉后，更加努力工作，坚决支持农场的拨乱反正各项措施，热情支持中青年干部勇挑重担，为农场的生产建设和经济发展贡献最后的力量。

颜景润简历

颜景润，男，1906年正月出生，山东省费县东庄乡人。1942年3月，在日伪统治下的辽宁省大栗子铁矿当劳工时，他开始接触进步思想，在地下党员马建远等同志领导下，团结广大劳工，与日伪展开斗争。于1946年2月参加革命工作，历任东北抗日联军杨靖宇支队后勤部生产科经理、辽宁省后勤部生产科经理、第三兵站副站长、第四野战军第十三兵团后勤部生产科经理、第三兵站副站长、第四野战军第十三兵团后勤部供给管理员及粮食科科员，并随军南下。1950年5月任广西省委党校总务股股长，1950年12月加入中国共产党。1953年5月至1958年7月历任南宁市建公司工地副主任、职工医院院长、行政科科长。1958年8月至1960年11月，先后任西津水电工程局芦村转运站站长、材料供应处组长、水泥厂厂长等职务。

1960年12月，颜景润同志调来良圻农场，任场第二场长，并当选第二届党委委员。从1965年农场面上"四清"运动开始至"文化大革命"10年中，颜景润同志长期受到不公正待遇。"四人帮"倒台后，颜景润同志恢复了自由，1982年7月离休到区农垦干休所定居。1984年6月中共横县委员会实事求是地推倒强加他头上的一切不实之词，为他恢复政治名誉。1990年6月12日颜景润同志因病医治无效逝世，享年84岁。

颜景润同志投身革命44年来，不管在革命战争年代还是在和平建设时期，不管是随军南下在地方工作还是在发展农垦事业的日子里，永远以战斗姿态投入工作，认真负责，即使在逆境中蒙受极大冤屈，始终坚定共产主义信念。获平反后更加关心农场工作，关注农垦的发展，鞠躬尽瘁，死而后已。

邓群简历

邓群，男，1914年7月出生，广西横县校椅镇人。青年时代他就开始接触进步思想，1948年3月参加革命工作，1949年5月加入中国共产党，参加党的地下组织活动。新中国成立后，历任横县北区云表乡副乡长、横县十六区秘书、横县云表区副区长、区长；1953年4月至1954年3月，任横县人民法院副院长；1954年4月至1955年4月任横县莲塘区委书记；1955年5月至1960年7月任横县人民法院院长；1960年10月起，调任横县良圻农场场长、党委副书记。1971年1月至1979年8月任良圻农场副场长，1982年5月离休。2000年11月30日因病医治无效与世长辞，享年86岁。

邓群同志新中国成立前即在本村负责地下革命同志及武工队的来往联系和保卫护送工作，后又离开家乡随武工队到外地从事党的地下活动。新中国成立后一直坚持在人民政权的区、乡工作，负责清匪反霸、土地改革等艰巨任务，后调到人民法院任主要领导。在长期的革命工作中，他对党无限忠诚，对革命事业无限热爱，他坚守共产主义信念，从无动摇。

邓群同志离休后，没有在家坐享清福，而是到农村承包荒坡种果树和甘蔗。他的先进事迹，横县县委、县政府十分重视和关心，摄录为县委的电化教育片，成为老有所为的楷模。邓群同志的一生是革命的一生，奋斗的一生。

苏福荣简历

苏福荣，男，1928年10月出生，广西横县良圻乡人。新中国成立初期，他即开始接触进步思想，靠拢党组织，积极参加剿匪反霸斗争，并任村农会主席。1950年11月参加革命工作，任原永淳县土改工作队队员。1952年10月加入中国共产党，历任横县良圻区区委宣传委员、区委副书记，良圻区区长，莲塘区委书记、莲塘公社革命主任，横县公路运输站副主任。1969年春，调任驻横县良圻农场整党建党领导小组组长。1972年1月，任良圻农场党委副书记兼革命委员会副主任，当选为良圻农场第三届、第四届党委委员，第三届、第四届党委副书记，巡视员、糖厂党总支书记等职务，1988年10月，经自治区农垦局批准退休。1993年2月5日因长期患病医治无效，与世长辞，享年65岁。

苏福荣同志参加革命38年来，无论是在解放初期的剿匪反霸，还是社会主义建设时期，或者为发展我国农垦事业的日子里，能始终如一服从党组织安排，认真负责，勤奋工作，退休后仍时刻惦记农场工作，关心糖业的发展和糖厂的建设，为社会主义建设事业奋斗终生。

黄昌成简历

黄昌成，男，1951年7月出生，广西宾阳县人，大专文化，农艺师。1969年1月至1971年3月在宾阳县甘棠农村插队；1971年4月在国营火光农场工作，当过工人和农场副连长。1976年9月到广西农学院读书，毕业后于1979年8月分配到良圻农场工作，先后在三分场任农业技术员、分场主任；1984年7月起，担任良圻农场党委书记；1992年任场长。

黄昌成同志在担任良圻农场领导期间，率先在垦区实行公司制改组，推行现代企业制度，1994年5月农场改建公司后，出任良圻实业总公司董事长、总经理兼党委书记，1995年1月至1997年1月任总公司党委书记兼董事长。1997年1月以后，区局另有任用，调离良圻农场。

刘达人简历

刘达人，男，汉族，1949年10月出生，1986年加入中国共产党，广西贵港市人，中学文化。1965年9月，随着上山下乡运动到广西农垦良圻农场（横县）参加工作，为农场职工；1976—1983年担任农场基层干部；1984年起任良圻农场场长（正处级），在职期间曾到广西农垦职工大学广东省农垦管理干部学院学习培训。1990年调任农垦西江糖厂。

杨顺广简历

杨顺广，男，1951年11月出生，广西宾阳县人，大专文化，1970年参加工作，1988年加入中国共产党。1970年1—6月，在良圻农场一分场、修配厂当工人；1975年7月调到农场糖厂工作，历任班组长、车间副主任、主任、厂长助理、副厂长、厂长等职。农场改制为公司后，于1994年5月至1996年6月任良圻实业总公司董事会副董事长、副总经理、董事长、总经理。

杨顺广同志在主持良圻糖业生产长期实践中，创造性地进行工作，使糖厂多次获得榨季经济效益评比名列前茅，在厂际劳动竞赛中获得优胜奖项，分别受到自治区农垦局、糖业公司和南宁地区行政署授予称号。1996年6月后，区局对杨顺广同志另有任用，调离了良圻农场。

陈耀礼简历

参见本章第一节"省地市级劳模简介"。

何冠球简历

何冠球，男，1946年9月出生，广东省德庆县人，大专文化，会计师，1990年12月加入中国共产党。1965年9月至1975年末，在贺县上山下乡，务农长达10年；1975年12月至1991年7月，在良圻农场五分场和场部工作，曾任工人、会计、财务科长等；1991年8月至1994年5月，任良圻农场副场长。农场改建公司后，1994年5月至2002年9月，任广西农垦良圻实业总公司董事、副总经理、董事长、总经理。2002年9月调离良圻，另有任用。

任汝民简历

任汝民，男，汉族，1950年12月出生，广西横县人，中学文化，1971年12月加入中国共产党。1968年参加工作，1969—1974年在部队服役；1974—1984年在原良圻农场卫生院工作，任支部书记；1984—1987年任良圻农场党办主任、副书记、纪委书记；1988—1991年任良圻农场副场长；1991年12月调任黔江农场副场长。

雷兆坚简历

雷兆坚，男，1946年10月出生，广西横县人，初中文化，经济员职称。1964年12月参加工作，1976年1月加入中国共产党。1964年12月至1970年1月，在广州部队当战士、班长；1970年2月至1976年12月，在横县马岭乡新塘村任村党支部副书记；1976年12月至1987年11月，在国营良圻农场当工人、五分场党支部书记、分场主任；1987年12月至1994年5月，任良圻农场副场长。农场实行公司改组后，1994年5月至1998年2月任良圻实业总公司副总经理，1998年2月至2003年9月任巡视员，2003年任国有良圻农场助理调研员，2006年10月退休。

吴志君简历

参见本章第一节"省地市级劳模简介"。

闭水木简历

闭水木，男，1951年5月出生，广西横县马山乡人，大专文化，中教一级，1970年7月参加工作，1985年8月加入中国共产党。1970年7月至1976年12月，在横县马山公社插队；1976年12月至1978年10月，在良圻农场当工人、中学教师；1978年10月至

1981 年 7 月，在南宁师范专科学校读书；1981 年 7 月至 1988 年 7 月，在横县良圻乡中学任教；1988 年 8 月至 1991 年 7 月，在良圻农场中学任校长兼党支部书记；1991 年 8 月调任良圻农场党委副书记。1994 年 5 月农场改建公司后，任良圻实业总公司党委副书记、监事会主席；1999 年 8 月任良圻农场小学校长；1999 年 9 月任总公司巡视员，以后由组织另行安排工作。

刘小飞简历

刘小飞，男，1948 年 2 月出生，广西平乐县人，高中文化，1985 年 11 月加入中国共产党。1969 年 2 月至 1975 年 12 月，在平乐桥亭公社插队；1975 年 12 月至 1994 年 5 月，在良圻农场二分场、场糖厂工作，曾任工人、劳资干事、厂办秘书、厂长助理、厂总支副书记、总支书记等职；1994 年 5 月广西农垦良圻实业总公司成立后，历任总公司董事、党委副书记、纪委书记、监事会主席；2003 年 9 月任助理调研员；2008 年 2 月退休。

黄太锐简历

黄太锐，男，1939 年 12 月出生，壮族，广西横县人，初中文化，1960 年 1 月参加工作，1961 年 8 加入中国共产党。1960 年 1 月至 1978 年 9 月，在广州军区、福州军区空军通讯团工作，曾任班长、副排长、排长、副连长、连长、副营长等职；1978 年 10 月转业到广西横县，在良圻农场糖厂工作，历任副厂长、政工股长、农场工会副主席、糖厂工会主席、糖厂党总支部副书记。2000 年初退休。

王树初简历

王树初，男，1946 年 5 月出生，初中文化，广西宾阳县人，助理经济师，1976 年 12 月招工到良圻农场工作，1992 年 12 月加入中国共产党。1976 年 12 月至 1977 年任工人、生产技术员、副队长、后调糖厂农务科做甘蔗结算员；1986 年任厂农务科长；1988—1994 年 5 月，任糖厂副厂长。广西农垦良圻实业总公司成立后，于 1994 年 5 月至 2003 年 9 月，任公司董事、副总经理；2003 年 9 月任助理调研员。现已退休。

方灵简历

方灵，男，1954 年 12 月出生，壮族，广西横县南乡人，大专学历，助理经济师，1977 年 1 月参加工作，1987 年 11 月加入中国共产党。1977 年 1 月至 1978 年 6，在良圻农场二分场当工人；1978 年 7 月至 1986 年 7 月，在良圻农场四分场工作，历任业务员、分场主任、党支部书记；1986年8月至1999年8月，在良圻农场和良圻实业总公司，先后出任农林科科长、场办公室主任和公关部副部长；1999年9月至2004年5月，任良圻实业总公司和国有良圻农场副总经理、场党委委员；2004年6月起历任良圻制糖有限公司副总经理、广西农垦国有良圻农场副场长、党委委员，长期主持企业农务工作。已退休。

陈正辉简历

陈正辉，男，1957年10月出生，广西横县良圻乡人，在职研究生学历，政工师职称。1974年7月参加工作，1978年4月加入中国共产党。1974年7月至1976年1月，在良圻农场三分场当工人；1976年2月至1978年4月，在海南省军区高炮团当话务员；1978年5月至1994年7月，在良圻农场场部先后任干事、党办主任。农场改建公司后，1994年8月至1999年7月，先后任总公司党办主任，群工部长；1999年7月至2002年9月，任良圻实业总公司董事、办公室主任、纪委书记；2002年9月至2004年6月，任良圻实业总公司董事、副总经理、纪委书记等职务；2004年6月至2007年12月，任国有良圻农场党委副书记兼纪委书记；2007年11月，自治区农垦局将陈正辉同志调到明阳农场履新职。

周启美简历

周启美，男，1957年8月出生，广西灵山县人，大学本科学历，农艺师职称。1981年7月参加工作，1986年6月加入中国共产党。1981年7月至1990年2月，在广西农垦西江农场任九分场主任；1990年2月至1993年10月，任西江农场农贸公司副经理；1993年10月至1998年2月，任西江农场办公室主任、场部机关党支部书记；1998年2月，调广西农垦良圻实业总公司工作；1998年2月至2004年6月，任总公司董事、副总经理、总农艺师等职；2004年6月至2004年9月，任广西农垦国有良圻农场副场长。2004年9月调离国有良圻农场，到西江农场工作。

潘希初简历

参见本章第一节"省地市级劳模简介"。

黄明威简历

黄明威，男，1955年8月出生，广西横县人，大专文化，助理经济师。1994年1月入党。1973—1991年5月在良圻农场工作，曾任水利队副队长，场部总机室话务员，糖厂化验室组长，糖厂生产科副科长、厂办室主任；1991 年 5 月至 1992 年 6 月，在合浦星星农场糖厂筹备处工作；1992 年 6 月调回良圻农场工作，历任场糖厂企管办主任、厂办室主任，良圻实业总公司公关部部长、总公司董事、副总经理等职，后根据工作需要调离良圻，到农垦昌菱糖厂工作。

蔡卓钢简历

蔡卓钢，男，1959 年 3 月出生，广西合浦县人，大专学历、政工师职称。1975 年 8 月参加工作，1988 年 6 月加入中国共产党。1975 年 8 月至 1977 年 2 月，在西江农场前进分场工作；1977 年 2 月至 1979 年 2 月在玉林师专学习；1979 年 2 月至 1980 年 2 月，在西江农场工会任干事；1980 年 2 月至 1984 年 9 月，在西农场小学任教师；1984 年 9 月至 2003 年 9 月，先后任西江农场团委书记、行政办主任、场长助理、副场长、场长等职务；2003 年 9 月至 2007 年 4 月，调任良圻实业总公司总经理、国有良圻农场场长；2007 年 4 月后改任调研员；2014 年调离国有良圻农场到西江农场工作。蔡卓钢同志到良圻以后，在农场发展"美人指"葡萄生产，为场部小城镇居民解决吃水难问题，卫星定位重新测量全场土地，深得群众口碑。

李廷化简历

李廷化，男，1965 年 2 月出生，广西扶绥县人，大专学历，农艺师。1987 年 7 月参加工作，1988 年 6 月加入中国共产党。1987 年 7 月至 1995 年 6 月，在金光农场同正分场任农业技术员；1995 年 6 月至 1996 年 9 月，任金光农场同正分场副主任；1996—2002 年 11 月，任分场主任；2002 年 11 月至 2003 年 9 月，任金光农场畜牧有限公司副总经理；2003 年 9 月，调任广西农垦国有良圻农场副场长；2007 年 4 月调离国有良圻农场到金光农场工作。

蒙振国简历

蒙振国，男，1962 年 4 月出生，广西南宁人，在职研究生学历，高级政工师。1989 年 12 月加入中国共产党。1981 年 11 月至 1982 年 5 月在良圻农场糖厂当吊车工；1982 年 5 月至 1985 年 7 月，在良圻农场场部任打字员；1985 年 8 月至 1987 年 7 月，在广西职业技术学院新闻专业就读；2001 年 1 月至 2003 年 10 月，在清华大学人文学院现代经济伦理研究生结业。1987 年 8 月至 1997 年 9 月，先后在良圻农场和良圻实业总公司任宣传干事、团委书记；1997 年 10 月至 1999 年 9 月，在广西农垦良圻实业总公司任团委书记、工会副主席；1999年10月至2002年9月，历任良圻实业总公司劳动人事部部长、党办主任、工会副主席、党支部书记、纪委委员；2002年9月至2004年10月，历任良圻实业总公司党群部部长、党办主任、工会副主席、纪委委员；2004年10月至2018年10月，任广西农垦国有良圻农场党委委员、工会主席、纪委副书记；2018年10月至2021年2月，任广西农垦良圻农场有限公司党委副书记、工会主席、职工董事；2021年4月任广西农垦良圻农场有限公司副协理员，至2022年5月退休。

蒙振国同志对工会工作的规范化和群众化做了一定工作，在做领导工作之余，积极写稿，自1987—2020年共有611篇次（有的一稿多投）消息、通讯、图片、报告文学、评论、论文、诗歌等在中央、省、市、县级报刊发表，其中论文和调查报告34篇次，获省和厅局级奖励8篇次，多次获区内外报社授予优秀通讯工作者称号；主编《情系良圻 梦牵农场》纪念文集。他长期坚持致力企业文化建设扎实组织开展群众文体活动，活跃了企业员工文化生活。

覃国平简历

覃国平，男，1962年7月出生，汉族，广西玉林人，在职研究生学历，拥有助理农艺师、高级政工师双职称。1986年6月加入中国共产党。1979年12月至1983年8月，在良丰农场工作；1983年9至1986年7月，在广西农垦职大学习；1986年8月至2003年4月，在良丰农场任职，先后担任场团委副书记、书记，纪委副书记、书记、工会主席等职；2003年3月至2007年4月，在广西农垦国有龙北农场工作，任党委书记；2007年9月，调任广西农垦国有良圻农场场长；2016年7月至2018年8月，任良圻农场场长、党委书记；2018年10月，调离国有良圻农场到新兴农场任场长、书记。

覃国平同志抵良圻履职后，抓农场的小城镇建设颇有建树，重新规划场部和芳香小区，抓好制度建设，推行企务公开，几年来在场部小城镇规划区增建了五层以上楼房12幢，积极推进危房改造工程，极大改善了职工居住条件，尤其建成了一处40多亩的园林——怡景园，供广大群众娱乐健身，清除疲劳，创新发展了小城镇建设事业，备受大家称道。

傅业安简历

傅业安，男，1956年2月出生，广西钦州人，大专文化，高级政工师职称。1979年3月加入中国共产党。1972年8月至1976年2月，在明阳农场工作，当工人；1976年2月入伍，至1980年1月在海南省军区服役，担任班长；1980年1月至2007年11月，在明阳农场工作，历任科员、党支部书记、党办主任、场长助理、党委副书记、纪委书记、工会主席等职；2007 年 11 月，调广西农垦国有良圻农场任党委副书记；2008 年 10 月起，任良圻农场党委副书记、纪委书记；2014 年 10 月起改任良圻农场副调研员；2016 年 3 月退休。傅业安同志到良圻履新以来，抓好职工思想政治建设和企业廉洁文化建设，取得一定成效。

江绍军简历

江绍军，男，1960 年 7 月出生，汉族，广西陆川县人，大学学历。1978 年 8 月参加工作，1990 年 6 月加入中国共产党。1978 年 8 月至 1984 年 9 月，广西农垦国有红山农场中学教师；1984 年 9 月至 1993 年 8 月，广西农垦国有良丰农场子弟学校教师（其间于 1987 年 9 月至 1990 年 7 月在广西桂林地区教育学院英语专业大专函授学习）；1993 年 8 月至 1995 年 8 月，广西农垦国有良丰农场保卫科副科长；1995 年 8 月至 1996 年 12 月，广西农垦国有良丰农场安全保卫部部长；1996 年 12 月至 2007 年 12 月，广西农垦国有良丰农场安全保卫部部长、纪委副书记（1998 年 2 月至 1999 年 1 月，区直机关驻大化县农村基层组织建设工作队队员；2002 年 9 月至 2005 年 7 月，西南农业大学农林经济管理专业本科函授学习）；2007 年 12 月至 2008 年 6 月，广西农垦国有良丰农场场长助理、安全保卫部部长、纪委副书记；2008 年 6 月至 2008 年 10 月，广西农垦国有良丰农场场长助理、安全保卫部部长；2008 年 10 月至 2010 年 7 月，广西农垦国有良丰农场场长助理；2010 年 7 月至 2011 年 9 月，广西农垦桂林东风化工厂党总支书记、副厂长（试用期一年）；2011 年 9 月至 2016 年 5 月，广西农垦桂林东风化工厂党总支书记、副厂长；2016 年 5 月至 2017 年 3 月，广西农垦黎塘氮肥厂纪委书记；2017 年 3 月至 2018 年 8 月，广西农垦黎塘氮肥厂副厂长；2018 年 8 月至 2020 年 6 月，广西农垦良圻农场有限公司副协理员（享受公司副职待遇），2020 年 6 月退休。

曹芳武简历

曹芳武，男，1963 年 8 月出生，汉族，广西防城港市人，大专文化，政工师。1989 年 6 月加入中国共产党。1987 年 10 月至 1993 年 7 月，在防城港市防城区那勤乡政府工作，先后任乡团委书记、宣传委员、组织干事、党委、政府办公室主任；1993 年 8 月至 1996 年 7 月，在防城港市防城区扶隆乡政府任党委副书记；1996 年 8 月至 1998 年 10 月，在防城港市防城区茅岭乡政府任乡长、党委第一副书记；1998 年 10 月至 2004 年 2 月，在防城糖厂任厂长；2004 年 3 月至 2005 年 9 月，在广西农垦糖业集团有限公司防城分公司任副经理；2005 年 9 月至 2007 年 7 月，在广西农垦思源酒业有限公司任总经理；2007 年

8月至2008年7月，在广西农垦糖业集团良圻制糖有限公司任董事、总经理；2008年7月至2016年6月，广西农垦糖业集团良圻制糖有限公司董事长、总经理，广西农垦国有良圻农场党委书记；2016年6月，调离良圻。曹芳武同志积极实施名牌战略，让"涌泉"牌白砂糖进入娃哈哈、箭牌等高端企业，取得一定成绩，全面主持良圻辖区三家企业法人企业党务核心领导工作，为组织建设作出较大贡献。

刘太福简历

刘太福，男，汉族，1965年11月出生，广西北海人，学历大学本科，助理经济师和政工师。1997年7月加入中国共产党。1989年3月至1991年9月，在良圻农场四分场小学任教；1991—1993年7月，在广西农垦职工大学读书；1993年7月至1999年12月，任良圻农场华侨贸易经营部业务员、经理；1999年12月任良圻农场侨联主席；2004年10月至2008年3月，任良圻农场场长助理兼侨联主席；2008年3月至10月，任广西农垦国有良圻农场副场长兼侨联主席；2008年10月至2018年10月，任广西农垦国有良圻农场副场长；2018年10月至2022年3月，任广西农垦良圻农场有限公司副总经理；2022年4月起任金光农场副总经理。刘太福同志在依法收复被村民侵占的国有土地和侨务工作中取得卓有成效的成绩，并于2008年荣获中国侨联先进个人称号。刘太福同志参加中国侨联第七次代表大会，得到党和国家领导人接见并合影留念。

张伟斌简历

张伟斌，男，1964年9月出生，广西平南县人，在职研究生学历，工程师职称，1991年7月加入中国共产党。1986年9月至2002年9月，在广西金光糖厂工作，历任车间主任、生产部长、办公室主任等职；2002年9月至2003年9月，调往广西农垦糖业集团星星制糖有限公司工作，担任总经理；2003年10月至2007年7月，任广西农垦糖业集团良圻制糖有限公司副总经理；2007年7月，担任广西农垦糖业集团良圻制糖有限公司董事、副总经理。

杨汉珉简历

杨汉珉，男，广西灵山县人，大学本科学历，工程师职称。1995年7月参加工作，1998年3月加入中国共产党。1995年7月至2002年4月，在广西农垦昌菱制糖有限公司工作，先后担任制炼车间技术员、澄清工段长、制炼车间副主任、生产科长、总工程师等职；2002年4月至2002年9月，在广西农垦局计划投资处挂职；2002年10月至2007年

8月，调往广西农垦糖业集团良圻制糖有限公司工作，任董事、副总经理；2007年8月调离良圻，到广西农垦糖业集团防城分公司工作。

覃盛乐简历

覃盛乐，男，1975年9月出生，籍贯广西马山县人，壮族，大学本科学历，工程师，1999年加入中国共产党。1994年7月至1996年7月，在广西农垦糖业集团良圻制糖有限公司制炼车间工作，担任技术员；1996年7月至1999年10月，在广西农垦糖业集团良圻制糖有限公司制炼车间澄清工段任班长；1999年10月至2002年10月，担任制炼车间技术主管；2002年10月至2003年10月，担任广西农垦糖业集团良圻制糖有限公司办公室秘书兼ISO办公室副主任；2003年10月至2007年8月，任生产技术部部长（其间于2006年8月至2006年11月，在农业部华南农垦干部培训中心参加广西农垦第二期后备干部培训班学习）；2007年8月，任广西农垦糖业集团良圻制糖有限公司董事、副总经理兼生产技术部部长，为制糖公司的生产建设、实施名牌战略作出较大贡献。

蒋志疆简历

蒋志疆，男，1974年5月出生，广西桂平市人，广西大学本科毕业，在职研究生学历，畜牧师职称。1998年7月大学毕业后，到广西农垦永新畜牧有限公司从事猪场生产管理和种猪选种选育工作；1998年12月至2003年8月，任种畜站猪场场长；2003年8月至2006年3月，任第二种猪场场长；2006年3月至2008年10月，任广西农垦永新畜牧有限公司总经理助理兼技术部部长；2008年10月至2014年4月任广西农垦永新畜牧集团有限公司良圻原种猪场副经理；2014年5月起调离本公司到其他公司任职。

蒋志疆同志在畜牧专业工作中有较高造诣，完成多项科研项目，其中"南方集约化饲养外种瘦肉型猪综合技术推广"项目获2002年全国农牧渔业丰收奖二等奖，获2002年广西农牧渔业丰收奖一等奖，"仔猪超早期断奶技术研究"项目获2005年广西科技进步三等奖，"加系瘦肉型原种猪选育与配套组合研究"项目荣获2007广西科技进步二等奖，"瘦肉型猪无公害标准化生产技术研究与示范"项目获2008年广西科技进步二等奖。此外还公开发表了多篇优秀论文。

伍少钦简历

伍少钦，男，浙江瑞安人，研究生学历，技术职称兽医师。1994年9月至1998年7月在华中农业大学牧医系兽医专业学习，1998年9月至2005年6月在华南农业大学研究兽医学院兽医病理专业学习，2005 年 7 月至 2007 年 11 月在广西农垦永新畜牧集团良圻原种猪场任兽医主管，2007 年 11 月至 2008 年 7 月在广西农垦永新畜牧集团良圻原种猪场任兽医总监、总经理助理，2008 年 7 月至 2018 年 1 月任广西农垦永新畜牧集团良圻原种猪场副总经理（2016 年 5 月至 2017 年 5 月被集团公派到美国明尼苏达大学兽医学院猪兽医证书班脱产学习，毕业）。2018 年 1 月至 2019 年 2 月任广西农垦永新畜牧集团有限公司良圻原种猪场常务副总经理。

肖有恩简历

肖有恩，男，1974 年 8 月 12 日出生，籍贯广西融安县，硕士研究生毕业，1998 年毕业于西北农业大学动物营养与饲料加工专业，2007 年 7 月获中国农业大学农业推广硕士学位，高级畜牧师职称。

肖有恩同志于 1998 年 7 月至 2002 年 4 月任广西农垦永新种猪改良有限责任公司种猪场副场长，2002 年 4 月至 2003 年 10 月任广西农垦永新畜牧有限公司饲料厂厂长，2003 年 10 月至 2005 年 4 月任广西农垦永新畜牧有限公司副总经理，2005 年 4—10 月任广西农垦永新畜牧有限公司常务副总经理，2005 年 11 月至 2007 年 5 月在家待业，2007 年 6—10 月任广西农垦永新畜牧集团西江有限公司副总经理兼饲料厂厂长，2007 年 10 月任广西农垦永新畜牧集团良圻原种猪场总经理，2017 年 12 月调任广西农垦永新畜牧集团有限公司董事、副总经理。

肖有恩同志在畜牧业管理和科研长期实践中取得较好成效，1998 年度获广西农垦农业生产第一线推广农业技术成绩显著的科技人员称号；2003—2004 年连续两年被评为南宁市先进生产（工作）者；2005 年被广西畜牧兽医学会养猪分会授予先进工作者称号。他参加的"南方集约化饲养外种瘦肉型猪综合技术推广"项目，获 2002 年全国农牧渔业丰收奖二等奖、2002 年广西农牧渔业丰收奖一等奖。他参加的"仔猪超早期隔离断奶"项目获广西科技进步奖。

马步简历

马步，男，1963 年 4 月出生，籍贯广西桂平，广西大学本科毕业，高级工程师，1991 年 12 月加入中国共产党。马步同志于 1984—1988 年 7 月在广西大学读书，攻读制糖工程专业，毕业后参加工作。1988 年 7 月至 1992 年 10 月任金光农场糖厂技术员、调度员；1992 年 10 月至 1999 年 11 月任广西国营金光农场副科长、科长（其间到广西工商职业中青干部培训班学习一段时间）；1999 年 11 月至 2001 年 7 月任广西金光实业总公司副总经理；2001

年7月至2002年9月任广西农垦糖业集团有限公司办公室主任；2002年9月至2002年10月任广西农垦糖业集团良圻制糖有限公司总经理；2002年10月至2003年9月任广西农垦糖业集团良圻制糖有限公司董事、总经理；2003年9月以后调离良圻，另有任用。

温德标简历

温德标，男，1968年6月出生，汉族，广西蒙山人，广西大学本科毕业，学士学位，技术职称工程师，1990年7月参加工作，中共党员，曾任广西农垦糖业集团公司董事、总经理。

温德标同志于1986年9月至1990年7月，在广西大学攻读无机化工专业；于1990年7月至2002年7月，在自治区农垦局工作；2002年7月至2004年7月，任广西农垦糖业集团办公室主任、副总经理；2004年7月至2005年7月，任广西农垦剑麻集团总经理；2005年8月至2007年7月，任广西农垦糖业集团良圻制糖有限公司总经理；2008年8月，调广西明阳生化科技股份有限公司任总经理。

黄卫简历

黄卫，男，1972年7月出生，广西都安县人，壮族，大学本科毕业，高级农艺师，1998年7月参加工作，2003年6月加入中国共产党。

黄卫同志于1994年9月至1998年7月在广西大学读书，攻读植保专业；1998年7月至2003年9月，在广西农垦国有九曲湾农场前后任技术员、会计、分场副场长、分场场长等职（其间于2001年11月至2002年12月借调到广西垦建房地产开发有限公司工作，2002年4月至2002年12月在自治区农垦局科技处、土地处锻炼学习）；2003年9月至2008年6月，任广西农垦国有滨海农场副场长（其间于2003年9月至2005年7月到上海财经大学研究生政治经济学专业学习；2005年3—5月到农业部农垦管理干部学院工商管理班学习）；2008年6—12月，任广西农垦北部湾总场副场长；2008年12月至2018年10月，任良圻农场副场长；2018年10月至2022年3月任广西农垦良圻农场有限公司副总经理；2022年4月调任通润公司工作。

苏万里简历

苏万里，男，汉族，1971年3月出生，广西横县人，大学本科学历，政工师。2000年6月加入中国共产党。1990年7月至2001年8月，广西农垦国有良圻农场小学教师；2001年8月至2005年8月，在良圻农场中学先后任教导主任、副校长；2005年8月至2008年5月，良圻农场劳资社保科业务主办；2008年5—10月，良圻农场老龄委党支部书记；2008年10月至2010年8月，良圻农场老龄委党支部书记、纪委委员；2010年8月至2012年8月，良圻农场老龄委支部书记、社区管理办公室副主任、纪委委员；2012年8月至2014年6月，良圻农场综合办主任、社区办主任、纪委委员；2014年6月至2015年4月，良圻农场场长助理、综合办主任、社区办主任、纪委委员；2015年4月至2018年10月，广西农垦国有良圻农场纪委书记、综合办主任（兼）。2018年10月，调离良圻到农垦集团党委巡察办任职。

黄富宇简历

黄富宇，男，1972年7月出生，壮族，广西横县人，在职研究生学历，高级农艺师，1994年7月参加工作，1997年6月加入中国共产党。1994年6月至2003年8月，任广西亚热带作物研究所科研干部、热作所食品厂厂长；2003年9月至2011年6月，任山圩农场副场长；2011年6月至2018年8月，任东方农场场长；2018年9—10月，任良圻农场党委书记、场长；2018年10月至2020年3月，任良圻农场有限公司党委书记、董事长。2020年3月，调离良圻到明阳生化集团任职。

杨茂简历

杨茂，男，1971年9月出生，汉族，广西合浦人，在职研究生学历，高级经济师，1995年7月参加工作，2001年6月加入中国共产党。1995年7月至2003年1月，银安天然责任公司技术员、营销员，公共关系部干事、副部长，水厂厂长；2003年1月至2007年4月，银安天然饮料公司董事、副总经理；2007年4月至2008年3月，十万大山天然食品公司副总经理；2008年3—5月，十万大山天然食品公司副总经理、十万大山经贸公司董事、副总经理；2008年5—6月，十万大山天然食品公司副总经理，十万大山经贸公司董事、副总经理，十万大山农业发展公司董事；2008年6月至2016年11月，十万大山天然食品公司副总经理，十万大山经贸公司董事、副总经理，十万大山农业发展公司董事；2016年12月至2018年8月，十万大山天然食品公司董事、总经理，十万大山经贸公司董事、副总经理；2018年9—10月，良圻农场公司筹备组第一副组长；2018年10月至2022年3月，任良圻农场公司党委副书记、总经理；2022年4月起任金光农场公司副董事长。

刘树祺简历

刘树祺，男，1963年5月出生，汉族，广西桂平人，在职研究生学历，高级政工师，1984年7月参加工作，1985年3月加入中国共产党。2007年11月至2013年3月，广西农垦龙州机械厂副厂长、党总支书记；2013 年 3 月至 2016 年 11 月，广西农垦黎塘氮肥厂副厂长、主持工作；2016 年 11 月至 2017 年 3 月，广西农垦黎塘氮肥厂长、党委书记；2017 年 3 月至 2018 年 10 月，广西农垦黎塘氮肥厂、党总支书记、东湖农场党委副书记；2018 年 10 月至 2022 年 3 月，广西农垦良圻农场有限公司监事会主席；2022 年 4 月起调到金光农场公司，任东湖公司监事。

陆玩潮简历

陆玩潮，男，1974 年 10 月出生，汉族，广西宾阳人，大专学历，高级政工师，1994 年 12 月参加工作，1996 年 4 月加入中国共产党。2000 年 5 月至 2001 年 3 月，东湖农场武装部科员；2001 年 4 月至 2002 年 3 月，东湖农场保安大队队长；2002 年 4 月至 2003 年 3 月，东湖农场保卫科科长兼保安大队队长；2003 年 4 月至 2008 年 8 月，东湖农场保卫科科长；2008 年 9 月至 2009 年 8 月，东湖农场土地保卫科副科长；2009 年 9 月至 2017 年 2 月，东湖农场土地保卫科科长；2017 年 3 月至 2018 年 9 月，东湖农场纪委书记；2018 年 10 月至 2021 年 2 月，良圻农场有限公司纪委书记；2021 年 3 月至 2022 年 3 月，良圻农场有限公司副总经理；2022 年 4 月调到北部湾公司工作。

农军简历

农军，男，1967 年 3 月出生，汉族，广西大新人，在职研究生学历，高级农艺师，1987 年 7 月参加工作，1999 年 9 月加入中国共产党。1987 年 7 月至 1990 年 6 月，明阳农场平山分场技术员；1990 年 6 月至 1992 年 2 月，明阳农场平山分场副分场长；1992 年 2 月至 1997 年 5 月，明阳农场农科站站长；1997 年 5 月至 2001 年 9 月，明阳农场平山分场副分场长、分场长；2001 年 9 月至 2003 年 4 月，明阳农场江峒分场分场长、党支部书记；2003 年 4 月至 2004 年 10 月，明阳农场生产科科长；2004 年 10 月至 2013 年 3 月明阳农场副场长；2013 年 3 月至 2018 年 9 月，东湖农场副场长；2018 年 10 月至 2021 年 3 月，良圻农场有限公司副总经理；2021 年 4 月调到明阳生化集团任监事会主席。

曾晓吉简历

曾晓吉，男，1972 年 10 月出生，壮族，广西马山人，在职研究生学历，高级农艺师，1992 年 2 月参加工作，1996 年 6 月加入中国共产党。1992 年 2 月至 1996 年 12 月，广西国营山圩农场技术员；1996 年 12 月至 2001 年 3 月，广西国营山圩农场苏圩分场副主任、分场主任兼党支部书记；2001 年 3 月至 2002 年 5 月，广西国营山圩农场剑麻公司副经理；2002 年 5 月至 2003 年 9 月，广西国营山圩农场生产经营统计部副部长、部长、场长助理、生产经营统计部部长；2003 年 9 月至 2008 年 6 月，广西农垦国有大明山农场副场长、副书记、纪委书记；2008 年 6—7 月，广西农垦国有大明山农场场长、副书记、纪委书记；2008 年 7 月至 2012 年 11 月，广西农垦国有大明山农场场长、副书记，广西南宁绿垦现代农业有限公司责任公司董事；2012 年 11 月至 2016 年 11 月，广西农垦茶业集团有限公司董事、常务副总经理；2016 年 11 月至 2017 年 5 月，广西剑麻集团有限公司董事、总经理；2017 年 5—7 月，广西剑麻集团有限公司、广西剑麻有限责任公司董事长、法定代表人；2017 年 7 月至 2018 年 8 月，广西剑麻集团有限公司董事长、法定代表人、党总支书记，广西剑麻有限责任公司董事长、法定代表人；2018 年 8—12 月，新茶业集团有限公司筹备组副组长，广西农垦茶业集团有限公司董事、总经理；2018 年 12 月至 2020 年 3 月，广西农垦茶业集团有限公司董事、总经理、党委副书记；2020 年 3 月至 2022 年 3 月，广西农垦良圻农场有限公司董事、董事长、党委书记；2022 年 4 月调任广西农垦百润农场公司董事长、党委书记。

陈飞霞简历

陈飞霞，女，1968 年 6 月出生，汉族，广西宾阳人，在职研究生学历，高级经济师，1987 年 9 月参加工作，1996 年 11 月加入中国共产党。1987 年 9 月至 1992 年 7 月，广西国营王灵农场小学教师、团委宣传委员；1992 年 7 月至 1997 年 3 月，广西国有王灵农场学校会计、教师、团委委员；1997 年 3 月至 1998 年 4 月，广西国有王灵农场财务科会计、统计；1998 年 4 至 2001 年 3 月，广西国有王灵农场审计室审计；2001 年 4 月至 2003 年 4 月，广西农垦国有王灵农场劳动保险办公室副主任；2003 年 4 月至 2006 年 12 月，广西农垦国有王灵农场审计室主任、统计员、财务总监；2006 年 12 月至 2010 年 10 月，广西农垦国有王灵农场副场长；2010 年 10 月至 2013 年 12 月，广西农垦国有东风农场副场长；2013 年 12 月至 2017 年 12 月，广西农垦柳州新兴开发建设有限公司董事、副总经理；2017 年 12 月至 2018 年 10 月，广西农垦柳州新兴农场公司筹备组成员；2018 年 10 月至 2020 年 3 月，广西农垦对外经济技术合作有限公司董事、副总经理，中国·印尼经贸合作区有限公司董事、总经理；2020 年 3 月至 2021 年 3 月，广西农垦良圻农场有限公司副总经理；2021 年 4 月调到十大万大山党委副书记。

陈有志简历

陈有志，男，汉族，1967 年 8 月出生，广西博白人，在职研究生毕业，高级农艺师，

1990 年 7 月参加工作。1988 年 9 月至 1990 年 7 月在广西农学院经济林专业学习；1990 年 7 月至 1993 年 5 月在广西橡胶研究所（龙州）任技术员；1993 年 5 月至 2002 年 9 月在广西亚热带作物研究所任技术员、课题负责人（其间于 2001 年 6—7 月在广西农垦中青年管理干部培训班学习）；2002 年 9 月至 2003 年 9 月在广西亚热带作物研究所任副所长；2003 年 9 月至 2007 年 4 月在广西南宁绿垦现代农业有限责任公司任副总经理（其间于 2003 年 9 月至 2005 年 7 月在上海财经大学研究生班学习政治经济学专业，2006 年 3—5 月在农业部农垦管理干部学院企业经营管理人员培训班学习）；2007 年 4 月至 2009 年 3 月在广西南宁绿垦现代农业有限公司任副总经理、中委奔奇农业股份公司执行董事（期间于 2006 年 9 月至 2008 年 12 月在自治区党校行政学院在职研究生函授班学习政治经济学专业）；2009 年 3 月至 2011 年 2 月在广西南宁绿垦现代农业有限责任公司任副总经理；2011 年 2 月至 2015 年 4 月在广西农垦明阳生化集团股份有限公司任副总经理（其间于 2013 年 10—11 月参加农业部华南农垦干部培训中心企业经营管理人员培训学习）；2015 年 4 月至 2016 年 9 月在广西农垦明阳生化集团股份有限公司任党委副书记、纪委书记；2016 年 9 月至 2021 年 1 月在广西农垦明阳生化集团股份有限公司任纪委书记；2021 年 1—3 月在广西农垦明阳淀粉发展有限公司、广西农垦明阳生化有限公司任纪委书记；2021 年 3 月至 2022 年 3 月在广西农垦良圻农场有限公司任党委副书记、职工董事、工会主席；2022 年 4 月起任金光农场公司副总经理。

潘宏毅简历

潘宏毅，男，汉族，1975 年 7 月出生，1996 年 5 月加入中国共产党，广西永福人，在职教育农业推广硕士，高级工程师，1997 年 6 月参加工作。1994 年 9 月至 1997 年 6 月，在广西大学园艺系观赏园艺专业学习；1997 年 6 月至 2002 年 6 月，在广西国营桂林华侨农场（桂林华侨旅游经济区）工作；2002 年 6—12 月，自谋职业；2002 年 12 月至 2008 年 1 月，在广西亚热带作物研究所任技术员、绿源园林绿化工程公司经理（其间于 2005 年 3—6 月在广西建设职业技术学院施工管理员培训班学习，2005 年 10 月至 2008 年 6 月就读广西大学农业推广硕士；2006 年 6—8 月在广西农垦青年干部培训班学习；2006 年 11 月至 2008 年 1 月借用到明阳工业区管委会工作，挂任建设规划局副局长）；2008 年 1—9 月，任明阳工业区管理委员会建设规划局副局长；2008 年 9 月至 2010 年 11 月，任明阳工业区管理委员会规划局局长；2010 年 11 月至 2012 年 4 月，任明阳工业区管理委员会规划建设局局长；2012 年 4 月至 2013 年 10 月，任明阳工业区管理委员会规划建设局局长、广西兴港资产经营有限责任公司副总经理；2013 年 10—12 月，任明阳工业区管理委员会规划建设局局长、广西兴港资产经营有限责任公司副总经理、管委会第一党支部书记；

2013 年 12 月至 2018 年 8 月，任广西柳州绿达实业有限责任公司董事、副总经理；2018 年 8—10 月，任沙塘农场公司筹备组成员，广西柳州绿达实业有限责任公司董事、副总经理；2018 年 10 月至 2019 年 1 月，任广西农垦沙塘农场有限公司副总经理，广西柳州绿达实业有限责任公司董事、副总经理；2019 年 1—3 月，任广西农垦沙塘农场有限公司副总经理，广西柳州绿达实业有限责任公司董事、副总经理，兼任广西柳州绿达实业有限责任公司执行董事、总经理、法定代表人；2019 年 3 月至 2021 年 3 月，任广西农垦沙塘农场有限公司副总经理，兼任广西柳州绿达实业有限责任公司执行董事、总经理、法定代表人；2021 年 3—4 月，任广西农垦良圻农场有限公司副总经理，广西柳州绿达实业有限责任公司执行董事、总经理、法定代表人（兼）；2021 年 4—8 月，任广西农垦良圻农场有限公司副总经理；2021 年 9 月调任广西农垦九曲湾农场公司副总经理。

李胜简历

李胜，男，壮族，1968 年 2 月出生，广西上林人，在职研究生，农艺师，1992 年 12 月参加工作。1989 年 9 月至 1992 年 12 月在广西广播电视大学商业企业经营管理专业学习；1992 年 12 月至 1993 年 12 月为广西国营王灵农场工业科科员；1993 年 12 月至 2005 年 3 月在广西国营王灵农场茶厂任技术员、副厂长、厂长（其间于 2004 年 9 月参加广西农垦中青年干部培训班学习）；2005 年 3 月至 2006 年 6 月在广西农垦国有王灵农场任生产科科长、茶厂厂长（其间于 2002 年 9 月至 2005 年 6 月在西南农业大学农林经济管理本科函授班学习）；2006 年 6 月至 2008 年 7 月在广西农垦国有王灵农场任生产科科长（其间于 2006 年 6—9 月在农业部华南农垦干部培训中心后备干部培训班学习，2004 年 9 月至 2006 年 12 月参加广西区党校、行政学院在职研究生班经济学专业函授学习，2008 年 6—7 月挂任白平农场场长助理）；2008 年 7 月至 2013 年 1 月在广西农垦国有大明山农场任副场长；2013 年 1—10 月任广西农垦国有大明山农场副场长、广西农垦茶业集团大明山制茶有限公司董事长（兼）；2013 年 10 月至 2017 年 1 月任广西农垦国有大明山农场任副场长，广西农垦茶业集大明山制茶有限公司董事长（兼）、党支部书记；2017 年 1—12 月任广西农垦国有大明山农场副场长、广西农垦茶业集大明山制茶有限公司党支部书记；2017 年 12 月至 2018 年 8 月，任广西农垦国有大明山农场副场长；2018 年 8—12 月为新茶业集团有限公司筹备组成员，任广西农垦国有大明山农场副场长；2018 年 12 月至 2019 年 3 月任广西农垦茶业集团有限公司纪委书记、广西农垦国有大明山农场副场长；2019 年 3 月至 2021 年 5 月任广西农垦茶业集团有限公司纪委书记；2021 年 5 月至 2022 年 3 月任广西农垦良圻农场有限公司纪委书记；2022 年 4 月起任金光农场公司副总经理。

赵仁林简历

赵仁林，男，壮族，1970年8月出生，广西崇左人，在职大学学历，高级工程师、农艺师职称，1993年3月参加工作。1989年9月至1992年1月在广西农垦职工大学经济作物专业学习；1992年2月至2001年8月在广西国营明阳农场工作〔其间于1994—1997年7月学习广西农工商职业大学企业管理专业（专科）〕；2001年8月至2005年2月任广西国营明阳农场三山片分场副分场长；2005年2月至2008年9月在明阳工业区工作委员会开发服务部工作，并任广西国营明阳农场三山片分场副分场长〔其间于2004年3月至2007年1月学习华南热带农业大学农林经济管理专业（本科）〕；2008年9月至2010年11月在明阳工业区管理委员会任经济发展局副局长（其间于2008年6月29至2008年8月7日在广州农业部华南农垦干部培训中心参加广西农垦中青干部第三期学习）；2010年11月至2014年1月在明阳工业区管理委员会任招商与经济发展局副局长；2014年1月至2016年7月在明阳工业区管理委员会任经济发展局局长；2016年7月至2018年5月任广西农垦明阳工业区管理委员会第二党支部书记、明阳工业区管理委员会经济发展局局长；2018年5月至2019年1月任广西农垦明阳工业区管理委员会第二党支部书记、明阳工业区管理委员会经济发展局局长、招商局局长；2019年1—3月任广西农垦明阳工业区管理委员会第二党支部书记、明阳工业区管理委员会招商与经济发展局局长；2019年3月至2020年3月任广西农垦明阳工业区管理委员会第三党支部书记、广西农垦明阳工业区管理委员会招商与经济发展局局长；2020年3—9月任广西农垦明阳工业区管理委员会第三党支部书记，广西明阳开发投资有限公司执行董事、总经理、法定代表人；2020年9月至2021年9月任广西明阳开发投资有限公司党支部书记、执行董事、总经理、法定代表人；2021年9月至2022年3月任广西农垦良圻农场有限公司总经理（试用期一年）；2022年4月起任金光农场公司副总经理。

第三节　场级领导干部

场级领导干部情况见表15-1-1。

表 15-1-1　场级领导干部名录

姓名	主要任职	姓名	主要任职
赵恒生	副场长、场党委书记、顾问	覃奇茂	总工程师、总经理助理
常瑞亭	场党委书记、场革委会主任	周启美	副总经理、总农艺师

（续）

姓名	主要任职	姓名	主要任职
邓群	场长、场革委会副主任	黄明威	副总经理
颜景润	第二场长、场工会主席	潘希初	场党委书记、良圻制糖有限公司董事长
易海泉	副场长、场工会主席	蔡卓钢	董事长、总经理、调研员
张云常	场党委副书记、场革委会副主任	李廷化	副总经理、副场长
岑宗荫	场革委会副主任、场党委书记	陈正辉	副总经理、场党委副书记
苏福荣	场革委会副主任、场党委副书记、巡视员	马步	良圻制糖有限公司总经理
丁九思	场革委会主任、场党委书记	杨汉珉	良圻制糖有限公司副总经理
苏日炎	副场长、总农艺师	张伟斌	良圻制糖有限公司副总经理
李涯	副场长、场工会主席	蒙振国	场工会主席、纪委副书记、场党委副书记
马培凯	场革委会副主任、场党委副书记	温德标	良圻制糖有限公司总经理
宁锦任	场革委会副主任、场工会主席	曹芳武	场党委书记、良圻制糖有限公司董事长、总经理
岳健龙	场工会主席	覃国平	场长、场党委副书记
黄昌成	场党委书记、场长、董事长、总经理	傅业安	场党委副书记
刘达人	场长	刘太福	副场长、副总经理
任汝民	场党委副书记、副场长	陆可俭	良圻原种猪场总经理
杨子明	副场长	肖有恩	良圻原种猪场副总经理、总经理
黄日欢	副场长	蒋志疆	良圻原种猪场副总经理
陈耀礼	副场长、工会主席、党委书记、董事长、总经理	伍少钦	良圻原种猪场副总经理、总经理
杨顺广	董事长、总经理	黄卫	副场长、副总经理
何冠球	副场长、总会计师、副总经理、董事长、总经理	覃盛乐	良圻制糖有限公司副总经理
雷兆坚	副场长、副总经理、助理调研员	苏万里	纪委书记
闭水木	场党委副书记、纪委书记、副总经理、监事会主席	黄富宇	公司党委书记、董事长
韦世幸	纪委书记	杨茂	公司党委副书记、总经理
林乃正	副场长、副董事长、副总经理	刘树祺	公司监事会主席
吴志君	副总经理	陆玩潮	公司纪委书记
黄太锐	总经理助理	农军	公司副总经理
刘小飞	场党委副书记、纪委书记、监事会主席、助理调研员	江绍军	公司副总经理、副协理员
方灵	副总经理、副场长	曾晓吉	公司党委书记、董事长
王树初	副总经理	陈飞霞	公司副总经理

第四节 "三改"后聘任的中层领导

总公司办公室 主任：陈正辉（兼） 副主任：李震

生产技术部 部长：杨辉 副部长：覃平

农务部 部长：黄亦任 副部长：玉子应

供销储运部　部长：马耀兆　副部长：杨子珍

计划财务部　部长：韦吉甫　副部长：陆琼芬

劳动人事部　部长：蒙振国　副部长：周万晓

监审部　部长：莫春姣

社区管理部　部长：莫秋光　副部长：江永笋

物业管理部　部长：黄明枢　副部长：张少南

社会保险管理所　所长：梁大桐

动力车间　主任：林国贤

制炼车间　主任：秦显光

纤维板车间　主任：陈正照

畜牧水产公司　经理：吴志君（兼）　副经理：陈源强

基建水电队　队长：赵光宇

砖厂　厂长：李宗耀

再就业服务中心　负责人：曾良章

一工区　主任：叶枝烈　副主任：苏维裕

二工区　主任：杨培佑　副主任：叶树佳

三工区　主任：陆大亥　副主任：陈伟林

四工区　主任：杨仁昌　副主任：林新强

五工区　主任：农德坚（任职至11月）　刘景桂（11月任职）

　　　　副主任：刘景桂（任职至11月）　何国庆（11月任职）

六工区　主任：韦吉明　副主任：符彩凤、韦金英

七工区　主任：何国庆（任职至11月）、农德坚（11月任职）　副主任：李民杰

八工区　主任：黄华初　副主任：何冠雄

九工区　主任：苏维相　副主任：何世贵

十工区　主任：陈亦耀　副主任：陈运义

十一工区　主任：谢宏情　副主任：蒙贵生

中学　校长：洪陈　副校长：颜东进

小学　校长：闭水木（任职至9月）、林京春（9月任职）　副校长：林京春（任职至9月）、周冬梅

医院　院长：陈勇　副院长：刘次修

第五节 公司改制时中层以上领导（2018 年 8 月 29 日）

一、改制小组

组长：黄富宇

副组长：杨茂、刘树祺

成员：苏万里、陆玩潮、黄卫、农军、刘太福、蒙振国

场长助理：黄文宁

办公室 主任：黄文宁（兼） 副主任：苏世德、农国铭

财务部 部长：黄凤梅 副部长：张春媚

党建办 主任：吴小梅

社会事业科 科长：杨喜南 副科长：曾良章

物业科 副科长：卢山

生产部 部长：陆成福 副部长：农德坚、廖金政、李海福

土地部 部长：韦光亮 副部长：符李福

开发建设部 部长：韦炳坚 副部长：陈源聪

肥料厂 厂长：黄列

水电队 队长：陆廷福

基建队 队长：闭煜良

一分场 主任：黄奕干 副主任：覃繁、陆廷宇

二分场 主任：玉显凰 副主任：林发荣

三分场 主任：吴明雄 副主任：陈家东

四分场 主任：宁筱杰 副主任：陈锡明

五分场 主任：马超

六分场 主任：蒙庆志 副主任：李斌开

七分场 主任：王群德 副主任：吴信仪

八分场 主任：邓志敬

九分场 主任：黄桂利 副主任：杨福南

十一分场 主任：李修贤

二十分场 主任：肖海华 副主任：覃子平

二、2018 年公司改制后公司领导

公司董事长、党委书记：黄富宇

党委副书记、总经理：杨茂

监事会主席：刘树祺

党委副书记、工会主席：蒙振国

纪委书记：陆玩潮

副总经理：黄卫、农军、刘太福

副协理员：江绍军

场长助理：黄文宁

第六节　广西农垦良圻农场有限公司中层领导（2019 年 5 月任职）

一、良圻公司本部

办公室主任：黄文宁　副主任：苏世德、廖金政、覃丹

后勤服务中心　主任：农国铭

党群人力资源部　部长：吴小梅　副部长：陈喜平、卢家梅

纪检监察部　部长：杨喜南

财务部　经理：张春媚

资产管理建设部　经理：韦炳坚　副经理：陈源聪、符李福

生产经营部　经理：农德坚　副经理：李海福、李仕龙

监事法务审计部　部长：韦光亮　副部长：卢山

一分场　主任：黄奕干　副主任：陆廷宇、覃繁

二分场　主任：玉显凰　副主任：林发荣

三分场　主任：吴明雄　副主任：陈家东

四分场　主任：宁笳杰　副主任：陈锡明

五、十一分场　主任：李修贤

六分场　主任：蒙庆志　副主任：李斌开

七分场　主任：王群德　副主任：吴信仪

八分场　主任：邓志敬

九分场 主任：黄桂利 副主任：杨福南

十二分场 主任：肖海华 副主任：覃子平

复混肥厂 厂长：黄列 副厂长：黄云

二、东湖农场公司

办公室 主任：朱剑 副主任：黄文忠

党群人力资源部 部长：卢寿庭 副部长：孙贵聪

财务部 经理：潘树礼

资产管理建设部 经理：莫天祥 副经理：甘孝瑜、郑志康

生产经营部 经理：覃立恩 副经理：陆斌

三、黎塘氮肥公司

办公室 主任：阮积祥

财务部 部长：覃祯军

生产经营部 部长：何建伦

第七节 广西农垦良圻农场有限公司中层领导（2021年11月任职）

一、良圻公司本部

总经理助理：黄文宁

办公室 主任：苏世德 副主任：蒙庆志、覃丹

党群人力资源部 部长：吴小梅 副部长：李斌开、黄陈蕾

纪检监察部 部长：杨喜南

财务部 经理：张春媚 副经理：李剑文

生产经营部 经理：李海福 副经理：玉显凰、卢山、陈家东

企划发展部 经理：李仕龙 副经理：彭程

监事法务审计部 部长：覃立恩

资产管理建设部 经理：陈源聪 副经理：符李福

东部工区 主任：宁�杰 副主任：杨福南、梁克奎

西部工区 主任：吴明雄 副主任：黄列、陈荣锋、陆廷宇

南部工区　主任：王群德　副主任：李修贤、梁诗雨

北部工区　主任：林发荣　副主任：何东才、黄桂利、李祖涛

复混肥料厂厂长：黄云

二、东湖农场公司

执行董事、总经理：黄文宁

副总经理：朱剑、覃立恩、邓志敬

办公室　主任：朱剑　副主任：唐海

党群人力资源部　部长：孙贵聪

财务部　副经理：陈丽华（主持工作）、陆绍萍

生产经营部　副经理：陆斌（主持工作）、刘凤春、何情祖

资产管理建设部　经理：甘孝瑜　副经理：郑志康、覃春燕

三、黎塘氮肥公司

执行董事、总经理：朱剑

副总经理：阮积祥、覃祯军

综合管理办公室　主任：阮积祥　副主任：黄海燕

资产管理经营部　经理：覃祯军

第八节　获地市级以上荣誉称号人员

一、国家部委级

获国家部委级个人荣誉情况见表15-1-2。

表15-1-2　获国家部委级个人荣誉情况

姓名	荣誉称号	年份	授予单位
李蔼翔	农牧渔高产完成者	1990	农业部
黄昌成、程德业、滕明诗	旱地大面积丰收三等奖	1990	农业部
蒙振国	第三届企业报好新闻三等奖	1991	全国企业报好新闻评委
黄昌成、滕明诗	推广旱地甘蔗高产综合栽培技术先进个人	1991	农业部
陆敏基	农林系统优秀宣传工作者	1995	中国农林工会
覃奇茂	职工技协先进个人	1995	中国农林工会
黄昌成	农林系统职工之友	1995	中国农林工会

（续）

姓名	荣誉称号	年份	授予单位
吴志君	科技进步三等奖	1995	农业部
陈耀礼	工会企事业先进个人	1996	中国农林工会
杨顺广	"八五"期间安全生产管理先进个人	1996	农业部、农垦局
吴志君	农业科教农技推广奖	1996	农业部
陈源强、谢植、唐荣福、肖有恩、吴志君	农牧渔业丰收三等奖	2002	农业部
潘希初	轻工企业信息优秀领导	2006	中国工业联合会
刘太福	侨务工作先进个人	2008	中国侨联
覃国平	全国农林水利系统优秀工会之友	2010	中国农林水利工会
蒙振国	《国有农场完善农业工人劳动关系管理探讨》荣获优秀调研成果二等奖	2011	中国农林水利工会
杨喜南	全国归侨侨眷先进个人	2012	中国侨联
蒙振国	农林水利系统优秀调研成果优秀奖	2013	中国农林水利工会
黄卫	全国农牧渔业丰收奖（旱地甘蔗高效节本栽培技术集成示范推广二等奖）	2016	农业部
李仕龙	全国农牧渔业丰收奖	2016	农业部
吴明雄	全国归侨侨眷先进个人	2018	中国侨联

二、省地（市）级

获省地（市）级个人荣誉情况见表 15-1-3。

表 15-1-3　获省地（市）级个人荣誉情况

姓名	荣誉称号	年份	授予单位
黎国正	广西国营农场垦殖场先进生产（工作）者	1956	广西省垦殖厅
陈振轩	自治区劳动模范	1959	自治区人民政府
黄昌成、苏福荣、李汉章、陈咸荣、李俊元、潘仕伟、刘永康、钟宝鸿、程德业、苏维钦、廖小香	广西农垦先进生产（工作）者	1987	自治区农垦局
蒙振国、陆敏基、苏增宾、曾良章	优秀通讯员	1988	自治区农垦局
陈耀礼	优秀工会工作者	1988	南宁地区工会
乐永斌	调查工业污染先进工作者	1988	南宁地区行署
潘仕伟	自治区劳动模范	1989	自治区人民政府
张有能	先进糖业驻厂员	1989	自治区商业厅
蒙振国	农垦报优秀通讯员一等奖	1989	自治区农垦局
陆敏基	农垦报优秀通讯员二等奖	1989	自治区农垦局
韦汉东	执行统计法先进工作者	1989	南宁地区行署
李绥远	优秀保险员	1990	自治区保险公司
蒙振国	优秀通讯员	1990	《人民健康报》社

（续）

姓名	荣誉称号	年份	授予单位
苏维钦	广西农垦创建40周年劳动模范	1991	自治区农垦局
黄昌成、程德业、方灵、陈汝玲、韦吉明、刘树年、韦绥侃、潘仕伟、陈昌明	广西农垦创建40周年先进生产（工作）者	1991	自治区农垦局
玉子应	农情工作先进个人	1991	自治区农垦局
李蔼翔	供出口猪先进工作者	1991	自治区外经委
吴志君	推广农技成绩显著科技人员	1992	区农委、科委、教委、劳动厅、人事厅
梁大桐	自治区劳动工作先进个人	1992	自治区劳动厅、人事厅
陈耀礼	优秀工会工作者	1992	自治区农林水利工会
黄昌成	职工之友	1992	自治区农林水利工会
张秀年	最佳炊管人员	1992	广西农垦工会
蒙志爱	审计报表一等奖	1992	自治区农垦局
徐成海、廖健夫、张立真	地区先进安联组组长	1992	南宁地区行署
陆敏基	优秀宣教工作者	1993	自治区总工会
陈文照、滕晓红、谭凤献	农垦优秀教师	1993	自治区农垦局
陈耀礼	工会工作优秀文章一等奖	1993	自治区农林水利工会
韦汉东	统计工作二等奖	1993	自治区农垦局
余兴珍	计生先进工作者	1993	南宁地区行署
陈耀礼	全区优秀工会工作者	1994	自治区总工会
韦汉东	统计工作先进工作者	1994	自治区统计局
陈宝娟	统计工作先进个人	1994	自治区统计局
陈祖钦	水产资源普查先进个人	1994	自治区农垦局
冼锦权	侨务先进工作者	1994	自治区侨联
杨顺广	优秀厂长	1994	南宁地区行署
闭水木	综合治理先进个人	1994	南宁地区综治委
陈耀礼	优秀工会工作者	1994	南宁地区工会
吴志君	推广科技成果一等奖	1995	自治区人民政府
陈耀礼	先进工会工作者	1995	自治区农林水利工会
黄昌成、杨顺广	职工之友	1995	自治区农林水利工会
曾良章、陈文照、杨子明、张乐军	优秀工会积极分子	1995	自治区农林水利工会
谭凤献	语文优质课一等奖	1995	自治区农垦局
蒙振国	农垦报通讯员一等奖	1995	广西农垦报社
谭锐	地区优秀团干	1995	南宁地区团委
陆泽贵、余培华、班相固、农才松	经警军事比赛优胜个人	1995	南宁行署公安处
陈耀礼	优秀工会工作者	1996	自治区农林水利工会
杨顺广、刘小飞	职工之友	1996	自治区农林水利工会
韦汉东	统计工作先进个人	1996	自治区统计局
蒙振国	优秀通讯员一等奖	1995	广西农垦报社
姜宗汉	糖业先进工作者	1996	南宁地区糖业局
吴志君、陈源强	推广农技成绩显著科技人员	1997	自治区农委、科委、教委、科技干部局

（续）

姓名	荣誉称号	年份	授予单位
陆敏基	优秀工会工作者	1997	自治区农林水利工会
杨顺广、刘小飞	职工之友	1997	自治区农林水利工会
陈文照、张乐军	优秀工会积极分子	1997	自治区农林水利工会
韦汉东	工业统计先进个人	1997	自治区统计局
蒙振国	优秀通讯员一等奖	1997	广西农垦报社
刘小飞	《党纪》优秀发行员	1998	自治区纪委
陈喜平	农垦先进教师	1998	自治区农垦教研室
韦汉东	统计工作先进个人	1998	自治区农垦局
何月娇	全国归侨侨眷先进个人	1999	国务院侨办、全国侨联
张乐军、陈华兵	优秀工会积极分子	1999	自治区农林水利工会
陈耀礼	优秀工会工作者	1999	自治区农林水利工会
吴志君、陈源强	"防五"先进工作者	1999	自治区农垦局
吴志君	广西有突出贡献科技人员	2000	自治区人民政府
陈耀礼	荣誉工会积极分子	2000	区农林水利工会
黄明良	优秀工会工作者	2000	区农林水利工会
陈喜平、颜会绘	优秀工会积极分子	2000	区农林水利工会
刘小飞、刘传群	优秀通讯员	2000	自治区农垦局
韦汉东	统计工作先进个人	2000	自治区农垦局
吴志君	广西有突出贡献专家	2001	自治区人民政府
陈耀礼	广西五一劳动奖章获得者	2001	自治区总工会
蒙振国、刘传群、颜福莲	优秀通讯员	2001	广西农垦集团有限公司
韦光亮	"三五"普法先进个人	2001	南宁地区行署
刘小飞	党刊发行先进个人	2002	自治区纪委、监察厅
韦汉东	电力统计先进个人	2002	自治区电力公司
刘传群	年度优秀通讯员	2002	自治区农垦局
蒙振国	扶贫工作先进个人	2004	自治区扶贫开发领导小组
肖有恩、廖毅仁、龙世清	市先进生产（工作）积极分子	2004	南宁市委、市政府
潘希初、蔡卓钢	荣誉工会积极分子	2004	自治区农林水利工会
黄明良、曾良章	优秀工会工作者	2004	自治区农林水利工会
刘传群、黄明良、李立荣	优秀通讯员	2004	自治区农垦局
潘希初	政研工作先进个人	2006	广西职工政研会广西企业建设协会
方灵	榨季工作先进个人	2006	南宁市榨季指挥部
蒙振国、刘传群、杨秀南	年度优秀通讯员	2006	自治区农垦局
廖金政	综合统计工作二等奖	2006	自治区农垦局
苏安华	优秀共产党员	2008	自治区农垦局
陈喜平	优秀党务工作者	2008	自治区农垦局
覃国平	全区农林水利系统劳动关系 和谐企业优秀领导者	2008	自治区农林水利工会
何东英	广西农垦系统综合统计工作一等奖	2008	自治区农垦局

（续）

姓名	荣誉称号	年份	授予单位
吴小梅	广西农垦宣传工作优秀通讯员	2008	自治区农垦局
邓乃林	"兴垦"杯基地农场高产岗奖	2009	自治区农垦局
张才南	"兴垦"杯基地农场高产岗奖	2009	自治区农垦局
陈明德	"兴垦"杯基地农场高产岗奖	2009	自治区农垦局
何东英	南宁市第二次全国经济普查先进个人	2009	南宁市人民政府
周少萍	南宁市劳动模范	2009	南宁市人民政府
蒙振国	新中国党风廉政建设60年理论研讨活动优秀论文三等奖	2009	自治区监察厅
蒙振国	我为农垦科学发展出计策征文三等奖	2009	自治区农垦局
张仕强	南宁市先进（生产）工作者	2008	南宁市人民政府
何东英	南宁市统计工作先进工作者	2007—2008	南宁市人民政府
苏安华	南宁市优秀共产党员	2006—2008	中共南宁市委员会
蒙振国	"永新杯"反腐倡廉征文活动二等奖	2009	自治区农垦纪工委、区局监察室、农垦永新畜牧集团、广西农垦报社
刘太福	侨联系统先进个人	2009	自治区归国华侨联合会
覃国平	全区农林水利系统第三批劳动关系和谐企业活动优秀领导者	2009	自治区农林水利工会
彭华珍	优秀共产党员	2009	自治区农垦局
黄国庆	优秀共产党员	2009	自治区农垦局
黄　程	优秀党务工作者	2009	自治区农垦局
梁书颖	优秀党务工作者	2009	自治区农垦局
何东英	管区综合统计业务先进个人	2009	自治区农垦局
吴小梅	"弘扬农垦精神，争当发展先锋"演讲比赛三等奖	2009	自治区农垦局
吴小梅	优秀通讯员	2009	自治区农垦局
蒙振国	《小中取胜，细中获益》荣获"职工书香缘，好书好报伴我行"征文比赛优秀奖	2009	自治区总工会
邓乃林	先进生产工作者	2010	自治区农垦局
苏万里	南宁市第六次全国人口普查先进个人	2010	南宁市人民政府
卢家梅	全区扶残助残先进个人称号	2010	自治区人民政府
肖有恩	优秀共产党员	2010	自治区农垦局
符李福	优秀共产党员	2010	自治区农垦局
陈运义	优秀党务工作者	2010	自治区农垦局
周少萍	广西农垦先进工作（生产）者	2010	自治区农垦局
邓乃林	广西农垦先进工作（生产）者	2010	自治区农垦局
何月娇	广西农垦建垦60周年功勋奖	2010	自治区农垦局
陈耀礼	广西农垦建垦60周年功勋奖	2010	自治区农垦局
何东英	广西农垦综合统计工作二等奖	2010	自治区农垦局
刘太福	全区法制宣传教育模范个人	2006—2010	自治区人民政府

（续）

姓名	荣誉称号	年份	授予单位
玉子应	"广西科学研究与技术开发计划"项目"应用飞机进行甘蔗催熟增糖的技术研究与示范"荣获广西科学技术进步奖三等奖	2010	自治区农业科学院
黄卫	旱地甘蔗高效节本栽培技术集成研究与示范一等奖	2010	自治区农业科学院
农德坚	旱地甘蔗高效节本栽培技术集成研究与示范一等奖	2010	自治区农业科学院
陆成福	旱地甘蔗高效节本栽培技术集成研究与示范一等奖	2010	自治区农业科学院
玉子应	旱地甘蔗高效节本栽培技术集成研究与示范一等奖	2010	自治区农业科学院
廖金政	旱地甘蔗高效节本栽培技术集成研究与示范一等奖	2010	自治区农业科学院
李仕龙	旱地甘蔗高效节本栽培技术集成研究与示范一等奖	2010	自治区农业科学院
黄卫	科学技术进步奖一等奖	2010	自治区农业科学院
肖有恩	自治区优秀共产党员	2010	中共自治区委员会
覃国平	《浅谈加强企业党组织》获优秀论文二等奖	2010	广西企业文化建设协会
吴小梅	优秀通讯员	2010	自治区农垦局
莫燕选	优秀通讯员	2010	自治区农垦局
蒙振国	《良圻农场完善劳动关系管理探讨》课题研究二等奖	2009—2010	自治区农垦局
黄程	《良圻农场完善劳动关系管理探讨》课题研究二等奖	2009—2010	自治区农垦局
谢小清	《良圻农场完善劳动关系管理探讨》课题研究二等奖	2009—2010	自治区农垦局
吴小梅	《良圻农场完善劳动关系管理探讨》课题研究二等奖	2009—2010	自治区农垦局
肖有恩	自治区优秀共产党员	2010	自治区委员会
吴小梅	新闻宣传工作优秀通讯员	2011	自治区农垦局
方灵	创先争优活动先进人物典型	2012	自治区农垦局
黄桂利	创先争优活动先进人物典型	2012	自治区农垦局
何世华	创先争优评比种蔗大王荣誉称号	2011—2012	农垦糖业集团
陈明德	创先争优评比种蔗大王荣誉称号	2011—2012	农垦糖业集团
周少平	创先争优评比种蔗大王荣誉称号	2011—2012	农垦糖业集团
覃平	自治区和谐家庭	2011	自治区精神文明建设委
覃国平	住房保障工作先进工作者	2012	自治区保障性安居工程领导小组
吴小梅	优秀通讯员	2012	自治区农垦局
谢小清	优秀通讯员	2012	自治区农垦局

（续）

姓名	荣誉称号	年份	授予单位
廖金政	综合统计工作考核评比三等奖	2011	自治区农垦局
农德坚	科学技术进步奖一等奖	2011	自治区农业科学院
廖金政	科学技术进步奖一等奖	2011	自治区农业科学院
陆成福	科学技术进步奖一等奖	2011	自治区农业科学院
玉子应	科学技术进步奖一等奖	2011	自治区农业科学院
李仕龙	科学技术进步奖一等奖	2011	自治区农业科学院
蒙振国	"学习十八大、贯彻十六大、情系农林水"调研论文二等奖	2011	自治区农林水利工会
吴小梅	十佳通讯员	2013	自治区农垦局
农德坚	科技进步二等奖做出积极贡献	2013	自治区农业厅
宁笳杰	优秀共产党员	2012—2013	自治区农垦局
吴小梅	新闻宣传和信息工作"十佳通讯员"	2014	自治区农垦局
谢小清	新闻宣传和信息工作"十佳通讯员"	2014	自治区农垦局
卢家梅	全国经济普查工作成绩突出个人	2014	自治区经普领导小组
曹芳武	南宁市企联工作积极分子	2014	市企业和企业家联合会
谢廷林	优秀共产党员	2014—2015	自治区农垦局
卢家梅	优秀党务工作者	2014—2015	自治区农垦局
谢小清	"腾飞农垦"迎新春书画摄影优秀奖、三等奖	2016	自治区农垦局
吴小梅	"腾飞农垦"迎新春书画摄影三等奖	2016	自治区农垦局
吴桂妮	"腾飞农垦"迎新春书画摄影优秀奖	2016	自治区农垦局
杨忠伟	"腾飞农垦"迎新春书画摄影优秀奖	2016	自治区农垦局
曾良章	"腾飞农垦"迎新春书画摄影优秀奖	2016	自治区农垦局
吴小梅	"腾飞农垦"迎新春书画摄影优秀奖	2016	自治区农垦局
彭艳群	"腾飞农垦"迎新春书画摄影优秀奖	2016	自治区农垦局
吴小梅	新闻宣传和信息工作"十佳通讯员"	2016	自治区农垦局
黄陈蕾	土地资源管理工作先进个人	2016	自治区农垦局
吴小梅	南宁市"优秀共青团干部"	2016	共青团南宁市委员会
陈红	首批和谐家庭	2017	自治区农垦
吴小梅	十佳通讯员	2017	农垦报社
覃丹	优秀通讯员	2017	农垦报社
卢家梅	全国投入产出调查工作先进个人	2017	自治区统计局
杨喜南	全市侨联系统先进个人	2018	市归国华侨联合会
黄富宇	中国改革开放40周年广西休闲农业十大领军人物	2018	广西休闲农业协会
吴小梅	党建知识竞赛一等奖	2018	自治区农垦局
覃丹	党建知识竞赛一等奖	2018	自治区农垦局

（续）

姓名	荣誉称号	年份	授予单位
李海福	党建知识竞赛一等奖	2018	自治区农垦局
覃丹	新闻宣传十佳通讯员	2018	自治区农垦局
吴小梅	新闻宣传优秀通讯员	2018	自治区农垦局
覃国平	全国农业普查工作先进个人	2019	自治区统计局
卢家梅	全国农业普查工作先进个人	2019	自治区统计局
杨福南	全国农业普查先进个人	2019	自治区统计局
刘太福	农垦改革"两个三年"重点工作先进个人	2019	自治区农垦局
黄文宁	农垦改革"两个三年"重点工作先进个人	2019	自治区农垦局
苏世德	农垦改革"两个三年"重点工作先进个人	2019	自治区农垦局
谢小清	农垦改革"两个三年"重点工作先进个人	2019	自治区农垦局
阮积祥	农垦改革"两个三年"重点工作先进个人	2019	自治区农垦局
农军	农垦改革"两个三年"重点工作先进个人	2019	自治区农垦局
陆玩潮	农垦改革"两个三年"重点工作先进个人	2019	自治区农垦局
甘孝瑜	农垦改革"两个三年"重点工作先进个人	2019	自治区农垦局
陆绍萍	农垦改革"两个三年"重点工作先进个人	2019	自治区农垦局
吴小梅	"解放思想我先行 实干担当促发展"演讲比赛优秀奖	2019	自治区农垦局
苏世德	南宁片区"不忘初心，牢记使命"主题教育微党课比赛二等奖	2019	自治区农垦局
蒙庆志	南宁片区"不忘初心，牢记使命"主题教育微党课比赛三等奖	2019	自治区农垦局
覃丹	十佳通讯员	2019	自治区农垦局
黄卫、李仕龙、陆成福、李海福、农德坚、廖金政、张春媚、梁诗雨	桂南蔗区糖料蔗"双高"新品种引进、选育与高效繁育技术研究与示范	2019	自治区科学技术情报研究所
李仕龙、黄卫、李海福、陆成福、廖金政、农德坚、梁诗雨、梁克奎	论文《甘蔗新品种比试验总结》	2019	广西热带作物学会
李剑文	广西农垦"九曲湾"杯驻邕单位气排球赛最佳扣球手	2019	农垦集团工会
黄文宁	南宁市第四次全国经济普查先进集体和先进个人	2020	南宁市第四次全国经济普查领导小组
卢家梅	南宁市第四次全国经济普查先进集体和先进个人	2020	南宁市第四次全国经济普查领导小组
黄陈蕾	南宁市优秀共青团员	2020	共青团南宁市委、南宁市青年联合会
玉显凰	广西农垦优秀共产党员	2020	自治区农垦工委、集团党委
李仕龙	广西农垦优秀共产党员	2020	自治区农垦工委、集团党委
吴小梅	广西农垦优秀党务工作者	2020	自治区农垦工委、集团党委
覃丹	广西农垦 2020 年度十佳通讯员	2020	广西农垦报社
全闪	广西农垦 2020 年度优秀通讯员	2020	广西农垦报社
李仕龙	广西农垦建垦 70 周年农垦工匠	2021	广西农垦集团有限责任公司

（续）

姓名	荣誉称号	年份	授予单位
曾晓吉、玉显凰、甘孝瑜	广西农垦集团优秀共产党员	2021	广西农垦集团有限责任公司
吴小梅	广西农垦优秀党务工作者	2021	广西农垦集团有限责任公司
全闪	广西农垦2021年度十佳通讯员	2021	广西农垦集团有限责任公司
蒙振国	广西农垦建垦70周年征文三等奖	2021	广西农垦集团有限责任公司
吴小梅	广西农垦职工摄影比赛三等奖	2021	广西农垦集团有限责任公司

第二章　先进集体

第一节　国家部委级

获国家部委级集体荣誉情况见表15-2-1。

表 15-2-1　获国家部委级集体荣誉情况

单位	荣誉称号	年份	授予部门
良圻农场	小城镇规划二等奖	1987	农牧渔业部
农场电影队	全国农村科教电影汇影月活动先进单位	1987	农牧渔业部、林业部、国家科委、文化部、科学技术协会
良圻农场	旱地甘蔗大面积高产丰收三等奖	1988	农牧渔业部
畜牧公司	养猪综合技术高产丰收三等奖	1988	农牧渔业部
良圻农场	旱地甘蔗大面积高产奖	1990	农牧渔业部
畜牧公司	饲养外种瘦肉型猪综合高产科技进步奖	1994	农业部
良圻实业总公司职工技协办	农林系统职工技术协作全国先进集体	1995	中国农林工会
总公司工会	农林系统工会宣传通讯先进单位	1996	中国农林工会
总公司工会	全国模范职工之家	1998	中华全国总工会
畜牧水产公司	农垦百家良种企业	1998	农业部
总公司工会办公室	农林工会先进办公室	1999	中国农林工会
畜牧公司	瘦肉型猪综合技术推广二等奖	2001	农业部
总公司侨联	第二届世界华人小学作文大赛组织奖	2001	全国侨联
畜牧公司	全国农牧渔业高产丰收二等奖	2002	农业部
良圻制糖有限公司	全国农林系统和谐企业	2007	中国农林工会
良圻农场	全国农林水利系统劳动关系和谐企业	2010	中国农林水利工会
良圻农场	全国甘蔗生产信息监测先进单位	2014	农业部
良圻农场	全国优质冬葡萄优质奖	2015	中国农学会葡萄分会
良圻农场	甘蔗生产信息监测工作先进单位	2017	农业部
良圻原种猪场	全国模范职工小家	2017	中国农林水利气象工会
良圻农场	全国侨联系统先进组织	2017	中国侨联
良圻农场公司	全国甘蔗生产信息监测先进单位	2018	农业农村部
良圻农场有限公司	全国甘蔗生产信息监测先进单位	2019	农业农村部
良圻农场有限公司	全国甘蔗生产信息监测先进单位	2020	农业农村部

第二节　省地（市）级

获省地（市）级荣誉情况见表15-2-2。

表 15-2-2　获省地（市）级集体荣誉情况

单位	荣誉称号	年份	授予部门
良圻农场	农业社会主义建设先进单位	1959	自治区人民政府
良圻农场	广西农垦先进单位	1987	自治区农垦局
良圻糖厂	广西农垦先进单位	1987	自治区农垦局
良圻纸厂	广西农垦先进单位	1987	自治区农垦局
良圻农场	旱地甘蔗大面积高产丰收二等奖	1987	自治区农垦局
良圻农场	农场小城镇规划成果评比二等奖	1987	自治区农垦局
良圻农场财务科	年终决算报表一等奖	1987	自治区农垦局
良圻农场	工业统计先进单位	1987	自治区统计局
农场派出所	安全保卫先进单位	1987	南宁地区行署
良圻农场	广西农垦先进单位	1988	自治区农垦局
良圻农场医院	广西农垦先进单位	1988	自治区农垦局
良圻农场七分场	自治区农垦先进集体	1988	自治区农垦局
良圻农场财务科	年终决算报表一等奖	1988	自治区农垦局
良圻农场	通讯报道先进单位	1988	自治区农垦局
农场造纸厂	地区环保先进单位	1988	南宁地区行署
良圻农场	通讯报道先进单位	1989	自治区农垦局
良圻农场财务科	年终决算报表一等奖	1989	自治区农垦局
良圻农场供销科	食糖调运先进单位	1989	自治区食品公司
纸厂团支部	“五小”智慧杯二等奖	1990	自治区经委、科委、计委、科协、区团委
良圻农场糖厂	榨季经济效益评比第三名	1990	自治区农垦局
良圻农场审计科	垦区审计三等奖	1990	自治区农垦局
良圻农场通讯站	广西农垦先进通讯站	1990	自治区农垦局
良圻农场糖厂	厂际劳动竞赛第三名	1990	南宁地区行署
良圻农场	南宁地区首届“华侨杯”男子篮球赛冠军	1990	南宁地区行署
良圻农场中学	地区普法先进单位	1990	南宁地区行署
良圻农场	甘蔗大面积高产二等奖	1991	自治区农垦局
良圻农场财务科	年终决算报表一等奖	1991	自治区农垦局
良圻农场糖厂	“七五”期间安全生产奖	1991	自治区糖业公司
畜牧公司	供出口生猪先进单位	1991	自治区外贸局
良圻农场糖厂	特级信用企业	1991	南宁地区农行
良圻农场小学	自治区文明学校	1992	自治区教委
良圻农场工会	先进职工之家	1992	自治区农林水利工会

（续）

单位	荣誉称号	年份	授予部门
良圻农场侨联	侨报发行先进单位	1992	自治区侨联
良圻农场糖厂食堂	优质服务竞赛优胜单位	1992	广西农垦工会
良圻农场	农垦计生先进单位	1993	自治区农垦局
良圻农场侨联	侨报发行工作一等奖	1993	自治区侨办
良圻农场医院	垦区文明医院	1993	自治区农垦局
畜牧公司	一级信用企业	1993	南宁地区农行
总公司糖厂	厂际竞赛安全率第一名	1994	自治区糖业公司
良圻农场侨联	侨报发行先进单位	1994	自治区侨办
总公司	通讯报道先进单位	1994	自治区农垦局
总公司糖厂	重合同守信用单位	1994	南宁地区工商局
总公司工会	地区模范职工之家	1994	南宁地区工会
总公司	先进宣传通讯单位	1995	自治区农垦局
畜牧公司	瘦肉型猪综合技术研究应用先进集体	1995	自治区人民政府
总公司侨联	侨报发行先进单位	1995	自治区侨办
总公司工会	全区模范职工之家	1995	自治区总工会
糖厂工会	先进分会	1996	自治区农林水利工会
一分场工会	先进分会	1996	自治区农林水利工会
总公司财务部	基层劳动统计先进集体	1996	自治区统计局
总公司劳动争议调解委员会	劳动争议调解先进单位	1997	自治区总工会
总公司党委	《党纪》发行先进单位	1997	自治区纪委
总公司糖厂	榨季各项综合技术第一名	1997	自治区农垦局
总公司	企业信用 AA 级单位	1997	农行广西分行
十一分场工会	先进职工小家	1997	自治区农林水利工会
小学工会	先进职工小家	1997	自治区农林水利工会
总公司工会	先进职工之家	1997	自治区农林水利工会
总公司纪委	《党纪》发行先进单位	1998	自治区纪委
畜牧公司	养猪先进企业	1998	广西养猪分会
总公司	社会治安模范企业	1998	南宁地委、行署
总公司工会	促进再就业先进单位	1998	自治区总工会
畜牧水产公司	"防五"先进单位	1998	自治区农垦局
总公司工会	先进职工之家	1999	自治区农林水利工会
糖业公司工会 十一工区工会	先进职工之家	1999	自治区农林水利工会
公司老龄委	老年体育先进单位	1999	南宁地区老体协
总公司	宣传通讯先进单位	2000	自治区农垦局
总公司纪委	《党纪》发行先进单位	2000	自治区纪委
总公司工会	超百分竞赛先进单位	2000	自治区农林水利工会
畜牧公司	农牧渔业丰收奖	2000	自治区农业厅
公司计财部	会计报表一等奖	2000	自治区农垦局

（续）

单位	荣誉称号	年份	授予部门
总公司	"双文明"建设优秀奖	2001	自治区农垦局
畜牧公司	科学养猪先进单位	2001	广西养猪协会
六工区	"三五"普法先进单位	2001	南宁地区行署
总公司	土地资源管理先进单位	2002	自治区农垦局
总公司工会	送温暖工程先进单位	2002	自治区总工会
制糖公司	检修技改综合评比第一名	2002	农垦糖司
农场党委	思想政治工作先进单位	2004	自治区农垦局党组
良圻农场 良圻制糖有限公司	宣传通讯工作先进单位	2004	自治区农垦局
良圻农场工会	超百分竞赛先进单位	2004	自治区农林水利工会
糖业公司工会 二分场工会	先进职工之家	2004	自治区农林水利工会
良圻农场 良圻制糖有限公司	职工政研先进单位	2006	广西职工政研会 广西企业建设会
良圻农场	宣传工作先进单位	2006	自治区农垦局
良圻农场	铁路联防工作先进单位	2006	南宁市人民政府
农场小学	"四五"普法先进单位	2006	南宁市总工会
良圻农场	"兴垦杯"甘蔗生产劳动竞赛高产场第二名	2007	糖业集团
良圻农场 十二分场	"兴垦杯"甘蔗生产劳动 竞赛高产队奖第三名	2007	糖业集团
良圻制糖公司党总支	先进基层党组织	2008	自治区农垦局
良圻农场工会女职工委员会	先进集体	2008	自治区农垦局
良圻农场侨联	先进集体	2008	自治区农垦局
良圻农场	广西农垦管区土地资源先进单位	2008	自治区农垦局
良圻农场	全区农林水利系统劳动关系和谐企业	2008	自治区农林水利工会
良圻农场	综合统计工作一等奖	2008	自治区农垦局
良圻农场	土地登记发证工作先进单位	2008	自治区农垦局
良圻农场	侨联系统先进集体	2008	自治区归国华侨联合会
良圻农场	宣传工作先进单位	2008	自治区农垦局
良圻制糖有限公司	"兴垦"杯基地建设奖一等奖	2009	自治区农垦局
良圻农场十分场	"兴垦"杯高产队奖三等奖	2009	自治区农垦局
良圻农场	基地农场甘蔗生产评比第二名	2009	农垦糖业集团
良圻农场	宣传通讯工作先进单位	2009	自治区农垦局
良圻农场	"招商引资与项目建设攻坚年"活动三等奖	2009	自治区农垦局
良圻农场	全区农林水利系统第三批 劳动关系和谐企业	2009	自治区农林水利工会
良圻农场	管区综合统计业务先进单位	2009	自治区农垦局
良圻原种猪场党支部	先进基层党组织	2009	自治区农垦局
良圻农场	广西农垦土地资源管理工作先进单位	2010	自治区农垦局
良圻农场	土地资源管理工作先进单位	2009	自治区农垦局

（续）

单位	荣誉称号	年份	授予部门
良圻农场男子乒乓球队	"农垦杯"男子乒乓球团体赛冠军	2009	自治区农垦局
良圻农场老人门球队	第四届"黔江杯"门球赛第二名	2009	自治区农垦局
良圻农场场部机关党支部	创先争优活动示范点	2010	自治区农垦局
良圻农场	财务报表评比一等奖	2011	农垦集团
良圻农场普法依法治理办公室	全区法制宣传教育先进普法办公室	2006—2010	自治区人民政府
良圻农场	全区法治宣传教育先进单位	2006—2010	自治区人民政府
良圻农场	宣传工作先进单位	2010	自治区农垦局
良圻农场	固定资产投资和招商引资工作优秀奖	2010	自治区农垦局
良圻农场 良圻制糖公司	《甘蔗甜》舞蹈获建垦60 周年文艺演出三等奖	2010	自治区农垦局
良圻农场	甘蔗生产评比第二名	2010	农垦糖业集团
良圻农场	建垦60周年文艺汇演组织奖	2010	自治区农垦局
良圻农场	综合统计工作考核评比三等奖	2011	自治区农垦局
良圻农场	新闻宣传工作先进单位	2011	自治区农垦局
良圻农场党委	创先争优活动示范点	2012	自治区农垦局
良圻原种猪场党支部	创先争优党组织典型	2012	自治区农垦局
良圻农场	固定资产投资和招商引资工作先进单位二等奖	2011	自治区农垦局
良圻农场	甘蔗生产考核第一名	2011	农垦糖业集团
良圻农场	首批自治区农垦文明单位	2011	自治区农垦局
良圻农场	自治区和谐企业	2011	自治区农垦局
良圻农场	财务报表评比二等奖	2012	农垦集团
良圻农场	新闻宣传信息工作先进单位	2012	农垦集团
良圻农场	自治区文明单位	2012	自治区精神文明建设委
良圻农场	新闻宣传先进单位	2013	自治区农垦局
良圻农场	甘蔗生产先进奖第三名	2013—2014	农垦糖业集团
良圻农场	固定资产投资和项目建设推进工作优秀奖	2014	自治区农垦局
良圻农场	土地资源管理工作先进单位	2014	自治区农垦局
良圻农场	新闻宣传与信息工作先进单位	2014	自治区农垦局
良圻农场	财务会计决算和快报工作先进单位	2014	农垦集团
良圻农场	会计决算和快报工作先进单位二等奖	2015	农垦集团
良圻农场	甘蔗生产第一名	2015	农垦糖业集团
良圻农场	规划建设法规宣传工作先进单位	2015	自治区农垦局
良圻农场	土地资源管理工作贡献奖	2015	自治区农垦局
良圻农场	新闻宣传与信息工作先进单位	2015	自治区农垦局
良圻农场工会女职工委员会	三八红旗集体	2015	南宁市妇女联合会
良圻农场	第三次全国经济普查先进单位	2015	市人民政府
良圻原种猪场党支部	自治区先进基层党组织	2015	中共自治区委员会
良圻农场	甘蔗生产考评第二名	2015—2016	农垦糖业集团
良圻农场	新闻宣传和信息工作先进单位	2016	自治区农垦局

（续）

单位	荣誉称号	年份	授予部门
良圻农场	榨季生产考评第一名	2016—2017	农垦糖业集团
良圻农场	快报先进单位	2016	农垦集团
良圻原种猪场	自治区肖有恩劳模创新工作室	2016	自治区总工会
良圻农场团委	2017 年度南宁市五四红旗团委	2017	共青团南宁市委员会
良圻农场	榨季甘蔗生产考核评比第二名	2017—2018	农垦糖业集团
良圻农场	广西农垦新闻宣传先进单位	2017	广西农垦报社
良圻农场十万大山葡萄园	第三届广西阳光玫瑰评选葡萄金奖	2017	广西农学会葡萄分会
良圻农场	垦区第一批党建工作示范点	2017	自治区农垦局
良圻农场	全国投入产出调查工作先进集体	2017	自治区统计局
良圻农场	连续十年开展无偿献血活动先进单位	2018	南宁献血委员会办公室
良圻兽医技术中心	巾帼文明岗	2018	南宁市妇女联合会
良圻农场有限公司	广西农垦新闻宣传工作先进单位	2018	自治区农垦局
良圻农场公司党委	第一批党建工作示范点	2018	自治区农垦局
总部机关党支部	首批党支部标准化规范化建设示范点	2019	自治区农垦局
良圻农场	农业产业化重点龙头企业	2019	自治区农业农村厅
良圻农场	广西农垦改革"两个三年"重点工作特别贡献奖三等奖	2019	自治区农垦局
东湖农场	广西农垦改革"两个三年"重点工作特别贡献奖三等奖	2019	自治区农垦局
良圻农场有限公司	开展无偿献血活动先进单位	2019	南宁市中心血站
总部机关党支部	党建成果展示板报评比二等奖	2019	自治区农垦局
良圻农场公司	广西壮族自治区科学技术成果登记证书	2019	自治区科学技术情报研究所
良圻农场公司	广西农垦新闻宣传工作先进单位	2019	自治区农垦局
良圻农场有限公司	广西农垦"九曲湾"杯驻邕单位气排球赛	2019	农垦集团工会
良圻农场有限公司	复核通过自治区文明单位	2020	自治区精神文明建设委员会
良圻农场有限公司	广西农垦 2020 年度新闻宣传先进单位	2020	广西农垦报社
良圻农场有限公司	全区模范职工之家	2021	自治区总工会
良圻农场有限公司	广西农业科技园区	2021	自治区科学技术厅
芳香小镇	广西特色小镇评估通过验收	2021	自治区住房和城乡建设厅
良圻农场有限公司	广西农垦优秀党建品牌	2021	广西农垦集团有限责任公司
良圻农场有限公司	广西农垦 2021 年度新闻宣传先进单位	2021	广西农垦报社
机关党支部、西部工区党支部	广西农垦先进基层党组织	2021	广西农垦集团有限责任公司
良圻农场有限公司	广西农垦"巾帼共奋进 永远跟党走"玫瑰书香读书展演三等奖	2021	广西农垦集团有限责任公司

第十六编

补　遗

中国农垦农场志

第一章　土地确权发证转移

　　根据《广西农垦集团 2020 年资源资产全面调查摸底工作推进方案》规定，至 2020 年 12 月 31 日，良圻农场公司本部现有土地权证 73 宗，包括办公住宅用地、职工承包经营土地、对外租赁土地、自主农业产业开发用地、闲置用地、其他土地共计 66946.82 亩，已全部转移到农垦集团公司名下，剩下 5335.05 亩纠纷争议地，与平马镇 7 个经联社存在争议。因争议时间久，一直以来由各村耕种管理，权属情况复杂，涉及人多，尽管本公司已向横县政府调处办提交争议相关证据材料，但一时难以达成调解或调处决定。

　　东湖农场公司土地权证 40 宗，包括办公住宅用地、职工承包经营土地、二产用地、对外租赁土地、其他土地、农用地共计 10464.46 亩，已转移到农垦集团公司名下，但还有建设用地 1812.1 亩需与宾阳县政府开展第三次土地调查的数据进行核对调整。黎塘氮肥公司工业用地 236.64 亩，已转移到农垦集团公司名下，但有住宅用地 91.4 亩未能转移。

第二章 对外交流

第一节 农场的对外交流

1987年2月10日，委内瑞拉福尔默财团一行4人来到农场考察，双方交流了发展糖料生产事宜。

2002年3月5日，中国广西甘蔗机械化作业座谈会在良圻农场举行，芬兰维美德拖拉机厂派大功率拖拉机到农场做演示。

2005年6月22日，联合国难民署副项目官员安德深、驻中国项目官员陈计明以及国务院印支难民办陈勇刚硕士、毛勇项目官员，在自治区侨办曾国华副主任陪同下到良圻农场进行项目考察，作专题调研，对农场的贷款项目工作表示关注。

2009年9月24日，美国糖业公司代表团到良圻农场进行遥控喷雾器试验，有望提高甘蔗生产的科技含量。

2018年5月9日，农业农村部农垦局副局长彭剑良带队，到农场督导调研农场改革进展情况。

2018年12月13日，农业农村部农垦局副局长彭剑良带队，到农场调研农场改革推进落实情况。

2019年7月16日，农业农村部农垦局调研工作组，开展"农垦经济发展质量及影响力监测项目"指标体系设置等方面问题调研，主要内容有垦区经济运行与现代农业发展成效、垦区企业和农场生产经营状况、垦区企业和农场农业信息化建设的主要成绩及在经济运行质量监测中的做法、进一步推进农垦经济运行质量及影响力监测评估的意见和建议。

2019年12月9日，财政部、农业农村部、民政部、教育部、国家卫生健康委、中国人民银行到农场公司进行国有农场办社会职能改革"回头看"实地抽查工作，全面了解掌握各地改革任务落实情况，总结各地好的经验和做法，分析存在的难点问题，推动各地进一步完善改革举措，善始善终全面完成改革任务，确保改革达到预期目标。

2020年11月24日，农业农村部农垦局一级巡视员彭剑良带队，率领农业农村部、财政部有关人员到公司开展广西农垦国有农场办社会职能改革补助调研工作。

第二节 制糖业的对外交流

2006年8月18日，缅甸、新加坡贵宾一行14人到良糖考察蔗糖生产项目，双方并交流信息，洽谈业务。

2006年11月27日和12月16日，商务部"反贫困问题"高级研修班和"小农适应全球化"高级研修班有来自缅甸、叙利亚、黎巴嫩、印度尼西亚等40个国家的100多名政府官员到良糖参观考察，他们对良糖的经营管理模式表示感兴趣。

2007年3月3日，在上级有关部门领导陪同下，加拿大友人一行到良糖参观访问，了解良糖近年生产经营情况，对良糖的一体化管理工作表示赞赏。

2008年7月9日，斐济共和国客商一行到良糖考察调研，在生产技术和产成品推销售出方面进行洽谈，沟通双边意向。

2008年7月23日，以V·拉杰什瓦兰为团长的印度代表团一行6人访问良糖，旨在了解广西工业（主要是冶炼和制糖）以及农村发展情况，双方对一些问题进行交流沟通。

2008年12月10日，"尼日利亚扶贫政策与执行措施研修班"参观考察良圻制糖公司，认为良糖的生产经营模式可以借鉴。

2009年9月24日，美国糖业集团公司代表就制糖技术及制糖工艺到良糖调研；同年12月3日，印度尼西亚官员一行到良糖生产厂区考察。

第三节 畜牧业的对外交流

1997年5月8日，外商陈培安先生一行从境外前来参加畜牧公司泰丰饲料厂开业庆典，并沟通双方在饲料生产中有关业务。

1998年2月28日，驻北京的美国饲料谷物协会3位兽医博士专家受畜牧公司邀请，到公司进行参观考察，提出了若干建议。专家们还提供了技术服务，无偿开班培训技术人员，此次对外交流获益很大。

2001年9月7日，委内瑞拉驻华大使胡安·德赫苏斯·蒙蒂利亚一行，到永新原种猪场考察，听取了吴志君总经理的介绍，大使赞扬说，永新原种猪场是目前广西规模最大、档次最高、生产工艺和现代管理技术最先进的原种猪场，发展前景十分广阔。

2008年4月8日，受良圻原种猪场邀请，美国大豆协会派多名博士专家到猪场办培训班，给该场畜牧技术人员授课。

2009 年 3 月 16 日，美国谷物协会闫之春博士到良圻原种猪场开展生长曲线和饲料预算培训。

2009 年 9 月 3 日，美国谷物协会主任闫之春、白石种猪场总经理余丽明、东莞特威公司总经理叶汉良和康达尔集团董事林雪一行，在永新畜牧集团公司总经理吴志君的带领下，到良圻原种猪场参观考察新建的四期经产母猪区。

2009 年 11 月 20 日，美国谷物协会闫之春博士再到良圻原种猪场深入现场进行技术指导。

附　　录

关于更改四个国营农场场名的通知（影印件）

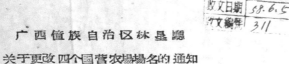

— 501 —

关于同意成立广西农垦良圻实业总公司的批复（复印件）

广西壮族自治区

农 垦 局 文 件

垦办字〔1994〕第32号

关于同意成立广西农垦良圻实业总公司的批复

广西农垦良圻实业总公司筹委会：

你会《关于要求成立广西农垦良圻实业总公司的申请》收悉。经研究，同意所报《广西农垦良圻实业总公司章程》。同意成立"广西农垦良圻实业总公司"。公司下设广西农垦良圻实业总公司糖业公司、广西农垦良圻实业总公司纸业公司、广西农垦良圻实业总公司畜牧水产公司、广西农垦良圻实业总公司商业公司、广西农垦良圻实业总公司综合公司。

— 1 —

该公司为国有独资的有限责任公司，隶属于区农垦局领导。实行自主经营，独立核算，自负盈亏。公司设在广西横县良圻镇，所需资金由实业总公司自筹解决。请到工商行政管理部门办理手续。

此复

广西壮族自治区农垦局

一九九四年四月二十五日

抄送：自治区工商行政管理局，横县工商行政管理局，本局各处室

广西壮族自治区农垦局关于统一变更农场企业名称的通知（复印件）

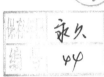

广西壮族自治区农垦局
文　件

垦企管发〔2003〕20号

广西区农垦局关于统一变更农场企业名称的通知

农垦各企业：

　　为了统一规范农垦农场的企业名称，经研究决定，垦区各农场的企业名称统一变更为"广西农垦国有×××农场"（如广西农垦国有新兴农场）。请各农场在接通知后抓紧时间到当地工商行政管理局办理企业名称变更登记手续，争取今年第三季度前垦区各农场全部取得规范的企业名称。其它农垦工商企业只要有利于培育品牌，扩大企业影响，也应有计划、有步骤地在企业名称前冠以"广西农垦"字样。

　　附件：《农垦农场拟规范名称》

广西壮族自治区农垦局
二〇〇三年五月十一日

主题词：企业管理　名称　变更　通知

抄送：集团公司办公室

广西壮族自治区农垦局办公室　　　　　　2003年5月12日印发

（共印95份）

关于印发《广西农场企业化改革和企业优化重组
方案》的通知（节选复印件）

中共广西壮族自治区农垦工作委员会
广西壮族自治区农垦局
中共广西农垦集团有限责任公司委员会 文件
广西农垦集团有限责任公司

桂垦工委发〔2018〕51号

自治区农垦工委　自治区农垦局
农垦集团党委　农垦集团公司
关于印发《广西农垦农场企业化改革和
企业优化重组方案》的通知

垦区各单位、集团总部各部室：

为了积极稳妥推进农场企业化改革，加快企业优化重组和资
源整合，农垦工委、农垦局、农垦集团党委、农垦集团研究制定
了《广西农垦农场企业化改革和企业优化重组方案》，现印发给你
们，请认真贯彻执行。

— 1 —

中共广西壮族自治区　　广西壮族自治区　　中共广西农垦集团
农垦工作委员会　　　　农　垦　局　　　　有限责任公司委员会

广　西　农　垦　集　团
有　限　责　任　公　司
2018 年 8 月 8 日

— 2 —

大力发展水果、蔬菜、畜禽水产养殖和商贸流通、休闲旅游等产业。

下属三级公司：广西南宁壮禾肥业有限公司、广西农垦国有金光农场加油站、广西南宁金光淀粉有限公司。

4. 良圻农场公司

以公司化改造后的良圻农场为主体，并入东湖农场、黎塘氮肥厂，组建区域性农场公司。农场公司主导产业包括糖料蔗、蔬菜、水果、畜禽，发挥近城和交通枢纽区位优势，发展休闲旅游、商贸流通、仓储等产业。

下属三级公司：东湖农场、黎塘氮肥厂。

5. 新兴农场公司

以新兴农场为主体，将广西农垦柳州新兴开发建设有限公司、柳江新兴投资开发建设有限责任公司并入组建区域性农场公司。依托近城（柳州市）及机场区位优势，依托新兴农场及工业园资源，发展糖料蔗、产业地产、商住、物流商贸、休闲度假、畜禽等综合性产业。

下属三级公司：广西农垦柳州新兴开发建设有限公司、柳江新兴投资开发建设有限责任公司。

6. 沙塘农场公司

以公司化改制后的沙塘农场为主体，将绿达公司、广西柳州绿达投资有限责任公司并入该公司。以蔬菜、水果、水产养殖等为主导产业；积极纳入柳州北部生态新区建设，择机发展农产品

— 17 —

关于印发《广西农垦集团"一盘棋"打造现代一流食品企业
优化重组方案》的通知（节选复印件）

广西农垦集团有限责任公司
文 件

桂垦发〔2022〕11号

关于印发《广西农垦集团"一盘棋"打造现代
一流食品企业优化重组方案》的通知

广职院，各二级公司，集团总部各部室：

《广西农垦集团"一盘棋"打造现代一流食品企业优化重组方案》已经集团党委会、董事会审议通过。现印发给你们，请认真贯彻执行。

2022年3月17日

— 1 —

突出开拓区域食品市场，打造形成区域食品产业龙头企业，凝聚合力，推动集团成为全区食品产业链供应链"链主"企业、食品产业安全发展排头兵、城乡居民食品供应和服务保障主力军（农场公司编制方案另行制定）。

1. 广西农垦明阳农场有限公司〔明阳工业园区（增挂明阳食品产业园）〕。将广西农垦九曲湾农场有限公司划归明阳农场公司管理，作为明阳农场公司下属子公司，同步处理好九曲湾农场公司下属子公司层级问题。聚焦城乡服务、土地开发、园林绿化、果蔬、休闲农业、物产业管理等业务。做好明阳工业园区（明阳食品产业园）管理，配合临空经济示范区建设等工作。

主业：物产业，食品加工、仓储及流通，园林绿化、休闲农业、果蔬及水产等。

定位：南宁区域城乡服务协同型企业、食品加工带动型企业。

2. 广西农垦金光农场有限公司。将广西农垦良圻农场有限公司划归金光农场公司管理，作为金光农场公司下属子公司，同步处理好良圻农场公司下属子公司层级问题。聚焦果蔬、糖料蔗种植，生猪、肉牛、水产养殖，休闲农业等业务。负责开拓南宁片区食品市场。

主业：糖料蔗、果蔬等农林业种植服务，畜禽业、特色高效水产业，农产品加工、仓储及流通。

定位：食品产业南宁片区龙头企业，食品农业带动型企业。

良圻伴行酬壮志

文/蒙振国

风雨同路四十载，良圻壮大伴我行。1981年10月工作至今，作为农垦第二代的我，从农工、打字员、宣传干事到团委书记、劳动人事部部长、党办主任、纪委副书记、工会副主席、主席、党委副书记，一步一个脚印，多次被评为区定点扶贫先进个人、区农垦局优秀通讯员、县优秀党员和工会工作者、场先进工作者等。伴同良圻农场公司改革发展步伐，见证荒凉人稀、破旧落后，良圻人传承"北大荒"精神，年复一年，由"丑小鸭"变成"白天鹅"，一座绿色、生态、宜居、秀丽的农垦新城迅猛崛起，为之付出、收获，感到自豪，看到希望。昨天已成故事，今天如日中天，明天更加美丽，抚今追昔，心潮澎湃。

打成一片划地块

初心使命常铭记，理想信念须坚定。2006年初，我担任九分场连片经营工作组组长，过去"大锅饭"平均主义后遗症，将每个岗10多处零星碎片"小不点"蔗地整合为2～3处"大块头"，便于耕作、运蔗、管理，和洪陈、陈源聪、梁余威、杨福南、杨胜南等同事，走家串户，拉家常，晓益处，解疙瘩，话事理。万事俱备，遂开大会，作动员，统一思想，选出10名归侨代表，用竹竿当皮尺，爬"鸡笼岭""道塘岭"山坡，走低洼"九米深"，踏一马平川"北炮楼"，顶烈日，挥汗水，脚下蔗地，丈量面积，记录在册。闷时调侃笑话，小憩时讲故事，大家心照不宣，团结合作，完成任务。20余天，将150个岗、4200多亩蔗地，分两批抽签，实行连片经营。至此，三个归侨分场同步实施，打通全场12个分场连片经营"最后一公里"，为管好甘蔗增产夯实基础。这是公司上下全体职工群众同心同德、群策群力的结果！

提质增效促发展

呕心沥血挖穷根，敢叫黄土盖绿装。历届公司"领头雁"们，谋篇布局，坚持"种好一条蔗，搞活经济一盘棋"指导思想，实行家庭承包，建设"一优双高"基地，科学种管，合理投入，深耕深松，蔗叶还田，抓好喷灌，猪尿淋蔗，技术措施落实处，出成效，推行"猪—沼—蔗—糖—果—游"循环经济模式。工会配合行动，先后开展"甘蔗王"擂台赛、盖膜杯、施肥杯、高产杯、低产岗"大讨论，大学习，大促进"等系列劳动竞赛活动，创新学习型企业，造就技能型员工，职代会和先代会合开，每年评选创优，印发《光荣册》，形成学有榜样，干有参照，赶有目标氛围，职工勤劳致富，甘蔗实现十连增。这是公司广大职工群众垦荒造地、吃苦耐劳的结果！这是"艰苦奋斗，勇于开拓"农垦精神的真实写照！这是咱们农垦人勤劳勇敢、任劳任怨的缩影！

参与房改苦中乐

和风细雨总是情，众志成城办大事。2011 年，农垦吹响危房改造进军号角，借国家拆旧建新、加固修整民生工程之东风，良圻打响彪炳史册攻坚战。此时，我从挂点的二分场、同志村，转任场部东区中后期房改工作组长，进入啃"硬骨头"深水区。每周开一次碰头会，查问题，找原因，想办法，寻对策，攻难点，分工到户，落实到人。碰到"钉子户"，大家步调一致，齐行动，亲朋好友当说客，家访慰问做工作，多招齐发，各显神通，先易后难，逐项跟进，环环相扣。2012 年夏天，一场大雨，我穿水鞋急匆匆到困难退休职工黄巨来家查看，沥沥雨水，冲进门槛，泼入屋内，水浸鞋面……不久，我陪同时任区农垦局副局长杨伟林到黄巨来家慰问，他躺在床上挪挪身体，两眼滚出泪珠，紧紧握着杨副局长的手动情说："我间屋这么邋遢，想不到领导还来看我，我起屋！"经历两年软碰硬磨，场部东区 116 多间旧瓦房推倒，20 栋 150 多间"占天占地"楼房，拔地而起。由此可见一斑，当年，全公司如期完成上级下达 1808 户危改任务，这是农垦房改攻坚会战的一个镜头。

建设家园心自喜

同心筑起新家园，城镇建设方向明。20 世纪八九十年代，职工群众在场部先后建起 300 多套楼房。新时期，公司出台房改方案，成立若干工作组，我在其中，奉献点点滴滴，和大家快马加鞭，致力建设，攻坚克难，以点带面，全面突破，日新月异。"芳香佳苑"小区街两旁，有 128 套公寓式楼房，有 12 层高 258 套商品房，场部东、西区 350 多间旧瓦房推倒，重建近 500 间联排式楼房，形成"横成排，竖成列"，有芳香大道、西南大道、龙潭路三大主干道，至今有 1331 户住宅楼的格局。如今，连绵起伏的蔗海，绿波荡漾；山坡蔗林处的现代养猪场，六畜兴旺；排列有序的栋栋楼宇，星罗棋布；路灯绿树成排的笔直大道，人来车往；琳琅满目的商场店铺，人声鼎沸；交错革命励志、红色基因造型牌，栩栩如生果蔗、生猪造型，草青花艳的公园，令人流连忘返；树屋相伴鸟啼，青山绿水环绕，交相辉映城镇，格外迷人。广西现代特色农业核心示范区、广西科技园名副其实。这是广大职工群众建家立业、勇创辉煌的结果！这是"务实创新，合作发展"良圻精神的真实写照！这是锦绣中华大地、城乡处处生机勃发、突飞猛进的缩影！

守望相助见真情

一人有难众人帮，农垦情结满园春。一天，吴小梅部长带着顾虑重重的张华菁、张瑞鑫姐弟到我办公室，因其父不幸病逝无偿献器官，学费拮据。我向十一分场主任李修贤了解情况后，我和同事商量，即以工会、团委、侨联、女工委发出捐款倡议。开学前仅一周，就有737人解囊相助，捐款33262元。张华菁感动地说："作为农场职工子女，我感到自豪和骄傲，会好好读书，报答大家的期望。"是的，每当职工家属有难求助，大家总是你10元我100献爱心，弘扬"一方有难，八方支援"的中华民族优秀美德。十多年来，工会就发动735人次，献血26.44万毫升，连续11年被南宁中心血站授予无偿献血先进单位。这一切，诠释了咱们农垦人患难与共、助人为乐的忠厚淳朴品德，形成气势磅礴力量，厚积薄发，战胜一个个难关，夺取一个个胜利！这是祖国大家庭，在党英明领导下，无论碰到多大艰难险阻，亿万人民，皆能万众一心，百川归海，知难而进，拧成一股绳，劲儿往一处使，人定胜天，不断走向光辉灿烂的缩影！

入队参演展风采

兄弟姐妹跳起来，企业文化添活力。2009年，我参加陈红为队长的"红月芳"现代舞队，队员们有的白天"修地球"种甘蔗，"洗白白"检机修，晚上"蹦喳喳"，自排自演自乐，由场部辐射各分场。我将节目综合，以工会名义，风风火火，闯西江农场演出"露两手"，意想不到，原场长覃国平率班子成员傅业安、刘太福、黄卫、蒙振国助威，尔后，原书记曹芳武又带队员到防城港"火一把"。领导关爱，企业滋润，员工支持，队友们鼓足勇气，频频出击，走场进村。2010—2015年，本人带领舞蹈队到九曲湾、明阳、山圩等11个兄弟农场，毗邻的红花、仁和等8个村委和农场7个分场开展文艺演出，种蔗知识，提问互动，穿插进行，气氛活跃。我创作并参演浪子回头金不换小品《种蔗好》，一家3人男女反串，动作滑稽；农萍等创作内容，反映场容场貌大变样的《三句半》，接地气的土话，令观众笑声、掌声、喝彩声接连不断，寓教于乐，气氛浓，效果好。2014年秋，承办农垦局第八届"送文艺、科技、法律下基层"文艺巡回演出，5个农场约7300多观众捧场，既交流经验，又丰富生活，提升水平。6月16日晚，良圻公司又举办第三届"跟党走，感党恩，强农垦"文艺评比晚会，有21支业余文艺队近300人上台参赛，夫妻、母女登台表演，获一等奖的一分场舞队队长、农工黄恩平如是说："跳舞锻炼身体，大家聚一起高兴，能够提高水平。"朴实无华的语言，道出农垦人心声，呈现农垦欣欣向荣景象，这是"场兴我荣，场衰我耻；场盈我富，场亏我穷"口号形成共识、化作力量、凝聚合力的真实写照！这是反映咱们农垦人意气风发、砥砺奋进、向往美好生活、见证农垦发展生机盎然的景象！全国模范职工之家、全区文明单位众望所归。

茁壮成长感党恩

四十春秋一挥间，天地轮回日月新。无论职务怎么变，皆能安心岗位，忠于职守，默默耕耘。上级选送我到清华大学、浙江大学、中央团校、中国劳动关系学院、广西党校等多所院校培训，提素质，增本领，拓思路，长才干。理念、读书、增智、充实、干事、升华，执着追求，不敢怠慢，有611篇次幅消息、通讯、照片、题图、评论、散文、诗、报告文学等，在中央、省、市、县级报刊发表，其中论文和调查报告34篇次，获省厅级表彰8篇次。这成绩，是党组织多年培养的结果！是上级关怀、领导呵护、同事配合、职工支持、朋友帮助的结果！我将一如既往，再接再厉，在农垦布局"一核三新"、重点"两个建成"、搬掉"三座大山"、实现"五个转型"攻坚战中百折不挠，阔步前进！

正是：安心操守平凡岗，一息尚存须奋斗。

披荆斩棘勇向前，同心协力追梦到。

心安良圻是故乡

文/吴小梅

2008年4月6日，这是我铭记在心里的日子。因为，从那天起，我成了一名光荣而骄傲的广西农垦人，良圻农场也成为我让心安放的第二故乡！

大学毕业后，远离城市的霓虹闪烁，我背起行囊，怀揣着有志青年、扎根基层的"伟大梦想"，来到了离家乡200公里以外的良圻农场。父亲听说我要到农场工作，显得有些担忧，他不解地问："为何要选择离家那么远的农场呢？"我笑而不答，心里在想：或许这就是一种注定的农垦情缘吧！如今，时光如白驹过隙，转眼13年过去了，我已从初出茅庐的学生成为农垦良圻大家庭安居乐业的一员，把青春和梦想播撒在了这片广袤的土地上，感受着农垦人的使命和荣光，成为建设农垦新良圻的一分子，也与这片故土结下了绿色的情怀。

艾青曾说，"为什么我的眼里常含泪水，因为我对这片土地爱得深沉！"我时常想起这句话，也觉得这句话最能表达我对良圻这片热土深厚的感情。13年的时光里，我把良圻当成了家乡，安心生活、努力工作，用脚步丈量着这片广阔的土地，用心感受着良圻人的淳朴和善良，用镜头、用笔端记录着点滴的发展变迁，见证了良圻的蜕变和成长，也用辛勤和付出表达着对这片故乡最深沉的爱。

当我深入农场工作生活后，通过翻阅历史资料，与老前辈交流学习，我才知道，65年前，这片土地还是一片荒山野岭。1956年春天，程德业等一批勇敢的拓荒者闯进了这片荒芜的土地，屯垦戍边、发展生产，播下了希望的种子，用星星之火点燃了广阔燎原。肩负党和国家的使命，脱下军装的程德业，几经辗转来到这里，筹建茅草房，生产粮食自给自足，披星戴月，战天斗地，"敢教日月换新天"，开启了建设农场的征程，火热的青春浇开了灿烂的花朵。我喜欢听程老讲述建场时的故事，当他讲起如何翻山越岭划定场界，如何不断尝试种植香茅、水稻、甘蔗的故事时，我看到了他眼里分明还闪烁着青春的光芒，那是他几十年来坚定发展农场不变的初心。

如今，几代良圻人接续奋斗，良圻已悄然改变了模样。记得刚到农场时，进入农场道路两旁还是一片甘蔗地，场部办公楼周边都是一排排20世纪七八十年代建设的瓦房，与农村面貌并没有太大区别。2012年，国家危房改造政策如春风拂过，农场积极响应危房改造政策，发动职工建设新房，吹响了环境改造提升的冲锋号。几年的时间里，完成了1808户危房改造任务，职工住房如雨后春笋般拔地而起，"芳香佳苑"小区建起来了，路灯亮起来了，花草树木种起来了，休闲广场建起来了，三角梅、木棉花、桃花等四季交替盛开，装点得分外妖娆，成为城镇化建设的新名片。场部东西区瓦房也已难寻踪迹，取而代之的，是一排排规划整齐的联排式住房。分场面貌也有了大变样，一幢幢风格迥异的葡萄楼、甘蔗楼建起来了，分场职工也从瓦房喜笑颜开地搬进了新楼房。每当夜幕降临，劳作了一天的人们在灯光球场上打球、跳舞，在永新红色广场、怡景园公园休闲散步，孩子们追逐嬉戏，一派热闹和谐的景象。环境面貌的改善提升，让我和每一个良圻人一样，都有着满满的获得感和幸福感。

良圻，是我践行初心和梦想的地方。从上中学开始，我就非常向往"铁肩担道义，妙手著文章"的新闻宣传工作。从那时起，就在心里种下了初心的种子，大学时读了新闻专业，毕业后也在农场一直从事新闻宣传工作，一直朝着这个方向不断前行，无论岁月变迁、岗位变化，依然初心不改。在设计企业宣传册时，我在扉页写下了"广阔天地，大有作为"8个字，与其说这是农场的发展方向，不如说是我对自己的鼓励和鞭策。当回头看看走过的路，其实我一直未曾忘记过自己的初心，多年来，为了做好新闻宣传工作，讲好农垦故事，我的脚步踏遍良圻大地，用心用情感受着企业的改革发展变迁，稿件和名字也频频登上《广西农垦报》，连续多年获得优秀通讯员和新闻宣传工作先进单位的称号，新闻宣传也成为我践行初心和梦想的舞台。

心有多大，舞台就有多大。这些年来，我把农场当成了展现才华的舞台，总想着能为农场多做点什么。我要求自己多思考、多创新，把自己的想法融入党建、企业文化等各项工作中，想方设法把工作做得更好。在领导和同事们帮助努力下，组织开展了全民健身运动会、广场舞比赛、青年歌手比赛、厨艺比赛、集体婚礼、环场健步走等丰富多彩的企业文化活动，党建工作在垦区也是可圈可点。为了做好工作，我要求自己做到精益求精、尽善尽美，也常常放弃了许多休息时间。我时常在想，是什么让我如此拼尽全力地付出？我想，都是源于心中对这片故土深厚的感情和建设农垦沉甸甸的责任感与使命感！

随着农垦改革的号角吹响，2018年以来，良圻农场也开启了企业化改革的新征程，步入了现代企业管理的快车道。还记得，在推进农场办社会职能移交时，为了按照时间节点完成移交工作，我和同事们加班加点做方案、抓落实，协助当地党委政府完成社区"两委"选举。工作虽然忙碌紧张，但当看到26项农场办社会职能顺利移交地方政府时，当看到"芳香社区服务中心"徐徐揭下帷幕时，我和同事们心里都感到无比欣慰。2019年1月，良圻农场公司正式揭牌成立，2年多的时间里，芳香小镇建设迈出了新步伐，胡萝卜产业建起了示范区，葡萄、沃柑打开了新销路，形成了甘蔗主业稳步发展、现代农业齐头并进的良好格局，经济指标实现稳步增长。作为一名青年员工，我由衷地为农垦改革发展成果深感骄傲和自豪，心甘情愿与企业发展同成长、共进步。

心安良圻献青春，我把他乡当故乡！因为缘分，我走进了广西农垦；因为热爱，我把青春和智慧都留在了农垦良圻大地。良圻，不仅成为我梦想开始的地方，践行初心的舞台，更是值得我把心安放，并为之努力奋斗的地方！

习近平总书记曾说："奋斗是青春最亮丽的底色，现在，青春是用来奋斗的；将来，青春是用来回忆的。有信念、有梦想、有奋斗、有奉献的人生，才是有意义的人生。"我也将和许许多多有志青年一样，在这片火热的土地上秉承"艰苦奋斗、勇于开拓"的农垦精神，用汗水浇灌收获，以实干笃定前行，只争朝夕，不负韶华，为广西农垦改革发展添砖加瓦，献出我的一份力量。

良圻农场历程路

诗/蒙振国

公元一九五六年，开场元老十二名，
胸怀建场大业志，轻装齐聚同志村，
建家立场定思路，地方政府齐携手，
荒山野岭踏脚下，早出晚归划场界。
开垦荒地种香茅，芳香农场先定名，
前辈四面八方来，挥汗洒泪勤耕地，
艰苦创业不言累，战天斗地精神佳，
木薯淀粉先上阵，养猪种田接着来。
良圻农场后改名，苏联模式缚手脚，
计划经济发展慢，难展宏图大锅饭，
"文革"时期路曲折，管理权限三上下，
场办工业兴起来，过渡时期曾风光。
汽修砖厂车队设，经营多年步难行，
纸厂曾是顶梁柱，三期技改失时机，
举步维艰难发展，亏损难盈终转让，
市场竞争真激烈，强胜弱败是规律。
五小企业关停转，一九七五建糖厂，
黑脉麓上起厂房，选定甘蔗为主业，
联产计酬又乏力，经验技术不成熟，
昔日种出麻袋蔗，当年产蔗不过万。
良糖日榨五百吨，越南归侨被召回，
安顿食宿家温暖，归侨分场集中管，
筹资拨款难民署，建成纤维板车间，
三中全会惊天雷，中华大地勃生机。
农场改革与发展，深挖潜力抓经济，
各行各业起秋色，场建公司又易名，
农场糖厂大合并，分场更名为工区，

三项制度改革行，企业壮大闯市场。
大型企业榜上见，农垦改革春风吹，
八年之后又分家，农场猪场良糖立，
三家企业共协作，医院小学尽剥离，
场办中学又解散，农场尽力种好蔗。
家庭承包显威力，连片经营好管理，
三早四大措施明，最低施肥严执行，
劳动竞赛兴热潮，你追我赶比贡献，
栽培技术勤推广，品种结构逐调整。
农机添置效率高，土地平整修蔗路，
喷灌设施不断搞，不畏灾害添信心，
灌溉甘蔗稳产量，科学种蔗勤致富，
一优双高夺高产，农工个个好样子。
甘蔗产量连年增，不断刷新新纪录，
年产二十六万吨，由小变大种猪场，
科技兴牧为宗旨，重视知识爱人才，
待遇情感留住人，外国专家来授课。
取长补短吸精华，多方合作路宽广，
观念超前勇争先，经营模式有特色，
农家致富带好头，辐射农民助发财，
优质服务显真情，产销两旺见效快。
永新猪肉传万家，经济效益最明显，
股东分红笑哈哈，自办饲料保供应，
防疫筑牢防火墙，循环经济废变宝，
现代养猪新工艺，首家质量追溯制。
不断创新塑品牌，先进技术业在精，
科研成果传捷报，技术水平国领先，
百强企业上红榜，行业知名响当当，
敢吃永新生猪肉，蔗海泛绿机声鸣。
良糖员工多奇志，以人为本抓管理，
扶持蔗区扩面积，农村农场亦开发，

服务技术都到位，甘蔗供应抓得牢，
合理调度讲程序，不断技改提榨量。
创新办厂勇当立，持续改进不松劲，
积极实施一体化，精细管理出效益，
高校联姻拓空间，合作交流增实力，
日榨五百到四千，文化阵地设施全。
企业文化有声色，科技文化下蔗区，
年年培训提技能，种花植草心舒畅，
厂容厂貌大变样，人居环境多美丽，
废水利用做得好，修改利废不浪费。
节能降耗效益佳，低碳排放是典型，
研发中心落良糖，产品质量创新高，
高端企业成买家，涌泉跻身名商标，
三家企业是一家，搞好良圻最光荣。
思想工作做到家，每年都开职代会，
表彰先进树典型，大事热点须通报，
企务公开成常态，亮明家底目标明，
凝聚人心成合力，社区建设不松手。
城镇功能也齐全，市场果菜花样多，
店铺林立生意忙，大道两旁有灯树，
怡景公园好去处，场容场貌很整洁，
危房改造成绩大，职工建房热情高。
危改千八零八户，加固新建齐发招，
场部旧房拆倒建，栋栋楼房拔地起，
房前屋后路通顺，芳香小区电梯楼，
蔗海环绕新城镇，美丽良圻显眼前。
农业核心示范区，科技园区又落户，
双区称号显实力，社会职能交政府，
芳香社区成立了，轻装上阵迈大步，
农垦改制焕生机，场建公司迈大步。
东湖黎氮纳进来，企业实力明显增，

防疫生产两不误，土地确权摸家底，
建章立制严管理，党建工作规范化，
重建工区管分场，五年规划思路明。
六十四载变化大，全体员工成一心，
前赴后继向前冲，同心同德谋发展，
群策群力搞建设，安居乐业建家园，
良圻农场有希望，美好明天更灿烂。

良圻三家企业联系方式

- 全称：广西农垦良圻农场有限公司
  地址：广西南宁横州市六景镇
  电话：0771-7350306
  传真：0771-7352378
  邮政编码：530317

- 全称：广西农垦东湖农场有限公司
  地址：广西南宁市宾阳县
  电话：0771-8212427
  传真：0771-8215108

- 全称：广西农垦黎塘氮肥有限公司
  地址：广西南宁市宾阳县
  电话：0771-8152006
  传真：0771-8152006

中国农垦农场志丛